開成所単語集 II

Baedeker 原本・対訳名物図編・英仏単語便覧・対照表 II

櫻井豪人編著

港の人

はじめに

　本書は前著『開成所単語集Ⅰ』の続編である。一連の単語集の流れについては前著に記したのでご参照頂きたい。

　本書にはまず、『英吉利単語篇』『法朗西単語篇』の主な底本である Karl Baedeker の *Traveller's Manual of Conversation in Four Languages* の影印を収録した。（ただし、実際に収録したのは仏語題 *Manuel de conversation pour le voyageur, en quatre langues* を持つ本である。）この本は近年、欧米の出版社からペーパーバックの影印が出版され、インターネットによる通信販売で手軽に入手できるようになったが、いずれも『英吉利単語篇』『法朗西単語篇』の編纂に使用されたものより後の版次の本である。編著者は『英吉利単語篇』『法朗西単語篇』の編纂に利用されたと思われる中で底本に用いられた可能性が最も高いと見られる同書の 1864 年第 17 版を入手したので、これに『英吉利単語篇』『法朗西単語篇』と対応する 31 番から 1490 番までの番号を添えて影印化することにした。

　次に収録した『対訳名物図編』は慶応三（1867）年九月序刊の『英吉利単語篇』系統の英和対訳単語集であるが、内容を一見して分かる通り、「図編」と称しながら図（絵）が入っていない。買山迁夫（市川渡、のちの市川清流）の序文にあるように、全ての語に図を入れることが容易でなく、とりあえず図を入れずに刊行した本である。のち、明治になってから絵を入れた上で『英国単語図解』と改題して出版された。（上巻が明治五年刊、下巻が明治七年刊。）『対訳名物図編』およびその絵入り改題本『英国単語図解』は、『英吉利単語篇』の 1490 語を全て受け継ぎながらも独自の判断で所々訳語を変更し、場合によっては英語まで変更しているという、注目すべき単語集である。

　最後に収録した『英仏単語便覧』は桂川甫策編、慶応四（1868）年刊の英・仏・和対訳単語集である。平たく言えば、『英吉利単語篇』『法朗西単語篇』『英仏単語篇注

解』の英語・フランス語と訳語とを同時に参照できるように掲載している単語集である。ただし、『英仏単語篇注解』の訳語とは異なる訳語を掲載している箇所が若干存在し、興味深い。『対訳名物図編』同様、『英吉利単語篇』等に存する通し番号は付いていないが、その1490語に1語を加えた1491語を収録している。

　本書にはさらに、「対照表II」と題して、『英和対訳袖珍辞書』（文久二 1862 年刊）及び『改正増補英和対訳袖珍辞書』（慶応二 1866 年刊）とこれらの単語集について見出し語や訳語が容易に比較できる表を含めた。前著の「対照表」のうち、『通俗仏蘭西単語篇』『通俗英吉利単語篇』『独逸単語篇和解』『独逸訳附単語篇』の部分を省略し、そこに『英和対訳袖珍辞書』及び『改正増補英和対訳袖珍辞書』で対応する箇所の記述を加えたものである。『英仏単語篇注解』と『改正増補英和対訳袖珍辞書』の関係については拙稿 2015・2016 で分析しているところであるが、本書ではその全語について対照して示しておいた。『英吉利単語篇増訳』を残した理由は、同書の一部において『改正増補英和対訳袖珍辞書』の訳語を独自に取り入れていると見られる箇所があるためである。（これについては別の機会に改めて指摘する。）

　なお、『対訳名物図編』と『英仏単語便覧』の索引は、前著『開成所単語集I』に含まれているので、そちらを参照されたい。

　　2017 年 5 月 31 日

　　　　　　　　　　　　　　　　　　　　　　　　　　　　　　　　　　櫻井豪人

はじめに　　3

目　次

はじめに	1
凡　例	6
解　説	9
1．*Traveller's Manual of Conversation* について	11
1．1．旅行案内書の出版社 Karl Baedeker	11
1．2．Karl Baedeker とその出版物	12
1．3．*Traveller's Manual of Conversation* の諸版	14
1．4．*Traveller's Manual of Conversation* の序文	17
1．4．1．第2版の序文	19
1．4．2．第16版の序文	25
1．4．3．第17版以降の序文	26
1．5．底本が *Traveller's Manual of Conversation* であったことの示す意味	27
2．『対訳名物図編』について	28
2．1．『対訳名物図編』とは	28
2．2．編者・市川清流と『対訳名物図編』および『英国単語図解』	28
2．3．『対訳名物図編』の「附言」	32
2．4．『対訳名物図編』の書誌	33
2．5．『英国単語図解』の書誌	33
2．6．『対訳名物図編』と『英吉利単語篇』『英仏単語篇注解』との関係	40

2．7．『対訳名物図編』における英語表記の変更	42
2．8．『対訳名物図編』における訳語の変更	43
2．9．冒頭の柳河春三の和歌から考えられること	43
3．『英仏単語便覧』について	46
3．1．『英仏単語便覧』とは	46
3．2．編者・桂川甫策と『英仏単語便覧』	46
3．3．『英仏単語便覧』の序文と辻恕介	52
3．4．辻恕介の弟・辻理之助と桂川甫策	56
3．5．桂川甫策編『法朗西文典字類』の「例言」から	60
3．6．『英仏単語便覧』の書誌	62
3．7．『英吉利単語篇』『法朗西単語篇』『英仏単語篇注解』との相違	69
3．8．『英仏単語便覧』における原本訂正の扱い	70
注	72
参考文献	75

開成所単語集　対照表II ──『英和対訳袖珍辞書』及び『改正増補英和対訳袖珍辞書』との対照表──	77
Traveller's Manual of Conversation 影印	271
『対訳名物図編』影印	625
『英仏単語便覧』影印	783
あとがき	908

凡　例

影印について

・本書に含まれる影印は、以下の三本である。

 Karl Baedeker：*Manuel de conversation pour le voyageur, en quatre langues* 第 17 版 1864 年刊

  （影印原本：櫻井豪人蔵本）

 市川清流編『対訳名物図編』慶応三（1867）年九月序刊

  （影印原本：櫻井豪人蔵本）

 桂川甫策編『英仏単語便覧』慶応四（1868）年刊（下巻は明治二年印本）

  （影印原本：上巻京都大学文学研究科図書館蔵本、下巻国立国語研究所蔵本）

・いずれの影印も、原本にある汚れや書き入れ等は、編著者の責任のもとに消去した。

・Baedeker の影印の欄外に『英吉利単語篇』『法朗西単語篇』『英仏単語篇注解』で対応する 31 番から 1490 番の番号を記し、対照する際の便宜を図った。

・『対訳名物図編』と『英仏単語便覧』の索引は、前著『開成所単語集Ⅰ』に含まれている。

対照表Ⅱについて

・対照表Ⅱは、前著の「対照表」から『通俗仏蘭西単語篇』『通俗英吉利単語篇』『独逸単語篇和解』『独逸訳附単語篇』の部分を削除し、そこに『英和対訳袖珍辞書』および『改正増補英和対訳袖珍辞書』で対応する箇所の記述を加えたものである。従って、『英和対訳袖珍辞書』および『改正増補英和対訳袖珍辞書』を除いた部分は、前著の「対照表」と全く同じものである。

・紙幅の都合上、英語およびフランス語は『英吉利単語篇』と『法朗西単語篇』のみに限った。各資料の英語およびフランス語は、誤記等を除いて『英吉利単語篇』『法朗西単語篇』と同じ語である。（異同箇所は大文字・小文字の相違やピリオドの有無、ミススペリング等に限られる。）ただし、『対訳名物図編』の英語については『英吉利

単語篇』の英語と異なる語である場合があるので、表に含めた。

・『対訳名物図編』『英仏単語便覧』の日本語片仮名表記は、必ずしも漢字表記に対するルビの形を取っているわけではないが、対照表を見やすくするために全てルビの形で示した。

・『英吉利単語篇』『法朗西単語篇』で記されている繰り返し記号（主に冠詞に対して用いられる）は、それぞれが示している語に直して示した。

・対照表の左端に記されている太字の数字は、『英吉利単語篇』『法朗西単語篇』および『英仏単語篇注解』に付されている 1 番から 1490 番の番号である。『英仏単語篇注解』より後に刊行された大半の資料にはこの番号が振られていないが、収録語および掲出順は（若干の例外を除いて）全く同じであるので、検索の際はこの通し番号によって対照表を参照することにより、当該箇所の所在がわかるようにした。（掲出順に異同がある場合は『英吉利単語篇』『法朗西単語篇』の番号に対応させる形で並べ替えた。）

・仮名および漢字の表記法について。仮名の字体は現行の字体に統一し、合字は一字一音式の表記に改めた。踊り字は全て一字ずつの踊り字に改めたが、仮名遣いについては原本のままとした。漢字の字体については特に統一せず、可能な限り原本記載の漢字に近い字体を用いた。しかし、コンピュータのフォントの制約上、異体字を用いて記している箇所もある。（解説において引用する際の表記法もこれに準じるが、踊り字については原文通りとした。）

・英語およびフランス語の綴りについて。原本の中には誤りと思われる綴りも若干含まれているが、以前には一般的に行われていた綴りである場合もあるので、対照表での綴りは特に改めず原本の通りに示し、明らかに誤記と思われるものには「ママ」とルビを振った。また、ピリオドについては原本に無い場合でも補って記した。

・『英和対訳袖珍辞書』および『改正増補英和対訳袖珍辞書』は、インターネット上の早稲田大学古典籍総合データベースで公開されている洋学文庫 C586 および C589 を参照したが、不鮮明な箇所については惣郷正明解説『英和対訳袖珍辞書』（秀山社複製 1973 年）および家蔵本『改正増補英和対訳袖珍辞書』慶応二年版を参照した。

解　説

1. *Traveller's Manual of Conversation* について

1.1. 旅行案内書の出版社 Karl Baedeker

　拙稿 1998 によって、『英吉利単語篇』および『法朗西単語篇』の主な底本が Karl Baedeker の *Traveller's Manual of Conversation in Four Languages* という英・独・仏・伊四ヶ国語対訳意義分類体単語・会話集の 1864 年第 17 版または 1866 年第 18 版であることを明らかにし、前著『開成所単語集 I』でもそのことを改めて示したが、本書ではそのうちの 1864 年第 17 版の影印を収録した。以下、この本のことについて解説する。

　Karl Baedeker は 1827 年に創業したドイツの出版社、およびその創業者の名前である。創業当初からヨーロッパを中心とした旅行案内書を数多く出版したが、その出版物はほぼ旅行案内書のみであり、出版した本のタイトルも *The Rhine*、*Deutschland*、*Switzerland*、*France*、*Paris*、*Italy*、*Great Britain*、*Egypt* など、地名のものがほとんどである。手帳ほどのポケットサイズ（約 16×11cm）の赤色表紙に、金色の文字でタイトルが記されているのが外見上の特徴である。

　近代の日本人も、海外、特にヨーロッパに行く際にはそのガイドブックをよく利用していた。例えば以下のような用例がある。（下線は櫻井。）

・セエヌの河蒸汽に乗るために岸本はシヤトレエの石橋の畔に出た。何處へ行くにも彼はベデカの案内記を手放すことの出来ない程ではあったが、しかし全く自分獨りで、巴里へ來て初めて知合になった佛蘭西人の家を訪ねやうとした。（島崎藤村『新生』五十七、春陽堂、大正八 1919 年刊）

・私が昔二三人連れで英國の某離宮を見物に行つた時、其中の或一人は始終片手に開いたベデカを離さず、一室〰此れと引合せては見物して居た。其のベデカはちやんと一度下調べをして所々赤鉛筆でアンダーラインがしてあつた。或る室へ來た

時に其處の或る窓の前にみんなを呼び集め、ベデカの中の一行を指しながら、「此の窓から見ると景色がいゝと書いてある」と云つて聞かせた。一同はさうかと思つて、此の見逃がしてならない景色を充分に觀賞する事が出來た。（吉村冬彦（寺田寅彦）「案内者」『改造』4-1、大正十一 1922 年一月）

・枕もとにはお義理のやうに横文字の本を堆高く積んであるが、見てゐるのは大抵例の「スウイス日記」か、ベデカアのスウイス案内書位なものである。（堀辰雄「続雉子日記」『雉子日記』河出書房、昭和十五 1940 年刊）

　このように、近代の日本においても、「ベデカ」といえば西洋の旅行案内書の代名詞のように捉えられる存在になっていた。

1．2．Karl Baedeker とその出版物

　Karl Baedeker は出版者の人名およびその会社の名前であって、厳密には *Traveller's Manual of Conversation in Four Languages* の編者ではない可能性がある。

　Neue Deutsche Biographie（Duncker & Humbolt, 1953）によれば、Karl Baedeker は 1801 年 11 月 3 日にドイツのエッセンで生まれ、1859 年 10 月 4 日にコブレンツで没している。前著でも示した通り、『英吉利単語篇』及び『法朗西単語篇』の拠った版は、1864 年の第 17 版か 1866 年の第 18 版と考えられるので、それらは創業者 Karl Baedeker の没後に刊行されたものということになる。

　印刷工（Buchdrucker）の祖父と書籍商（Buchhändeler）の父を持つ Karl は、ハイデルベルクやベルリンの書店等で修行を積んだ後、1827 年にコブレンツで Karl Baedeker 社を設立した。当時この地には、1827 年から始まったライン川の蒸気船旅行によって多くの旅行者が訪れていたのであるが、Karl はそれを利用してライン川下りのガイドブックの出版を行った。以降、ライン川流域だけでなくヨーロッパを中心とする様々な国への旅行ガイドブックを出版していったところ、それらの本は「高価な通訳を雇わずに済む旅行を実現させたもの」として、当時非常に高い評価を得たということである。

　Baedeker という会社は今なお残り、今日に至るまでその会社の名義で旅行ガイドブックを出版している。ホームページ（http://www.baedeker.com/）を参照するとその沿革がドイツ語で記されているが、コレクター向けに Baedeker の古書の情報をまとめたサイト BDKR.COM（http://www.bdkr.com/）では英語でも説明されている。同サイトは Baedeker

社と無関係であるが、Alex W. Hinrichsen 著 *Baedeker's Reisehandbücher 1832-1990*（Ursula Hinrichsen Verlag, 1991）から情報を得つつ、著者の許可を得てその情報を公開しているという。以下、同書と BDKR.COM の情報を参照しつつ記述する。

Karl Baedeker の著作は 1828 年刊の *Rheinreise*（ライン川の旅）という旅行案内書から始まったが、最初はドイツ語版のみの出版であった。フランス語版が出たのは 1832 年の *Voyage du Rhin* が最初であったが、これはライン川がフランスやスイスなど、フランス語圏にも接しているために編まれたのであろう。ともあれ、Baedeker のドイツ語版以外の書籍としては、英語版よりもフランス語版の方が先行していたことになる。

Rheinreise の旅の次に出版された書籍は 1835 年の *Mosel-Reise*（モーゼル川の旅）であり、これ以降も数種類の本が出版されたが、1840 年代まではドイツに近い地域について、ドイツ語版とフランス語版でしか出版していなかったようである。初版の刊年を挙げれば、1839 年に *Holland*、同じく 1839 年に *Belgien*、1842 年に *Handbuch für Reisende durch Deutschland und den Oesterreichischen Kaiserstaat*、1844 年に *Die Schweiz* といった具合である。これらはいずれも、最初はドイツ語版のみで出版された。

英語版の旅行案内書が出版されたのは 1860 年代に入ってからで、1861 年の *The Rhine* が最初のようである。その間、フランス語版は上記 1832 年の *Voyage du Rhin* 初版に続き、*Le Rhin de Bâle à Dusseldorf*（初版 1846 年、2 版 1852 年、3 版 1854・1855・1856 年）、*Les bords du Rhin*（1859 年）、*La Hollande et Belgique*（初版 1859 年）、*La Suisse*（初版 1852 年、2 版 1854 年、3 版 1857 年、4 版 1859 年）と数多く出版された。このことから、Karl Baedeker が読者（顧客）として想定していたのが、当初はドイツを中心としたドイツ語話者であり、次第にその周辺に住むフランス語話者にも顧客対象を広げていった様子が窺える。

1860 年代に入ると英語版も出版されるようになり、取り上げられる場所もドイツ周辺の国だけでなくイタリア・イギリスにまで広がった。その直前、1859 年には創業者 Karl Baedeker が死去し、長男 Ernst が後を継いだが、その長男も 1861 年に死去、続いて Karl の次男 Karl 二世が社長となった。そのような世代交代の折に、英語版の出版や対象地域の拡大といった事業の拡張が図られたものと見られる。なお、『英吉利単語篇』および『法朗西単語篇』の底本となった本は、この次男が社長であった時代の本ということになる。

1870 年代になるとさらにパレスチナ・シリア・アテネ・エジプト・スウェーデン・ノルウェーのガイドブックも出版されるようになるが、これ以降については割愛する。

1. 3. *Traveller's Manual of Conversation* の諸版

上に見てきたように、Baedeker の出版物はヨーロッパを中心とした各地の旅行案内書がほとんどであったのであるが、その中において『英吉利単語篇』及び『法朗西単語篇』の底本となった四ヶ国語対訳単語・会話集である *Traveller's Manual of Conversation in Four Languages*（以下 *Traveller's Manual*）は、タイトルの上からも内容の上からも、Baedeker の出版物の中で例外的な存在であった。

創業から 1870 年代までの出版状況を先に概観したが、その間、*Traveller's Manual* については初版が 1836 年に刊行されている。これは、1828 年の *Rheinreise* 初版、そのフランス語版である 1832 年の *Voyage du Rhin*、1835 年の *Rheinreise* 第 2 版、同じく 1835 年の *Mosel-Reise* 初版に次ぐ出版なので、創業後のかなり早い時期に *Traveller's Manual* 初版が出版されたということになる。

現存する *Traveller's Manual* の諸版をまとめたものが**表 1** である。これは、*The National Union Catalog Pre-1956 Imprints*（Mansell, 1969）等の蔵書目録や、インターネットで公開されている世界各国の図書館の蔵書検索や古書検索サイトから得た情報をまとめたものである。

Baedeker の旅行案内書は 1850 年代までドイツ語版とフランス語版しか存在せず、英語版については 1860 年代から出版されるようになったことを既に述べたが、*Traveller's Manual* に関してはその流れに該当する部分と該当しない部分とがある。

「該当しない部分」というのは、*Traveller's Manual* には 1836 年の初版から英語の題名がつけられていたという点である。ただし、初版や第 2 版では、英語のタイトルページとドイツ語のタイトルページの両方が並存し、見開きで左側にドイツ語のタイトルページが、右側に英語のタイトルページがある（**図版 1**）。

初版についてはインターネット上の古書店のサイトによってそのタイトルページのみが参照できただけであるが、筆者の手元にある Newberry 図書館蔵本の 1840 年第 2 版のコピーでも同様のタイトルページの配置となっており、その第 2 版によると、両言語のタイトルページの後に英語の序文 2 ページがあり、さらにその後にドイツ語の序

文2ページが記されている。つまり、*Traveller's Manual* の初版と第2版は、一見したところ「英独共用版」に見える体裁をとっていることになる。**表1**を見ると、初版と第2版はページ数が同じなので、基本的な構成は同じであったものと想像される。

しかし、第2版の内容をもう少し詳しく見てみると、「英独共用版」というよりはやはり「英語版」であると考えるべきであることが見えてくる。というのも、pp.XIX-XX にあるドイツ語の発音規則の説明「Brief rules for the pronunciation of the German language.」や pp.347-352 にある貨幣レート比較表「A Table of the COINS circulating in the different States of Germany, and in England, France, Belgium, and Holland, with their relative value.」が英語のみで説明されているためである。

第3版は未見なのでどのようになっているのかわからないが、**表1**を見ると、第

表1　*Traveller's Manual of Conversation* の諸版

版　次	刊　年	刊行地	ページ数	英仏独 (確認済のみ)
初版	1836	Coblenz.	xx,352pp.	英
第2版	1840	Coblenz.	xx,352pp.	英
第3版	1843	Coblenz.	xx,320pp.	英
第4版	1845	Coblenz.	xx,320pp.	英
第6版	1847	Coblenz.	xx,320pp.	英
第8版	1851	Coblenz.	xx,320pp.	英
第9版	1854	Coblenz.	xx,320pp.	英
第10版	1855	Coblenz.	xx,320pp.	英
第11版	1856	Coblenz.	xx,320pp.	英
第12版	1857	Coblenz.	xx,320pp.	英
第13版	1858	Coblenz.	xx,320pp.	英
第15版	1861	Coblenz.	xx,320pp.	英
第16版	1862	Coblenz.	xx,320pp.	英
第17版	1864	Coblenz.	ix,331pp.	英仏独
第18版	1866	Coblenz.	ix,331pp.	英仏
第19版	1869	Coblenz.	ix,331pp.	英仏
第20版	1870	Coblenz.	ix,331pp.	英仏独
第21版	1873	Coblenz & Leipzig.	ix,331pp.	英仏独
第22版	1875	Leipzig.	ix,331pp.	英仏独
第23版	1876,78	Leipzig.	ix,331pp.	英仏独
Stereotype版	1880,81,83,84,86,87,88, 89,91,93,96,97,1900	Leipzig.	ix,331pp.	英仏独

3 版以降第 16 版まではページ数が xx, 320pp. で変更されていない。筆者の手元には Harvard 大学図書館蔵の 1862 年第 16 版のコピーがあるのでそれを参照すると、第 2 版に存在していたドイツ語タイトルページやドイツ語の序文が削除されている。しかし、上述のドイツ語の発音規則の説明や貨幣レート比較表は第 16 版でも同様に英語による説明のみが存在することから、それらは初版から第 16 版まで英語による説明しか無かったものと見られる。これはあくまで推測であるが、第 3 版以降が第 16 版とほぼ同じ構成であったとすれば、第 3 版以降の *Traveller's Manual* はドイツ語タイトルページやドイツ語の序文を除いた完全な「英語版」になったということになろう。ともあれ、*Traveller's Manual* は恐らく初版から第 16 版までほぼ「英語版」であったのであり、最初から英語母語話者をターゲットにした著作であった点が他の Baedeker の出版物と大きく異なる。

一方、「該当する部分」というのは、1864 年第 17 版以降、英語題のもの（*Traveller's Manual of Conversation in Four Languages...*）の他、仏語題の *Manuel de conversation pour le voyageur en quatre langues...* と独語題の *Conversationbuch für Reisende in vier Sprachen...* という

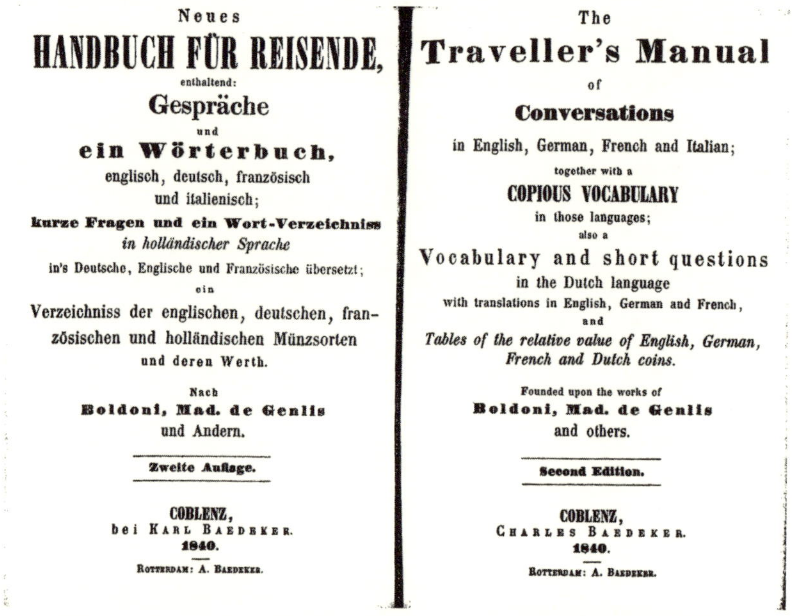

Neues
HANDBUCH FÜR REISENDE,
enthaltend:
Gespräche
und
ein Wörterbuch,
englisch, deutsch, französisch
und italienisch;
kurze Fragen und ein Wort-Verzeichniss
in holländischer Sprache
in's Deutsche, Englische und Französische übersetzt;
ein
Verzeichniss der englischen, deutschen, französischen und holländischen Münzsorten
und deren Werth.
Nach
Boldoni, Mad. de Genlis
und Andern.
Zweite Auflage.
COBLENZ,
bei KARL BAEDEKER.
1840.
ROTTERDAM: A. BAEDEKER.

The
Traveller's Manual
of
Conversations
in English, German, French and Italian;
together with a
COPIOUS VOCABULARY
in those languages;
also a
Vocabulary and short questions
in the Dutch language
with translations in English, German and French,
and
Tables of the relative value of English, German, French and Dutch coins.
Founded upon the works of
Boldoni, Mad. de Genlis
and others.
Second Edition.
COBLENZ,
CHARLES BAEDEKER.
1840.
ROTTERDAM: A. BAEDEKER.

図版 1　*Traveller's Manual*（第 2 版 ,1840 年刊）タイトルページ（Newberry 図書館蔵本）
※ 見開きで左側にドイツ語のタイトルページ、右側に英語のタイトルページがある。

ものが見られるという点である。これは 1861 年刊の *The Rhin* 以降、大半の本において英・独・仏語版が出版されるようになったことと関係があるのであろう。前述のサイト BDKR.COM でも、*Traveller's Manual* の仏語版・独語版が現れるのは 1864 年第 17 版以降であると記されている。[注1]

すなわち、1860 年代から各地旅行案内書の英語版が出版されることになったのとほぼ同じタイミングで、*Traveller's Manual* についてもフランス語版とドイツ語版が刊行されたものと見られる。また、前著の p.27 でも指摘した通り、第 16 版から第 17 版に移る段階では大規模な増補改訂も行われ、逆にそれ以降は改訂の行われた形跡がない。**表1** において、第 17 版以降はページ数が ix, 331p. で変動がないことからもそのことが窺える。この現象は、第 17 版以降において活字そのものとその組み方に変化が無いことによる。実際、第 17 版以降 Stereotype 版までのものを見比べてみても、目次と本文を見る限りは全く同じものに見える。(Stereotype 版とは、活字の組版から型紙を取り、その型紙から鉛版を作って印刷する方法で、各版ごとに活字を組み直すという作業をしないものである。それゆえ第何版とはせず、Stereotype 版と表示しているものと思われる。これが *Traveller's Manual* において最も後の版である。)

英語版・フランス語版・ドイツ語版の相違は、表紙・タイトルページ・序文・目次が英・仏・独各言語母語話者向けにそれぞれの言語で書かれているものに差し替えられているだけで、その他の本文は全く同じものである。

なお、1873 年第 21 版の出版地が「Coblenz & Leipzig.」となっており、第 22 版以降は「Leipzig.」となっているが、これは 1872 年に会社が Leipzig に移転したことによる。

1.4. *Traveller's Manual of Conversation* の序文

Traveller's Manual の序文を読むと、同書がどのような意図で編纂されたものであるかを知ることができる。

全ての版を参照できたわけではないので正確なことはわからないが、この序文は各版ごとに書き改められたものではなく、大きな改訂が行われるとその時にのみ序文も変えられたということであるらしい。以下、参照できた版の序文について順に見ていく。

Preface.

The editor of the following little work has endeavoured to render it as useful as possible for the traveller, and, to afford him a guide for expressing himself clearly and correctly in familiar conversation, according to the idioms of the different languages. He has founded it upon the well known manuals of BOLDONI, Mad. de GENLIS and others, and has made many additions, which he hopes will be found useful; at the same time he has omitted such portions of those works, as may be deemed unnecessary. The Vocabulary, in particular, has been considerably extended, and subjected to an improved arrangement. The Dialogues will be found sufficiently copious for the use of those, who may wish to study the idiomatic expressions of the respective languages. The English portion of the work has been carefully revised and corrected by an Englishman, and the editor hopes, that some improvement has been effected in that part of the manual.

For the use of those travellers, whose residence is too limited in its duration, to permit them to obtain any useful knowledge of the language of the country, through which they may be travelling, the editor has added a number of brief questions upon the most ordinary topics, relatively to which a tourist may desire information. These questions are, as far as possible, formed in such a manner, as to admit either of a simple affirmative or negative as the reply, or else of a number or the name of some coin, terms, with which a traveller usually forms an early acquaintance.

As no manual of this kind has hitherto been published for the use of travellers in Holland, the editor has also added a vocabulary and short questions and observations in the Dutch language; for which he hopes to merit the thanks of the numerous visitors of that country.

The publisher also takes this opportunity of informing the English tourists in the Rhine-provinces, that he is at all times ready to afford any information to those travellers, who do him the honour to visit his establishment.

Vorrede.

Der Herausgeber des vorliegenden kleinen Buches ist bemüht gewesen, dasselbe für den Reisenden so brauchbar als möglich zu machen, und ihm einen Leitfaden zu geben, sich beim Reisen sowohl als im gewöhnlichen Leben, dem Geiste der verschiedenen Sprachen angemessen, bestimmt und gut auszudrücken. Er hat bei dessen Bearbeitung die bekannten Reisehandbücher von BOLDONI, Mad. de GENLIS u. A. zum Grunde gelegt, viel Ueberflüssiges, das jene Werke enthalten, ausgesondert, und dagegen manches Nützliche hinzugefügt. Namentlich ist das Wort-Verzeichniss bedeutend bereichert, und besser und übersichtlicher geordnet worden. Die Gespräche bieten hinreichenden Stoff für Solche, deren Absicht es ist, die Eigenthümlichkeiten der Gesprächsformen einer jeden der vier Sprachen sich anzueignen. Ferner ist die englische Abtheilung von einem englischen Gelehrten genau durchgesehen und vielfach verbessert worden.

Für denjenigen Reisenden, der weniger die Erlernung der fremden Sprachen beabsichtigt, als vielmehr sich bei den gewöhnlichen Ereignissen auf einer Reise verständlich zu machen, sind eine Anzahl von Worten, Redensarten und kurzen Fragen beigefügt, die mit Ja oder Nein oder einer Zahl beantwortet werden können. Auch ist bei dem Mangel derartiger Bücher in holländischer Sprache für dienlich erachtet worden, jene Ausdrücke in dieser Sprache zu geben, wodurch der Herausgeber sich den Beifall derjenigen Personen besonders zu erwerben geglaubt hat, die in Holland reisen, oder die von Holland aus andere Länder besuchen.

図版2　*Traveller's Manual*（第2版，1840年刊）序文（Newberry 図書館蔵本）
※ 上段が英文、下段が独文。独文の序文には英文序の最後の段落の内容が無い。

1.4.1. 第2版の序文

1840年第2版の序文は、英語の序文とドイツ語の序文がある（**図版2**）。内容的にはほぼ同一のものと見られるので、英語の序文を試みに日本語訳しておく。

序文

本書の編者は、旅行者が異言語による日常会話において自分の意思を明確に正しく表現できるよう、なるべく実用的な手引き書（manual）にしようと努めた。また、有名なBOLDONIやMad. de GENLIS、その他の手引き書を土台にしつつ、多くの増補を施して本書を作り上げ、より実用性の高いものになるよう心がけた。同時に編者は、それらの先行書で不要と思われる部分を削除した。単語集の部分はとりわけ大幅に増補され、その配列についても改良された。会話集の部分についても、各言語の慣用表現を学ぶ人に必要なものを十分に盛り込んでいることがおわかり頂けるであろう。また、英語部分はイギリス人によって注意深く改訂されているので、改善されているものと確信している。

旅行者がその国の言語について実用的な知識を得るための滞在期間はごく限られているので、編者は彼らが得たいと望むような一般的な内容に関する短い質問を大幅に増補した。それらの質問は、なるべく「はい」か「いいえ」のような簡単な形で答えられるようなものか、あるいは数字や貨幣の名前のように、旅行者が大抵早い段階で覚えるような言葉で答えられるようなものにした。

これまで、オランダ（Holland）に住む旅行者を対象にしたこの種の手引き書は出版されていなかったので、編者はオランダ語の単語集や会話集も付け加えた。多くのオランダ人旅行者にも本書が歓迎されんことを期待する。

またこの機会に、このライン川流域を訪れるイギリス人旅行者にもお知らせしておきたい。我々はいつでも旅行者に対して様々な情報を提供する用意ができているので、是非とも我々の会社を訪ねて頂きたいと願っている。

以上が第2版の序文である。いくつか注目すべき点を指摘しておきたい。

まず、この *Traveller's Manual* は「BOLDONI」や「Mad. de GENLIS」等の先行書を土台にして作られているということである。その旨は第16版までのタイトルページや序文にも記されているが、第17版以降には記されなくなる。

これらの本について、インターネット上で公開されている全世界の図書館資料検索サ

イト「OCLC WorldCat」や古書検索サイト「AbeBooks.com」、「Google Books」等で検索すると、以下のような資料が浮かび上がる。

まず、「BOLDONI」というのは、以下の本のことと思われる。

　Mr. Boldoni（Cajetano di Boldoni）：*Nouveau manuel du voyageur, or the Traveller's Pocket Companion.*

これは、英語・フランス語・イタリア語対訳の単語・会話集である。初版は不明であるが、第2版は1819年 Paris 刊で、第3版は1821年 Milan 刊、第7版は1823年 Paris 刊である。このうち、筆者は第2版と第7版を入手した（**図版3～7**）。

第2版・第7版とも構成はほぼ同じで、第7版はタイトルページの後に広告・序文（New Publications. 5頁および Advertisement. 2頁）があり、その後に意義分類体の単語集（Vocabulary. pp.1-150）、会話集（Dialogues. pp.151-310）、書簡文例集（Letters and Notes. pp.310-327）と続き、巻末に西欧各国の貨幣の説明（Table of Coins. pp.328-337）と目次（Contents. pp.339-348）が付されている。Paris 刊であるが、タイトルページや広告等の説明は全て英語で書かれ、英語母語話者向けの体裁となっている。

図版3　Boldoni：*Nouveau manuel du voyageur*（第2版,1819年刊）タイトルページ（家蔵本）

解説 21

NOUVEAU MANUEL DU VOYAGEUR,

OR THE

TRAVELLER'S POCKET COMPANION;

CONTAINING COPIOUS AND FAMILIAR

CONVERSATIONS IN ENGLISH, FRENCH AND ITALIAN;

TOGETHER WITH

A COMPLETE VOCABULARY;

TABLES OF THE RELATIVE VALUE OF FRENCH, ENGLISH, ITALIAN AND GERMAN COINS; MODELS OF LETTERS, NOTES, ETC. ETC.

By M. BOLDONI,

Secretary Interpreter to the Court of Cassation, Professor at the Athénée of Paris, etc.

SEVENTH EDITION.

PARIS:

PUBLISHED BY A. AND W. GALIGNANI,

AT THE FRENCH, ENGLISH, ITALIAN, GERMAN AND SPANISH LIBRARY, 18, RUE VIVIENNE.

1823.

図版4　Boldoni：*Nouveau manuel du voyageur*（第 7 版 ,1823 年刊）タイトルページ（家蔵本）

NOUVEAU MANUEL DU VOYAGEUR

IN ENGLISH, FRENCH AND ITALIAN.

Vocabulary.

ENGLISH.	FRENCH.	ITALIAN.
The cardinal nouns of number.	*Des noms de nombres cardinaux.*	*Nomi di numero cardinali.*
One.	Un.	Uno.
Two.	Deux.	Due.
Three.	Trois.	Tre.
Four.	Quatre.	Quattro.
Five.	Cinq.	Cinque.
Six.	Six.	Sei.
Seven.	Sept.	Sette.

A

図版5　Boldoni：*Nouveau manuel du voyageur*（第 7 版 ,1823 年刊）p.1（家蔵本、第 2 版も同様）

8 NOUVEÀU MÀNUEL DU VOYAGEUR.

ENGLISH.	FRENCH.	ITALIAN.
Of the earth and what has relation to it.	*De la terre et de ce qui y a rapport.*	*Terra ed oggetti ad essa relativi.*
The earth.	La terre.	La terra.
The air.	L'air.	L'aria.
The water.	L'eau.	L'acqua.
The fire.	Le feu.	Il fuoco.
The light.	La lumière.	La luce.
Day.	Le jour.	Il giorno.
Night.	La nuit.	La notte.
The rays of the sun.	Les rayons du soleil.	I raggi del sole.
Heat.	La chaleur, le chaud.	Il calore; il caldo.
Cold.	Le froid.	Il freddo.
Darkness.	Les ténèbres.	Le tenebre.
A vapour.	Une vapeur.	Un vapore.
The wind.	Le vent.	Il vento.
The east.	L'est; l'orient.	Il levante; l'oriente.
The west.	L'ouest; l'occident.	L'occidente; il ponente.
The south.	Le sud; le midi.	Il mezzo giorno; il mezzo di.

図版6　Boldoni : *Nouveau manuel du voyageur*（第7版,1823年刊）p.8（家蔵本、第2版も同様）

134 NOUVEÀU MÀNUEL DU VOYAGEUR.

ENGLISH.	FRENCH.	ITALIAN.
The puncheon.	Le poinçon de monnayeur.	Il punzone da monetiere.
A turn.	Le tour.	Il torno.
The scissars.	Le ciseau.	Lo scalpello.
The graver.	Le burin.	Il bulino.
Affirmative phrases.	*Phrases affirmatives.*	*Frasi affermative.*
That is true.	C'est vrai.	È vero.
It is so.	Cela est ainsi.	È così.
I believe so.	Je crois que oui.	Credo di sì.
I say yes.	Je dis que oui.	Dico di sì.
You are right.	Vous avez raison.	Avete ragione.
I am certain of it.	J'en suis sûr.	Ne sono certo.
I know it positively.	Je le sais positivement.	Lo so di certo.
I promise it you.	Je vous le promets.	Velo prometto.
I give it you.	Je vous le donne.	Velo do.
It is he himself.	C'est lui-même.	È desso.
It is she herself.	C'est elle-même.	È dessa.

図版7　Boldoni : *Nouveau manuel du voyageur*（第7版,1823年刊）p.134（家蔵本、第2版も同様）
※Affirmative phrases. の冒頭は *Traveller's Manual* 第17版 p.148 の Affirmative phrases. の冒頭とほぼ同じである。

一方、「Mad. de GENLIS」というのは、以下の本のことと思われる。

Madame de Genlis（Stéphanie Félicité de Genlis）：*Manuel du voyageur*（ドイツ語題 *Taschenbuch für Reisende*、英語題 *The Traveller's Companion*）

Madame de Genlisによる会話集は様々な国の出版社から多くの版が出版されているが、1799年版はフランス語・ドイツ語対訳の会話集となっている。これに対し、1804年には英語・ドイツ語・フランス語・イタリア語の四ヶ国語対訳版、1807年にはフランス語・スウェーデン語・英語・ドイツ語の四ヶ国語対訳版およびポーランド語・ドイツ語・フランス語・イタリア語の四ヶ国語対訳版、1810年には英語・ドイツ語・フランス語・イタリア語・スペイン語・ポルトガル語の六ヶ国語対訳版が出版されている。

筆者は1828年London刊の第17版（英・仏・伊対訳版）を入手した（**図版8〜9**）。これによると、意義分類体単語集は含まれておらず、巻末の付録を除けばほぼ全編が会話集となっている。構成は、バスタードタイトル・タイトルページの後、序文（Advertisement. pp.iii-vi）、目次（Contens. pp.vii-ix）、本文（Dialogue I 〜 LII. pp.1-284）、書簡文例集（Letters and Notes. pp.284-295）、その他（十二ヶ月の名称・曜日の名称・基数詞・音楽用語・貨幣の説明等、pp.296-320）、出版社の広告（8頁）となっている。

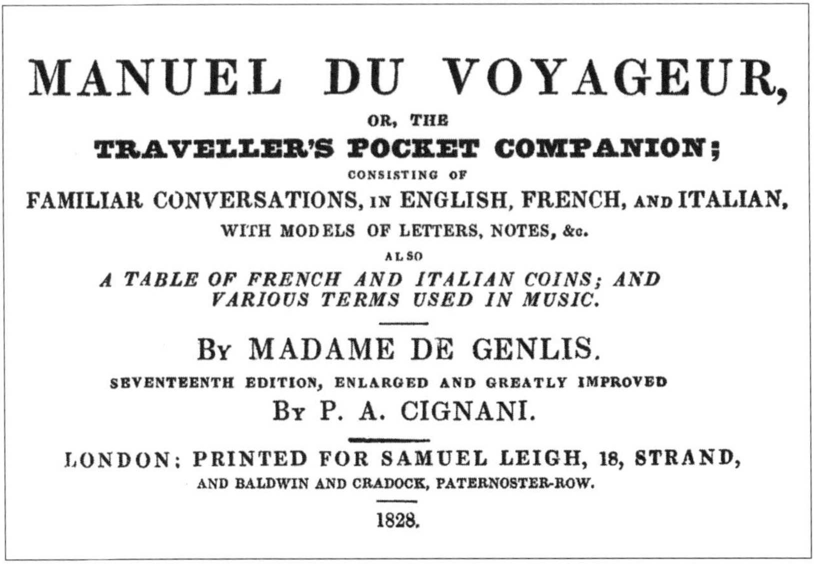
MANUEL DU VOYAGEUR,
OR, THE
TRAVELLER'S POCKET COMPANION;
CONSISTING OF
FAMILIAR CONVERSATIONS, IN ENGLISH, FRENCH, AND ITALIAN,
WITH MODELS OF LETTERS, NOTES, &c.
ALSO
A TABLE OF FRENCH AND ITALIAN COINS; AND VARIOUS TERMS USED IN MUSIC.
BY MADAME DE GENLIS.
SEVENTEENTH EDITION, ENLARGED AND GREATLY IMPROVED
BY P. A. CIGNANI.
LONDON: PRINTED FOR SAMUEL LEIGH, 18, STRAND,
AND BALDWIN AND CRADOCK, PATERNOSTER-ROW.
1828.

図版8　Genlis : *Manuel du voyageur*（第17版,1828年刊）タイトルページ（家蔵本）

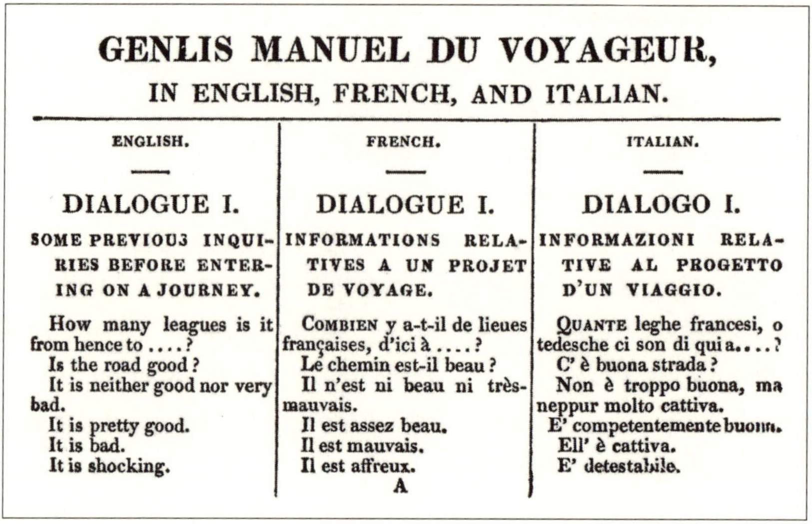

GENLIS MANUEL DU VOYAGEUR,

IN ENGLISH, FRENCH, AND ITALIAN.

ENGLISH.	FRENCH.	ITALIAN.
DIALOGUE I.	DIALOGUE I.	DIALOGO I.
SOME PREVIOUS INQUIRIES BEFORE ENTERING ON A JOURNEY.	INFORMATIONS RELATIVES A UN PROJET DE VOYAGE.	INFORMAZIONI RELATIVE AL PROGETTO D'UN VIAGGIO.
How many leagues is it from hence to ....?	COMBIEN y a-t-il de lieues françaises, d'ici à ....?	QUANTE leghe francesi, o tedesche ci son di qui a....?
Is the road good?	Le chemin est-il beau?	C' è buona strada?
It is neither good nor very bad.	Il n'est ni beau ni très-mauvais.	Non è troppo buona, ma neppur molto cattiva.
It is pretty good.	Il est assez beau.	E' competentemente buona.
It is bad.	Il est mauvais.	Ell' è cattiva.
It is shocking.	Il est affreux.	E' detestabile.
	A	

図版９　Genlis : *Manuel du voyageur*（第 17 版 ,1828 年刊）p.1（家蔵本）

なお、家蔵本の第 17 版では Boldoni の単語集と同様に英語で説明がなされているが、その序文（Advertisement）の記述によれば、Genlis のオリジナルは Berlin 刊の仏・独対訳版であったということである。

これ以上深入りしないが、*Traveller's Manual* の第 16 版以前にはこれらの本を参照しつつ編纂されたということが本自体に明記されている。

Traveller's manual 第２版の序文に話を戻す。その英文序の終わりから二つ目の段落には「編者はオランダ語の単語集や会話集も付け加えた」という内容が記されているが（前掲**図版２**参照）、確かに第２版の pp.296-327 には英・独・仏・蘭対訳の会話集「SHORT QUESTIONS.」があり、pp.328-334 には英・独・蘭対訳の単語集「VOCABULARY.」がある。しかし、第 16 版においてはその前者が英・独・仏・伊対訳に変えられており（pp.148-183）、後者は全て削除されている。つまり、それらの措置によりオランダ語は全く含まれなくなったので、この段落は第 16 版の序文に見られない（後掲**図版 10** 参照）。恐らくは第３版の序文で削除されたのであろう。

それから最後の段落の内容であるが、これは明らかにイギリスからライン川流域に来る旅行者に対するメッセージであり、本書がドイツ語母語話者やフランス語母語話者の

解　説　　25

みならず、英語母語話者もターゲットにして編纂されていることが改めて知られる。書名が英語であり、見開きの一番左の見やすいところに英語本文が入っていることからも想像は可能であるが、1840 年代における他の Baedeker の旅行案内書とは異なり、本書がライン川流域にやってきたイギリス人を念頭に置いて作られたことがこの記述でも確認される。恐らくはこの時、Baedeker の会社の中にイギリス人がいて、*Traveller's Manual* の編纂を手伝うとともに、イギリス人旅行者に対する情報提供も行っていたのであろう。

　なお、この最後の段落の記述は、この後に続くドイツ語の序文には見られない。

1. 4. 2. 第 16 版の序文

　第 16 版の序文は第 2 版の英文の序文とほとんど同じであるが、第 2 版英文序の最後から 2 段落目の文章の無い点だけが異なる（**図版 10**）。前掲**表 1** のページ数の状況から、第 3 版以降において、先に挙げた部分（英・独・仏・蘭対訳の会話集と英・独・蘭対訳の単語集）が省かれたことによる措置と見られる。

Preface.

The editor of the following little work has endeavoured to render it as useful as possible for the traveller, and, to afford him a guide for expressing himself clearly and correctly in familiar conversation, according to the idioms of the different languages. He has founded it upon the well known manuals of Boldoni, Mad. de Genlis and others, and has made many additions, which he hopes will be found useful; at the same time he has omitted such portions of those works, as may be deemed unnecessary. The Vocabulary, in particular, has been considerably extended, and subjected to an improved arrangement. The Dialogues will be found sufficiently copious for the use of those, who may wish to study the idiomatic expressions of the respective languages. The English portion of the work has been carefully revised and corrected by an Englishman, and the editor hopes, that some improvement has been effected in that part of the manual.

For the use of those travellers, whose residence is too limited in its duration, to permit them to obtain any useful knowledge of the language of the country, through which they may be travelling, the editor has added a number of brief questions upon the most ordinary topics, relatively to which a tourist may desire information. These questions are, as far as possible, formed in such a manner, as to admit either of a simple affirmative or negative as the reply, or else of a number or the name of some coin, terms, with which a traveller usually forms an early acquaintance.

The publisher also takes this opportunity of informing the English tourists in the Rhine-provinces, that he is at all times ready to afford any information to those travellers, who do him the honour to visit his establishment.

図版 10　*Traveller's Manual*（第 16 版,1862 年刊）序文（Harvard 大学図書館蔵本）

1．4．3．第 17 版以降の序文

　第 17 版以降の序文は、第 16 版の序文とかなり異なり、文章も短くなっている（**図版 11**）。実際には第 17 版の英語版を入手していないので、第 17 版の英文序は未見であるが、恐らくは第 18 版以降 stereotype 版までの英文序と同じであったものと推測される。（第 17 版フランス語版の序文もほぼ同内容である。）以下に英文序の日本語訳を試みる。

　　このハンドブックはこれまで多くの版次にわたって出版されてきたが、そのことは本書の有用性が世間一般で高く評価されていることの証しである。他のハンドブックと同様、本書で編者が目指すのは、煩わしくて費用の掛かる「Valets de place（旅行案内者）」から旅行者ができるだけ解放され、自由に、そして快適に旅することができるよう促すことにある。この目的のもと、本書には旅行者に必要な語を全て含んだ豊富で体系的に配列された単語集が収録されており、旅行者が直面する様々な場面状況に対応した会話も多く含まれている。「short questions」の部分には、

PREFACE.

———

The number of editions through which this Handbook has passed is the best evidence of its utility and the general estimation in which it is held. The Editor's object, as in the case of his other handbooks, is to promote the freedom and comfort of the traveller, and render him, as far as possible, independent of the troublesome and expensive class known as "Valets de place". With this aim in view, the Handbook contains an ample and systematically arranged vocabulary of all the words which the traveller is likely to require, as well as a number of dialogues adapted to the various circumstances in which he is likely to be placed. A series of short questions, which may be answered by a simple affirmative or negative, or by a number, have been added for the benefit of those who have not time or inclination to acquire even a superficial acquaintance with the languages.

Other handbooks of a similar description may claim to be more voluminous; the editor, however, believes this to be a doubtful advantage. "Little and good" is accordingly the maxim by which he has been guided, feeling that the traveller is likely to be perplexed rather than assisted by a superabundance of matter.

———

図版 11　*Traveller's Manual*（第 19 版 ,1869 年刊）英語版序文（家蔵本）
※ 第 17 版以降、stereotype 版まで同一と見られる。

「はい」か「いいえ」や数字のような簡単な形で答えられる質問が加えられている
が、それらは時間の無い人やその言語にあまり触れる機会の無い人にとって有益で
あろう。

　他の同様のハンドブックは、もしかしたら本書よりももっと多くの語や文例が含
まれていることを特長として挙げるかもしれない。しかし、編者はその主張に対し
て懐疑的である。旅行者にとってみれば、内容が過剰に含まれていることによっ
て、助けられるというよりもむしろ困惑させられることの方がよくある。それゆえ、
「小さいことは良いことだ」というのが、旅行者の金言となっているのである。

　第16版に比べて、「BOLDONI や Mad. de GENLIS、その他の手引き書を土台にしつ
つ」といった記述が無くなっていることころがまず注目される。第17版で大幅な改
訂が加えられ、それにより、第16版までの序文で記されていたこの記述がもはや不
要になったと判断されたのであろう。第17版以降では、タイトルページからも第16
版にあった「FOUNDED UPON THE WORKS OF BOLDONI, MAD. DE GENLIS AND
OTHERS.」という記述が削除された。（前著 p.28 参照。）

1.5. 底本が *Traveller's Manual of Conversation* であったことの示す意味

　拙稿1998において、『英吉利単語篇』『法朗西単語篇』の底本が *Traveller's Manual* で
あることを初めて明らかにしたが、その中で最も注目されるのが、この本がオランダ語
を全く含んでいない本であったことである。蕃書調所や洋書調所による語学書が文久二
(1862) 年頃に多く出版され、さらにその四年後の慶応二 (1866) 年頃には開成所か
ら語学書が多く出版されて刷新されることが渡辺実1964で指摘されているが、開成所
の多くの語学書がそうであったように、『英吉利単語篇』および『法朗西単語篇』の底
本がオランダ語を含まない単語集であったという事実から、オランダ語を介するのでは
なく、英語やフランス語から直接意味を取ろうと態度を改めた様子が見て取れる。

　しかし残念なことに、この *Traveller's Manual* の第17版ないし第18版がどのように日
本にもたらされ、『英吉利単語篇』および『法朗西単語篇』の底本に定められたのかに
ついては全くわかっていない。幕府の旧蔵書には入っていないので、開成所が正規の
ルートで購入した本ではなかったように思われる。開成所の教職員の誰かが在日西洋人か
ら譲り受けたか、幕末の留学生がもたらしたか、そういったことも全く不明である。

2.『対訳名物図編』について

2.1.『対訳名物図編』とは

　『対訳名物図編』は市川清流編、慶応三（1867）年九月序刊の英和対訳単語集である。『英吉利単語篇』所収の 1490 語の英語とその訳語を並べているが、『英吉利単語篇』の英語とは異なる語の記されている箇所が若干あり、訳語についても『英仏単語篇注解』や『英仏単語便覧』と異なる語が多く存在する。各語について絵を入れるための枠内は空欄となっているが、のちに『英国単語図解』と改題して出版された本（明治五～七年刊）には絵が入っている。

　「附言」の「慶應三丁卯歳晩秋日」（慶応三年九月）の日付から、『英仏単語篇注解』が刊行された慶応三年五月の数か月後に刊行されたものと考えられ、慶応四年刊の『英仏単語便覧』よりも早く成立していることになる。よって『対訳名物図編』が参照した可能性の考えられる『英吉利単語篇』系統の英語単語集は、『英吉利単語篇』と『英仏単語篇注解』のみということになる。また、刊行順序からは『英仏単語便覧』が『対訳名物図編』を参照することも可能ではあるが、内容からはそのような参照関係を見出すことができない。

2.2. 編者・市川清流と『対訳名物図編』および『英国単語図解』

　『対訳名物図編』は、「附言」に「買山迂夫誌」とあるだけで著者が不明であったが、青木次彦 1976 により「買山」や「央坡」が市川渡（清流）の号であることが指摘された。これにより、『対訳名物図編』の著者は市川清流であることが明らかとなった。

　市川清流の経歴については青木 1976 および後藤純郎 1976・1981 に詳しくまとめられている。以下、それらに拠りながら『対訳名物図編』及び『英国単語図解』刊行ま

での市川清流について見ていく。

　市川渡、のちの市川清流（1824- 没年未詳）は、旗本で外国奉行も務めた岩瀬忠震^{ただなり}の家臣であった。安政二（1855）年にはロシア使節のプチャーチンと交渉する忠震に随行し、下田に出張した。しかし、忠震は安政六（1859）年、井伊直弼により失脚せられ、文久元（1861）年七月に死去、岩瀬家は断絶し、市川は主家を失った。

　文久元年末から翌文久二年十二月にかけて、幕府は竹内下野守保徳を正使とする使節団（文久二年遣欧使節）を欧州に送るが、この時数えで三十八歳の市川渡は、副使・松平石見守康直の従者として加わり、渡欧を果たした。この使節団の中には、森山多吉郎（外国奉行調役兼通事方）、福地源一郎（定役並通事、のちの福地桜痴）、箕作秋坪（御備翻訳方・津山藩）、松木弘庵（御備翻訳方・薩摩藩、のちの寺島宗則）、福沢諭吉[注2]（御備翻訳方・中津藩）らが含まれていた。この時の使節一行は、フランス、イギリス、オランダ、プロシア、ロシアを巡り、ポルトガルを経て帰国した。帰国後に市川は、この時の旅行記を『尾蠅欧行漫録』六巻（文久三年序）としてまとめた。その序文の中には「余蟹行ノ書ヲ學ハス鴃舌ノ語ニ習ハス[注3]」とあるので、少なくとも遣欧使節に参加した頃まではまだあまり西洋語を勉強していなかったものと推測される。

　なお、この『尾蠅欧行漫録』は写本として広まったが、イギリス公使館のアーネスト・サトウ Ernest Mason Satow がこれを英訳し、*The Chinese and Japanese Repository* 第24〜29号（1865年7月〜12月）及び *The Japan Times*1865年9月15日号〜1866年3月9日号に連載したことはよく知られている。

　『対訳名物図編』はこの後、慶応三（1867）年の九月以降に出版されたと見られるが、後藤1981ではこれが市川清流の著作の二作目ということになっている。

　しかし、市川にはこれより前に『生兵教練書』と『小隊教練書』いう著作があった。ともに栃木県立図書館黒崎文庫に所蔵されているが、13×9cm 程度の小型の和装整版本で、『生兵教練書』の末尾には「慶應三丁卯春鐫行／信天舍藏板」、『小隊教練書』の末尾には「慶應三丁卯初春刻／信天舍藏板」とある。前者は単に「春」とあるのに対し、後者は「初春」（一月）となっているので、後者の方が少し早く出版されたようにも見えるが、前者の方には「慶應二丙寅良月」（「良月」は旧暦十月）の日付のある「信天舍主人」の序文が付されていることから、両書は慶応三年の一月頃にほぼ同時に出版されたものと見られる。

両書の本文冒頭には「市川渡清流著」と明記されている。後藤1981には「維新後，市川渡は名を清流とあらため」とあるが、遅くともこの頃には「清流」の名を使い始めていたことになる。

　『対訳名物図編』の「附言」の日付は「慶應三丁卯歳晩秋日」なので、『対訳名物図編』は『生兵教練書』『小隊教練書』の刊行後に成稿したものと見られる。また、後に見るように、『対訳名物図編』は慶応二年刊の『英吉利単語篇』と慶応三年五月刊の『英仏単語篇注解』を参照しつつ編纂されていると見られるので、それらのことから考えると、『対訳名物図編』は慶応三年の五月から九月にかけてというごく短い間に編纂されたものと推測される。恐らくは「附言」の慶応三年九月からさほど日を置かずに刊行されたものと見られるが、現存伝本には刊記も奥付も見られないので、いわゆる配り本としてのみ刊行された本であり、書肆での売り広めは行われなかったものと見られる。

　『対訳名物図編』刊行後の市川清流は、明治二（1869）年末頃に新政府の大学（後の東京大学）の職員である中写字生となり、翌年には大写字生に昇進する。明治四年七月に大学が廃止されると同時に文部省が設置され、明治四年九月に文部省内に編輯寮が設置されると清流はそこに移り、同年十一月に十一等出仕となる。そこで市川は箕作麟祥のもとで翻訳の補佐をしたが、その際の役割については大槻文彦1907に記述が見られる。大槻は、「麟祥君が公私の飜譯、極めて多かりき（中略）新事實に新譯語を定むるに苦心せり、今の世に行はるゝ譯語にして、麟祥君の選定になりしもの多し（中略）譯語の選定、譯文の潤色に就きては、辻士革、寺内章明、市川清流等の力を借れり」と述べている（pp.57-58）。また、佐原純一の明治三十四年時点での回想の中では、箕作麟祥が洋書翻訳で「譯字」（訳語のこと）を当てる際に、文字に明るい市川清流が、「これは、斯う云ふ字が當るとか、斯う云ふ字畫が正しいとか、云つて直しました」と述べている（p.70）。麟祥が多くの法律用語を作り出したことはよく知られているが、市川清流はそれに対して助言を与える役割を果たしていたことになる。

　その間、清流はいくつかの本の出版に関わっている。自著ではなく、他の著者の校者となっていたり、序文を寄せたりしていることが大半である。後藤1981によって記せば、校者として名を連ねているものに、内田正雄編『輿地誌略』（明治三年刊）、緒方儀一（若山儀一）訳『泰西農学』（明治三年序刊）、序文を寄せているものに緒方正（若山儀一）編訳『西洋開拓新説』（明治三年序刊）、寺内章明編訳『五洲紀事』（明治四年刊）、

若山儀一訳『西洋水利新説附録』（明治四年序刊）などがある。

　明治五（1872）年四月に清流は「書籍院建設ノ儀ニ付文部省出仕市川清流建白書」を著して図書館の必要性を訴えたが、そのことが湯島聖堂内の旧大学講堂を仮館として始まった「書籍館」（国立国会図書館の前身、明治五年八月一日開館）の設立につながった。明治五年四月二十九日の『東京日日新聞』63号に市川清流の建言によって書籍院が開設される旨の記事が掲載され、同年五月発行の『新聞雑誌』第45号附録にその全文が掲載されている。[注5]また、前者には「文部省十一等出仕市川清流」と記されている。

　『対訳名物図編』の絵入り改題本『英国単語図解』の上巻が刊行されたのも、ちょうどこの時期に当たる。同書の末尾には「明治五年／蒲月新刊」の刊記がある。（「蒲月」は旧暦五月の異称。）明治五年四月の文部省『准刻書目』にも「英國單語圖解　〔著述／出板〕共　市川清流　二冊／英ノ單語編ヘ畫圖ヲ加ヘテ解ス」とあり（明治文献資料刊行会『明治前期書目集成』第六分冊1972 p.24による）、この時期に刊行されたことを裏付ける。また、「〔著述／出板〕共　市川清流」とあることから、『英国単語図解』上下の末尾にある「從吾所好齋藏梓」の「從吾所好齋」も市川清流の号と推測される。[注7]

　明治五年以降も他著の校者になったり序文を寄せたりすることがあったが、出版人になることも多かった。これも後藤1981によって記せば、例えば央坡散人（市川清流）序『英文典字類』（明治五年序刊）、大槻磐渓著『国詩史略』（明治五年刊）、山田正精訳『英学必携』（明治五年刊）、村田文夫・山田貢一郎訳『西洋家作雛形』（明治五年刊）、便静居主人（島一徳）著『改正増補英語箋』（明治五年刊）などの出版人になっている。無論、清流は本屋ではないので、出版願における名目上の出版人となったに過ぎず、実際の出版は書肆が行っている。上記のうち、例えば『改正増補英語箋』は、本文末尾の刊記を見ると椀屋喜兵衛が版元となっており、その上で「市川氏藏版」と書かれている。この本の場合、市川清流は出版人であると同時に板木の所有者となっていたものと見られる。その場合の清流は、当該の本の出版における出資者となっていたことになるが、柳河春三・渡部一郎など幕末の開成所の教授たちが、官版の書籍とは別に、洋書・中国洋学書の和刻本や自著を自費出版していたと見られるのとよく似ている。

　文部省内の編輯寮は明治五年九月に廃止されるが、その仕事と職員はそのまま太政官の正院に引き継がれた。清流はそこに明治八年頃まで出仕し、役所を辞した。

　のち清流は東京日日新聞に入社し、校正主任を務めた。これは、かつて文久二年の遣

欧使節団で共に渡欧した同社の社長、福地源一郎（桜痴）の招きに応じたものである。ただし、清流はこれを一年ばかりで退社した。その後の清流の身分は定かでなく、没年も不明であるという。

　清流が生涯で自ら著した本は、前述した『尾蠅欧行漫録』『生兵教練書』『小隊教練書』『対訳名物図編』『英国単語図解』の他に、『史学童観抄』（明治三年序刊）・『姓林一枝』（明治四年刊）・『訓蒙十八史略』（明治七年刊）・『標註刪修故事必読』（明治十年刊）・『雅俗漢語訳解』（明治十一年刊）があった。

2.3.『対訳名物図編』の「附言」

　『対訳名物図編』には見返しの位置に「春蔭」すなわち柳河春三による和歌二首があるが、それについては最後に考察する。その見返しの後には、買山迂夫による以下のような「附言」一丁が続く。以下、私に句読点・ルビ・濁点を補いつつ翻字する。

　　附言
　　此書名ケテ圖編ト曰フ。固ヨリ宜シク一名物毎ニ圖ヲ出ス可而テ今其圖ヲ加エザル者ハ、編中其物ノ彼ニノミ有テ我ニ無キ物マヽ少ナカラズ。編者畫工共ニ其物々ヲ詳悉シテ、能ク杜撰無カラン事ヲ欲ス。故ニ校正ヲ苟且セズ、思ハズ数月ヲ彌リテ未卒業ノ際、學童輩蚤ク此著有ヲ知テ請需ムル、日ニ切ナリ。依テ姑ク其圖ヲ閣キ、虚格ヲ其儘存シテ上梓シ、聊先ヅ其責ヲ塞グ。實ニ梅林ヲ説テ渇ヲ止ルノ副急、已ヲ得ザルニ出ルノミ。猶精緻シテ密圖ヲ填塞スル、數日ノ中ヲ出ザル可シ。看ン人幸ニ此匆卒ノ擧ヲ尤ムル勿レ。

　慶應三丁卯歳晩秋日　　　　　　　　　　　　　　　　買山迂夫誌

　この『対訳名物図編』はもともと一名物ごとに図を提示することを目指していたが、西洋のみにあって日本に無いものが少なからずあり、編者も画工もそれらをよく知った上で図を示そうと考えていた。しかし、その校正が終わらぬ前に「學童輩」がこの書のあることを知って盛んに求めるので、それに応じてやむを得ず図の部分を空欄にしたまま刊行したのだと述べる。「梅林ヲ説テ渇ヲ止ル」とは中国の逸話集『世説新語』（5c.前成）に見られる「梅林止渇」の故事で、喉が渇いた兵士に対して、前方に梅の林があり実がなっているからそれを食べて渇きを癒せと言ったところ、兵士の口の中に唾液が生じて一時的に渇きを凌ぐことができたというものである。近いうちに図を入れて改め

て出版するので、それまでは想像で補ってほしいという文面である。

　このような事情で『対訳名物図編』には図が入っていないのであるが、図を入れて明治五年～七年に刊行された『英国単語図解』には、当然のことながらこの「附言」が付されていない。

２.４.『対訳名物図編』の書誌

　『対訳名物図編』は書誌的異同の少ない本である。以下にその書誌を記す。

櫻井豪人蔵本（影印原本）

○装丁・書型・巻冊数　袋綴、中本、一巻一冊。

○表紙　原装、藍色布目地に松皮菱艶出。18.3×12.9cm。

○題簽　原題簽中央双辺「對譯名物圖編　完」。

○見返し　本文共紙、子持枠内に以下の和歌二首が記されている。「濱千鳥　たちおくれしと／芦邊行　蟹のあとをも／ふみならひけむ」「西の海の／波のはてまて／ひとすちに／ふみひらけゆく／御代そうれしき／春蔭」。

○構成　附言一丁、本文七十六丁。

○本文　四周単辺有界。匡郭内寸 14.9×10.5cm。

○刊記　なし。

○その他の伝本：大阪府立大本（旧大阪女子大本）、香川大神原文庫旧目録833（124499）、九大筑紫文庫本、神戸大住田文庫本、国際日本文化研究センター宗田文庫本、静嘉堂文庫本、東京外大本、同志社大荒木英学文庫本、早大洋学文庫本。

○備考　大半の伝本は、後見返しの部分に原装の白紙（本文共紙）があるが、影印原本の家蔵本にはそれが無く、最終丁裏が後表紙に糊付けされている。

２.５.『英国単語図解』の書誌

　『英国単語図解』の書誌も記しておく。

　『英国単語図解』は『対訳名物図編』を上下二冊に分け、空欄であった箇所に絵を入れて印刷したものである。上巻（本文一～三十八丁）は明治五年五月刊、下巻（本文三十八～七十六丁）は明治七年一月刊である。『対訳名物図編』と異なり、見返し（**図版12**）および本文末尾の刊記には「市川央坡著」と著者が明記されている。ただし、

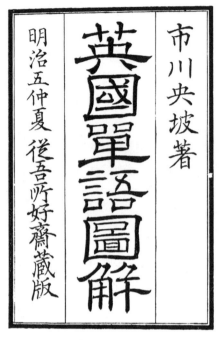

図版12 『英国単語図解』上 見返し
(家蔵本A)

本文の文字部分の板木は『対訳名物図編』と同じ板木を用いており、板心の書名(柱題)も「對譯名物圖編」のままである。もともと一巻一冊であった本を上下二冊に分けた都合により、上巻最終丁の第三十八丁は新たに彫られた板木であり、その裏丁は「市川央坡著/〔明治五年/蒲月新刻〕従吾所好齋藏梓」という刊記になっている。下巻の最初の丁(第三十八丁)は『対訳名物図編』の三十八丁の板木を用いているように見受けられるが、表丁は入木改刻され、「英國單/語圖解/墨齊書」という題字が記されている。

絵の部分は別の板木を新たに作成し、本文とは別に重ね刷りしたものと見られるが、竹中龍範2008で指摘されている通り、上巻にはその絵の部分が焦茶色で摺られた本と墨色で刷られた本とが存在する。なおかつ、絵が焦茶色の本と墨色の本とでは、一部の絵において相違がある。[注8]

この点について竹中2008は、焦茶色の本における不可解な絵の箇所が、墨色の本では分かりやすい絵に入木訂正されていることから、焦茶色の本の方が早印で、改刻後の墨色の本の方が後印としているが、恐らく実際にはその逆であろう。墨色の本は現存伝本が少ないのではっきりとしたことが言えないが、焦茶色の本の中には、国立教育政策研究所教育図書館本のように刷りの状態がやや後印である本が存在する。

仮に絵の内容だけで先後関係を見極めるとしても、焦茶色の本が早印であると断定することはできない。

確かに、竹中2008が根拠としている15才の絵(**図版13**)では、特に「Noon. ヌーヌ/午時ヒル」という絵において、焦茶色本では猫の絵が記されており、子どもが食事

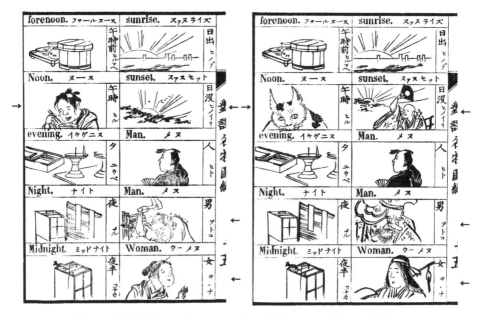

図版 13 『英国単語図解』上 15 オ 　左：墨色本（家蔵本 A）　右：焦茶色本（家蔵本 B）
※ 墨色本の絵の方が適切に感じられる。

をしている墨色本の絵の方が適切であるように感じられる。

　しかし、他の箇所を見比べてみると、焦茶色本の方が適切と思われる箇所の方が多い。

　例えば 9 ウの「light-house. ライトハウス／燈明臺トウミヤウダイ」（図版 14）において、墨色本は単なる石灯籠であるが、焦茶色本では海辺に立っている灯台の絵になっている。そのすぐ上の「Shipwreck. シップレッキ／破舩ハセン」や、またそのすぐ上の「pirate. パイレート／海賊カイゾク」の絵も、焦茶色本の方がはっきりわかる絵になっている。

　20 ウの「back of the neck. バイク　オフ　ヅイ　ネック／項窩ボンノクボ」（図版 15）も、墨色本はなぜか月代を上から見たところの絵になっているが、焦茶色本ではきちんと、後ろから見た坊主の首が描かれている。

　24 オの「Bigness. ビイネス／肥コエ」（図版 16）も、焦茶色本の方が墨色本に比べて、その下の「Meagerness. ミーグネス／痩ヤセ」との対比がよくわかる絵になっている。

　34 ウの「glass. ガラス／玻瓈碗ノミモノワン」も、同じく「brush. 毛拂ケハラヒ」も（図版 17）、西洋の事物を表わすものとしては焦茶色本の絵の方が適切と見られる。

図版14 『英国単語図解』上9ウ　左：墨色本（家蔵本Ａ）　右：焦茶色本（家蔵本Ｂ）
※ 焦茶色本の絵の方が適切に感じられる。

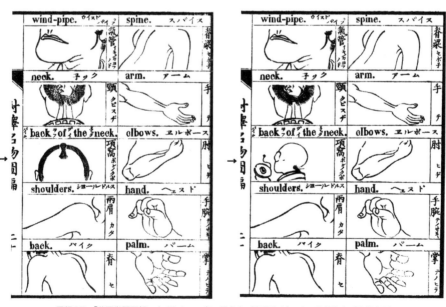

図版15 『英国単語図解』上20ウ　左：墨色本（家蔵本Ａ）　右：焦茶色本（家蔵本Ｂ）
※ 焦茶色本の絵の方が適切に感じられる。

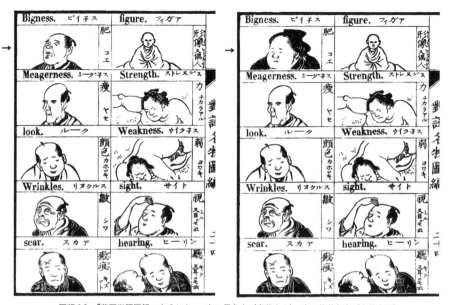

図版 16 『英国単語図解』上 24 オ　　左:墨色本(家蔵本 A)　右:焦茶色本(家蔵本 B)
※ 焦茶色本の絵の方が適切に感じられる。

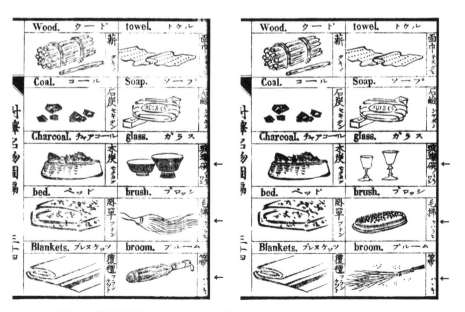

図版 17 『英国単語図解』上 34 ウ　　左:墨色本(家蔵本 A)　右:焦茶色本(家蔵本 B)
※ 焦茶色本の絵の方が適切に感じられる。

このように、どちらかというと、焦茶色本の方が適切な絵になっていることが多いように感じられ、そのことからも墨色本が改訂前、焦茶色本が改訂後と見られる。

　もう一点、焦茶色本の方が後であると考える根拠として、現存伝本の下巻の絵が全て焦茶色で刷られているということが挙げられる。下巻は伝本が少ないので正確なことは言えないが、現存する三本、すなわち香川大神原文庫本・国立国会図書館本・玉川大本のいずれもが絵は焦茶色で刷られている。（ただし、71ウ以降の多色刷りの部分は、いずれの本も線は墨色で刷られている。）そのことから考えるに、明治五年において上巻のみ刊行された時は絵が墨色で刷られ、明治七年に下巻を刊行した時に上巻の絵に改訂が加えられると同時に、上下巻とも絵を焦茶色で刷ったということではないかと想像される。

　以下、墨色本が明治五年頃の早印本（A類）、焦茶色本が明治七年以降の後印本（B類）と見て、上巻・下巻に分けて『英国単語図解』の書誌を記述する。

上巻A類

香川大学神原文庫旧目録834（124521）

○装丁・書型・冊数　袋綴、中本、一冊。

○表紙　原装、黄蘗色紗綾形艶出。18.1×12.4cm。

○題簽　原題簽中央双辺「〔英／國〕單語圖解　上」。

○見返し　赤色紙、双辺枠内「市川央坡著／英國單語圖解／明治五仲夏　従吾所好齋蔵版」。

○構成　本文、一～三十八丁。

○本文　四周単辺有界。匡郭内寸14.9×10.5cm。絵は墨色で刷られいる。

○刊記　最終丁裏（38ウ）、「市川央坡著／〔明治五年／蒲月新刻〕　従吾所好齋蔵梓」。

○同類の伝本：家蔵本A、玉川大本（ただし玉川大本の表紙は黄蘗色紗綾形型押）。

○備考：第三十七丁までは『対訳名物図編』と同じ板木を用いているが、第三十八丁表は『対訳名物図編』の覆刻である。

　なお、鄭美淑2012により、『対訳名物図編』の本文が『英国単語図解』上巻において改訂されている箇所のあることが報告されているので、改めて**表2**に記しておく。[注9]

　『対訳名物図編』の注釈の誤りを正しく訂正しているものと見られるが、**表2**以外に本文を修正した箇所は上下巻とも見当たらなかった。なお、この入木訂正は『英国単語

表2 『対訳名物図編』と『英国単語図解』上巻における本文異同の箇所

所在	『対訳名物図編』（慶応三 1867 序刊）	『英国単語図解』上（明治五 1872 刊）
18 ウ	veins. ウヱヌス 静脈（セイミヤク）赤血ノ循環ヲ云	veins. ウヱヌス 静脈（セイミヤク）黒血ノ循環ヲ云
18 ウ	arteries. アーチリース 動脈（ドウミヤク）黒血ノ循環ヲ云	arteries. アーチリース 動脈（ドウミヤク）赤血ノ循環ヲ云

図解』の全ての伝本において施されている。

上巻B１類

九州大学筑紫文庫蔵本

○上巻A類との異同：本文、絵が焦茶色で刷られており、一部の絵が入木改刻により差し替えられている。

○同類の伝本：鶴見大本、東大松村文庫本、東京外大本、同志社大荒木英学文庫本、東書文庫本、香川大神原文庫旧目録 833（登録番号 124504、原表紙・見返し欠のため『対訳名物図編』の名で所蔵）、家蔵本B。

上巻B２類

西京高等学校（旧西京商業高等学校）平野文庫蔵本

○上巻B１類との異同：本文の後に書肆名を列挙したもの（以下「書肆一覧」）三丁と奥付がつく。これらは『通俗英吉利単語篇』下の一部の伝本（後印本）に付されるものと同じで、書肆一覧は第一丁が須原屋茂兵衛〜大坂屋藤助、第二丁が島屋平七〜近江屋岩治郎、第三丁が山崎屋清七〜岸田銀治の名が記されているもの、奥付は「一通俗英吉利單語篇」「一同法朗西單語篇」「一英吉利單語圖解」「一英語字引圖解」の近刻予告に東京書林の丸屋半三郎・和泉屋壮蔵・和泉屋半兵衛の三肆が記されているものである。

○備考：絵は焦茶色で刷られているが、刷りの状態はよい。『通俗英吉利単語篇』と同じ書肆一覧・奥付が付されているのは、版元が共通していることによる（下巻の刊記に「〔和泉屋半兵衛／萬屋忠蔵〕梓」とある）。

上巻B３類

国立教育政策研究所教育図書館蔵本

○上巻B１類との異同：本文の後の書誌一覧（三丁）は無いが、奥付は同様のものがつく。

○備考：絵は焦茶色で刷られている。刷りの状態はやや後印。

下巻

香川大学神原文庫旧目録834（124522）

○装丁・書型・冊数　袋綴、中本、一冊。

○表紙　原装、黄蘗色紗綾形艶出。18.1×12.4cm。

○題簽　原題簽中央双辺「〔英／國〕單語圖解　下」。

○見返し　原装白紙。

○構成　本文、三十八～七十六丁。絵は焦茶色で刷られているが、七十一丁裏以降の国名の箇所は国旗が多色刷となっている。

○本文　四周単辺有界。匡郭内寸14.9×10.3cm。

○刊記　最終丁裏（76ウ）、「明治七年一月新刻／市川央坡著／従吾所好齋藏梓／〔和泉屋半兵衛／萬屋忠藏〕梓」。

○備考：七十一丁から最終丁の七十六丁までは、『対訳名物図編』と別の板木を用いているものと見られる。これは恐らく、多色刷りの位置合わせの都合によるものであろう。例えば『対訳名物図編』73ウ「Saxony. セキソニー」が『英国単語図解』下巻の同所では「Saxony. セキツニー」となっている。また、『対訳名物図編』において絵の枠内に片仮名による読み仮名が付されているところ、例えば73ウであれば「United-States of Ame-rica.」の「ユーナイテットステイツ／オフ　ヱメリケ」や「Aix-la Chapelle.」の「ヱイキス／ラシヤペル」のようなところは、『英国単語図解』下巻では黒く塗りつぶされたままで文字が彫られていない。これは入木改刻によるものではなく、別の板木を用いていることによる異同である。

○同類の伝本：国立国会図書館本、玉川大本（ただし玉川大本の表紙は黄蘗色紗綾形型押）。

2.6.『対訳名物図編』と『英吉利単語篇』『英仏単語篇注解』との関係

　前述の通り、『対訳名物図編』は『英仏単語篇注解』や『英仏単語便覧』とは異なる訳語を多く有する。その相違の程度は、甚だしいものから微細なものまで様々であるが、全体の約半数程度の語について何らかの相違がある。Part Iの30語についてのみ**表3**に掲げ、一例を示す。（全語の異同状況については対照表を参照。）

　表3の通り、かなりの相違が存在するが、かといって、『対訳名物図編』が『英仏単

解説　41

『語篇注解』と全く無関係に編纂されたわけではない。むしろ『英仏単語篇注解』を参照しつつ、独自に変更を加えていると見るべきである。

表3　『対訳名物図編』と『英仏単語篇注解』『英仏単語便覧』との訳語の相違（PartⅠの30語）

番号	『英吉利単語篇』(1866)	『英仏単語篇注解』(1867.5)	『対訳名物図編』(1867.9序)	『英仏単語便覧』(1868)
1	The table.	机(ツクヘ)	机 table.(ツクヱ)	机(ツクヘ)
2	〃 (The) bench.	腰掛(コシカケ)	牀几 bench.(コシカケ)	橈(コシカケ)
3	〃 (The) pen.	筆(フデ)（毛筆ニハアラズ）	筆 pen.(フチ)	筆(フデ)（毛筆ニハアラズ）
4	〃 (The) penknife.	筆切小刀(フデキリコガタナ)	修筆刀 penknife.(フデキリコガタナ)	筆切小刀(フデキリコガタナ)
5	Paper.	紙(カミ)	紙 Paper.(カミ)	紙(カミ)
6	Ink.	墨汁(スミ)	墨汁 Ink.(スミ)	墨(スミ)（彼ノ国ノ墨ハ汁ナリ）
7	An inkstand.	墨汁壷(スミツボ)	墨斗 inkstand.(スミイレ)	墨壷(スミツボ)
8	A slate.	石盤(セキバン)	石盤 slate.(セキバン)	石盤(セキバン)
9	The slatepencil.	石盤筆(セキバンフデ)	石盤用筆 slatepencil.(セキバンフデ)	石盤筆(セキバンフデ)
10	〃 (The) ruler.	定規(ギヤウギ)	界尺 ruler.(ギヤウギ)	定規(ギヤウギ)
11	〃 (The) leadpencil.	石筆(セキヒツ)	石筆 leadpencil.(セキヒツ)	石筆(セキヒツ)
12	A letter.	書翰(テガミ)	文字又手簡 letter.(モンジ テガミ)	手簡(テガミ)
13	〃 (A) line.	一行(ギヤウ ヒトクダリ)	一行 line.(ヒトクダリ)	一行(ヒトクダリ)
14	〃 (A) book.	書籍(ホン)	書籍 book.(ホン)	書冊(ホン)
15	〃 (A) writing-book.	草卒(シラチャウ)	册子 copy-book.(サフシ)	草本(シラチャウ)
16	〃 (A) writing.	書付(カキツケ)	著述又書物 writing.(チョジュツ カキモノ)	文牒(カキモノ)
17	〃 (A) page.	半枚(マイ)	片面紙 page.(カミノカタメン)	半枚(ハンマイ)
18	A copy.	手卒(テホン)	寫書 copy.(ウツシ)	法帖(テホン)
19	〃 (A) leaf.	一枚(マイ)	一枚 leaf.(イチマイ)	一枚(イチマイ)
20	〃 (A) pencase.	筆筒(フデイレ)	筆挿 penholder.(フデイレ)	筆筒(フデイレ)
21	Sand.	砂(スナ)	砂 Sand.(フリスナ)	砂(スナ)
22	The sandbox.	砂筥(スナイレ)	砂函 sandbox.(スナイレ)	砂筥(スナイレ)
23	A foldingstick.	箆(ヘラ)（紙ニ折目ヲ附ケ又ハ切ル為ノ）	裁紙箆 foldingstick.(カミキリヘラ)	箆(ヘラ)（紙ニ折目ヲツケ又ハ切ルタメノ）
24	An exercise.	文章(ブンシャウ)	習文稿 exercise.(ブンノナラヒガキ)	文章(ブンシャウ)
25	Sealingwax.	封蠟(フウジロウ)	火漆 Sealingwax.(フウジロウ)	封蠟(フウジロウ)
26	Wafers.	封糊(フウノリ)	封粘 Wafers.(フウノリ)	封糊(フウノリ)
27	The master.	先生(センセイ)	師匠 master.(シシャウ)	先生(センセイ)
28	〃 (A) preceptor.	師匠(シシャウ)	先生 preceptor.(センセイ)	師匠(シシャウ)
29	〃 (A) scholar.	學生(ガクセイ)	塾生 scholar.(ジュクセイ)	學生(ガクセイ)
30	〃 (A) pupil.	弟子(デシ)	弟子 pupil.(デシ)	弟子(デシ)

２．７．『対訳名物図編』における英語表記の変更

『対訳名物図編』は、英語表記においても『英吉利単語篇』と異なる箇所がいくつかある（**表４**）。他の『英吉利単語篇』系統の単語集において、このような英語表記の異同は認められない。

表４　『対訳名物図編』における英語表記の変更箇所（すべて）

番号	『英吉利単語篇』(1866)	『英仏単語篇注解』(1867.5)	『対訳名物図編』(1867.9序)	『英仏単語便覧』(1868)
15	〃 (A) writing-book.	草卒（シラチヤウ）	1ウ 冊子（サフシ）copy-book.	上1ウ 草本（シラチヤウ）
20	〃 (A) pencase.	筆筒（フデイレ）	2オ 筆挿（フデイレ）penholder.	上1ウ 筆筒（フデイレ）
162	Larboard.	取舵（トリカヂ）（舩ノ左側）	9オ 左舷（トリカヂ）port.	上6ウ 取舵（トリカヂ）（舩ノ左側）
188	〃 (The) soldier.	兵卒（ヘイソツ）	10ウ 卒（アシガル）（ママ）Priwate	上7ウ 兵卒（ヘイソツ）
213	〃 (The) cartridge-box.	藥包盒（ハヤゴイレ）	11ウ 銃包凾（バトロンイレ）cartridge-Poach.	上8ウ 藥包盒（ハヤゴイレ）
223	〃 (The) bombs.	爆丸（ボンベン）	12オ 空丸（ワレダマ）shell.	上9オ 爆丸（ボンベン）
354	〃 (The) sinews.	筋（赤肉ノ根ナリスヂニハアラズ）英原卒 Sinews ハ Nerves ト同義ナリ　宜ク Tendons ニ改ムヘシ	19オ 腱（スヂ子）Tendons.	上13ウ 筋（キン）（赤肉ノ根ナリスヂニハアラズ）
365	〃 (The) apple of the eye.	眼球（メダマ）	19ウ 眼玉（メノタマ）ball of the eye.	上14ウ 眼球（メダマ）
377	〃 (The) grinders.	齟齒（オクバ）	20オ 齟（オクバ）doubletooth.	上14ウ 齟歯（オクバ）
604	〃 (The) watchhouse.	番所（バンショ）	31ウ 番所（バンショ）police-station.	上22ウ 番所（バンショ）
608	〃 (A) crossway.	十字街（ヨツツヂ）	31ウ 十字街（ヨツツヂ）crossstreet.	上22ウ 十字街（ヨツツヂ）
637	The saloon.	客座敷（キヤクザシキ）	33オ 客殿（キヤクデン）drawingroom.	上23ウ 客座敷（キヤクザシキ）

　前著でも示した通り、『英吉利単語篇』の全1490語のうち Part I の30語は Van der Pijl の蘭英対訳単語集 *Gemeenzame Leerwijs* に拠っており、残りの1460語は *Traveller's Manual* に拠っている。これら原本の英語表記と『英吉利単語篇』及び『対訳名物図編』の英語表記とを対照させてみると、全て『英吉利単語篇』の方の英語表記と一致するので、『対訳名物図編』の英語表記が独自に変更されたものであることがわかる。変更といっても、指しているもの自体は変更前と変わっていない。恐らく編者が自分の判断で、より適切であると考えた語に変更したものであろう。

　ただし、354番の変更は他の箇所と少々違う意味合いを持つ。この変更は、『英仏単

語篇注解』の注釈の内容と同じものであり、ここからも『対訳名物図編』が『英仏単語篇注解』を参照していたことが窺える。

　また、『英仏単語篇注解』には『英吉利単語篇』の英語を変更するよう指示している注釈がもう一箇所ある。すなわち、420番の「腎臓　英原卒 Loins ハ腰ト同語ナリ Kidneys ニ改ムルヲ是トス」であるが、『対訳名物図編』の当該箇所の英語は「loins.」のままになっている（22オ）。しかしこれは単に訂正し落としただけのようで、片仮名発音注だけが訂正されて「loins. キドニーズ」と記されている。

　このような箇所からも『対訳名物図編』が『英仏単語篇注解』を参照していたことが窺え、編纂方法や翻訳態度を考える上で参考になる。やはり『対訳名物図編』における『英吉利単語篇』や『英仏単語篇注解』との相違は、何らかの意図をもって変更されたものと考えるべきであろう。

２.８. 『対訳名物図編』における訳語の変更

　『対訳名物図編』と『英仏単語篇注解』の訳語の相違には、例えば「砂函」と「砂筥」のようにそれほど重要でない相違もあるが（前掲**表３**参照）、中には重要な意味を持つ変更箇所もいくつか存在する。

　それらの一部については、既に拙稿2000・2013で触れた。拙稿2000では「燉衝（炎症）」「痢病（傷冷毒）」「下痢（泄瀉）」「赤痢（痢病）」「癆瘵」「傷冷毒（リウマチス）」といった病名の訳語について考察した。（『対訳名物図編』28ウ〜29オ、『英吉利単語篇』及び『英仏単語篇注解』の549〜556番に相当。）また拙稿2013では、『対訳名物図編』の訳語の一部に、福沢諭吉『増訂華英通語』（万延元1860年刊）や石橋政方『英語箋』（文久元1861年刊）から取られたものがあることや、村上英俊『三語便覧』（嘉永七1854年序刊）を参照した可能性も考えられることを示した。しかし、それ以外にもどのように導き出されたのか不明な語が多く、今後の解明が俟たれるところである。

２.９. 冒頭の柳河春三の和歌から考えられること

　最後に、冒頭の柳河春三の和歌について考えてみたい。

　既に述べたように、『対訳名物図編』には見返しに相当するところに「春蔭」すなわ

ち開成所教授職の柳河春三による和歌二首が記されている。以下、濁点を補って改めて
翻字する。

　　濱千鳥たちおくれじと芦邊行蟹のあとをもふみならひけむ

　　西の海の波のはてまでひとすぢにふみひらけゆく御代ぞうれしき

　　　　　　　　　　　　　　　　　　　　　　　　　　　　春蔭

　和歌自体は難解なものではない。浜千鳥は和歌においてよく「あと」と共に用いら
れるが、その際の「あと」は筆跡の意味を持つことが多い。「ふみ」の表面上の意味は
「踏み」の意であるが、「文」の意味もかけられている。これに対し「蟹」は、横歩きす
ることから横書きをする欧文を指す。「蟹行鳥跡」という言葉があるが、これは欧文の
横書きと漢文の縦書きを意味する。「鳥跡」は、蒼頡が鳥の足跡を見て漢字を作り出し
たとする伝説に基づく。すると第一の和歌は、漢学中心であった日本の学問が、西洋に
遅れまいと欧文の読解を習い始めたことを示すものと解される。

　第二の和歌の「西の海」は西洋を指し、「ふみ」は第一の和歌の「ふみ」を受けてい
るが、「ふみひらけゆく」は「文明開化」を指すと捉えて良いか微妙であるものの、そ
うでなくとも「欧文を読みこなすことができるようになる」という意味には解釈できよ
う。二つの和歌を合わせて解釈すれば、これまで縦書きの和文や漢文に親しんできた日
本人が、本書のようなものによって、欧文も理解できるように世の中が変わってゆけば
喜ばしいという意味が込められているのであろう。

　しかし、本来「見返し」があるべき位置にこのような和歌が置かれているのは異例で
ある。

　普通の和装刊本であれば、この表紙の裏の紙の位置には、いわゆる「見返し」が付さ
れ、著者名・書名・蔵版者名等が記される。ところがこの本にはそれが無く、そのかわ
りに「春蔭」すなわち柳河春三の和歌が記されるという、やや特異な形態を備えている。
加えてこの『対訳名物図編』には、全ての伝本において刊記も奥付も無い。既に述べた
通り、それらのことから、この本は民間の書肆で売り広めることを前提とした出版物で
はなく、いわゆる「配り本」としてのみ存在していたものと見られる。

　この本は、明治五年に至って絵が入り、『英国単語図解』と改題されて出版されるが、
その際には見返しも奥付も通常の本と同じように付され、見返しの位置にあった柳河春
三の和歌二首の半丁は付されなくなった。[注10]そのことから考えるに、柳河春三の和歌はこ

の本の出版が開成所教授・柳河春三の認可のもとにあったことを暗に意味するものであるが、また一方で、きちんとした序文ではなく和歌二首であるところに柳河の複雑な立場や心境が感じられる。というのも、この『対訳名物図編』は、開成所の『英吉利単語篇』とその訳語集『英仏単語篇注解』を利用して編纂しながらも、かなりの数の訳語と一部の英語に手を加えて成っているからである。市川としては英語を学ぶ人に役立てようとこの本の出版をしようとしているのであろうが、偽版・類版の咎を受ける恐れがあるため、開成所側の人間の序文が必要であったのであろう。しかし、それを依頼された柳河は、英語を学ぶ人に役立てたいという市川の意図は汲んだにせよ、『英吉利単語篇』や『英仏単語篇注解』との相違を見るにつけ、開成所教授としてこの本の内容を手放しで認めることができなかった。そしてその解決策が、「春蔭」という号のみのもとに記された和歌二首だったのではないだろうか。

3．『英仏単語便覧』について

3．1．『英仏単語便覧』とは

『英仏単語便覧』は桂川甫策編、慶応四（1868）年刊の英仏和対訳単語集である。『英吉利単語篇』『法朗西単語篇』所収の英語とフランス語、そして各語に対応する日本語（訳語）を併記している。訳語は『英仏単語篇注解』とほとんど同じであるが、いくつか異なる訳語も存在する。

『対訳名物図編』同様、本文にナンバリングは無い。また、上14オの「forehead ／ le front ／額」という語のみは『英吉利単語篇』『法朗西単語篇』に無い語で、そのために1語多く、全1491語となっている。

3．2．編者・桂川甫策と『英仏単語便覧』

桂川甫策（国幹、1832-1890）は開成所の教授方であり、『英仏単語便覧』の見返しには「開成所佛蘭西學／第一等教授方／桂川甫策撰」[注11]と書かれている。

甫策という名は通称で、幼名を達次郎といい、のち国幹と改名し、諄斎と号した。徳川将軍家に代々侍医として仕えた蘭学の名門・桂川家の第六代当主、桂川甫賢国寧の次男として生まれた。『ドゥーフ・ハルマ』（長崎ハルマ）の刊本『和蘭字彙』を刊行した桂川家第七代甫周（国興）はその実兄である。

甫策は兄を手伝って『和蘭字彙』（安政二〜五 1855-58年刊）の編集の主幹となるなど[注12]、基本的には蘭学の人であったが、以下に述べるような経緯で洋書調所の教授手伝出役になると同時に化学研究の道に入り、幕末頃にはフランス語も学んだ。

甫策は文久二（1862）年十二月二十六日、数えで四十一歳の時に洋書調所教授手伝出役となるが（倉沢剛 1983p.255）、この時の経緯は宇都宮三郎の自伝的回想録『宇都

宮氏経歴談』（1902 年交詢社）に詳しいので、以下に引用する。

　　友人に桂川甫策（桂川甫周の弟）と云ふ人が蘭書を好く讀む故お前さんは蘭書を好
　く讀むが開成所に來て働いて呉れまいかと云ふと同人は化學書を見てもあれは高尚
　の學問で到底我々には解らぬ文は讀んでも意味は解らぬと云ふて居るそれは決して
　爾う云ふものではない化學の大意は一日位で覺えることが出來ると云ツて話をした
　凡そ何事でも目的が無くてはならぬ何處に往かうと云ふ的を立て進まねばならぬ
　化學を學ぶにも化學の目的と云ふものがある其目的に向ツて往かなければならぬ此
　目的と云ふのは第一單質が幾何あるかと云ふことを知り而して其原素の性質（金屬
　及び非金屬）を調べる第二…（中略）さうして見れば化學は六ヶ敷いやうだがソレ
　だけのことを知ツて居れば後は其物毎に就て書物で見れば解ると云ふことを説明し
　た桂川は早速化學書を出し何處を見ても明かに解ツて來た是れならば自分が出て手
　傳をしやうと云ふことになツて來たそこで開成所に申し出で同氏を教授手傳に周旋
　した（pp.65-68）

　宇都宮三郎（1834-1902）は尾張藩出身の蘭学者で、上田帯刀（仲敏）に西洋砲術
を学んだのを契機に化学研究の道に進んだ。安政四（1857）年に脱藩した後、文久元
（1861）年、勝海舟の推挙により蕃書調所に新設された精煉方の手伝出役となり、翌年
教授手伝出役に進んだ。

　上記の回想録では「開成所」と書かれているが、桂川甫策が教授手伝出役になった
文久二年十二月の時点ではまだ開成所と改称されていないので（文久三年八月に改称）、
「洋書調所」と読み替えなければならない。しかし、文久二年の出来事であることは間
違いないであろう。

　この記述により、多くの情報が得られる。まず、文久二年までの甫策はやはり蘭学者
であって、英語やフランス語の研究を始めていたようには考えにくいこと。それから、
この時点まで化学のことをよく理解できていなかったこと。そして、宇都宮三郎の説明
と説得により洋書調所の教授手伝出役となり、化学の方面に進んだこと。さらに、その
当時の化学研究も、オランダ語で書かれた本を読むことで行われていたと考えられるこ
となどがわかる。

　最後の点に関して、『宇都宮氏経歴談』にはさらに参考になる記述が存在する。
　　當時原書（蘭書）は甚だ拂底で書生輩の手に入ることは甚だ六ツかしかツた砲術書、

築城書、タクチツク、スタラーテデー等の書は諸侯殊に薩州、越前家等には隨分澤山にあつたが何れも高價で一小册にても五十兩、七十兩位の相場でなか〳〵貧窮人の見ることはできぬ然るに開成所の新築の頃と覺えて居るが長崎屋と云ふ書籍屋が出來て澤山に蘭書を賣出した其時は一時に種々の書物が來て少し直段も減じた其節開成所へも澤山に買入れになつた其内に化學書もあつた佛書の蘭譯でブルース及びフレミー合著ジラルダン、レンニヨー又獨逸書の蘭譯でカルマルス及びヘーレン合著ギユンニング、ワクネルの一般化學及農科化學、フレセニユースの分析書（コーリタチーブ及びカリタチーブアナリース）ベルセリエース等の化學書が來て先づ書物に不自由のない樣になつた尤も開成所には澤山に蘭書があつて拜借は自由であつたが化學書は誠に不自由であつた（pp.69-70）

　これは先程の引用の次のページにある文章であるが、「開成所の新築の頃」と言っているので、文久三（1863）年前後の状況の話であると見られる。洋書調所から開成所に改称するのと同時期に長崎屋が大量に蘭書を仕入れて売り出し、値が下がったこともあり開成所が蘭書を多く購入したという。その際に化学書も購入したと述べているが、いずれも「佛書の蘭譯」や「獨逸書の蘭譯」と言っているので、この時点でも化学書についてはまだ、フランス語やドイツ語で書かれた本から直接訳すのではなく、オランダ語訳された本から訳していたと見られる。上記のうち、「ジラルダン」と呼んでいる化学書は、後に甫策も翻訳に関わった『化学入門』の底本 Jean Pierre Louis Girardin の *Algemeene Scheikunde* をさすものと見られるが、この記述により蘭訳本によっていたことがわかる。

　さて、上記のような事情で洋書調所に入り、化学研究を始めた甫策であったが、洋書調所は文久三年八月に開成所と改称されたので、甫策も開成所教授手伝出役となった。その文久三年に甫策は開成所刊『（官板）元素通表』を編纂している。これは元素名・元素記号・原子量等を表示した和綴五丁の小冊であるが、これが甫策による最初の化学書と見られる（**図版 18 〜 20**）。

　その本の板心下部には「開成所」とあり、題簽にも「官板」の角書きがあるので、開成所の出版物であることは明白であるが、後述する竹原平次郎抄訳・桂川甫策識『化学入門』初編（慶応三 1867 年刊）7 オにも「桂川甫策嘗テ官命ヲ奉ジテ元素通表ヲ著ス」とあり、甫策が官命により著したものとされている。

この小冊については、後述する辻理之助（のちの辻新次）が講演で以下のように回想している。（「吾邦化学之起源」『東京化学会誌』3、明治十五 1882 年、下線は櫻井。）

　今茲ニ新次カ此精煉場即化學局ニ就キ文久三年ヨリ慶應年間正ク目撃セシ所ノ景況ヲ畧陳セシニ（中略）新入ノ生徒アルトキハ先ツ<u>桂川甫策著ス所ノ元素通表</u>ヲ與ヘ元素名ノ名稱其異重ヲ諳誦セシメ次テ生徒ノ内畧ボ洋學ニ通スル者ニハ該局所藏ノ原書ヲ縱覽セシメ其洋學ニ通セサルモノニハ譯書ヲ讀マシム而シテ化學ノ大區別即無機有機ノ化學、單体ノ區別即金属非金属及ヒ其名稱、記號並ニ酸、鹽基、鹽類ノ別等ノ大意ヲ窺フ者ニハ各自好ム所ニ任セ金銀銅鉄鉛亞鉛等ノ混合物ノ分析ヲ爲サシムト雖モ多クハ其性質ヲ試ムルニ止マリ定量分析ニハ及ハサリシ

開成所の精煉方（のちの化学）では、入学した者にまずこの『元素通表』の内容を覚えさせ、その後に化学関係の原書や訳書を読ませるという教授法が取られていたということである。甫策は恐らく、自分が学んだ化学の基礎知識を開成所の学生たちにも伝えるべく、この『元素通表』を著したのであろう。『元素通表』の「例言」の日付は「文久三年癸亥孟冬」（旧暦十月）となっているので、甫策自身、この小冊を編んだ時点では本格的に化学を学び始めてからまだ一年も経っていなかったはずであるが、オランダ語の翻訳能力を活かし、これ以降は主に化学の教授方として活躍した。

図版 18　『元素通表』見返し（香川大学神原文庫蔵本）

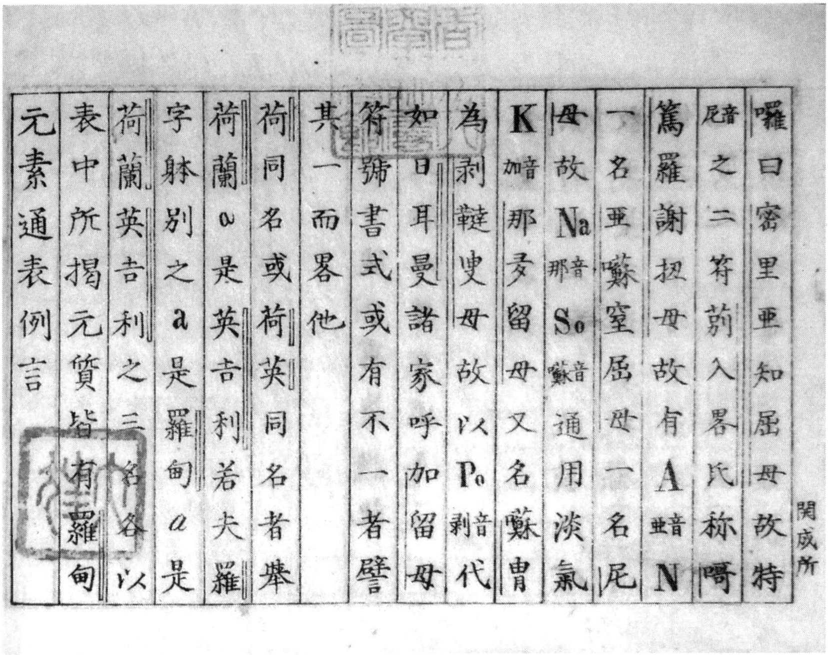

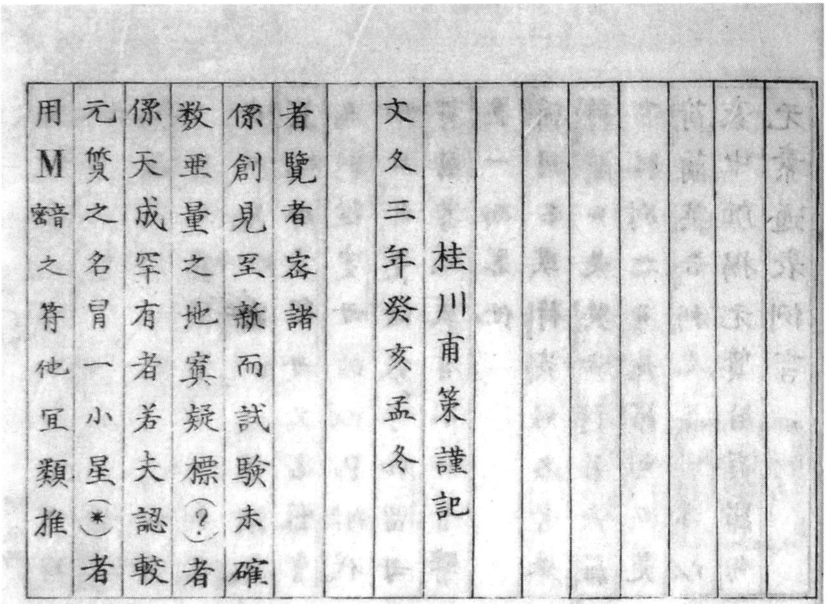

関成所

囉曰窩里亞知屈母故特

屉音之二符剪入暑氏稱唔

篤羅謝掜母故有 **A** **N** 蝲

一名亞蘇窒屈啟一名尼

母故 **Na**音 **So**藞通用淡氣

K加音那多留母又名蘇曺

為剥鞁哽母故以 **Po**剌音代

如日耳曼諸家呼加留母

符弸書式或有不一者譬

其一而畧他

荷同名或荷英同名者舉

荷蘭 **o** 是英吉利若夫羅

字躰別之 **a** 是羅甸 **a** 是

荷蘭英吉利之三名各以

表中所掲元質皆有羅甸

元素通表例言

桂川甫策謹記

文久三年癸亥孟冬

者覽者審諸

僚創見至新而試驗未確

數亞量之地賓疑標（？）者

僚天成罕有者若夫認較

元質之名冒一小星（＊）者

用 **M** 韶之等他宜類推

図版 19 『元素通表』例言（香川大学神原文庫蔵本）

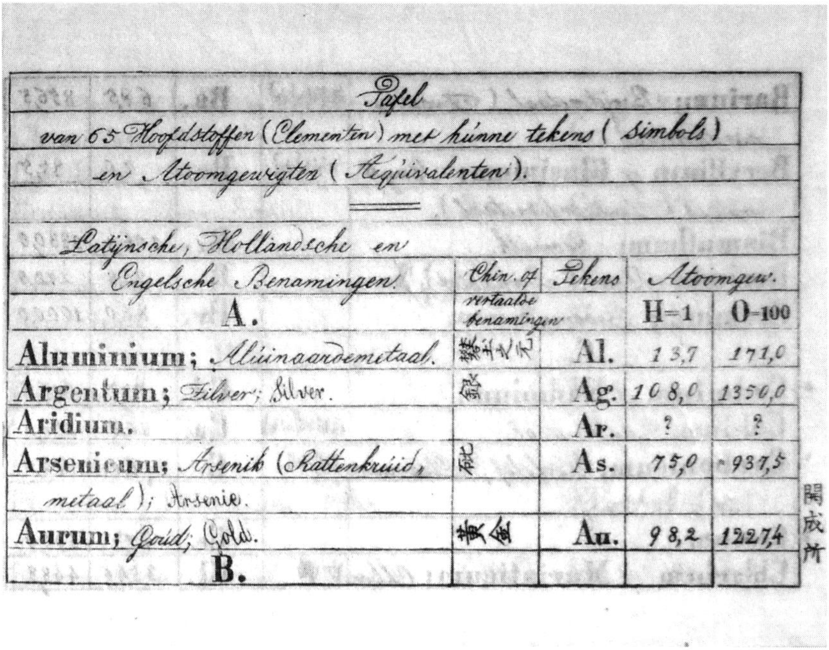

Tafel
van 65 Hoofdstoffen (Elementen) met hunne tekens (simbols)
en Atoomgewigten (Aequivalenten).

Latijnsche, Hollandsche en Engelsche Benamingen.	Chin. of vertaalde benamingen	Tekens	Atoomgew. H=1	Atoomgew. O=100
A.				
Aluminium; Aluinaardemetaal.	礬土之元	Al.	13,7	171,0
Argentum; Zilver; Silver.	銀	Ag.	108,0	1350,0
Aridium.		Ar.	?	?
Arsenicum; Arsenik (Rattenkruid, metaal); Arsenic.	砒	As.	75,0	937,5
Aurum; Goud; Gold.	黄金	Au.	98,2	1227,4
B.				

開成所

図版 20 『元素通表』本文１オ（香川大学神原文庫蔵本）

さて、元治二（1865）年二月十五日の開成所人名録には教授手伝出役のところに「桂川甫策」とあるので、その時点ではまだ職名に変更は無いが、慶応二（1866）年六月十五日改の開成所人名録の教授手伝出役には「化学兼桂川甫策」とあり、「化学兼」となったことが知られる（『日本教育史資料　七』pp.670-672）。慶応三年刊の『化学入門』初編（後述）の序文末尾に「開成所蘭學化学二科教授方桂川甫策識」とあるので、この「化学兼」というのは蘭学と化学の二科の教授方を兼ねるという意味であろう。その序文の日付は「慶應三丁卯孟夏某日」となっているので、慶応三年四月の時点で甫策はまだ基本的に蘭学の人であったように見える。

しかし、これとほぼ同時期に甫策は『法朗西文典字類』（慶応三 1867 年序刊）を出版している。これは、Noël et Chapsal のフランス語文法書 *Grammaire française* を柳河春三が翻刻出版した『法朗西文典』（慶応二年刊）について、その主な収録語彙をアルファベット順に並べ、訳語を記した小規模な仏和辞典である。『法朗西文典』と同じく柳河春三の蔵版で、『法朗西文典字類』の見返しの題字も「臥孟」すなわち柳河春三が書い

ている。「例言」は甫策が書いているが「慶應丁卯春日　桂川幹甫策識」とあるだけで、出版月も曖昧であり、甫策の肩書きも書かれていない。

　続いて出版された『英仏単語便覧』の見返しには「開成所佛蘭西學／第一等教授方／桂川甫策撰」とあるので、慶応四年までに甫策は、開成所において手薄だったフランス学の教授方に移ったものと想像される。化学を学ぶうちにフランス語に興味を持つようになったのか、あるいはフランスの化学を学んでいたのでフランス語を学び始めたのかについては定かでないが、『和蘭字彙』の編纂に従事していた頃にフランス語の勉強を始めていたとは思われないので、洋書調所の教授手伝出役となった文久二（1862）年十二月以降のある時期からフランス語の勉強を始め、『法朗西文典字類』や『英仏単語便覧』を刊行した慶応三〜四年頃になってようやく開成所でフランス語を教えられるレベルに達したということではないかと推測される。

　この他の甫策の著書としては、竹原平次郎（のち石橋八郎と改名）・堀尾用蔵・加藤宗甫とともにフランス人 Jean Pierre Louis Girardin の化学書を翻訳した、前述の『化学入門』がある。初編一冊は慶応三年刊、外編一冊は明治二年刊、後編十巻十四冊は明治三〜六年刊である。このうち甫策は初編の序を執筆、外編および後編巻之一・二の訳註を担当し（但し石橋八郎との共訳註）、後編巻之三以降は加藤宗甫訳の閲者となっている。また、明治八年には宇都宮三郎と桂川甫策の口述を加藤宗甫が筆記した『化学新論問答』が出版されているが、その見返しは『化学入門』と同様の絵となっており、『化学入門』の姉妹編ともいうべき存在となっている。

　明治維新後、甫策は男子の無かった兄甫周から家名を継いで桂川家第八代となった。徳川慶喜に従って沼津に移り、沼津兵学校化学方となる。しかし、新政府に召されて大学南校の化学教授となり、その後、太政官出仕、文部翻訳官などを歴任した。明治二十三（1890）年没。

３.３.『英仏単語便覧』の序文と辻恕介

　『英仏単語便覧』には冒頭に辻恕介による漢文序がある。白文なので以下に私に訓み下しておく。

　　五洲廣しと雖も英仏二語有りて之れ通ぜざるの地無し。故に之を熟知する者、萬國の人に接して束手緘黙する有るの患ひ無し。近頃我が友桂川甫策、英仏對譯の単語

篇を撰じ、加ふるに漢訳と和訳とを以てす。題して単語便覧と曰ふ。簡詳中を得て最も便利為り。苟くも五洲の人と交を結ばんと欲せば、宜しく此の書を携へ、以て束手緘黙の患ひを避くべしと爾云ふ。

慶應四年戊辰正月

　　　辻恕介識（刻印）

　英語とフランス語を知っていれば、世界中の人と意思の疎通ができるという内容である。「束手緘黙」は「手を束ねてただ黙っていること」の意。「簡詳中を得て最も便利為り」とは、簡略過ぎず詳し過ぎず、中庸で使いやすいということである。また、甫策のことを「我（が）友」と呼んでいるところが注目される。

　この序を書いた辻恕介（1838-1901）は、開成所教授手伝出役・辻理之助（後の辻新次）の実兄である。樋口勘治郎 1912 の附録「辻家系譜」によると、信州松本藩の小姓・医者であった辻如水（大淵介）の長男が恕介（棐）、次男が理之助（新次）である。「辻家系譜」の「棐」（恕介）の項の記述の中から以下に引用する（p.23）。

　　　正八位。初メ恕介。又鈃。後、棐ト改ム。松本藩小姓。天保九戊戌年四月四日生ル。
　　　父ノ家督ヲ相續ス。年少ニシテ小諸藩士佐野靜十郎ニ就キテ漢學醫學ヲ修ム。壯年
　　　ニ至リテ江戸ニ出デ。幕府醫師土生玄昌ニ就キテ眼科ヲ修メ。業成リテ歸國ス。元
　　　治元甲子年正月松本藩小姓ニ召出サレ。三人扶持ヲ賜ハル。後江戸松本藩邸ニ勤番
　　　シ。又幕府長州ト交戰ノ際其役ニ從ヒテ。大坂及藝州ニ出陣ス。王政維新ノ際ハ。
　　　松本藩兵トシテ出陣シ。後、東京下谷大病院ニ奉職ス。明治三庚午年正月大學中寫
　　　字生ニ任ゼラレ。同年十一月大寫字生トナル同五壬申年九月二十五日文部權中錄ニ
　　　任ゼラレ。後、元老院書記。貴族院屬等ニ轉任ス。又奈良帝室博物館技手ニ任ゼラ
　　　レ。正八位ニ敍セラル。同三十四辛丑年八月二十六日死ス。享年六十四年。法名觀
　　　蓮院青湜居士。上野東叡山津梁院ニ葬ル。

　上の記述によると、最初の名が恕介で、後で棐と改めたとあるが、『英仏単語便覧』序文末尾の刻印には既に「棐」の字が認められる。この系譜の「如水」の項（p.22）によれば、父の如水も土生玄碩に学んだ眼科医で、後に整骨科も学んだ医師であったが、恕介も土生玄碩の養子・土生玄昌に就いて眼科を修めたとある。また、如水も恕介も松本藩の小姓となっているので、恕介は父の役割をそのまま継いだものと見られる。土生玄碩は長崎でシーボルトについて眼科を学んだ人物であったので、その流れから考える

と如水・恕介父子も蘭学の心得があったようにも見えるが、恕介の弟、理之助（新次）は「私の父は、蘭學を學んだと云ふのではありませんが、和蘭から輸入された醫書の反譯書を見たものでありますから」と回想している（樋口1912p.140）。しかし、少なくとも恕介は、後に述べるように蘭書の抄訳である『長生法』を残しているので、オランダ語は読めたものと見られる。

恕介は元治元（1864）年正月に松本藩の小姓として召し出されたのち、江戸の松本藩邸に勤番したが、幕府が長州と交戦した際に大坂や芸州（安芸、現在の広島県）に出陣したという。これはいわゆる幕府軍による長州征伐で、第一次長州征伐が元治元年の十一月から十二月頃、第二次長州征伐は慶応二（1866）年の六月から十二月頃である。上記の記述からは恕介がそのいずれに加わったのかが判然としないが、安倍季雄1940によれば、慶応元年四月十三日以降に従軍を命じられて下阪したとされる（p.47）。また、上記引用には維新の際にも松本藩兵として出陣したと記されている。

彼の著作としては唯一、蘭書を抄訳して刊行した『長生法』（慶応三年跋刊）のみが知られている。この本の見返しには「辻恕介抄譯／〔扶／氏〕長生法／理外無物樓藏板」と記されている（**図版21**）。「理外無物樓」は甫策の号の一つ（室号）と見られ、前述の『化学入門』も早稲田大学図書館蔵の初篇（ニ4-125）の奥付に「理外無物樓藏梓」と記されている。（ちなみに、この「理外無物樓藏梓」と記されている本、すなわち甫策蔵版の本について、版元が記されている本の主版元は全て万屋忠蔵である。）

『長生法』（家蔵本）は本文冒頭に「長生法初編／江戸　嵐山芳策　閲／松本　辻恕介　譯ッ註」とある（**図版22**）。「嵐山芳策」は桂川甫策のことと見られる。「嵐山」は桂川家初代甫筑の師、嵐山甫安の姓から取ったものであろう。「桂川」の姓は、甫安が「嵐山の流れを汲むもの」という意味で、京都の嵐山から流れ出る桂川にぞらえてつけたものと伝えられる（今泉源吉1965p.3およびp.24）。つまり、甫策はこの本の閲者となっていたことになる。辻恕介はこの本の跋を漢文で書いているが、その末尾には「慶応三年重陽後一日辻恕介識」とあり、すなわち慶応三年九月十日の日付であるので、『英仏単語便覧』の序文の日付の四ヶ月ほど前ということになる。

『長生法』は、恕介の跋文によれば「扶歇蘭」すなわちドイツ人のフーフェラント Christoph Wilhelm Hufeland の本が原書であるというが、見返しに「KUNST om lang te leven」とオランダ語で記されているので、やはり蘭訳本から抄訳されているものと見ら

れる。従って、恕介もオランダ語を学んでいたとは見られるものの、恕介は開成所の教職員ではなく、開成所で学んでいたという記録も見当たらない。

　維新後の恕介は、明治三年正月に大学の中写字生となり、同年十一月に大写字生となる。そのあたりの経歴は『対訳名物図編』の編者・市川清流の経歴と似ているが、市川と同様、蘭学・洋学の人というよりは、どちらかというと漢学の人であるような印象を受ける。兄の恕介は上記のことが知られる程度で、詳しい事はわからない。

図版21　『長生法』見返し（家蔵本）

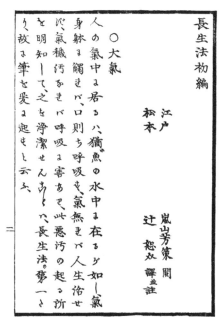

図版22　『長生法』本文1オ（家蔵本）

3.4. 辻恕介の弟・辻理之助と桂川甫策

一方、恕介の弟の辻理之助（のちの辻新次、1842-1915）は若い頃から洋学を学び、開成所の教職員となった人物である。維新後も日本の教育制度の確立に大きな役割を果たした人物として知られるが、『英仏単語便覧』の編纂にも関わった可能性が考えられる。以下に前述の樋口1912所収「辻家系譜」の「新次」の項から引用する（pp.24-25）。

　　正三位。勲一等。男爵。貴族院議員。錦鷄間祇候。帝国教育會長。初メ鼎吉。理之助。源義理。新次郎ト稱ス。後、新次ト改ム。字ハ云我。信松ト號ス。如水ノ二男。別ニ一家ヲ興シ。松本藩士ニ列ス。天保十三壬寅年正月九日生ル。幼時同藩士木澤源一郎。同鼎藏。大久保宗郁。柴田修三郎ニ就キ。尋イデ藩黌崇教館ニ入リテ漢學ヲ修メ。又藩士外多流師範役稲村善太夫ニ就キテ剣術ヲ學ブ。安政五戊午年鹿兒島人宇田精一郎ニ就キテ。始メテ蘭書ヲ學ビ。後、仙臺人門間荘庵ニ就キテ。同ジク蘭學ヲ學ブ。文久元辛酉年十二月江戸ニ出デ。幕府設立ノ蕃書調所ニ入リ。又宇都宮鑛之進。桂川甫策。小林鼎輔。入江觀寮ニ就キテ。蘭學佛朗西學化學等ヲ修メ。兼テ兵學及ビ砲術ヲ學ブ。後幕府ノ洋書調所ニ於テ精煉場世話役心得ヲ命ゼラル。慶應二丙寅年九月二十二日。幕府ヨリ開成所教授手傳出役ヲ命ゼラレ。五人扶持ヲ賜ハル。同三丁卯年三月三日。藩主ヨリ三人扶持ヲ賜ハル。明治元戊辰年十二月十二日。朝廷ヨリ開成所教授試補ヲ命ゼラル。（以下略）

明治元年までの事跡について引用した。これによれば、理之助は幼い頃から松本藩で漢学を学んでいたが、安政五（1858）年、数えで十七歳の時から鹿児島の宇田精一郎や仙台の門間荘庵について蘭学を学んだという。文久元（1861）年十二月に江戸に出て蕃書調所に入学し、宇都宮鉱之進（のちの三郎）・桂川甫策・小林鼎輔・入江観寮（のちの文郎）らに蘭学・フランス学・化学等を習い、兵学や砲術も学んだとある。

このあたりの事情については、石川半山1902「帝国教育会議々長辻新次君」（『当世人物評』所収）の中に辻本人の回想が収められているので以下に引用する。これは、著者・石川半山が同時代の人物の一面を描こうとして企てた本であると序文に書かれている。以下にp.169から引用する。

　　◎辻君は天保十三年正月九日を以て、信州松本藩士の家に生れ、本年は六十一歳正さに還暦である、（中略）其の青年時代に學問をした情態に附ては、彼れが曾て自ら其の郷里の後進生に語ツたことが有る。

十二歳の時始めて藩の學校崇教館に入って、朱子學を修む、安政五六年頃九州の蘭學者宇田精一郎松本に來遊す、之に就て蘭學を研究す、其後仙臺の蘭學者門間荘菴松本に來遊す、依て又之に就て蘭學を修む。

文久元年江戸に出で、私塾に入て蘭學、英學、佛學及び西洋の兵學を學ぶ。

翌二年蕃書調所に入る、同所に製煉所を設くるに及び、之に入て化學を修む。

　辻新次（理之助）がかつて郷里の後輩に語ったことには、安政五～六年頃に九州の蘭学者・宇田精一郎が信州松本にやって来て、またその後に仙台の蘭学者・門馬荘庵が松本にやって来たので、松本で彼らから蘭学を学んだということである。その後、文久元年に江戸に出て、私塾で蘭学・英学・仏学・西洋兵学を学んだ。また、これによれば、蕃書調所に入学したのは文久二（1862）年ということである。

　辻新次は明治四十一（1908）年十二月に男爵の爵位を授けられるが、その時の『信濃日報』の記事（同年十二月十三～十六日）には、二十五歳までの辻の略伝が載せられている（樋口 1912pp.29-41 所収）。それによると、文久元年十二月に江戸に上った理之助はまず、市ヶ谷定火消役屋敷にあった親戚宅に身を寄せた。その後、牛込北町の蘭医・永田宗見の玄関番となり、丸薬の調製・調剤をする合間に上級門生から蘭学を学び、また布野雲平に就いて英学を学んだという。布野雲平は大坂の適塾で蘭学を学んだ洋学者で、万延元（1860）年二月十七日に蕃書調所出役教授手伝となっており（『日本教育史資料　七』p.665）、文久二年十二月からは入江文郎とともに松江藩の洋学教授方となった人物である。（卜部忠治 2007 参照。）

　しかし、理之助の目的は医学ではなく砲術を学ぶことにあったため、永田宗見の家を出ることにした。呉服橋内にあった松本藩邸に移り、和蘭砲術書の翻訳原稿の筆耕をして学費を貯めた後、蕃書調所に入学した。鉄砲や火薬の製造法を研究するという希望により、調所内に作られた精煉所（のちに化学局と改称）に身を置き、舎密学（すなわち化学）と分析学を専攻した。

　文久三（1863）年九月二十五日には開成所精煉方世話心得を命ぜられた（樋口 1912所収「辻先生履歴」pp.3-4）。「世話心得」という役職は文久元年以降に「句読教授」の下に置かれたものであるが、宮崎ふみ子 1979 によれば、昌平坂学問所の例から考えて「世話心得」は無給であったと見られるとのことである。

　翌元治元（1864）年七月、水戸の武田耕雲斎ら尊王攘夷派が筑波山事件（天狗党の

乱）を起こすと、理之助は日頃の砲術研究の成果を実戦で試すため、独断で天狗党征討軍に参加したが、これを藩に咎められ、約一年間松本で謹慎することになる。（この話は前掲『宇都宮氏経歴談』p.93 など、多くの文献に見られる。）

　一年後に江戸に戻った理之助は、再び開成所精煉方世話心得に任ぜられるが、より詳しくフランス語を学ぶため竹内玄同の家塾に入り、そこで入江観察（のちの文郎）からフランス語を学んだ。のちに辻が謝恩祭の席上で朗読したものの手控えに、「予は先生（櫻井注：入江文郎のこと）の教授を受けんとして江戸麹町三軒町の竹内塾に入り、先生に親炙するを得しかば…」と記されていたという（安倍 1940p.42）。

　入江は竹内玄同から蘭学を学んだ後、松江藩の藩医となったが、文久元（1861）年に蕃書調所出役教授手伝に任ぜられ、翌文久二年三月には外国方翻訳掛も兼ねた。また、文久二年十二月、前述の布野雲平とともに松江藩からも洋学教授方を命じられ、江戸の松江藩邸で指導に当たったとされる。

　この前後、入江は横浜に遊学し、フランス公使館の通訳官 Henri Weuve からフランス語を学んでいる。（万延元 1860 年の冬に五十日間、文久二 1862 年に百日間。）村上英俊やその門弟の林正十郎・小林鼎輔らとは異なり、入江はフランス人から直接フランス語を学んでおり、当時最もフランス語に通じた日本人であった。この人物にフランス語を習ったことは、理之助のフランス語学習にも大いに役立ったものと見られる。

　そのようにして化学やフランス語を学んだ辻理之助は、慶応二（1866）年九月に開成所教授手伝並出役に任ぜられた。前掲した石川 1902 に辻本人の回想があるので、いま少しその本から引用する（pp.170-172）。

　◎それから學業漸く成り、慶應二年の秋、始めて開成所の教授手傳並出役と云ふ者になツたが、此時代の事に就ても彼れが自から話をした事か有る。

　教授方手傳並の上には教授方手傳、其上には教授職が有ツたが、今日で言へば教授助教授の様な者だ。

　今日助教授の下に尚通常の嘱託講師が有る如く、教授方手傳並の下に句讀師とか世話心得と云ふ者も有ツた。

　教授方手傳並になると、もう中々手重い者になつて、其の威力聲望は決して今日の大學教授などの比ではない、余の如きも此の任を受くるや、堂々駕籠に乗ツて、老中の邸宅に御禮参りに往ツた者だ、又教場に於て生徒を教授する時は、余等教

授の任に在る者は、皆麻上下肩衣を着て居ツた、余は最初は化學を教へたが、後には佛蘭西學を教へた、佛學は最初にアベセを教へ、單語篇から會話篇、次にガランマチカ卽ち文典を詳かに教へる、文典の輪講には生徒が苦しんだ者だ、先生は正否の點を附して、其の點の多少に依て生徒の席順を上下する者だから文典の輪講と云ふと、生徒は皆一生懸命になツた者だ、文典が濟むと其後は大概字引を以て獨學を遣る、分らぬ所を教師に質問する位の者で其讀む所の用書は多く地理、歷史、窮理に關する者で有ツた。ガランマチカ輪講の時、優等者には賞を與へ、作文の能く出來たものには御膳を下し置かれたことも有る、菓子などが供えて有ツて、優等の子供に之を與へたことも有る。

余は此の時に五人扶持と外に月手當二兩二分を得たが、藩からも特に三人扶持を呉れたので、此時から漸く貧窮の生活を免かれることを得た。

　開成所の職階がどの程度のものであったのかを知ることのできる興味深い記述であるが、ここでは「余は最初は化學を教へたが、後には佛蘭西學を教へた」というところに注目したい。辻理之助は文久三（1863）年九月二十五日にまず開成所精煉方世話心得に任ぜられたが（樋口1912所収「辻先生履歴」pp.3-4）、元治元（1864）年四月に精煉方が化学と改称されたことに伴い、理之助も開成所化学世話心得となった（倉沢1983p.306）。のち、慶応二（1866）年六月十五日改の「開成所人名録」（『日本教育史資料　七』pp.671-672）では「同（化學教授）手傳出役」の中に「佛兼辻理之助」とあるが、この「佛兼」というのが「後には佛蘭西學を教へた」という発言に対応している。

　その後の「佛學は最初にアベセを教へ、單語篇から會話篇、次にガランマチカ卽ち文典を詳かに教へる」という記述も注目される。慶応二年以降の話なので、ここでの「單語篇」が開成所の『法朗西單語篇』であることは間違いない。このようにして、『法朗西単語篇』を用いて開成所でフランス語を教えていたことが知られるが、それは桂川甫策も同様であったものと見られる。

　慶応二年九月二十二日、辻理之助は開成所化学教授手伝並出役となる。（上記の慶応二年六月十五日改「開成所人名録」で既に「手傳出役」となっているが、樋口1912所収「辻先生履歴」p.4に掲げられている幕府からの申渡書により、九月二十二日付で教授手伝並出役になったものと見られる。）理之助も甫策と同様、開成所の中で化学を専門としていたわけで、ほぼ甫策の直属という立場になる。また、甫策（開成所教授手伝

出役（化学兼））の同僚として竹原平次郎（開成所化学教授出役）もおり、両者は理之助の直属の先輩ということになる。竹原平次郎は桂川甫策序『化学入門』初篇（慶応三年刊）の訳者でもある。理之助もまた甫策と同時期にフランス語を学んでいたに相違なく、『英仏単語便覧』の編纂にも少なからず協力したのではないかと想像される（後述）。

維新後の辻理之助（新次）は新政府に迎えられ、大学助教、ついで大学南校校長となり、明治五年には文部省本省勤務、以降、学制取調掛、学校課長、地方学務局長、普通学務局長、初代文部次官を歴任し、明治前期の教育制度制定に大きく関わった。

３．５．桂川甫策編『法朗西文典字類』の「例言」から

前述したように、甫策は『英仏単語便覧』の前に『法朗西文典字類』（慶応三 1867年序刊）を出版しているが、その例言には『英仏単語便覧』の編纂にもつながる記述があるので、以下に引用する。この例言の直後（伝本によっては巻末）に「畧語之符號」があり、その末尾に「慶應丁夘春日　桂川幹甫策識」と記されているので、例言も甫策によって書かれたものであろう。

法朗西文典字類例言

客歳吾友楊子、法人ノエル シャプサル二氏合著ノ文典ヲ校刻ス學徒争ヒ購フ」吾カ家塾ノ二三少年亦勉メテ之ヲ誦讀シ講習ノ際、此冊ヲ編成シテ以テ遺忘ニ備フ人有リテ屢其上木ヲ勸ム依テ之ヲ吾ニ謀リ且吾カ校閲ヲ乞フ」吾以為ク此稿モト忽卒ニ成リ謬誤少ナラサルヘシ之ヲ世ニ公ニスルハ徒ラニ大方ノ嘲ヲ招クニ足ラム」楊子曰、否、古人所著ノ書、尚掛漏ヲ免レス況ヤ吾輩ニ於テヲヤ其過ヲ聞テ昨非ヲ改メムカ為ニハ普ク世人ニ訪テ指摘ヲ請フニ如カス若夫面前ニ譽揚シテ背後ニ誹謗スル者ハ必ス過ヲ改ルニ憚ルノ人ナリト」吾深ク此語ニ服シ上梓ノ意ヲ決セリ希クハ同學諸彦、善ヲ責ルノ忠告アラムコトヲ

法國ノ語法、動詞ノ変化最多端ナリ篇中、過、現、未、等ノ細注ヲ下スノ地無シ依テ只不定法ノ卒詞ヲ注シ且譯字ヲ異ニシテ區別ヲナス覧者察ν諸

撰著ニ關ルニ二三子、各経世ノ大志ヲ懐ク故ニ名ヲ韜ミテ顯サス吾其功ヲ没スルニハ非ルナリ

この例言によれば、この『法朗西文典字類』は、楊子（柳河春三）が翻刻した『法朗西文典』を甫策の「家塾ノ二三少年」が誦読・講習する際に編んだものであるという。

それをある人の勧めにより上木（出版）することになり、甫策が校閲を依頼されたという経緯が記されている。『法朗西文典字類』には桂川甫策の名しか記されていないため、通常は甫策の編とされるが、この例言によれば、むしろ編者は甫策の「家塾ノ二三少年」（「撰著ニ關ル二三子」）であり、甫策は校閲をしたに過ぎないことになる。

その「家塾ノ二三少年」の中に辻恕介・辻理之助兄弟が含まれるのではないかと思われる記述が、安倍季雄1940の中にある（p.29）。

當時（櫻井注：辻理之助が洋書調所内の精煉所に転学した文久二年頃）、先生（櫻井注：辻理之助のこと）が、教師として最も尊敬し、心から師事したのは、宇都宮三郎、桂川甫策の両氏であつた。（中略）桂川氏、諱は國幹、幕府の侍醫、法眼桂川甫周の玄孫に當り、（中略）辻先生も、「余は長く先生に就いて教を受け、一時先生の邸宅に寄寓し、親しく其の誘掖を受け、學問上の事のみならず、教へらるゝ處頗ぶる多かつた」といつて居る。

すなわち、辻理之助は甫策に直接師事していたのみならず、一時期甫策の邸宅に寄寓していたというのである。その時期ははっきりしないが、理之助が蕃書調所に入学したのが文久二年（ただし洋書調所と改称する同年五月より前）、甫策が洋書調所教授手伝出役となったのが同年十二月二十六日であるから、理之助が甫策宅に寄寓していたのは、甫策が洋書調所の教職員となった文久三（1863）年以降、恐らくは理之助が松本での逼塞を解かれて再び江戸に上った慶応元（1865）年以降、開成所化学教授手伝並出役となる慶応二（1866）年九月頃までのある期間であろう。あるいは、開成所当局は慶応三年十二月に理之助の住居について「御用弁のため、開成所御構内御長屋、当時明キも御座候ニ付、住居為〻仕候」と老中へ届出ているので（倉沢1983p.307、東京大学史料編纂所蔵『開成所伺等留』）、長く見積ればこの頃まで甫策宅に身を寄せていたのかもしれない。慶応二年から三年頃に理之助が甫策宅の厄介になっていたかどうかはともかくとしても、柳河の『法朗西文典』は上巻が慶応二年刊、下巻が慶応三年刊であることと、甫策の「家塾」の者たちがこれを読んでフランス語を学んでおり、甫策宅に寄寓しながら甫策に師事していた理之助が慶応二年六月には開成所でフランス語を教えるようになったこととを考え合わせると、上記の「家塾ノ二三少年」の中に辻理之助が含まれていると見るのはごく自然なことと思われる。

甫策の「家塾」というのがどの程度のものであったのか不明であるが、兄の恕介が甫

策の蔵版・閲読で『長生法』を出版し、『英仏単語便覧』の序文も書いているところを見ると、恕介も甫策の近くにいた人物であり、甫策の「家塾」の一員であったのではないかと想像される。先に記した通り、『英仏単語便覧』の序文の中で恕介は甫策のことを「我友」と記しており、恕介訳『長生法』は甫策が閲者・蔵版者となっている。

　なお、『長生法』や『英仏単語便覧』と同様、この時期に刊行された「理外無物楼蔵板」と記されている本に、『斥候略説』（慶応四1868年刊）がある（東京大学文学部国語研究室松村文庫蔵）。見返しに「慶應戊辰新鎸／開成所教授方〔佐澤元太郎／辻理之介〕抄譯／〔出師／必要〕斥候畧説／理外無物楼蔵板」とあり、本文は「斥候畧説／福山　佐澤元太郎／松本　辻　理之助／抄譯」とある。この本も、辻理之助が訳した本を甫策が蔵版者となって（すなわち出資者となって）出版されたということになる。

　このように、辻恕介・理之助兄弟は甫策のごく近くにいた存在であり、『英仏単語便覧』の編纂にも何らかの形で関わっていたものと想像される。

3.6.『英仏単語便覧』の書誌

　『英仏単語便覧』はその現存諸本を見る限り、刊行当初において上巻と下巻が同時に刊行されたものかどうか疑わしく、むしろ上巻が先に刊行され、下巻が遅れて刊行されたように感じられる。調査した範囲において、比較的早印と見られる本（以下のA類〜C類）は概ね上巻のみで所蔵されており、そのような本の原題簽は「〔英／佛〕單語便覧」の文字の下に「上」の文字が記されていない。また、下巻には必ず明治二年か明治三年の奥付が付されており、明治二年の奥付により明治二年七月までには下巻が刊行されていたことがわかるが、その前年（慶応四年・明治元年）に刊行されていたかどうかについてはわからない。以下に書誌を記すが、A〜C類が上巻のみ、D類が下巻のみで明治二年の奥付を持つ本、E類は明治三年の奥付を持つ上下揃本である。

A類（上巻のみ）

京都大学文学研究科図書館蔵本（上巻のみ、影印原本）

○装丁・書型・巻冊数　袋綴、中本（横本）一巻一冊。

○表紙　原装、黄蘗色撫子文様艶出。12.0×18.0cm。

○外題　なし。題簽が剥落したものと思われるが、汚れのため貼り跡は見られない。

○見返し　本文共紙、単辺枠内「開成所佛蘭西學／第一等教授方／桂川甫策撰／〔英

／佛〕單語便覽／理外無物樓藏板」上部細線枠内に「慶應四年戊辰新鐫」。見返し右下「理外無物樓藏板」の右隣に「理外無物樓」（陽篆）と「藏版印」（陰篆）の方朱印あり。
○構成　序一丁、亜彼泄一丁、以呂華一丁、本文二十七丁。
○本文　四周単辺有界。匡郭内寸8.9×13.9cm。毎半丁十四行。
○刊記　なし。
○備考：伝本中もっとも早印の本で、他の伝本に比べて見返し上部の「慶應四年戊辰新鐫」の文字の外側に細線枠がある点、本文第一丁表の匡郭上部に「英」「佛」の文字の無い点が異なる。見返し右下の二つの朱印は、A類・B類のごく早い印本にしか押されない。これらは甫策の蔵版印であり、これが捺されていない本は板木売却後の印本と見られる。
○同類の伝本：沼津市明治史料館本（取り合わせ本の上巻、原題簽中央双辺「〔（破）／仏〕單語便覽」（「上」の字ナシ）、十三丁目落丁）、東大松村文庫本（上巻のみ、子持枠の原題簽が表紙中央にあるが、破損のため上部の「〔英／仏〕單」の文字しか読めない）、横浜市大鮎沢文庫本（上巻のみ、子持枠の原題簽が表紙中央にあるが、破損のため上部の「〔英／仏〕」の文字しか読めない）。

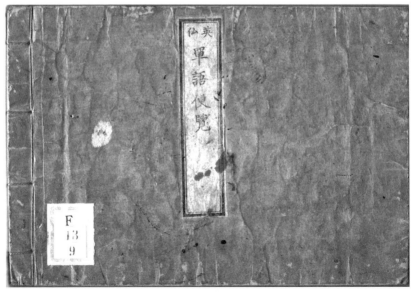

図版23　『英仏単語便覧』上（B類）表紙（青山学院資料センター F13-9）
※後印本（E類）では題簽下部に「上」「下」の文字が入る。

B類（上巻のみ）

青山学院資料センターF13-9（上巻のみ）

○A類との異同：原表紙中央に原題簽あり、子持枠内「〔英／仏〕單語便覽」（図版23）。見返し、上部の「慶應四年戊辰新鐫」の外に細線枠が無い（図版24）。本文第一丁表の匡郭上部に「英」「佛」の文字が入木挿入されている（図版25）。

○同類の伝本：鶴見大本（上巻のみ）、早大古典籍ホ1-809（上巻のみ）。

○備考：見返しに二つの方朱印（蔵版印）が捺されており、A類に次いで早印であると思われるが、いずれも上巻のみの現存で、題簽も「〔英／仏〕單語便覽」とのみしか記されず、「上」の文字が見られない。また、青山学院本には後見返し（本文共紙の原装白紙）に墨書で「願人／書物問屋／忠蔵」という書き入れがあるので、下巻の開版願の際か上下巻の売り広め願いの際などに上げ本として用いられた本と見られる（図版26）。

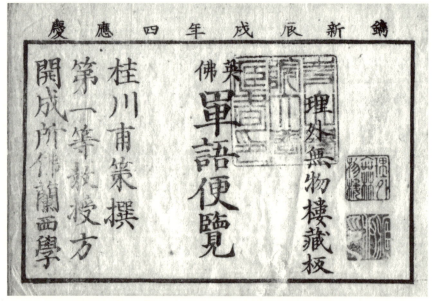

図版24　『英仏単語便覧』上（B類）見返し（青山学院資料センターF13-9）
※　右に蔵版印二種（朱印）はあるが、上部「慶應四年戊辰新鐫」を囲む細線枠が無い。

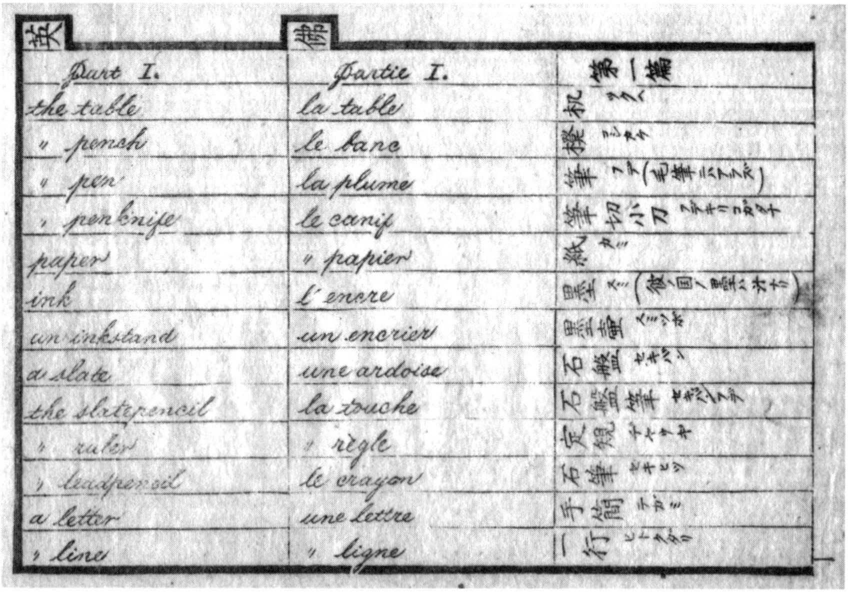

英	佛	
Part I.	Partie I.	第一編
the table	la table	机 ツクヘ
" bench	le banc	腰掛 コシカケ
" pen	la plume	筆 フデ（毛筆ニハアラズ）
" penknife	le canif	筆切小刀 フデキリコガタナ
paper	" papier	紙 カミ
ink	l'encre	墨 スミ（彼ノ国ノ墨ハ汁ナリ）
an inkstand	un encrier	墨壺 スミツボ
a slate	une ardoise	石盤 セキバン
the slatepencil	la touche	石盤筆 セキバンフデ
" ruler	" règle	定規 ヂヤウギ
" leadpencil	le crayon	石筆 セキヒツ
a letter	une lettre	手簡 テガミ
" line	" ligne	一行 ヒトクダリ

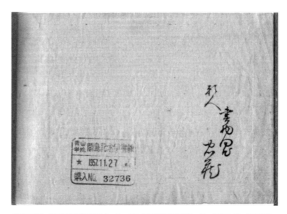

図版 25 『英仏単語便覧』上（B類）1 オ（青山学院資料センター F13-9）
※ 上部に「英」「佛」の文字が新たに入木挿入されている。

図版 26　青山学院資料センター蔵『英仏単語便覧』上（F13-9）後見返し
※「願人／書物問屋／忠蔵」の書き入れがある。

C類（上巻のみ）

東北大学附属図書館狩野文庫蔵本（上巻のみ）

○B類との異同：見返し、二つの蔵版印（朱印）が捺されていない。

○同類の伝本：青学F13-9-2、大阪府大本（旧大阪女子大本）、早大洋学文庫C802。

（いずれも上巻のみ。）

○備考：狩野文庫本には原題簽が残っており、やはり「〔英／佛〕單語便覧」の下に「上」の文字が無い。青学F13-9-2には原題簽が付されているが、刷られた文字の上から筆で「〔英／佛〕單語便覧　全」と書かれており、もともと「上」の字があったものか否か判然としない。大阪府大本と早大洋学文庫C802は原題簽がないので、後述するE類の上巻である可能性も考えられる。

D類（下巻のみ、明治二年版）

国立国語研究所蔵本（下巻のみ、影印原本）

図版27　『英仏単語便覧』下（明治二年版）袋
（雄松堂マイクロ所収本）
※右下に「㊦」の印が捺されている。

○C類との異同：題簽、剥落、中央に貼り跡あり。見返し、本文共紙、上巻と同じものがつく。ただし蔵版印の方朱印二つは捺されていない。構成、本文二十八〜五十四丁。刊記、以下の奥付がつく。単辺枠内「桂川甫策藏板／明治二年己巳七月／東京書肆／芝飯倉五町目／萬屋忠藏發行」。

○備考：この奥付を持つ本は現存数が少ないが、奥付に「桂川甫策藏板」とあるので、この奥付の付いている本が刷られた時点ではまだ板木が売り払われていなかったものと思われる。また、上巻と同じ見返しを持つことから、上巻とは別に売り出されていた可能性が考えられる。雄松堂フィルム出版『マイクロフィルム版初期日本英学資料集成』所収本（以下「雄松堂マイクロ所収本」と略す）がそれを裏付ける。雄松

堂マイクロ所収本の下巻はこのD類と同じ奥付を持つ本であるが、国立国語研究所本と同様、下巻にも見返しがついている（蔵版印の方朱印二つは捺されていない）。さらに、袋の写真も収められており（**図版 27**）、子持枠内に「桂川甫策撰／〔英／佛〕單語便覽／理外無物樓藏板」、枠外上部に「慶應四年戊辰新鐫」と刷られ、さらに右下に楕円に囲まれた「下」の印（恐らく朱印）が捺されている。これと同じ印がこの本の原題簽の「〔英／仏〕單語便覽」の下部にも捺されているのが見て取れるので（**図版 28**）、これらのことから、この明治二年版までは上巻・下巻が別々に売られており、題簽にはまだ「上（下）」の文字が入っていなかったものと想像される。

E類（上下巻揃、明治三年）

東書文庫蔵本

〇C類・D類との異同：巻冊数、二巻二冊。原題簽、「〔英／佛〕單語便覽」の下に「上（下）」の文字が入った状態で刷られている。見返し、上巻のみに付され、蔵版印なし。下巻は原装白紙。奥付、単辺枠内「明治三年庚午晩夏刻成／發行書林／西京　出雲寺文治郎／同　錢屋摠四郎／大坂　河内屋喜兵衛／尾州　永樂屋東四郎／東京　山城屋佐兵衛／同　岡田屋嘉七／同　萬屋忠藏版」（**図版 29**）。

〇同類の伝本：愛知県西尾市岩瀬文庫本、玉川大本、県立長崎図書館諫早文庫本、早大

図版 28　『英仏単語便覧』下（明治二年版）表紙
（雄松堂マイクロ所収本）
※ 題簽に袋と同じ「下」の印が捺されているが、後印本では「下」の文字が刻入される。

發行書林
同 萬屋忠蔵版
同 岡田屋嘉七
東京 山城屋佐兵衛
尾州 永樂屋東四郎
大坂 河内屋喜兵衛
同 錢屋惣四郎
西京 出雲寺文治郎
明治三年庚午晩夏刻成

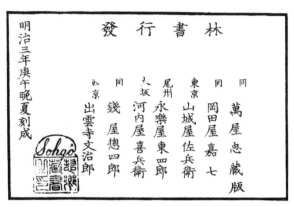

図版 29 『英仏単語便覧』下（明治三年版）奥付（家蔵本）

明治三年晩夏全鐫
桂川甫策著
英佛
單語便覽
全二冊
東京書林
一貫堂梓

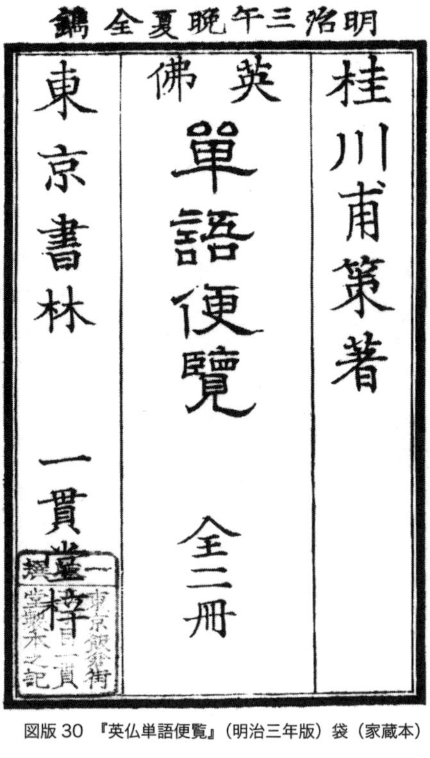

図版 30 『英仏単語便覧』（明治三年版）袋（家蔵本）

洋学文庫 C801、家蔵本（惣郷正明氏旧蔵本）、沼津市明治史料館本（取り合わせ本の下巻）。

○備考：家蔵本には袋がついている。子持枠内に「桂川甫策著／〔英／佛〕單語便覧全二冊／東京書林　一貫堂梓」、枠外上部に「明治三午晩夏全鐫」とあり、左下に「一版撰／東京飯倉街／五丁目一貫／堂製本之記」と書かれた朱印が捺されている。（**図版30**、雄松堂マイクロ所収本の袋とは別版。なお、一貫堂は万屋忠蔵の堂号。）「全二冊」と記され、確かに二冊分の大きさで綴じられているので、二冊揃で売られたものであろう。雄松堂マイクロ所収本の明治二年版（D類）には袋に「理外無物樓藏板」、奥付に「桂川甫策藏板」と記されているのに対し、この分類の本ではそれらの文字が記されていないことから、明治二年七月以降明治三年六月までに著者から書肆へ板木の売却が行われたものと見られる。

３．７．『英吉利単語篇』『法朗西単語篇』『英仏単語篇注解』との相違

　既に渡辺実 1962 で指摘されているように、『英仏単語篇注解』と『英仏単語便覧』との間に訳語の相違はほとんど無い。仮名遣いなどのごく微細な異同を除けば、全体の約 2％ ほどに若干の相違が見られる程度である。

　『英仏単語篇注解』と『英仏単語便覧』の相違について、仮名遣いや「下剤（ゲザイ）」と「下剤（クダシグスリ）」のような微細な違いを除き、比較的意味のありそうな相違を**表５**に選び出す。また、注釈の有無で異なる箇所を**表６**に示す。

　表５や**表６**の箇所以外は、『英仏単語篇注解』と『英仏単語便覧』で異なる部分がほとんど無いのであるから、刊年から考えれば『英仏単語便覧』が『英仏単語篇注解』を参照して編纂され、異同のある箇所は独自に改訳したものということになろう。（前述の通り、『対訳名物図編』の影響と見られる箇所は無い。）しかし、『英仏単語篇注解』が開成所校本であり、『英仏単語便覧』が同じ開成所教授方の桂川甫策の著になることを考えれば、『英仏単語便覧』が『英仏単語篇注解』のみを参照していたとする見方の他に、開成所内部で教えられていた講義レベルでの「訳語集」があって、それぞれがその写本の「訳語集」を参照したことの反映とする見方も可能であろう。その場合、『英仏単語篇注解』と『英仏単語便覧』の関係は、「親子関係」ではなく「兄弟関係」ということになる。

表5 『英仏単語篇注解』と『英仏単語便覧』の訳語の相違

番号	『英仏単語篇注解』(1867.5)	『英仏単語便覧』(1868)
2	腰掛（コシカケ）	上1オ 橈（コシカケ）
12	書翰（テガミ）	上1オ 手簡（テガミ）
16	書付（カキツケ）	上1ウ 文牒（カキモノ）
18	手本（テホン）	上1ウ 法帖（テホン）
200	作事兵（サクジ）（作変方ナリ）	上8オ 土工兵（ドコウヘイ）
203	番兵（バンヘイ）	上8オ 張番（ハリバン）
227	砦壁（サイヘキ）	上9オ 砦ノ外構（トリデノソトガマヘ）
229	胸壁（キョウヘキ）	上9オ 胸壁（カクレアツチ）
287	處女（ショジョ）	上11オ 處女（ムスメ）
291	幼稚（ヨウチ）	上11オ 幼稚（オサナゴ）
292	少年（セウネン）	上11オ 少年（ワカキヒト）
294	出生（シュツシヤウ）	上11オ 出産（ウマレ）
549	炎症（エンシヤウ）（焮衝）	上20オ 焮衝（キンシヨウ）
556	リウマチス（病名）	上21オ 龍麻知斯（リウマチス）（病名）
561	癩病（キヨウビヤウ）	上21オ 癩病（ライビヤウ） ヌ 天刑病（テンケイビヤウ）
638	臥房（ネマ）	上23ウ 寝室（ネマ）
641	圊（セツイン）	上24ウ 厠（カワヤ）（セツチン）
945	虫（ムシ）但シ柔ナル虫ノ捴名ナリ甲アリ羽アル虫ハ<u>ウ</u> ヲルムニアラズ甲アル虫ノ類ハ<u>インセクト</u>ト云フ ※1	下35オ 虫（ムシ）但シ柔虫ノ捴名甲アルノ類ハ<u>インセクト</u>ト云フ
1392	有士（ヤクニン）※2	下51オ 有士（ヤクニン）
1473	雨山（巴威里亜ノ府）※3	下54オ 雨山（巴威里亜ノ府）

※1 『英仏単語篇注解』945番の注釈末尾「甲アル虫ノ類ハ<u>インセクト</u>ト云フ」は、後印本において削除。

※2 『英仏単語篇注解』1392番の「有士（ヤクニン）」は、後印本において「有司（ヤクニン）」と入木改刻。

※3 『英仏単語篇注解』1473番の「雨山」は、後印本において「両山」と入木改刻。

３.８.『英仏単語便覧』における原本訂正の扱い

　表6に示した注釈のうち、『英仏単語篇注解』には原本訂正の注釈が六箇所ある。そのうち、354番の「英原卒 Sinews ハ Nerves ト同義ナリ　宜ク Tendons ニ改ムヘシ」および 420番「英原卒 Loins ハ腰ト同語ナリ　Kidneys ニ改ムルヲ是トス」の二箇所は『英吉利単語篇』に対する訂正の注釈であり、その他の四箇所は『法朗西単語篇』に対する訂正の注釈である。（293番「仏原卒 Veillesse 誤レリ　Vieillesse ニ改ムヘシ」、650番

解 説　71

表6　『英仏単語篇注解』と『英仏単語便覧』における注釈の有無の相違

番号	『英仏単語篇注解』(1867.5)	『英仏単語便覧』(1868)
6	墨汁 (スミ)	上1オ　墨 (彼ノ国ノ墨ハ汁ナリ)
219	施條砲 (シゼウハウ)(筋ノ入タル砲)	上8ウ　施條砲 (シゼウハウ)
288	少男 (ワカモノ)	上11オ　少男 (ワカモノ)(未ダ婚礼セザル若男)
289	少女 (ムスメ)	上11オ　少女 (ワカムスメ)(未ダ婚礼セザル若女)
293	年齢 (トシ)(仏老年) 仏原卆 Veillesse 誤レリ　Vieillesse ニ改ムヘシ	上11ウ　年齢 (ヨワイ)(仏老年)
354	筋 (キン)(赤肉ノ根ナリスダニハアラズ) 英原卆 Sinews ハ Nerves ト同義ナリ 宜ク Tendons ニ改ムヘシ	上13ウ　筋 (キン)(赤肉ノ根ナリスダニハアラズ)
407	膝蓋 (ヒザサラ)	上15ウ　膝蓋 (俗ニ云ヒザッコ)
420	腎臓 (ジンノザウ) 英原卆 Loins ハ腰ト同語ナリ Kidneys ニ改ムルヲ是トス	上16オ　腎臓 (ジンノザウ)
423	膀胱 (バウクワウ)	上16ウ　膀胱 (小便ブクロ)
467	触覚 (カラダノヲボエ)	上17ウ　触覚 (カラダノオボエ)(寒熱痛痒等ヲ知ル感能ナリ)
633	層 (カイ)(二階三階ナドノ)	上23ウ　階 (カイ)
650	櫃 (ヒツ) 仏原卆 Caise ハ正カラズ Caisse ニ改ムベシ	上24オ　櫃 (セツ)
1013	小楊枝 (コヤウジ) 仏原卆 Uncure dent ハ末ニ s ノ字ヲ添テ Uncure dents ニ改ムヘシ	下37ウ　小楊枝 (コヤウジ)
1357	鶲柴 (モチシバ) 仏原名 gluau ハ gluaux ニ作ルヲ正トス	下50オ　鶲柴 (モチシバ)

「仏原卆 Caise ハ正カラズ　Caisse ニ改ムベシ」、1013番「仏原卆 Uncure dent ハ末ニ s ノ字ヲ添テ Uncure dents ニ改ムヘシ」、1357番「仏原名 gluau ハ gluaux ニ作ルヲ正トス」の四箇所。)

　これらについて『英仏単語便覧』の該当箇所を見てみると、354番の英語は「〃(the) sinews」(上13ウ)、420番の英語は「〃(the) loins」(上16オ)となっており、英語についてはいずれも訂正されていない。

　これに対し『法朗西単語篇』に対する訂正箇所は、293番が「〃(la) vieilesse」(上

11 ウ）、650 番が「une caise」（上 24 オ）、1013 番が「un cure-dents」（下 37 ウ）、1357 番が「un gluaux」（下 50 オ）となっており、650 番を除く三箇所で『英仏単語篇注解』の注釈通りに訂正が施されている。

　全体から見れば些細なことではあるが、このようなところから『英仏単語便覧』が仏学の教授方の手によって編纂されていることが感じられる。

[注]

注1　BDKR.COM の *Traveller's Manual* ドイツ語版 1864 年第 17 版のページ（http://www.bdkr.com/display.php?hinr=S007）には「This is the Manual of Conversation in its German guise. There are seven numbered editions known to exist, and these are numbers 17-23 (for earlier edition numbers, see S010). In addition, there are three stereotype variants, published between 1881 and 1904」とあり、*Traveller's Manual* フランス語版 1864 年第 17 版のページ（http://www.bdkr.com/display.php?hinr=S008）には「This is the French version of the Manual of Conversation. There are seven numbered editions known to exist, and these are numbers 17-23 (for earlier edition numbers, see S010). In addition, the book was also published as a sterotype edition between 1880 and 1905.」とある。これらによれば、*Traveller's Manual* のドイツ語版・フランス語版とも、刊行されたのは第 17 版から第 23 版とそれ以降の stereotype 版で、ドイツ語版の stereotype 版は 1881 年から 1904 年まで存在し、フランス語版の stereotype 版は 1880 年から 1905 年まで存在しているようである。なお「S010」とは、Alex W. Hinrichsen（1991）*Baedeker's Reisehandbücher 1832-1990*（Ursula Hinrichsen Verlag）において付けられている番号である。筆者も同書を参照したが、*Traveller's Manual* の諸版については記載がされていなかった。BDKR.COM において *Traveller's Manual* の諸版の記述が他の旅行案内書に比べて簡略なのは、Hinrichsen（1991）における *Traveller's Manual* の諸版の記述が簡略であるためと見られる。

注2　福沢諭吉はこれより前の万延元年遣米使節で既に洋行を果たしていた。万延元（1860）年仲秋（八月）序刊の『増訂華英通語』の原本は、万延元年の春にサンフランシスコにて清の商人から得たものである旨、同書の序文に書かれている。

注3　日本史籍協会編 1929『遣外使節日記纂輯　二』（東京大学出版会 1971 年覆刻）p.249

による。

注4 後藤 1981 にはまた以下のようにある。「明治 3 年（1870）3 月 3 日改の『職員録』大学の部に（中写字生源清流市川）とある。私の調べた限りではこれが官吏として名を連ねたはじめであり，また清流と名乗ったはじめである。」

注5 『東京日日新聞』は『毎日新聞』の前身である。『新聞雑誌』第 45 号附録は『東京曙新聞復刻版』52（柏書房 2008 年）に影印がある。

注6 この「二冊」の記述から，『英国単語図解』の出版の許可は明治五年の当初から二冊で下りていたことがわかる。なお，下巻奥書に記される刊行年月である明治七年一月前後の文部省『准刻書目』に，『英国単語図解』下の記述は見られない。（『明治前期書目集成』第六分冊、明治文献資料刊行会 1972 年による。）

注7 「從吾所好」は『論語』述而篇第七 11 の「子曰く、富にして求む可くんば、執鞭の士と雖も、吾も亦之を為さん。如し求む可からずんば、吾が好む所に従はん。」を出典とする。これを吉田賢抗 1960（『新釈漢文大系』第 1 巻『論語』明治書院）は、「孔子言う、富というものが、もし求めて求め得られるものであるなら、王侯の先払いのような賤しい役目でも、甘んじて勤めて富を得よう。もし富が求めても得られない、いわゆる富貴天に在りで、人の努力だけで得られると限ったものでなかったら、自分の好むところに従って、理想のために生きたいものだ。」と通釈している（p.155）。「從吾所好齋」の号は、金儲けのためではなく、自分の理想のための出版であるとを暗に主張しているようにも受け取れる。

注8 竹中 2008 は、香川大学神原文庫蔵本の『英国単語図解』上の一本を「『對譯名物圖編』明治版」と称し、以下のように述べている。（竹中 2009 も同様の論旨である。）

　　もっとも、神原文庫が蔵するこの『對譯名物圖編』明治版は替表紙となっており、そのため、これは、板心も「對譯名物圖編」のまま残す慶応版版木を用いてこれに挿絵を加刷し、書名を『英國單語圖解』と改めた表紙をつけて明治 5 年に出された『英國單語圖解』上巻から表紙を取り外し、替わりの表紙をつけたものではないかとの可能性が疑われるかもしれない。しかし、この神原文庫所蔵本の大きさは 20.0cm×13.5cm となっており、後述の『英國單語圖解』上下編の 18.0cm×12.5cm という大きさより一回り大きな判型であることから、やはり『英國單語圖解』とは異版であると判断されよう。

書名を「明治版『對譯名物圖編』」とするのは、表紙および見返しが改装されており、板心の題によってつけられた書名を用いていることによるが、やはりこれは『英国単語図解』上巻として扱うべきであろう。それから、「『英國單語圖解』とは異版であると判断されよう」と記されているが、それについても誤りと言わざるを得ない。異版であるか否かは本の大きさから判断されるものではなく、大きさで判断するなら匡郭の大きさで判断すべきである。筆者も実際に神原文庫の『対訳名物図編』や『英国単語図解』を手にとって調査したが、匡郭の大きさに違いは見られず、上下巻で重複する三十八丁や、多色刷りとなっている七十一丁以降を除いて、別版であると判断される特徴も特に見られなかった。

注9　鄭 2012 では他に、9 オ「Port, lerboard」→「Port」、16 ウ（正しくは 15 ウ）「Birth」→「Dirth」を指摘しているが、筆者はそのような『対訳名物図編』を確認していない。特に後者の「Birth.」は書き入れによって「B」となっている本を参照したことによるものであるように推測される。

注10　柳河春三は『英国単語図解』上巻刊行前の明治三年に没している。

注11　「一等教授」は慶応二（1866）年十二月二十七日に定められた開成所の職名である。宮崎ふみ子 1980 によれば、「従来の教授手伝を分化させて一段上の職を設けたもの、（中略）教授職並に準ずる者、特に教育部門で中心的役割を果たす者に適しい役職であったことが窺われる」ということである。

注12　『和蘭字彙』の跋は甫策が書いているが、その中に「家兄月池先生欲校而梓之。使吾輩幹其事（家兄の月池先生（甫周のこと）之を校して梓にせんと欲し、吾輩をして其の事を幹らしむ）」とある。すなわち、兄の甫周は弟の甫策を『和蘭字彙』編纂の主幹に任じたということである。この跋文は白文の漢文で書かれているが、意訳が今泉源吉 1969 に示されている（p.77 以降）。

注13　この題字については今泉 1969p.419 および p.449 に記述がある。柳河春三の桂川甫周宛手紙（五月十二日付、尾佐竹猛氏旧蔵、焼失）に『法朗西文典字類』の題字の版下が封入してあり、その横に「此板下古人菱湖翁によく似申候哉いかが一方金にならはいつでも認め可申呵々、可惜典ノ字少し拙」という添え書きがあったという。

注14　前掲の『日本教育史資料　七』所収慶応二年六月十五日改の開成所人名録には、「英三等教授」に七名の名が挙げられているが、仏学にはそれに対応する役職が無く、また

「蘭學句讀教授出役」に八名、「英學句讀教授出役」に三名の名が挙がっているが、「佛學句讀教授出役」と「獨逸學句讀教授出役」は「人名ナシ」と記されている。

注 15　竹原平次郎が石橋八郎と改名したことについては、樋口雄彦 2007p.251 を参照。

[参考文献]

石山半山（曽根松太郎）1902　『当世人物評』金港堂書籍

大槻文彦 1907　　　　　　『箕作麟祥君伝』（近世資料会 1983 年再版）

樋口勘治郎 1912　　　　　『信松先生錫爵録』（非売品）

荒木伊兵衛 1931　　　　　『日本英語学書志』（日本図書センター 1982 年復刻）

安倍季雄 1940　　　　　　『男爵辻新次翁』（中野実解説、大空社 1987 年影印）

渡辺実 1962　　　　　　　『大阪女子大学蔵日本英学資料解題』（『対訳名物図編』『英仏単語便覧』の項）

渡辺実 1964　　　　　　　「幕府の英仏独語研究の展開」『人文（京都大学教養部）』10

今泉源吉 1965　　　　　　『蘭学の家桂川家の人々』篠崎書林

今泉源吉 1969　　　　　　『蘭学の家桂川家の人々　最終篇』篠崎書林

青木次彦 1976　　　　　　「文部省出仕市川清流研究覚書」『同志社大学図書館学年報』2

後藤純郎 1976　　　　　　「市川清流の生涯―「尾蠅欧行漫録」と書籍館の創立―」『研究紀要（日本大学人文科学研究所）』18

宮崎ふみ子 1979　　　　　「蕃書調所＝開成所に於ける陪臣使用問題」『東京大学史紀要』2

宮崎ふみ子 1980　　　　　「開成所に於ける慶応改革―開成所「学政改革」を中心として―」『史学雑誌』89-3

後藤純郎 1981　　　　　　「市川清流の著作について」『図書館学会年報』27-2,3

倉沢剛 1983　　　　　　　『幕末教育史の研究　一』吉川弘文館

三浦太郎 1998　　　　　　「"書籍館"の誕生―明治初頭におけるライブラリー意識の芽生え―」『東京大学大学院教育学研究科紀要』38

櫻井豪人 1998　　　　　　「『英吉利単語篇』『法朗西単語篇』の底本と『英仏単語篇注解』の訳語」『国語学』192

櫻井豪人 2000　　　　　　「『英吉利単語篇』系統単語集の影響関係」『名古屋大学人文科学研究』29

樋口雄彦 2007　　　　　　『沼津兵学校の研究』吉川弘文館

卜部忠治 2007　『布野雲平伝　花失せじ』島根日日新聞社

竹中龍範 2008　「幕末・明初の英語図解単語集―『對譯名物圖編』（慶応 3 年）ほか―」『図書館だより　香川大学図書館報』4

竹中龍範 2009　「開成所『英吉利單語篇』と『對譯名物圖編』・『英國單語圖解』」『英学史研究』42

鄭英淑 2012　「『英吉利単語篇』の訳語集の影響関係」『日本近代学研究』38（韓国日本近代学会）

櫻井豪人 2013　「『対訳名物図編』の訳語について―『増訂華英通語』『英語箋』と一致する訳語を中心に―」『茨城大学人文学部紀要　人文コミュニケーション学科論集』15

櫻井豪人 2014　『開成所単語集 I　英吉利単語篇・法朗西単語篇・英仏単語篇注解・対照表・索引』港の人

櫻井豪人 2015　「『改正増補英和対訳袖珍辞書』と異なる『英仏単語篇注解』の訳語について（1）」『近代語研究』18（武蔵野書院）

櫻井豪人 2016　「『改正増補英和対訳袖珍辞書』と異なる『英仏単語篇注解』の訳語について（2）」『近代語研究』19（武蔵野書院）

開成所単語集
対照表II

開成所単語集
対照表 Ⅱ

—— 『英和対訳袖珍辞書』及び『改正増補英和対訳袖珍辞書』との対照表 ——

『英吉利単語篇』(1866年刊) 『法朗西単語篇』(1866年刊)	『英仏単語篇注解』 (1867年5月刊)	『対訳名物図編』 (1867年9月序刊)	『英仏単語便覧』 (1868年1月序刊)
1 The table. La table.	1オ 机(ツクヘ)	1オ 机(ツクエ) table.	上1オ 机(ツクヘ)
2 The bench. Le banc.	1オ 腰掛(コシカケ)	1オ 朳几(コシカケ) bench.	上1オ 橙(コシカケ)
3 The pen. La plume.	1オ 筆(フデ)(毛筆ニハアラズ)	1オ 筆(フデ) pen.	上1オ 筆(フデ)(毛筆ニハアラズ)
4 The penknife. Le canif.	1オ 筆切小刀(フデキリコガタナ)	1オ 修筆刀(フデキリコガタナ) penknife.	上1オ 筆切小刀(フデキリコガタナ)
5 Paper. Le papier.	1オ 紙(カミ)	1オ 紙(カミ) Paper.	上1オ 紙(カミ)
6 Ink. L'encre.	1オ 墨汁(スミ)	1オ 墨汁(スミ) Ink.	上1オ 墨(スミ)(彼ノ国ノ墨ハ汁ナリ)
7 An inkstand. Un encrier.	1オ 墨汁壷(スミツボ)	1オ 墨斗(スミイレ) inkstand.	上1オ 墨壷(スミツボ)
8 A slate. Une ardoise.	1オ 石盤(セキバン)	1オ 石盤(セキバン) slate.	上1オ 石盤(セキバン)
9 The slatepencil. La touche.	1オ 石盤筆(セキバンフデ)	1ウ 石盤用筆(セキバンフデ) slatepencil.	上1オ 石盤筆(セキバンフデ)
10 The ruler. La règle.	1オ 定規(ヂヤウギ)	1ウ 界尺(デウギ) ruler.	上1オ 定規(ヂヤウギ)
11 The leadpencil. Le crayon.	1オ 石筆(セキヒツ)	1ウ 石筆(セキヒツ) leadpencil.	上1オ 石筆(セキヒツ)
12 A letter. Une lettre.	1オ 書翰(テガミ)	1ウ 文字又手簡(モンジ テガミ) letter.	上1オ 手簡(テガミ)
13 A line. Une ligne.	1オ 一行(ギヤウ ヒトクダリ)	1ウ 一行(ヒトクダリ) line.	上1オ 一行(ヒトクダリ)

対照表II 79

『英吉利単語篇増訳』 （1871年刊）	『英和対訳袖珍辞書』（初版、文久二年） （1862年刊）	『改正増補英和対訳袖珍辞書』（慶応二年版） （1866年刊、初版と異同のある場合のみ記載）
1 机^{ツクエ}	Table, s.卓. 机. 臺. 遠景. 目録. 紀事. 繪. 表	Table, s.卓. 机. 平板. 饗應. 掌. 書載. 繪. 表
2 椅子^{コシカケ}	Bench, s.腰カケ. 裁判所ノ列坐	
3 筆^{フデ}	Pen, s.洋筆. 羽. 鶏ノ小屋. 羊小屋. 獣圏	
4 筆切刀子^{フデキリコガタナ}	Penknife, s.鵞筆ヲ切ル小刀	
5 紙^{カミ}	Paper, s.帋	
6 墨汁^{スミシル}	Ink, s.墨汁	
7 墨汁器^{イレ}	Inkstand, s.墨汁器	
8 石盤^{セキバン}	Slate, s.盤石_{塗板ノ如ク用ユ}	
9 石盤筆^{フデ}	Slate-pencil, s.盤石ニ書画スル筆	
10 曲 尺^{キョクシャク}	Ruler, s.支配スル人. 定規	
11 筆 飾^{フデカザリ}	Lead, s.鉛. 石筆. 骨牌遊ビノ語 Pencil, s.画工ノ用ユル日本筆ノ如キ物. 石筆	Lead, s.鉛. 筆ニ付タル金具 Pencil, s.画工ノ用ユル日本筆ノ如キ物. 石筆
12 文字^{モンジ}	Letter, s.損料借シスル人. 文字. 書翰	
13 一 行^{イチギャウ}	Line, s.行. 線. 並ビ. 索. 隊名. 幹	

『英吉利単語篇』(1866年刊) 『法朗西単語篇』(1866年刊)	『英仏単語篇注解』 (1867年5月刊)	『対訳名物図編』 (1867年9月序刊)	『英仏単語便覧』 (1868年1月序刊)
14 A book. Un livre.	1オ 書籍(ホン)	1ウ 書籍(ホン) book.	上1ウ 書冊(ホン)
15 A writing-book. Un cahier.	1オ 草本(シラチャウ)	1ウ 冊子(サフシ) copy-book.	上1ウ 草本(シラチャウ)
16 A writing. Une écriture.	1オ 書付(カキツケ)	1ウ 著述又書物(チョジュツ カキモノ) writing.	上1ウ 文牒(カキモノ)
17 A page. Une page.	1オ 半枚(マイ)	1ウ 片面紙(カミノカタメン) page.	上1ウ 半枚(ハンマイ)
18 A copy. Un exemple.	1ウ 手本(テホン)	1ウ 寫書(ウツシ) copy.	上1ウ 法帖(テホン)
19 A leaf. Une feuille.	1ウ 一枚(マイ)	2オ 一枚(イチマイ) leaf.	上1ウ 一枚(イチマイ)
20 A pencase. Un étui à plumes.	1ウ 筆筒(フデイレ)	2オ 筆挿(フデイレ) penholder.	上1ウ 筆筒(フデイレ)
21 Sand. La poudre.	1ウ 砂(スナ)	2オ 砂(フリスナ) Sand.	上1ウ 砂(スナ)
22 The sandbox. Le poudrier.	1ウ 砂筥(スナイレ)	2オ 砂函(スナイレ) sandbox.	上1ウ 砂筥(スナイレ)
23 A foldingstick. Un plioir.	1ウ 箆(ヘラ)（紙ニ折目ヲ附ケ又ハ切ル為ノ)	2オ 裁紙箆(カミキリヘラ) foldingstick.	上1ウ 箆(ヘラ)（紙ニ折目ヲツケ又ハ切ルタメノ)
24 An exercise. Un thème.	1ウ 文章(ブンシャウ)	2オ 習文稿(ブンノナラヒガキ) exercise.	上1ウ 文章(ブンシャウ)
25 Sealingwax. La cire d'Espagne.	1ウ 封蠟(フウジラフ)	2オ 火漆(フウジロウ) Sealingwax.	上1ウ 封蠟(フウジラウ)
26 Wafers. Du pain à cacheter.	1ウ 封糊(フウノリ)	2オ 封粘(フウジノリ) Wafers.	上1ウ 封糊(フウノリ)
27 The master. Le maître.	1ウ 先生(センセイ)	2オ 師匠(シシャウ) master.	上1ウ 先生(センセイ)
28 A preceptor. Un précepteur.	1ウ 師匠(シシャウ)	2オ 先生(センセイ) preceptor.	上2オ 師匠(シシャウ)
29 A scholar. Un ecolier.(ママ)	1ウ 學生(ガクセイ)	2オ 塾生(ジュクセイ) scholar.	上2オ 學生(ガクセイ)

『英吉利単語篇増訳』 （1871年刊）	『英和対訳袖珍辞書』（初版、文久二年） （1862年刊）	『改正増補英和対訳袖珍辞書』（慶応二年版） （1866年刊、初版と異同のある場合のみ記載）
14 書籍^{ショセキ}	Book, *s.*書物	
15 手習草紙^{テナラヒサウシ}	（Writing-bookナシ） Copy-book, *s.*写本	Writing-book, *s.*手習草紙 Copy-book, *s.*写本
16 書付^{カキツケ}	Writing, *s.*書キ付ケ. 書	
17 半枚^{ハンマイ}	Page, *s.*書籍ノ帋一枚ノ半面. 屓従	
18 手本^{テホン}	Copy, *s.*写本. 字式. 手本. 草稿. 清書	Copy, *s.*写本. 原本. 手本. 肖像
19 一枚^{マイ}	Leaf, *s.*葉_{草木ノ}	
20 筆筒^{フデイレ}	Pencase, *s.*洋筆入レ （penholderナシ）	
21 砂^{スナ}	Sand, *s.*砂. 砂地	
22 砂筥^{スナイレ}	Sand-box, *s.*砂ヲ入レ置ク器	
23 箆^{ヘラ}	Folding-knife, *s.*本ヲ綴ル人ノ持テ居ルヘラノ類 Stick, *s.*管. 杖	Folding-knife, *s.*本ヲ綴ル人ノ持テ居ルヘラノ類 Stick, *s.*枝. 杖. 棒. 衝キ
24 文章^{ブンシャウ}	Exercise, *s.*稽古. 文章. 練法. 文題. 練兵. 習熟	Exercise, *s.*稽古. 文章. 練法. 業. 用ヒ. 練兵. 習熟
25 封蠟^{フウラフ}	Sealing-wax, *s.*封蠟	
26 封糊^{フウノリ}	Wafer, *s.*封ジ糊ノ類	Wafer, *s.*封ジ糊. 菓子ノ名
27 先生^{センセイ}_{学校ノ}	Master, *s.*主人. 頭人. 持主. 君公. 船乗_{商船ノ.} 船司_{軍艦ニテリウテナントノ次ニ位シ甲比丹命ヲ受ケ船ヲ指揮スル役.} 師匠. 先生	Master, *s.*主人. 頭人. 持主. 君公. 船司_{軍艦ニテリウテナントノ次ニ位シ甲比丹命ヲ受ケ船ヲ指揮スル役.} 師匠. 先生
28 先生_{私塾ノ}	Preceptor, *s.*師匠	
29 弟子^{デシ}_{学校ノ}	Scholar, *s.*孝者. 諸生	

『英吉利単語篇』(1866年刊) 『法朗西単語篇』(1866年刊)	『英仏単語篇注解』 (1867年5月刊)	『対訳名物図編』 (1867年9月序刊)	『英仏単語便覧』 (1868年1月序刊)
30 A pupil. Un disciple.	1ウ 弟子(デシ)	2ウ 弟子(デシ) pupil.	上2オ 弟子(デシ)
31 The world. Le monde.	1ウ 世界(セカイ)	2ウ 世界(セカイ) world.	上2オ 世畧(ママ)
32 Air. L'air.	1ウ 空氣(クウキ)	2ウ 空氣(クウキ) Air.	上2オ 空氣
33 Fire. Le feu.	1ウ 火(ヒ)	2ウ 火(ヒ) Fire.	上2オ 火
34 Earth. La terre.	1ウ 土(ツチ)(又地球(チキウ))	2ウ 地(ツチ) Earth.	上2オ 土(ツチ)又地球(チキウ)
35 Water. L'eau.	1ウ 水(ミヅ)	2ウ 水(ミヅ) Water.	上2オ 水(ミヅ)
36 Heaven. Le ciel.	1ウ 天(テン)	2ウ 天(テン) Heaven.	上2オ 天(テン)
37 The horizon. L'horizon.	1ウ 地平(チヘイ)	3オ 水平(スイヘイ) horizon.	上2オ 地平(チヘイ)
38 The sun. Le soleil.	2オ 太陽	3オ 日(ヒ) sun.	上2オ 太陽(ヒ)
39 The sunbeams. Les rayons solaires.	2オ 日光(ニツクワウ ヒノヒカリ)	3オ 日光線(ヒノヒカリスヂ) sunbeams.	上2オ 日光(ニツクワウ ヒノヒカリ)
40 The moon. La lune.	2オ 太陰(ツキ)	3オ 月(ツキ) moon.	上2オ 太陰(ツキ)
41 Full moon. La pleine lune.	2オ 満月(マンゲツ)	3オ 満月(マンゲツ) Full moon.	上2ウ 満月(マンゲツ)
42 Moonlight. Le clair de lune.	2オ 月光(グツクワウ ツキノヒカリ)	3オ 月光(ツキノヒカリ) Moonlight.	上2ウ 月光(グツクワウ ツキノヒカリ)
43 The stars. Les étoiles.	2オ 星(ホシ)	3オ 星(ホシ) stars.	上2ウ 星(ホシ)
44 The milky way. La voie lactée.	2オ 銀河(アマノガハ)	3オ 天漢(アマノガハ) milky way.	上2ウ 銀河(アマノガハ)
45 A planet. Une planète.	2オ 行星(カウセイ)	3オ 行星(カウセイ) planet.	上2ウ 行星(カウセイ)
46 A comet. Une comète.	2オ 彗星(ハヽキボシ)	3オ 篲星(ハヽキボシ) comet.	上2ウ 彗星(ハヽキボシ)

『英吉利単語篇増訳』 （1871年刊）	『英和対訳袖珍辞書』（初版、文久二年） （1862年刊）	『改正増補英和対訳袖珍辞書』（慶応二年版） （1866年刊、初版と異同のある場合のみ記載）
30 弟子 _{私塾ノ}	Pupil, *s.*瞳子. 書生. 後見サレテ居ル人	
31 世界 ^{セカイ}	World, *s.*世界. 地球. 人　全世界. 暮シ. 諸人	World, *s.*世界. 地球. 人間. 天. 世事. 国. 全世界. 暮シ. 諸人
32 空氣 ^{クウキ}	Air, *s.*空気. 微風. 風格. 形状. 歌節	
33 火	Fire, *s.*火. 火事. 熱. 性急. 好キ凝リ	
34 土又地球 ^{ツチ}	Earth, *s.*地. 泥	Earth, *s.*地. 土. 地球
35 水 ^{ミヅ}	Water, *s.*水	Water, *s.*水. 小便
36 天 ^{テン}	Heaven, *s.*天	
37 地平 ^{チヘイ}	Horizon, *s.*地平	
38 大陽 ^ヒ	Sun, *s.*太陽	
39 日 光 ^{ヒノヒカリ}	Sun-beam, *s.*日ノ光線	
40 大陰 ^{ツ キ}	Moon, *s.*月	
41 満月 ^{マンゲツ}	Full, *s.*充分. 頂上. 満足 Moon, *s.*月	
42 月 光 ^{ツキノヒカリ}	Moon-light, *s.*月光	
43 星 ^{ホシ}	Star, *s.*星	
44 銀 河 ^{アマノガハ}	Milky-way, *s.*天漢	
45 行星 ^{カウセイ}	Planet, *s.*惑星	
46 彗星 ^{ハフキボシ}	Comet, *s.*彗星	

『英吉利単語篇』(1866年刊) 『法朗西単語篇』(1866年刊)	『英仏単語篇注解』 (1867年5月刊)	『対訳名物図編』 (1867年9月序刊)	『英仏単語便覧』 (1868年1月序刊)
47 Light. La lumière.	2オ 明(アカリ)	3ウ 光又明(ヒカリマタアアカリ) Light.	上2ウ 明(アカリ)
48 Darkness. Les ténèbres.	2オ 暗(クラヤミ)	3ウ 暗闇(クラヤミ) Darkness.	上2ウ 暗(クラヤミ)
49 Twilight. La crépuscule.	2オ 薄明(ウスアカリ)（晨昏(アサユフ)ノ）	3ウ 薄暗(ウスクラキ) Twilight.	上2ウ 薄明(ウスアカリ)（晨昏(アサユフ)ノ）
50 The shade. L'ombre.	2オ 陰(カゲ)	3ウ 影(カゲ) shade.	上2ウ 陰(カゲ)
51 Day. Le jour.	2オ 晝(ヒル)	3ウ 晝(ヒル) Day.	上2ウ 晝(ヒル)
52 Night. La nuit.	2オ 夜(ヨル)	3ウ 夜(ヨル) Night.	上2ウ 夜(ヨル)
53 Heat. L'ardeur.	2オ 熱(アツサ)	3ウ 暑(アツサ) Heat.	上2ウ 熱(アツサ)
54 Cold. Le froid.	2オ 寒(サムサ)	3ウ 寒(サムサ) Cold.	上2ウ 寒(サムサ)
55 Warmth. La chaleur.	2オ 温(アタヽカサ)	3ウ 暖(アタヽカ) Warmth.	上3オ 温(アタヽカサ)
56 Flame. La flamme.	2オ 炎(ホノホ)	3ウ 炎(ホノホ) Flame.	上3オ 炎(ホノホ)
57 Spark. L'étincelle.	2オ 火花(ヒバナ)	4オ 火花(ヒバナ) Spark.	上3オ 火花(ヒバナ)(ママ)
58 Smoke. La fumée.	2オ 煙(ケムリ)	4オ 煙(ケフリ) Smoke.	上3オ 煙(ケムリ)
59 Steam. La vapeur.	2オ 蒸氣(ジョウキ)	4オ 蒸氣(ジョウキ) Steam.	上3オ 蒸氣(ジョウキ)
60 Lightning. Un éclair.	2ウ 電(イナヅマ)	4オ 稲妻(イナヅマ) Lightning.	上3オ 電(イナヅマ)
61 Sheet lightning. Les éclairs.	2ウ 電光(イナビカリ)	4オ 電光(イナビカリ) Sheet lightning.	上3オ 電光(イナビカリ)
62 Thunder. Le tonnerre.	2ウ 雷(カミナリ)	4オ 雷(カミナリ) Thunder.	上3オ 雷(カミナリ)
63 A cloud. Une nuée.	2ウ 雲(クモ)	4オ 雲(クモ) cloud.	上3オ 雲(クモ)

『英吉利単語篇増訳』 （1871年刊）	『英和対訳袖珍辞書』（初版、文久二年） （1862年刊）	『改正増補英和対訳袖珍辞書』（慶応二年版） （1866年刊、初版と異同のある場合のみ記載）
47 明^{アカリ}	Light, *s.*光リ. 結ビ付ケ. 掛リ合	Light, *s.*光リ
48 暗^{クラヤミ}	Darkness, *s.*暗. 解シ難キコト	
49 晨昏薄明^{アサユウノウスアカリ}	Twilight, *s.*晨昏. 黄昏	Twilight, *s.*日没ノ後. 或ハ日出ノ前ノ 薄明. 朦朧
50 陰^{カゲ}	Shade, *s.*影. 冠リ物. 幽靈	Shade, *s.*影. 陰. 擁護. 幽靈
51 晝^{ヒル}	Day, *s.*日. 日光. 勝利	
52 夜^{ヨル}	Night, *s.*夜. 夕	
53 熱^{アツシ}	Heat, *s.*熱サ. 短気. 怒リ	
54 寒^{サムシ}	Cold, *s.*寒気. 風邪. Cold, *adj.*寒キ. 感動ナキ. 涼キ	
55 温^{アタヽカ}	Warmth, *s.*温サ. 丹誠	Warmth, *s.*温サ. 丹誠. 憤発. 熱心
56 炎^{ホノフ}	Flame, *s.*熖 情慾	Flame, *s.*熖 情慾. 憤怒. 愛情
57 火花^{ヒバナ}	Spark, *s.*火花. 好テ居ル人^{スイ}	Spark, *s.*火花. 小許. 伊達者. 愛スル 人
58 煙^{ケムリ}	（Smoke, *s.*ナシ）	Smoke, *s.*煙. 蒸発気
59 蒸氣^{ジョウキ}	Steam, *s.*蒸気	
60 電^{イナヅマ}	Lightning, *s.*電	
61 電光^{ヒカリ}	Sheet, *s.*羅紗蒲團. 羅紗. 葉 Lightning, *s.*電	Sheet, *s.*羅紗蒲團. 一面. 一葉 Lightning, *s.*電
62 雷^{カミナリ}	Thunder, *s.*雷	
63 雲^{クモ}	Cloud, *s.*雲	

『英吉利単語篇』(1866年刊) 『法朗西単語篇』(1866年刊)	『英仏単語篇注解』 （1867年5月刊）	『対訳名物図編』 （1867年9月序刊）	『英仏単語便覧』 （1868年1月序刊）
64 The weather. Le temps.	2ウ 天氣（テンキ）	4オ 天氣（テンキ） weather.	上3オ 天氣（テンキ）
65 A storm. Une tempête.	2ウ 暴風雨（アラシ）	4オ 暴風雨（アラシ） storm.	上3オ 暴風雨（アラシ）
66 Rain. La pluie.	2ウ 雨（アメ）	4オ 雨（アメ） Rain.	上3オ 雨（アメ）
67 The rainbow. L'arc-en-ciel.	2ウ 虹蜺（ニジ）	4ウ 虹（ニジ） rainbow.	上3オ 虹蜺（ニジ）
68 Snow. La neige.	2ウ 雪（ユキ）	4ウ 雪（ユキ） Snow.	上3オ 雪（ユキ）
69 Hail. La grêle.	2ウ 霰（アラレ）	4ウ 雹（アラレ） Hail.	上3ウ 霰（アラレ）
70 A fog. Le brouillard.	2ウ 霧（キリ）	4ウ 霧氣（キリ） fog.	上3ウ 霧（キリ）
71 Dew. La rosée.	2ウ 露（ツユ）	4ウ 露（ツユ） Dew.	上3ウ 露（ツユ）
72 Hoar frost. La gelée blanche.	2ウ 霜（シモ）	4ウ 霜（シモ） Hoar frost.	上3ウ 霜（シモ）
73 Ice. La glace.	2ウ 冰（コホリ）	4ウ 氷（コホリ） Ice.	上3ウ 冰（コホリ）
74 An icicle. Un glaçon.	2ウ 冰柱（ツララ）	4ウ 氷柱（ツララ） icicle.	上3ウ 冰柱（ツララ）
75 An earthquake. Un tremblement de terre.	2ウ 地震（ヂシン）	4ウ 地震（ヂシン） earthquake.	上3ウ 地震（ヂシン）
76 The wind. Le vent.	2ウ 風（カゼ）	4ウ 風（カゼ） wind.	上3ウ 風（カゼ）
77 A hurricane. Un ouragan.	2ウ 颶風（ハヤテ）	5オ 大暴風（ヲホアラシ） hurricane.	上3ウ 颶風（ハヤテ）
78 East. L'est.	2ウ 東（ヒガシ）	5オ 東（ヒガシ） East.	上3ウ 東（ヒガシ）
79 South. Le sud.	2ウ 南（ミナミ）	5オ 南（ミナミ） South.	上3ウ 南（ミナミ）
80 West. L'ouest.	2ウ 西（ニシ）	5オ 西（ニシ） West.	上3ウ 西（ニシ）

『英吉利単語篇増訳』 （1871年刊）	『英和対訳袖珍辞書』（初版、文久二年） （1862年刊）	『改正増補英和対訳袖珍辞書』（慶応二年版） （1866年刊、初版と異同のある場合のみ記載）
64 天氣	Weather, *s.*天気. 風	Weather, *s.*天気. 気候. 暴風
65 暴風雨 ^{ニワカハゼアメ}	Storm, *s.*荒シ. 騒キ. 襲ヒ	
66 雨 ^{アメ}	Rain, *s.*雨	
67 虹蜺 ^{ニ ジ}	Rain-bow, *s.*虹霓	
68 雪 ^{ユキ}	Snow, *s.*雪	
69 霰 ^{アラレ}	Hail, *s.*霰	Hail, *s.*雹
70 霧 ^{キリ}	Fog, *s.*霧	Fog, *s.*霧 草ノ二番生ヘ
71 露 ^{ツユ}	Dew.露	
72 霜 ^{シモ}	Hoarfrost, *s.*霜	
73 氷 ^{コヲリ}	Ice, *s.*氷	
74 氷柱 ^{ツラヽ}	Icicle, *s.*霜柱	Icicle, *s.*氷柱
75 地震 ^{ヂシン}	Earth-quake, *s.*地震	
76 風 ^{カゼ}	Wind, *s.*風. 透間風. 気. 気息	Wind, *s.*風. 方角. 風筋. 気. 気息
77 颶風 ^{ハヤカゼ}	Hurricane, *s.*颶	
78 東 ^{ヒガシ}	East, *s.*東	East, *s. et adj.*東
79 南 ^{ミナミ}	South, *s.*南	
80 西 ^{ニシ}	West, *s.*西方 West, *adj.*西ノ. 西国ノ	

『英吉利単語篇』(1866年刊) 『法朗西単語篇』(1866年刊)	『英仏単語篇注解』 (1867年5月刊)	『対訳名物図編』 (1867年9月序刊)	『英仏単語便覧』 (1868年1月序刊)
81 North. Le nord.	2ウ 北(キタ)	5オ 北(キタ) North.	上3ウ 北(キタ)
82 Dryness. La sécheresse.	3オ 乾(カワキ)	5オ 燥(カワキタルコト) Dryness.	上3ウ 乾(カワキ)
83 Moisture. L'humidité.	3オ 濕(シメリ)	5オ 濕(シメリタルコト) Moisture.	上4オ 湿(シメリ)
84 Dust. La poussière.	3オ 塵(チリ)	5オ 飛塵(ホコリ) Dust.	上4オ 塵(チリ)
85 Sand. Le sable.	3オ 沙(スナ)	5オ 砂(スナ) Sand.	上4オ 沙(スナ)
86 A stone. Une pierre.	3オ 石(イシ)	5オ 石(イシ) stone.	上4オ 石(イシ)
87 Mud. La boue.	3オ 泥(ドロ)	5ウ 泥(ドロ) Mud.	上4オ 泥(ドロ)
88 A plain. Une plaine.	3オ 平地(ヒラチ)	5ウ 平地(ヒラチ) plain.	上4オ 平地(ヒラチ)
89 A valley. Une vallée.	3オ 谷(タニ)	5ウ 谷(タニ) valley.	上4オ 谷(タニ)
90 A declivity. Un coteau.	3オ 山ノ斜面(カタムキ)	5ウ 下リ阪(クダリサカ) declivity.	上4オ 山ノ斜面(ヤマノカタムキ)
91 A mountain. Une montagne.	3オ 山嶽(ヤマ)	5ウ 山(ヤマ) mountain.	上4オ 山嶽(ヤマ)
92 A hill. Une colline.	3オ 丘陵(コヤマ)	5ウ 丘(ヲカ) hill.	上4オ 丘陵(コヤマ)
93 The foot. Le pied.	3オ 山脚(フモト)	5ウ 麓(フモト) foot.	上4オ 山脚(フモト)
94 The summit. Le sommet.	頂 上(チャウジャウ)	5ウ 巓(イタヾキ) summit.	上4オ 頂 上(チャウジャウ)
95 A rock. Un rocher.	3オ 岩(イハ)	5ウ 岩(イハ) rock.	上4オ 岩(イハ)
96 A brook. Un ruisseau.	3オ 小川(ヲガハ)	5ウ 潺溪(コナガレ) brook.	上4オ 小川(ヲガハ)
97 A river. Une rivière.	3オ 河(カハ)	6オ 川(カハ) river.	上4ウ 河(カハ)

『英吉利単語篇増訳』 （1871年刊）	『英和対訳袖珍辞書』（初版、文久二年） （1862年刊）	『改正増補英和対訳袖珍辞書』（慶応二年版） （1866年刊、初版と異同のある場合のみ記載）
81 北^{キータ（ママ）}	North, *s.*北	
82 乾^{ガハク（ママ）}	Dryness, *s.*乾テ居ルコト	
83 湿^{シメル}	Moisture, *s.*液. 潤ヒ. ジメ／＼スルコ ト. 湿気	
84 塵^{チリ}	Dust, *s.*塵埃. 屑	
85 沙^{スナ}	Sand, *s.*砂. 砂地	
86 石^{イシ}	Stone, *s.*石. 核心. 腎臓. 石淋	Stone, *s.*石. 核心. 結石. 石淋
87 泥^{トロ}	Mud, *s.*泥	
88 平 地^{ヒーラチ（ママ）}	Plain, *s.*平地. 平野. 戦場	
89 谷^{タニ}	Valley, *s.*谷	
90 山ノ斜面^{ヤマ　カタムキ}	Declivity, *s.*傾倒	Declivity, *s.*傾斜
91 山嶽^{サンガク}	Mountain, *s.*山	
92 丘陵^{キユリヨ}	Hill, *s.*丘陵	
93 山 脚^{サンキヤク}	Foot, *s.*足. 歩兵	
94 頂上（ママ）^{ゼッチョ}	Summit, *s.*頂上. 全上ノ尖リタル所	
95 嵓^{ユワ}	Rock, *s.*岩礁	Rock, *s.*岩. 礁. 防護. 丈夫ナルコト
96 小川^{コガワ}	Brook, Brooklet, *s.*沢. 小河	
97 河^{カワ}	River, *s.*河	

『英吉利単語篇』(1866年刊) 『法朗西単語篇』(1866年刊)	『英仏単語篇注解』 (1867年5月刊)	『対訳名物図編』 (1867年9月序刊)	『英仏単語便覧』 (1868年1月序刊)
98 The bed of a river. Le lit de la rivière.	3オ 河道〔カハドコ〕	6オ 河身〔カハソコ カハノセ〕 bed of a river.	上4ウ 河道〔カハドコ〕
99 The source. La source.	3オ 水源〔ミナモト〕	6オ 源〔ミナモト〕 source.	上4ウ 水源〔ミナモト〕
100 The mouth. L'embouchure.	3オ 河口〔カハグチ〕	6オ 河水朝海處〔カハノオチクチ〕 mouth.	上4ウ 河口〔カハグチ〕
101 The bank. La rive.	3オ 堤（仏濱）〔ツヽミ ハマ〕	6オ 河邊〔カハベリ〕 bank.	上4ウ 堤（仏濱）〔ツヽミ ハマ〕
102 The current. Le courant.	3オ 流〔ナガレ〕	6オ 流〔ナガレ〕 current.	上4ウ 流〔ナガレ〕
103 A lake. Un lac.	3オ 湖〔ミヅウミ〕	6オ 湖〔ミヅウミ〕 lake.	上4ウ 湖〔ミヅウミ〕
104 A pond. Un étang.	3ウ 池〔イケ〕	6オ 池〔イケ〕 pond.	上4ウ 池〔イケ〕
105 A marsh. Un marais.	3ウ 沼〔ヌマ〕	6オ 沼〔ヌマ〕 marsh.	上4ウ 沼〔ヌマ〕
106 A fountain. Une fontaine.	3ウ 泉〔イヅミ〕	6オ 機関潰水〔シカケノフキミヅ〕 fountain.	上4ウ 泉〔イヅミ〕
107 A waterfall. Une cascade.	3ウ 瀑布〔タキ〕	6ウ 飛泉〔チヒサキタキ〕 waterfall.	上4ウ 瀑布〔タキ〕
108 The land. Le pays.	3ウ 土地〔トチ〕	6ウ 陸地〔クガチ〕 land.	上4ウ 土地〔トチ〕
109 The native country. La patrie.	3ウ 本國〔ホンゴク〕	6ウ 本國〔ホンゴク〕 native country.	上4ウ 本国〔ホンゴク〕
110 The ocean. L'océan.	3ウ 大洋〔ダイヤウ〕	6ウ 大洋〔オホウミ〕 ocean.	上4ウ 大洋〔ダイヤウ〕
111 The Mediterranean. La Méditerranée.	3ウ 地中海〔チチウカイ〕	6ウ 地中海〔チチウカイ〕 Mediterranean.	上5オ 地中海〔チチウカイ〕
112 An archipelago. Un archipel.	3ウ 多嶋海〔タタウカイ〕	6ウ 多嶋海〔タタウカイ〕 archipelago.	上5オ 多嶋海〔タタウカイ〕
113 The Baltic. La mer baltique.	3ウ 波羅的海〔バルチク〕	6ウ 東海〔トウカイ〕 Baltic.	上5オ 波羅的海〔バルチクカイ〕

『英吉利単語篇増訳』 （1871年刊）	『英和対訳袖珍辞書』（初版、文久二年） （1862年刊）	『改正増補英和対訳袖珍辞書』（慶応二年版） （1866年刊、初版と異同のある場合のみ記載）
98 河道^{カワミチ}	Bed, *s.*寝所ノ敷蒲團. 寝間. 層. 婚姻. 床 River, *s.*河	Bed, *s.*寝所. 川底. 寝間. 層. 婚姻. 床 River, *s.*河
99 水源^{ミナモト}	Source, *s.*源. 根源	
100 河口^{カワグチ}	Mouth, *s.*口_{生物ノ声ヲ発シ餌ヲ食スル又器ノ又河ノ又} _{銃ノ又穴ノ・}嘴	
101 堤^{ツヽミ}又濱^{ハマ}	Bank, *s.*濱. 丘. 土手. 腰カケ. 楫カ ク人ノ腰カケル為ニ舟ニ付テ有ル腰カ ケ. 金銀ヲ預リ替セヲ取組ム座.	
102 流^{ナガレ}	Current, *s.*下流. 水勢. 大河. 続キ	Current, *s.*下流. 水勢. 大河. 続キ. 流レ
103 湖^{ミヅウミ}	Lake, *s.*湖	
104 池^{イケ}	Pond, *s.*池	
105 沼^{ヌマ}	Marsh, *s.*沼. 沢	
106 泉^{イヅミ}	Fountain, *s.*泉	
107 瀑布^{タキ}	Waterfall, *s.*瀧	
108 土地^{トチ}	Land, *s.*国. 畑. 地方	
109 本国^{ホンゴク}	Native country.本国	
110 大洋^{タイヤウ}	Ocean, *s.*大洋	
111 地中海^{チヽウカイ}	Mediterranean, *s.*地中海	
112 多島海^{タトウカイ}	Archipelago, *s.*多島海	
113 波羅的海^{バルチクカイ}	（Balticナシ）	

『英吉利単語篇』(1866年刊) 『法朗西単語篇』(1866年刊)	『英仏単語篇注解』 (1867年5月刊)	『対訳名物図編』 (1867年9月序刊)	『英仏単語便覧』 (1868年1月序刊)
114 The North-Sea. La mer du nord.	3ウ 北海（ホクカイ）	6ウ 北海（ホクカイ） North-Sea.	上5ウ 北海（ホクカイ）
115 The Channel. La Manche.	3ウ 海峡（カイケフ）	6ウ 海峡（カイカフ） Channel.	上5ウ 海峡（カイケフ）
116 The continent. La terre ferme.	3ウ 大陸（ダイリク）	6ウ 大地（ダイチ） continent.	上5ウ 大陸（ダイリク）
117 An island. Une île.	3ウ 嶋（シマ）	7オ 嶋（シマ） island.	上5オ 嶋（シマ）
118 A peninsula. Une péninsule.	3ウ 半嶋（ハンタウ）(三方、海ニノゾミ只一処、陸ニ連ル地)	7オ 枝嶋（チツマキノシマ） peninsula.	上5オ 半嶋（ハンタウ）(只一処而已陸ニ連リ三方海)
119 A cape. Un cap.	3ウ 岬（ミサキ）	7オ 岬（ミサキ） cape.	上5オ 岬（ミサキ）
120 An isthmus. Un isthme.	3ウ 地峡（チケフ）	7オ 地峡（チカフ） isthmus.	上5オ 地峡（チケフ）
121 A bay. Une baie.	3ウ 海湾（イリエ）	7オ 海湾（イリウミ） bay.	上5オ 海湾（イリエ）
122 The coast. La côte.	3ウ 海岸（カイガン）	7オ 渚（ナギサ） coast.	上5オ 海岸（カイガン）
123 A cliff. Un écueil.	3ウ 礁（イワ）(海中ノ)	7オ 断岸（キリキシ） cliff.	上5オ 礁（イワ）(海中ノ)
124 A shoal. Un bas-fond.	3ウ 浅斥（トホアサ）	7オ 浅瀬（アサセ） shoal.	上5オ 浅斥（トホアサ）
125 A sandbank. Un banc de sable.	3ウ 沙洲（ス）	7オ 沙洲（スナノス） sandbank.	上5ウ 沙洲（ス）
126 A strait. Un détroit.	4オ 瀬戸（セド）	7オ 海腰（ウミノセト） strait.	上5ウ 瀬戸（セド）
127 The waves. Les vagues.	4オ 波（ナミ）	7ウ 波（ナミ） waves.	上5ウ 波（ナミ）

『英吉利単語篇増訳』 （1871年刊）	『英和対訳袖珍辞書』（初版、文久二年） （1862年刊）	『改正増補英和対訳袖珍辞書』（慶応二年版） （1866年刊、初版と異同のある場合のみ記載）
114 北海^{ホツカイ}	（North-Seaナシ）	
115 海峡^{カイキョウ}	Channel, *s.*海峡. 溝. 川. 浅瀬中ノ深ミ	Channel, *s.*海峡. 溝. 川. 浅瀬. 中ノ深ミ
116 大陸^{タイリク}	Continent, *s.*陸地. 大原. 洲	
117 島^{シマ}	Island, Isle, *s.*島	
118 半島^{ハントウ}	Peninsula, *s.*半島	
119 岬^{ミサキ}	Cape, *s.*外套ノ襟_又岬	
120 地峡^{チキョウ}	Isthmus, *s.*地峡	
121 港^{ミナト}	Bay, *s.*入海. 港. 孔. 間地. 樹ノ名. 難渋	
122 海岸^{カイガン}	Coast, *s.*海辺. 濱. 海岸	
123 礁_{海中ノ岩}	Cliff, *s.*礁石巖	
124 浅斥^{アサセ}	Shoal, *s.*積ミ. 集リ. 洲. 浅キ所	
125 沙洲^ス	Sandbank, *s.*洲_{海ニ砂ノモリ上リ浅ミニナリテ居ル所}	
126 瀬戸^{セト}	Straits, *s. pl.*苦難. 海峡	Straits, *s. pl.*苦難. 峡
127 波^{ナミ}	Wave, *s.*波	

『英吉利単語篇』(1866年刊) 『法朗西単語篇』(1866年刊)	『英仏単語篇注解』 (1867年5月刊)	『対訳名物図編』 (1867年9月序刊)	『英仏単語便覧』 (1868年1月序刊)
128 High and low tide. Le flux et reflux.	4オ 満潮及退潮（シホノミチヒ）	7ウ 満潮及干潮（ミチシホオヨビヒシホ） High and low tide.	上5ウ 満潮 及 退潮（ミチシホ、オヨビ、ヒキシホ）
129 The tide. La marée.	4オ 潮時（シホドキ）	7ウ 潮（シホ） tide.	上5ウ 潮時（シホドキ）
130 A water-spout. Une trombe.	4オ 龍巻（タツマキ）	7ウ 龍騰水（タツマキ） water-spout.	上5ウ 龍巻（タツマキ）
131 The fleet. La flotte.	4オ 舩隊（センタイ）	7ウ 海軍隊（カイグンタイ） fleet.	上5ウ 舩隊（センタイ）
132 The navy. La marine.	4オ 海軍（カイグン）	7ウ 海軍（カイグン） navy.	上5ウ 海軍（カイグン）
133 A vessel. Un bâtiment; un navire.	4オ 舩（フネ）	7ウ 舩（フネ） vessel.	上5ウ 舩（フネ）
134 A boat. Un canot.	4オ 端舩（ハシフネ）	7ウ 小舟（コフネ） boat.	上5ウ 端舩（ハシフネ）
135 A sloop. Une chaloupe.	4オ 小舟（コブネ）	8オ 脚舩（ハシフネ） sloop.	上5ウ 小舟（コブネ）
136 A steamboat. Un bateau à vapeur.	4オ 蒸氣舩（ジョウキセン）	8オ 蒸氣舩（シャウキセン） steamboat.	上5ウ 蒸氣舩（ジョウキセン）
137 A screw-steamer. Un bateau à hélice.	4オ 螺旋蒸氣舩（ネヂシカケノジョウキセン）	8オ 螺旋機火舩（ネヂシカケシヤウキセン） screw-steamer.	上5ウ 螺旋蒸氣舩（ネヂシカケノジョウキセン）
138 A man-of-war. Un vaisseau de guerre.	4オ 軍艦（グンカン）	8オ 軍艦（グンカン） man-of-war.	上6ウ 軍艦（グンカン）
139 A merchant-vessel. Un vaisseau marchand.	4オ 商舩（シャウセン）	8オ 商舩（アキナヒフネ） merchant-vessel.	上6ウ 商舩（シャウセン）

『英吉利単語篇増訳』（1871年刊）	『英和対訳袖珍辞書』（初版、文久二年）（1862年刊）	『改正増補英和対訳袖珍辞書』（慶応二年版）（1866年刊、初版と異同のある場合のみ記載）
128 満潮_ㄡ退潮	High, *adj. et adv.*高キ. 勢アル. 貴キ. 高ブリタル. 厳シキ. 高ク Low, *adj. et adv.*低キ. 小キ. 賎キ. 謙ル. 深キ. 弱キ. 低ク. 小ク. 賎シク. 謙リテ. 深ク. 弱ク. 貧シキ. 貧シク Tide, *s.*時. 潮ノ干満. 流レ	High, *adj. et adv.*高キ. 勢アル. 貴キ. 高ブリタル. 厳シキ. 高ク. 甚シタ Low, *adj. et adv.*低キ. 小キ. 賎キ. 謙ル. 深キ. 弱キ. 低ク. 小ク. 賎シク. 謙リテ. 深ク. 弱ク. 貧シキ. 貧シク Tide, *s.*時. 潮ノ干満. 流レ
129 潮 時	Tide, *s.*時. 潮ノ干満. 流レ	
130 龍巻	Water-spout, *s.*涌泉. タツマキ	Water-spout, *s.*タツマキ 海水忽チ漏斗状ヲナシテ昇騰スルヲ云
131 船隊	Fleet, *s.*船隊. 小キ入江	Fleet, *s.*船隊. 小キ入江. 軍艦
132 海軍	Navy, *s.*海軍. 一隊ノ船艦 商船ニテモ又軍艦ニテモ	
133 舩	Vessel, *s.*桶. 船	Vessel, *s.*桶. 船. 器
134 端舩	Boat, *s.*小舟	
135 小舟	Sloop, *s.*杉板 　Sloop of war.小軍艦	Sloop, *s.*杉板_{小舟} 　Sloop of war.小軍艦
136 蒸 氣 （ママ）	Steam-boat, *s.*蒸気船	
137 螺旋蒸氣舩	Screw, *s.*螺旋 Steamer, *s.*蒸気船	
138 軍艦	Man of war.軍艦	
139 商 舩	Merchantman, *s.*商舶	

『英吉利単語篇』(1866年刊) 『法朗西単語篇』(1866年刊)	『英仏単語篇注解』 (1867年5月刊)	『対訳名物図編』 (1867年9月序刊)	『英仏単語便覧』 (1868年1月序刊)
140 A transport. Un vaisseau de transport.	4オ 運送舩（ウンソウセン）	8オ 陸軍運送舩（リクグンウンソウセン） transport.	上6オ 運送舩（ウンソウセン）
141 The sails. Les voiles.	4オ 帆（ホ）	8オ 帆（ホ） sails.	上6オ 帆（ホ）
142 The keel. La quille.	4オ 龍骨（マギリガハラ）	8オ 龍骨（マギリガハラ） keel.	上6オ 龍骨（マギリガハラ）
143 The hold. La cale.	4オ 艙（ニゴホリ）	8オ 艙（ニゴウリ） hold.	上6オ 艙（ニゴホリ）(ママ)
144 The deck. Le pont.	4オ 甲版（カンパン）	8オ 甲板（カンパン） deck.	上6オ 甲版（カンパン）
145 The mast. Le mât.	4ウ 檣（ホバシラ）	8オ 檣（ホハシラ） mast.	上6オ 檣（ホバシラ）
146 The cabin. La cabine.	4ウ 舩尾房（トモノヘヤ）（舩主ナド ノ居ル処）	8ウ 舩房（センチウノヘヤ） cabin.	上6オ 舩尾房（トモノヘヤ）（舩主ナドノ居ル処）
147 The hatches. Les écoutilles.	4ウ 艙口（ニゴホリノイリクチ）	8ウ 艙口（カンパンノデイリクチ） hatches.	上6オ 艙口（ニゴホリノイリクチ）
148 The stern. La poupe.	4ウ 艫（トモ）	8ウ 艫（トモ） stern.	上6オ 艫（トモ）
149 The bow. La proue.	4ウ 舩胸（ヘサキ）	8ウ 舳（ヘ）（ママ） how.（ママ）	上6オ 舩胸（ヘサキ）
150 The sail-yard. La vergue.	4ウ 帆桁（ホゲタ）	8ウ 帆架（ホゲタ） sail-yard.	上6オ 帆桁（ホゲタ）
151 The flag. Le pavillon.	4ウ 旗（ハタ）	8ウ 旗（ハタ） flag.	上6オ 旗（ハタ）
152 The pennon. Les flammes.	4ウ 小旗（コバタ）	8ウ 長旗（ナガハタ） pennon.	上6ウ 小旗（コバタ）
153 The rudder. Le gouvernail.	4ウ 舵（カヂ）	8ウ 舵（カヂ） rudder.	上6ウ 舵（カヂ）
154 The oar. La rame.	4ウ 橈（カイ）	8ウ 楫（カイ） oar.	上6ウ 橈（カイ）
155 The rigging. Les cordages.	4ウ 綱具（ツナグ）（帆柱ノ）	9オ 綱具（ツナグ）（帆柱ノ） rigging.	上6ウ 綱具（ツナグ）（帆柱ノ）
156 The cable. Le câble.	4ウ 錨鎖（イカリヅナ）	9オ 碇綱（イカリヅナ） cable.	上6ウ 錨鎖（イカリヅナ）

『英吉利単語篇増訳』 （1871年刊）	『英和対訳袖珍辞書』（初版、文久二年） （1862年刊）	『改正増補英和対訳袖珍辞書』（慶応二年版） （1866年刊、初版と異同のある場合のみ記載）
140 運送䑩^{グンソフセン（ママ）}	Transport, *s.*運送. 追放人. 運送舟. 仰天	
141 帆^ホ	Sail, *s.*帆	
142 龍骨^{マギレガハラ}	Keel, *s.*マギリ瓦_{舟ノ}, 船ノ名	
143 艙^{ニゴホリ}	Hold, *s.*取柄. 儲へ. 備へ. 支柱. 場所	Hold, *s.*取柄. 握リ保ツコト. 支へ. 囹 圄. 砦
144 甲版^{カンハン}	Deck, *s.*甲板	
145 檣^{ホバシラ}	Mast, *s.*墻 檪樹ナドノ実	Mast, *s.*檣. 檪樹ナドノ実
146 䑩尾房^{トモノヘヤ}	Cabin, *s.*船主部屋. 小部屋. 小舎	
147 艙ノ口^{ニゴリ入口}	Hatch, *s.*カヘシタル物_{鵞杯ヲ云フ}. 發明. 戸.	Hatch, *s.*カヘシタル物_{鵞杯ヲ云フ}. 發明. 半戸水門. 礦穴
148 艫口（ママ）	Stern, *s.*舳	Stern, *s.*舳^{トモ}
149 船胸^{ヘサキ}	Bow, *s.*弓. 胡弓ノ弓. 頭又身ヲ屈テ禮 スルコト. 虹. 弓形ニ曲リタル物. 窩弓^{ワナ}	
150 帆桁^{ホゲタ}	Sailyard, *s.*帆架^{ホゲタ}	
151 旗^{ハタ}	Flag, *s.*旗. 床ニ張ル石. 水草	Flag, *s.*旗. 床ニ張ル石. 花菖蒲ノ類
152 小旗^{コハタ}	Pennon, *s.*軍中ニ用ユル旗	
153 舵^{カジ}	Rudder, *s.*舵	
154 橈^{カイ}	Oar, *s.*楫^{カヒ}. 撹ル棒_{醸家ナドニ用ユル}	Oar, *s.*橈_{舟ノ}^{カイ}
155 綱具^{ツナノグ}	Rigging, *s.*用意. 帆柱ニ添テ居ル綱具	
156 錨具（ママ）^{イカリツナ}	Cable, *s.*錨綱	

『英吉利単語篇』(1866年刊) 『法朗西単語篇』(1866年刊)	『英仏単語篇注解』 (1867年5月刊)	『対訳名物図編』 (1867年9月序刊)	『英仏単語便覧』 (1868年1月序刊)
157 The anchor. L'ancre.	4ウ 錨(イカリ)	9オ 碇(イカリ) anchor.	上6ウ 錨(イカリ)
158 The ports. Le sabord.	4ウ 砲門(ハウモン)	9オ 舩ノ砲門(フネノハウモン) ports.	上6ウ 砲門(ハウモン)
159 The sounding-lead. La sonde.	4ウ 測鉛(オモリ) (海ノ淺深ヲハカル)	9オ 測量錘(サゲフリ) sounding-lead.	上6ウ 測鉛(オモリ) (海ノ浅深ヲハカル)
160 The compass. La boussole.	4ウ 磁針盤(ジシヤク)	9オ 針盤(ジシヤク) compass.	上6ウ 磁針盤(ジシヤク)
161 Starboard. Le tribord.	4ウ 面舵(オモカヂ) (舩ノ右側)	9オ 右舷(オモカヂ) Starboard.	上6ウ 面舵(オモカヂ) (舩ノ右側)
162 Larboard. Le bâbord.	4ウ 取舵(トリカヂ) (舩ノ左側)	9オ 左舷(トリカヂ) port.	上6ウ 取舵(トリカヂ) (舩ノ左側)
163 The freight. Le fret.	4ウ 積荷(ツミニ)	9オ 運賃又荷物(ウンチン ニモツ) freight.	上6ウ 積荷(ツミニ)
164 An admiral. Un amiral.	4ウ アドミラール 仏 アミラル	9オ 水軍總督(スイグンソウトク) admiral.	上6ウ 英 アドミラール 仏 アミラル
165 A vice-admiral. Un vice-amiral.	4ウ ワイシ. アドミラー 仏 ビス. アミラール	9ウ 副總督(フソウトク) vice-admiral.	上6ウ 英 ワイシ、アドミラー 仏 ビス、アミラール
166 The captain. Le capitaine.	5オ カピテイン 仏 カピテイヌ	9ウ 舩將(センシヤウ) captain.	上7オ カピテイン 仏 カピテイヌ
167 The lieutenant. Le lieutenant.	5オ リウテナント 仏 リウトナン	9ウ 次將(ジシヤウ) lieutenant.	上7オ リウテナント 仏 リウトナン
168 A midshipman. Un aspirant.	5オ ミッドシップメン 仏 アスピラン	9ウ 傳令者(デンレイシヤ) 即士官見習 midshipman.	上7オ ミドシップメン 仏 アスピラン
169 The sailors. Les matelots.	5オ 水夫(スヰフ)	9ウ 水夫(スイフ) sailors.	上7オ 水夫(スヰフ)
170 A pilot. Un pilote.	5オ 水先案内(ミヅサキアンナイ)	9ウ 舟程導者(ミチサキ) pilot.	上7オ 水先案内(ミヅサキアンナイ)

『英吉利単語篇増訳』 （1871年刊）	『英和対訳袖珍辞書』（初版、文久二年） （1862年刊）	『改正増補英和対訳袖珍辞書』（慶応二年版） （1866年刊、初版と異同のある場合のみ記載）
157 錨^{イカリ}	Anchor, *s.*錨	
158 砲門^{ホウモン}	Port, *s.*港. 礮門. 容子	
159 測鉛^{ヲモリ}	Sounding-lead, *s.*海中ヘ投入レテ深浅ヲ測ル鉛ニテ拵タル道具	
160 磁針盤^{ジシャクバン}	Compass, *s.*周囲. 會得. 雛形. 羅盤針. 両脚規	Compass, *s.*周囲. 會得. 限リ. 羅盤針. 両脚規
161 面舵^{ヲモカジ}	Starboard, *s.*面舵_{船ノ}^{オモカヂ}	Starboard, *s. et adj.*面舵_{船ノ}^{オモカヂ}. 右方ニアル
162 取舵^{トリカジ}	Larboard, *s.*取楫	
163 荷物^{ニモツ}	Freight, *s.*運賃. 積荷物 Freight-ed-ing, *v.a.*荷ヲ積ム為ニ船ヲ借請ル. 荷積スル	Freight, *s.*運賃. 積荷物 Freight-ed-ing, *v.a.*荷積スル
164 船大將	Admiral, *s.*船大将	
165 下般大將（ママ）	Vice-admiral, *s.*下船大将	
166 首領 又舟將 ^{カシ}_{ラ 又タイショ}	Captain, *s.*首領. 船将	
167 公国ノ奉行	Lieutenant, *s.*官長ニ次ク役人. 公国ノ奉行役人	
168 圖將	Midshipman, *s.*軍艦中ニテ大将ノ命ヲ傳ヘ_又他ノ切要事ヲ助ル役ニシテ多クハ将士家ノ年少是ニ充ツ	
169 水夫	Sailor, *s.*船乗_{マトロースノ徒}	
170 水先案内	Pilot, *s.*船ノ案針役	

『英吉利単語篇』(1866年刊) 『法朗西単語篇』(1866年刊)	『英仏単語篇注解』 (1867年5月刊)	『対訳名物図編』 (1867年9月序刊)	『英仏単語便覧』 (1868年1月序刊)
171 A pirate. Un pirate.	5オ ^{カイゾク}海賊	9ウ ^{カイゾク}海賊 pirate.	上7オ ^{カイゾク}海賊
172 Shipwreck. Le naufrage.	5オ ^{ハセン}破舩	9ウ ^{ハセン}破舩 Shipwreck.	上7オ ^{ハセン}破舩
173 The light-house. Le phare.	5オ ^{トウミヤウダイ}燈明臺 (港ノ)	9ウ ^{トウミヤウダイ}燈明臺 light-house.	上7オ ^{トウミヤウダイ}燈明臺
174 The harbour. Le port.	5オ ^{ミナト}港	9ウ ^{フネオキバ}舩懸場 harbour.	上7オ ^{ミナト}港
175 The army. L'armée.	5オ ^{グンゼイ}軍勢	10オ ^{グンゼイ}軍勢 army.	上7オ ^{グンゼイ}軍勢
176 The commander-in-chief. Le généralissime.	5オ コムマンド ル、イン、チ ーフ 仏ジェネラリ シム	10オ ^{ソウタイシヤウ}提督 commander-in-chief.	上7オ コムマンドル、 イン、チーフ 仏ジェネラリシ ム
177 The general. Le général.	5オ ゼネラール 仏ジェネラル	10オ ^{タイシヤウ}都督 general.	上7オ ゼネラール 仏ジェネラル
178 The lieutenant-general. Le lieutenant-général.	5オ リウテナン ト、ゼネラー ル 仏リウトナン、 ジェネラル	10オ ^{タイシヤウノスケ}副都督 lieutenant-general.	上7オ リウテナント、 ゼネラール 仏リウトナン、 ジェネラル
179 The major-general. Le maréchal de camp.	5オ マジョル、ゼ ネラール 仏マレシヤル、 ドカン	10オ ^{タイシヤウウキ}都校尉 major-general.	上7オ マジョル、ゼネ ラール 仏マレシヤル、 ド、カン
180 The colonel. Le colonel.	5ウ コロネル 仏コロネル	10オ ^{センニンカシラ}元帥 colonel.	上7ウ コロネル 仏コロネル
181 The lieutenant-colonel. Le lieutenant-colonel.	5ウ リウテナン ト、コロネル 仏リウトナン、 コロネル	10オ ^{カシラスケ}副師（ママ） lieutenant-colonel.	上7ウ リウテナント、 コロネル 仏リウトナン、 コロネル

『英吉利単語篇増訳』 （1871年刊）	『英和対訳袖珍辞書』（初版、文久二年） （1862年刊）	『改正増補英和対訳袖珍辞書』（慶応二年版） （1866年刊、初版と異同のある場合のみ記載）
171 海賊	Pirate, *s.*海賊．贋板スル人	
172 破舩	Shipwreck, *s.*破船	
173 燈明䑓^{トウミョウダイ}	Light-house, *s.*常夜燈_{湊ニアル}	
174 渼（ママ）	Harbour, *s.*港．隠レ所_{難ヲ逃ル為ノ}	
175 軍勢	Army, *s.*軍勢	
176 總大將	Commander, *s.*頭人．軍将．築礎ノ具二付テアル墜^{ワモリ} Chief, *s.*魁首．頭人．指揮スル人．重ナル物 Chief, *adj.*重立タル．著シキ．最上ノ．高貴ノ Commander in chief, 総大将	
177 同	General, *s.*総大将	
178 總大將ノ次席	Lieutenant-general, *s.*総大将ノ次席ノ役	
179 レジメントヲ支配スル將官	Major-general, *s.*「レジメント」ヲ支配スル将官_{武官ニテ}	
180 レジメントノ將	Colonel, *s.*千六百人許ノ将	Colonel, *s.*列細綿多ノ将
181 レジメントノ總大將	Lieutenant, *s.*官長ニ次ク役人．公国ノ奉行役人 Colonel, *s.*千六百人許ノ将	Lieutenant, *s.*官長ニ次ク役人．公国ノ奉行役人 Colonel, *s.*列細綿多ノ将

	『英吉利単語篇』(1866年刊) 『法朗西単語篇』(1866年刊)	『英仏単語篇注解』 (1867年5月刊)	『対訳名物図編』 (1867年9月序刊)	『英仏単語便覧』 (1868年1月序刊)
182	The major. Le major.	5ウ マジョル 仏 マジョル	10オ 校尉(カシラワキ) majer.(ママ)	上7ウ マジョル 仏マジョル
183	The captain. Le capitaine.	5ウ カピテイン 仏 カピテイヌ	10オ 隊長(ヒヤクニンカシラ) captain.	上7ウ カピテイン 仏カピテイヌ
184	The lieutenant. Le lieutenant.	5ウ リウテナント 仏 リウトナン	10オ 副長(ヒヤクニンカシラスケ) lieutenant.	上7ウ リウテナント 仏リウトナン
185	The ensign. L'enseigne.	5ウ インサイン 仏 ランセイニ	10オ 護旗官(ハタモチ) ensign.	上7ウ インサイン 仏ランセイニ
186	The sergeant. Le sergent-major.	5ウ セルジェーント 仏 セルジャン、 マジョル	10ウ 伍監(アシカルメツケ) sergeant.	上7ウ セルジェーント 仏セルジャン、 マジョル
187	The corporal. Le sous-officier.	5ウ コルポラル 仏 スーゾッヒ シエ	10ウ 伍長(コカシラ) corporal.	上7ウ コルポラル 仏スーゾッヒシ エ
188	The soldier. Le soldat.	5ウ 兵卒(ヘイソツ)	10ウ 卒(アシガル) Priwate.(ママ)	上7ウ 兵卒(ヘイソツ)
189	The drummer. Le tambour.	5ウ 大鼓役(タイコヤク)	10ウ 皷手(タイコウチ) drummer.	上7ウ 大鼓役(タイコヤク)
190	The fifer. Le fifre.	5ウ 笛役(フエ)	10ウ 笛手(フエフキ) fifer.	上7ウ 笛役(フエフキ)
191	A regiment. Un régiment.	5ウ レジメント 仏 レジマン (二大 隊又ハ三大隊ノ一備)	10ウ 隊名(八百又千二百) regiment.	上7ウ レジメント 仏レジマン (二大 隊又ハ三大隊ノ一備)
192	A bataillon. Un bataillon.	6オ バタイロン 仏 バタヨン (大 隊)	10ウ 同上(四百又六百) battalion.	上7ウ バタイロン 仏バタヨン (大隊)

『英吉利単語篇増訳』（1871年刊）	『英和対訳袖珍辞書』（初版、文久二年）（1862年刊）	『改正増補英和対訳袖珍辞書』（慶応二年版）（1866年刊、初版と異同のある場合のみ記載）
182 リウテナントレコロネルレノ次ギケプテインノ上ノ將官年齢ノ高キ人　之ヲツカサドル	Major, s.武官ニテリウテナントコロネルノ次キ甲比丹ノ上ノ将官. 年齢ノ高キ人	
183 舩將	Captain, s.首領. 船将	
184 官長ニ次グ役人	Lieutenant, s.官長ニ次ク役人. 公国ノ奉行役人	
185 旗持	Ensign s.旗. 印. 旗持	
186 小使番	Sergeant, -jeant, s.裁判所ノ小使. 軍吏ノ名	
187 押伍官	Corporal, s.押伍官	
188 兵卒	Soldier, s.歩卒	
189 大鼓役	Drummer, s.軍勢ノ内ノ太鼓ヲ打ツ人	
190 笛役	Fifer, s.横笛ヲ吹ク人	
191 兵卒ノ名	Regiment, s.支配 Regimental, adj.全上ノ Regimentals, s. pl.「レジメント」ノ揃ヒノ衣裳	Regiment, s.支配. 兵隊ノ名 Regimental, adj.全上ノ Regimentals, s. pl.「レジメント」ノ揃ヒノ衣裳
192 大隊バタイロンノ	Battalion, s.抜隊竜戦隊ノ名	

『英吉利単語篇』(1866年刊) 『法朗西単語篇』(1866年刊)	『英仏単語篇注解』 (1867年5月刊)	『対訳名物図編』 (1867年9月序刊)	『英仏単語便覧』 (1868年1月序刊)
193 A company. Une compagnie.	6オ コンペニー 仏コンパニ (中隊)	10ウ 同上 百人隊 company.	上7ウ コンペニー 仏コンパニ (中隊)
194 A squadron. Un escadron.	6オ スクワドロン 仏エスカドロン (騎兵ノ大隊)	10ウ 騎隊名 八十又百二十 squadron.	上8オ スクワドロン 仏エスカドロン (騎兵ノ大隊)
195 A rank. Un rang.	6オ 列^{レツ}	11オ 列^{レツ} rank.	上8オ 列^{レツ}
196 The infantry. L'infanterie.	6オ 歩兵^{ホヘイ}	11オ 歩軍^{ホグン} infantry.	上8オ 歩兵^{ホヘイ}
197 The cavalry. Un cavalerie.	6オ 騎兵^{キヘイ}	11オ 騎軍^{キグン} cavalry.	上8オ 騎兵^{キヘイ}
198 The artillery. L'artillerie.	6オ 砲兵^{ハウヘイ}	11オ 砲軍^{ハウグン} artillery.	上8オ 砲兵^{ハウヘイ}
199 A cannoneer. Un cannonier.	6オ 砲手^{ウチテ}	11オ 砲手^{ウチカタ} cannoneer.	上8オ 砲手^{ウチテ}
200 The engineers. Le corps du génie.	6オ 作事兵^{サクジ} (作ヲ方ナリ)	11オ 築城者^{チクジヤウシヤ} engineers.	上8オ 土工兵^{ドウコウヘイ}
201 A pioneer. Un soldat du génie.	6オ 坑卒^{カウソツ}	11オ 開路卒^{カイロヘイ}即土坑兵 pioneer.	上8オ 坑卒^{カウソツ}
202 A trumpeter. Un trompette.	6オ 喇叭役^{ラッパヤク}	11オ 喇叭手^{ラッパフキ} trumpeter.	上8オ 喇叭役^{ラッパヤク}
203 The sentinel. La sentinelle.	6オ 番兵^{バンヘイ}	11オ 番兵^{ハリバン} sentinel.	上8オ 張番^{ハリバン}
204 The colours. Le drapeau.	6オ 軍旗^{イクサノハタ}	11オ 軍旗^{ダイタイノハタ} colours.	上8オ 軍旗^{イクサノハタ}
205 The standard. L'étendard.	6オ 騎軍ノ旗^{キグン ハタ}	11ウ 毒縣^{ホンヂンノハタ} standard.	上8オ 騎軍ノ旗^{キグンノハタ}
206 The uniform. L'uniforme.	6オ 揃ノ軍装^{ソロヒ グンサウ}	11ウ 軍装^{ソロエノシウフク} uniform.	上8オ 揃ノ軍装^{ソロヒノグンサウ}
207 The helmet. Le casque.	6オ 兜^{カブト}	11オ 兜^{カブト} helmet.	上8オ 兜^{カブト}
208 The lance. La lance.	6オ 槍^{ヤリ}	11オ 鎗^{ヤリ} ^{ママ}lanee.	上8ウ 槍^{ヤリ}

『英吉利単語篇増訳』 （1871年刊）	『英和対訳袖珍辞書』（初版、文久二年） （1862年刊）	『改正増補英和対訳袖珍辞書』（慶応二年版） （1866年刊、初版と異同のある場合のみ記載）
193 中隊 コンペニーノ	Company, *s.*全上. 交親. 社中. 兵士. 軍兵. 一組凡百人ヲ云 職人ノ仲間	
194 騎兵ノ大隊ス クワトロン	Squadron, *s.*戦隊ノ名	Squadron, *s.*戦隊ノ名. 舩隊
195 列	Rank, *s.*度. 列. 並	Rank, *s.*度. 列. 並. 位
196 歩兵	Infantry, *s.*歩兵	
197 騎兵	Cavalier, *s.*騎兵	
198 砲兵	Artillery, *s.*大礮	Artillery, *s.*大礮. 礮術
199 砲手 ウチテ	Cannonier, *s.*大炮方	
200 作事兵 サクジガ ナリ	Engineer, *s.*砦ヲ築ク人. 抗卒隊	
201 坑卒	Pioneer, *s.*軍中ニテ道路ヲ清メ又砦抔 ヲ築ク人	Pioneer, *s.*軍中ニテ道路ヲ清メ又堀抔 ヲ堀ル人
202 喇叭役	Trumpeter, *s.*喇叭ヲ吹ク人	Trumpeter, *s.*喇叭ヲ吹ク人. 觸レ知ラ セル人. 鳥ノ名
203 番兵	Sentinel, Sentry, *s.*張リ番	
204 軍旗	Colour, *s.*軍旗	Colours, *s.*軍旗
205 騎兵ノ旗	Standard, *s.*風俗. 旗. 貨幣ノ位. 極 印	Standard, *s.*軍旗. 貨幣ノ位. 元極メ. 支柱
206 揃軍ノ旗（マ マ）	Uniform, *s.*同形	Uniform, *s.*揃ヒノ衣服
207 兜 カブト	Helmet, *s.*兜	
208 槍 ヤリ	Lance, *s.*鎗ノ類	

『英吉利単語篇』(1866年刊) 『法朗西単語篇』(1866年刊)	『英仏単語篇註解』 (1867年5月刊)	『対訳名物図編』 (1867年9月序刊)	『英仏単語便覧』 (1868年1月序刊)
209 The sabre. Le sabre.	6オ 刀^{カタナ}	11ウ 劍^{ケン} sabre.	上8ウ 刀^{カタナ}
210 The sword. L'épée.	6オ 劍^{ケン}	11ウ 刀^{カタナ} sword.	上8ウ 劍^{ケン}
211 The gun. Le fusil.	6ウ 砲銃^{テツバウ}（仏小銃^{コヅヽ}）	11ウ 銃砲^{テツバウ} gun.	上8ウ 砲銃^{テツバウ}（仏小銃^{コヅヽ}）
212 The bayonet. La baïonnete.	6ウ 銃槍^{ケン}（小銃ノ先ニ付ル）	11ウ 銃鎗^{ツヽツキノケン}（ママ） hayonet.	上8ウ 銃槍^{ケン}（小銃ノ先ニ付ル）
213 The cartridge-box. La giberne.	6ウ 藥包盒^{ハヤゴイレ}	11ウ 銃包函^{パトロンイレ} cartridge-Poach.	上8ウ 藥包盒^{ハヤゴイレ}
214 The knapsack. Le havresac.	6ウ 兵粮囊^{ヒヤウラウイレ}	11ウ 負囊^{ランドセル} knapsack.	上8ウ 兵粮囊^{ヒヤウラウブクロ}
215 The ball. La balle.	6ウ 彈丸^{タマ}	12オ 實丸^{ジツグワン} ball.	上8ウ 彈丸^{タマ}
216 The powder. La poudre.	6ウ 火藥^{クワヤク}	12オ 火藥^{クワヤク} powder.	上8ウ 火藥^{クワヤク}
217 The pistol. Le pistolet.	6ウ 短銃^{タンヅヽ}	12オ 短銃^{タンジュウ} pistol.	上8ウ 短銃^{タンヅヽ}
218 The carbine. Le mousqueton.	6ウ 馬上銃^{バジヤウヅヽ}	12オ 騎銃^{キジュウ} carbine.	上8ウ 馬上銃^{バジヤウヅヽ}
219 The rifle. La carabine.	6ウ 施條砲^{シゼウハウ}（筋ノ入タル砲）	12オ 旋條銃^{スヂリ} rifle.	上8ウ 施條砲^{シゼウハウ}
220 The cannon. Le canon.	6ウ 加農砲^{カノン}	12オ 迦砲^{カノンハウ} cannon.	上8ウ 加農砲^{カーンハウ（ママ）}
221 The mortar. Le mortier.	6ウ 臼砲^{モルチール}	12オ 臼砲^{モルチール} mortar.	上8ウ 臼砲^{モルチール}
222 The howitzer. L'obusier.	6ウ 忽微砲^{ホウキッツル}	12オ 射擲熕^{ハウイツツル} howitzer.	上9オ 忽微砲^{ホウキッツル}
223 The bombs. Les bombes.	6ウ 爆丸^{ボンベン}	12オ 空丸^{ワレダマ} shell.	上9オ 爆丸^{ボンベン}
224 The tent. La tente.	6ウ テント（兵卒ノ休息スル幕張）	12オ 天幕^{テンマク} tent.	上9オ テント（兵卒ナドノ休息スル幕張）
225 The garrison. La garnison.	6ウ 戌兵^{カタメノヘイ}	12ウ 戌兵^{カタメノヘイ} garrison.	上9オ 戌兵^{カタメノヘイ}

『英吉利単語篇増訳』 （1871年刊）	『英和対訳袖珍辞書』（初版、文久二年） （1862年刊）	『改正増補英和対訳袖珍辞書』（慶応二年版） （1866年刊、初版と異同のある場合のみ記載）
209 脇差_{ワキザシ}	Sabre, *s.*腋差シ	
210 劔_{ケン}	Sword, *s.*刀劔	
211 砲銃_{テツホウ}	Gun, *s.*砲銃_{大小共ニ用ユ}. 加農_{カノン}	Gun, *s.*砲銃_{大小共ニ用ユ}
212 銃槍_{ケン}_{小銃ノ先ニツ}	Bayonet, *s.*銃槍	
213 薬包盒_{ケルケン}_{ハヤゴ入}	Cartridge, *s.*火薬ヲ包ミタル唘筒 Cartridge-box, *s.*全上ヲ入レル袋	Cartridge, *s.*火薬ヲ包ミタル唘筒_{ハヤゴ} Cartridge-box, *s.*全上ヲ入レル袋
214 兵糧嚢_{ヘウラウイレ}	Kapsack_{ママ}, *s.*兵粮入レル袋_{軍兵ノ持ツ}	Knapsack, *s.*兵粮入レル袋_{軍兵ノ持ツ}
215 弾丸	Ball, *s.*球. 弾丸	
216 火薬	Powder, *s.*粉. 火薬. 塵埃	Powder, *s.*粉. 火薬 髪ニ振カケル粉
217 短 銃_{小キテツホヲ}	Pistol, *s.*小銃	
218 馬上銃_{バジョウツヽ}	Carabine, Rarbine, *s.*馬上銃_{ママ}	Carabine, Carbine, *s.*馬上銃
219 施 條 砲_{シヤシヤウホウ（ママ）}	Rifle, *s.*筒中ニ溝路ノアル鉄炮	
220 加農砲_{スジノ入タル砲}_{カノン}	Cannon, *s.*大炮	
221 臼砲_{モルチール}	Mortar, *s.*臼. 石灰石ノ砕ケタル屑. 臼砲_{モルチール}	Mortar, *s.*臼. 石灰. 石ノ砕ケタル屑. 臼砲_{モルチール}
222 忽 微 砲_{キウキツ（ママ）}	Howitzer, *s.*忽微砲	
223 爆丸_{ボンベン}	Bomb, *s.*砲碌彈	
224 兵卒休息_{スル幕} 張	Tent, *s.*天幕. 借リ陣所. 綿撒糸_{腫傷ノ中}_{ニサス}_{メイチヤ}	
225 戍兵_{カタメノ}	Garrison, *s.*市中ニ備ヘ置ク武士. 砦	Garrison, *s.*城砦ニ備ヘ置ク武士. 砦

『英吉利単語篇』(1866年刊) 『法朗西単語篇』(1866年刊)	『英仏単語篇注解』 (1867年5月刊)	『対訳名物図編』 (1867年9月序刊)	『英仏単語便覧』 (1868年1月序刊)
226 The fortress. La forteresse.	6ウ 砦（トリデ）	12ウ 要害堡（ヨウガイノトリデ） fortress.	上9オ 砦（トリデ）
227 The rampart. Le rempart.	6ウ 砦壁（サイヘキ）	12ウ 壘壁 rampart.	上9オ 砦ノ外構（トリデノソトガマヒ）
228 The ditches. Les fossés.	6ウ 湟（ホリ）	12ウ 濠（ホリ） ditches.	上9オ 湟（ホリ）
229 The parapet. Le parapet.	6ウ 胸壁（キョウヘキ）	12ウ 護胸壁（ゴキョウヘキ） parapet.	上9オ 胸壁（カクレアツチ）
230 The embrasure. L'embrasure.	6ウ 砲門（ハウモン）（塁場ノ）	12ウ 砲門（ハウモン） embrasure.	上9オ 砲門（ホウモン）（塁場ノ）
231 The battle. La bataille.	6ウ 戦争（イクサ）	12ウ 合戦（カツセン） battle.	上9オ 戦争（イクサ）
232 The engagement. Le combat.	6ウ 闘（タ丶カヒ）	12ウ 戦（タ丶カヒ） engagement.	上9オ 闘（タ丶カヒ）
233 The siege. Le siége.	7オ 囲（カコミ）	12ウ 向ヒ城（ムカヒシロ） siege.	上9オ 囲（カコミ）
234 The battle field. Le champ de bataille.	7オ 戦場（センジャウ）	12ウ 戦場（タ丶カヒハ） battle field.	上9オ 戦場（センジャウ）
235 The victory. La victoire.	7オ 勝利（ショウリ）	13オ 勝軍（カチ） victory.	上9オ 勝利（ショウリ）
236 The defeat. La défaite.	7オ 敗軍（ハイグン）	13オ 負軍（マケ） defeat.	上9ウ 敗軍（ハイグン）
237 The retreat. La retraite.	7オ 退軍（タイグン）	13オ 退軍（シリゾキ） retreat.	上9ウ 退軍（タイグン）
238 The flight. La fuite.	7オ 敗走（ハイソウ）	13オ 敗走（ハイソウ） flight.	上9ウ 敗走（ハイソウ、ニゲ）
239 A century. Un siècle.	7オ 百年	13オ 百年（ヒヤクネン） century.	上9ウ 百年（ヒヤクネン）
240 A year. Une année.	7オ 一年	13オ 一年（イチネン） year.	上9ウ 一年（イチネン）
241 Leap-year. L'année bissextile.	7オ 閏年（ジュンネン）（例年ヨリ一日多シ）	13オ 閏年（ジュンネン）西洋ニテハ三百六十六日也 Leap-year.	上9ウ 閏年（ウルドシ）（例年ヨリ一日夛シ）
242 A month. Un mois.	7オ 一月	13オ 一月（ヒトツキ） month.	上9ウ 一月（イチゲツ）

『英吉利単語篇増訳』（1871年刊）	『英和対訳袖珍辞書』（初版、文久二年）（1862年刊）	『改正増補英和対訳袖珍辞書』（慶応二年版）（1866年刊、初版と異同のある場合のみ記載）
226 砦^{トリデ}	Fortress, s.砦	
227 砦 壁^{トリデノカベ}	Rampard, Rampire, s.市街ノ外構	Rampard Rampire, s.城寨ノ外構
228 湟^{ホリ}	Ditch, s.堀	
229 胸壁	Parapet, s.胸墻	
230 砲門^{ダイバ}	Embrasure, s.銃窓銃臺場ナドノ	
231 戦爭	Battle, s.野戦. 戦鬥. 戦隊ノ名	
232 鬪^{タヽカイ}	Engagement, s.係リ合フコト. 仕事. 役目. 戦ヒ	
233 圍	Siege, s.取囲ミ	
234 戦場	Battle, s.野戦. 戦鬥. 戦隊ノ名 Field, s.野. 戦場. 戦ヒ. 野陣ヲ張リ居ルコト	Battle, s.野戦. 戦鬥. 戦隊ノ名 Field, s.野. 戦場. 戦ヒ. 野陣ヲ張リ居ルコト. 田
235 勝利	Victory, s.勝利	
236 敗軍	Defeat, s.敗北. 打捨ルコト	
237 退軍	Retreat, s.退陣. 避ルコト. 隠レ所	
238 敗走	Flight, s.逃ルコト. 進ミ. 走リ. 引キ続キ	Flight, s.逃ルコト. 進ミ. 飛フコト. 鳥群. 性急
239 百年	Century, s.百年. 一世	
240 一年	Year, s.年	
241 閏年^{例年ヨリ一月多シ}	Leap-year, s.閏年	
242 一月	Month, s.月一年十二分ノ一	

『英吉利単語篇』(1866年刊) 『法朗西単語篇』(1866年刊)	『英仏単語篇注解』 （1867年5月刊）	『対訳名物図編』 （1867年9月序刊）	『英仏単語便覧』 （1868年1月序刊）
243 A week. Une semaine.	7オ 一週 ^{ヒトマハリ}（七日）	13オ 一週 ^{ヒトメクリ} 即七日也 week.	上9ウ 一週 ^{ヒトマハリ}（七日）
244 A day. Un jour.	7オ 一日	13オ 一日 ^{イチニチ} day.	上9ウ 一日 ^{イチニチ}
245 An hour. Une heure.	7オ 一時	13ウ 一時 ^{イツトキ} 六十分ヲ云 hour.	上9ウ 一時 ^{イチジ}
246 A minute. Une minute.	7オ 一分時 ^{ブンジ}	13ウ 分 ^{ミニウト} 六十秒ヲ云 minute.	上9ウ 一分時 ^{イチブンジ}
247 A second. Une seconde.	7オ 一秒時 ^{ベウジ}	13ウ 秒 ^{セコンド} 凡一呼吸間ヲ云 second.	上9ウ 一秒時 ^{イチベウジ}
248 The seasons. Les saisons.	7オ 季候 ^{キコウ}	13ウ 四季 ^{シキ} seasons.	上9ウ 季候 ^{キコウ}
249 Spring. Le printemps.	7オ 春	13ウ 春 ^{ハル} Spring.	上9ウ 春 ^{ハル}
250 Summer. L'été.	7オ 夏	13ウ 夏 ^{ナツ} Summer.	上10オ 夏 ^{ナツ}
251 Autumn. L'automne.	7オ 秋	13ウ 秋 ^{アキ} Autumn.	上10オ 秋 ^{アキ}
252 Winter. L'hiver.	7オ 冬	13ウ 冬 ^{フユ} Winter.	上10オ 冬 ^{フユ}
253 January. Janvier.	7オ 第一月	13ウ 正月 ^{シヤウグワツ} January.	上10オ 第一月
254 February. Février.	7オ 第二月	13ウ 二月 ^{ニグワツ} February.	上10オ 第二月
255 March. Mars.	7ウ 第三月	14オ 三月 ^{サングワツ} March.	上10オ 第三月
256 April. Avril.	7ウ 第四月	14オ 四月 ^{シグワツ} April.	上10オ 第四月
257 May. Mai.	7ウ 第五月	14オ 五月 ^{ゴグワツ} May.	上10オ 第五月
258 June. Juin.	7ウ 第六月	14オ 六月 ^{ロクグワツ} June.	上10オ 第六月
259 July. Juillet.	7ウ 第七月	14オ 七月 ^{シチグワツ} July.	上10オ 第七月

『英吉利単語篇増訳』（1871年刊）	『英和対訳袖珍辞書』（初版、文久二年）（1862年刊）	『改正増補英和対訳袖珍辞書』（慶応二年版）（1866年刊、初版と異同のある場合のみ記載）
243 一廻（マワリ） 七日ノ	Week, s.七曜一ト周リノ日數	
244 一日	Day, s.日. 日光. 勝利	
245 一時	Hour, s.時（一時ニ時ノ）. 時刻	
246 一分時	Minute, s.分時（彼邦ノ一時六十分ノ一）. 草稿. 三百六十度ノ六十一分	
247 一抄時 （ビョ）（ママ）	Second, s.證據ニ立ツ人. 秒（セコンデ）	Second, s.援ケル. 秒（セコンデ）
248 季候（キョフ）（ママ）（ママ）	Season, s.季候. 時節. 目ヲ迷ハスコト. 用意スルコト	Season, s.季. 時. 時節. 味ヲ与ルモノ
249 春	Spring, s.源. 發條. 春. 帆柱ノ裂ケ	Spring, s.源. 發條（ハジメ）. 春. 帆柱ノ裂ケ. 飛ブコト. 力 ハネ返ルコト. 弾力. 弾機. 根源. 泉
250 夏	Summer, s.夏. 大材木	Summer, s.夏. 大材
251 秋	Autumn, s.秋	
252 冬	Winter, s.冬. 版行ノ〆木ノ類	
253 第一月	January, s.正月（彼邦ノ）	
254 同二月	February, s.二月（彼邦ノ）	
255 同三月	March, s.第三月. 軍勢ノ進ミ行ク道中. 出陣. 道	
256 同四月	April, s.四月	
257 同五月	May, s.第五月（彼邦ノ）	
258 同六月	June, s.六月（彼邦ノ）	
259 同七月	July, s.七月	July, s.七月（西洋等ノ）

『英吉利単語篇』(1866年刊) 『法朗西単語篇』(1866年刊)	『英仏単語篇注解』 (1867年5月刊)	『対訳名物図編』 (1867年9月序刊)	『英仏単語便覧』 (1868年1月序刊)
260 August. Août.	7ウ 第八月	14オ 八月^{ハチグワツ} August.	上10オ 第八月
261 September. Septembre.	7ウ 第九月	14オ 九月^{クグワツ} September.	上10オ 第九月
262 October. Octobre.	7ウ 第十月	14オ 十月^{ジフグワツ} October.	上10オ 第十月
263 November. Novembre.	7ウ 第十一月	14オ 十一月^{ジフイチグワツ} November.	上10オ 第十一月
264 December. Décembre.	7ウ 第十二月	14オ 十二月^{ジフニグワツ} December.	上10ウ 第十二月
265 Sunday. Dimanche.	7ウ 日曜日^{ニチヤウ}	14ウ 日曜日^{ニチエウニチ} Sunday.	上10ウ 日曜日^{ニチヨウジツ}
266 Monday. Lundi.	7ウ 月曜日	14ウ 月曜日^{グワツエウニチ} Monday.	上10ウ 月曜日
267 Tuesday. Mardi.	7ウ 火曜日	14ウ 火曜日^{クワエウニチ} Tuesday.	上10ウ 火曜日
268 Wednesday. Mercredi.	7ウ 水曜日	14ウ 水曜日^{スイエウニチ} Wednesday.	上10ウ 水曜日
269 Thursday. Jeudi.	7ウ 木曜日	14ウ 木曜日^{モクエウニチ} Thursday.	上10ウ 木曜日
270 Friday. Vendredi.	7ウ 金曜日	14ウ 金曜日^{キンエウニチ} Friday.	上10ウ 金曜日
271 Saturday. Samedi.	7ウ 土曜日	14ウ 土曜日^{ドエウニチ} Saturday.	上10ウ 土曜日
272 A holiday. Un jour de fête.	7ウ 祭日^{マツリビ}	14ウ 休業日^{ヤスミヒ} holiday.	上10ウ 祭日^{マツリビ}
273 New-year's-day. Le jour de l'an.	7ウ 元日^{グワンジツ}	14ウ 元日^{グワンジツ} New-year's-day.	上10ウ 元日^{グワンジツ}
274 The morning. Le matin.	7ウ 朝^{アサ}	14ウ 朝^{アサ} morning.	上10ウ 朝^{アサ}
275 The forenoon. La matinée.	7ウ 午前^{ヒルマヘ}	15オ 午時前^{ヒルマヘ} forenoon.	上10ウ 午前^{ヒルマヘ}
276 The Noon. Midi.	7ウ 午時^{マヒル}	15オ 午時^{ヒル} Noon.	上10ウ 午時^{マヒル}

『英吉利単語篇増訳』 （1871年刊）	『英和対訳袖珍辞書』（初版、文久二年） （1862年刊）	『改正増補英和対訳袖珍辞書』（慶応二年版） （1866年刊、初版と異同のある場合のみ記載）
260 同八月	August, *s.*苐八月	
261 同九月	September, *s.*苐九月	
262 同十月	Octorber, *s.*苐十月. 羅馬暦ノ苐八月	
263 同十一月	November, *s.*苐十一月	
264 同十二月	December, *s.*十二月	
265 日曜日^{ニチヨウニチ}	Sunday, *s.*日曜日	
266 月曜日^{ガツ}	Monday, *s.*月曜日 一週ノ苐二日	
267 火曜日^{クワ}	Tuesday, *s.*火曜日	
268 水曜日^{スイ}	Wednesday, *s.*水曜日	
269 木曜日^{モク}	Thursday, *s.*木曜日	
270 金曜日^{キン}	Friday, *s.*金曜日	
271 土曜日^ド	Saturday, *s.*土曜日	
272 祭日^{マツリビ}	Holiday, *s.*祭日	
273 元日^{グワンヂツ}	Newyear'sday, *s.*元日	New-year's day, *s.*元日
274 朝^{アサ}	Morn, Morning, *s.*朝 夜ノ十二時ニ始マリ昼ノ十二時ニ終ル・ 早朝	
275 午前^{ヒルマエ}	Forenoon, *s.*昼前	
276 午時 正ヒル	Noon, *s.*日中. 正午	

『英吉利単語篇』(1866年刊) 『法朗西単語篇』(1866年刊)	『英仏単語篇注解』 (1867年5月刊)	『対訳名物図編』 (1867年9月序刊)	『英仏単語便覧』 (1868年1月序刊)
277 The evening. Le soir.	8オ 夕^{ユフ}	15オ 夕^{ユウベ} evening.	上10ウ 夕^{ユフベ}
278 Night. La nuit.	8オ 夜^{ヨル}	15オ 夜^{ヨル} Night.	上11オ 夜^{ヨル}
279 Midnight. Minuit.	8オ 夜半^{マヨナカ}	15オ 夜半^{ヨナカ} Midnight.	上11オ 夜半^{ヨナカ}
280 The sunrise. Le lever du soleil.	8オ 日ノ出^デ	15オ 日出^{ヒノデ} sunrise.	上11オ 日之出^{ヒノデ}
281 The sunset. Le coucher du soleil.	8オ 日ノ没^{イリ}	15オ 日没^{ヒノイリ} sunset.	上11オ 日之没^{ヒノイリ}
282 Man. L'homme.	8オ 人	15オ 人^{ヒト} Man.	上11オ 人
283 Man. L'homme.	8オ 男	15オ 男^{ヲトコ} Man.	上11オ 男^{ヲトコ}
284 Woman. La femme.	8オ 女	15オ 女^{ヲンナ} Woman.	上11オ 女^{ヲンナ}
285 A baby. Un nourrisson.	8オ 赤子^{アカゴ}	15ウ 赤子^{アカゴ} baby.	上11オ 赤子^{アカゴ}
286 A little boy. Un petit garçon.	8オ 童男^{コドモ}	15ウ 童兒^{ドウジ} 五七歳ヲ云 little boy.	上11オ 童男^{コドモ}
287 A maid. Une vierge.	8オ 處女^{ショジョ}	15ウ 下女^{ゲジョ} maid.	上11オ 處女^{ムスメ}
288 A bachelor. Un garçon.	8オ 少男^{ワカモノ}	15ウ 未配寓人^{ヒトリミノヒト} bachelor.	上11オ 少男^{ワカモノ} (未ダ婚礼セザル若男)
289 A girl. Une fille.	8オ 少女^{ムスメ}	15ウ 處女^{ムスメ} girl.	上11オ 少女^{ワカムスメ} (未ダ婚礼セザル若女)
290 A gentleman. Un monsieur.	8オ 貴君^{ダンナ}	15ウ 士人^{シジン} gentleman.	上11オ 貴君^{ダンナ}
291 Infancy. L'enfance.	8オ 幼稚^{ヨウチ}	15ウ 幼年^{ヨウネン} Infancy.	上11オ 幼稚^{オサナゴ}
292 Youth. La jeunesse.	8オ 少年^{セウネン}	15ウ 若年^{ジャクネン} 十五以上廿歳以下 Youth.	上11ウ 少年^{ワカキヒト}

『英吉利単語篇増訳』 （1871年刊）	『英和対訳袖珍辞書』（初版、文久二年） （1862年刊）	『改正増補英和対訳袖珍辞書』（慶応二年版） （1866年刊、初版と異同のある場合のみ記載）
277 夕_{ユフクレ}	Evening, *s.*夕. 晩景	
278 夜_{ヨル}	Night, *s.*夜. 夕	
279 夜半_{ヨナカ}	Midnight, *s.*中夜. 宵中. 十二時_{我邦ノ九}ツ	
280 日ノ出_{ヒノデ}	Sun-rise, -rising, *s.*日出	
281 日ノ没_{ヒノイリ}	Sun-set, *s.*日没	
282 人_{ヒト}	Man, *s.*人. 男. 奴. 将棊ノ類ノ駒. 土百姓	
283 男_{ヲトコ}	Man, *s.*人. 男. 奴. 将棊ノ類ノ駒. 土百姓	
284 女_{ヲンナ}	Woman, *s.*女. 妻	Woman, *s.*女
285 赤子_{アカゴ}	Bay, *s.*童児. 人形（ママ）	Baby, *s.*童児. 人形
286 童男_{ドウナン}	Little, *adj. et adv.*小キ. 纔カナル. 少シ. チト 　Little one.小兒 Boy, *s.*童子	
287 處女_{シヨウジヨ（ママ）}	Maid, *s.*下婢. 處女	
288 少男_{シヨナン（ママ）}	Bachelor, *s.*未タ妻ヲ持タヌ人_{又ハ}少年. 大孛校ニテ最初ノ官職ヲ得タル人	
289 少女_{シヨジヨ}	Girl, *s.*少女	
290 貴君_{ダンナ}	Gentleman, *s.*歴〃ノ人. 重〃シキ人. 君_{男ノ尊称}	
291 幼稚_{ヤウチ}	Infancy, *s.*幼少ナルコト. 若年ナルコト	
292 少年_{シヨネン}	Youth, *s.*少年. 若者	

『英吉利単語篇』(1866年刊) 『法朗西単語篇』(1866年刊)	『英仏単語篇注解』 (1867年5月刊)	『対訳名物図編』 (1867年9月序刊)	『英仏単語便覧』 (1868年1月序刊)
293 Age. La veillesse.	8才 年齢（仏老年） 仏原本Veillesse誤レ リ Vieillesse二改ム	15ウ 老年又年齢 Age.	上11ウ 年齢（仏老年）
294 Birth. La naissance.	8才 出生	15ウ 誕生 Dirth.	上11ウ 出産
295 Life. La vie.	8才 生	16才 生命 Life.	上11ウ 生
296 Death. La mort.	8才 死	16才 死 Death.	上11ウ 死
297 The family. La famille.	8ウ 親属	16才 妻子又親族 family.	上11ウ 親属
298 The parents. Les parents.	8ウ 両親	16才 二尊 parents.	上11ウ 両親
299 The ancestors. Les ancêtres.	8ウ 先祖	16才 先祖 ancestors.	上11ウ 先祖
300 The descendants. Les descendants.	8ウ 子孫	16才 後胤 descendants.	上11ウ 子孫
301 The father. Le père.	8ウ 父	16才 父 father.	上11ウ 父
302 The mother. La mère.	8ウ 母	16才 母 mother.	上11ウ 母
303 The grandfather. Le grand-père.	8ウ 祖父	16才 祖父 grandfather.	上11ウ 祖父
304 The grandmother. La grand-mère.	8ウ 祖母	16才 祖母 grandmother.	上11ウ 祖母
305 The great-grandfather. Le bisaïeul.	8ウ 曽祖父	16ウ 曾祖父 great-grandfather.	上11ウ 曽祖父
306 The great-grandmother. La bisaïeule.	8ウ 曽祖母	16ウ 曾祖母 great-grandmother.	上12才 曽祖母
307 The stepfather. Le beau-père.	8ウ 継父	16ウ 継父 stepfather.	上12才 継父

対照表Ⅱ　117

『英吉利単語篇増訳』 （1871年刊）	『英和対訳袖珍辞書』（初版、文久二年） （1862年刊）	『改正増補英和対訳袖珍辞書』（慶応二年版） （1866年刊、初版と異同のある場合のみ記載）
293 年齢 佛ニハ老年 原本誤ナラン	Age, _s._一世期. 年トリタルコト. 年齢. 生涯	Age, _s._一世期. 年トリタルコト. 年齢. 生涯. 時代
294 出生	Birth, _s._出生. 子供. 子	
295 生	Life, _s._生活. 命	
296 死	Death, _s._死	
297 親屬	Family, _s._眷属ノ者. 親属	Family, _s._眷属ノ者. 親属. 種類
298 両親	Parent, _s._父母	
299 先祖	Ancestor, _s._先祖	
300 子孫	Descendant, _s._子孫	
301 父	Father, _s._父	Father, _s._父. 先祖. 老者ノ尊称
302 母	Mother, _s._母. 母ノ情	
303 祖父	Grand-father, _s._祖父	
304 祖母	Grand-mother, _s._祖母	
305 曽祖父	Great-grandfather, _s._曽祖父	
306 曽祖母	（great-grandmotherナシ）	
307 継父	Step-father, _s._継父	

『英吉利単語篇』(1866年刊) 『法朗西単語篇』(1866年刊)	『英仏単語篇注解』 (1867年5月刊)	『対訳名物図編』 (1867年9月序刊)	『英仏単語便覧』 (1868年1月序刊)
308 The stepmother. La belle-mère.	8ウ 継母(ママハハ)	16ウ 継母(ママハハ) stepmother.	上12オ 継母(ケイボ/ママハハ)
309 The father-in-law. Le beau-père.	8ウ 舅(シウト)	16ウ 舅(シウト) father-in-law.	上12オ 舅(シウト)
310 The mother-in-law. La belle-mère.	8ウ 姑(シウトメ)	16ウ 姑(シウトメ) mother-in-law.	上12オ 姑(シウトメ)
311 The children. Les enfans.	8ウ 子供(コドモ)	16ウ 衆児(コドモラ) children.	上12オ 子供(コドモ)
312 Twins. Les jumeaux.	8ウ 雙生子(フタゴ)	16ウ 孿子(フタゴ) Twins.	上12オ 雙生子(フタゴ)
313 The son. Le fils.	8ウ 男子(ムスコ)	16ウ 息男(ムスコ) son.	上12オ 男子(ムスコ)
314 The daughter. La fille.	8ウ 女子(ムスメ)	16ウ 息女(ムスメ) daughter.	上12オ 女子(ムスメ)
315 The grandson. Le petit-fils.	8ウ 孫(マゴ)	17オ 孫息(マゴムスコ) grandson.	上12オ 孫(マゴ)
316 The granddaughter. La petite-fille.	8ウ 孫女(マゴムスメ)	17オ 女孫(マゴムスメ) granddaughter.	上12オ 孫女(マゴムスメ)
317 The great-grandson. L'arrière-petit-fils.	8ウ 曽孫(ヒコ)	17オ 曾孫(ヒマゴ) great-grandson.	上12オ 曽孫(ヒコ)
318 The stepson. Le beau-fils.	8ウ 継男(ママコ)	17オ 継子(ママコ) stepson.	上12オ 継男(ママコ)
319 The stepdaughter. La belle fille.	9オ 継女(ママムスメ)	17オ 継女(ママムスメ) stepdaughter.	上12オ 継女(ママムスメ)
320 The brother. Le frère.	9オ 兄弟(キャウダイ)	17オ 兄弟(アニオトウト) brother.	上12ウ 兄弟(キャウダイ)
321 The sister. La soeur.	9オ 姉妹(アネイモト)	17オ 姉妹(アネイモウト) sister.	上12ウ 姉妹(アネイモト)
322 The brother-in-law. Le beau-frère.	9オ 姐夫(アネムコ或ハイモトムコ)	17オ 姉妹ノ夫又妻ノ兄弟 brother-in-law.	上12ウ 姐夫(アネムコ或ハイモトムコ)
323 The sister-in-law. La belle-soeur.	9オ 姑姨(コジウトメ)	17オ 兄弟ノ妻又妻ノ姉妹 sister-in-law.	上12ウ 姑姨(コジウトメ)
324 The son-in-law. Le gendre.	9オ 壻(ムコ)	17オ 婿(ムコ) son-in-law.	上12ウ 壻(ムコ)

対照表II　119

『英吉利単語篇増訳』 （1871年刊）	『英和対訳袖珍辞書』（初版、文久二年） （1862年刊）	『改正増補英和対訳袖珍辞書』（慶応二年版） （1866年刊、初版と異同のある場合のみ記載）
308 継母^{マヽハヽ}	Step-dame, Step-mother, *s.*継母	
309 舅^{シウト}	Father-in-law, *s.*舅	
310 姑^{シウトメ}	Mother-in-law, *s.*継母. 義母	Mother-in-law, *s.*姑
311 子供^{コドモ}	Child, *s.*小児. 子孫 Children, *pl. of* child 小兒	
312 雙生子^{フタゴ}	Twin, *s.*双生子	
313 男子^{ダンシ}	Son, *s.*子息	
314 女子^{ジョシ}	Daughter, *s.*娘	
315 孫^{マゴ}	Grand-son, *s.*孫	
316 孫女^{ソンジョ}	Grand-daughter, *s.*孫娘	
317 曽孫^{ヒマゴ}	Great-grandchild, *s.*曽孫	
318 継男^{マヽ子}	Step-son, *s.*継子	
319 継女^{マヽムスメ}	Step-daughter, *s.*継娘	
320 兄第^{キョダイ}	Brother, *s.*兄弟. 親友	
321 姉妹^{アネイモト}	Sister, *s.*姉妹	
322 姐夫_{アネムコ或イ} ^{モウト婿}	Brother-in-law, *s.*姉妹ノ夫ヌ妻ノ兄弟	
323 姑姨^{コヂウトメ}	Sister-in-law.妻ノ姉妹	Sister-in-law.姑姨^{コジウトメ}
324 婿^{ムコ}	Son-in-law.婿. 嗣子	Son-in-law, *s.*婿

『英吉利単語篇』(1866年刊) 『法朗西単語篇』(1866年刊)	『英仏単語篇注解』(1867年5月刊)	『対訳名物図編』(1867年9月序刊)	『英仏単語便覧』(1868年1月序刊)
325 The daughter-in-law. La bru.	9オ 嫁(ヨメ)	17ウ 婦(ヨメ) daughter-in-law.	上12ウ 嫁(ヨメ)
326 The uncle. L'oncle.	9オ 伯叔父(ヲヂ)	17ウ 伯叔父(オヂ) uncle.	上12ウ 伯叔父(ヲヂ)
327 The aunt. La tante.	9オ 伯叔母(ヲバ)	17ウ 伯叔母(オバ) aunt.	上12ウ 伯叔母(ヲバ)
328 The cousin. Le cousin.	9オ 従兄(イトコ)	17ウ 従兄弟(イトコ) cousin.	上12ウ 従兄(イトコ)
329 The female cousin. La cousine.	9オ 従姉(ヲンナノイトコ)	17ウ 従姉妹(イトコメ) female cousin.	上12ウ 従姉(ヲンナイトコ)
330 The bridegroom. Le fiancé.	9オ 新郎(ハナムコ) 佛 許嫁郎(ユヒナウスミタルヲトコ)	17ウ 新夫(ハナムコ) bridegroom.	上12ウ 新郎(ハナムコ) 仏 許嫁郎(ユヒナウスミタルヲトコ)
331 The bride. La fiancée.	9オ 新娘(ハナヨメ) 佛 許嫁女(ユヒナウスミタルヲンナ)	17ウ 新婦(ハナヨメ) bride.	上12ウ 新娘(ハナヨメ) 仏 許嫁女(ユヒナウスミタルヲンナ)
332 Marriage. Le mariage.	9オ 婚禮(コンレイ)	17ウ 嫁娶(ヨメイリ) Marriage.	上12ウ 婚礼(コンレイ)
333 The consort. L'époux.	9オ 配偶(ツレアヒ)	17ウ 夫妻(ツレアヒ)但尊貴ニ用語 consort.	上12ウ 配偶(ツレアヒ)
334 A widower. Un veuf.	9オ 鰥(ヲトコヤモメ)	17ウ 鰥夫(ヤモメ) widower.	上13オ 鰥(ヲトコヤモメ)
335 A widow. Une veuve.	9オ 寡婦(ゴケ)	18オ 寡婦(ヤモメ) widow.	上13オ 寡婦(ヲンナヤモメ)
336 A guardian. Un tuteur.	9オ 後見人(コウケンニン)	18オ 後見(ウシロミ) guardian.	上13オ 後見人(コウケンニン)
337 An orphan. Un orphelin.	9オ 孤(ミナシゴ)	18オ 孤(ミナシゴ) orphan.	上13オ 孤(ミナシゴ)
338 A midwife. Une sage-femme.	9オ 産婆(トリアゲババ)	18オ 収生婆(トリアゲババ) midwife.	上13オ 産婆(トリアゲババ)
339 The nurse. La nourrice.	9ウ 乳母(ウバ)	18オ 乳母(ウバ)又傳婢(コモリ) nurse.	上13オ 乳母(ウバ)
340 The friend. L'ami.	9ウ 朋友(トモ)	18オ 懇親人(ネンゴロヒト) friend.	上13オ 朋友(トモ)

『英吉利単語篇増訳』 （1871年刊）	『英和対訳袖珍辞書』（初版、文久二年） （1862年刊）	『改正増補英和対訳袖珍辞書』（慶応二年版） （1866年刊、初版と異同のある場合のみ記載）
325 嫁^{ヨメ}	Daughter-in-law.嫁女	
326 伯叔父^{オヂ}	Uncle, s.諸父	
327 伯叔母^{ヲバ}	Aunt, s.伯母	
328 従兄^{イトコ}	Cousin, s.従弟．甥	
329 従姉_{女ノイトコ}	Female, adj.女ノ Cousin, s.従弟．甥	
330 新郎^{ハナムコ}_{佛ニハ許嫁郎} ユイノスミタル男	Bridegroom, s.新郎^{ハナムコ}	
331 新娘^{ハナヨメ}_{佛ニハ許嫁女} 結納ノスミタル女	Bride, s.新娘^{ハナヨメ}	
332 婚礼^{コンレイ}	Marriage, s.縁組 Marriageable, adj.盛リ二成テ居ル_{男女} ノ Marriase-day, s.婚礼ノ日 Marriage-song, s.婚礼ノ時謡フ歌	
333 配偶_{ツレアイ}^{ハイグウ}	Consort, s.仲間．夫婦．連レ合．全伴	
334 鰥_{男ヤモメ}	Widower, s.鰥	Widwer, s.鰥^{ママ}
335 寡婦^{ゴ ケ}	Widow, s.寡婦	
336 後見人^{コウケンニン}	Guardian, s.後見ノ人．防護スル人	
337 孤^{ミナシゴ}	Orphan, s. 孤^{ミナシゴ}	
338 産婆^{サンバ}	Midwife, s.産婆	Midwife, s.産婆．賢女
339 乳母^{ム バ}	Nurse, s.乳母．看病人．老婆．産婦ノ 介抱人	Nurse, s.乳母．看病人．老婆．育テル 人
340 朋友^{ホウユウ}	Friend, s.朋友	

『英吉利単語篇』(1866年刊) 『法朗西単語篇』(1866年刊)	『英仏単語篇注解』 (1867年5月刊)	『対訳名物図編』 (1867年9月序刊)	『英仏単語便覧』 (1868年1月序刊)
341 The skeleton. Le squelette.	9ウ 骨格(ホネグミ)	18オ 骸骨(ヒトゾロヒノホネ) skeleton.	上13オ 骨格(ホネグミ)
342 The limbs. Les membres.	9ウ 四肢(テアシ)	18オ 四肢(テアシ) limbs.	上13オ 四肢(テアシ)
343 The skin. La peau.	9ウ 皮(カハ)	18ウ 皮(カワ) skin.	上13オ 皮(カハ)
344 The pores. Les pores.	9ウ 氣孔(ケアナ)	18ウ 毛孔(ケアナ) pores.	上13オ 氣孔(ケアナ)
345 The bones. Les os.	9ウ 骨(ホネ)	18ウ 諸骨(ホネヽヽ) bones.	上13オ 骨(ホネ)
346 The marrow. La moëlle.	9ウ 髓(ズキ)	18ウ 髓(ズイ) marrow.	上13オ 髓(ズキ)
347 The flesh. La chair.	9ウ 肉(ニク)	18ウ 肉(ニク) flesh.	上13ウ 肉(ニク)
348 The fat. La graisse.	9ウ 脂肪(アブラ)	18ウ 脂(アブラ) fat.	上13ウ 脂肪(アブラ)
349 The blood. Le sang.	9ウ 血(チ)	18ウ 血(チ) blood.	上13ウ 血(チ)
350 The veins. Les veines.	9ウ 静脈(ジャウミヤク)(廻血管)	18ウ 静脈(セイミヤク)赤血ノ循環ヲ云 veins.	上13ウ 静脉(ジャウミヤク)(廻血管)
351 The arteries. Les artères.	9ウ 動脈(ドウミヤク)(血脉管)	18ウ 動脈(ドウミヤク)黒血ノ循環ヲ云 arteries.	上13ウ 動脉(ドウミヤク)(血脉管)
352 The nerves. Les nerfs.	9ウ 神経(シンケイ)	18ウ 神經(シラスチ) nerves.	上13ウ 神経(シンケイ)
353 The muscles. Les muscles.	9ウ 赤肉(アカミ)	19オ 筋(スヂ) muscles.	上13ウ 赤肉(アカミ)
354 The sinews. Les tendons.	9ウ 筋(キン)(赤肉ノ根ナリスヂニハアラズ) 英原本 SinewsハNervesト同義ナリ 宜ク Tendonsニ改ムヘシ	19オ 腱(スヂノネ) Tendons.	上13ウ 筋(キン)(赤肉ノ根ナリスヂニハアラズ)
355 The head. La tête.	9ウ 頭(アタマ)	19オ 頭(カシラ) head.	上13ウ 頭(アタマ)

『英吉利単語篇増訳』 （1871年刊）	『英和対訳袖珍辞書』（初版、文久二年） （1862年刊）	『改正増補英和対訳袖珍辞書』（慶応二年版） （1866年刊、初版と異同のある場合のみ記載）
341 骨格^{ホネグミ}	Skeleton, *s.*骸骨	
342 四時（ママ）^{テアシ}	Limb, *s.*関節. 襟縁. 枝	
343 皮^{カワ}	Skin, *s.*皮. 革	Skin, *s.*皮
344 氣孔^{ケアナ}	Pore, *s.*汗孔. 孔竅	
345 骨^{ホネ}	Bone, *s.*骨. 骨組ミ	
346 髓^{ズイ}	Marrow, *s.*髓	
347 肉^{ニク}	Flesh, *s.*肉	Flesh, *s.*肉. 動物. 人間. 人情
348 脂肪^{アブラ}	Fat, *s.*脂 Fat, *adj.*肥ヘテ居ル. 脂ノアル. 愚ナ ル. 豊饒ナル. 冨テ居ル Fat-ted-ting, *v. a.*肥ヤス	Fat, *s.*脂桶 Fat, *adj.*肥ヘテ居ル. 脂ノアル. 愚ナ ル. 豊饒ナル. 冨テ居ル Fat-ted-ting, *v. a. et n.*肥ヤス 肥ル
349 血^チ	Blood, *s.*血. 王ノ血續. 親類. 小児. 人殺. 赤キ汁. 生活. 短気ナル人	
350 静脈^{セイミヤカ}	Vein, *s.*脈. 才能. 気色	Vein, *s.*脉絡. 脉管_{動物又草木ノ}. 條理_{石類ノ}^{スヂ}
351 動脉^{トウーニ}	Artery, *s.*動脈	
352 神經^{シンケイ}	Nerve, *s.*神経. 筋根	
353 赤肉^{アカキニク}	Muscle, *s.*筋貝名	Muscle, *s.*筋. 淡菜^{イノカヒ}
354 筋^{スジ}	Sinew, *s.*神経. 強サ Tendon, *s.*筋根	
355 頭^{カシラ}	Head, *s.*頭. 頂上. 見込ミ. 臥床ノ上 端源. 麦酒ノ泡	Head, *s.*頭. 頂上. 見込ミ. 臥床ノ上 端源. 麦酒ノ泡. 主意. 自由. 力

『英吉利単語篇』（1866年刊）『法朗西単語篇』（1866年刊）	『英仏単語篇注解』（1867年5月刊）	『対訳名物図編』（1867年9月序刊）	『英仏単語便覧』（1868年1月序刊）
356 The scull. Le crâne.	9ウ 脳蓋(ハチ/チ)（アタマノ）	19オ 脳蓋(アタマノサラ) scull.	上13ウ 脳蓋(アタマノハチ)
357 The hair. Les cheveux.	10オ 毛髪(ケ)	19オ 毛髪(カミ/ケ) hair.	上13ウ 毛髪(ケ)
358 The brain. La cervelle.	10オ 脳(ナウ)	19オ 脳(ナウ) brain.	上13ウ 脳
359 The face. Le visage.	10オ 顔面(カホ)	19オ 顔(カホ) face.	上13ウ 顔面(カホ)
360 The features. Les traits.	10オ 相(サウ)（顔ノ）	19オ 面部(メンブ) features.	上13ウ 相(サウ)（顔ノ）
361 The eyes. Les yeux.	10オ 眼(メ)	19オ 兩眼(メ) eyes.	上14オ 眼(マナコ)
362 The eyelids. Les paupières.	10オ 瞼(マブタ)	19オ 眼眶(マフチ) eyelids.	上14オ 瞼(マブタ)
363 The eyelashes. Les cils.	10オ 睫毛(マツゲ)	19ウ 睫毛(マツゲ) eyelashes.	上14オ 睫毛(マツゲ)
364 The eyebrows. Les sourcils.	10オ 眉(マユ)	19ウ 眉(マユゲ) eyebrows.	上14オ 眉(マユ)
365 The apple of the eye. Le globe de l'oeil.	10オ 眼球(メダマ)	19ウ 眼玉(メノタマ) ball of the eye.	上14オ 眼球(メダマ)
366 The pupil. La prunelle.	10オ 瞳子(ヒトミ)	19ウ 瞳子(ヒトミ) pupil.	上14オ 瞳子(ヒトミ)
367 The ears. Les oreilles.	10オ 耳(ミゝ)	19ウ 兩耳(ミゝ) ears.	上14オ 耳(ミゝ)
368 The tympanum. Le tympan.	10オ 鼓膜(コマク)（耳ノ底ニ有ル薄キ皮ニテ音聲ノヒビク処也此皮ナケレバ開エズ）	19ウ 皷膜(ミゝナカノカワ) tympanum.	上14オ 鼓膜(コマク)（耳底ノ薄皮ナリ此皮ナケレバ聞クコト能ハズ）
369 The cheeks. Les joues.	10オ 頬(ホウ)	19ウ 頬(ホゝ) cheeks.	上14オ 頬(ホウ)
370 The chin. Le menton.	10オ 頷(アゴ)	19ウ 頤(アゴ) chin.	上14オ 頷(アゴ)（ママ）

『英吉利単語篇増訳』 （1871年刊）	『英和対訳袖珍辞書』（初版、文久二年） （1862年刊）	『改正増補英和対訳袖珍辞書』（慶応二年版） （1866年刊、初版と異同のある場合のみ記載）
356 脳^{アタマノサラ}盖	Scull, *s.*脳盖. 小舟	
357 毛髪^{カミノケ}	Hair, *s.*毛髪	
358 脳^{ナウ}	Brain, *s.*脳. 才智. 思慮	
359 顔面^{カホ}	Face, *s.*面部. 顔. 前面. 顕ハレ. 先キ見スナルコト. 恥知ラヌコト. 見セカケ	Face, *s.*面部. 顔. 前面. 顕ハレ. 先キ見スナルコト.
360 相_{顔ノ}	Feature, *s.*容皃	
361 眼^メ	Eye, *s.*眼	Eye, *s.*眼. 見. 識. 面. 貌. 穴. 環^ワ. 芽
362 瞼^{マブタ}	Eye-lid, *s.*瞼	
363 睫毛^{マツゲ}	Eye-lash, *s.*睫毛	
364 眉^{マユ}	Eye-brow, *s.*眉毛	
365 眼球^{メノタマ}	Apple, *s.*林檎. 眼球	
366 瞳子^{ヒトミ}	Pupil, *s.*瞳子. 書生. 後見サレテ居ル人 Eye, *s.*眼	Pupil, *s.*瞳子. 書生. 後見サレテ居ル人 Eye, *s.*眼. 見. 識. 面. 貌. 穴. 環^ワ. 芽
367 耳^{ミヽ}	Ear, *s.*耳. 穂	
368 鼓膜^{コマク}	Tympanum, *s.*鞁膜	
369 頬^{ホウ}	Cheek, *s.*頬	
370 頷^{アゴ}	Chin, *s.*腮	

『英吉利単語篇』(1866年刊) 『法朗西単語篇』(1866年刊)	『英仏単語篇注解』 (1867年5月刊)	『対訳名物図編』 (1867年9月序刊)	『英仏単語便覧』 (1868年1月序刊)
371 The nose. Le nez.	10オ 鼻^{ハナ}	19ウ 鼻^{ハナ} nose.	上14オ 鼻^{ハナ}
372 The nostrils. Les narines.	10オ 鼻孔^{ハナノアナ}	19ウ 鼻孔^{ハナノアナ} nostrils.	上14オ 鼻孔^{ハナノアナ}
373 The lips. Les lèvres.	10オ 唇^{クチビル}	20オ 上下唇^{ウエシタノクチビル} lips.	上14オ 唇^{クチビル}
374 The mouth. La bouche.	10オ 口^{クチ}	20オ 口^{クチ} mouth.	上14ウ 口^{クチ}
375 The beard. La barbe.	10オ 髭^{ヒゲ}	20オ 髭^{ヒゲ} beard.	上14ウ 髭^{ヒゲ}
376 The teeth. Les dents.	10オ 歯^ハ	20オ 歯^ハ teeth.	上14ウ 歯^ハ
377 The grinders. Les dents molaires.	10ウ 齟齒^{オクバ}	20オ 齟^{オクバ} doubletooth.	上14ウ 齟齒^{オクバ}
378 The gums. Les gencives.	10ウ 齦^{ハグキ}	20オ 齦^{ハグキ} gums.	上14ウ 齦^{ハグキ}
379 The palate. Le palais.	10ウ 上腭^{ウハアゴ}	20オ 上頬^{ウワアゴ} palate.	上14ウ 上腭^{ウハアゴ}
380 The tongue. La langue.	10ウ 舌^{シタ}	20オ 舌^{シタ} tongue.	上14ウ 舌^{シタ}
381 The throat. La gorge.	10ウ 咽喉^{ノド}	20オ 咽喉^{ノド} throat.	上14ウ 咽喉^{ノド}
382 The uvula. La luette.	10ウ 懸壅^{ノドヒコ}	20オ 厭會^{ノドヒコ} uvula.	上14ウ 懸壅^{ノドヒコ}
383 The wind-pipe. Le larynx.	10ウ 氣管^{キクワン} 佛喉頭^{コウトウ}（氣管ノ二頭軟骨ノ部）	20ウ 氣管^{イキノカヨフノド} wind-pipe.	上14ウ 氣管^{キクワン} 仏喉頭^{コウトウ}（気管ノ二頭軟骨ノ部）
384 The neck. Le col.	10ウ 領^{エリ}	20ウ 頸^{クビスヂ} neck.	上14ウ 領^{エリ}
385 The back of the neck. La nuque.	10ウ 項窩^{ボンノクボ}	20ウ 項窩^{ボンノクボ} back of the neck.	上14ウ 項窩^{ボンノクボ}
386 The shoulders. Les épaules.	10ウ 肩^{カタ}	20ウ 兩肩^{カタ} shoulders.	上14ウ 肩^{カタ}

『英吉利単語篇増訳』 （1871年刊）	『英和対訳袖珍辞書』（初版、文久二年） （1862年刊）	『改正増補英和対訳袖珍辞書』（慶応二年版） （1866年刊、初版と異同のある場合のみ記載）
371 鼻	Nose, s.鼻物ノ前端ヲモ云フ	
372 鼻孔	Nostril, s.鼻孔	
373 唇	Lip, s.唇．襟．縁	
374 口	Mouth, s.口生物ノ声ヲ発シ餌ヲ食スル器ノ又何ノ又銃ノ又穴ノ・嘴	
375 髭	Beard, s.髭．カ丶リ矢杯ノ	
376 歯	Teeth, pl. of Tooth. Tooth, s.歯．味	
377 齟歯	Grinder, s.硎ク人．齟歯．砥石．押ス人版杯ヲ （Doubletoothナシ）	Grinder, s.硎ク人．齟歯．砥石．押ス人版杯ヲ （Doubletoothナシ）
378 齦	Gum, s.護謨水ニ和スル樹脂．眼ヨリ出ル液．齦	Gum, s.護謨水ニ和スル樹脂・ゴムノ樹．齦
379 上腭	Palate, s.上腭．味ヒ	
380 舌	Tongue, s.舌．言語	
381 咽喉	Throat, s.咽喉．頚．入口	Throat, s.咽喉
382 懸壅	Uvula, s.喉風	Uvula, s.懸壅ノドヒコ
383 氣管	Wind-pipe, s.気管	
384 領	Neck, s.頚人獣器物草木等	
385 項窩	Back, s.背．物ノ後面．後備 Neck, s.頚人獣器物草木等	
386 肩	Shoulder, s.肩	

『英吉利単語篇』(1866年刊) 『法朗西単語篇』(1866年刊)	『英仏単語篇注解』 (1867年5月刊)	『対訳名物図編』 (1867年9月序刊)	『英仏単語便覧』 (1868年1月序刊)
387 The back. Le dos.	10ウ 背(セ)	20ウ 脊(セ) back.	上14ウ 背(セ)
388 The spine. L'échine.	10ウ 背骨(セボネ)	20ウ 脊梁(セボネ) spine.	上15オ 背骨(セボネ)
389 The arm. Le bras.	10ウ 臂(カヒナ)	20ウ 手(テ) arm.	上15オ 臂(カヒナ)
390 The elbows. Les coudes.	10ウ 手静(ヒヂノマガリメ)	20ウ 肘(ヒヂ) elbows.	上15オ 手静(ヒヂノマガリメ)
391 The hand. La main.	10ウ 手(テサキ)	20ウ 手腕(テノサキ) hand.	上15オ 手(テサキ)
392 The palm. La paume.	10ウ 掌(テノヒラ)	20ウ 掌(テノヒラ) palm.	上15オ 掌(テノヒラ)
393 The finger. Le doigt.	10ウ 指(ユビ)	21オ 指(ユビ) finger.	上15オ 指(ユビ)
394 The thumb. Le pouce.	10ウ 拇指(オヤユビ)	21オ 巨擘(オホユビ) thumb.	上15オ 拇指(オヤユビ)
395 The fore-finger. L'index.	10ウ 食指(ヒトサシユビ)	21オ 食指(ヒトサシユビ) fore-finger.	上15オ 食指(ヒトサシユビ)
396 The middle-finger. Le doigt du milieu.	10ウ 中指(ナカユビ)	21オ 中指(ナカユビ) middle-finger.	上15オ 中指(ナカユビ)
397 A joint. La jointure.	10ウ 骨節(フシブシ)	21オ 関節(フシヽヽ) joint.	上15オ 骨節(フシブシ)
398 The nails. Les ongles.	11オ 爪(ツメ)	21オ 爪(ツメ) nails.	上15オ 爪(ツメ)
399 The chest. La poitrine.	11オ 胸(ムネ)	21オ 胸膈(ムネノナカ) chest.	上15オ 胸(ムネ)
400 The breasts. Les mamelles.	11オ 乳房(チブサ)	21オ 胸(ムネ)但女ニ用ルトキ乳ニ当ル breasts.	上15オ 乳房(チブサ)
401 The belly. Le ventre.	11オ 腹(ハラ)	21オ 腹(ハラ) belly.	上15オ 腹(ハラ)
402 The navel. Le nombril.	11オ 臍(ヘソ)	21オ 臍(ホソ) navel.	上15ウ 臍(ヘソ)
403 The side. Le côté.	11オ 脇(ワキ)	21ウ 腋(ワキ) side.	上15ウ 脇(ワキ)

対照表II　129

『英吉利単語篇増訳』 （1871年刊）	『英和対訳袖珍辞書』（初版、文久二年） （1862年刊）	『改正増補英和対訳袖珍辞書』（慶応二年版） （1866年刊、初版と異同のある場合のみ記載）
387 背^{セナカ}	Back, s.背．物ノ後面．後備	
388 背骨^{セボネ}	Spine, s.脊骨．刺_{草木ノ}	
389 臂^{ヒヂ}	Arm, s.肱．枝．入海	
390 手脟^{マガリメ}	Elbow, s.肘．曲リ	
391 手^{テノサキ}	Hand, s.手．指針_{時計ノ}．腕．男．尺度ノ名．遘．爪	Hand, s.手．指針_{時計ノ}．働方．尺度ノ名_{四「インチ」我三寸三分ヨ}
392 掌^{テノヒラ}	Palm, s.椰子．掌．尺名．錨爪	Palm, s.椰子ノ属．掌．尺名_{英ノ三寸}．錨爪
393 指^{ユビ}	Finger, s.指	Finger, s.指．力
394 拇指^{ヲヽユビ}	Thumb, s.大指	
395 食指^{ヒトサシユビ}	Forefinger, s.人サシ指	
396 中指^{タカヽヽユビ}	Middle, adj.真中ノ．中位ノ Finger, s.指	Middle, adj.真中ノ．中位ノ Finger, s.指．力
397 骨節^{フシバヽ}	Joint, s.節〃．結ヒ目．草木ノ節．ツガヒメ	
398 爪^{ツメ}	Nail, s.釘．爪．尺度ノ名_{凡二「トイム」半}	Nail, s.釘．爪．尺度ノ名_{二「インチ」及四分ノ一}
399 胸^{ムネ}	Chest, s.箱．櫃．胸	
400 乳房^{チブサ}	Breast, s.胸	
401 腹^{ハラ}	Belly, s.腹	
402 臍^{ヘソ}	Navel, s.臍．中央	
403 脇^{ワキ}	Side, s.側．面．味方 Side, adj.ワキノ	Side, s.脇．方．味方 Side, adj.ワキノ

『英吉利単語篇』(1866年刊) 『法朗西単語篇』(1866年刊)	『英仏単語篇注解』 (1867年5月刊)	『対訳名物図編』 (1867年9月序刊)	『英仏単語便覧』 (1868年1月序刊)
404 The ribs. Les côtes.	11オ 肋〔アバラ〕	21ウ 肋骨〔アバラホネ〕 ribs.	上15ウ 肋〔アバラ〕
405 The loins. Les lombes.	11オ 腰〔コシ〕	21ウ 腰〔コシ〕 loins.	上15ウ 腰〔コシ〕
406 The knees. Les genoux.	11オ 膝〔ヒザ〕	21ウ 膝〔ヒザ〕 knees.	上15ウ 膝〔ヒザ〕
407 The cap of the knee. La rotule.	11オ 膝蓋〔ヒザゲラ〕	21ウ 膝蓋〔ヒザサラ〕 cap of the knee.	上15ウ 膝蓋〔ヒザゲラ〕(俗ニ云ヒザッコ)
408 The legs. Les jambes.	11オ 脚〔アシ〕	21ウ 兩足〔アシ〕 legs.	上15ウ 脚〔アシ〕
409 The calf. Les mollets.	11オ 腓腸〔フクラハギ〕	21ウ 脹脛〔フクラハギ〕 calf.	上15ウ 腓腸〔フクラハギ〕
410 The heel. Le talon.	11オ 踵〔カヽト〕	21ウ 踵〔クビス〕 heel.	上15ウ 踵〔カヽト〕
411 The foot. Le pied.	11オ 足〔アシ〕	21ウ 脚腕〔アシノサキ〕 foot.	上15ウ 足〔アシ〕
412 The ankle-bone. La cheville.	11オ 踝〔クルブシ〕	21ウ 脚踝〔アシノクルブシ〕 ankle-bone.	上15ウ 踝〔クルブシ〕
413 The sole of the foot. La plante du pied.	11オ 蹠〔アシノウラ〕	22オ 蹠〔アシノウラ〕 sole of the foot.	上15ウ 蹠〔アシノウラ〕
414 The toes. Les doigts du pied.	11オ 趾〔アシノユビ〕	22オ 足指〔アシノユビ〕 toes.	上15ウ 趾〔アシノユビ〕
415 The entrails. Les entrailles.	11オ 臟腑〔ザウフ〕	22オ 臟腑〔ザウフ〕 entrails.	上15ウ 臟腑〔ザウフ〕
416 The intestines. Les boyaux.	11オ 腸〔ハラワタ〕	22オ 腸〔ハラワタ〕 intestines.	上16オ 腸〔ハラワタ〕
417 The heart. Le coeur.	11オ 心臟〔シンノザウ〕	22オ 心〔シンノザウ〕 heart.	上16オ 心臟〔シンノザウ〕
418 The lungs. Le poumon.	11オ 肺臟〔ハイノザウ〕	22オ 肺〔ハイノザウ〕 lungs.	上16オ 肺臟〔ハイノザウ〕
419 The liver. Le foie.	11オ 肝臟〔カンノザウ〕	22オ 肝〔カンノザウ〕 liver.	上16オ 肝臟〔カンノザウ〕

『英吉利単語篇増訳』（1871年刊）	『英和対訳袖珍辞書』（初版、文久二年）（1862年刊）	『改正増補英和対訳袖珍辞書』（慶応二年版）（1866年刊、初版と異同のある場合のみ記載）
404 肋〔アバラ〕	Rib, *s.*肋骨. 船ノ肋. 檣〔タルキ〕	
405 腰〔コシ〕	Loins, *s. pl.*腰	
406 膝〔ヒザ〕	Knee, *s.*膝	
407 膝盖〔ヒザガシラ〕	Cap, *s.*被リ物. 頂上. 礼儀ニテ帽子ヲ去ル時ノ語 Knee, *s.*膝	
408 脚〔アシ〕	Leg, *s.*脚. 股	Leg, *s.*脛. 下肢
409 腓腸〔コムラ〕	Calf, *s.*牛子. 脳 愚ナル人. 牛皮	Calf, *s.*牛子. 脳. 愚ナル人.
410 踵〔キビス〕	Heel, *s.*踵. 脳	Heel, *s.*踵. 足. カク針. 後ロ
411 足〔アシ〕	Foot, *s.*足. 歩兵	
412 踝〔クリブシ（ママ）〕	Ankle, *s.*踝 Bone, *s.*骨. 骨組ミ	
413 蹠〔アシノウラ〕	Sole, *s.*馬蹄. 脚. 舌 Foot, *s.*足. 歩兵	Sole, *s.*馬蹄. 足. 魚ノ名 Foot, *s.*足. 歩兵
414 趾〔アシノユビ〕	Toe, *s.*足ノ指	
415 臓腑〔ゾウフ〕	Entrails, *s. pl.*臓腑	
416 腸〔チヤフ〕	Intestines, *s.* 臓腑	
417 心臓〔シンゾウ〕	Heart, *s.*心. 勢. 朋友. 心臓	Heart, *s.*心. 勢. 中. 心臓
418 肺臓〔ハイゾウ〕	Lungs, *s. pl.*肺臓	
419 肝臓〔カンゾウ〕	Liver, *s.*活物	Liver, *s.*活物. 肝臓

『英吉利単語篇』(1866年刊) 『法朗西単語篇』(1866年刊)	『英仏単語篇注解』(1867年5月刊)	『対訳名物図編』(1867年9月序刊)	『英仏単語便覧』(1868年1月序刊)
420 The loins. Les reins.	11ウ 腎臓(ジンノゾウ) 英原本Loins ハ腰ト同語ナリ Kidneysニ改ムルヲ是トス	22オ 腎(ジンノゾウ) loins.	上16オ 腎臓(ジンノゾウ)
421 The spleen. La rate.	11ウ 脾臓(ヒノゾウ)	22オ 脾(ヒノゾウ) spleen.	上16オ 脾臓(ヒノゾウ)
422 The gall. Le fiel.	11ウ 膽(イ)	22オ 膽(タン) gall.	上16オ 膽(イ)
423 The bladder. La vessie.	11ウ 膀胱(バウクワウ)	22ウ 膀胱(バウクワウ ユバリフクロ) bladder.	上16オ 膀胱(バウクワウ)(小便ブクロ)
424 The milk. Le lait.	11ウ 乳汁(チヽ)	22ウ 乳汁(チヽ) milk.	上16オ 乳汁(チヽ)
425 The stomach. L'estomac.	11ウ 胃腑(エブクロ)	22ウ 胃(キ) stomach.	上16オ 胃腑(エブクロ)
426 The diaphragm. Le diaphragme.	11ウ 横隔膜(ワウカクマク)(胸ト腹ノサカヒ也)	22ウ 横隔膜(ワウカクマク ムネハラサカヒ) diaphragm.	上16オ 横隔膜(ワウカクマク)(胸腹ノサカヒナリ)
427 The phlegm. Le flegme.	11ウ 粘液(タン)	22ウ 痰(タン) phlegm.	上16オ 粘液(タン)
428 The saliva. Le salive.	11ウ 津唾(ツバキ)	22ウ 唾(ツハキ) saliva.	上16オ 津唾(ツバキ)
429 The urine. L'urine.	11ウ 尿(セウベン)	22ウ 尿(セウベン) urine.	上16オ 尿(セウベン)
430 The excrements.[1] Les excréments.	11ウ 屎(ダイベン)	22ウ 屎(ダイベン) excrements.	上16ウ 屎(ダイベン)
431 Perspiration. La sueur.	11ウ 汗(アセ)	22ウ 汗(アセ) Ierspiration.(ママ)	上16ウ 汗(アセ)
432 Tears. Les larmes.	11ウ 涙(ナミダ)	22ウ 涙(ナミダ) Tears.	上16ウ 涙(ナミダ)
433 Laughing. Le rire.	11ウ 笑(ワラヒ)	23オ 笑(ワラヒ) Laughing.	上16ウ 笑(ワラヒ)
434 Weeping. Les pleurs.	11ウ 泣(ナキ)	23オ 歎(ナゲキ) Weeping.	上16ウ 泣(ナキ)

1 『英吉利単語篇』430番、活字本B・整版本は exerements と誤る。

『英吉利単語篇増訳』 （1871年刊）	『英和対訳袖珍辞書』（初版、文久二年） （1862年刊）	『改正増補英和対訳袖珍辞書』（慶応二年版） （1866年刊、初版と異同のある場合のみ記載）
420 腎臓	Loins, *s. pl.*腰 Kidney, *s.*腎ノ臓	
421 脾臓	Spleen, *s.*脾臓. 全上ノ病. 恨ミ. 根情 ノ悪シキコト. 欝憂	Spleen, *s.*脾臓. 全上ノ病. 恨ミ. 机嫌 ノ悪シキコト. 欝憂
422 膽	Gall, *s.*胆汁	Gall, *s.*胆汁. 若キ物. 怒リ. 摺リ疵
423 膀胱	Bladder, *s.*膀胱. 水胞	
424 乳汁	Milk, *s.*牛乳	Milk, *s.*乳汁
425 胃腑	Stomach, *s.*胃腑. 食好ミ. 飢. 僻	Stomach, *s.*胃腑. 喰ヒタガルコト. 好 ミ. 怒リ
426 横隔膜	Diaphragm, *s.*胸ト腹トノ間ニアル膜 _{隔膜トイフ}	
427 粘液	Phlegm, *s.*粘液. 痰. 差別ナキ. 感シ ナキコト	Phlegm, *s.*粘液. 痰. 差別ナキ. 感ジ ナキコト
428 津唾	Saliva, Salive, *s.*唾	Saliva, *s.*唾
429 尿	Urine, *s.*尿	
430 屎	Excrement, *s.*吐キ出ス物. 下ス物_{糞尿ノ} _類	
431 汗	Perspiration, *s.*蒸發	
432 涙	Tear, *s.*涙. 裂ケ目	
433 笑	Laugh, *s.*笑ヒ	
434 泣	Weep, wept, weeping, *irr. v. n.*泣ク. 叫フ. 悔ム	Weeping, *s.*泣クコト

『英吉利単語篇』(1866年刊) 『法朗西単語篇』(1866年刊)	『英仏単語篇注解』 （1867年5月刊）	『対訳名物図編』 （1867年9月序刊）	『英仏単語便覧』 （1868年1月序刊）
435 The breath. L'haleine.	11ウ 呼吸〔イキ〕	23オ 息〔イキ〕 breath.	上16ウ 呼吸〔イキ〕
436 A sigh. Un soupir.	11ウ 長大息〔タメイキ〕	23オ 嘆息〔タメイキ〕 sigh.	上16ウ 長大息〔タメイキ〕
437 Sneezing. L'éternuement.	11ウ 嚔〔クサメ〕	23オ 噴嚔〔クサメ〕 Sneezing.	上16ウ 嚔〔クサメ〕
438 The hickup. Le hoquet.	11ウ 呃逆〔シャクリ〕	23オ 咳逆〔シャクリ〕 hickup.	上16ウ 呃逆〔シャクリ〕
439 Snoring. Ronfler.	11ウ 鼾息〔イビキ〕 (仏 イビキスル)	23オ 鼾〔イビキ〕 Snoring.	上16ウ 鼾息〔イビキ〕 (仏、イビキスル)
440 Walking. Marcher.	12オ 歩行〔ホコウ〕 (仏 アルク)	23オ 歩行〔アルミ〕 Walking.	上16ウ 歩行〔アユミ〕 (仏、アルク)
441 Standing. Se tenir debout.	12オ 立〔タチ〕 (仏 タツ)	23オ 立〔タツコト〕 Standing.	上16ウ 立〔タチ〕 (仏、タツ)
442 Sitting. S'asseoir.	12オ 坐〔スワリ〕 (仏 スワル)	23オ 踞〔コシカケルコト〕 Sitting.	上16ウ 坐〔スワリ〕 (仏、スワル)
443 Lying. Se coucher.	12オ 臥〔ヨコニナルコト〕 (仏 ヨコニナル)	23ウ 臥〔フスコト〕 Lying.	上16ウ 臥〔フスコト〕 (仏、フス)
444 Motion. Le mouvement.	12オ 運動〔ウンドウ〕	23ウ 運動〔ウンドウ ハタラキ〕 Motion.	上17オ 運動〔ウンドウ〕
445 Rest. Le repos.	12オ 休息〔キウソク〕	23ウ 休〔ヤスミ〕 Rest.	上17オ 休息〔キウソク〕
446 The voice. La voix.	12オ 聲〔コエ〕	23ウ 聲〔コエ〕 voice.	上17オ 聲〔コエ〕
447 Speech. La parole.	12オ 話語〔ハナシ〕	23ウ 話〔ハナシ〕 Speech.	上17オ 話説〔ハナシ〕
448 Beauty.[1] La beauté.	12オ 奇麗〔キレイ〕	23ウ 美〔ウツクシキ〕 Beauty.	上17オ 奇麗〔キレイ〕

[1] 『英吉利単語篇』448番、活字本B・整版本は Reauty と誤る。

『英吉利単語篇増訳』 （1871年刊）	『英和対訳袖珍辞書』（初版、文久二年） （1862年刊）	『改正増補英和対訳袖珍辞書』（慶応二年版） （1866年刊、初版と異同のある場合のみ記載）
435 呼吸 イキノダシヒキ	Breath, *s.*呼吸ノ気. 気. 小風. 寸暇. 呼吸	
436 長大息 ナカイキ	Sigh, *s.*溜息	
437 嚔 クサメ	Sneeze, *s.*嚔スルコト	
438 呃逆 シヤクリ	Hiccough, Hickup, *s.*呃逆 シヤクリ	
439 鼾息 イビキ	Snore-ed-ing, *v. n.*鼾グ	Snore-ed-ing, *v. n.*鼾カク
440 歩行 アユム	Walk, *s.*逍遙. 逍遙場. 道. 歩行ブリ Walk-ed-ing, *v. n.*逍遙スル. 行ク. 歩 ム. 幽灵ニナリテ出ル. 廻ル Walking, *s.*逍遙スルコト	
441 立 タツ	Standing, *adj.*立チ止リテ居ル. 続クベ キ. 確切ノ	Standing, *adj.*立ツ. 定リタル. 続クベ キ. 確切ノ
442 坐 スワル	Sitting, *s.*坐スルコト. 卵ヲカヘスコト	
443 臥 ヨコニナルコト	Lying, *part. of* lie.置テアル. 横タハツ テ居ル. 備ル Lie, lay, lain, lying, *irr. v. n.*横タハ ル. 休息スル 眠ライフ	
444 運動 ハタラキ	Motion, *s.*動キ. 運動. 運ビ. 進ミ 兵ノ. 生物ノ働キ. 内部外部ノ動キ. 題	
445 休息 ヤスミ	Rest, *s.*休ミ. 眠. 休ミ所. 決定. 残リ 物	Rest, *s.*休ミ. 眠. 休ミ所. 死. 静. 残 リ物
446 声 コエ	Voice, *s.*声. 音. 響. 言法	Voice, *s.*声. 音. 説. 言法
447 話語 ハナシ	Speech, *s.*説話. 国詞	
448 奇麗 キレイ	Beauty, *s.*光沢. 奇麗	

『英吉利単語篇』(1866年刊) 『法朗西単語篇』(1866年刊)	『英仏単語篇注解』 (1867年5月刊)	『対訳名物図編』 (1867年9月序刊)	『英仏単語便覧』 (1868年1月序刊)
449 Ugliness. La laideur.	12オ 醜汚〔キタナサ〕	23ウ 醜〔ミニクキ〕 Ugliness.	上17オ 醜汚〔キタナサ〕
450 Health. La santé.	12オ 壮健〔サウケン〕	23ウ 健〔スコヤカ〕 Health.	上17オ 壮健〔スコヤカサ〕
451 Tallness. La grandeur.	12オ 長高〔タケタカキコト〕	23ウ 身材大〔タケタカキ〕 Tallness.	上17オ 長高〔タケタカキコト〕
452 Smallness. La petitesse.	12オ 小〔チヒサキコト〕	23ウ 身材小〔タケヒクキ〕 Smallness.	上17オ 小〔チヒサキコト〕
453 Bigness. L'embonpoint.	12オ 肥〔コエ〕	24オ 肥〔コエ〕 Bigness.	上17オ 肥〔コエ〕
454 Meagerness. La maigreur.	12オ 痩〔ヤセ〕	24オ 痩〔ヤセ〕 Meagerness.	上17オ 痩〔ヤセ〕
455 The look. La mine.	12オ 顔色〔カホツキ〕	24オ 顔色〔カホツキ〕 look.	上17オ 顔色〔カホツキ〕
456 Wrinkles. Les rides.	12オ 皺〔シワ〕	24オ 皺〔シワ〕 Wrinkles.	上17オ 皺〔シワ〕
457 The scar. La cicatrice.	12オ 瘢痕〔アト〕	24オ 瘢痕〔ハンコン キズアト〕 scar.	上17オ 瘢痕〔アト〕
458 The figure. La taille.	12オ 形〔カタチ〕	24オ 形像 又 偶人〔ケイゾウ ヒトノカタチ〕 figure.	上17ウ 形〔カタチ〕
459 Strength. La force.	12オ 強〔ツヨサ〕	24オ 力〔チカラアル〕 Strength.	上17ウ 強〔ツヨサ〕
460 Weakness. La faiblesse.	12オ 弱〔ヨワサ〕	24オ 弱〔ヨワキ〕 Weakness.	上17ウ 弱〔ヨワサ〕
461 The sight. La vue.	12オ 視〔ミ〕	24オ 覗 又目ニモ云〔ミル〕 sight.	上17ウ 視〔ミ〕
462 The hearing. L'ouïe.	12ウ 聽〔キ丶〕	24オ 聽 又耳ニモ云〔キク〕 hearing.	上17ウ 聽〔キ丶〕
463 A sound. Un son.	12ウ 音〔オト〕	24オ 音〔オト〕 sound.	上17ウ 音〔オト〕
464 The taste. Le goût.	12ウ 味〔アヂハヒ〕	24オ 味〔アヂ〕 taste.	上17ウ 味〔アヂハヒ〕
465 A scent. Une senteur.	12ウ 佳香〔ヨキニホヒ〕	24オ 香〔ヨキカホリ〕 scent.	上17ウ 佳香〔ヨキニホヒ〕

『英吉利単語篇増訳』 （1871年刊）	『英和対訳袖珍辞書』（初版、文久二年） （1862年刊）	『改正増補英和対訳袖珍辞書』（慶応二年版） （1866年刊、初版と異同のある場合のみ記載）
449 醜汚 ^{キタナシ}	Ugliness, *s.*鄙陋. 異形ナルコト. 出来損ズルコト	Ugliness, *s.*醜キコト. 醜陋心
450 壮健 ^{タツシヤ}	Health, *s.*健康. 安全	
451 長 髙 ^{タケタカキコト}	Tallness, *s.*長サ. 高サ	
452 少 ^{ワカイ}	Smallness, *s.*小サ. 僅カナルコト	
453 肥 ^{コヘル}	Bigness, *s.*長大. 重大. 厚サ. 周囲	
454 痩 ^{ヤセル}	Meagerness, *s.*痩タルコト	
455 顔色 ^{カホイロ}	Look, *s.*容貌. 瞬	Look, *s.*容貌
456 皺 ^{シワ}	Wrinkle, *s.*皺	
457 瘢痕 ^{ミツチヤ}	Scar, *s.*瘢痕 ^{キツアト}	Scar瘢痕 ^{キツアト}
458 形 ^{カタチ}	Figure, *s.*図. 形. 画像	
459 強 ^{ツヨサ}	Strength, *s.*強サ. 勇剛. 勢力. 権威	
460 弱 ^{ヨハサ}	Weakness, *s.*弱キコト. 勢ナキコト	
461 視 ^ミ	Sight, *s.*視覚. 顕ハスコト. 照 星^{ネライボシ}_{小銃ノ}	
462 聴 ^{キヽ}	Hearing, *s.*聴. 聴キ糺シ	
463 音 ^{オト}	Sound, *s.*響キ. 音. 海峡	
464 味 ^{アジワイ}	Taste, *s.*味ヒ. 試ミ. 徴シ	Taste, *s.*味ヒ. 試ミ. 旨ミ
465 佳 香 ^{ヨキニホヒ}	Scent, *s.*香ヒ	

『英吉利単語篇』(1866年刊) 『法朗西単語篇』(1866年刊)	『英仏単語篇注解』 (1867年5月刊)	『対訳名物図編』 (1867年9月序刊)	『英仏単語便覧』 (1868年1月序刊)
466 A stink. Une puanteur.	12ウ 悪臭（アシキニホヒ）	24ウ 臭（アシキニホヒ） stink.	上17ウ 悪臭（アシキニホヒ）
467 The touch. Le toucher.	12ウ 觸覚（カラダノオボエ）	24ウ 觸（フレル ミニオボユルコト） touch.	上17ウ 觸覚（カラダノオボエ）（寒熱痛痒等ヲ知ル感能ナリ）
468 Memory. La mémoire.	12ウ 記臆（オボエ）	24ウ 記臆（キヲク コヽロニオボユルコト） Memory.	上17ウ 記臆（モノオボエ）
469 The soul. L'âme.	12ウ 精神（タマシヒ）	24ウ 精神（タマシヒ） soul.	上17ウ 精神（タマシヒ）
470 The reason. La raison.	12ウ 道理（ダウリ）	24ウ 敏惠（ヒンケイ）但能道理ヲ知覚スルヲ云 reason.	上17ウ 道理（ダウリ）
471 The understanding. L'entendement.	12ウ 理解（リカイ）	24ウ 理會（ガテンスル） understanding.	上17ウ 理解（リカイ サトリ）
472 A misunderstanding. Une méprise.	12ウ 錯失（コヽロエチガヒ）	24ウ 乖忤（ソムキサカフ） misunderstanding.	上18オ 錯失（コヽロエチガヒ）
473 An error. Une erreur.	12ウ 誤（アヤマリ）	25オ 誤解（ゴカイ ヲシチガイ） error.	上18オ 誤（アヤマリ）
474 Virtue. La vertu.	12ウ 德（トク）	25オ 脩正（シウセイ ミモチタヾシキ） Virtue.	上18オ 德（トク）
475 Vice. Le vice.	12ウ 不德（フトク）	25オ 荒淫（クワウイン ミモチアシキ） Vice.	上18オ 不德（フトク）
476 Prudence. La prudence.	12ウ 戒慎（ヨウジン）	25オ 先見明（センケンアキラカ サキヲミル） Prudence.	上18オ 戒慎（ヨウジン）
477 Wisdom. La sagesse.	12ウ 智（チ）	25オ 聰明（ソウメイ サトクアキラカ） Wisdom.	上18オ 智（チ）
478 Cunning. La ruse.	12ウ 狡猾（カウクワツ）	25オ 狡猾（カウカツ ワルチエ） Cunning.	上18オ 狡猾（カウクワツ）
479 Will. La volonté.	12ウ 好（コノミ）	25オ 定見（テイケン ミスエル） Will.	上18オ 好（コノミ）
480 Penetration. La perspicacité.	12ウ 鋭敏（エイビン）	25オ 聰察（サトクサッス） Penetration.	上18オ 鋭敏（エイビン）
481 Wit. L'esprit.	12ウ 才（サイ）	25オ 頓智（トンチ） Wit.	上18オ 才（サイ）

『英吉利単語篇増訳』 （1871年刊）	『英和対訳袖珍辞書』（初版、文久二年） （1862年刊）	『改正増補英和対訳袖珍辞書』（慶応二年版） （1866年刊、初版と異同のある場合のみ記載）
466 悪臭 ^{アシキ}	Stink, s.臭気	
467 触覚 ^{フレヲボエル}	Touch, s.感應．觸覚．金銀ノ性ヲ試ムコト．試ミ．様子．目様．手様．音．謗ルコト．少シノ物	Touch, s.感應．觸覚．金銀ノ性ヲ試ムコト．試ミ．様子．觸ルコト．告知セ．謗ルコト．少シノ物
468 記臆 ^{モノヲボヘ}	Memory, s.記臆	
469 精神 ^{タマシヒ}	Soul, s.精神	
470 道理 ^{スジミチ}	Reason, s.道理 才智．神妙ナルコト．位置．根原	Reason, s.道理．才智．神妙ナルコト．正直．根原
471 理解 ^{ワケ}	Understanding, s.才智．了解．文通	Understanding, s.知識．了解．氣合
472 錯失 ^{コヽロエチガイ}	Misunderstand-understood-understanding, irr. v. a.心得損フ．解シ違フ Misunderstanding, s.解シ違ヒ	
473 誤 ^{アヤマリ}	Error, s.誤リ．過チ	
474 徳 ^{トク}	Virtue, s.善．力．威勢．勇シキコト	Virtue, s.善．力．威勢．勇シキコト．徳
475 不徳 ^{フトク}	Vice, s.不善．螺旋	
476 戒慎 ^{ヨウジン}	Prudence, s.用心アルコト．智恵アルコト	
477 智 ^{チエ}	Wisdom, s.智恵	
478 狡猾 ^{カシマシ}	Cunning, s.偽計．狡猾	
479 好 ^{コノミ}	Will, s.好ミ．遺言書	Will, s.意．好ミ．命令．遺言書
480 鋭敏 ^{スルドシ}	Penetration, s.入リ込ムコト．入リ込ム力．賢キコト	
481 才 ^{サイ}	Wit, s.才智．オノアル男．気ノキハタル男	Wit, s.才智．オノアル男．諧言

『英吉利単語篇』(1866年刊) 『法朗西単語篇』(1866年刊)	『英仏単語篇註解』 (1867年5月刊)	『対訳名物図編』 (1867年9月序刊)	『英仏単語便覧』 (1868年1月序刊)
482 Genius. Le génie.	12ウ 天稟 [テンピン]	25オ 天縦才 [テンシヨウノサイ] Genius.	上18オ 天稟 [テンピン ウマレツキ]
483 Aptness. L'habilité.	12ウ 會得 [エトク]	25ウ 能倣 [ヨクナス] Aptness.	上18オ 會得 [エトク]
484 Stupidity. La sottise.	13オ 愚鈍 [グドン]	25ウ 愚鈍 [グドン] Stupidity.	上18オ 愚鈍 [グドン]
485 Repentance. Le repentir.	13オ 後悔 [コウクワイ]	25ウ 後悔 [コウクワイ] Repentance.	上18オ 後悔 [コウクワイ]
486 Imagination. L'imagination.	13オ 想像 [サウザウ]	25ウ 想像 [オモヒカタドル] Imagination.	上18ウ 想像 [サウゾウ]
487 An idea. Une idée.	13オ 考 [カンガヘ]	25ウ 意思 [ブンジヨリ] idea.	上18ウ 考 [カンガヘ]
488 Sleep. Le sommeil.	13オ 眠 [ネムリ]	25ウ 睡 [ネフリ] Sleep.	上18ウ 眠 [ネムリ]
489 A dream. Un songe.	13オ 夢 [ユメ]	25ウ 夢 [ユメ] dream.	上18ウ 夢 [ユメ]
490 Faith. La foi.	13オ 信用 [シンヨウ]	25ウ 信用 [シンヨウ] Faith.	上18ウ 信用 [シンヨウ]
491 Suspicion. Le soupçon.	13オ 疑惑 [ギワク]	25ウ 嫌疑 [ウタガヒ] Suspicion.	上18ウ 疑惑 [ギワク]
492 Hope. L'espérance.	13オ 望 [ノゾミ]	25ウ 期望 [アテノゾム] Hope.	上18ウ 望 [ノゾミ]
493 Despair. Le désespoir.	13オ 絶念 [ゼツネン]（モハヤノゾミ ノナクナリタルヲ云）	26オ 観念 [クワンネン オモヒキリ] Despair.	上18ウ 絶念 [ゼツネン]（ノゾミノスデニ ナクナリタルナリ）
494 Joy. La joie.	13オ 喜 [ヨロコビ]	26オ 喜 [ヨロコビ] Joy.	上18ウ 喜 [ヨロコビ]
495 Gladness. L'allégresse.	13オ 樂 [タノシミ]	26オ 悦 [ヨロコビ] Gladness.	上18ウ 樂 [タノシミ]
496 Pleasure. Le plaisir.	13オ 愉快 [ユクワイ]	26オ 愉快 [コヽロヨキ] Pleasure.	上18ウ 愉快 [ユクワイ コヽロヨキコト]
497 Grief. La douleur.	13オ 心痛 [シンツウ]	26オ 悲 [カナシミ] Grief.	上18ウ 心痛 [シンツウ]
498 Sorrow. La tristesse.	13オ 悲 [カナシミ]	26オ 憂 [ウレヒ] 又遺憾ノ意ニモナル Sorrow.	上18ウ 悲 [カナシミ]

『英吉利単語篇増訳』 （1871年刊）	『英和対訳袖珍辞書』（初版、文久二年） （1862年刊）	『改正増補英和対訳袖珍辞書』（慶応二年版） （1866年刊、初版と異同のある場合のみ記載）
482 天禀 <small>ウマレツキ</small>	Genius, *s.*精神. 精気	
483 會得 <small>エトク</small>	Apt, *adj.*相応シタル. 適当シタル. 傾キタル	
484 愚鈍 <small>クドン</small>	Stupidity, *s.*愚鈍. 鈍キコト	
485 後悔 <small>コウクワイ</small>	Repentance, *s.*後悔	
486 想像 <small>ヲモヒヤリ</small>	Imagination, *s.*考思. 想像	
487 考 <small>カンガエ</small>	Idea, *s.*考へ. 想像	
488 眠 <small>ネムル</small>	Sleep, *s.*眠	
489 夢 <small>ユメ</small>	Dream, *s.*夢	
490 信用 <small>シンヤウ</small>	Faith, *s.*信用. 信実	
491 疑惑 <small>ギワク</small>	Suspicion, *s.*疑察. 疑ヒヲ起スコト. 疑ヒ思フコト	Suspicion, *s.*疑察. 疑ヒ思フコト
492 望 <small>ノゾミ</small>	Hope, *s.*望ミ	
493 絶念<small>ノゾミナクナ</small> <small>リタルコト</small>	Despair, *s.*望ヲ尽果テ居ルコト. 詮方ナサ	
494 喜 <small>ヨロコビ</small>	Joy, *s.*喜ヒ. 祝儀	
495 樂 <small>タノシミ</small>	Gladness, *s.*喜ビ	
496 愉快<small>ユカイ</small><small>クワイ</small>	Pleasure, *s.*楽ミ. 満足. 喜ビ. 愉快. 好ミ. 意任セ気侭	Pleasure, *s.*楽ミ. 満足. 喜ビ. 愉快. 好ミ. 意任セ
497 心痛 <small>シンツウ</small>	Grief, *s.*悲哀. 心痛	Grief, *s.*悲哀. 心痛. 悔
498 悲 <small>カナシミ</small>	Sorrow, *s.*痛ミ. 愁ヒ	Sorrow, *s.*悲ミ. 愁ヒ

『英吉利単語篇』(1866年刊) 『法朗西単語篇』(1866年刊)	『英仏単語篇注解』 (1867年5月刊)	『対訳名物図編』 (1867年9月序刊)	『英仏単語便覧』 (1868年1月序刊)
499 Patience. La patience.	13オ 堪忍(カンニン)	26オ 忍耐(タエル) Patience.	上18ウ 堪忍(カンニン)
500 Honour. L'honneur.	13オ 譽(ホマレ)	26オ 稱譽(ホマレアル) Honour.	上19オ 譽(ホマレ)
501 Anger. La colère.	13オ 怒(イカリ)	26オ 怒(イカリ) Anger.	上19オ 怒(イカリ)
502 Pride. La fierté.	13オ 高慢(カウマン)	26オ 傲慢(タカブリ) Pride.	上19オ 高慢(カウマン)
503 Doubt. Le doute.	13オ 疑(ウタガヒ)	26ウ 狐疑(ウタガヒ) Doubt.	上19オ 疑(ウタガヒ)
504 A wish. Un souhait.	13オ 願(ネガヒ)	26ウ 望(ノゾミ) wish.	上19オ 願(ネガヒ)
505 Boldness. La hardiesse.	13オ 大膽(ムカフミズ)	26ウ 大膽(キモフトキ) Boldness.	上19オ 大膽(ダイタン)
506 Bravery. La bravoure.	13ウ 勇氣(ユウキ)	26ウ 勇氣(ユウキ) Bravery.	上19オ 勇氣(ユウキ)
507 Fear. La peur.	13ウ 恐怖(オソレ)	26ウ 恐(オソレ) Fear.	上19オ 恐怖(オソレ)
508 Cowardice. La lâcheté.	13ウ 臆病(オクビヤウ)	26ウ 臆病(オクベウ) Cowardice.	上19オ 臆病(オクビヤウ)
509 Alarm. La terreur.	13ウ 驚(オドロキ)(仏 畏怖 コワガルコト)	26ウ 愕(オドロキ) Alarm.	上19オ 驚(オドロキ)(仏 コワガルコト)
510 Chastity. La chasteté.	13ウ 貞節(テイセツ)	26ウ 貞節(テイセツ) Chastity.	上19オ 貞節(テイセツ)
511 Shame. La pudeur.	13ウ 耻(ハヂ)	26ウ 恥(ハヂ) Shame.	上19オ 耻(ハヂ)
512 Pity. La pitié.	13ウ 憐(アハレミ)	26ウ 憫惻(アハレミ) Pity.	上19オ 憐(アハレミ)
513 Opinion. L'opinion.	13ウ 説(セツ)	27オ 了簡(レウケン) Opinion.	上19オ 説(セツ)
514 Passion. La passion.	13ウ 情(ジャウ)(喜怒哀楽等ノ摠名)	27オ 情(ジャウ)七情ノ一也 Passion.	上19ウ 情(ジャウ)(喜怒哀楽愛悪慾)

対照表Ⅱ　143

『英吉利単語篇増訳』 （1871年刊）	『英和対訳袖珍辞書』（初版、文久二年） （1862年刊）	『改正増補英和対訳袖珍辞書』（慶応二年版） （1866年刊、初版と異同のある場合のみ記載）
499 堪忍^{カンニン}	Patience, *s.*堪忍. 忍. 草名	Patience, *s.*堪忍. 忍. 羊蹄ノ類ニテ^{ノダイワウ} 食用ノ者
500 誉^{ホマレ}	Honour, *s.*名誉. 官職	Honour, *s.*名誉. 官職. 礼儀. 徳. 恵 飾リ
501 怒^{イカリ}	Anger, *s.*怒	
502 高慢^{コウマン}	Pride, *s.*高慢. 飾リ. 光沢	Pride, *s.*高慢. 飾リ
503 疑^{ウタガヒ}	Doubt, *s.*疑ヒ	
504 願子（ママ）^{ネガヒ}	Wish, *s.*希ヒ	
505 大膽^{ダイタン}	Bold, *adj.*大胆ナル. 自侭ナル. 勇猛ナ ル. 物恐レセヌ	
506 勇氣^{イウキ}	Bravery, *s.*勇気. 美麗. 威勢	
507 恐怖^{キョウフ}	Fear, *s.*恐レ	
508 臆病^{ヲクビヤウ}	Cow-ed-ing, *v. a.*威トス. 臆病ニスル^ワ Coward, *s.*臆病ナル人 Cowardice, Cowardliness, *s.*卑怯	
509 驚^{ヲドロキ}佛畏怖^{コハガルコト}	Alarm, *s.*合図_{敵ノ来ル}. 驚キ. 恐レ. 時 計ノ目覚シ	
510 真節^{シンセツ}	Chastity, *s.*貞実ナルコト. 清浄ナルコ ト	
511 耻^{ハヂ}	Shame, *s.*恥辱	Shame, *s.*恥. 辱
512 憐^{アハレミ}	Pity, *s.*怜レミ 難渋	Pity, *s.*怜レミ. 難渋
513 説^{セツ}	Opinion, *s.*存シ寄. 説. 考	
514 情^{ジョウ}喜怒哀楽等^{キドアイラク}	Passion, *s.*情_{好. 恐. 望. 悦. 哀. 怒. 慎等ナリ}	

『英吉利単語篇』(1866年刊) 『法朗西単語篇』(1866年刊)	『英仏単語篇注解』 (1867年5月刊)	『対訳名物図編』 (1867年9月序刊)	『英仏単語便覧』 (1868年1月序刊)
515 Love. L'amour.	13ウ 愛^{スキ}	27オ 愛着^{アイ} Love.	上19ウ 愛^{アイ スキ}
516 Antipathy. L'antipathie.	13ウ 嫌悪^{キラヒ}	27オ 忌嫌^{イミキラヒ} Antipathy.	上19ウ 嫌悪^{キラヒ}
517 Hatred. La haine.	13ウ 悪^{ニクミ}	27オ 怨^{ウラミ} Hatred.	上19ウ 悪^{ニクミ}
518 Friendship. L'amitié.	13ウ 友愛^{ユウアイ}	27オ 友好^{トモヨシミ} Friendship.	上19ウ 友愛^{ユウアノ}（ママ）
519 Hostility. L'inimitié.	13ウ 敵對^{テキタイ}	27オ 敵對^{テキタイ} Hostility.	上19ウ 敵對^{テキタイ}
520 Jealousy. La jalousie.	13ウ 嫉妬^{ネタミ}	27オ 嫉妬^{ネタミ} Jealousy.	上19ウ 嫉妬^{シット ネタミ}
521 Diligence. L'application.	13ウ 油断無キコト^{ユダン}	27オ 勉強^{ツトメタユ ユダンナキコト} Diligence.	上19ウ 油断無キ事^{ユダンナキコト}
522 Humility. L'humilité.	13ウ 謙遜^{ケンソン}	27オ 謙遜^{ヘリクダリ} Humility.	上19ウ 謙遜^{ケンソン}
523 Avarice. L'avarice.	13ウ 貪欲^{ドンヨク}	27ウ 貪欲^{トンヨク} Avarice.	上19ウ 貪欲^{ドンヨク}
524 Justice. La justice.	13ウ 正直^{セイチョク}	27ウ 公平^{マツスグ} Justice.	上19ウ 正直^{セイチョク}
525 Idleness. La paresse.	13ウ 懶惰^{ナマケ}	27ウ 懶惰^{オコタルコト} Idleness.	上19ウ 懶惰^{ナマケ}
526 Voracity. La voracité.	13ウ 飲食ノ貪リ^{インショク ムサボ}	27ウ 貪食^{オホクライ} Voracity.	上19ウ 飲食ノ貪リ^{インショクノムサボリ}
527 Politeness. La politesse.	14ウ 禮儀アルコト^{レイギ}	27ウ 雅馴^{ガシュン}礼義正シキコト Politeness.	上19ウ 礼儀有ル事^{レイギアルコト}
528 Drunkenness. L'ivrognerie.	14オ 酩酊^{メイテイ}	27ウ 沉湎^{ノミタホレノコト} Drunkenness.	上20オ 酩酊^{メイテイ}
529 A falsehood. Un mensonge.	14オ 虚偽^{ウソ}	27ウ 虚偽^{イツハリ} falsehood.	上20オ 虚偽^{ウソ}
530 Crime. Le crime.	14オ 罪科^{ツミ}	27ウ 罪科^{ザイクワ} Crime.	上20オ 罪科^{ツミ}
531 A malady. Une maladie.	14オ 疾病^{ヤマヒ}	27ウ 疾病^{ヤマヒ} malady.	上20オ 疾病^{ヤマヒ}

対照表 II 145

『英吉利単語篇増訳』 （1871年刊）	『英和対訳袖珍辞書』（初版、文久二年） （1862年刊）	『改正増補英和対訳袖珍辞書』（慶応二年版） （1866年刊、初版と異同のある場合のみ記載）
515 愛〔アイラシキ〕 ノ 総称〔ソウシヤウ〕	Love, s.愛. 恋. 財寶	Love, s.愛. 恋
516 嫌悪〔キライ〕	Antipathy, s.性来ノ嫌ヒ. 反對	
517 悪〔ニクミ〕	Hatred, s.恨ミ	
518 友愛〔イウアイ〕	Friendship, s.情〔ナサケ〕. 惠	
519 敵對〔テキタイ〕	Hostility, s.敵對	
520 嫉妬〔シツト〕	Jealousy, s.嫉妬. 悋気スル人	Jealousy, s.嫉妬. 悋気
521 油断〔ナキコト〕	Diligence, s.好ムコト_{仝上}出精	Diligence, s.気ヲ付ルコト. 出精
522 謙遜〔ケンソン〕	Humility, s.謙遜ナルコト	
523 貪欲〔トンヨク〕	Avarice, s.吝嗇. 我欲	
524 正直〔シヨウジキ〕	Justice, s.正直ナルコト. 神妙ナルコト. 公事ノ捌キ 捌ク人. 裁判役人	Justice, s.正シサ. 神妙ナルコト. 公事ノ捌キ 裁判役人
525 懶惰〔ランタ〕	Idleness, s.怠惰. 空虚. 無益	
526 飲食ノ貪リ〔インシイノムサボ〕(ママ)	Voraciousness, Voracity.貪食ナルコト	Voraciousness, Voracity, s.貪食ナルコト
527 禮義〔レイギ〕	Politeness, s.行儀ヨキコト	
528 酩酊〔メイテイ〕	Drunkness, s.酔テ居ルコト	
529 虚偽〔ウ ソ〕	Falsehood, s.虚言. 偽リ	
530 罪科〔ツ ミ〕	Crime, s.罪. 過	
531 疾病〔ヤマヒ〕	Malady, s.病	

『英吉利単語篇』(1866年刊) 『法朗西単語篇』(1866年刊)	『英仏単語篇注解』 (1867年5月刊)	『対訳名物図編』 (1867年9月序刊)	『英仏単語便覧』 (1868年1月序刊)
532 Pain. La douleur.	14オ 疼痛(イタミ)	27ウ 疼痛 Pain.	上20ウ 疼痛(イタミ)
533 A fit. Un accident.	14オ 發作(ハツサク)(病症ノヲコルコト) 佛 旁症(バウシヤウ)	28オ 卒病(ニハカヤマヒ) fit.	上20オ 発作(ハツサク)(病症ノヲコルコト) 仏 旁症(バウシヤウ)
534 Fainting. Un évanouissement.	14オ 氣絶(キゼツ)	28オ 氣絶(キゼツ) Fainting.	上20オ 氣絶(キゼツ メヲマハスコト)
535 Nausea. La nausée.	14オ 嘔氣(ムカヒケ)	28オ 惡心(オシン ムカツキ) Nausea.	上20オ 嘔氣(ムカヒケ)
536 The headache. Le mal de tête.	14オ 頭痛(ヅツウ)	28オ 頭痛(ヅツウ) headache.	上20オ 頭痛(ヅツウ)
537 The toothache. Le mal de dents.	14オ 齒痛(ハイタミ)	28オ 齒痛(ハイタミ) toothache.	上20オ 歯痛(ハイタミ)
538 The colic. La colique.	14オ 疝腹痛(ハラノイタミ)	28オ 疝痛(センツウ) colic.	上20オ 疝腹痛(ハラノイタミ)
539 Apoplexy. L'apoplexie.	14オ 卒中(ソッチウ)	28オ 卒中(ソッチウ) Apoplexy.	上20オ 卒中(ソッチウ)
540 A cough. La toux.	14オ 咳嗽(セキ)	28オ 咳嗽(セキ) cough.	上20オ 咳嗽(セキ)
541 A cold. Un catarrhe.	14オ 冒寒(カゼヒキ)	28オ 感冒(カゼヒキ) cold.	上20オ 冒寒(カゼヒキ)
542 A fever. Une fièvre.	14オ 熱(ネツ)	28オ 熱(ネツ) fever.	上20ウ 熱(ネツ)
543 The ague. La fièvre intermittentie.(ママ)	14オ 瘧(オコリ)	28ウ 瘧(オコリ) ague.	上20ウ 瘧(オコリ)
544 Nervous fever. La fièvre typhoïde.	14オ 神経熱(シンケイネツ)(陰症ノ傷寒)	28オ 神経熱(インシヤウノシヤウカン) Nervous fever.	上20ウ 神経熱(シンケイネツ)(漢医ノ陰症傷寒ト云者)
545 The plague. La peste.	14オ 疫(エキ)	28ウ 時疫(ヤクベウ) plague.	上20ウ 疫(エキ)
546 The cholera. Le choléra.	14オ 暴瀉病(コロリ)	28ウ 暴泻病(コロリ) cholera.	上20ウ 暴瀉病(コロリ)

『英吉利単語篇増訳』 （1871年刊）	『英和対訳袖珍辞書』（初版、文久二年） （1862年刊）	『改正増補英和対訳袖珍辞書』（慶応二年版） （1866年刊、初版と異同のある場合のみ記載）
532 疼□痛_{イタミ}	Pain, *s*.痛．刑罸．骨折	
533 發痛_{佛勞症}	Fit, *s*.時_{病気ノ不意ニ興ル}．襲ヒ	Fit, *s*.発作時_{病ノ}
534 氣絶_{キレル}	Fainting, *s*.気絶スルコト	
535 呕絶_{ヲゼツ}	Nausea, *s*.胸ノワルキコト_{元来船中ニテノ病}_気．呕気	
536 頭痛_{ヅツウ}	Head-ache, *s*.頭痛	
537 歯痛_{シツウ}	Tooth-ache, *s*.歯痛	
538 疝腹痛_{センフクツウ}	Colik, *s*.腹痛．疝気	
539 卒中_{ソツチウ}	Apoplectic,-al, *adj*.麻痺シタル 　　an apoplectic fit.中風 Apoplexy, *s*.仝上	
540 咳嗽_{ガイソウ}	Cough, *s*.咳嗽	
541 冒　寒_{バウツカン（ママ）}	Cold, *s*.寒気．風邪	
542 熱_{ネツ}	Fever, *s*.熱病	
543 瘧 _{ギャク} 　　ヲコリ	Ague, *s*.熱	
544 神経熱_{シンケイネツ}	Nervous, *adj*.神経ノ．強壮ナル．感シ易キ．弱キ．神経ヲ持テ居ル_{医家ノ語} Fever, *s*.熱病	Nervous, *adj*.神経ノ．強壮ナル．感シ易キ．弱キ神経ヲ持テ居ル_{医家ノ語} Fever, *s*.熱病
545 疫_{エキ}	Plague, *s*.疫病．苦シミ	
546 暴浮病_{バウシヤビヤウ}	Cholera, *s*.虎狼痢_{コロリ}_{吐浮病ノ名}	

『英吉利単語篇』(1866年刊) 『法朗西単語篇』(1866年刊)	『英仏単語篇注解』 (1867年5月刊)	『対訳名物図編』 (1867年9月序刊)	『英仏単語便覧』 (1868年1月序刊)
547 Small-pox. La petite vérole.	14オ 痘瘡(ハウソウ)	28ウ 痘瘡(ハウサウ) Small-pox.	上20ウ 痘瘡(ハウサウ)
548 Measles. Le rougeole.	14オ 麻疹(ハシカ)	28ウ 麻疹(ハシカ) Measles.	上20ウ 麻疹(ハシカ)
549 Inflammation. L'inflammation.	14オ 炎症(エンシヤウ)（燉衝）	28ウ 燉衝(キンシヨウ) Inflammation.	上20ウ 燉衝(キンシヨウ)
550 The flux. La fluxion.	14ウ 傷冷毒(シヤウレイドク)	28ウ 痢病(リベウ) flux.	上20ウ 傷冷毒(シヤウレイドク)
551 Diarrhoea. La diarée. ﾏﾏ	14ウ 泄瀉(ハラクダリ)	28ウ 下痢(ハラクダリ) Diarrhoea.	上20ウ 泄瀉(ハラクダリ)
552 Dysentery. La dyssenterie.	14ウ 痢病(リビヤウ)	28ウ 赤痢(アカハラクダリ) Dysentery.	上20ウ 痢病(リビヤウ)
553 The dropsy. L'hydropisie.	14ウ 水腫(ハレモノ)	29オ 水腫(スイキ) dropsy.	上20ウ 水腫(ハレモノ)
554 Consumption. La phthisie.	14ウ 癆瘵(ラウシヤウ)	29オ 癆瘵(ラウサイ) Consumption.	上20ウ 癆症(ラウシヤウ)
555 Epilepsy. L'épilepsie.	14ウ 癲癇(テンカン)	29オ 癲癇(テンカン) Epilepsy.	上20ウ 癲癇(テンカン)
556 Rheumatism. Le rhumatisme.	14ウ リウマチス(病名)	29オ 傷冷毒(シヤウレイドク) Rheumatism.	上21オ 龍麻知斯(リウマチス)(病名)
557 Cramp. La crampe.	14ウ 痙攣(ヒキツケ)	29オ 拘攣(コウレンヒキツリ) Cramp.	上21オ 痙攣(ヒキツケ)
558 A swelling. Une tumeur.	14ウ 腫瘍(ハレモノ)	29オ 腫瘍(ハレモノ) swelling.	上21オ 腫瘍(ハレモノ)
559 A wound. Une blessure.	14ウ 創傷(キズ)	29オ 毀傷(キズ) wound.	上21オ 創傷(キズ)
560 Gangrene. La gangrène.	14ウ 寒脱疽(カンダツソ)	29オ 脱疽(キズクサリ) Gangrene.	上21オ 寒脱疽(カンダツソ)
561 Leprosy. La lèpre.	14ウ 癩病(ライビヤウ)	29オ 癩病(ライベウ) Leprosy.	上21オ 癩病(ライビヤウ)又天刑病(テンケイビヤウ)
562 The itch. La gales. ﾏﾏ	14ウ 疥癬(シツサウ)	29オ 疥癬(ヒゼン) itch.	上21オ 疥癬(シツサウ)
563 Infection. L'infection.	14ウ 傳染(デンセン)(病ノ)	29オ 傳染病(ウツリヤマヒ)又總テノウツルコトニモ Infection.	上21オ 傳染(デンセンウツリ)(病ノ)

『英吉利単語篇増訳』 （1871年刊）	『英和対訳袖珍辞書』（初版、文久二年） （1862年刊）	『改正増補英和対訳袖珍辞書』（慶応二年版） （1866年刊、初版と異同のある場合のみ記載）
547 痘瘡（ハウソウ）	Smallpox, *s.*疱瘡	
548 麻疹（ハシカ）	Measles, *s. pl.*麻疹	
549 炎症燃衝（エンシヤウキンシヤウ）	Inflammation, *s.*燃付クコト. 燉衝	
550 傷冷毒（シヤウレイドク）	Flux, *s.*流レ. 満汐. 下痢	Flux, *s.*流レ. 満汐. 下痢. 鎔解
551 泄泻（セシヤ）	Diarrhaea, *s.*下痢	
552 痢病（リビヤウ）	Dysentery, *s.*赤痢	
553 水腫（ミヅブクレ）	Dropsy, *s.*水腫病	
554 労瘵（ラウサイ）	Consumption, *s.*費ヤスコト. 消化. 労瘵	
555 癲癇（テンカン）	Epilepsy, *s.*癲癇病	
556 リウマチス病ノ名	Rheumatism, *s.*病名痛風ノ類	Rheumatism, *s.*病名
557 痙攣（ケイレン）	Cramp, *s.*攣急. 鎹. 定限. 無理押	
558 腫瘍（デケモノノ）	Swelling, *s. et adj.*腫物. 張リ出スコト. 脹レル. 張リ出ル	
559 創傷（ソウシヤウ）	Wound, *s.*疵	
560 寒脱疽（カンダツソウ（ママ））	Gangrene, *s.*寒脱疽	
561 癩病（ライビヤウ）	Leprosy, *s.*癩病	
562 疥癬（ヒゼン）	Itch, *s.*疥癬. 痒. 戀慕	
563 傳染（デンセン）	Infection, *s.*傳染	

『英吉利単語篇』(1866年刊) 『法朗西単語篇』(1866年刊)	『英仏単語篇注解』 (1867年5月刊)	『対訳名物図編』 (1867年9月序刊)	『英仏単語便覧』 (1868年1月序刊)
564 An epidemic. Une épidémie.	14ウ 流行病(ハヤリヤマヒ)	29ウ 流行病(ハヤリヤマヒ) epidemic.	上21オ 流行病(ハヤリヤマヒ)
565 A remedy. Le remède.	14ウ 薬剤(クスリ)	29ウ 療法(レウヂカタ) remedy.	上21オ 薬剤(クスリ)
566 A potion. Une potion.	14ウ 煎湯(センヤク)	29ウ 煎薬(センジクスリ) potion.	上21オ 煎湯(センヤク)
567 A powder. Une poudre.	14ウ 散剤(コグスリ)	29ウ 粉薬(コクスリ) powder.	上21オ 散剤(コグスリ)
568 A purgative. Un purgatif.	14ウ 下剤(ゲザイ)	29ウ 下剤(クダシクスリ) purgative.	上21オ 下剤(クダシグスリ)
569 A emetic. Un vomitif.	14ウ 吐剤(ハキグスリ)	29ウ 吐剤(ハキグスリ) emetic.	上21オ 吐剤(ハキグスリ)
570 An clyster. Un lavement.	14ウ 灌腸方(クワンチャウホウ)(肛門ヨリ入ルヽ薬)	29ウ 灌腸方(クワンチャウハフ) clyster.	上21ウ 灌腸方(クワンチャウホウ)(肛門ヨリ入ルヽクスリ)
571 A bath. Un bain.	15オ 浴湯(ヨクタウ)	29ウ 沐浴(ユアミ ミツアミ トモニ云) bath.	上21ウ 浴湯(ヨクタウ)
572 Bleeding. La saignée.	15オ 刺絡(シラク)	29ウ 刺絡(シラク) Bleeding.	上21ウ 刺絡(シラク)
573 The leech. La sangsue.	15オ 蛭(ヒル)	30オ 水蛭(ヒル) leech.	上21ウ 蛭(ヒル)
574 A bandage. Le bandage.	15オ 縛帯(マキモメン)	30オ 繃帯(マキヌノ) bandage.	上21ウ 縛帯(マキモメン)
575 Salve. L'onguent.	15オ 軟膏(カウヤク)	30オ 軟膏(ヤハラカナルカウヤク) Salve.	上21ウ 軟膏(カウヤク)
576 Recovery. La convalescence.	15オ 快復(クワイフク)	30オ 快復(ホンフク) Recovery.	上21ウ 快復(クワイフク)(病ノ)(ナホリ)
577 Blindness. La cécité.	15オ 盲(メクラ)	30オ 盲(メシヒ) Blindness.	上21ウ 盲(メクラ)
578 Paralysis. La paralysie.	15オ 痿(シビレ)	30オ 痿(ナユル)中風ナドニテ軆ノ不随ナルヲ云 Paralysis.	上21ウ 痿(シビレ)
579 Deafness. La surdité.	15オ 聾(ツンボ)	30オ 聾(ミヽシヒ) Deafness.	上21ウ 聾(ツンボ)
580 Cataract. La cataracte.	15オ 内障眼(ソコヒ)	30オ 外障眼(ウワヒ) Cataract.	上21ウ 内障眼(ソコヒ)

対照表 II   151

『英吉利単語篇増訳』 （1871年刊）	『英和対訳袖珍辞書』（初版、文久二年） （1862年刊）	『改正増補英和対訳袖珍辞書』（慶応二年版） （1866年刊、初版と異同のある場合のみ記載）
564 流行病 <small>リウカウビヤウ</small>	Epidemic, *s.*国ノ流行病．民間ノ病	
565 薬剤 <small>ヤクザイ</small>	Remedy, *s.*醫薬．方便．改復	Remedy, *s.*醫薬．療方．救ヒ．助ケ
566 煎湯 <small>セントウ</small>	Potion, *s.*飲ミ料	Potion, *s.*飲料
567 散剤 <small>コグスリ</small>	Powder, *s.*粉．火薬．塵埃	Powder, *s.*粉．火薬．髪ニ振カケル粉
568 下剤	Purgative, *s.*下剤	
569 吐剤 <small>トザイ</small>	Emetic, *s.*吐剤	
570 灌腸方（マ マ） <small>クワンチヤウ</small>	Clyster, *s.*灌腸ノ方法	
571 浴湯 <small>ヨクタウ</small>	Bath, *s.*沐浴	
572 刺絡 <small>シラク</small>	Bleeding, *s.*出血．刺胳．草木ヨリ汁ヲ 取ルコト	
573 蛭 <small>ヒル</small>	Leech, *s.*蛭．獣醫	Leech, *s.*蛭．醫者
574 縛帯 <small>バクタイ</small>	Bandaga, *s.*巻キ木綿．結ブ物 <small>ママ</small>	Bandage, *s.*巻キ木綿．結ブ物
575 軟膏 <small>ナンカウ</small>	Salve, *s.*軟膏	
576 快復 <small>クワイフク</small>	Recovery, *s.*回復スルコト．再ビ得ルコ ト	
577 盲 <small>ソクラ（ママ）</small>	Blindness, *s.*眼ノ見ヘヌコト．辨ヘナ キコト	
578 痿 <small>ナエル</small>	Paralysis, *s.*痿	
579 聾 <small>ツンボ</small>	Deafness, *s.*聞ヘサルコト．重聴	Deafness, *s.*聞ヘサルコト．聾
580 内障眼 <small>ソコヒ</small>	Cataract, *s.*瀑布．内障眼	

『英吉利単語篇』(1866年刊) 『法朗西単語篇』(1866年刊)	『英仏単語篇注解』 (1867年5月刊)	『対訳名物図編』 (1867年9月序刊)	『英仏単語便覧』 (1868年1月序刊)
581 A dwarf. Un nain.	15オ 侏儒〔セイヒク〕	30オ 侏儒〔イツスンボシ〕 dwarf.	上21ウ 侏儒〔セイヒク〕
582 An abortion. Un avorton.	15オ 不熟胎〔ツキタラズ〕	30オ 流産〔リウサン〕 abortion.	上21ウ 不熟胎〔ツキタラズ〕
583 A city. Une ville.	15オ 城市〔シチウ〕	30ウ 都會〔ハンクワノトチ〕 city.	上21ウ 城市〔シチウ〕
584 A metropolis. Une capitale.	15オ 首府〔ミヤコ〕	30ウ 京師〔ミヤコ〕 metropolis.	上22オ 首府〔ミヤコ〕
585 The gates. Les portes.	15オ 門〔モン〕	30ウ 諸門〔モン〕 gates.	上22オ 門〔モン〕
586 An edifice. Un édifice.	15オ 厦屋〔タテモノ〕	30ウ 殿宇〔タテモノ〕 edifice.	上22オ 厦屋〔タテモノ〕
587 The tower. La tour.	15オ 塔〔タフ〕	30ウ 櫓〔ヤグラ〕 tower.	上22オ 塔〔タウ〕
588 The bells. Les cloches.	15オ 鐘〔カネ〕	30ウ 鐘〔ツリガネ〕 bells.	上22オ 鐘〔ツリガネ〕
589 The clock-work. L'horloge.	15オ 自鳴鐘機〔トケイジカケ〕 佛 自鳴鐘〔トケイ〕	30ウ 時牌機〔トケイノカラクリ〕 clock-work.	上22オ 自鳴鐘機〔トケイシカケ〕 仏 自鳴鐘〔トケイ〕
590 A sun-dial. Un cadran solaire.	15オ 日晷表〔ヒドケイ〕	30ウ 日晷儀〔ヒトケイ〕 sun-dial.	上22オ 日晷表〔ヒドケイ〕
591 A church. Une église.	15オ 寺院〔テラ〕	30ウ 礼拝堂〔テラノナ〕 church.	上22オ 寺院〔テラ〕
592 The church-yard. Le cimetière.	15ウ 墓場〔ハカバ〕	30ウ 寺地墓〔テラニツキシハカ〕 church-yard.	上22オ 墓場〔ハカバ〕
593 A palace. Un palais.	15ウ 宮殿〔ゴテン〕	31オ 宮殿〔キウデン〕 palace.	上22オ 宮殿〔ゴテン〕
594 The castle. La château.	15ウ 城〔シロ〕	31オ 城〔シロ〕 castle.	上22オ 城〔シロ〕
595 The theatre. Le théâtre.	15ウ 劇場〔シバイ〕	31オ 劇場〔シバヰ〕 theatre.	上22オ 劇場〔シバイ〕
596 The custom-house. La douane.	15ウ 運上所〔ウンジヤウシヨ〕	31オ 税廨〔ウンジヤウシヨ〕 custom-house.	上22オ 運上所〔ウンジヤウシヨ〕
597 A barrack. Une caserne.	15ウ 兵卒ノ止宿所〔ヘイソツノシシュクジヨ〕	31オ 團屯〔ヘイソツノタムロジヨ〕 barrack.	上22オ 兵卒ノ止宿所〔ヘイソツノシシュクスルトコロ〕

対照表Ⅱ　153

『英吉利単語篇増訳』 （1871年刊）	『英和対訳袖珍辞書』（初版、文久二年） （1862年刊）	『改正増補英和対訳袖珍辞書』（慶応二年版） （1866年刊、初版と異同のある場合のみ記載）
581 侏儒^{セイヒク}	Dwarf, *s.*侏儒．女ノ侏儒	
582 不熟胎^{フシクタイ}	Abortion, *s.*流産．時ナラザル出産	
583 城市^{ジャウシ}	City, *s.*市街	City, *s.*都府
584 首府^{シュフ}	Metropolis, *s.*首府	
585 門^{モン}	Gate, *s.*門．戸．入口．門^{クハンヌキ}	Gate, *s.*門．戸．入口
586 厦屋^{タテモノ}	Edifice, *s.*家建．建家	
587 塔^{タフ}	Tower, *s.*塔．天守．城郭．高サ	Tower, *s.*塔．天守．城郭．高キ帽ノ名．高クアガルコト
588 鐘^{カネ}	Bell, *s.*鐘鐸	
589 自鳴鐘機^{トケジカケ}	Clock-work, *s.*車仕掛ケ_{時計ノ}	
590 日晷表^{ヒドケイ}	Sun-dial, *s.*日時計	
591 寺院^{テラ}	Church, *s.*寺．膽礼堂	Church, *s.*寺．膽礼堂．膽礼．講中
592 墓場^{ハカショ}	Church-yard, *s.*墓所	
593 宮殿^{キウデン}	Palace, *s.*宮殿	
594 城^{シロ}	Castle, *s.*城．堡寨	
595 戯場^{シハイ}	Theatre, *s.*戯場	
596 軍　上　所^{ウンシヤヨシヨ（ママ）} （ママ）	Custom-house, *s.*運上所	
597 兵卒止宿^{ヘイソツノトマリショ}	Barracks, *s. pl.*兵卒ノ居ル所	

	『英吉利単語篇』(1866年刊) 『法朗西単語篇』(1866年刊)	『英仏単語篇注解』 (1867年5月刊)	『対訳名物図編』 (1867年9月序刊)	『英仏単語便覧』 (1868年1月序刊)
598	The post-office. Le bureau des postes.	15ウ 飛脚屋(ヒキャクヤ)	31オ 飛脚館(セイフノヒキャクヤ) post-office.	上22ウ 飛脚屋(ヒキャクヤ)
599	The university. L'université.	15ウ 大學校(ダイガクカウ)	31オ 大學校(ダイガクカウ) university.	上22ウ 大学校(ダイガクカウ)
600	A court of justice. Un tribunal.	15ウ 裁判所(サイバンジョ)	31オ 裁判所(サイバンジョ) court of justice.	上22ウ 裁判所(サイバンジョ)
601	The hospital. L'hôpital.	15ウ 病院(ビヤウイン)	31オ 病院(ベウイン) hospital.	上22ウ 病院(ビヤウイン)
602	The orphan asylum. La maison des orphelins.	15ウ 幼院(エウイン)	31オ 幼院(エウイン) orphan asylum.	上22ウ 幼院(エウイン)
603	The prison. La prison.	15ウ 獄(ラウヤ)	31ウ 囚獄(ラウヤ) prison.	上22ウ 獄(ラウヤ)
604	The watchhouse. Le corps de garde.	15ウ 番所(バンショ)	31ウ 番所(バンショ) police-station.	上22ウ 番所(バンショ)
605	A market. Un marché.	15ウ 市場(イチバ)	31ウ 市場(イチバ) market.	上22ウ 市場(イチバ)
606	A street. Une rue.	15ウ 街(マチ)	31ウ 通街(オホトホリ) street.	上22ウ 街(マチ)
607	A lane. Une ruelle.	15ウ 小街(セバキマチ)	31ウ 狭街(セバキマチ) lane.	上22ウ 小街(セマキマチ)
608	A crossway.[1] Un carrefour.	15ウ 十字街(ヨツツジ)	31ウ 十字街(ヨツツジ) crossstreet.	上22ウ 十字街(ヨツハジ)
609	A bridge. Un pont.	15ウ 橋(ハシ)	31ウ 橋(ハシ) bridge.	上22ウ 橋(ハシ)
610	A well. Un puits.	15ウ 井	31ウ 井(ヰド) well.	上22ウ 井(ヰ)
611	An aqueduct. Un aqueduc.	15ウ 水道(スヰダウ)	31ウ 水道(スヰダウ) aqueduct.	上22ウ 水道(スヰダウ)
612	A cistern. Une citerne.	15ウ 水槽(ミヅダメ)	31ウ 水槽(ミヅダメ) cistern.	上23オ 水槽(ミヅダメ)
613	A sewer. Une cloaque.	15ウ 伏樋(フセドヒ)（仏下水(ゲスイ)）	32オ 伏樋(フセドヒ) sewer.	上23オ 伏樋(フセドヒ)（仏下水(ゲスイ)）

[1] 『英吉利単語篇』608番、活字本B・整版本は craossway と誤る。

『英吉利単語篇増訳』 （1871年刊）	『英和対訳袖珍辞書』（初版、文久二年） （1862年刊）	『改正増補英和対訳袖珍辞書』（慶応二年版） （1866年刊、初版と異同のある場合のみ記載）
598 ^{ヒキヤクヤ}飛脚屋	Postoffice, *s.*飛脚屋	
599 ^{ダイガクカウ}大学校	University, *s.*大孛校	
600 ^{サイバンショ}裁判所	Court, *s.*朝庭官署. 裁判所. 王ノ供廻 リ. 内庭	Court, *s.*朝庭官署. 裁判所. 評議役人. 内庭
601 ^{ヒヨイン}病院	Hospital, *s.*病院. 貧院	
602 ^{ヒヨウイン（ママ）}幼　院	Orphan, *s.* ^{ミナシゴ}孤 Asylum, *s.*隠レ所_{危難ヲ避ルヽニ}	
603 ^{ラウ}獄	Prison, *s.*牢	
604 ^{バンショウ（ママ）}番　所	Watch-house, *s.*番所	
605 ^{イチバ}市場	Market, *s.*市場. 立直段相場. 賣レ方	
606 ^{マチ}街	Street, *s.*街市	Street, *s.*街道
607 ^{セバキマチ}小街	Lane, *s.*並木ノ道. 小キ道. 狹キ町	
608 ^{ヨツヽジ}十字街	Cross-road,-way, *s.*十字形ノ道	
609 ^{ハシ}橋	Bridge, *s.*橋	
610 ^{イド}井	Well, *s.*井. 泉	
611 ^{スイド}水道	Aqueduct, *s.*水道. 水樋	
612 ^{ミヅタメ}水槽	Cistern, *s.*水溜_{是ハ地ヲ穿テ飲ム為ニ天水ヲ溜メ置ク所ナリ}	Cistern, *s.*水溜_{池、井ナドノ如キ}入レ物_{酒水杯ノ}
613 ^{フセトヒ}伏樋	Sewer, *s.*縫物スル女. 水ハキ	Sewer, *s.*縫物スル人. 水ハキ

『英吉利単語篇』(1866年刊) 『法朗西単語篇』(1866年刊)	『英仏単語篇注解』 (1867年5月刊)	『対訳名物図編』 (1867年9月序刊)	『英仏単語便覧』 (1868年1月序刊)
614 A vault. Une voûte.	16オ 穹窿(マルテンジヤウ)	32オ 窖(アナグラ) vault.	上23オ 穹窿(マルテンジヤウ)
615 A shop. Une boutique.	16オ 店(ミセ)	32オ 肆(ミセ) shop.	上23オ 店(ミセ)
616 A magazine. Un magasin.	16オ 庫(クラ)	32オ 蔵(クラ) magazine.	上23オ 庫(クラ)
617 An apothecary's shop. Une pharmacie.	16オ 薬舗(クスリヤ)	32オ 薬舗(クスリミセ) apothecary's shop.	上23オ 薬舗(クスリヤ)
618 A hotel. Un hôtel.	16オ 旅館(ハタゴヤ)	32オ 客舎(ハタゴヤ) hotel.	上23オ 旅館(ハタゴヤ)
619 A dwelling-house. Une maison.	16オ 住居(スマヒ)	32オ 住宅(スマイ) dwelling-house.	上23オ 住居(スマヒ)
620 A cottage. Une cabane.	16オ 小舎(チイサキイヘ)	32オ 庵(イホリ) cottage.	上23オ 小舎(コイヘ)
621 A brick. Un brique.	16オ 煉火石(レンクワセキ)	32オ 塼瓦(カハラ) brick.	上23オ 煉火石(レンクワセキ)
622 Mortar. Le mortier.	16オ 漆灰(シツクキ)(石灰ニ沙ヲ交タルモノ日本ノシツクヰトハ違フ也)	32オ 漆灰(シツクイ) Mortar.	上23オ 漆灰(シツクイ)(石灰ニ沙ヲ交タルモノ日本ノシツクイト異レリ)
623 A plank. Une planche.	16オ 板(イタ)	32ウ 厚板(イタ) plank.	上23オ 板(イタ)
624 The foundation. Les fondements.	16オ 礎(イシズエ)	32ウ 基礎(イシヅエ) foundation.	上23オ 礎(イシズエ)
625 The wall. Le mur.	16オ 墻壁(ヘイ)	32ウ 牆壁(ヘイ) wall.	上23オ 墻壁(ヘイ)
626 The roof. Le toit.	16オ 屋根(ヤネ)	32ウ 屋上(ヤネ) roof.	上23ウ 屋根(ヤネ)
627 The windows. Les fenêtres.	16オ 窓(マド)	32ウ 窓(マド) windows.	上23ウ 窓(マド)
628 The shutters. Les contrevents.	16オ 窓戸(マドブタ)	32ウ 雨戸(アマト) shutters.	上23ウ 窓戸(マドノト)
629 The door. La porte.	16オ 戸(ト)	32ウ 戸(ト) door.	上23ウ 戸(ト)
630 The bell. La sonnette.	16オ 鈴(スヾ)	32ウ 鈴鐸(スヾ ヌリ二モ) bell.	上23ウ 鈴(スヾ)

対照表 II　157

『英吉利単語篇増訳』 （1871年刊）	『英和対訳袖珍辞書』（初版、文久二年） （1862年刊）	『改正増補英和対訳袖珍辞書』（慶応二年版） （1866年刊、初版と異同のある場合のみ記載）
614 穹窿^{マルテンゼフ}	Vault, *s.*穹窿. 洞. 窖	
615 店^{ミセ}	Shop, *s.*店	
616 庫^{クラ}	Magazine, *s.*蔵_{府庫}. 船ノ火薬室	
617 薬舗^{クスリヤ}	Apothecary, *s.*製薬スル人. 薬舗 Shop, *s.*店	
618 旅舘^{リョカン}	Hotel, *s.*客舎^{ヤドヤ}	
619 住居^{デュキョ}	Dwelling-house, *s.*住家	
620 小舎^{ショシヤ}	Cottage, *s.*小屋	
621 煉火石^{レンクワセキ}	Brick, *s.*平磚^{カワラ}. 小キ蒸餅_{カワラ形ノ}. 一塊ノ石鹸	
622 漆灰^{シツクイ}	Mortar, *s.*臼. 石灰. 石ノ砕ケタル屑. 臼砲_{モルチール}	Mortar, *s.*臼. 石灰. 石ノ砕ケタル屑. 臼砲_{モルチール}
623 板^{イタ}	Plank, *s.*板	
624 礎^{イシブエ}	Foundation, *s.*礎. 建ルコト	
625 墻壁^{ショヘキ}	Wall, *s.*壁	Wall, *s.*壁. 石垣. 城堡. 守禦
626 屋根^{ヤ ネ}	Roof, *s.*屋根. 天井	
627 窻^{マド}	Window, *s.*窓. 明リ取リ	
628 窻戸^{マドノト}	Shutter, *s.*閉ル人. 板戸. 雨戸	Shutter, *s.*閉ル人. 窓蓋
629 戸^ト	Door, *s.*戸. 入口	
630 鈴^{スヾ}	Bell, *s.*鐘鐸	

『英吉利単語篇』(1866年刊) 『法朗西単語篇』(1866年刊)	『英仏単語篇注解』 (1867年5月刊)	『対訳名物図編』 (1867年9月序刊)	『英仏単語便覧』 (1868年1月序刊)
631 A lock. Une serrure.	16オ 鎖(ヂャウ)	32ウ 鎖(ヂャウ) lock.	上23ウ 鎖(ヂャウ)
632 A key. Une clef.	16オ 鍵(カギ)	32ウ 鑰(カギ) key.	上23ウ 鍵(カギ)
633 A story. Un étage.	16オ 層(カイ)(二階三階ナドノ)	33オ 層樓(カイ)二階三階ナドノ story.	上23ウ 階(カイ)
634 The chimney. La cheminée.	16オ 烟突(ケムリダシ)	33オ 烟突(ケブリダシ) chimney.	上23ウ 烟突(ケムリダシ)
635 The staircase. L'escalier.	16オ 階梯(ダンバシゴ)	33オ 階梯(ダンバシゴ) staircase.	上23ウ 階梯(ダンバシゴ)
636 A chamber. Une chambre.	16ウ 室(ヘヤ)	33オ 房室(ヘヤ) chamber.	上23ウ 室(ヘヤ)
637 The saloon. Le salon.	16ウ 客座敷(キャクザシキ)	33オ 客殿(キャクマ) drawingroom.	上23ウ 客座敷(キャクザシキ)
638 The bed-room. La chambre à coucher.	16ウ 卧房(ネマ)	33オ 卧房(ネマ) bed-room.	上23ウ 寝室(ネマ)
639 The loft. Le grenier.	16ウ 樓(ニカイ)(仏物置キ モノオキ)	33オ 物置所(モノオキ)但テンゼウノウエナリ loft.	上23ウ 樓(ニカイ)(仏物置キ モノオキ)
640 The dormer-window. La lucarne.	16ウ 上窓(アカリマド)(仏物置キノ上窓)	33オ 上窓(アカリマド) dormer-window.	上24オ 上窓(アカリマド)(仏物置キノ上窓アカリマド)
641 The water-closet. Les lieux d'aisances.	16ウ 圊(セツイン)	33オ 厠(コーカ) water-closet.	上24オ 厠(カワヤ セツチン)
642 The pump. La pompe.	16ウ 唧筒(ミヅアゲ)	33オ 唧筒(ミヅアゲ) pump.	上24オ 唧筒(ミヅアゲ)
643 A grating. Une grille.	16ウ 格子(カウシ)	33ウ 格子(カウシ) grating.	上24オ 格子(カウシ)
644 The floor. Le plancher.	16ウ 床(ユカ)	33ウ 地台板(ユカ イタ) floor.	上24オ 床(ユカ)

対照表II　159

『英吉利単語篇増訳』 （1871年刊）	『英和対訳袖珍辞書』（初版、文久二年） （1862年刊）	『改正増補英和対訳袖珍辞書』（慶応二年版） （1866年刊、初版と異同のある場合のみ記載）
631 鎖 ^{ヂヤウ}	Loch, *s.*錠. 水榧ノ付テ居ル水溜メ. 鬢ノ垂レ髪_{小把髪毛抔ノ}^{ママ} 潮入ノ流河ヲ満潮ノ時ニセキ切テ常ニ水ヲタクハヘテ荷船抔ノ便利ノ為ニスル者	
632 鍵 ^{カギ}	Key, *s.*鍵. ヲルゴルニ附テアル金器ノ名. 衝當ルコト	
633 層 ^{二階三階ナドノ}	Story, *s.*小説. 雑話. 階	Story, *s.*小説. 物語. 階
634 烟突 ^{ケムリタシ}	Chimney, *s.*烟筒. 竃 Chimney-piece, *s.*火焼所ノ縁飾 Chimney-sweeper, *s.*烟突ヲ掃除スル人	
635 階梯 ^{ダンハシゴ}	Staircase, *s.*階	
636 室 ^{ヘヤ}	Chamber, *s.*部屋_又客殿. 星像ノ名	
637 客坐敷 ^{ザシキ}	Saloon, *s.*客殿 Drawing-room, *s.*寄會部屋. 客廳	
638 臥房 ^{ネマ}	Bed-room, *s.*寝室	
639 樓 ^{ニカイ} _{佛モノオキ}	Loft, *s.*二階	
640 上窻 ^{マド}	Dormer-window, *s.*屋根ニアル明リ窓	
641 圊 ^{カハヤ}	Water-closet, *s.*雪隠	
642 喞筒 ^{ミヅアゲ}	Pump, *s.*水ヲ吸ヒ上ゲル具_{竜吐水ノ類}底ノ薄キ沓	
643 格子 ^{カウシ}	Grating, *adj.*難キ. 疵付ル. 苦キ. 快ヨカラザル Gratings, *s. pl.*焙子細工	Grating, *adj.*スリヘラス. イヤナル. 快ヨカラザル Gratings, *s. pl.*格子細工
644 床 ^{トコ}	Floor,-ing, *s.*床. 二階	

『英吉利単語篇』(1866年刊) 『法朗西単語篇』(1866年刊)	『英仏単語篇注解』(1867年5月刊)	『対訳名物図編』(1867年9月序刊)	『英仏単語便覧』(1868年1月序刊)
645 The pillars. Les piliers.	16ウ 柱(ハシラ)	33ウ 諸柱(ハシラ) pillars.	上24オ 柱(ハシラ)
646 The stable. L'écurie.	16ウ 厩(ウマヤ)	33ウ 厩(ムマヤ) stable.	上24オ 厩(ウマヤ)
647 Hangings. La tapisserie.	16ウ 張附(ハリツケ)（壁ノ(カベ)）	33オ 帷(タレヌノ) Hangings.	上24オ 張付(ハリツケ)（壁ノ(カベノ)）
648 The mirror. Le miroir.	16ウ 鏡(カヾミ)	33ウ 鏡(カヾミ) mirror.	上24オ 鏡(カヾミ)
649 Chairs. Les chaises.	16ウ 椅子(イス)	33ウ 椅子(イス) Chairs.	上24オ 椅子(イスヨリカヽリ)
650 A chest. Une caise.（ママ）	16ウ 櫃(ヒツ)仏原本Caiseハ正 カラズCaisse二改ム	33ウ 櫃(ヒツ) chest.	上24オ 櫃(ヒツ)
651 A bolster. Un coussin.	16ウ 枕(マクラ)(ベシ)（仏ヨリカヽル モノヽ惣名頭ノ枕ニハ アラズ）	33ウ 枕(マクラ) bolster.	上24オ 枕(マクラ)（仏ヨリカヽルモ ノヽ惣名頭ノ枕ニアラズ）
652 A carpet. Un tapis.	16ウ 毛氈(モウセン)	33ウ 毛氈(モウセン) carpet.	上24オ 毛氈(モウセン)
653 A mat. Une natte.	16ウ 席(ゴザ)	34オ 草席(ゴザ)ドロオトシ也 mat.	上24オ 席(ゴザムシロ)
654 A time piece. Une pendule.	16ウ 時辰儀(トケイ) 佛垂球時辰儀(フリドケイ)	34オ 時辰表(トケイ) time piece.	上24ウ 時辰儀(トケイ) （仏 垂球時辰儀(フリドケイ)）
655 A bookcase. Une bibliothèque.	17オ 書箱(ホンバコ)	34オ 書箱(ホンバコ) bookcase.	上24ウ 書箱(ホンハコ)
656 A candlestick. Un chandelier.	17オ 燭臺(ショクダイ)	34オ 燭臺(ショクダイ) candlestick.	上24ウ 燭臺(ショクダイ)
657 A lamp. Une lampe.	17オ 燈(トモシビ)	34オ 燈(トモシビ) lamp.	上24ウ 燈(トモシビ)
658 A candle. Une chandelle.	17オ 蠟燭(ラフソク)	34オ 臘燭(ラフソク) candle.	上24ウ 蠟燭(ラフソク)
659 Snuffers. Les mouchettes.	17オ 剪燭(シンキリ)	34オ 燭剪(シンキリ) Snuffers.	上24ウ 剪燭(シンキリ)

『英吉利単語篇増訳』 （1871年刊）	『英和対訳袖珍辞書』（初版、文久二年） （1862年刊）	『改正増補英和対訳袖珍辞書』（慶応二年版） （1866年刊、初版と異同のある場合のみ記載）
645 柱^{ハシラ}	Pillar, *s.*丸柱. 支柱^{ツヽバリ}	Pillar, *s.*丸柱. 支柱^{ツヽバリ}. 碑ノ類
646 厩^{ムマヤ}	Stable, *s.*厩	
647 張付ケ ノ 壁^{カベ}	Hanging, *s.*掛テアル物. 毛氈ノ類	Hanging, *s.*掛テアル物. _{毛氈紙等ノ}. 縊死. 顕シ
648 鏡^{カヾミ}	Mirror, *s.*鏡. 鑑_{手本トナルベキ}	
649 椅^{イス}	Chair, *s.*椅子. 座席. 乗リ物	
650 櫃^{ヒツ}	Chest, *s.*箱. 櫃. 胸	
651 枕_{ヨリカヽルモ} ノハ惣名也枕ニアラ ス	Bolster, *s.*枕. 巻木綿_{創傷杯ニ用ユル}	
652 毛氈^{モウセン}	Carpet, *s.*毛氈	
653 席^{タヽミ}	Mat, *s.*ゴザ畳ノ類. 蓆	
654 時辰儀_佛 _{フリタマノトケイ} 垂球時辰儀	Time-keeper,-piece, *s.*時計	
655 書箱^{ホンバコ}	Book, *s.*書物 Case. *s.*匣. 箱. 入レ物. 外套. 外部_物 ノ. 光景. 形勢. 状態. 格_{文法家ノ語}	Book, *s.*書物 Case. *s.*匣. 箱. 入レ物. 外套. 外部_物 ノ. 光景. 形勢. 状態. 格_{文法家ノ語}
656 燭臺^{ショクダイ}	Candlestick, *s.*蠟燭立	
657 燈^{トモシビ}	Lamp, *s.*火燈シ	
658 蠟燭^{ラウソク}	Candle, *s.*蠟燭. 光リ	
659 煎燭（ママ）^{シンキリ}	Snuffers, *s. pl.*蠟燭ノ心切リ	

『英吉利単語篇』(1866年刊) 『法朗西単語篇』(1866年刊)	『英仏単語篇注解』 （1867年5月刊）	『対訳名物図編』 （1867年9月序刊）	『英仏単語便覧』 （1868年1月序刊）
660 A lantern. Une lanterne.	17オ 提灯^{チャウチン}	34オ 提灯^{チャウチン} lantern.	上24ウ 提灯^{チャウチン}
661 The shovel. La pelle.	17オ 火^ヒ（ママ）	34オ 火鏟^{ヒカキ} shovel.	上24ウ 火^ヒ（ママ）
662 Bellows. Le soufflet.	17オ 鼓韛^{フイゴ}	34オ 吹革^{フイゴ} Bellows.	上24ウ 鼓韛^{フイゴ}
663 Wood. Du bois.	17オ 薪^{マキ}	34ウ 薪^{タキギ} Wood.	上24ウ 薪^{マキ}
664 Coal. Des houilles.	17オ 石炭^{セキタン}	34ウ 石炭^{セキタン} Coal.	上24ウ 石炭^{セキタン}
665 Charcoal. Des charbons de bois.	17オ 木炭^{モクタン}	34ウ 木炭^{モクタン} Charcoal.	上24ウ 木炭^{モクタン}
666 The bed. Le lit.	17オ 寝床^{ネドコ}	34ウ 臥單^{ブトン} bed.	上24ウ 寝床^{ネドコ}
667 Blankets. Les couvertures.	17オ ブランケット^{ブランケット} （仏夜着^{ヨギ}）	34ウ 覆氊^{フランケット} Blankets.	上24ウ ブランケット （仏夜着）
668 A towel. Un essuiemain.	17オ 手巾^{テヌグヒ}	34ウ 面巾^{テヌグヒ} towel.	上25オ 手巾^{テヌグヒ}
669 Soap. Le savon.	17オ 石鹸^{サボン}	34ウ 石鹸^{シャボン} Soap.	上25オ 石鹸^{サボン}
670 A glass. Un verre.	17オ 玻瓈碗^{ガラス} (<器ノ絵 2つ>揔名ナリ)	34ウ 玻瓈碗^{ノミモノワン} glass.	上25オ 玻璃椀^{ガラス}(<器ノ絵2つ >ノ惣名)
671 A brush. Une brosse.	17オ 毛拂ヒ^{ケハラ}	34ウ 毛拂^{ケハラヒ} brush.	上25オ 毛拂^{ケハラヒ}
672 A broom. Un balai.	17オ 箒^{ハハキ}	34ウ 箒^{ハハキ} broom.	上25オ 箒^{ハハキ}
673 Ashes. Les cendres.	17オ 灰^{ハヒ}	35オ 灰^{ハイ} Ashes.	上25オ 灰^{ハヒ}
674 A fagot. Un fagot.	17オ 束枝^{ソダ}	35オ 束枲^{ソダ} fagot.	上25オ 束枝^{ソダ}
675 Turf. La tourbe.	17オ 泥炭^{スクモ}	35オ 泥炭^{デイタン} Turf.	上25オ 泥炭^{フクモ（ママ）}
676 The tinder. L'amadou.	17オ 引火絮^{ホクチ}	35オ 引火絮^{ホクチ} tinder.	上25オ 引火絮^{ホクチ}

『英吉利単語篇増訳』 （1871年刊）	『英和対訳袖珍辞書』（初版、文久二年） （1862年刊）	『改正増補英和対訳袖珍辞書』（慶応二年版） （1866年刊、初版と異同のある場合のみ記載）
660 提灯 ^{テウチン}	Lantern, *s.*燈篭 A dark lantern.忍提灯	
661 （訳語ナシ）	Shovel, *s.*大杓子ノ類	
662 鼓鞴 ^{フイゴ}	Bellows, *s.*鞴	
663 薪 ^{マキ}	Wood, *s.*木. 森	
664 石炭 ^{セキタン}	Coal, *s.*炭. 石炭	
665 木炭 ^{キノスミ}	Charcoal, *s.*木炭	
666 寝床 ^{ネドコロ}	Bed, *s.*寝所ノ敷蒲団. 寝間. 層. 婚姻. 床	Bed, *s.*寝所. 川底. 寝間. 層. 婚姻. 床
667 フ ラ ン ケ ツ ト_{佛ノ夜着}	Blanket, *s.*毛織ノ夜着	
668 手巾 ^{テヌグヒ}	Towel, *s.*手拭	
669 石鹸 ^{セキケン}	Soap, *s.*石鹸	
670 玻瓈碗 ^{ビイドロウツハ}	Glass, *s.*硝子鏡. 望遠鏡. 砂時計	Glass, *s.*硝子. 鏡. 盃. 目鏡. 砂時計
671 毛 拂 ^{ケハラ（ママ）}	Brush, *s.*毛拂ヒ. 毛筆. 刷子. 小戦. 激動. 烈キ進撃	
672 箒 ^{ハキ}	Broom, *s.*箒. 雑草ノ生ル地. 草名	
673 灰 ^{ハイ}	Ashes, *s. pl.*灰	
674 束枝 ^{ソクシ}	Fagot, *s.*束^{タハネ}. 小枝ノ把	
675 泥炭 ^{ドロズミ}	Turf, *s.*泥炭. 雑草ノ生ジタル平野. 馬 ノセリ場. ツヨク本乗ニテ駈ルコト_馬	Turf, *s.*泥炭. 雑草ノ根抔ノ交タル土. 馬ノセリ場
676 引火絮 ^{インクワジヨ}	Tinder, *s.*ホクチ	

『英吉利単語篇』(1866年刊) 『法朗西単語篇』(1866年刊)	『英仏単語篇注解』 (1867年5月刊)	『対訳名物図編』 (1867年9月序刊)	『英仏単語便覧』 (1868年1月序刊)
677 The steel. Le briquet.	17ウ 火鎌(ヒウチガマ)	35オ 燧(ヒウチ) steel.	上25オ 火鎌(ヒウチガマ)
678 The flint. La pierre à feu.	17ウ 燧石(ヒウチイシ)	35オ 燧石(ヒウチイシ) flint.	上25オ 燧石(ヒウチイシ)
679 The matches. Les allumettes.	17ウ 引火奴(ツケギ)	35オ 發燭(ツケギ) matches.	上25オ 引火奴(ツケギ)
680 A smoothing-iron. Le fer à repasser.	17ウ 焼鏝(ヤキゴテ)	35オ 鏝火斗(コテヒノシ) smoothing-iron.	上25オ 焼鏝(ヤキゴテ)
681 Flame. La flamme.	17ウ 炎(ホノホ)	35オ 炎(ホノヲ) Flame.	上25オ 炎(ホノホ)
682 Spark. L'étincelle.	17ウ 火花(ヒバナ)	35オ 火花(ヒノバナ) Spark.	上25ウ 火花(ヒバナ)
683 Smoke. La fumée.	17ウ 烟(ケムリ)	35ウ 烟(ケフリ) Smoke.	上25ウ 烟(ケムリ)
684 Soot. La suie.	17ウ 煤(スヽ)	35ウ 煤(スヽ) Soot.	上25ウ 煤(スヽ)
685 A pot. Un pot.	17ウ 壺(ツボ)	35ウ 壺(ツボ) pot.	上25ウ 壺(ツボ)
686 A cover. Un couvercle.	17ウ 蓋(フタ)	35ウ 蓋(フタ) cover.	上25ウ 蓋(フタ)
687 The kettle. La chaudière.	17ウ 釜(カマ)	35ウ 鑵子(クワンス) kettle.	上25ウ 釜(カマ)
688 The turnspit. Le tournebroche.	17ウ 串架(クシマハシ) (片焼ノセスヨウニ廻ス道具)	35ウ 串煉(ヤキグシ) turnspit.	上25ウ 串架(クシマハシ) (片焼ノセヌヨウニマハストウグ)
689 The pan. La poêle.	17ウ 鍋(ナベ)	35ウ 鍋(ナベ) pan.	上25ウ 鍋(ナベ)
690 A cleaver. Un couperet.	17ウ 庖丁(ハウチヤウ)	35ウ 柴刀(ナタ) cleaver.	上25ウ 庖丁(ハウチヤウ)
691 A trencher. Un tranchoir.	17ウ 爼板(マナイタ)	35ウ 肉几(マナイタ) trencher.	上25ウ 爼板(マナイタ)

『英吉利単語篇増訳』 （1871年刊）	『英和対訳袖珍辞書』（初版、文久二年） （1862年刊）	『改正増補英和対訳袖珍辞書』（慶応二年版） （1866年刊、初版と異同のある場合のみ記載）
677 火鎌^{ヒウチガマ}	Steel, *s.*鋼鉄. 火打	Steel, *s.*鋼鉄. 兵器. 堅剛
678 燧石^{ヒウチイシ}	Flint, *s.*海邉ニ晒サレタル圓形ノ石. 火打チ石	Flint, *s.*火石^{ヒウチイシ}
679 引火奴^{ツケキ}	Match, *s.*火縄. 付ヶ木. 相手. 不和. 縁組. 配偶	Match, *s.*火縄. 付ヶ木. 相手. 縁組. 配偶
680 焼鏝^{ヤキゴテ}	Smooth, Smoothen-ed-ing, *v.a.*平滑_或ハ平坦ニ為ス. 和ラカニスル　To smooth one down.穏ヤカニスル. 追従言フ　Iron, *s.*鉄. 鈷鉧. 手械. 足械	Smooth, Smoothen-ed-ing, *v.a.*平滑_或ハ平坦ニ為ス. 和ラカニスル. 穏ヤカニスル. 追従言フ　Iron, *s.*鉄. 鈷鉧. 手械. 足械
681 炎^{ホノフ}	Flame, *s.*焔 情慾	Flame, *s.*焔 情慾. 憤怒. 愛情
682 火花^{ヒバナ}	Spark, *s.*火花. 好テ居ル人^{スイ}	Spark, *s.*火花. 小許. 伊達者. 愛スル人
683 烟^{ケフリ}	（Smoke, *s.*ナシ）	Smoke, *s.*煙. 蒸発気
684 煤^{スヽ}	Soot, *s.*煤	
685 壷^{ツボ}	Pot, *s.*壺. 德利	
686 蓋^{フタ}	Cover, *s.*蓋フコト. 葢. 惠. 覆ヒ. 書帙. 書封筒	Cover, *s.*蓋フコト. 葢. 惠. 覆ヒ物. 守護
687 釜^{カマ}	Kettle, *s.*薬鑵	
688 串架^{クワンカ（ママ）}	Turnspit, *s.*鉄串抔ヲ廻ス人	
689 鍋^{ナベ}	Pan, *s.*鍋. 火皿_{鉄砲ノ}	Pan, *s.*皿. 火皿_{鉄砲ノ}
690 庖丁^{ハウチヤウ}	Cleaver, *s.*庖丁_{屠者ノ}. 割ル人	
691 俎板^{マナイタ}	Trencher, *s.*鉢. 飯臺	

『英吉利単語篇』(1866年刊) 『法朗西単語篇』(1866年刊)	『英仏単語篇注解』 (1867年5月刊)	『対訳名物図編』 (1867年9月序刊)	『英仏単語便覧』 (1868年1月序刊)
692 The grater. La rape.	17ウ 薑擦子(ワサビオロシ)	35ウ 薑擦子(ワサビオロシ) grater.	上25ウ 薑擦子(ワサビオロシ)
693 A sieve. Un tamis.	17ウ 篩(フルヒ)	36オ 篩(フルヒ) sieve.	上25ウ 篩(フルヒ)
694 A basket. Un panier.	17ウ 笊籬(ザル)	36オ 籮(ザル) basket.	上25ウ 笊籬(ザル)
695 A cup. Une tasse.	17ウ 碗(ワン)(湯呑、茶碗ノ捴名)	36オ 盌(ワン)ノミモノワンノ惣名 cup.	上25ウ 碗(湯呑茶碗ノ惣名)
696 A saucer. Une soucoupe.	17ウ 臺皿(ダイザラ)	36オ 臺皿(ダイサラ) saucer.	上26オ 臺皿(ダイザラ)
697 A gridiron. Un gril.	17ウ 焙子(アブリコ)	36オ 鐵鈀(アブリコ) gridiron.	上26オ 焙子(アブリコ)
698 A pail. Un seau.	17ウ 手桶(テオケ)	36オ 吊桶(テオケ) pail.	上26オ 手桶(テオケ)
699 A dish-cloth. Un torchon.	18オ 布巾(フキン)	36オ 抹巾(フキン) dish-cloth.	上26オ 布巾(フキン)
700 A hogshead. Un tonneau.	18オ 大桶(オホオケ)	36オ 酒量(ミヅキノハカリ) hogshead.	上26オ 大桶(オホオケ)
701 A barrel. Un baril.	18オ 小桶(コオケ)	36オ 樽(タル) barrel.	上26オ 小桶(コオケ)
702 The cock. Le robinet.	18オ 注管(ノミグチ)	36オ 注管(ノミクチ) cock.	上26オ 注管(ノミクチ)
703 A funnel. Un entonnoir.	18オ 漏斗(ジャウゴ)	36ウ 漏斗(ジャウゴ) funnel.	上26オ 漏斗(ジャウゴ)
704 A bottle. Une bouteille.	18オ 壜(トクリ)	36ウ 罎(トクリ) bottle.	上26オ 壜(トクリ)
705 The cork. Le bouchon.	18オ 栓(クチギ)	36ウ 塞木(クチギ) cork.	上26オ 栓(クチギ)
706 A pitcher. Une cruche.	18オ 具把壜(テツキノトクリ)	36ウ 把罎(テツキノトクリ) pitcher.	上26オ 具把壜(テツキノトクリ)

対照表II　167

『英吉利単語篇増訳』 （1871年刊）	『英和対訳袖珍辞書』（初版、文久二年） （1862年刊）	『改正増補英和対訳袖珍辞書』（慶応二年版） （1866年刊、初版と異同のある場合のみ記載）
692 薑擦子^{ワサビヲロシ}	Grater, *s.*ワサビヲロシノ類	
693 篩^{フル（ママ）}	Sieve, *s.*篩	
694 笊籬^{ザル}	Basket, *s.*籠	
695 碗_{湯呑茶碗ノ惣名}	Cup, *s.*酒飲器. 盃	
696 臺皿（ママ）^{ダイサラ}	Saucer, *s.*小サキ鉢	
697 焙子^{アブリコ}	Gridiron, *s.*焙子	
698 手桶^{テヲケ}	Pail, *s.*手桶	
699 布巾^{フキン}	Dish-clout, *s.*布巾	
700 大桶^{ヲホヲケ}	Hogshead, *s.*量目ノ名	Hogshead, *s.*量目ノ名_{五十二「ガロン」半ヲ云}・大桶
701 小桶^{コヲケ}	Barrel, *s.*大桶. 桶. 小銃ノ筒中. 大鼓ノ紐カケノ中ニアル孔. 物焼ク時ニ用ユル串ヲ動ス物. 袂時計ノ内ニアル巻金ノ入ル大鼓ノ胴ノ如キモノ	
702 注管^{ノミクチ}	Cock, *s.*牡_{鳥獣ノ}. 五兩. 觜管 乾草ノ一群. 鶏頭_{銃ノ}. 帽子ノ飾物	Cock, *s.*雄_{鳥ノ}^{カザミ}. 長. 五兩. 觜管. 乾草ノ一群. 鶏頭_{銃ノ}. 帽子ノ飾物 日時計ノ針
703 漏斗^{ジャウゴ}	Funnel, *s.*漏斗. 管. 筒	
704 壜^{トクリ}	Bottle, *s.*瓶. 硝子壜. 束. 把_{草杯ノ}	
705 栓^{クチギ}	Cork, *s.*塞子. 全上木_又皮	
706 具把壜^{テッキノトクリ}	Pitcher, *s.*徳利	

『英吉利単語篇』(1866年刊) 『法朗西単語篇』(1866年刊)	『英仏単語篇注解』 (1867年5月刊)	『対訳名物図編』 (1867年9月序刊)	『英仏単語便覧』 (1868年1月序刊)
707 The master of the house. Le maître de la maison.	18オ 亭主^{テイシュ}	36ウ 家翁^{アルジ} master of the house.	上26オ 亭主^{テイシュ}
708 The mistress. La maîtresse du logis.	18オ 内室^{オカミサン}	36ウ 主婦^{ナイギ} mistress.	上26オ 内室^{カミサン}
709 The host. L'hôte.	18オ 主^{アルジ}（旅店又ハ料理屋ノ）	36ウ 亭主^{テイシュ}（旅店又ハ料理屋ノ） host.	上26オ 主^{アルジ}（旅店或ハ料理屋ノ）
710 The valet. Le valet de chambre.	18ウ 小間使^{コマツカヒ}	36ウ 小間使^{コマツカヒ} valet.	上26ウ 小間使^{コマツカヒ}
711 The chamber-maid. La fille de chambre.	18ウ 侍婢^{コシモト}	36ウ 侍婢^{コシモト} chamber-maid.	上26ウ 侍婢^{コシモト}
712 A man-cook. Un cuisinier.	18ウ 料理人^{リヤウリニン}	36ウ 庖人^{リヤウリニン} man-cook.	上26ウ 料理人^{リヤウリニン}
713 The laundress. La blanchisseuse.	18ウ 洗濯女^{センタクヲンナ}	37オ 澣女^{センタクヲンナ} laundress.	上26ウ 洗濯女^{センタクヲンナ}
714 The coachman. Le cocher.	18ウ 御者^{ギョシャ}（牛馬ノ）	37オ 御者^{ウシムマツカヒ} coachman.	上26ウ 御者^{ギョシャ}（牛馬ノ）
715 The groom. Le palefrenier.	18ウ 厩奴^{ベツタウ}	37オ 厩奴^{ベツタウ} groom.	上26ウ 厩奴^{ベツタウ}
716 The servant. Le domestique.	18オ 家来^{ケライ}	37オ 家來^{ケライ} servant.	上26ウ 家来^{ケライ}
717 The maid-servant. La servante.	18オ 下女^{ゲジョ}	37オ 婢^{ゲジョ} maid-servant.	上26ウ 下女^{ゲジョ}
718 The valet. Le valet de la maison.	18オ 小厮^{コモノ}	37オ 奴僕^{コモノ} valet.	上26ウ 小厮^{コモノ}
719 Lodgers. Les locataires.	18オ 借家人^{シヤクヤニン}	37オ 寄寓人^{タナカリ} Lodgers.	上26ウ 借家人^{シヤクヤニン}
720 The livery. La livrée.	18オ 法被^{ハツピ}	37オ 號衣^{カンバンキモノ} livery.	上26ウ 法被^{ハツピ}
721 A plate. Une assiette.	18ウ 鉢皿^{ハチザラ}（仏小皿）	37オ 鉢皿^{オホサラ} plate.	上26ウ 鉢皿^{ハチザラ}（仏小皿^{コザラ}）

『英吉利単語篇増訳』 （1871年刊）	『英和対訳袖珍辞書』（初版、文久二年） （1862年刊）	『改正増補英和対訳袖珍辞書』（慶応二年版） （1866年刊、初版と異同のある場合のみ記載）
707 亭主	Master, s.主人. 頭人. 持主. 君公. 船乗商船ノ・船司軍艦ニテリウテナントノ次ニ位シ甲比丹命ヲ受ケ船ヲ指揮スル役. 師匠. 先生. House, s.家. 芝居ノ座敷	Master, s.主人. 頭人. 持主. 君公. 船司軍艦ニテリウテナントノ次ニ位シ甲比丹命ヲ受ケ船ヲ指揮スル役・ 師匠. 先生 House, s.家. 堂. 家筋. 体. 家事. 盤ノ目
708 内室^{ヲカミサン}	Mistress, s.女主. 女師. 恋. 結納ノ済テ居ル娘. 婦人. 新婦	Mistress, s.女主. 女師. 國君
709 主 旅店ナドノ^{アルジ}	Host, s.客. 軍勢. 客舎ノ主. 供物	
710 小間使^{コマツカイ}	Valet, s.召シ使ヒ	
711 侍婢^{コシモト}	Chamber-maid, s.婢女^{コシモト}	
712 料理人^{リヤウリニン}	Cook, s.料理スル人又女	Cook, s.料理スル人
713 洗濯女^{センダクヲンナ}	Laundress, s.洗濯スル女	
714 御者 牛馬ノ^{キヨシヤ}	Coach-man, s.御者. 車夫	
715 厩奴^{ベツトウ}	Groom, s.厩ノ別當. 新婚シタル人	Groom, s.厩ノ別當. 小者
716 家來^{ケライ}	Servant, s.奴僕. 下婢	
717 下女^{ゲジョ}	Maid-servant, s.下女	
718 小厮^{コモノ}	Valet, s.召シ使ヒ	
719 雇人^{ヤトイニン}	Lodger, s.雇ヒタル人	
720 法被^{ハツピ}	Livery, s.僕ニ着セル服ノ定色. 我ガ物ニスルコト. 「ロンドン」ノ重タチタル町人	
721 鉢皿佛小皿^{ハチザラ}	Plate, s.延板. 金或ハ銀細工. 板. 鎧. 最モ駈ル馬ニ与フル褒美	Plate, s.延板. 金或ハ銀細工. 皿. 鎧. 最モ駈ル馬ニ与フル褒美

『英吉利単語篇』(1866年刊) 『法朗西単語篇』(1866年刊)	『英仏単語篇注解』 (1867年5月刊)	『対訳名物図編』 (1867年9月序刊)	『英仏単語便覧』 (1868年1月序刊)
722 A fork. Une fourchette.	18ウ 食叉(ホルク)(三股又ハ四股ノ)	37オ 肉叉子(ミツマタ) fork.	上26ウ 食叉(ニクサシ)(三股或ハ四股ノ)
723 A knife. Un couteau.	18ウ 小庖丁(コバウチヤウ)	37ウ 庖刀(ハウチヤウ) knife.	上26ウ 小庖丁(コハウチヤウ)
724 A spoon. Une cuillère.	18ウ 匕(サジ)	37ウ 食匕(サジ) spoon.	上27オ 匕(サジ)
725 A dish. Un plat.	18ウ 小皿(コザラ)(仏鉢皿)	37ウ 小皿(コザラ) dish.	上27オ 小皿(コザラ)(仏鉢皿 ハチザラ)
726 A cup. Une tasse.	18ウ 盃(チヨコ)	37ウ 鍾(チヨク) cup.	上27オ 盃(サカヅキ)
727 Vinegar. Le vinaigre.	18ウ 酢(ス)	37ウ 醋(ス) Vinegar.	上27オ 酢(ス)
728 Oil. L'huile.	18ウ 油(アブラ)	37ウ 油(アブラ) Oil.	上27オ 油(アブラ)
729 Salt. Le sel.	18ウ 鹽(シホ)	37ウ 鹽(シホ) Salt.	上27オ 鹽(シホ)
730 The salt-cellar. La salière.	18ウ 鹽壺(シホツボ)	37ウ 鹽盅(シホイレ) salt-cellar.	上27オ 鹽壺(シホツボ)
731 Mustard. La moutarde.	18ウ 芥子(カラシ)	37ウ 芥泥(ネリカラシ) Mustard.	上27オ 芥子(カラシ)
732 Pepper. Le poivre.	18ウ 胡椒(コセウ)	37ウ 胡椒(コシヤウ) Pepper.	上27オ 胡椒(コセウ)
733 Spices. Les épices.	18ウ 香料(ヤクミ)	38オ 香料(ヤクミ) Spices.	上27オ 香料(ヤクミ)
734 Ginger. Le gingembre.	18ウ 薑(セウガ)	38オ 生薑(シヤウガ) Ginger.	上27オ 薑(セウガ)
735 A nutmeg. La muscade.	18ウ 肉豆蔲(ニクヅク)	38オ 肉豆蔲(ニクヅク) nutmeg.	上27オ 肉豆蔲(ニクヅク)
736 The sugar-basin. Le sucrier.	18ウ 糖壺(サタウツボ)	38オ 糖壺(サタウツボ) sugar-basin.	上27オ 糖壺(サタウツボ)
737 Sugar. Le sucre.	18ウ 砂糖(サタウ)	38オ 砂糖(サタウ) Sugar.	上27オ 砂糖(サタウ)
738 Honey. Le miel.	18ウ 蜂蜜(ハチミツ)	38オ 蜜(ミツ) Honey.	上27ウ 蜂蜜(ハチミツ)

『英吉利単語篇増訳』(1871年刊)	『英和対訳袖珍辞書』(初版、文久二年)(1862年刊)	『改正増補英和対訳袖珍辞書』(慶応二年版)(1866年刊、初版と異同のある場合のみ記載)
722 食叉	Fork, s.肉叉. 熊手. 道ノ別レ	
723 小庖丁	Knife, s.庖丁(ママ). 小刀	Knife, s.庖丁(ママ). 刀
724 匕	Spoon, s.匕箸	
725 小皿 佛鉢皿	Dish, s.鉢. 盃. 菜	
726 盃	Cup, s.酒飲器. 盃	
727 酢	（vinegarナシ）	
728 油	Oil, s.アブラ 膏油トモ	
729 塩	Salt, s.塩. 精気 人物等生〃ノカ. 才智	
730 鹽壷	Salt-cellar, s.塩桶	
731 芥子	Mustard, s.芥子菜	Mustard, s.芥子
732 胡椒	Pepper, s.胡椒	
733 香料	Spice, s.香料ノ物 肉豆蔲花肉豆蔲丁子生姜肉桂胡椒 等ヲ云フ. 表面ノ孝問	Spice, s.香料ノ物 肉豆蔲花肉豆蔲丁子生姜肉桂胡椒 等ヲ云フ. 旨ミヲ増スモノ. 例
734 薑	Ginger, s.生姜	
735 肉豆蔲	Nutmeg, s.肉荳蔲ノ実	Nutmeg, s.肉荳蔲
736 糖壷	Sugar-box, s.砂糖ヲ入レル器　Basin, s.舟舶ヲ囲ヒ置ク澳. 池. 造舩場	Sugar-box, s.砂糖ヲ入レル器　Basin, s.舟舶ヲ囲ヒ置ク澳. 池. 水桶
737 砂糖	Sugar, s.砂糖	
738 蜂蜜	Honey, s.蜂蜜. 愛人	Honey, s.蜂蜜. 甘キコト又物

『英吉利単語篇』(1866年刊) 『法朗西単語篇』(1866年刊)	『英仏単語篇注解』 (1867年5月刊)	『対訳名物図編』 (1867年9月序刊)	『英仏単語便覧』 (1868年1月序刊)
739 Bread. Le pain.	18ウ 麺包(パン)	38オ 麺包(パン) Bread.	上27ウ 麺包(パン)
740 White bread. Le pain blanc.	18ウ 白キ麺(シロパン)	38オ 白麺包(シロキパン) White bread.	上27ウ 白麺(シロキパン)
741 The meal. Le repas.	19オ 食事(ショクジ)	38ウ 食時(モノクヒトキ) meal.	下28オ 食事(ショクジ)
742 Breakfast. Le déjeûner.	19オ 朝餐(アサメシ)	38ウ 晨饌(アサメシ) Breakfast.	下28オ 朝餐(アサメシ)
743 Dinner. Le diner.	19オ 晝膳(ヒルメシ)	38ウ 午膳(ヒルメシ) Dinner.	下28オ 晝膳(ヒルメシ)
744 Supper. Le souper.	19オ 夜食(ヤショク)	38ウ 晩飯(ユウメシ) Supper.	下28オ 夜食(ヤショク)
745 A banquet. Un banquet.	19オ 饗應(フルマヒ)	38ウ 饗應(フルマヒ) banquet.	下28オ 饗應(フルマヒ)
746 Boiled meat. Le bouilli.	19オ 煮タル肉(ニ)(ニク)	38ウ 煮肉(ニタルニク) Boiled meat.	下28オ 煮タル肉(ニタルニク)
747 Roast meat. Le rôti.	19オ 焙タル肉(アブリ)	38ウ 炙肉(アブリタルニク) Roast meat.	下28オ 焙タル肉(アブリタルニク)
748 Stewed meat. La viande étuvée.	19オ 蒸タル肉(ムシ)	38ウ 蒸肉(ムシタルニク) Stewed meat.	下28オ 蒸タル肉(ムシタルニク)
749 Minced meat. Le hachis.	19オ 剉タル肉(キザミ)	39オ 剉肉(キザミタルニク) Minced meat.	下28オ 剉タル肉(キザミタルニク)
750 Soup. La soupe.	19オ 羹(スヒモノ) (稀キヲ云)(ウス)	39オ 羹(ウスキスイモノ) Soup.	下28オ 羹(スヒモノ) (稀キヲ云)(ウス)
751 Broth. Le potage.	19オ 肉羹(ニクカウ) (稠キヲ云)(コ)	39オ 肉羹(コキスイモノ) Broth.	下28オ 肉羹(ニクコウ) (稠キヲ云)(コ)
752 Beef. Du boeuf.	19オ 牛肉(ギウニク)	39オ 牛肉(ウシノニク) Beef.	下28オ 牛肉(ギウニク)

『英吉利単語篇増訳』（1871年刊）	『英和対訳袖珍辞書』（初版、文久二年）（1862年刊）	『改正増補英和対訳袖珍辞書』（慶応二年版）（1866年刊、初版と異同のある場合のみ記載）
739 麺包^{パン}	Bread, *s.*蒸餅	
740 白キ麺^{パン}	White, *adj.*白キ. 清浄ナル. 灰色ノ Bread, *s.*蒸餅	
741 食事^{ショクジ}	Meal, *s.*食事_{朝タノ}. 粉_{穀物ノ}	
742 朝餐^{アサメシ}	Breakfast, *s.*朝飲	Breakfast, *s.*朝飯
743 晝膳^{ヒルメシ}	Dinner, *s.*昼食	Dinner, *s.*昼食. 饗宴
744 夜食^{ヤショク}	Supper, *s.*夕食. 夜食	
745 饗應^{フルマイ}	Banquet, *s.*饗應. 酒宴	
746 煮タル肉^ニ^{ニク}	Meat, *s.*食物. 肉 （中略） Boiled meat.煮タル肉	
747 焙タル肉^{アブリ}^{ニク}	Meat, *s.*食物. 肉 Roast meat.炙リ物_{肉ノ}	
748 蒸タル肉^{ムシ}^{ニク}	Stew, *s.*蒸シ. 浴場. 蒸タル肉 Stew-ed-ing, *v.a. et n.*蒸ス Meat, *s.*食物. 肉	
749 刻タル肉^{キザミ}^{ニク}	Mince-ed-ing, *v.a. et n.*刻ム_{細カニ}. 小クスル. 包ミ飾ル. チヨコ／＼ト歩ム. 話ス Meat, *s.*食物. 肉 （中略） Minced meat.切リタル肉	Mince-ed-ing, *v.a. et n.*切ル_{細カニ}. 小クスル. 包ミ飾ル. チヨコ／＼ト歩ム. 猫ナデ声ニテ話ス Meat, *s.*食物. 肉 （中略） Minced meat.切リタル肉
750 羹^{スヒモノ}_{稲ヲ云}	Soup, *s.*浸シタル蒸餅_{肉ノ羹汁或ハ乳汁ナドノ}	Soup, *s.*汁. 羹
751 肉羹^{ニクカウ}_{𣗄ヲ云}	Broth, *s.*肉ノ羹汁_又汁	
752 午肉（ママ）^{ギウニク}	Beef, *s.*牛肉	

『英吉利単語篇』(1866年刊) 『法朗西単語篇』(1866年刊)	『英仏単語篇注解』 (1867年5月刊)	『対訳名物図編』 (1867年9月序刊)	『英仏単語便覧』 (1868年1月序刊)
753 Beef-steak. Beef-steak.	19オ ビーフスチーキ 細カニ切リ目ヲ入レテ焼キタル牛肉ナリ	39オ 炙牛肉 （キリメイワイレシヤキニク） Beef-steak.	下28オ ビーフスチーキ 細カニ切リ目ヲ入レテ焼キタル牛肉ナリ
754 A tongue. Une langue.	19オ 舌 （牛羊等ノ）	39オ 牛舌 （シホツケノウシノシタ） tongue.	下28オ 舌 （牛羊等ノ）
755 Veal. Du veau.	19オ 犢肉	39オ 犢肉 Veal.	下28ウ 犢肉
756 Mutton. Du mouton.	19オ 羊ノ肉	39オ 羊肉 Mutton.	下28ウ 羊肉
757 Pork. Du cochon.	19オ 豕ノ肉	39オ 豕肉 Pork.	下28ウ 豕肉
758 Ham. Du jambon.	19オ 薫肉	39オ 薫腿 Ham.	下28ウ 薫肉
759 A sausage. Une saucisse.	19オ 腸詰	39ウ 腸干 sausage.	下28ウ 腸詰
760 A slice. Une tranche.	19オ 切片 （肉又ハハンナドノ）	39ウ 切片 （ニク バンナドノコキレ） slice.	下28ウ 切片 （肉又ハ蒸餅ナドノ）
761 Game. La venaison.	19オ 野獣ノ肉	39ウ 野獣肉 （カリノケモノハニク） Game.	下28ウ 野獣肉
762 Vegetables. Les légumes.	19ウ 菜蔬	39ウ 蔬菜 Vegetables.	下28ウ 菜蔬
763 Vermicelli. Les vermicelles.	19ウ 麺類	39ウ 麺類 Vermicelli.	下28ウ 麺類
764 An omelet. Une omelette.	19ウ 玉子焼 （雑物入ノ）	39ウ 卵子焼 （マセモノシタルタマゴヤキ） omelet.	下28ウ 玉子焼 （マゼモノ入ノ）
765 Jellies. Les confitures.	19ウ 砂糖漬	39ウ 砂糖漬 Jellies.	下28ウ 砂糖漬
766 Cake. Le gâteau.	19ウ 餅	39ウ 餅 Cake.	下28ウ 餅
767 Butter. Le beurre.	19ウ 牛酪	39ウ 牛酪 （チ丶ノアブラ） Butter.	下28ウ 牛酪
768 Cheese. Le fromage.	19ウ 乾酪	39ウ 乾酪 （ホシタルチ丶） Cheese.	下28ウ 乾酪

対照表 II   175

『英吉利単語篇増訳』 （1871年刊）	『英和対訳袖珍辞書』（初版、文久二年） （1862年刊）	『改正増補英和対訳袖珍辞書』（慶応二年版） （1866年刊、初版と異同のある場合のみ記載）
753 小片午肉（ママ）^{コギレギウニク}	Beef, *s.*牛肉 Steak, *s.*小切レ. 小サキ截チ切リ _{椿抔ノ}	Beef, *s.*牛肉 Steak, *s.*小切レ
754 舌^{シタ} _{牛羊ノ}	Tongue, *s.*舌. 言語	
755 犢肉^{コウシノニク}	Veal, *s.*カシハノ肉	Veal, *s.*小牛ノ肉
756 羊肉^{ヒツジノニク}	Mutton, *s.*羊肉	
757 豕肉^{ブタニク}	Pork, *s.*豕肉	
758 薫肉^{クンニク}	Ham, *s.*膝ノ皿. 臘乾	Ham, *s.*脚腿^{ヒカヾミ}. 臘乾
759 腸詰^{チャウヅメ}	Sausage, *s.*豕ノ腸ヲ裏反シテ能ク洗ヒ其内ニ豕肉胡椒塩等ヲ交ゼツメテ製シタル食物	
760 切片^{コギレ} _{食物等}	Slice, *s.*小切レ. 箆	Slice, *s.*薄切レ. 箆
761 野獣肉^{ヤジウニク}	Game, *s.*勝負ノ遊ビコト. 野遊_{獵等ノ}. 野獣	
762 野菜^{アヲモノ}	Vegetable, *s.*植物. 生物. 野菜	Vegetable, *s.*植物ニ付テノ. 植物性ノ
763 麺類^{メンルキ}	（vermicelliナシ）	
764 玉子焼^{タマゴヤキ}	Omelet, *s.*厚焼ノ卵	
765 砂糖漬^{サタウヅケ}	Jelly, *s.*漬汁	Jelly, *s.*果物ヲ沙糖ニテ煮タル汁
766 餅^{モチ}	Cake, *s.*圓形ノ餅類ノ捴名. 癧肉. 圓形ノ者. 瘤. 腫物	
767 午酪（ママ）^{ギウラク}	Butter, *s.*牛酪	
768 乾酪^{カンラク}	Cheese, *s.*乾酪. 乳餅	

『英吉利単語篇』(1866年刊)『法朗西単語篇』(1866年刊)	『英仏単語篇注解』(1867年5月刊)	『対訳名物図編』(1867年9月序刊)	『英仏単語便覧』(1868年1月序刊)
769 Beer. La bière.	19ウ 麥酒(バクシュ)	40オ 麥酒(ムギノサケ) Beer.	下29オ 麥酒(バクシュ)
770 Ale. L'ale.	19ウ エール酒	40オ 同上(スコツトノムギサケ) Ale.	下29オ エール酒
771 Wine. Le vin.	19ウ 葡萄酒(ブダウシュ)	40オ 葡萄酒(ブダウシュ) Wine.	下29オ 葡萄酒(ブダウシュ)
772 White wine. Le vin blanc.	19ウ 白葡萄酒(シロブダウシュ)	40オ 白酒(シロブダウシュ) White wine.	下29オ 白葡萄酒(シロキブダウシュ)
773 Red wine. Le vin rouge.	19ウ 赤葡萄酒(アカブダウシュ)	40オ 紅酒(アカブダウシュ) Red wine.	下29オ 赤葡萄酒(アカキブダウシュ)
774 Moselle. Le vin de Moselle.	19ウ モセル酒	40オ 獨乙白酒(ドイツノシロブダウシュ) Moselle.	下29オ モセル酒
775 Champagne. Le Champagne.	19ウ 三鞭酒(シャンパン)	40オ 三邉酒(サンパンシュ) Champagne.	下29オ 三鞭酒(シャンパンシュ)
776 Coffee. Le café.	19ウ 架非(コッヒー)	40オ 架非(コウヒイノカウセン) Coffee.	下29オ 架非(コッヒー)
777 Tea. Le thé.	19ウ 茶(チヤ)	40オ 茶(チヤ) Tea.	下29オ 茶(チヤ)
778 Milk. Le lait.	19ウ 乳汁(ニウジウ)	40オ 乳汁(チシル) Milk.	下29オ 乳汁(ニウジウ)
779 Chocolate. Le chocolat.	19ウ 知古辣(チョコレート)	40オ 渋苦辣(ショコレイトノカウセン) Chocolate.	下29オ 知古辣(チョコレート)
780 Lemonade. La limonade.	19ウ 橙汁(タウジウ)(俗ニ之ヲポンスト云ハアヤマリナリ)	40ウ 檸檬汁(レモンズイリノサタウミヅ) Lemonade.	下29オ 橙汁(タウジウ)(俗ニ之ヲポンスト云ハレアヤマリナリ)
781 Punch. Le punch.	19ウ ポンス	40ウ 同上酒(レモンズイリノサケ) Punch.	下29オ ポンス
782 Brandy. L'eau-de-vie.	19ウ 焼酎(セウチウ)	40ウ 焼酎(セウチウ) Brandy.	下29オ 焼酎(セウチウ)
783 Arrack. L'arak.	19ウ 亞瀝酒(アラキ)	40ウ 啞叻酒(ヤシユバナノセウチウ) Arrack.	下29ウ 亜歴酒(アラキシュ)
784 Liqueur. Les liqueurs.	20オ リキウル酒	40ウ 氷糖酒(コホリサタウシュ) Liqueur.	下29ウ リキウル酒
785 Ices. Les glaces.	20オ 冰(コホリ)	40ウ 氷製菓(コホリセイクワシ) Ices.	下29ウ 冰(コホリ)

『英吉利単語篇増訳』 （1871年刊）	『英和対訳袖珍辞書』（初版、文久二年） （1862年刊）	『改正増補英和対訳袖珍辞書』（慶応二年版） （1866年刊、初版と異同のある場合のみ記載）
769 麥酒 <small>バクシュ</small>	Beer, *s.*麦酒	
770 エール酒 <small>シュ</small>	Ale, *s.*英國ノ麦酒ノ名. 鰻	
771 葡萄酒 <small>ブダウシュ</small>	Wine, *s.*葡萄酒	
772 白 葡萄酒 <small>シロキ　シュ</small>	White, *adj.*白キ. 清浄ナル. 灰色ノ Wine, *s.*葡萄酒	
773 赤 葡萄酒 <small>アカキ　シュ</small>	Red, *adj. et s.*赤キ. 赤色 Wine, *s.*葡萄酒	
774 モセル酒 <small>シュ</small>	（Moselleナシ）	
775 三鞭酒 <small>シャンパン</small>	（Champagneナシ）	
776 架　非 <small>コッピー（ママ）</small>	Coffee, *s.*珈琲	
777 茶 <small>チャ</small>	Tea, *s.*茶	
778 乳汁 <small>ニウジウ</small>	Milk, *s.*牛乳	Milk, *s.*乳汁
779 知古辣 <small>チョコレート</small>	Chocolate, *s.*甘豆餅	Chocolate, *s.*カヽオ」ニテ製シタル香 煎ノ類
780 橙汁 <small>タウジウ</small> 俗ニボンスト <small>ママ</small> 云ハ誤ナリ	Lemon, *s.*橙ノ類 Lemonade, *s.*全上ノ汁ニ砂糖ヲ入レタ ル飲物	Lemon, *s.*橙ノ類即 香 櫞 <small>マルブシュカン</small> Lemonade, *s.*全上ノ汁ニ砂糖ヲ入レタ ル飲物
781 ボンス <small>ママ</small>	Punch, *s.*大針掌ニテ打ツコト. 橙汁ニ テ造リタル飲料ノ名. チヤリスル人	Punch, *s.*鏨錐. 打チ. 衝キ. 橙汁ニテ <small>タガネ</small> 造リタル飲料ノ名. チヤリスル人
782 焼酎 <small>セウチウ</small>	Brandy, *s.*焼酎	
783 亜瀝酒 <small>アラキ</small>	Arrack, *s.*米砂糖抔ヨリ製シタル焼酒	
784 リキウル酒	Liquor, *s.*液. 飲物. 飲剤	
785 氷 <small>コホリ</small>	Ice, *s.*氷	

『英吉利単語篇』(1866年刊) 『法朗西単語篇』(1866年刊)	『英仏単語篇注解』 (1867年5月刊)	『対訳名物図編』 (1867年9月序刊)	『英仏単語便覧』 (1868年1月序刊)
786 Corn. Le blé.	20オ 穀物(コクモツ)	40ウ 穀物(コクモツ) Corn.	下29ウ 穀物(コクモツ)
787 Wheat. Le froment.	20ウ 小麥(コムギ)	40ウ 小麥(コムギ) Wheat.	下29ウ 小麥(コムギ)
788 Rye. Le seigle.	20オ 裸麥(ハダカムギ)	40ウ 稞麥(ハダカムギ) Rye.	下29ウ 裸麥(ハダカムギ)
789 Barley. L'orge.	20オ 大麥(オホムギ)	41オ 大麥(オホムギ) Barley.	下29ウ 大麥(オホムギ)
790 Oats. L'avoine.	20オ 燕麥(カラスムギ)	41オ 燕麥(カラスムギ) Oats.	下29ウ 燕麥(カラスムギ)
791 Maize. Le blé de Turquie.	20オ 玉蜀黍(タウモロコシ)	41オ 玉蜀黍(タウモロコシ) Maize.	下29ウ 玉蜀黍(タウモロコシ)
792 Rice. Le riz.	20オ 米(コメ)	41オ 米(コメ) Rice.	下29ウ 米(コメ)
793 Millet. Le millet.	20オ 稷(キビ)	41オ 稷(キビ) Millet.	下29ウ 稷(キビ)
794 An herb. Une herbe.	20オ 草(クサ)	41オ 菜(ヤサイ) herb.	下29ウ 草(クサ)
795 A root. Une racine.	20オ 根(ネ)	41オ 根(ネ) root.	下29ウ 根(ネ)
796 Potatoes. Les pommes de terre.	20オ 馬鈴薯(ジヤガタライモ)	41オ 馬鈴薯(ジヤガタライモ) Potatoes.	下29ウ 馬鈴薯(ジヤガタライモ)
797 Kidney-beans. Les haricots.	20オ 菜豆(インゲンマメ)	41オ 扁豆(インゲンマメ) Kidney-beans.	下30オ 菜豆(インゲンマメ)
798 Beans. Les fèves.	20オ 蠶豆(ソラマメ)	41オ 蠶豆(ソラマメ) Beans.	下30オ 蠶豆(ソラマメ)
799 Turnips. Les navets.	20オ 蕪菁(カブ)	41ウ 蕪菁(カブラ) Turnips.	下30オ 蕪菁(カブ)
800 Carrots. Les carottes.	20オ 胡蘿蔔(ニンジン)	41ウ 紅蘿蔔(ニンジン) Carrots.	下30オ 胡蘿蔔(ニンジン)
801 Green-peas. Des petits pois.	20オ 豌豆(エンドウ)	41ウ 豌豆(エンドウ) Green-peas.	下30オ 豌豆(エンドウ)
802 Spinach. Les épinards.	20オ 菠薐菜(ホウレンサウ)	41ウ 菠薐菜(ハウレンサウ) Spinach.	下30オ 菠薐菜(ホウレンサウ)

『英吉利単語篇増訳』（1871年刊）	『英和対訳袖珍辞書』（初版、文久二年）（1862年刊）	『改正増補英和対訳袖珍辞書』（慶応二年版）（1866年刊、初版と異同のある場合のみ記載）
786 穀物(コクモツ)	Corn, *s.*穀物. 粒. 疣ノ目(ウヲ)	Corn, *s.*穀物. 粒. 疣ノ目(ウヲ)靴ノ当リテ足ヘ出来ル
787 小麥(コムギ)	Wheat, *s.*小麥	
788 裸麥(ハダカムギ)	Rye, *s.*裸麥	
789 大麥(ヲホムギ)	Barley, *s.*大麦ノ類	Barley, *s.*大麦
790 燕麥(カラスムギ)	Oats, *s. pl.*烏麦	Oats, *s. pl.*燕麥(カラスムギ)
791 玉蜀黍(タウモロコシ)	Maize, *s.*土耳其ノ小麥	Maize, *s.*玉蜀黍(タウモロコシ)
792 米(コメ)	Rice, *s.*米	
793 稷(キビ)	Millet, *s.*粟	Millet, *s.*稷(キビ)
794 草(クサ)	Herb, *s.*草	
795 根(ネ)	Root, *s.*根. 根原	
796 馬鈴薯(ジャカタライモ)	Potato, *s.*馬鈴薯(ジャカタライモ)	
797 眉兒豆(インケイマメ)	Kidney-beans, *s.*美人豆	Kidney-beans, *s.*菜豆(インゲン)
798 蠶豆(ソラマメ)	Bean, *s.*豆	Bean, *s.*蠶豆(ソラマメ)
799 蕪菁(カブラ)	Turnip, *s.*蕪	Turnip, *s.*蕪菁(カブラナ)
800 胡蘿蔔(ニンジン)	Carrot, *s.*胡蘿蔔(ニンジン)	
801 豌豆(エンドウ)	Green, *adj.*緑色ノ. 不熟ノ. 新シキ. 生マシキ. 青白キ. 少カキ. 無益ノ Pea, *s.*円キ豆ノ捻名	Green, *adj.*緑色ノ. 不熟ノ. 新シキ. 生マシキ. 青白キ. 少カキ. 盛ナル Pea, *s.*豌豆
802 波薐菜(ホウレンサウ)	Spinage, *s.*菠薐草	Spinage, *s.*菠薐草(ハウレンソウ)

『英吉利単語篇』(1866年刊) 『法朗西単語篇』(1866年刊)	『英仏単語篇注解』 (1867年5月刊)	『対訳名物図編』 (1867年9月序刊)	『英仏単語便覧』 (1868年1月序刊)
803 Cabbage. Les choux.	20オ 甘藍(ハボタン)	41ウ 甘藍(ハボタン) Cabbage.	下30オ 甘藍(ハボタン)
804 Cauliflower. Les choux-fleurs.	20オ 花椰菜(ハナハボタン)	41ウ 花椰菜(ハナハボタン) Cauliflower.	下30オ 花椰菜(ハナハボタン)
805 Cucumbers. Les concombres.	20オ 胡瓜(キウリ)	41ウ 胡瓜(キウリ) Cucumbers.	下30オ 胡瓜(キウリ)
806 Pickled-cucumbers. Des cornichons.	20ウ 醃胡瓜(キウリノツケモノ)(仏小胡瓜)	41ウ 醃胡瓜(キウリノツケモノ) Pickled-cucumbers.	下30オ 醃胡瓜(キウリノツケモノ)(仏小胡瓜)
807 The salad. La salade.	20ウ 萵苣(チサ)	41ウ 萵苣(チサ) salad.	下30オ 萵苣(チサ)
808 The turnip-radish. Les petits radis.	20ウ 蘿蔔(ダイコン)	41ウ 蘿蔔(ダイコン) turnip-radish.	下30オ 蘿蔔(ダイコン)
809 Mushrooms. Les champignons.	20ウ 蕈(キノコ)	42オ 蕈(キノコ) Mushrooms.	下30オ 蕈(キノコ)
810 The melon. Le melon.	20ウ 甜瓜(マクハウリ)	42オ 甜瓜(マクハウリ) melon.	下30オ 甜瓜(マクハウリ)
811 The pumpkin. Le potiron.	20ウ 南瓜(タウナス)	42オ 南瓜(カボチヤ) pumpkin.	下30ウ 南瓜(タウナス)
812 Celery. Le céleri.	20ウ オランダミツバ	42オ 芹(セリ) Celery.	下30ウ オランダミツバ
813 Sorrel. L'oseille.	20ウ 酸模(スイバ)	42オ 酸模(スカンボウ) Sorrel.	下30ウ 酸模(スイバ)
814 Onions. Les oignons.	20ウ 葱(ネギ)	42オ 葱(ネギ) Onions.	下30ウ 葱(ネギ)
815 Garlic. L'ail.	20ウ 葫(ニンニク)	42オ 大蒜(ニンニク) Garlic.	下30ウ 葫(ニンニク)
816 Fruit. Les fruits.	20ウ 菓(クダモノ)	42オ 菓(クダモノ) Fruit.	下30ウ 菓(クダモノ)
817 The apple. La pomme.	20ウ 平菓(オランダリンゴ)	42オ 林檎(リンゴ) apple.	下30ウ 平菓(オランダリンゴ)
818 The pear. La poire.	20ウ 沙梨(ナシ)	42オ 梨子(ナシ) pear.	下30ウ 沙梨(ナシ)
819 The plum. La prune.	20ウ 李(スモヽ)	42ウ 李(スモヽ) plum.	下30ウ 李(スモヽ)

『英吉利単語篇増訳』 （1871年刊）	『英和対訳袖珍辞書』（初版、文久二年） （1862年刊）	『改正増補英和対訳袖珍辞書』（慶応二年版） （1866年刊、初版と異同のある場合のみ記載）
803 甘藍〔ハボタン〕	Cabbage, s.菜. 切レ／＼木綿布杯ノ	Cabbage, s.甘藍〔ハボタン〕. 偸ミ取タル切レ仕立屋杯ノ
804 花椰菜〔ハナボタン〕（ママ）	Cauliflower, s.花菜花バカリ食スル物	Cauliflower, s.花椰菜〔ハナハボタン〕
805 胡瓜〔キウリ〕	Cucumber, s.胡瓜	
806 醃胡瓜〔キウリノツケモノ〕	Pickle-ed-ing, v.a.漬ル. 呵リ付ル. 悪クスル Cucumber, s.胡瓜	Pickle-ed-ing, v.a.漬ル. タクワヘル. 悪クスル Cucumber, s.胡瓜
807 萵苣〔チサ〕	Salad, s.萵苣. 生菜〔ナマナ〕	Salad, s.萵苣
808 蘿蔔〔ダイコン〕（ママ）	Tunip, s.蕪 Radish, s.大根	Tunip, s.蕪菁〔カブラナ〕 Radish, s.大根
809 蕈〔キノコ〕（ママ）	Mushroom, s.茸ノ捻名. 何ニモナラヌモノ	Mushroom, s.茸ノ捻名. 俄カ立身
810 甜瓜〔マクハウリ〕	Melon, s.瓜	Melon, s.甜瓜〔マクワ〕
811 南瓜〔タウナス〕	Pumpkin, s.南瓜〔カボチヤ〕	
812 ヲランダミツバ	Celery, s.草名葉形ノ芹ノ如キ物	Celery, s.塘蒿〔ヲランダミツバ〕
813 酸模〔スイバ〕	Sorrel, s.酸模. 赤ガチナル色	Sorrel, s.酸模〔スイバ〕. 赤ガチナル色
814 葱〔ネギ〕	Onion, s.葱ノ捻名	Onion, s.葱
815 葫〔ニンニク〕	Garlic, s.蒜〔ニンニク〕	Garlic, s.葫〔ニンニク〕
816 果〔クダモノ〕	Fruit, s.果實	Fruit, s.果實. 生スル物. 利益
817 ヲランダリンゴ	Apple, s.林檎. 眼球	
818 沙梨〔ナシ〕	Pear, s.梨	
819 李〔スモヽ〕	Plum, s.李又梅ノ類. 干葡萄. 十萬「ステルリング」ノ〆高	Plum, s.李ノ実. 干葡萄. 十萬「ステルリング」ノ〆高

『英吉利単語篇』(1866年刊) 『法朗西単語篇』(1866年刊)	『英仏単語篇注解』 (1867年5月刊)	『対訳名物図編』 (1867年9月序刊)	『英仏単語便覧』 (1868年1月序刊)
820 The cherry. La cerise.	20ウ 櫻(サクラ)	42ウ 櫻子(サクランボ) cherry.	下30ウ 櫻(サクラ)
821 The chesnut. La châtaigne.	20ウ 栗(クリ)	42ウ 栗子(クリ) chesnut.	下30ウ 栗(クリ)
822 The peach. La pêche.	20ウ 桃(モヽ)	42ウ 桃實(モヽ) peach.	下30ウ 桃(モヽ)
823 The apricot. L'abricot.	20ウ 杏(アンズ)	42ウ 杏(アンズ) apricot.	下30ウ 杏(アンズ)
824 The almond. L'amande.	20ウ 巴旦杏(バタンキャウ)	42ウ 巴旦杏(ハダンキャウ) almond.	下30ウ 巴旦杏(ハタンキャウ)
825 The orange. L'orange amère.	20ウ 橙(ダイダイ)	42ウ 橙(ダイダイ) orange.	下31オ 橙(ダイダイ)
826 The sweet-orange. L'orange.	20ウ 柑(ミカン)	42ウ 柑果(ミカン) sweet-orange.	下31オ 柑(ミカン)
827 The lemon. Le citron.	20ウ 檸檬(マルブシユカン)	42ウ 檸檬(マルブシユカン) lemon.	下31オ 檸檬(マルブシユカン)
828 The grape. Le raisin.	21オ 葡萄(ブダウ)	42ウ 葡萄(ブダウ)（ママ） grape.	下31オ 葡萄(ブダウ)
829 The fig. La figue.	21オ 無花菓(イチヂク)	43オ 無花菓(イチヂク) fig.	下31オ 無花果(イチヂク)
830 The acorn. Le gland.	21オ 橡實(ドングリ)	43オ 橡子(ドングリ) acorn.	下31オ 橡實(ドングリ)
831 The cocoa-nut. Le coco.	21オ 椰子(ヤシ)	43オ 椰子(ヤシ) cocoa-nut.	下31オ 椰子(ヤシ)
832 The walnut. La noix.	21オ 胡桃(クルミ)	43オ 胡桃(クルミ) walnut.	下31オ 胡桃(クルミ)
833 The raspberry. La framboise.	21オ 蓬蘽(クサイチゴ)	43オ 蓬蘽(クサイチゴ) raspberry.	下31オ 蓬蘽(クサイチゴ)
834 The currant. La groseille.	21オ リベス (木イチゴ二似タル菓ノ名)	43オ 覆盆子(イチゴ) currant.	下31オ リベス (木イチゴ二似タル菓ノ名)
835 Strawberries. Les fraises.	21オ オランダイチゴ	43オ 蠻苺(オランダイチゴ) Strawberries.	下31オ オランダイチゴ
836 Mulberries. Les mûres.	21オ 桑椹(クハノミ)	43オ 桒椹(クハノミ) Mulberries.	下31オ 桑椹(クハノミ)

『英吉利単語篇増訳』 （1871年刊）	『英和対訳袖珍辞書』（初版、文久二年） （1862年刊）	『改正増補英和対訳袖珍辞書』（慶応二年版） （1866年刊、初版と異同のある場合のみ記載）
820 櫻^{サクラ}	Cherry, *s.*櫻ノ実. 櫻ノ樹	
821 栗^{クリ}	Chesnut, Chestnut, *s.*栗	
822 桃^{モヽ}	Peach, *s.*桃. 桃樹	
823 杏^{アンズ}	Apricot, *s.*杏	
824 巴旦杏^{バタンキャウ}（ママ）	Almond, *s.*巴旦杏	
825 橙^{ダイダイ}	Orange, *s.*橙. 柑. 橘ノ類	Orange, *s.*橙
826 蜜柑^{ミカン}	Sweet, *adj.*甘キ. 快キ. 気ヲ引起ス. 愛ラシキ Orange, *s.*橙. 柑. 橘ノ類	Sweet, *adj.*甘キ. 快キ. 気ヲ引起ス. 愛ラシキ Orange, *s.*橙
827 マルブツシカン（ママ）	Lemon, *s.*橙ノ類	Lemon, *s.*橙ノ類_即香 橼^{マルブシュカン}
828 葡萄^{ブドウ}	Grape, *s.*葡萄	
829 無花果^{イチマク}	Fig, *s.*無花果	
830 橡實^{ドングリ}	Acorn, *s.*「ウヲーク」樹ノ實	Acorn, *s.*橡栗^{ドングリ}
831 椰子^{ヤシ}	Cocoanut, *s.*椰子	
832 胡桃^{クルミ}	Walnut-tree, *s.*胡桃樹	
833 覆盆子^{クサイチゴ}	Raspberry, *s.*蓬蘽^{クサイチゴ}	
834 リベス	Currant, *s.*覆盆子	Currant, *s.*リベス_{菓樹ノ名}
835 ヲランダイチゴ	Strawberry, *s.*苺	Strawberry, *s.*苺一種_{オランダイチゴ}
836 桑椹^{クハノミ}	Mulberry, *s.*桑ノ實	

『英吉利単語篇』(1866年刊) 『法朗西単語篇』(1866年刊)	『英仏単語篇注解』 (1867年5月刊)	『対訳名物図編』 (1867年9月序刊)	『英仏単語便覧』 (1868年1月序刊)
837 The oak. Le chêne.	21オ 槲(カシハ)	43オ 槲(カシハ) oak.	下31オ 槲(カシハ)
838 The beech. Le hêtre.	21オ 山毛欅(ブナノキ)	43オ 山毛欅(ブナノキ) beech.	下31オ 山毛欅(ブナノキ)
839 The poplar. Le peuplier.	21オ 白楊(マルバヤナギ)	43ウ 白楊(マルバヤナギ) poplar.	下31ウ 白楊(マルバヤナギ)
840 The lime. Le tilleul.	21オ 菩提樹(ボダイジュ)	43ウ 冬青樹(モチノキ) lime.	下31ウ 菩提樹(ボダイジュ)
841 The ash. Le frêne.	21オ 秦皮(トネリコ)	43ウ 秦皮(トネリコ) ash.	下31ウ 秦皮(トネリコ)
842 The maple. L'érable.	21オ 楓(カヘデ)	43ウ 楓(カヘデ) maple.	下31ウ 楓(カヘテ モミヂ)
843 The birch. Le bouleau.	21オ 樺(カバ)	43ウ 樺(カバ) birch.	下31ウ 樺(カバ)
844 The pine. Le pin.	21オ 松(マツ)	43ウ 松(マツ) pine.	下31ウ 松(マツ)
845 The fir. Le sapin.	21オ 樅(モミ)	43ウ 樅(モミ) fir.	下31ウ 樅(モミ)
846 The willow. Le saule.	21オ 水楊(カハヤナギ)	43ウ 蒲柳(カハヤナギ) willow.	下31ウ 水楊(カハヤナギ)
847 The weeping willow. Le saule pleureur.	21オ 垂楊(シダレヤナギ)	43ウ 垂楊(シダレヤナギ) weeping willow.	下31ウ 垂楊(シダレヤナギ)
848 The larch. Le mélèze.	21オ 落葉松(カラマツ)	43ウ 落葉松(カラマツ) larch.	下31ウ 落葉松(カラマツ)
849 The rose. La rose.	21オ 薔薇(チャウシュン)	44オ 薔薇(イバラホタン) rose.	下31ウ 薔薇(チャウシュン)
850 The tulip. La tulipe.	21ウ 鬱金香(ウッコンカウ)	44オ 玉金(ウツコンカウ) tulip.	下31ウ 鬱金香(ウッコンカウ)
851 The lily. Le lis.	21ウ 百合(ユリ)	44オ 百合(ユリ) lily.	下31ウ 百合(ユリ)
852 The violet. La violette.	21ウ 菫菜(スミレ)	44オ 菫菜(スミレ) violet.	下31ウ 菫菜(スミレ)

『英吉利単語篇増訳』 （1871年刊）	『英和対訳袖珍辞書』（初版、文久二年） （1862年刊）	『改正増補英和対訳袖珍辞書』（慶応二年版） （1866年刊、初版と異同のある場合のみ記載）
837 槲 ^{カシハ}	Oak, *s.*橡樹	Oak, *s.*槲樹 ^{カシハ}
838 山毛欅 ^{ブナノキ}	Beech, *s.*樹名 _{未詳}	Beech, *s.*山毛欅 ^{ブナノキ}
839 白 楊 ^{マルバノヤナギ}	Poplar, *s.*白楊	
840 菩提樹 ^{ボタイジュ}	Lime, *s.*鵝. 石灰 Lime-tree, *s.*菩提樹. 柑樹ノ類	Lime, *s.*鵝. 石灰 Lime-tree, *s.*菩提樹
841 秦皮 ^{トネリコ}	Ash, *s.*樹名	Ash, *s.*秦皮 _{樹ノ名} ^{トネリコ}
842 楓 ^{カエデ}	Maple, *s.*樹名	Maple, *s.*樹名 _{カヘデ}
843 樺 ^{カバ}	Birch, *s.*樺樹 Birchen, *adj.*全上 Birch-tree, *s.*樺樹	Birch, *s.*樺樹 Birchen, *adj.*全上ノ Birch-tree, *s.*樺樹 ^{カバノキ}
844 松 ^{マツ}	Pine, *s.*松柏ノ類ノ捻名	Pine, *s.*松柏類ノ捻名
845 樅 ^{モミ}	Fir, *s.*樅樹ノ類ノ捻名	
846 水 楊 ^{カハヤナギ}	Willow, *s.*柳	Willow, *s.*水 楊 ^{カハヤナギ}
847 垂絲柳 ^{シダレヤナギ}	Weep, wept, weeping, *irr. v.n.*泣ク. 叫フ. 悔ム Weeper, *s.*泣ク人. 歎ク人 Willow, *s.*柳	Weep, wept, weeping, *irr. v.n. et a.*泣ク. 叫フ. 悔ム. 滴ラス. 湿ホス Weeper, *s.*泣ク人. 喪服ノ袖ノ白キ縁 Willow, *s.*水 楊 ^{カハヤナギ}
848 新羅松 ^{カラマツ}	Larch-tree, *s.*木ノ名	Larch-tree, *s.*落葉松 ^{カラマツ}
849 薔薇 ^{チャウシユン}	Rose, *s.*薔薇	
850 鬱金香 ^{ウツコンカウ}	Tulip, *s.*草ノ名 _{花ノ美ナル}	Tulip, *s.*欝金香
851 百合 ^{ユリ}	Lily, *s.*百合花	
852 菫菜 ^{スミレ}	Violet, *s.*小皷弓. 草花名	Violet, *s.*菫菜 ^{スミレ}

『英吉利単語篇』(1866年刊) 『法朗西単語篇』(1866年刊)	『英仏単語篇注解』 （1867年5月刊）	『対訳名物図編』 （1867年9月序刊）	『英仏単語便覧』 （1868年1月序刊）
853 The forget-me-not. Le gremillet.	21ウ ルリサウ (和名)	44オ 瑠璃艸^{ルリサウ} forget-me-not.	下32オ ルリサウ (和名)
854 The hyacinth. L'hyacinthe.	21ウ ヒエシント (花草ノ名和名ナシ)	44オ 風信子 草花ノ名和名ナシ hyacinth.	下32オ ヒエシント (花草ノ名和名ナシ)
855 The sun-flower. Le tournesol.	21ウ 向日葵 (ヒマハリ)	44オ 向日葵 (ヒマハリ) sun-flower.	下32オ 向日葵 (ヒマハリ)
856 The horse. Le cheval.	21ウ 馬 (ウマ)	44オ 馬 (ウマ) horse.	下32オ 馬 (ウマ)
857 A stallion. Un étalon.	21ウ 牡馬 (ヲウマ)	44オ 牡馬 (ヲウマ) stallion.	下32オ 牡馬 (ヲウマ)
858 A gelding. Un hongre.	21ウ 騸馬 (キンキリウマ)	44オ 騸馬 (キンキリウマ) gelding.	下32オ 騸馬 (キンキリウマ)
859 A mare. La jument.	21ウ 牝馬 (メウマ)	44ウ 牝馬 (メウマ) mare.	下32オ 牝馬 (メウマ)
860 A colt, filly. Le poulain.	21ウ 駒 (コマ)	44ウ 駒 (コマ) colt, filiy.	下32オ 駒 (コマ)
861 A coach-horse. Un cheval de harnais.	21ウ 車ニ附ル馬 (クルマ ツケ ウマ)	44ウ 牽車馬 (クルマウマ) coach-horse.	下32オ 車ニ附ル馬 (クルマニツケルウマ)
862 A saddle-horse. Un cheval de selle.	21ウ 乗馬 (ジャウメ)	44ウ 乗馬 (ノリウマ) saddle-horse.	下32オ 乗馬 (ジャウメ)
863 A pack-horse. Un cheval de bagage.	21ウ 荷馬 (ニウマ)	44ウ 駄馬 (ニウマ) pack-horse.	下32オ 荷馬 (ニウマ)
864 A hack. Un cheval de louage.	21ウ 借馬 (シャクバ)	44ウ 借馬 (シャクバ) hack.	下32オ 借馬 (シャクバ)
865 The Ox. (ママ) Le boeuf.	21ウ 騸牛 (キンキリウシ)	44ウ 騸牛 (キンキリウシ) Ox.	下32オ 騸牛 (キンキリウシ)
866 The cow. La vache.	21ウ 牝牛 (メウシ)	44ウ 牝牛 (メウシ) cow.	下32オ 牝牛 (メウシ)
867 A calf. Un veau.	21ウ 犢 (コウシ)	44ウ 犢 (コウシ) calf.	下32ウ 犢 (コウシ)
868 An ass. Un âne.	21ウ 驢馬 (ウサギウマ)	44ウ 驢馬 (ウサギウマ) as. (ママ)	下32ウ 驢馬 (ウサギウマ)
869 A lamb. Un agneau.	21ウ 羊仔 (コヒツジ)	45オ 羊仔 (ケヒツジノコ) lamb.	下32ウ 羊仔 (コヒツジ)

『英吉利単語篇増訳』 （1871年刊）	『英和対訳袖珍辞書』（初版、文久二年） （1862年刊）	『改正増補英和対訳袖珍辞書』（慶応二年版） （1866年刊、初版と異同のある場合のみ記載）
853 ルリサウ _{和名}	（forget-me-notナシ）	
854 ヒユシント	Hyacinth, *s*.赤瑪瑙．水仙ノ一種	Hyacinth, *s*.赤キ宝石ノ名．球根ノ花 草ノ名
855 ヒマハリ	Sun-flower, *s*.草名_{日マハリ草ノ類}	Sun-flower, *s*.向日葵
856 馬	Horse, *s*.馬．騎馬武者	
857 牡馬_{種トル為ノヲ}	Stallion, *s*.種ネ取ル為メノ馬	Stallion, *s*.種ネ取ル為ノ牝馬
858 騸 馬	Gelding, *s*.睾丸ヲ切リタル馬	
859 牝馬	Mare, *s*.牡馬	Mare, *s*.牝馬
860 駒	Colt, *s*.馬ノ子．愚人 Filly, *s*.牝子馬	Colt, *s*.馬ノ子．愚人 Filly, *s*.牝子馬．淫女
861 車 ニ附ル馬	Coach, *s*.輪四ツアリテ屋根アル乗車 Coach-horse, *s*.全上ヲ引ク馬	
862 乗馬	Saddle, *s*.鞍．最下ノ帆架ノ両端ニ在ル 半圓形ノ鐶_{航海術ノ語} Horse, *s*.馬．騎馬武者	
863 荷馬	Packhorse, *s*.荷馬	
864 借 馬	Hack, *s*.借料出シテ借ル馬．全上ノ乗 車．切レ目	
865 騸馬（ママ）	Ox, *s. pl.* oxen.牡牛	Ox, *s. pl.* oxen. 犅 牛
866 牝牛	Cow, *s*.牝牛	
867 犢	Calf, *s*.牛子．脹 愚ナル人．牛皮	Calf, *s*.牛子．脹．愚ナル人
868 驢 馬	Ass, *s*.驢	
869 羊仔	Lamb, *s*.子羊．子羊ノ肉	Lamb, *s*.子羊

『英吉利単語篇』(1866年刊) 『法朗西単語篇』(1866年刊)	『英仏単語篇注解』 (1867年5月刊)	『対訳名物図編』 (1867年9月序刊)	『英仏単語便覧』 (1868年1月序刊)
870 A ram. Un bélier.	21ウ 牡羊(ヲヒツジ)	45オ 牡羊(ケヒツジノヲス) ram.	下32ウ 牡羊(ヲヒツジ)
871 A sheep. Une brebis.	21ウ 羊(ヒツジ)	45オ 羊(ケヒツジ) sheep.	下32ウ 羊(ヒツジ)
872 A she-goat. Une chèvre.	22オ 牝山羊(メヤギ)	45オ 牝山羊(メヤギ) she-goat.	下32ウ 牝山羊(メヤギ)
873 A he-goat. Un bouc.	22オ 牡山羊(ヲヤギ)	45オ 牡山羊(ヲヤギ) he-goat.	下32ウ 牡山羊(ヲヤギ)
874 A cat. Un chat.	22オ 猫(ネコ)	45オ 猫(ネコ) cat.	下32ウ 猫(ネコ)
875 A dog. Un chien.	22オ 犬(イヌ)	45オ 狗(イヌ) dog.	下32ウ 犬(イヌ)
876 A bitch. Une chienne.	22オ 牝犬(メイヌ)	45オ 牝狗(メイヌ) bitch.	下32ウ 牝犬(メイヌ)
877 A mastiff. Un mâtin.	22オ 獒(オホイヌ)	45オ 獒(オホイヌ) mastiff.	下32ウ 獒(オホイヌ)
878 A pig. Un porc.	22オ 豕(ブタ)	45オ 豕(ブタ) pig.	下32ウ 豕(フダ(ママ))
879 The swan. Le cigne.	22オ 鵠(ハクテウ)	45ウ 鵠(ハクテウ) swan.	下32ウ 鵠(ハクテウ)
880 A peacock. Un paon.	22オ 孔雀(クジャク)	45ウ 孔雀(クジャク) peacock.	下32ウ 孔雀(クジャク)
881 A goose. Une oie.	22オ 鵞(ガテウ)	45ウ 鵞(ガテウ) goose.	下33オ 鵞(ガテウ)
882 A turkey. Un dindon.	22オ 百露國雞(カラクンテウ)	45ウ 火雞(カラクンテウ) turkey.	下33オ 百露国雞(カラクンテウ)
883 A duck. Un canard.	22オ 鴨(アヒル)	45ウ 家鴨(アヒル) duck.	下33オ 鴨(アヒル)
884 A pigeon. Une colombe.	22オ 鳩(ハト)	45ウ 鳩(ハト) pigeon.	下33オ 鳩(ハト)

『英吉利単語篇増訳』 （1871年刊）	『英和対訳袖珍辞書』（初版、文久二年） （1862年刊）	『改正増補英和対訳袖珍辞書』（慶応二年版） （1866年刊、初版と異同のある場合のみ記載）
870 牡羊<ruby>ヲヒツジ</ruby>	Ram, *s.*城ノ塀抷ヲ打崩ス具. 築礎ノ具 ニ付テアル重リ	Ram, *s.*城ノ塀抷ヲ打崩ス具. 羊. 白羊 宮. 水ヲ挙ル具
871 羊<ruby>ヒツジ</ruby>	Sheep, *s.*羊	
872 牝山羊<ruby>メヤギ</ruby>	She, *s.*雌 （中略） A she-goat.牝野牛	She, *s.*雌 （中略） A she-goat.牝山羊<ruby>ヤギ</ruby>
873 牡山羊<ruby>オヤギ</ruby>	He, *pron.*彼カ_{男ニ就テ言フ時用ユ} he-goat.牡野牛	He, *pron.*彼カ_{男ニ就テ言フ時用ユ} he-goat.山羊ノ牡<ruby>ヤギ</ruby>
874 猫<ruby>ネコ</ruby>	Cat, *s.*猫	
875 犬<ruby>イヌ</ruby>	Dog, *s.*犬. 人ヲ賤ミ云フ語. 火焼所ノ 周リニ付テアル鉄ノ囲ヒ. 滑稽ケル人	Dog, *s.*犬. 人ヲ賤ミ云フ語. 火焼所ニ テ用ル鉄ノ具. 舟夫ノ鉄鉤. 鋸匠ノ用 ユル鉄ノ具
876 牝犬<ruby>メイヌ</ruby>	（bitchナシ）	
877 獒<ruby>ヲホイヌ</ruby>	Mastiff, *s.*強クシテ勇猛ナル大犬	
878 豕<ruby>ブタ</ruby>	Pig, *s.*豕. アラ金ノ塊リ	Pig, *s.*豚<ruby>キノコ</ruby>. アラ金ノ塊リ
879 鵠<ruby>ハクテウ</ruby>	uwan<ruby>ママ</ruby>, *s.*大ナル白キ水鳥	Swan, *s.* 鵠<ruby>ハクテウ</ruby>
880 孔雀<ruby>クジヤク</ruby>	Pea-cock, *s.*孔雀	
881 鵞<ruby>ガテウ</ruby>	Goose, *s.*鵞. 梟ノ子. コテ火ノシ_{仕立屋} ノ	Goose, *s.*鵞. スグリ. コテ火ノシ_{仕立屋} ノ
882 露國雞（ママ）<ruby>カラクンテウ</ruby>	Turkey, *s.*「カラクン」鳥	Turkey, *s.*白露国鶏<ruby>カラクンテウ</ruby>
883 鴨<ruby>アヒル</ruby>	Duck, *s.*鴨類ノ総名. 水中ニ潜リ入ル コト. 恋人	Duck, *s.*鴨類ノ総名. 水上ニ斜ニ投タ ル石. 頓首
884 鳩<ruby>ハト</ruby>	Pigeon, *s.*鳩	

『英吉利単語篇』(1866年刊) 『法朗西単語篇』(1866年刊)	『英仏単語篇注解』 (1867年5月刊)	『対訳名物図編』 (1867年9月序刊)	『英仏単語便覧』 (1868年1月序刊)
885 A cock. Un coq.	22オ 雄鶏(ヲンドリ)	45ウ 雄雞(ヲンドリ) coek.(ママ)	下33オ 雄鶏(ヲンドリ)
886 A hen. Une poule.	22オ 鷗鶏(メンドリ)	45ウ 雌雞(メンドリ) hen.	下33オ 鷗鶏(メンドリ)
887 A chicken. Un poulet.	22オ 雛(ヒヨコ)	45ウ 雛(ヒヨコ) chicken.	下33オ 雛(ヒヨコ)
888 The bear. L'ours.	22オ 熊(クマ)	45ウ 熊(クマ) bear.	下33オ 熊(クマ)
889 The wolf. Le loup.	22オ 狼(オホカミ)	46オ 狼(オホカメ) wolf.	下33オ 狼(オホカミ)
890 The fox. Le renard.	22オ 狐(キツネ)	46オ 狐(キツネ) fox.	下33オ 狐(キツネ)
891 A wild-boar. Un sanglier.	22オ 野猪(ヰノシヽ)	46オ 野猪(ヰノシヽ) wild-boar.	下33オ 野猪(ヰノシヽ)
892 The stag. Le cerf.	22オ 鹿(シカ)	46オ 鹿(シカ) stag.	下33オ 鹿(シカ)
893 The hind. La biche.	22オ 牝鹿(メジカ)	46オ 牝鹿(メジカ) hind.	下33オ 牝鹿(メジカ)
894 A hare. Un lièvre.	22ウ 兎(ウサギ)	46オ 兎(ウサギ) hare.	下33オ 兎(ウサギ)
895 The badger. Le blaireau.	22ウ 狸(タヌキ)	46オ 狸(タヌキ) badger.	下33ウ 狸(タヌキ)
896 A rabbit. Un lapin.	22ウ 家兎(ナンキンウサギ)	46オ 家兎(ナンキンウサギ) rabbit.	下33ウ 家兎(ナンキンウサギ)
897 The hedge-hog. Le hérisson.	22ウ 蝟(ハリネヅミ)	46オ 猬(ハリネズミ) hedge-hog.	下33ウ 蝟(ハリネヅミ)
898 A marmot. Une marmotte.	22ウ 土撥鼠(ドバツツ)(俗ニ云フモルモツトニハ非ズ)	46オ 土撥鼠(ドハツツ)(俗ニ云モロモツトニハ非 marmot.	下33ウ 土撥鼠(ドバツツ)(俗ニ云モルモツトニハアラズ)
899 A rat. Un rat.	22ウ 鼠(ネヅミ)	46ウ 鼠(ネズミ) rat.	下33ウ 鼠(ネヅミ)

『英吉利単語篇増訳』 （1871年刊）	『英和対訳袖珍辞書』（初版、文久二年） （1862年刊）	『改正増補英和対訳袖珍辞書』（慶応二年版） （1866年刊、初版と異同のある場合のみ記載）
885 雄鶏^{ヲンドリ}	Cock, s.牡^{鳥獣}ノ. 五兩^{カザミ}. 觜管^{ノミクチ}. 乾草ノ一群. 鶏頭^{銃ノ}. 帽子ノ飾物	Cock, s.雄^{鳥ノ}. 長. 五兩^{カザミ}. 觜管^{ノミクチ}. 乾草ノ一群. 鶏頭^{銃ノ}. 帽子ノ飾物 日時計ノ針
886 �ドリ鷄	Hen, s.雌鶏	
887 雛^{ヒヨコ}	Chick, Chicken, s.雛^{ヒヨコ}	
888 熊^{クマ}	Bear, s.熊又星像ノ名	
889 狼^{ヲホカミ}	Wolf, s.狼	
890 狐^{キツネ}	Fox, s.狐. 偽計アル人	
891 野猪^{イノシシ}	Wild, adj.荒レ果タル. 荒〃シキ. 法外ナル Boar, s.牝豕 Boar-spear, s.野猪狩ニ用ユル鎗	Wild, adj.荒レ果タル所. 荒地 Boar, s.牝豕 Boar-spear, s.野猪狩ニ用ユル鎗
892 鹿^{シカ}	Stag, s.鹿	Stag, s.鹿ノ牡
893 牝鹿^{メシカ}	Hind, s.牝鹿. 百姓. 奴僕	
894 兎^{ウサギ}	Hare, s.飛バズニ走ル兎	Hare, s. 兎^{ウサギ}
895 狸^{タヌキ}	Badger, s.狸	
896 家兎^{ナンキンウサギ}	Rabbit, s.兎	Rabbit, s. 家兎^{ナンキンウサギ}
897 蝟^{ケハリネズミ}	Hedge-hog, s.豪猪	Hedge-hog, s. 蝟^{ハリネズミ}. 罵ル語. 苜蓿ノ類. 魚^{ハリセンボン}虎. 川ヲ浚フ具ノ名
898 土撥鼠^{ヤマネズミ}	Marmot, s.獣ノ名	Marmot, s.土撥鼠
899 鼠^{ネズミ}	Rat, s.鼠 敵ノ方ニ降参シタル者	Rat, s.鼠

『英吉利単語篇』(1866年刊) 『法朗西単語篇』(1866年刊)	『英仏単語篇注解』 (1867年5月刊)	『対訳名物図編』 (1867年9月序刊)	『英仏単語便覧』 (1868年1月序刊)
900 A mouse. Une souris.	22ウ 鼴鼠 ﾊﾂｶﾈｽﾞﾐ	46ウ 鼴鼠 ﾊﾂｶﾈｽﾞﾐ mouse.	下33ウ 鼴鼠 ﾊﾂｶﾈﾂﾞﾐ
901 A bat. Une chauve-souris.	22ウ 蝙蝠 ｶｳﾓﾘ	46ウ 蝙蝠 ｶｳﾓﾘ bat.	下33ウ 蝙蝠 ｶｳﾓﾘ
902 A bird of prey. Un oiseau de proie.	22ウ 鷙鳥 ｼﾃｳ（他ノ生物ヲ捕テ食スル鳥類）	46ウ 鷙鳥 ｼﾃｳ 生物ヲ捕リ食フ鳥類 bird of prey.	下33ウ 鷙鳥 ｼﾃｳ（他ノ生物ヲ捕テ食スル鳥類）
903 An eagle. Un aigle.	22ウ 鷲 ﾜｼ	46ウ 鷲 ﾜｼ eagle.	下33ウ 鷲 ﾜｼ
904 A falcon. Un faucon.	22ウ 鷹 ﾀｶ	46ウ 鷹 ﾀｶ falcon.	下33ウ 鷹 ﾀｶ
905 An owl. Un hibou.	22ウ 梟 ﾌｸﾛﾌ	46ウ 梟 ﾌｸﾛﾌ owl.	下33ウ 梟 ﾌｸﾛﾌ
906 A stork. Une cigogne.	22ウ 鸛 ｺｳ	46ウ 鸛 ｺｳ stork.	下33ウ 鸛 ｺｳ
907 A crane. Une grue.	22ウ 鶴 ﾂﾙ	46ウ 鶴 ﾂﾙ crane.	下33ウ 鶴 ﾂﾙ
908 A heron. Un héron.	22ウ 鷺 ｻｷﾞ	46ウ 鷺 ｻｷﾞ heron.	下33ウ 鷺 ｻｷﾞ
909 A crow. Une corneille.	22ウ 烏 ｶﾗｽ	47オ 烏 ｶﾗｽ crow.	下34オ 烏 ｶﾗｽ
910 A cuckoo. Un coucou.	22ウ 杜鵑 ﾎﾄヽｷﾞｽ	47オ 杜鵑 ﾎﾄヽｷﾞｽ cuckoo.	下34オ 杜鵑 ﾎﾄヽｷﾞｽ
911 A pheasant. Un faisan.	22ウ 雉 ｷｼﾞ	47オ 雉 ｷｼﾞ pbeasant.（ママ）	下34オ 鳩 ｷｼﾞ
912 A partridge. Une perdrix.	22ウ 鷓胡 ｼﾔｺ（和名ナシ）	47オ 鷓鴣 ｼﾔｺ partridge.	下34オ 鷓胡 ｼﾔｺ（和名ナシ）
913 A woodcock. Une bécasse.	22ウ 真鴫 ﾏｼｷﾞ	47オ 真鴫 ﾏｼｷﾞ woodcock.	下34オ 真鴫 ﾏｼｷﾞ
914 A snipe. Une bécassine.	22ウ 鷸 ｼｷﾞ	47オ 鷸 ｼｷﾞ snipe.	下34オ 鷸 ｼｷﾞ
915 A lark. Une alouette.	22ウ 雲雀 ﾋﾊﾞﾘ	47オ 雲雀 ﾋﾊﾞﾘ lark.	下34オ 雲雀 ﾋﾊﾞﾘ

『英吉利単語篇増訳』 （1871年刊）	『英和対訳袖珍辞書』（初版、文久二年） （1862年刊）	『改正増補英和対訳袖珍辞書』（慶応二年版） （1866年刊、初版と異同のある場合のみ記載）
900 鼫鼠 （ハツカネツミ）	Mouse, *s.*鼠	Mouse, *s.* 鼫鼠（ハツカネゾミ）
901 蝙蝠 （カウモリ）	Bat, *s.*蝙蝠. 太キ棒	
902 鷙鳥 （シチヨ）	Bird, *s.*鳥 Prey, *s.*押シ取シタル物. 餌食 　Bird of prey.物ヲ掴ミ取リスル鳥ノ 　　捻名	
903 鷲 （ワシ）	Eagle, *s.*鷲. 合衆国ノ金銭ノ名	
904 鷹 （タカ）	Falcon, *s.*鷹	
905 梟 （フクロフ）	Owl, owlet, *s.*梟	
906 鸛 （コウ）	Stork, *s.*鴻	Stork, *s.* 鸛（コウノトリ）
907 鶴 （ツル）	Crane, *s.*鶴. 竜ノ口. 重荷ヲ揚ケ下ケ スル時ニ用ル桔橰ノ様ニ造リタル道具	
908 鷺	Hern, Heron, *s.*鷺	
909 烏 （カラス）	Crow, *s.*烏. 鋲棒	
910 鵲 （カサヽギ）	Cuckoo, *s.*杜鵑. 姦通スル婦人ノ夫	Cuckoo, *s.*杜鵑
911 雉 （キジ）	Pheasant, *s.*雉ノ名	Pheasant, *s.*雉
912 鷓胡 （シヤコ）	Partridge, *s.*山鳥	Partridge, *s.*鷓鴣
913 真鴫 （マシギ）	Wood-cock, *s.*山ニ住ム鴫	Wood-cock, *s.*鷸 ॰
914 鷸 （シギ）	Snipe, *s.*鴫. 愚	Snipe, *s.*鷸（シギ）. 愚
915 雲雀 （ヒバリ）	Lark, *s.*雲雀	

『英吉利単語篇』(1866年刊) 『法朗西単語篇』(1866年刊)	『英仏単語篇注解』 （1867年5月刊）	『対訳名物図編』 （1867年9月序刊）	『英仏単語便覧』 （1868年1月序刊）
916 A nightingale. Un rossignol.	23オ ^{ウグヒス}鶯	47オ ^{ウグヒス}鶯 nightingale.	下34オ ^{ウグヒス}鶯
917 A chaffinch. Un pinson.	23オ ^{キンシタワウジヤク（ママ）}金 絲 黄 雀 (和名ナシ)	47オ 金絲黄雀 chaffinch.	下34オ ^{キンシワウジヤク}金絲黄雀
918 A canary. Un serin.	23オ カナリヤ	47オ ^{カナリヤ}楅嶋鳥 canary.	下34オ カナリヤ
919 A swallow. Une hirondelle.	23オ ^{ツバクラ}燕	47ウ ^{ツバクラ}燕 swallow.	下34オ ^{ツバクラ}燕
920 A sparrow. Un moineau.	23オ ^{スヾメ}雀	47ウ ^{スヾメ}雀 sparrow.	下34オ ^{スヾメ}雀
921 A parrot. Un perroquet.	23オ ^{インコ}鸚哥	47ウ ^{アウム}鸚鵡 parrot.	下34オ ^{インコ}鸚哥
922 Sea-fishes. Les poissons de mer.	23オ ^{ウミウヲ}海魚	47ウ ^{ウミウヲ}海魚 Sea-fishes.	下34オ ^{ウミウヲ}海魚
923 The cod. Le cabillaud.	23オ ^{タ　ラ}大口魚	47ウ ^{タ　ラ}黄顙魚 cod.	下34ウ ^{タ　ラ}大口魚
924 The dried cod. La merluche.	23オ ^{ヒ ダ ラ}乾大口魚	47ウ ^{ヒ ダ ラ}干鱈（ママ） dried cod.	下34ウ ^{ヒ ダ ラ}乾大口魚
925 The haddock. L'aigrefin.	23オ ^{コダラ}小鱈	47ウ ^{コダラ}小鱈 haddock.	下34ウ ^{コダラ}小鱈
926 The skate. La raie.	23オ ^{ハリエイ}鯆魚	47ウ ^{ハリエイ}海鷂魚 skate.	下34ウ ^{ハリエイ}鯆魚
927 The sole. La sole.	23オ ^{シタビラメ}鞋底魚	47ウ ^{シタビラメ}鞋屝魚 sole.	下34ウ ^{シタビラメ}鞋底魚
928 The herring. Le hareng.	23オ ^{ニ シ ン}糟白魚	47ウ ^{ニ シ ン}糟白魚 ^{ママ}hering.	下34ウ ^{ニ シ ン}糟白魚
929 The pilchard. La sardine.	23オ ^{イワシ}鰮魚	48オ ^{イワシ}海鰮 pilchard.	下34ウ ^{イワシ}鰮魚
930 The crab. La crevette.	23オ ^{カニ}蟹	48オ ^{カニ}蟹 crab.	下34ウ ^{カニ}蟹
931 The oyster. L'huître.	23オ ^{カ キ}牡蠣	48オ ^{カ キ}牡蠣 oyster.	下34ウ ^{カ キ}牡蠣
932 The muscle. La moule.	23オ ^{イノカヒ}淡菜	48オ ^{イノ カ ヒ}東海夫人 muscle.	下34ウ ^{イノカヒ}淡菜

『英吉利単語篇増訳』 （1871年刊）	『英和対訳袖珍辞書』（初版、文久二年） （1862年刊）	『改正増補英和対訳袖珍辞書』（慶応二年版） （1866年刊、初版と異同のある場合のみ記載）
916 鶯^{ウグイス}	Nightingale, *s.*鶯. 駒鳥ノ類	Nightingale, *s.*鶯
917 金絲黄雀^{キンシクワウジヤク}	Chaffinch, *s.*鶯鳥ノ一種	Chaffinch, *s.*金絲茨雀
918 カナリヤ	Canary, -bird, *s.*福島鳥^{カナリヤ}	
919 燕^{ツバクロ}	Swallow, *s.*燕. 咽喉. 鵜呑ミニスルコト	Swallow, *s.*燕. 咽喉. 一ト呑ミ. 貪食
920 雀^{スズメ}	Sparrow, s,雀	
921 鸚哥^{インコ}	Parrot, *s.*鸚鵡	Parrot, *s.*鸚哥
922 海魚^{カイギヨ}	Sea-fish, *s.*海魚	
923 大口魚^{タラ}	Cod, cod-fish, *s.*鱈ノ類	Cod, cod-fish, *s.*鱈魚^{アラ}
924 乾大口魚^{ヒダラ}	Dry-ied-ying, *v.a. et n.*乾カス. 乾ク Cod, cod-fish, *s.*鱈ノ類	Dry-ied-ying, *v.a. et n.*乾カス. 乾ク Cod, cod-fish, *s.*鱈魚^{アラ}
925 小鱈^{コダラ}	Haddock, *s.*鱸魚	Haddock, *s.*大口魚ノ類^{タラ}
926 鯆魚^{ハリエイ}	Stake, *s.*氷沓. 鱝	Stake, *s.*氷沓. 鯆魚^{ハリエイ}
927 鞋底魚^{ヒタヒラメ（ママ）}	Sole, *s.*馬蹄. 脚. 舌	Sole, *s.*馬蹄. 足. 魚ノ名
928 糟白魚^{ニシシ（ママ）}	Herring, *s.*鰊	Herring, *s.*青魚^{ニシン}
929 鰮魚^{イワシ}	Pilchard, *s.*鰯	Pilchard, *s.*鰮魚一種大ナル者^{イワシ}
930 蟹^{カニ}	Crab, *s.*海老 蟹. 意地悪キ人. 喧嘩ズキノ女. 岬ヲ知ラセル為ニ建ル標. 山平果	Crab, *s.*蟹. 意地悪キ人. 大石ヲ上ル道具. 巻轆轤ノ類. 山査子
931 牡蛎^{ボレイ}	Oyster, *s.*牡蠣	
932 淡菜^{イノカヒ}	Muscle, *s.*筋貝名	Muscle, *s.*筋. 淡菜^{イノカヒ}

『英吉利単語篇』(1866年刊) 『法朗西単語篇』(1866年刊)	『英仏単語篇注解』 (1867年5月刊)	『対訳名物図編』 (1867年9月序刊)	『英仏単語便覧』 (1868年1月序刊)
933 River-fishes. Les poissons de rivière.	23オ 河魚(カハウヲ)	48オ 河魚(カハウヲ) River-fishes.	下34ウ 河魚(カハウヲ)
934 The salmon. Le saumon.	23オ 過臘魚(サケ)	48オ 過臘魚(サケ) salmon.	下34ウ 過臘魚(サケ)
935 The pike. Le brochet.	23オ 竹籤魚(チクシンギヨ)(和名ナシ)	48オ 竹籤魚(チクシンギヨ)和名ナシ pike.	下34ウ 竹籤魚(チクシンギヨ)(和名ナシ)
936 The carp. La carpe.	23オ 鯉(コヒ)	48オ 鯉(コヒ) carp.	下34ウ 鯉(コヒ)
937 The eel. L'anguille.	23オ 鰻(ウナギ)	48オ 鰻(ウナギ) eel.	下35オ 鰻(ウナギ)
938 The craw-fish. L'écrevisse.	23ウ 蝲蛄(ザリガニ)	48オ 蝲蛄(ザリガニ) craw-fish.	下35オ 蝲蛄(ザリガニ)
939 The serpent. Le serpent.	23ウ 虵類(ヘビノルキ)(揔名ナリ)	48ウ 蛇類(ヘビルキノ惣名也) serpent.	下35オ 虵類(ヘビノルキ)(揔名ナリ)
940 The snake. La couleuvre.	23ウ 蛇(ヘビ)	48ウ 蛇(ヘビ) snake.	下35オ 蛇(ヘビ)
941 The toad. Le crapaud.	23ウ 蟾蜍(ヒキガヘル)	48ウ 蟇(ヒキガヘル) toad.	下35オ 蟾蜍(ヒキガヘル)
942 The frog. La grenouille.	23ウ 蟇(カヘル)	48ウ 蛙(カハヅ) frog.	下35オ 蟇(カヘル)
943 The scorpion. Le scorpion.	23ウ 蠍(ゼンカツ)	48ウ 蠍(サソリ) scorpion.	下35オ 蠍(ゼンカツ)
944 The lizard. Le lézard.	23ウ 蜥蜴(トカゲ)	48ウ 蜥蜴(トカゲ) lizard.	下35オ 蜥蜴(トカゲ)
945 The worm. Le ver.	23ウ 虫(ムシ)但シ柔ナル虫ノ揔名ナリ甲アリ羽アル虫ハウヲルムニアラズ甲アル虫ノ類ハインセクトト云フ[1]	48ウ 虫(ムシ)柔ナルムシノ惣名也 worm.	下35オ 虫(ムシ)但シ柔虫ノ揔名甲アルノ類ハインセクトト云フ
946 The silk-worm. Le ver à soie.	23ウ 蠶(カヒコ)	48ウ 蠶(カヒコ) silk-worm.	下35オ 蠶(カヒコ)

1 『英仏単語篇注解』945番の注釈末尾「甲アル虫ノ類ハインセクトト云フ」は、後印本において削除。

『英吉利単語篇増訳』 （1871年刊）	『英和対訳袖珍辞書』（初版、文久二年） （1862年刊）	『改正増補英和対訳袖珍辞書』（慶応二年版） （1866年刊、初版と異同のある場合のみ記載）
933 河魚^{カハノウヲ}	River, *s.*河 Fish, *s.*魚	River, *s.*河 Fish, *s.*魚. 魚肉. 舩ノ材ノ名
934 鮭^{サケ}	Salmon, *s.*鱒^{マス}	Salmon, *s.*松魚^{サケ}
935 竹籤魚^{チクシン}	Pike, *s.*槍. 末那箸^{マナ}. 梭魚^{カマス}	Pike, *s.*槍. 末那箸^{マナ}ノ類. 魚名
936 鯉	Carp, *s.*鯉	
937 鰻^{ウナギ}	Eel, *s.*鰻	
938 蝲蛄^{ザリガニ}	Crawfish, Crayfish, *s.*河海老	Crawfish, Crayfish, *s.*蝲蛄^{ザリガニ}
939 虵類^{ヘビノルイ}	Serpent, *s.*投ゲ火矢. 蛇	Serpent, *s.*蛇. 星座ノ名. 笛ノ類
940 虵^{ヘビ}	Snake, *s.*蛇	
941 蟾蜍^{ヒキカエル}	Toad, *s.*蛙	Toad, *s.*蟾蜍^{ヒキガヘル}
942 蟇^{カヘル}	Frog, *s.*蟇	Frog, *s.*蟇^{カヒル}
943 蠍^{ゼンカウ（ママ）}	Scorpion, *s.*蛇虫	Scorpion, *s.*蠍^{ゼンカツ}. 天蝎宮_{十二宮ノ}
944 蜥蜴^{トカゲ}	Lizard, *s.*壁虎^{ヤモリ}	Lizard, *s.*蜥蜴^{トカゲ}
945 虫^{ムシ}柔ナル虫ノ總名	Worm, *s.*虫. 小刀ノ類. 〆ネチ螺釘ヲウケ^ル	Worm, *s.*虫. 煩悩. 賎物. 煩塞_{又ハ}甬彈ヲ抜ク器械. 巻曲シタル物. 蒸餾器ノ巻曲管
946 蚕^{カイコ}	Silk-worm, *s.*蠶	

『英吉利単語篇』(1866年刊) 『法朗西単語篇』(1866年刊)	『英仏単語篇注解』 (1867年5月刊)	『対訳名物図編』 (1867年9月序刊)	『英仏単語便覧』 (1868年1月序刊)
947 The caterpillar. La chenille.	23ウ 蝐蛤^{アヲムシ}	48ウ 蝐蛤^{アヲムシ} caterpillar.	下35オ 蝐蛤^{アヲムシ}
948 The grasshopper. La cigale.	23ウ 蟲螽^{バッタ}	48ウ 蟲螽^{バッタ} grasshopper.	下35オ 蟲螽^{バッタ}
949 The bee. L'abeille.	23ウ 蜜蜂^{ミツバチ}	49オ 蜜蜂^{ミツバチ} bee.	下35オ 蜜蜂^{ミツバチ}
950 The wasp. La guêpe.	23ウ 蜂^{ハチ}	49オ 木蜂^{キバチ} wasp.	下35オ 蜂^{ハチ}
951 The locust. La sauterelle.	23ウ 螽斯^{キリギリス}	49オ 螽斯^{キリギリス} locust.	下35ウ 螽斯^{キリギリス}
952 The butterfly. Le papillon.	23ウ 蛺蝶^{テフ}	49オ 蝶^{テフ} butterfly.	下35ウ 蛺蝶^{テフ}
953 The flea. La puce.	23ウ 蚤^{ノミ}	49オ 蚤^{ノミ} flea.	下35ウ 蚤^{ノミ}
954 The louse. Le pou.	23ウ 虱^{シラミ}	49オ 虱^{シラミ} louse.	下35ウ 虱^{シラミ}
955 The ant. La fourmi.	23ウ 蟻^{アリ}	49オ 蟻^{アリ} ant.	下35ウ 蟻^{アリ}
956 The gnat. Le moucheron.	23ウ 蚊^カ	49オ 蚊^カ gnat.	下35ウ 蚊^カ
957 The fly. La mouche.	23ウ 蠅^{ハヒ}	49オ 蠅^{ハヘ} fly.	下35ウ 蠅^{ハヒ}
958 The spider. L'araignée.	24オ 蜘蛛^{クモ}	49オ 蜘蛛^{クモ} spider.	下35ウ 蜘蛛^{クモ}
959 The snail. Le limaçon.	24オ 蝸牛^{カタツブリ}	49ウ 蝸牛^{カタツブリ} snail.	下35ウ 蝸牛^{カタツムリ}
960 Gold. L'or.	24オ 金^{キン}	49ウ 金^{キン} Gold.	下35ウ 金^{キン コガネ}
961 Silver. L'argent.	24オ 銀^{ギン}	49ウ 銀^{ギン} Silver.	下35ウ 銀^{ギン シロカネ}
962 Platina. Le platine.	24オ 白金^{ハクキン}	49ウ 白金^{ハクキン} Platina.	下35ウ 白金^{ハクキン}
963 Copper. Le cuivre.	24オ 銅^{アカガネ}	49ウ 銅^{アカガネ} Copper.	下35ウ 銅^{アカガネ}

『英吉利単語篇増訳』 （1871年刊）	『英和対訳袖珍辞書』（初版、文久二年） （1862年刊）	『改正増補英和対訳袖珍辞書』（慶応二年版） （1866年刊、初版と異同のある場合のみ記載）
947 蟪蛄^{アラムシ}	Caterpillar, *s.*葉虫	Caterpillar, *s.*蟪蛄^{アヲムシ}
948 蟲冬蚰^{バッタ}	Grass-hopper, *s.*螽	Grass-hopper, *s.*蟲螽^{バッタ}
949 蜜蜂^{ミツバチ}	Bee, *s.*蜜蜂	
950 蜂^{ハチ}	Wasp, *s.*腰細蜂	Wasp, *s.*黄蜂
951 螽斯^{キリギリス}	Locust, *s.*螽	Locust, *s.*蟲螽^{バッタ}
952 蛺蝶^{テフ}	Butter-fly, *s.*蝴蝶	Butterfly, *s.*蝴蝶
953 蚤^{ノミ}	Flea, *s.*蚤	
954 蝨^{シラミ}	Louse, *s.*虱	
955 蟻^{アリ}	Ant, *s.*蟻	
956 蚊^カ	Gnat, *s.*蚊	
957 蠅^{ハイ}	Fly, *s.*蠅．時計ノフリ．五両	Fly, *s.*蠅．時計ノフリ．五両^{カザミ}
958 蜘蛛^{クモ}	Spider, *s.*蜘蛛	
959 蝸牛^{カタツムリ}	Snail, *s.*蝸牛	
960 金^{キン}	Gold, *s.*金	
961 銀^{ギン}	Silver, *s.*銀	
962 白金^{ハクキン}	Platina, *s.*白金	Platina,-num, *s.*白金
963 銅^{アカガネ}	Copper, *s.*銅．薬鑵	Copper, *s.*銅．薬鑵．銅錢

『英吉利単語篇』(1866年刊) 『法朗西単語篇』(1866年刊)	『英仏単語篇注解』 (1867年5月刊)	『対訳名物図編』 (1867年9月序刊)	『英仏単語便覧』 (1868年1月序刊)
964 Iron. Le fer.	24才 <ruby>鉄<rt>テツ</rt></ruby>	49ウ <ruby>鐵<rt>テツ</rt></ruby> Iron.	下35ウ <ruby>鉄<rt>テツ</rt></ruby>
965 Steel. L'acier.	24才 <ruby>鋼鉄<rt>ハガネ</rt></ruby>	49ウ <ruby>鋼鐵<rt>ハガネ</rt></ruby> Steel.	下36才 <ruby>鋼鉄<rt>ハカネ</rt></ruby>
966 Lead. Le plomb.	24才 <ruby>鉛<rt>ナマリ</rt></ruby>	49ウ <ruby>鉛<rt>ナマリ</rt></ruby> Lead.	下36才 <ruby>鉛<rt>ナマリ</rt></ruby>
967 Zinc. Le zinc.	24才 <ruby>亜鉛<rt>トタン</rt></ruby>	49ウ <ruby>亞鉛<rt>トタン</rt></ruby> Zinc.	下36才 <ruby>亜鉛<rt>トタン</rt></ruby>
968 Quicksilver. Le vif-argent.	24才 <ruby>水銀<rt>ミヅカネ</rt></ruby>	49ウ <ruby>水銀<rt>ミヅカネ</rt></ruby> Quicksilver.	下36才 <ruby>水銀<rt>ミヅカネ</rt></ruby>
969 Pewter. L'étain.	24才 <ruby>錫鑞<rt>スヾラウ</rt></ruby>（仏<ruby>錫<rt>スヾ</rt></ruby>）	50才 <ruby>錫鑞<rt>スヾラウ</rt></ruby> Pewter.	下36才 <ruby>錫鑞<rt>スヾラウ</rt></ruby>（仏、<ruby>錫<rt>スヾ</rt></ruby>）
970 Tin. Le fer-blanc.	24才 <ruby>錫<rt>スヾ</rt></ruby>（仏<ruby>鐵葉<rt>ブリッキ</rt></ruby>）	50才 <ruby>錫<rt>スヾ</rt></ruby> Tin.	下36才 <ruby>錫<rt>スヾ</rt></ruby>（仏、<ruby>鉄葉<rt>ブリッキ</rt></ruby>）
971 Brass. Le laiton.	24才 <ruby>黄銅<rt>シンチウ</rt></ruby>	50才 <ruby>黄銅<rt>シンチウ</rt></ruby> Brass.	下36才 <ruby>黄銅<rt>シンチウ</rt></ruby>
972 Bronze. Le bronze.	24才 <ruby>青銅<rt>カラカネ</rt></ruby>	50才 <ruby>青銅<rt>カラカネ</rt></ruby> Bronze.	下36才 <ruby>青銅<rt>カラカネ</rt></ruby>
973 The agate. L'agate.	24才 <ruby>瑪瑙<rt>メナウ</rt></ruby>	50才 <ruby>瑪瑙<rt>メナウ</rt></ruby> agate.	下36才 <ruby>瑪瑙<rt>メナウ</rt></ruby>
974 The diamond. Le diamant.	24才 <ruby>金剛石<rt>ヂヤマント</rt></ruby>	50才 <ruby>金剛石<rt>ヂヤマント</rt></ruby> diamond.	下36才 <ruby>金剛石<rt>ヂヤマント</rt></ruby>
975 The garnet. Le grenat.	24才 <ruby>柘榴石<rt>ザクロイシ</rt></ruby>	50才 <ruby>柘榴石<rt>ザクロイシ</rt></ruby> garnet.	下36才 <ruby>柘榴石<rt>ザクロイシ</rt></ruby>
976 The coral. Le corail.	24才 <ruby>珊瑚<rt>サンゴ</rt></ruby>	50才 <ruby>珊瑚<rt>サンゴ</rt></ruby> coral.	下36才 <ruby>珊瑚<rt>サンゴ</rt></ruby>
977 Marble. Le marbre.	24才 <ruby>大理石<rt>ダイリセキ</rt></ruby>	50才 <ruby>大理石<rt>ダイリセキ</rt></ruby> Marble.	下36才 <ruby>大理石<rt>ダイリセキ</rt></ruby>
978 Cloth. Le drap.	24才 <ruby>哆囉呢<rt>ラシヤ</rt></ruby>	50才 <ruby>羅紗<rt>ラシヤ</rt></ruby> Cloth.	下36才 <ruby>哆囉呢<rt>ラシヤ</rt></ruby>
979 Linen. La toile.	24才 <ruby>亜麻布<rt>アサヌノ</rt></ruby>	50才 <ruby>蔴布<rt>アサヌノ</rt></ruby> Linen.	下36ウ <ruby>亜麻布<rt>アサヌノ</rt></ruby>
980 Cotton. Le coton.	24ウ <ruby>草綿<rt>モメン</rt></ruby>	50ウ <ruby>木綿<rt>モメン</rt></ruby> Cotton.	下36ウ <ruby>草綿<rt>モメン</rt></ruby>

『英吉利単語篇増訳』 （1871年刊）	『英和対訳袖珍辞書』（初版、文久二年） （1862年刊）	『改正増補英和対訳袖珍辞書』（慶応二年版） （1866年刊、初版と異同のある場合のみ記載）
964 鉄^{テツ}	Iron, *s.*鉄. 鈷鉧. 手械. 足械	
965 鋼鉄^{ハガネ}	Steel, *s.*鋼鉄. 火打	Steel, *s.*鋼鉄. 兵器. 堅剛
966 鉛^{ナマリ}	Lead, *s.*鉛. 石蓳. 骨牌遊ヒノ語	Lead, *s.*鉛. 蓳ニ付タル金具
967 亜鉛^{トタン}	Zinc, *s.*病ノ名	Zinc, *s.*亜鉛^{トタン}
968 水銀^{ミヅカネ}	Quick-silver, *s.*水銀	
969 錫鑞^{スヾラウ}	Pewter, *s.*錫	Pewter, *s.*鉛ヲ交タル錫
970 錫^{スヾ}	Tin, *s.*錫. ブリツキ_{鉄ニ錫ヲ著タルナリ}	Tin, *s.*錫. 馬口鐵^{ブリツキ}
971 黄銅^{シンチユ}	Brass, *s.*黄銅. 青銅. 恥ヌコト. 銅銭	Brass, *s.*黄銅_{シンチウ}. 恥ヌコト. 銅銭
972 青銅^{カラカネ}	Bronze, *s.*青銅. 恥ヲ知ラヌコト	Bronze, *s.*青銅_{カラカネ}. 像
973 瑪瑙^{メノウ}	Agate, *s.*瑪瑙	
974 金剛石^{ギヤマント}	Diamond, *s.*金剛石. 骨牌ノ繪ノ名	Diamond, *s.*金剛石. 活版ノ最小ノ字
975 柘榴石^{ヂヤクロセキ}	Garnet, *s.*貴石	Garnet, *s.*貴石_{柘榴石}
976 珊瑚^{サンゴ}	Coral, *s. et adj.*珊瑚. 珊瑚ノ様ナル	
977 大理石^{ダイリセキ}	Marble, *s.*マルブル石. 土焼ノ小キ球_子. 供ノ手遊	Marble, *s.*大理石. 小キ球_{子供ノ手遊}
978 哆囉呢^{ラシヤ}	Cloth, *s.*羅紗. 卓子ヲ葢フ棉布	Cloth, *s.*羅紗. 卓子ヲ葢フ棉布. 織物 ノ總名
979 亜麻布^{アサヌノ}	Linen, *s.*布	Linen, *s.*布_{亜麻ニテ製シタルモノ}
980 草綿^{モメン}	Cotton, *s.*綿布	Cotton, *s.*草綿^{ワタ}. 綿布

『英吉利単語篇』(1866年刊) 『法朗西単語篇』(1866年刊)	『英仏単語篇注解』 （1867年5月刊）	『対訳名物図編』 （1867年9月序刊）	『英仏単語便覧』 （1868年1月序刊）
981 Silk. La soie.	24ウ 絹（キヌ）	50ウ 絹（キヌ） Silk.	下36ウ 絹（キヌ）
982 Thread. Le fil.	24ウ 糸（イト）	50ウ 絲（イト） Thread.	下36ウ 糸（イト）
983 Satin. Le satin.	24ウ 繻子（シュス）	50ウ 繻子（シュス） Satin.	下36ウ 繻子（シュス）
984 Velvet. Le velours.	24ウ 天鵞絨（ビロウト）	50ウ 天鵞絨（ビロウド） Velvet.	下36ウ 天鵞絨（ビロウド）
985 Ribbon. Le ruban.	24ウ 紐（ヒモ）	50ウ 紐（ヒモ） Ribbon.	下36ウ 紐（ヒモ）
986 Buttons. Les boutons.	24ウ 扣鈕（ボタン）	50ウ 紐鈕（ボタン） Buttons.	下36ウ 扣鈕（ボタン）
987 Leather. Le cuir.	24ウ 革（ナメシガハ）	50ウ 革（ナメシガハ） Leather.	下36ウ 革（ナメシガハ）
988 A hat. Un chapeau.	24ウ 帽子（バウシ）	50ウ 氈笠（ケバウシ） hat.	下36ウ 帽子（バウシ）
989 A cloak. Un manteau.	24ウ 外套（ウハガケ）	51ウ 外套（ウハガケ） cloak.	下36ウ 外套（ウハガケ）
990 A great-coat. Un surtout.	24ウ 大上衣（オホウハギ）	51ウ 長袍（オホウハギ） great-coat.	下36ウ 大上衣（オホウハギ）
991 A dress-coat. Un habit.	24ウ 上衣（ウハギ）	51オ 表衣（ウハギ） dress-coat.	下36ウ 上衣（ウハギ）
992 The sleeves. Les manches.	24ウ 袖（ソデ）	51オ 袖（ソデ） sleeves.	下36ウ 袖（ソデ）
993 The pockets. Les poches.	24ウ 衣袋（カクシ）	51オ 衣嚢（カクシ） pockets.	下37オ 衣袋（カクシ）
994 The lining. La doublure.	24ウ 裏（ウラ）	51オ 裏（ウラ） lining.	下37オ 裏（ウラ）
995 The button-holes. Les boutonnières.	24ウ 鈕孔（ボタンノアナ）	51オ 釦孔（ボタンノアナ） button-holes.	下37オ 鈕孔（ボタンノアナ）
996 A dressing-gown. Une robe de chambre.	24ウ 寝衣（ネマキ）	51オ 寝衣（ネマキ） dressng-gown.（ママ）	下37オ 寝衣（ネマキ）

『英吉利単語篇増訳』 （1871年刊）	『英和対訳袖珍辞書』（初版、文久二年） （1862年刊）	『改正増補英和対訳袖珍辞書』（慶応二年版） （1866年刊、初版と異同のある場合のみ記載）
981 絹^{キヌ}	Silk, *s.*絹	
982 糸^{イト}	Thread, *s.*糸. 糸線	
983 繻子^{シュス}	Satin, *s.*繻子	
984 天鵞絨^{ビロウド}	Velvet, *s.*花ノ名	Velvet, *s.*剪絨^{ビラウド}
985 紐^{ヒモ}	Ribband, Ribbon, *s.*紐	
986 扣鈕^{ボタン}	Button, *s.*扣鈕	
987 革^{ナメシガハ}	Leather, *s.*革	
988 帽子^{バウシ}	Hat, *s.*帽子	
989 外套^{ウハガケ}	Cloak, *s.*外套	
990 大上衣^{オホウハギ}	Great, *adj.*大ナル Coat, *s.*上ハ着. 膜. 蔽ヒ物. 毛皮. 紋印. 鎧	
991 上衣^{ウハギ}	Dress, *s.*衣服. 飾リ Coat, *s.*上ハ着. 膜. 蔽ヒ物. 毛皮. 紋印. 鎧	
992 袖	Sleeve, *s.*袖	
993 衣 袋^{カシシ（ママ）}	Pocket, *s.*袋. 上ハ着ニ付テアル袋	
994 裏^{ウラ}	Lining, *s.*裏_{着物ノ}	
995 鈕 孔^{ボタンアナ}	Button-hole, *s.*扣鈕ノ穴	
996 寝衣^{ネマキ}	Dressing-gown, *s.*粧ヲスル時上ニ着ル衣	

『英吉利単語篇』(1866年刊) 『法朗西単語篇』(1866年刊)	『英仏単語篇注解』(1867年5月刊)	『対訳名物図編』(1867年9月序刊)	『英仏単語便覧』(1868年1月序刊)
997 A waist-coat. Un gilet.	24ウ 短衣〔チョッキ〕	51オ 胴衣〔チョッキ〕 waist-coat.	下37オ 短衣〔チョッキ〕
998 Breeches. La culotte.	24ウ 股引〔モヽヒキ〕	51オ 股引〔モヽヒキ〕 Breeches.	下37オ 股引〔モヽヒキ〕
999 Drawers. Le caleçon.	24ウ 下股引〔シタモヽヒキ〕	51ウ 下股引〔シタモヽヒキ〕 Drawers.	下37オ 下股引〔シタモヽヒキ〕
1000 The neck-cloth. La cravate.	24ウ 襟巻〔エリマキ〕	51ウ 頭帯〔エリマキ〕 neck-cloth.	下37オ 襟巻〔エリマキ〕
1001 Stockings. Les bas.	24ウ 莫大小足袋〔メリヤスタビ〕	51ウ 莫大小足袋〔メリヤスタビ〕 Stockings.	下37オ 莫大小足袋〔メリヤスタビ〕
1002 Stocks. Les chaussettes.	25オ 下足袋〔シタタビ〕	51ウ 下足袋〔シタタビ〕 Stocks.	下37オ 下足袋〔シタタビ〕
1003 Shoes. Les souliers.	25オ 沓〔クツ〕	51ウ 鞋〔クツ〕 Shoes.	下37オ 沓〔クツ〕
1004 Boots. Les bottes.	25オ 長沓〔ナガグツ〕	51ウ 長鞋〔ナガグツ〕 Booits.〔ママ〕	下37オ 長沓〔ナガグツ〕
1005 Goloshes. Les galoches.	25オ 木沓〔キグツ〕	51ウ 木履〔キグツ〕 Goloshes.	下37オ 木沓〔キグツ〕
1006 Slippers. Les pantoufles.	25オ 座敷沓〔ザシキグツ〕	51ウ 上鞋〔ウハグツ〕 Slippers.	下37オ 座敷沓〔ザシキグツ〕
1007 Gloves. Les gants.	25オ 手套〔テブクロ〕	51ウ 手套〔テブクロ〕 Gloves.	下37ウ 手套〔テブクロ〕
1008 A shirt. Une chemise.	25オ 襯衣〔ハダギ〕	51ウ 襯衣〔ハダギ〕 shirt.	下37ウ 襯衣〔ハダギ〕
1009 The handkerchief. Le mouchoir.	25オ 袋巾〔クワイチウテヌグヒ〕	52オ 手巾〔テヌグヒ〕 handkerchlef.〔ママ〕	下37ウ 袋巾〔クワイチウテヌグヒ〕
1010 A comb. Un peigne.	25オ 櫛〔クシ〕	52オ 櫛〔クシ〕 comb.	下37ウ 櫛〔クシ〕
1011 A tooth-brush. Une brosse à dents.	25オ 牙掃〔ミガキヤウジ〕	52オ 歯刷〔ミガキヤウジ〕 tooth-brush.	下37ウ 牙掃〔ミガキヤウジ〕
1012 Tooth-powder. La poudre à dents.	25オ 磨歯散〔ハミガキ〕	52オ 歯磨〔ハミガキ〕 Tooth-powder.	下37ウ 磨歯散〔ハミガキ〕

『英吉利単語篇増訳』 （1871年刊）	『英和対訳袖珍辞書』（初版、文久二年） （1862年刊）	『改正増補英和対訳袖珍辞書』（慶応二年版） （1866年刊、初版と異同のある場合のみ記載）
997 短衣（チヨツキ）	Waistcoat, *s.*構市中ノ	Waistcoat, *s.*短衣
998 股引（モヽヒキ）	Breeches, *s.*股引	
999 下股引	Drawers, *s. pl.*下股引	
1000 襟巻（エリマキ）	Neck-cloth, *s.*襟リ巻キ	
1001 莫大小足袋（メリヤス）	Stocking, *s.*莫大小（メリヤス）	Stocking, *s.*莫大小股引（メリヤス）
1002 下足袋（シタヽビ）	Stock, *s.*幹. 大木ノ切レ. 愚鈍ナル人. 種属. 貯ハヘ兵糧ナドノ. 都會. 元金	Stock, *s.*幹. 大木ノ切レ. 愚鈍ナル人. 宗親. 貯ハヘ兵糧ナドノ. 足械. 元金
1003 沓（クツ）	Shoe, *s.*沓. 蹄 靴	
1004 長沓（ナガグツ）	Boot, *s.*筒長ノ沓皮ニテ造リタル. 利益. 添ヘ入レ商賣物ノ	
1005 木沓（キクツ）	（goloshesナシ）	
1006 座敷沓（ザシキグツ）	Slipper, *s.*上ハ履	
1007 手套（テブクロ）	Glove, *s.*手套	
1008 襯衣（ハダギ）	Shirt, *s.*男ノ襯衣（ハダギ）	
1009 袋衣（クハイチウテヌクイ）	Handkerchief, *s.*手拭ノ類	Handkerchief, *s.*手拭
1010 櫛（クシ）	Comb, *s.*櫛. 蜂ノ巣	
1011 牙掃（ミカキヤウシ）	Tooth, *s.*歯. 味 Brush, *s.*毛拂ヒ. 毛筆. 刷子. 小戦. 激動. 烈キ進撃	
1012 磨歯散（ハミガキ）	Tooth, *s.*歯. 味 Powder, *s.*粉. 火薬. 塵埃	Tooth, *s.*歯. 味 Powder, *s.*粉. 火薬. 髪ニ振カケル粉

『英吉利単語篇』(1866年刊) 『法朗西単語篇』(1866年刊)	『英仏単語篇注解』 (1867年5月刊)	『対訳名物図編』 (1867年9月序刊)	『英仏単語便覧』 (1868年1月序刊)
1013 A tooth-pick. Un cure-dent.	25オ 小楊枝〔コヤウジ〕仏原本 Uncure dentハ末ニs ノ字ヲ添テUncure dentsニ改ムヘシ	52オ 歯木〔コヤウジ〕 tooth-pick.	下37ウ 小楊枝〔コヤウジ〕
1014 An ear-pick. Un cure-oreille.	25オ 耵耳子〔ミヽカキ〕	52オ 耵耳子〔ミヽカキ〕 ear-pick.	下37ウ 耵耳子〔ミヽカキ〕
1015 The cigar-box. Le porte-cigars.	25オ 巻煙草入〔マキタバコイレ〕	52オ 巻煙草袋〔マキタバコイレ〕 cigar-box.	下37ウ 巻煙草入〔マキタバコイレ〕
1016 A watch. Une montre.	25オ 袂時計〔タモトドケイ〕	52オ 時辰鏢〔タモトトケイ〕 watch.	下37ウ 袂時計〔タモトドケイ〕
1017 The watch-chain. La chaîne de montre.	25オ 時計鎖〔トケイグサリ〕	52オ 辰鏢鏇〔トケイノクサリ〕 watch-chain.	下37ウ 時計鎖〔トケイグサリ〕
1018 A ring. Une bague.	25オ 指環〔ユビワ〕	52オ 戒指〔ユビワ〕 ring.	下37ウ 指環〔ユビワ〕
1019 Spectacles. Les lunettes.	25オ 眼鏡〔メガネ〕	52ウ 眼鏡〔メガネ〕 Spectacles.	下37ウ 眼鏡〔メガネ〕
1020 A cane. Un baton.	25オ 杖〔ツエ〕	52ウ 杖策〔ツエ〕 cane.	下37ウ 杖〔ツエ〕
1021 An umbrella. Un parapluie.	25オ 傘〔カラカサ〕	52ウ 傘〔カラカサ〕 umbrella.	下38ウ 傘〔カラカサ〕
1022 The sword. L'épée.	25ウ 刀〔カタナ〕	52ウ 刀〔カタナ〕 sword.	下38オ 刀〔カタナ〕
1023 Mourning. Un habit de deuil.	25ウ 喪服〔モフク〕	52ウ 喪服〔モフク〕 Mourning.	下38オ 喪服〔モフク〕
1024 A court-dress. Un habit de gala.	25ウ 朝服〔テウフク〕(拜賀ノ時ニ用ユル)	52ウ 朝服〔テウフク〕拜賀ニ用ユ court-dress.	下38オ 朝服〔テウフク〕(拜賀ノ時ニ用ユル)
1025 The crinoline. La crinoline.	25ウ クリノライン (田舎女ノ被物) 佛 クリノリン	52ウ 女服〔ヲンナノフク〕 crinoline.	下38オ クリノライン 仏、クリノリン (田舎女ノ被物)

『英吉利単語篇増訳』 （1871年刊）	『英和対訳袖珍辞書』（初版、文久二年） （1862年刊）	『改正増補英和対訳袖珍辞書』（慶応二年版） （1866年刊、初版と異同のある場合のみ記載）
1013 小楊枝	Tooth-pick, Toothpicker, s.楊枝	
1014 𦜝耳子 <small>ミヽカキ</small>	Ear-pick,-ker, s.耳爬 <small>ミヽカキ</small>	
1015 巻煙草入	Cigar, s.巻キ煙草 Box, s.筥. 入物. 管. 頭. 耳ニ挿ス管. 桟敷<small>芝居ノ</small>. 御者ノ居所<small>車ニアル</small>. 轆轤ノ受 ケ孔. 軸ヲ挿ス孔. 貸シ座敷ノ類. 小 室	
1016 袖時斗 <small>ソデトケイ</small>	Watch, s.番. 気働キノアルコト. 気配 リスルコト. 袂時計	Watch, s.番. 不寐番. 番所. 気配リス ルコト. 袂時計
1017 時斗鎖 <small>トケイクサリ</small>	Watch, s.番. 気働キノアルコト. 気配 リスルコト. 袂時計 Chain, s.鎖続キ. 奴隷ニスルコト	Watch, s.番. 不寐番. 番所. 気配リス ルコト. 袂時計 Chain, s.鎖続キ. 奴隷ニスルコト
1018 指環 <small>ユビワ</small>	Ring, s.圜. 輪. 鐘. 響	Ring, s.圜. 輪. 鈴. 響
1019 眼鏡 <small>メガネ</small>	Spectacles, s. pl.鼻眼鏡	
1020 杖 <small>ツエ</small>	Cane, s.籐子. 莨ノ類. 杖	Cane, s.莉籐. 莨ノ類. 杖
1021 傘 <small>カラカサ</small>	Umbrella, s.日傘. 雨傘	
1022 刀 <small>カタナ</small>	Sword, s.刀剣	
1023 喪服	Mourning, s.歎カハシキコト. 憂ルコ ト. 喪. 喪服	
1024 朝服<small>拝賀ノ時ニ用</small> <small>ユル</small>	Court, s.朝庭官署. 裁判所. 王ノ供廻 リ. 内庭 Dress, s.衣服. 飾リ	Court, s.朝庭官署. 裁判所. 評議役人. 内庭 Dress, s.衣服. 飾リ
1025 田舎ノ女ノ 被物	（crinolineナシ）	

『英吉利単語篇』(1866年刊) 『法朗西単語篇』(1866年刊)	『英仏単語篇注解』 (1867年5月刊)	『対訳名物図編』 (1867年9月序刊)	『英仏単語便覧』 (1868年1月序刊)
1026 An apron. Un tablier.	25ウ 蔽膝 ^{ヒザカケ}	52ウ 帷裙 ^{ヒザカケ} apron.	下38オ 蔽膝 ^{ヒザカケ}
1027 The garters. Les jarretières.	25ウ 長足袋紐 ^{ナガタビヒモ} (足袋ヲ 釣上ル)	52ウ 襪帯 ^{ナガタビノヒモ} garters.	下38オ 長足袋紐 ^{ナガタビヒモ} (足袋ヲツ リアゲル)
1028 A veil. Un voile.	25ウ 面衣 ^{カホカケ} (婦人ノ)	52ウ 面衣 ^{カホカケ} 婦人ノ用ル veil.	下38オ 面衣 ^{カホカケ} (婦人ノ)
1029 A cap. Un bonnet.	25ウ 被リ物 ^{カブリモノ} (仏女ノ 被リ物)	53オ 被物 ^{カブリモノ} cap.	下38オ 被リ物 ^{カブリモノ} (仏、女ノ 被リ物)
1030 A ribbon. Un ruban.	25ウ 紐 ^{ヒモ}	53オ 綁 ^{ヒモ} ribbon.	下38オ 紐 ^{ヒモ}
1031 A fan. Un éventail.	25ウ 扇 ^{アフギ}	53オ 扇 ^{アフギ} fan.	下38オ 扇 ^{アフギ}
1032 Pins. Les épingles.	25ウ 留針 ^{トメバリ}	53オ 留針 ^{トメバリ} Pins.	下38オ 留針 ^{トメバリ}
1033 A needle. Une aiguille.	25ウ 針 ^{ハリ}	53オ 針 ^{ハリ} needle.	下38オ 針 ^{ハリ}
1034 A pin-cushion. Une pelote.	25ウ 針差シ ^{ハリサシ}	53オ 留針差 ^{トメバリサシ} pin-cushion.	下38オ 針差シ ^{ハリサシ}
1035 Hair-powder. La poudre.	25ウ 髪粉 ^{カミニツケルコナ}	53オ 髪粉 ^{カミニツケルコ} Hair-powder.	下38オ 髪粉 ^{カミニツケルコナ}
1036 Pomatum. La pommade.	25ウ 香ヒ油 ^{ニホ アブラ}	53オ 香油 ^{ニホヒアブラ} Pomatum.	下38ウ 香油 ^{ニホヒアブラ}
1037 Scents. Des parfums.	25ウ 香具 ^{カウグ}	53オ 香具 ^{カウグ} Scents.	下38ウ 香具 ^{カウグ}
1038 A smelling-bottle. Un flacon.	25ウ 香瓶 ^{ニホヒビン}	53オ 香瓶 ^{カウビン} smelling-bottle.	下38ウ 香瓶 ^{ニホヒビン}
1039 The scissors. Les ciseaux.	25ウ 剪刀 ^{ハサミ}	53ウ 鋏刀 ^{ハサミ} scissors.	下38ウ 剪刀 ^{ハサミ}
1040 Ear-rings. Les boucles d'oreille.	25ウ 耳鐶 ^{ミ丶ワ}	53ウ 耳環 ^{ミ丶ワ} Ear-rings.	下38ウ 耳鐶 ^{ミ丶ワ}
1041 A neck-lace. Un collier.	25ウ 領飾 ^{エリカザリ}	53ウ 頸飾 ^{エリカザリ} neck-lace.	下38ウ 領飾 ^{エリカザリ}
1042 Bracelets. Les bracelets.	25ウ 手釧 ^{テクビカザリ}	53ウ 腕環 ^{テクビカザリ} Bracelets.	下38ウ 手釧 ^{テクビカザリ}

『英吉利単語篇増訳』 （1871年刊）	『英和対訳袖珍辞書』（初版、文久二年） （1862年刊）	『改正増補英和対訳袖珍辞書』（慶応二年版） （1866年刊、初版と異同のある場合のみ記載）
1026 蔽膝（ヒザカケ）	Apron, *s.*前ダレ．厂抔ノ腹部ノ厚キ皮．火門ヲ蔽フ鉛ノ板	
1027 長足袋紐（足袋ヲツリ上ルヒモ）	Garter, *s.*足袋ト共ニ続キタル脚胖紐	
1028 面衣（カホカケ）婦人ノ	Veil, *s.*婦人ノ被リ物．裂裟ノ如ク作リタル肩ヨリ胸ニ掛ル物	Veil, *s.*婦人ノ被リ物
1029 被物（カブリモノ）	Cap, *s.*被リ物．頂上．礼儀ニテ帽子ヲ去ル時ノ語	
1030 紐（ヒモ）	Ribband, Ribbon, *s.*紐	
1031 扇（アフギ）	Fan, *s.*箕．扇子輔	
1032 留針（トメハリ）	Pin, *s.*針．帽子針．少シノ物．栓（車ノ輪ガ軸ヨリ抜ヌヤウニサシタル）	Pin, *s.*針．帽子針．少シノ物．栓（車ノ輪ガ軸ヨリ抜ヌヤウニサシタル抔ノ）
1033 針（ハリ）	Needle, *s.*鍼．針（ヌヒバリ）（時計ナドノ）	
1034 針差（サシ）	Pincushion, *s.*帽子針サシ	
1035 髪粉（カミニツケルコ）	Hair, *s.*毛髪 Powder, *s.*粉．火薬．塵埃	Hair, *s.*毛髪 Powder, *s.*粉．火薬．髪ニ振カケル粉
1036 香油（ニホヒアブラ）	Pomatum, *s.*毛髪ニ付ル香ヒ油ノ類	
1037 香具（カウグ）	Scent, *s.*香ヒ	
1038 香瓶（ニホヒビン）	Smelling-bottle, *s.*香ノヨキ肉	Smelling-bottle, *s.*香瓶
1039 剪刀（ハサミ）	Scissors, *s. pl.*剪刀	
1040 耳鐶（ミヽワ）	Ear, *s.*耳．穂 Ring, *s.*圜．輪．鐘．響	Ear, *s.*耳．穂 Ring, *s.*圜．輪．鈴．響
1041 領飾（アリカサリ）（ママ）	Neck-lace, *s.*婦女ノ頚飾	
1042 手釧（テクヒカサリ）	Bracelet, *s.*腕ノ飾リ	

『英吉利単語篇』(1866年刊) 『法朗西単語篇』(1866年刊)	『英仏単語篇注解』 (1867年5月刊)	『対訳名物図編』 (1867年9月序刊)	『英仏単語便覧』 (1868年1月序刊)
1043 The high-road. Le grand chemin.	26オ 大道(ダイダウ)	53ウ 大道(ダイダウ) high-road.	下38ウ 大道(ダイダウ)
1044 A footpath. Un sentier.	26オ 小徑(コミチ)	53ウ 小徑(コミチ) footpath.	下38ウ 小徑(コミチ)
1045 An estate. Une terre.	26オ 所有地(モチヂメン)	53ウ 所有地(モチヂメン) estate.	下38ウ 所有地(モチヂメン)
1046 A country-house. Une maison de campagne.	26オ 別荘(ベツサウ)	53ウ 別墅(ベツサウ) country-house.	下38ウ 別荘(ベツサウ)
1047 A farm. Une ferme.	26オ 小作地(コサクチ)	53ウ 小作地(カシデンヂ) farm.	下38ウ 小作地(コサクチ)
1048 A ruin. Une ruine.	26オ 墟址(クヅレアト)	53ウ 墟址(クヅレアト) ruin.	下38ウ 墟址(クヅレアト)
1049 A village. Un village.	26オ 村(ムラ)	54オ 村(ムラ) village.	下39オ 村(ムラ)
1050 A mill. Un moulin.	26オ 磨車(クルマ)但シ水車風車等ニテ粉ヲ挽キ火薬ヲ製スル等ニ用ユルモノニシテ荷車ニハアラズ	54オ 磨車 風車水車ナドニ mill.	下39オ 磨車(クルマ)(火薬ヲ製スル等ニ用ユルモノニシテ荷車ニハアラズ)
1051 A ditch. Un fossé.	26オ 堀(ホリ)	54オ 堀(ホリ) ditch.	下39オ 堀(ホリ)
1052 A brook. Un ruisseau.	26オ 小川(ヲガハ)	54オ 小流(コナガレ) brook.	下39オ 小川(ヲガハ)
1053 A forest. Une forêt.	26オ 森(モリ)	54オ 森(モリ) forest.	下39オ 森(モリ)
1054 A wood. Un bois.	26オ 林(ハヤシ)	54オ 林(ハヤシ) wood.	下39オ 林(ハヤシ)
1055 A garden. Un jardin.	26オ 園(ソノ)	54オ 園(ソノ) garden.	下39オ 園(ソノ)
1056 A field. Un champ.	26オ 野(ノ)	54オ 野(ノ)原野田野ナド也 field.	下39オ 野(ノ)
1057 Eertile land.[1] (ママ) Une terre fertile.	26オ 肥地(コヱチ)	54オ 沃地(コヱチ) Fertile land.	下39オ 肥地(コヱチ)

[1] 『英吉利単語篇』1057番、活字本B・整版本は Fertile land と修正。

『英吉利単語篇増訳』 (1871年刊)	『英和対訳袖珍辞書』(初版、文久二年) (1862年刊)	『改正増補英和対訳袖珍辞書』(慶応二年版) (1866年刊、初版と異同のある場合のみ記載)
1043 大道^{オホミチ}	Highway, *s.*大道	
1044 小径^{コミチ}	Foot-path, *s.*小キ道路	
1045 所有地^{モチヂメン}	Estate, *s.*身分. 位. 品物. 我ガ持チ前ノモノ. 幸. 諸樹ヲ植タテヽアル所	Estate, *s.*身分. 位. 持チ物. 家資. 目代. 領地
1046 別荘^{ベツソウ}	Country-house, *s.*別荘	
1047 小作地^{コサクチ}	Farm, *s.*借リ受テ居ル園囿	
1048 墟址^{クズレアト}	Ruin, *s.*零落. 古石瓦ナド_{家ナドノ崩レ又焼失シタル跡ヲ言フ}	Ruin, *s.*零落. 廢滅. 墟址_{家ナドノ崩レ又焼失シタル跡ヲ言フ}
1049 村^{ムラ}	Village, *s.*村	
1050 磨車^{クルマ}_{但シ水車風車等ニテ粉ヲ挽キ火薬ヲ製スル等ニ用ユルモノニシテ荷車ニアラス}	Mill, *s.*車. 製造所. 織リ紡ク所. 貨幣ヲ鋳造スル所	Mill, *s.*車. 製造所. 穀物ヲ粉ニヒク車仕掛　車仕掛
1051 堀^{ホリ}	Ditch, *s.*堀	
1052 小川^{ヲガハ}	Brook, Brooklet, *s.*沢. 小河	
1053 森^{モリ}	Forest, *s.*森. 林	
1054 林^{ハヤシ}	Wood, *s.*木. 森	
1055 園^{ソノ}	Garden, *s.*花園. 庭	
1056 野^ノ	Field, *s.*野. 戦場. 戦ヒ. 野陣ヲ張リ居ルコト.	Field, *s.*野. 戦場. 戦ヒ. 野陣ヲ張リ居ルコト. 田
1057 肥地^{コエヂ}	Fertile, *adj.*豊饒ナル Land, *s.*国. 畑. 地方	

『英吉利単語篇』(1866年刊) 『法朗西単語篇』(1866年刊)	『英仏単語篇注解』 （1867年5月刊）	『対訳名物図編』 （1867年9月序刊）	『英仏単語便覧』 （1868年1月序刊）
1058 The harvest. La moisson.	26オ 収納[シユナウ]	54ウ 穫収[トリイレ] harvest.	下39オ 収納[シユナウ]
1059 A pasture. Un pâturage.	26オ 牧[マキ]	54ウ 牧[マキ] pasture.	下39オ 牧[マキ]
1060 A meadow. Un pré.	26オ 草場[クサハラ]	54ウ 草場[クサハラ] meadow.	下39オ 草場[クサハラ]
1061 A vineyard. Une vigne.	26オ 葡萄園[ブダウバタケ]	54ウ 葡萄園[ブダウバタケ] vineyard.	下39オ 葡萄園[ブダウバタケ]
1062 A mine. Une mine.	26オ 礦[カナヤマ]	54ウ 金坑[カナヤマ] mine.	下39オ 礦[カナヤマ]
1063 A foundery. Une usine.	26ウ 鋳銕場[イモノバ]	54ウ 鋳場[イモノバ] foundery.	下39ウ 鋳銕場[イモノバ]
1064 A forge. Une forge.	26ウ 鍛冶場[カヂバ]（ママ）	54ウ 鍛場[カヂバ] forge.	下39ウ 鍛冶場[カヂバ]（ママ）
1065 A canal. Un canal.	26ウ 溝[ホリワリ]	54ウ 溝[ホリワリ] canal.	下39ウ 溝[ホリワリ ミゾ]
1066 The passport. Le passe-port.	26ウ 往来印章[トホリギッテ]	54ウ 路引[トホリキッテ] passport.	下39ウ 往來印章[トホリギッデ]（ママ）
1067 A guide. Un guide.	26ウ 案内者[アンナイシヤ]	54ウ 導者[アンナイシヤ] guide.	下39ウ 案内者[アンナイシヤ]
1068 A porter. Un porteur de bagages.	26ウ 雇夫[モノモチ]	54ウ 擔夫[ニモチ] porter.	下39ウ 雇夫[モノモチ]
1069 The carriage. La voiture.	26オ 乗車[クルマ]	55オ 乗車[ノリクルマ] carriage.	下39ウ 乗車[クルマ]
1070 A waggon. Un chariot.	26ウ 四輪車[シリンシヤ]	55オ 四輪車[ヨツワクルマ] waggon.	下39ウ 四輪車[シリンシヤ]
1071 A cart. Un char.	26ウ 二輪車	55オ 二輪車[フタツワクルマ] cart.	下39ウ 二輪車[ニリンシヤ]
1072 A chaise. Un coupé.	26ウ 軽車[ケイシヤ]（遊行ナドノ時用ユル車ナリ）	55オ 軽車[ユサンクルマ] chaise.	下39ウ 軽車[ケイシヤ]（遊行杯ニ用ユル車也）
1073 A sedan-chair. Une chaise à porteurs.	26ウ 轎[ノリモノ]	55ウ 轎[ノリモノ] sedan-chair.	下39ウ 轎[ノリモノ]

『英吉利単語篇増訳』 （1871年刊）	『英和対訳袖珍辞書』（初版、文久二年） （1862年刊）	『改正増補英和対訳袖珍辞書』（慶応二年版） （1866年刊、初版と異同のある場合のみ記載）
1058 収納^{シュノウ}	Harvest, *s.*収納. 収納時	
1059 牧^{マキ}	Pasturage, *s.*牧. 牧ノ地面 Pasture, *s.*雑草. 牧草	Pasturace, *s.*牧. 牧ノ地面^{ママ} Pasture, *s.*雑草. 牧
1060 草場^{クサハラ}	Meadow, *s.*牧	Meadow, *s.*牧場
1061 葡萄園^{ブダウバタケ}	Vineyard, *s.*葡萄カツラ. 葡萄畑	Vineyard, *s.*葡萄園
1062 礦^{カナヤマ}	Mine, *s.*礦山_{金銀石炭ナドヲ穿ル所}. 地雷火ノ坑	
1063 鋳鉄場^{イモノバ}	Foundery, *s.*鋳物スル所	Foundery, *s.*鋳物スル所_又業
1064 鍛冶場^{カヂバ}	Forge, *s.*鍛冶師ノ細工場	
1065 溝^{ホリワリ}	Canal, *s.*溝管_{体中ノ}	Canal, *s.*溝管_{体中ノ}. 溝. 池
1066 往來印章^{トホリキツテ}	Passport, *s.*往来切手	
1067 案内者^{アンナイシャ}	Guide, *s.*導ク人. 案内者	
1068 雇夫^{モノモチ}	Porter, *s.*門番. 物ヲ荷ヒ運ヒスル人. 麦酒ノ名	
1069 乗車^{クルマ}	Carriage, *s.*乗車. 車. 身持. 運送. 運賃. 荷物. 砲臺. 容皃	
1070 四輪車^{シリンシャ}	Waggon, *s.*四ツ輪ノアル車. 荷物ヲ運ブ車	
1071 二輪車^{ニリンシャ}	Cart, *s.*荷車. 輪ノ二ツ_又四ツアル車	
1072 輕車^{ケイシャ}_{遊行ナトノ時二用ユ}	Chaise, *s.*乗車_{二輪ノアル}	
1073 轎^{ノリモノ}	Sedan-chair, *s.*乗物	

214

『英吉利単語篇』(1866年刊) 『法朗西単語篇』(1866年刊)	『英仏単語篇注解』 (1867年5月刊)	『対訳名物図編』 (1867年9月序刊)	『英仏単語便覧』 (1868年1月序刊)
1074 The axle. L'essieu.	26ウ 軸(ヂク)	55オ 軸(クルマノヂク) axle.	下39ウ 軸(ヂク)
1075 The wheels. Les roues.	26ウ 輪(ワ)	55オ 輪(クルマノワ) wheels.	下39ウ 輪(ワ)
1076 The nave of the wheel. Le moyeu de la roue.	26ウ 轂(コシキ)	55オ 轂(クルマノコシキ) nave of the wheel.	下39ウ 轂(コシキ)
1077 The spokes. Les rais.	26ウ 輻(ヤ)	55オ 輻(クルマノヤ) spokes.	下40オ 輻(ヤ)
1078 The reins. Les rênes.	26ウ 手綱(タヅナ)	55オ 手綱(タヅナ) reins.	下40オ 手綱(タヅナ)
1079 The bridle. La bride.	26ウ 手綱一式(イツシキ) (クツワタヅナヲ合テ云)	55オ 手綱一式(イツシキ)クツワタツナヲ合テ 云 bridle.	下40オ 手綱一式(タヅナイツシキ) (クツワ、タヅナヲ合テ云)
1080 The collar. Le collier.	26ウ 馬ノ首鐶(ウマ クビワ)	55ウ 馬頸輪(ウマノクビワ) collar.	下40オ 馬ノ首鐶(ウマノクビワ)
1081 The belly-band. La sangle.	26ウ 腹帯(ハルビ)	55ウ 腹帯(ハルビ) belly-band.	下40オ 腹帯(ハルビ)
1082 The bit. Le mors.	26ウ 衘(クツワ)(ハミトモ云)	55ウ 馬勒(クツワ) bit.	下40オ 衘(クツワ)(ハミトモ云)
1083 The whip. Le fouet.	26ウ 鞭(ムチ)	55ウ 鞭(ムチ) whip.	下40オ 鞭(ムチ)
1084 The horse cloth. Le caparaçon.	26ウ 馬衣(ウマギヌ)	55ウ 馬衣(ウマギヌ) horse cloth.	下40オ 馬衣(ウマギヌ)
1085 The saddle. La selle.	26ウ （訳語ナシ）[1]	55ウ 鞍(クラ) saddle.	下40オ 鞍(クラ)
1086 The stirrups. Les étriers.	27オ 鐙(アブミ)	55ウ 鐙(アブミ) stirrups.	下40オ 鐙(アブミ)
1087 The curry-comb. L'étrille.	27オ 馬櫛(ウマグシ)	55ウ 馬櫛(ウマグシ) curry-comb.	下40オ 馬櫛(ウマグシ)
1088 The manger. La mangeoire.	27オ 秣器(ハミヲケ)	55ウ 秣槽(ハミヲケ) manger.	下40オ 秣器(ハミヲケ)
1089 Litter. La litière.	27オ 敷藁(シキワラ)(馬ノ)	56オ 敷藁(ウマノネワラ) Litter.	下40オ 敷藁(シキワラ)(馬ノ)

[1] 『英仏単語篇注解』1085番は、後印本において「鞍(クラ)」と入木。

『英吉利単語篇増訳』 （1871年刊）	『英和対訳袖珍辞書』（初版、文久二年） （1862年刊）	『改正増補英和対訳袖珍辞書』（慶応二年版） （1866年刊、初版と異同のある場合のみ記載）
1074 軸^{チク}	Axle,-tree, *s.*軸．車軸	
1075 輪^ワ	Wheel, *s.*輪．紡車．車．廻旋	
1076 轂^{コシキ}	Nave, *s.*轂．寺ノ本堂 Wheel, *s.*輪．紡車．車．廻旋	
1077 輻^ヤ	Spoke, *s.*木槌	Spoke, *s.*車輻．梯子ノ横木
1078 手綱^{タツナ}	Rein, *s.*轡．差配	
1079 手綱一式^{クツワ} ^{タツナヲ合テ云}	Bridle, *s.*手綱轡 Bridle-ed-ing, *v.a.*手綱ニカケル轡ヲ 付ケル．御スル．頭ヲ挙ル	
1080 馬首鐶^{ウマノクビワ}	Collar, *s.*襟．首飾リ．首輪^{犬馬杯ノ}	
1081 腹帯^{ハルビ}	Belly-band, *s.*腹帯^{馬ノ}	
1082 銜^{クツワ}	Bit, *s.*ローパイ．轡．一塊．一片．銭 ノ名	
1083 鞭^{ムチ}	Whip, *s.*鞭．後縫．船ノ綱具	Whip, *s.*鞭．御者．船ノ綱具
1084 馬衣^{ムマキヌ}	Horse-cloth, *s.*馬ノ覆ヒモノ	
1085 鞍^{クラ}	Saddle, *s.*鞍．最下ノ帆架ノ両端ニ在ル 半圓形ノ鐶^{航海術ノ語}	
1086 鐙^{アブミ}	Stirrup, *s.*鐙	
1087 馬櫛^{ムマグシ}	Curry-comb, *s.*馬ヲ梳ク鉄ニテ造リタ ル櫛	
1088 秣器^{マグサウツハ}	Manger, *s.*秣器	
1089 敷藁^{シキワラ}_{馬ノ}	Litter, *s.*一腹ノ子^{豕杯ノ}．垂物．棺ヲノ セル臺藁^{馬ノ其上ニ臥ス}混雑．邪淫スル人	

『英吉利単語篇』(1866年刊) 『法朗西単語篇』(1866年刊)	『英仏単語篇注解』 (1867年5月刊)	『対訳名物図編』 (1867年9月序刊)	『英仏単語便覧』 (1868年1月序刊)
1090 Hay. Le foin.	27オ 枯草^{カレクサ}	56オ 枯草^{カレクサ} Hay.	下40オ 枯草^{カレクサ}
1091 straw.¹ (ママ) La paille.	27オ 藁^{ワラ}	56オ 藁^{ワラ} straw.	下40ウ 藁^{ワラ}
1092 A trunk. Une malle.	27オ 櫃^{ヒツ}	56オ 櫃^{ヒツ} trunk.	下40ウ 櫃^{ヒツ}
1093 A parcel. Un paquet.	27オ 包^{ツヽミ}	56オ 行李包^{ニモツツヽミ} parcel.	下40ウ 包^{ツヽミ}
1094 A station. Une station.	27オ 立場^{タテバ} (蒸氣車ノ)	56オ 立場^{タテハ}蒸汽車ノ station.	下40ウ 立場^{タテバ} (蒸氣車ノ)
1095 A train. Un train.	27オ 後車^{アトグルマ} (同上)	56オ 後車^{アトクルマ}同上 train.	下40ウ 後車^{アトグルマ} (同上)
1096 A goods' train. Un train de marchandises.	27オ 荷車^{ニグルマ} (同上)	56オ 荷車^{ニグルマ}同上 goods' train.	下40ウ 荷車^{ニグルマ} (同上)
1097 The locomotive-engine. La locomotive.	27オ 蒸氣車^{ジョウキシヤ}	56オ 蒸汽車^{ジヤウキシヤ} locomotive-engine.	下40ウ 蒸氣車^{ジョウキシヤ}
1098 The engineer. L'ingénieur.	27オ 機關司^{キクワンガヽリ}	56オ 機関方^{キクワンガヽリ} engineer.	下40ウ 機関司^{キクワンガヽリ}
1099 The stoker. Le chauffeur.	27オ 火焚^{ヒタキ}	56ウ 焚夫^{ヒタキ} stoker.	下40ウ 火焚^{ヒタキ}
1100 The engine. La machine.	27オ 機關^{キクワン}	56ウ 機関^{カラクリ} engine.	下40ウ 機関^{キクワン}
1101 The fire-box. La chauffe.	27オ 火焚場^{ヒタキバ}	56ウ 焚場^{ヒタキバ} fire-box.	下40ウ 火焚場^{ヒタキバ}

1 『英吉利単語篇』1091 番、活字本 B・整版本は <u>Straw</u> と修正。

『英吉利単語篇増訳』 （1871年刊）	『英和対訳袖珍辞書』（初版、文久二年） （1862年刊）	『改正増補英和対訳袖珍辞書』（慶応二年版） （1866年刊、初版と異同のある場合のみ記載）
1090 枯草^{カレクサ}	Hay, s.枯草	
1091 藁^{ワラ}	Straw, s.藁	Straw, s.藁. ツマラヌ事物
1092 櫃^{ヒツ}	Trunk, s.櫃. 筐. 幹. 手足首ナドヲ切 リ取タル屍. 獣ノ鼻. 管	Trunk, s.幹_{樹ノ}. 胴_{動物ノ}. 中体. 象ノ鼻. 柱ノ中部. 管. 皮櫃. 樋
1093 包^{ツヽミ}	Parcel, s.一部分. 一塊. 一包. 党与. 綱ナドヲ覆フチアンヲ塗リタル長キ布 ノ切レ_{舟人ノ用ユル語}	
1094 立場^{タテバ}_{蒸氣車ノ}	Station, s.有様. 位. 立場. 継キ場_{道中 ノ}	Station, s.有様. 位. 立場. 静止. 役 目
1095 後車^{アトクルマ}_{同上}	Train, s.行列. 同勢. 道筋. 地雷火. 蒸気車ノ引テユク車. ゾロビキ_{着物ノ}. 引キ摺ル物. 尾. 鎖. 并ビ	Train, s.行列. 同勢. 道筋. ミチ火. 蒸気車ノ引テユク車. ゾロビキ_{着物ノ}. 引キ續キ. 尾_{鳥ノ}. 列
1096 荷車^{ニクルマ}_{同上}	Goods, s, pl.什物_{諸ノ} Train, s.行列. 同勢. 道筋. 地雷火. 蒸気車ノ引テユク車. ゾロビキ_{着物ノ}. 引キ摺ル物. 尾. 鎖. 并ビ	Goods, s, pl.什物_{諸ノ} Train, s.行列. 同勢. 道筋. ミチ火. 蒸気車ノ引テユク車. ゾロビキ_{着物ノ}. 引キ續キ. 尾_{鳥ノ}. 列
1097 蒸氣車	Locomotive or locomotive engine, s. 己レカ思フ通リニ動クコトノ出来ル活 物ノ力	
1098 機關司^{ククワンカヽリ}	Engineer, s.砦ヲ築ク人. 坑卒隊	
1099 火焚^{ヒタキ}	Stoker, s.悪事ヲ焚キ付ル人	Stoker, s.火焚所ヲ監ル人
1100 機關	Engine, s.器械. 方便. 竜吐水 Engine, adj.器械ノ	
1101 火焚場^バ	Fire, s.火. 火事. 熱. 性急. 好キ凝リ Box, s.筥. 入物. 管. 頭. 耳ニ挿ス管. 桟敷_{芝居ノ}. 御者ノ居所_{車ニアル}. 轆轤ノ受 ケ孔. 軸ヲ挿ス孔. 貸シ座敷ノ類. 小 室	

『英吉利単語篇』(1866年刊) 『法朗西単語篇』(1866年刊)	『英仏単語篇注解』 (1867年5月刊)	『対訳名物図編』 (1867年9月序刊)	『英仏単語便覧』 (1868年1月序刊)
1102 The boiler. La chaudière à vapeur.	27オ 蒸氣罐 （ジョウキノカマ）	56ウ 汽罐 （シヤウキカマ） boiler.	下40ウ 蒸氣罐 （ジョウキガマ）
1103 The piston. Le piston.	27オ 唧子 （ミヅオシ）	56ウ 唧筒 （ミヅオシ） piston.	下40ウ 唧子 （ミヅオシ）
1104 The cylinder. Le cylindre.	27オ 筒 （ツヽ）	56ウ 筒 （ツヽ） cylinder.	下40ウ 筒 （ツヽ）
1105 The safety-valve. La soupape de sûreté.	27オ 氣抜ノ蓋 （イキヌキ フタ）	56ウ 漏汽蓋 （キヌキブタ） safety-valve.	下41オ 氣抜キノ蓋 （キヌキ ノ フタ）
1106 A tunnel. Un tunnel.	27オ 隧道 （スイダウ） （地中ノ通路ナリ）	56ウ 隧道 （チゾコミチ） tunnel.	下41オ 隧道 （スイダウ） （地中ノ通路也）
1107 The paddles. Les palettes.	27オ 水カキ板 （ミヅカキイタ） （蒸氣舩ノ車輪ニ付タル）	56ウ 搔水板 （ミツカキイタ） 蒸汽舩ノ車輪ニ付 paddles.	下41オ 水カキ板 （ミツカキイタ） （蒸気舩ノ車輪ニ付タル）
1108 The screw. L'hélice.	27ウ 螺旋機 （ネヂシカケ）	56ウ 螺旋機 （ネヂシカケ） ママ scraw.	下41オ 螺旋機 （ネヂシカケ）
1109 The rudder. Le gouvernail.	27ウ 舵 （カヂ）	57オ 舵 （カヂ） rudder.	下41オ 舵 （カヂ）
1110 The mast. Le mât.	27ウ 檣 （ホバシラ）	57オ 檣 （ホバシラ） mast.	下41オ 檣 （ホバシラ）
1111 The cabin. La cabine.	27ウ 舩尾房 （トモノヘヤ）	57オ 舩房 （トモノヘヤ） cabin.	下41オ 舩尾房 （トモノヘヤ）
1112 The deck. Le pont.	27ウ 甲板 （カンパン）	57オ 甲板 （カンパン） deck.	下41オ 甲板 （カンパン）
1113 The captain. Le capitaine.	27ウ 舩將 （センシヤウ）	57オ 舩將 （センシヤウ） captain.	下41オ 舩將 （センシヤウ）
1114 The steersman. Le pilote.	27ウ 案針役 （アンジンヤク）	57オ 按針役 （アンジンヤク） steersman.	下41オ 案針役 （アンジンヤク）
1115 The sailor. Le matelot.	27ウ 水夫 （スキフ）	57オ 水夫 （スキフ） sailor.	下41オ 水夫 （スキイ） （ママ）
1116 The apothecary. Le pharmacien.	27ウ 藥舗 （クスリヤ）	57オ 藥舗 （クスリヤ） apothecary.	下41オ 藥舗 （クスリヤ）
1117 The armourer. L'armurier.	27ウ 函人 （グソクシ）	57オ 軍器師 （グンキシ） armourer.	下41オ 函人 （グソクシ）

『英吉利単語篇増訳』 （1871年刊）	『英和対訳袖珍辞書』（初版、文久二年） （1862年刊）	『改正増補英和対訳袖珍辞書』（慶応二年版） （1866年刊、初版と異同のある場合のみ記載）
1102 蒸氣罐（カマ）	Boiler, s.煑ル人. 釜. 鍋	
1103 唧子（ミツヲシ）	Piston, s.唧筒 竜吐水ナドノ	
1104 筒（ツヽ）	Cylinder, s.圓筒	
1105 氣抜蓋（イキヌキノフタ）	Safety, s.全上. 確實ナルコト. 防守スルコト Valve, s.辮 ヒラ／ヘ. 戸ノ張リ出シ	Safety, s.全上. 確實ナルコト. 防守スルコト Valve, s.門扇. 蓋. 辨 ヒラ／ヘ
1106 隧道 通路也（スイドウ）	Tunnel, s.漏斗 ジョウゴ. 管. 地下ノ通路	
1107 水カキ板 蒸気舩ノ（ミツ カキ イタ）	Paddle, s.楫 小舟ノ	Paddle, s.橈 カイ 小舟ノ
1108 螺施機（ネジシカケ）	Screw, s.螺旋 ネヂ	
1109 舵（カヂ）	Rudder, s.舵	
1110 檣（ホバシラ）	Mast, s.檣. 樅樹ナドノ実	
1111 舩尾房（トモノヘヤ）	Cabin, s.船主部屋. 小部屋. 小舎	
1112 甲板（カンバン）	Deck, s.甲板	
1113 舩將（フナダイショ）（ママ）	Captain, s.首領. 船将	
1114 案針役（アンナイヤク）	Steersman, s.運用スル人	
1115 水夫（センド）	Sailer, s.船頭. 舟乗スル人. 手水 タウス Sailor, s.船乗 マトロースノ徒	Sailer, s.船頭. 舟乗スル人 Sailor, s.船乗 マトロースノ徒
1116 藥鋪（クスリヤ）	Apothecary, s.製薬スル人. 薬舗	
1117 函人（グゾクシ）	Armourer, s.武具ヲ作ル人. 武器ヲ預ル人. 磨師	Armourer, s.武具ヲ作ル人. 武器ヲ預ル人

『英吉利単語篇』(1866年刊) 『法朗西単語篇』(1866年刊)	『英仏単語篇注解』 （1867年5月刊）	『対訳名物図編』 （1867年9月序刊）	『英仏単語便覧』 （1868年1月序刊）
1118 The baker. Le boulanger.	27ウ 麺包師（パンヤキ）	57オ 麺包匠（パンツクリ） baker.	下41オ 麺包師（パンヤキ）
1119 The barber. Le barbier.	27ウ 剃髭人（ヒゲソリ）	57ウ 剃髭人（ヒゲソリ） barber.	下41ウ 剃髭人（ヒゲソリ）
1120 The basket-maker. Le vannier.	27ウ 籠工（カゴツクリ）	57ウ 籠工（カゴツクリ） basket-maker.	下41ウ 籠工（カゴツクリ）
1121 The black-smith. Le forgeron.	27ウ 鍛工（カヂヤ）	57ウ 鍛工（カヂヤ） black-smith.	下41ウ 鍛工（カヂヤ）
1122 The bookbinder. Le relieur.	27ウ 製本師（ホントヂ）	57ウ 釘書匠（ホントヂ） bookbinder.	下41ウ 製本師（ホントヂ）
1123 The bookseller. Le libraire.	27ウ 書肆（ホンヤ）	57ウ 書賈（ホンヤ） bookseller.	下41ウ 書肆（ホンヤ）
1124 The brazier. Le chaudronnier.	27ウ 銅工（アカガネシ）	57ウ 銅工（アカガネサイクシ） brazier.	下41ウ 銅工（アカガネシ）
1125 The brewer. Le brasseur.	27ウ 杜氏（トウジ）(酒ナドヲ造ル)	57ウ 杜氏（トウジ）(酒ナドヲ造ル) brewer.	下41ウ 杜氏（トウジ）(酒ナドヲ造ル)
1126 The brick-maker. Le briquetier.	27ウ 煉火石匠（カワラシ）	57ウ 磚瓦匠（カワラヤキ） brick-maker.	下41ウ 煉火石匠（カワラシ）
1127 The butcher. Le boucher.	27ウ 屠人（トジン）(牛羊杯ノ)	57ウ 屠人（ニクヤ） butcher.	下41ウ 屠人（トジン）(牛羊杯ノ)
1128 The cabinet-maker. L'ébéniste.	27ウ 指物師（サシモノシ）	57ウ 厨櫃匠（タンスヅクリ） cabinet-maker.	下41ウ 指物師（サノモノシ）（ママ）
1129 The carpenter. Le charpentier.	27ウ 大工（ダイク）	58オ 匠人（ダイク） carpenter.（ママ）	下41ウ 大工（ダイク）
1130 The cartwright. Le charron.	28オ 車工（クルマツクリ）	58オ 車工（クルマツクリ） cartwright.	下41ウ 車工（クルマツクリ）
1131 The chandler. Le chandelier.	28オ 蠟燭工（ラフソクヤ）	58オ 蠟燭工（ラフソクヤ） chandler.	下41ウ 蠟蠋工（ラフソクヤ）
1132 The cloth-merchant. Le marchand de drap.	28オ 羅紗商人（ラシヤアキンド）	58オ 羅紗賈（ラシヤアキンド） cloth-merchant.	下41ウ 羅紗商人（ラシヤアキンド）
1133 The coachman. Le cocher.	28オ 御者（ギョシヤ）	58オ 御者（クルマサイヒ） coachman.	下42オ 御者（ギョシヤ）
1134 The confectioner. Le confiseur.	28オ 菓子司（クワシヤ）	58オ 菓子司（クワシヤ） confectioner.	下42オ 菓子司（クワシヤ）

『英吉利単語篇増訳』 （1871年刊）	『英和対訳袖珍辞書』（初版、文久二年） （1862年刊）	『改正増補英和対訳袖珍辞書』（慶応二年版） （1866年刊、初版と異同のある場合のみ記載）
1118 ^{パンヤキ}麺包師	Baker, *s.*「パン」ヲ焼ク人	
1119 ^{ヒゲソリ}刺髭人（ママ）	Barber, *s.*髭剃ル人	
1120 ^{カゴツクリ}籠工	Basket, *s.*籠 Basket-maker, *s.*筐作ル人	
1121 ^{カジヤ}鍛工	Blacksmith, *s.*馬ノ金沓造ル鍛冶. 鉄鍛冶	
1122 ^{ホントヂヤ}製本師	Book-binder, *s.*書物ヲ綴ル人	
1123 ^{ホンヤ}書肆	Book-seller, *s.*書物賣ル人. 書肆	
1124 ^{アカガネシ}銅工	Brasier, *s.*銅細工スル人. 火入レ	
1125 ^{トウジ}杜氏_{酒ナドヲ造ル}	Brewer, *s.*釀ス人	
1126 ^{カワラシ}煉火石匠	Brick-maker, *s.*瓦焼ク人	
1127 ^{トジン}屠人_{牛羊ナドノ切リ人}	Butcher, *s.*牛豕抔ヲ屠ル人. 人ヲ殺シタガル人	
1128 ^{サシモノシ}指物師	Cabinetmaker, *s.*指シ物細工匠	
1129 ^{ダイク}大工	Carpenter, *s.*大工	
1130 ^{クルマシ}車工	Cart-wright, *s.*車ヲ作ル人	
1131 ^{ロウソクシ}蠟燭工	Chandler, *s.*蠟燭匠. 商人	Chandler, *s.*蠟燭匠. _又商人
1132 ^{ラシヤアキンド}羅紗商人	Cloth-merchant, *s.*羅紗商人	
1133 ^{クルマツツカサドルヒト}御者	Coach-man, *s.*御者. 車夫	
1134 ^{カシシ}菓子司	Confectioner, *s.*砂糖果子ヲ製スル人	

『英吉利単語篇』(1866年刊) 『法朗西単語篇』(1866年刊)	『英仏単語篇注解』 (1867年5月刊)	『対訳名物図編』 (1867年9月序刊)	『英仏単語便覧』 (1868年1月序刊)
1135 The cooper. Le tonnelier.	28オ 桶工（オケヤ）	58オ 桶工（ヲケヤ） cooper.	下42オ 桶工（オケヤ）
1136 The tanner. Le corroyeur.	28オ 革匠（カハナメシ）	58オ 革匠（カハナメシ） tanner.	下42オ 革匠（カハナメシ）
1137 The cutler. Le coutelier.	28オ 庖丁匠（ハウチヤウシ）	58オ 庖刀匠（ハウチヤウシ） cutler.	下42オ 庖丁匠（ハウチヤウシ）
1138 The dress-maker. La couturière.	28オ 製衣匠（仏製衣女）（ウハギシ）	58オ 製衣戸（ウハギシ） dress-maker.	下42オ 製衣匠（仏製衣女）（ウハギシ）
1139 The dyer. Le teinturier.	28オ 染工（コウヤ）	58ウ 染工（コンヤ） dyer.	下42オ 染工（コウヤ）
1140 The embroideress. La prodeuse.（ママ）	28オ 縫箔師（ヌヒハクシ）	58ウ 繍工（ヌヒハクシ） embroideress.	下42オ 縫箔師（ヌヒハクシ）
1141 The farrier. Le maréchal.	28オ 銕沓工（カナグツシ）	58ウ 銕沓工（カナグツシ） farrier.	下42オ 銕沓工（カナグツシ）
1142 The fishmonger. Le marchand de poisson.	28オ 魚賈（サカナヤ）	58ウ 魚賈（サカナヤ） fishmonger.	下42オ 魚賈（サカナヤ）
1143 The founder. Le fondeur.	28オ 鋳匠（イモノシ）	58ウ 鋳匠（イモノシ） founder.	下42オ 鋳匠（イモノシ）
1144 The broker. Le fripier.	28オ 世話人（セワニン）（賣買ノ） 仏古物商（フルモノカヒ）	58ウ 牙郎（ナカダチ） broker.	下42オ 世話人（セワニン）（賣買ノ） 仏古物商（フルモノカヒ）
1145 The fruit-woman. La fruitière.	28オ 女ノ菓賈（ミヅクワシウリ）	58ウ 賣果女（クワシウリヲンナ） fruit-woman.	下42オ 女ノ菓賈（ヲンナノミヅグワシウリ）
1146 The gardener. Le jardinier.	28オ 園丁（ニハツクリ）	58ウ 園丁（ニハツクリ） gardener.	下42オ 園丁（ニハツクリ）
1147 The gilder. Le doreur.	28オ 鍍金匠（メツキシ）	58ウ 鍍金匠（メツキシ） gilder.	下42ウ 鍍金匠（メツキシ）
1148 The glazier. Le vitrier.	28オ 硝子匠（ビイドロシ）	58ウ 鑲玻璃匠（ギヤマンシヤウジシ） glazier.	下42ウ 硝子匠（ビイドロシ）
1149 The glover. Le gantier.	28オ 手套匠（テブクロシ）	59オ 手套匠（テブクロシ） glover.	下42ウ 手套匠（テブクロシ）
1150 The goldsmith. L'orfèvre.	28オ 黄金匠（仏金銀匠）（キンカザリシ）	59オ 金匠（キンカザリシ） goldsmith.	下42ウ 黄金匠（仏金銀匠）（キンカザリシ）
1151 The grave-digger. Le fossoyeur.	28ウ 穴堀（墓ノ）（アナホリ）	59オ 穴掘（墓ノ）（アナホリ） grave-digger.	下42ウ 穴堀（墓ノ）（アナホリ）

対照表Ⅱ 223

『英吉利単語篇増訳』 （1871年刊）	『英和対訳袖珍辞書』（初版、文久二年） （1862年刊）	『改正増補英和対訳袖珍辞書』（慶応二年版） （1866年刊、初版と異同のある場合のみ記載）
1135 ^{ヲケシ}桶工	Cooper, s.桶師	
1136 ^{カハナメシ}革 匠	Tanner, s.革ヲナメス人	
1137 ^{ハウチヨシ}庖丁匠	Cutler, s.庖丁小刀ヲ造ル人	
1138 ^{キリモノヤ}製衣匠	Dress, s.衣服. 飾リ Maker, s.造ル人. 造物者	
1139 ^{ソメモノヤ}染 衣	Dyer, s.染ル人	
1140 ^{ヌイハクシ}縫箔師	Embroiderer, s.縫箔スル人又女	
1141 ^{カナグツシ}銕沓師	Farrier, s.馬ノ金沓造ル鍛冶. 馬醫	
1142 ^{サカナヤ}魚賈	Fishmonger, s.魚ヲ商フ人	
1143 ^{イモノシ}鑄匠	Founder, s.建ル人. 鑄物師	
1144 ^{セワニン}世話人	Broker, s.賣買ノ世話人	
1145 ^{ミツグシウリ（ママ）}女ノ菓賈	Fruit, s.果實 Woman, s.女. 妻	Fruit, s.果實. 生スル物. 利益 Woman, s.女
1146 ^{ニハツクリ}園 丁	Gardener, s.園丁. 花園ノ仕事スル人	
1147 ^{メツキシ}鍍金匠	Gilder, s.鍍金スル人. 金貨ノ名	
1148 ^{ビイドロシ}硝子匠	Glazier, s.障子ニ硝子ヲハメル人	
1149 ^{テブクロシ}手套匠	Glover, s.手套ヲ製スル人	
1150 ^{キンカザリシ}黄金匠	Gold-smith, s.鑄金匠	
1151 ^{アナホリ}穴堀墓（ママ）	Grave-digger, s.死人ヲ葬ル人	

『英吉利単語篇』(1866年刊) 『法朗西単語篇』(1866年刊)	『英仏単語篇注解』 (1867年5月刊)	『対訳名物図編』 (1867年9月序刊)	『英仏単語便覧』 (1868年1月序刊)
1152 The grocer. L'épicier.	28ウ 香料屋^{カウリヤウヤ}	59オ 香料屋^{カウリヤウヤ} grocer.	下42ウ 香料屋^{カウリヤウヤ}
1153 The gun-smith. L'arquebusier.	28ウ 銃工^{テツバウシ}	59オ 銃工^{テツバウシ} gun-smith.	下42ウ 銃工^{テツバウシ}
1154 The harness-maker. Le bourrelier.	28ウ 馬具師^{バグシ}	59オ 馬具師^{バグシ} harness-maker.	下42ウ 馬具師^{バグシ}
1155 The hatter. Le chapelier.	28ウ 帽子匠^{ボウシツクリ}	59オ 帽匠^{ボウシツクリ} hatter.	下42ウ 帽子匠^{ボウシツクリ}
1156 The horse-dealer. Le maquignon.	28ウ 馬商^{ウマアキンド}	59オ 馬商^{ウマアキンド} horse-dealer.	下42ウ 馬商^{ウマアキンド}
1157 The hosier. Le bonnetier.	28ウ 莫大小賈^{メリヤスウリ}	59オ 莫大小賈^{メリヤスウリ} hosier.	下42ウ 莫大小賈^{メリヤスウリ}
1158 The jeweller. Le joaillier.	28ウ 寶玉賈^{タマヤ}	59オ 寶玉賈^{タマヤ} jeweller.	下42ウ 寶玉賈^{タマヤ}
1159 The joiner. Le menuisier.	28ウ 箱匠^{ハコザイクシ}	59ウ 箱匠^{サシモノシ} joiner.	下42ウ 箱匠^{ハコザイクシ}
1160 The ironmonger. Le ferronnier.	28ウ 鋳物屋^{カナモノヤ}	59ウ 鋳物賈^{テツモノヤ} ironmonger.	下42ウ 鋳物屋^{カナモノヤ}
1161 The lapidary. Le lapidaire.	28ウ 玉人^{タマスリ}	59ウ 玉人^{タマスリ} lapidary.	下43オ 玉人^{タマスリ}
1162 The linen-draper. Le linger.	28ウ 布商^{ヌノアキンド}	59ウ 布商^{モメンアキンド} linen-draper.	下43オ 布商^{ヌノアキンド}
1163 The looking-glass-maker. Le miroitier.	28ウ 鏡匠^{カヾミシ}	59ウ 鏡匠^{カヾミシ} looking-glass-maker.	下43オ 鏡匠^{カヾミシ}
1164 The bricklayer. Le maçon.	28ウ 築壁工^{カベツキ}	59ウ 磚牆匠^{カベツキ} bricklayer.	下43オ 築壁工^{カベツキ}
1165 The money-changer. Le changeur.	28ウ 兩替屋^{リヤウガヘヤ}	59ウ 兌銀舗^{リヤウガヘヤ} money-changer.	下43オ 兩替屋^{リヤウガヘヤ}
1166 The music-seller. Le marchand de musique.	28ウ 樂器商^{ガクキヤ}	59ウ 樂噐商^{ガクキヤ} music-seller.	下43オ 樂器商^{ガクキヤ}
1167 The paper-manufacturer. Le papetier.	28ウ 紙工^{カミスキ}	59ウ 紙造^{カミスキ} paper-manufacturer.	下43オ 紙工^{カミスキ}

『英吉利単語篇増訳』 （1871年刊）	『英和対訳袖珍辞書』（初版、文久二年） （1862年刊）	『改正増補英和対訳袖珍辞書』（慶応二年版） （1866年刊、初版と異同のある場合のみ記載）
1152 香料屋	Grocer, *s.*肉桂丁字等ノ香料ノ物ヲ賣ル人	Grocer, *s.*茶砂糖等及ヒ香料ノ物ヲ賣ル人
1153 銃工_{テツポウシ}	Gun-smith, *s.*小銃ヲ製造スル人	
1154 馬具師_{バグシ}	Harness, *s.*鎧. 馬具 Maker, *s.*造ル人. 造物者	
1155 帽子匠_{ボウシツクリ}	Hatter, *s.*帽子ヲ造ル人	
1156 馬商_{ムマアキンド}	Horse-courser, *s.*馬ヲ商フ人 Horse-dealer, *s.*仝上	
1157 莫大小賣_{メリヤスウリ}	Hose, *s.*莫大小 Hosier, *s.*仝上ヲ製スル人又賣ル人	
1158 實玉賣_{タマヤ}	Jewel, *s.*宝玉 Jeweller, *s.*宝玉ヲ商フ人	Jewel, *s.*宝玉. 衣服ノ飾リ Jeweller, *s.*仝上ヲ商フ人
1159 箱匠_{ハコザイクシ}	Joiner, *s.*指物細工スル人	
1160 銕物屋_{カナモノヤ}	Iron-monger, *s.*鉄ヲ買フ人	Iron-monger, *s.*鉄商
1161 玉人_{タマスリ}	Lapidary, *s.*玉工	
1162 布商_{ヌノアキンド}	Linen-draper, *s.*布商人	
1163 鏡匠_{カゞミシ}	Looking-glassmaker, *s.*鏡造ル人	
1164 築壁工_{カベツキ}	Brick-layer, *s.*左官	
1165 兩替屋_{リヤウガイヤ}	Moneybroker, *s.*両替スル人 Money-changer, *s.*仝上	
1166 樂噐商_{ガクキヤ}	Music, *s.*音楽 Seller, *s.*商ヒスル人	
1167 紙工_{カミスキ}	Paper, *s.*帋 Manufacturer, *s.*職人. 細工スル人	

『英吉利単語篇』(1866年刊) 『法朗西単語篇』(1866年刊)	『英仏単語篇注解』 (1867年5月刊)	『対訳名物図編』 (1867年9月序刊)	『英仏単語便覧』 (1868年1月序刊)
1168 The pedlar. Le colporteur.	28ウ 販夫(セリウリアキンド)	59ウ 販夫(セリウリアキンド) pedlar.	下43オ 販夫(セリウリアキンド)
1169 The pin-manufacturer. L'épinglier.	28ウ 留針師(トメバリシ)	60ウ 留針師(トメバリシ) pin-manufacturer.	下43オ 留針師(トメバリシ)
1170 The potter. Le potier.	28ウ 壷匠(ツボヤキ)	60オ 壺匠(ドキツクリ) potter.	下43オ 壷匠(ツボヤキ)
1171 The print-seller. Le marchand d'estampes.	28ウ 畫商(エウリ)(銅板ナドノ)	60オ 圖繪商(エウリ) print-seller.	下43オ 畫商(エウリ)(銅板杯ノ)
1172 The ragman. Le chiffonnier.	28ウ 破布商(クヅヤ)	60オ 故衣賈(クヅヤ) ragman.	下43オ 破布商(クヅヤ)
1173 The ropemaker. Le cordier.	29オ 索綯工(ナワナヒ)	60オ 索綯工(ナワナヒ) ropemaker.	下43オ 索綯工(ナワナヒ)
1174 The seedsman. Le grenetier.	29オ 種子商(タネモノヤ)	60オ 種子賈(タネモノヤ) seedsman.	下43オ 種子商(タネモノヤ)
1175 The shepherd. Le berger.	29オ 牧人(ボクジン)(畜類ヲ育フヒト)	60オ 牧人(チクルヰカヒ)(ママ) shephord.	下43ウ 牧人(ボクジン)(畜類ヲ育フ人)
1176 The shoemaker. Le cordonnier.	29オ 沓工(クツシ)	60オ 鞋匠(クツシ) shoemaker.	下43ウ 沓工(クツシ)
1177 The silk-mercer. Le marchand de soie.	29オ 絹商(キヌヤ)	60オ 絹商(キヌヤ) silk-mercer.	下43ウ 絹商(キヌヤ)
1178 The silversmith. L'orfèvre.	29オ 銀匠(ギンカザリヤ)(仏金銀匠)	60オ 銀匠(ギンカザリヤ) silversmith.	下43ウ 銀匠(ギンカザリヤ)(仏金銀匠)
1179 The tiler. Le couvreur.	29オ 屋盖工(ヤネシ)	60ウ 蓋屋工(ヤネシ) tiler.	下43ウ 屋盖工(ヤネシ)
1180 The soap-boiler. Le savonnier.	29オ 石鹼工(サボンヤ)	60ウ 石鹼工(シヤボンヤ) soap-boiler.	下43ウ 石鹼工(サボンヤ)
1181 The tailor. Le tailleur.	29オ 仕立屋(シタテヤ)	60ウ 縫衣匠(シタテヤ) tailor.	下43ウ 仕立屋(シタテヤ)
1182 The timber-merchant. Le marchand de bois.	29オ 材木屋(ザイモクヤ)	60ウ 木商(ザイモクヤ) timber-merchant.	下43ウ 材木屋(ザイモクヤ)
1183 The tinman. Le ferblantier.	29オ 錫匠(スマシ)(仏鋳葉匠ブリッキシ)	60ウ 錫匠(スマシ) tinman.	下43ウ 錫匠(スマシ)(仏鉄葉匠ブリッキシ)

『英吉利単語篇増訳』(1871年刊)	『英和対訳袖珍辞書』(初版、文久二年)(1862年刊)	『改正増補英和対訳袖珍辞書』(慶応二年版)(1866年刊、初版と異同のある場合のみ記載)
1168 販　夫 セリウリアキウド	Pedlar, *s.*商賣物ヲ背ニ負テ賣リ歩ク商人	
1169 留針師 トメバリシ	Pin, *s.*針. 帽子針. 少シノ物. 栓_{車ノ輪ガ}軸ヨリ抜ヌヤウニサシタル Manufacturer, *s.*職人. 細工スル人	Pin, *s.*針. 帽子針. 少シノ物. 栓_{車ノ輪ガ}軸ヨリ抜ヌヤウニサシタル杯ノ Manufacturer, *s.*職人. 細工スル人
1170 壷　商 ツボアキンド	Potter, *s.*壷ヲ焼ク人	
1171 畫商_{銅板ナトノ} エウリ	Print, *s.*印. 足跡. 極印. 版. 文字. 板行画. 㗱業. 書付 Seller, *s.*商ヒスル人	Print, *s.*印. 足跡. 極印. 版文字. 板行画. 新聞紙 Seller, *s.*商ヒスル人
1172 破布商 クブヤ	Rag-man, *s.*古切レ買フ人	
1173 索網工（ママ） ナハナイ	Rope-maker, *s.*綯索スル人	
1174 種子商 タネモノヤ	Seedsman, *s.*種ヲ蒔ク人. 種ヲ商フ人	
1175 牧人_{チクルイヲカ} ボクジン	Shepherd, *s.*畜ヲ野飼スル人	
1176 沓工 ウヒト　クツシ	Shoe-maker, *s.*沓師	
1177 絹商 キヌヤ	Silk-man, Silk-mercer, *s.*絹ヲ商フ人	
1178 銀　匠 ギンカザリヤ	Silver-smith, *s.*銀細工人	
1179 屋盖工 ヤネシ	Tile-ed-ing, *v.a.*瓦ニテ覆フ Tiler, *s.*仝上ノ人. 瓦ヲ焼ク人	Tile-ed-ing, *v.a.*瓦ニテ覆フ Tiler, *s.*仝上ノ人
1180 石鹸工 シヤボンシ	Soap-boiler, *s.*石鹸ヲ製スル人	
1181 仕立屋 シタテヤ	Tailor, *s.*裁縫匠	
1182 材木屋 ザイモクヤ	Timber-merchant, *s.*材木ヲ商フ人	
1183 鋟葉匠錫匠 ブリキシスマシ	Tinman, *s.*「ブリツキ」ヲ造ル人	Tinman, *s.*錫器ヲ造ル人

『英吉利単語篇』(1866年刊) 『法朗西単語篇』(1866年刊)	『英仏単語篇注解』 (1867年5月刊)	『対訳名物図編』 (1867年9月序刊)	『英仏単語便覧』 (1868年1月序刊)
1184 The tin-potter. Le potier d'étain.	29オ ^{スズノツボシ}錫壺匠	60ウ ^{スズノツボシ}錫壺匠 tin-potter.	下43ウ ^{スズノツボシ}錫壺匠
1185 The tobacconist. Le marchand de tabac.	29オ ^{タバコヤ}煙草屋	60ウ ^{タバコヤ}煙草屋 tobacconist.	下43ウ ^{タバコヤ}煙草屋
1186 The trunk-maker. Le layetier.	29オ ^{ヒツツクリ}櫃工	60ウ ^{ヒツツクリ}櫃工 trunk-maker.	下43ウ ^{ヒツツクリ}櫃工
1187 The upholsterer. Le tapissier.	29オ ^{カグシ}家具師（仏 ^{カベハリシ}壁張師）	60ウ ^{イエノカザリヤ}家具師 upholsterer.	下43ウ ^{カグシ}家具師（仏 ^{カベハリシ}壁張師）
1188 The washerwoman. La blanchisseuse.	29オ ^{センタクヲンナ}洗濯女	60ウ ^{センタクヲンナ}澣女 washerwoman.	下43ウ ^{センタクヲンナ}洗濯女
1189 The watchmaker. L'horloger.	29オ ^{トケイシ}時計師	61オ ^{トケイシ}時儀匠 watchmaker.	下44オ ^{トケイシ}時計師
1190 The weaver. Le tisserand.	29オ ^{オリヤ}織工	61オ ^{オリヤ}織戸 weaver.	下44オ ^{オリヤ}織工
1191 The wine-merchant. Le marchand de vin.	29オ ^{サカヤ}酒買	61オ ^{サカヤ}酒買 wine-merchant.	下44オ ^{サカヤ}酒買
1192 The plough. La charrue.	29オ ^{スキ}鋤	61オ ^{スキ}鋤 plough.	下44オ ^{スキ}鋤
1193 The spade. La bêche.	29オ ^{クワ}鍬	61オ ^{クワ}鍬 spade.	下44オ ^{クワ}鍬
1194 The roller. Le rouleau.	29オ ^{メンボウ}麺棒	61オ ^{チナラシ}壓塊器 roller.	下44オ ^{メンボウ}麺棒
1195 The sickle. La faucille.	29ウ ^{カマ}鎌	61オ ^{カマ}鎌 sickle.	下44オ ^{カマ}鎌
1196 The pruning-knife. La serpette.	29ウ ^{クサカリガタナ}草刈刀	61オ ^{ツミコミガマ}薙草刀 pruning-knife.	下44オ ^{クサカリガタナ}草刈刀
1197 The flail. Le fléau.	29ウ ^{カラザヲ}連枷	61オ ^{カラザヲ}連枷 flail.	下44オ ^{カラザヲ}連枷
1198 An anvil. Une enclume.	29ウ ^{カナシキ}銕砧	61オ ^{カナシキ}銕砧 anvil.	下44オ ^{カナシキ}銕砧
1199 The hammer. Le marteau.	29ウ ^{カナヅチ}鎚	61オ ^{カナヅチ}銕鎚 hammer.	下44オ ^{カナヅチ}鎚

『英吉利単語篇増訳』 （1871年刊）	『英和対訳袖珍辞書』（初版、文久二年） （1862年刊）	『改正増補英和対訳袖珍辞書』（慶応二年版） （1866年刊、初版と異同のある場合のみ記載）
1184 鉄葉ノ壷匠 （ブリキ ツボシ）	Tin, *s.*錫．ブリツキ_{鉄ニ錫ヲ著タルナリ} Potter, *s.*壷ヲ焼ク人	Tin, *s.*錫．馬口鉄（ブリツキ） Potter, *s.*壷ヲ焼ク人
1185 煙草屋 （タバコヤ）	Tobacconist, *s.*煙草屋	
1186 櫃工 （ヒツハクリ）	Trunk-maker, *s.*筐ヲ造ル人	
1187 家具師 （カグシ）	Upholsterer, *s.*家財等ノ飾リ立ヲ商賣 トシテ居ル人	
1188 洗濯女 （センダクジョ）	Washer-woman, *s.*洗濯スル女	
1189 時計師 （トケイシ）	Watch-maker, *s.*時計師	
1190 織工 （オリヤ）	Weave, wove, woven, weaving, *v.a. et* *n.*織ル Weaver, *s.*全上ノ人	Weave, wove, woven, weaving, *v.a. et* *n.*織ル．編ム．結付ル Weaver, *s.*全上ノ人
1191 酒屋 （サカヤ）	Wine-merchant, *s.*酒商ヒスル人	
1192 鋤 （スキ）	Plough, *s.*鋤．耕作	Plough, Plow, *s.*鋤．耕作
1193 鍬 （クワ）	Spade, *s.*鋤ノ類．三歳ノ鹿	
1194 麺棒 （メンボウ）	Roller, *s.*麵棒ノ類．巻タル巾	
1195 鎌 （カマ）	Sickle, *s.*鎌	
1196 草刈刀 （クサカリガマ）	Pruning-hook,-knife, *s.*草木ヲ刈ルニ 用ル小刀	
1197 連枷 （カラサワ）	Flail, *s.*麥打ツ時用ユル道具	Flail, *s.*連枷（カラサホ）
1198 鉄砧 （カナシキ）	Anvil, *s.*鉄砧（カナシキ）	
1199 鎚 （カナブチ）	Hammer, *s.*槌	

『英吉利単語篇』(1866年刊) 『法朗西単語篇』(1866年刊)	『英仏単語篇注解』 （1867年5月刊）	『対訳名物図編』 （1867年9月序刊）	『英仏単語便覧』 （1868年1月序刊）
1200 Pincers. Les tenailles.	29ウ 千斤（クギヌキ）	61ウ 千鈎秤（クギヌキ） Pincers.	下44オ 千斤（クギヌキ）
1201 A nail. Un clou.	29ウ 釘（クギ）	61ウ 釘（クギ） nail.	下44オ 釘（クギ）
1202 The file. La lime.	29ウ 鑢（ヤスリ）	61ウ 鎊（ヤスリ） file.	下44オ 鑢（ヤスリ）
1203 A drill. Un vilebrequin.	29ウ 舞錐（マヒギリ）	61ウ 舞鑽（マヒギリ） drill.	下44ウ 舞錐（マヒギリ）
1204 The screw. La vis.	29ウ 螺旋（ネヂ）	61ウ 螺旋（ネヂ） screw.	下44ウ 螺旋（ネヂ）
1205 The nut. L'écrou.	29ウ 牝螺（メネヂ）	61ウ 牝螺旋（メネヂ） nut.	下44ウ 牝螺（メネヂ）
1206 A mason's hod. Une auge de maçon.	29ウ 石灰器（イシバヒイレ）	61ウ 石灰罌（シックイイレ） mason's hod.	下44ウ 石灰器（イシバヒイレ）
1207 The ladder. L'échelle.	29ウ 梯（ハシゴ）	61ウ 梯子（ハシゴ） ladder.	下44ウ 梯（ハシゴ）
1208 The crow-bar. La pince.	29ウ 銕梃（カナテコ）	61ウ 銕梃（カナテコ） crow-bar.	下44ウ 銕梃（カナテコ）
1209 The lever. Le levier.	29ウ 梃（テコ）	62オ 梃（テコ） lever.	下44ウ 梃（テコ）
1210 The wedge. Le coin.	29ウ 橛（クサビ）（俗ニ矢ト云）	62オ 橛子（クサビ）俗ニ矢ト云物 wedge.	下44ウ 橛（クサビ）（俗ニ矢ト云）
1211 The hatchet. La hache.	29ウ 斧（ヲノ）	62オ 斧（ヲノ） hatchet.	下44ウ 斧（ヲノ）
1212 The pulley. Le cric.	29ウ 滑車（セビ）	62オ 滑車（セビ） pulley.	下44ウ 滑車（セビ）
1213 The saw. La scie.	29ウ 鋸（ノコギリ）	62オ 鋸（ノコギリ） saw.	下44ウ 鋸（ノコギリ）
1214 The plane. Le rabot.	29ウ 鉋（カンナ）	62オ 鉋（カンナ） plane.	下44ウ 鉋（カンナ）

『英吉利単語篇増訳』 （1871年刊）	『英和対訳袖珍辞書』（初版、文久二年） （1862年刊）	『改正増補英和対訳袖珍辞書』（慶応二年版） （1866年刊、初版と異同のある場合のみ記載）
1200 <ruby>千斤<rt>クギヌキ</rt></ruby>	Pincer, s.針抜キ	pincer, s.針抜キ
1201 <ruby>釘<rt>クギ</rt></ruby>又<ruby>爪<rt>ツメ</rt></ruby>	Nail, s.釘．爪．尺度ノ名_{凡ニ「トイム」半}	Nail, s.釘．爪．尺度ノ名_{ニ「インチ」及四分 ノ一}
1202 <ruby>鑢<rt>ヤスリ</rt></ruby>	File, s.鑢．糸．軍勢ノ並ビ．人別帳	
1203 <ruby>舞錐<rt>マイギリ</rt></ruby>	Drill, s.舞錐．種ヲ蒔キタル畦ノ窪ミ． 種マク仕業．武術ノ稽古	Drill, s.舞錐．種ヲ蒔キタル畦ノ窪ミ． 種マク道具．武術ノ稽古．狒．小川
1204 <ruby>螺旋<rt>ネジ</rt></ruby>	Screw, s.螺旋	
1205 <ruby>牝螺<rt>メネジ</rt></ruby>	Nut, s.胡桃．鐵猫ノ孔ノ處ノ飛出タル 物．円ク飛出テ又円ク窪ミタル處_{車輪ナド} _ノ	
1206 <ruby>石灰罌<rt>イシバイイレ</rt></ruby>	Mason, s.坊工_{練塀ナド築ク者ナリ} Hod, s.石灰ヲ入レル器	
1207 <ruby>梯<rt>ハシゴ</rt></ruby>	Ladder, s.梯	
1208 <ruby>鉄梃<rt>カナテコ</rt></ruby>	Crow, s.烏．鉄棒 Bar, s.棒．通行ヲ塞キトメル為ニ立テ 有ル木ノ捻名．障碍_{サヘギリ}．港口ノ海岸．洲． 岩礁．櫺子_{レンジ}．茶店．旅篭屋ノ見世	Crow, s.烏．鉄棒 Bar, s.棒．通行ヲ塞キトメル為ニ立テ 有ル木ノ捻名．障碍_{サヘギリ}．港口ノ海岸．洲． 岩礁．櫺子_{レンジ}．茶店．旅篭屋ノ見世．裁 判所
1209 <ruby>梃<rt>テコ</rt></ruby>	Lever, s.木<ruby>梃<rt>テコ</rt></ruby>	
1210 <ruby>橛<rt>クサビ</rt></ruby>	Wedge, s.木ヲ割ル矢．棹．塊リ	Wedge, s.金属ノ塊．鐵<ruby>橛<rt>クサビ</rt></ruby>_{木石ヲ割ルニ用ユ}・ 橛形
1211 <ruby>斧<rt>ヲノ</rt></ruby>	Hatchet, s.斧	Hatchet, s.斧_{片手モチノ}
1212 <ruby>滑車<rt>セビ</rt></ruby>	Pulley, s.滑車	
1213 <ruby>鋸<rt>ノコギリ</rt></ruby>	Saw, s.諺．鋸	
1214 <ruby>鉋<rt>カンナ</rt></ruby>	Plane, s.鉋．平面．樹名	Plane, s.鉋．平面

『英吉利単語篇』(1866年刊) 『法朗西単語篇』(1866年刊)	『英仏単語篇注解』 (1867年5月刊)	『対訳名物図編』 (1867年9月序刊)	『英仏単語便覧』 (1868年1月序刊)
1215 The chisel. Le ciseau.	29ウ 鑿^{ノミ} (石或瓦ナド二用ル)	62ウ 鑿^{ノミ} chisel.	下44ウ 鑿^{ノミ} (石或ハ瓦ナド二用ユル)
1216 A grindstone. Une pierre à aiguiser.	29ウ 砥石^{トイシ}	62ウ 砥石^{トイシ} grindstone.	下44ウ 砥石^{トイシ}
1217 Glue. La colle.	30オ 膠^{ニカハ}	62ウ 膠^{ニカハ} Glue.	下45オ 膠^{ニカハ}
1218 Compasses. Le compas.	30オ 両脚^{コンパス}	62ウ 規叉^{ブンマワシ} Compasses.	下45オ 両脚^{コンパス}
1219 The square. L'équerre.	30オ 曲矩^{サシガネ}	62ウ 矩尺^{サシカネ} square.	下45オ 曲矩^{サシガネ}
1220 The level. Le niveau.	30オ 水準^{ミヅモリ}	62ウ 水準^{ミヅモリ} level.	下45オ 水準^{ミヅモリ}
1221 The mason's chisel. Le poinçon.	30オ 鑿^{ノミ} (石或瓦ナド二用ル)	62ウ 石鑿^{ノミ} 石瓦二用ユ mason's chisel.	下45オ 鑿^{ノミ} (石或ハ瓦ナド二用ユル)
1222 The graver. Le burin.	30オ 彫刻道具^{ホリモノノドウグ}	62ウ 鑴工器^{ホリモノダウグ} graver.	下45オ 彫刻道具^{ホリモノノドウグ}
1223 A turning-lathe. Un tour.	30オ 牽鑽盤^{ロクロ}	62ウ 轆轤^{ロクロ} turning-lathe.	下45オ 牽鑽盤^{ロクロ}
1224 Shears. Les ciseaux.	30オ 剪刀^{ハサミ}	62ウ 大鋏刀^{ハサミ} Shears.	下45オ 剪刀^{ハサミ}
1225 An actor. Un acteur.	30オ 俳優^{ヤクシヤ}	62ウ 俳優^{ヤクシヤ} actor.	下45オ 俳優^{ヤクシヤ}
1226 An advocate. Un avocat.	30オ 代言者^{ダイゲンシヤ} (訴訟并訴苔ノ)	62ウ 代言者^{ダイゲンシヤ} 訴訟并訴苔等ノ advocate.	下45オ 代言者^{ダイゲンシヤ} (訴訟并訴苔ノ)
1227 An architect. Un architecte.	30オ 棟梁^{トウリヤウ} (大工ノ)	62ウ 匠長^{トウリヤウ} architect.	下45オ 棟梁^{トウリヤウ} (大工ノ)
1228 An astronomer. Un astronome.	30オ 天文學者^{テンモンガクシヤ}	62ウ 星學者^{テンモンシヤ} astronomer.	下45オ 天文學者^{テンモンガクシヤ}
1229 A botanist. Un botaniste.	30オ 植物學者^{ショクブツガクシヤ}	63オ 植物學者^{ホンザウガクシヤ} botanist.	下45オ 植物學者^{ショクブクガクシヤ (ママ)}
1230 A chemist. Un chimiste.	30オ 化學者^{クワガクシヤ}	63オ 化學者^{クワガクシヤ} chemist.	下45オ 化學者^{クワガクシヤ}

『英吉利単語篇増訳』 （1871年刊）	『英和対訳袖珍辞書』（初版、文久二年） （1862年刊）	『改正増補英和対訳袖珍辞書』（慶応二年版） （1866年刊、初版と異同のある場合のみ記載）
1215 鑿_{石等ニ用ユル器}	Chisel, s.鑿	
1216 砥石	Grind-stone, s.砥石	
1217 膠	Glue, s.膠	
1218 両 脚	Compass, s.周囲. 會得. 雛形. 羅盤針. 両脚規	Compass, s.周囲. 會得. 限リ. 羅盤針. 両脚規
1219 曲矩	Square, s.四角 方形ニシテ四方ニ家ノ アル地. 曲尺. 規則.	Square, s.四角. 方形ニシテ四方ニ家 ノアル地. 平方. 規則. 方形ヲ画ク 矩
1220 水準	Level, s.平面. 水準. 向キ. 水モリ	
1221 鑿	Mason, s.圬工_{練塀ナド築ク者ナリ} Chisel, s.鑿	
1222 彫物道具	Graver, s.鐫刻スル人. 其人ノ用ユル道 具	
1223 牽鑽盤	Turning, s.廻轉. 曲折. 街ヲアチラコ チラニ寄テ行ク人 Lathe, s.鏇 盤	Turning, s.廻轉. 曲折. 街本道ヨリハ ヅレ行クコト. 牽鑽盤細工 Lathe, s.鏇 盤
1224 剪刀	Shears, s. pl.剪刀	
1225 俳優	Actor, s.仕業スル人. 役者_{芝居ノ}	
1226 代言者_{訴訟并訴} _{答ノ}	Advocate, s.代言スル人. 防ヒテ遣ル人 _{人ノ悪事ナドヲ.} 訴訟ヲ司ル役	
1227 棟 梁_{大工ノ}	Architect, s.建築術ノ孝者	
1228 天文学者	Astronomer, s.星孝者	
1229 植物学者	Botanist, s.本草家	
1230 化学者	Chemist, s.分離家	

『英吉利単語篇』(1866年刊) 『法朗西単語篇』(1866年刊)	『英仏単語篇注解』 (1867年5月刊)	『対訳名物図編』 (1867年9月序刊)	『英仏単語便覧』 (1868年1月序刊)
1231 A clergyman. Un ecclésiastique.	30オ 教師_(法教ノ)	63オ 法教師 clergyman.	下45ウ 教師_(法教ノ)
1232 A dancing-master. Un maître de danse.	30オ 踊ノ師匠	63オ 踊戲師 dancing-master.	下45ウ 踊ノ師匠
1233 A dentist. Un dentiste.	30オ 齒醫者	63オ 齒醫者 dentist.	下45ウ 齒醫者
1234 A doctor. Un docteur.	30オ 學士	63オ 學士 doctor.	下45ウ 學士
1235 A drawer. Un dessinateur.	30オ 繪圖師	63オ 圖工 drawer.	下45ウ 繪圖師
1236 An engineer. Un ingénieur.	30オ 築城家	63オ 築城家 engineer.	下45ウ 築城家
1237 An engraver. Un graveur.	30オ 彫刻師	63オ 彫刻匠 engraver.	下45ウ 彫刻師
1238 A fencing-master. Un maître d'armes.	30オ 劍術ノ師匠	63オ 劍術師 fencing-master.	下45ウ 劍術ノ師匠
1239 A geometer. Un géomètre.	30ウ 測量學者	63ウ 測量學者 geometer.	下45ウ 測量學者
1240 A historian. Un historien.	30ウ 歷史家	63ウ 歷史家 historian.	下45ウ 歷史家
1241 A language-master. Un maître de langue.	30ウ 語學者	63ウ 語學者 language-master.	下45ウ 語學者
1242 A lawyer. Un jurisconsulte.	30ウ 律學者	63ウ 律學者 lawyer.	下45ウ 律學者
1243 A mathematician. Un mathématicien.	30ウ 數學者	63ウ 數學者 mathematician.	下45ウ 數學者
1244 A mechanician. Un mécanicien.	30ウ 器械學者	63ウ 器械學者 mechanician.	下45ウ 器械學者
1245 A mineralogist. Un minéralogiste.	30ウ 礦物學者	63ウ 礦物学者 mineralogist.	下46オ 礦物學者
1246 A musician. Un musicien.	30ウ 樂人	63ウ 樂人 musician.	下46オ 樂人

『英吉利単語篇増訳』 （1871年刊）	『英和対訳袖珍辞書』（初版、文久二年） （1862年刊）	『改正増補英和対訳袖珍辞書』（慶応二年版） （1866年刊、初版と異同のある場合のみ記載）
1231 教師ノ法師	Cleryman, s.法教ノ師	Cleryman, s.僧
1232 踊ノ師匠	Dancing-master, s.踊師匠	
1233 歯醫者	Dentist, s.歯醫師	
1234 学士	Doctor, s.師匠. 醫者. 孝者	
1235 繪圖師	Drawer, s.拽ク人. 援ク人. 汲ム人. 酒ヲ樽ヨリ出ス人. 抽斗 Drawing-master, s.繪図師	
1236 築城家	Engineer, s.砦ヲ築ク人. 坑卒隊	
1237 彫刻師	Engraver, s.鐫刻スル人	
1238 劍術ノ師匠	Fencing-master, s.劍術ノ師匠	
1239 測量学者	Geometer,-metrician, s.測量孝者	
1240 記録者	Historian, s.記録者	
1241 語学者	Language-master, s.言葉ノ師匠	
1242 政治学者	Lawyer, s.政治科ニ達シテ居ル人. 裁判役人	
1243 数学者	Mathematician, s.數孝者	
1244 噐械学者	Mechanician, s.器械孝者	
1245 礦物学者	Mineral, s.礦物 金銀錫石炭諸石薬ノ類ノ泛称 （中略） Mineralogist, s.全上孝者	
1246 樂人	Musician, s.楽人. 楽ニ巧者ナル人	

『英吉利単語篇』(1866年刊) 『法朗西単語篇』(1866年刊)	『英仏単語篇注解』 (1867年5月刊)	『対訳名物図編』 (1867年9月序刊)	『英仏単語便覧』 (1868年1月序刊)
1247 A naturalist. Un physicien.	30ウ 窮理學者^{キウリガクシヤ}	63ウ 窮理學者^{キウリガクシヤ} naturalist.	下46オ 窮理學者^{キウリガクシヤ}
1248 A painter. Un peintre.	30ウ 畫工^{エカキ}	63ウ 畫工^{エカキ} painter.	下46オ 畫工^{エカキ}
1249 A philosopher. Un philosophe.	30ウ 性理學者^{セイリガクシヤ}	64オ 性理學者^{セイリガクシヤ} philosopher.	下46オ 性理學者^{セイリガクシヤ}
1250 A physician. Un médecin.	30ウ 醫師^{イシ}	64オ 醫師^{イシ} physician.	下46オ 醫師^{イシ}
1251 A poet. Un poëte.	30ウ 詩人^{シジン}	64オ 詩人^{シジン} poet.	下46オ 詩人^{シジン}
1252 A preacher. Un prédicateur.	30ウ 説法者^{セツハウシヤ}	64オ 説法者^{セツパフシヤ} preacher.	下46オ 説法者^{セツパウシヤ}
1253 A professor. Un professeur.	30ウ 大學士^{ダイガクシ(ママ)}	64オ 大學士^{ダイガクシ} professor.	下46オ 大學士^{ダイガクシ}
1254 A riding-master. Un écuyer.	30ウ 馬術ノ師匠^{バジュツ シシヤウ}	64オ 馬術師^{バジュツノシシヤウ} riding-master.	下46オ 馬術ノ師匠^{バジュツノシシヤウ}
1255 A school-master. Un maître d'école.	30ウ 學校ノ師匠^{ガクカウ シシヤウ}	64オ 學校師匠^{カクカウノシシヤウ} school-master.	下46オ 學校ノ師匠^{ガクカウノシシヤウ}
1256 A sculptor. Un sculpteur.	30ウ 彫像師^{ホリモノシ}	64オ 彫像師^{ブツシ} sculptor.	下46オ 彫像師^{ホリモノシ}
1257 A surgeon. Un chirurgien.	30ウ 外科醫者^{ゲクワイシヤ}	64オ 外科醫者^{ゲクワイシヤ} surgeon.	下46オ 外科醫者^{ゲクワイシヤ}
1258 A theologian. Un théologien.	30ウ 神學者^{シンガクシヤ}	64オ 神學者^{シンガクシヤ} theologian.	下46オ 神學者^{シンガクシヤ}
1259 The exchange. La bourse.	30ウ 市ノ寄合場^{イチ ヨリアヒバ} (相場ヲ立ル為ノ)	64オ 市會所^{イチヨリアヒバ} exchange.	下46ウ 市ノ寄合場^{イチノヨリアヒバ} (相場ヲ立ルタメノ)
1260 The (rate of) exchange. Le cours.	31オ 相場^{サウバ} (市ノ)	64オ 時價^{サウバ} (rate of) exchange.	下46ウ 相場^{サウバ}
1261 A banker. Un banquier.	31オ 爲替屋^{カハセヤ}	64ウ 爲替屋^{カハセヤ} banker.	下46ウ 爲替屋^{カハセヤ}

『英吉利単語篇増訳』 （1871年刊）	『英和対訳袖珍辞書』（初版、文久二年） （1862年刊）	『改正増補英和対訳袖珍辞書』（慶応二年版） （1866年刊、初版と異同のある場合のみ記載）
1247 窮理學者	Naturalist, s.窮理孝者	
1248 畫工	Painter, s.画工. 小舟_又大艦ヲ堤等ニツナク索	Painter, s.画工. 小舟ヲ大艦_又堤等ニツナク索
1249 性理学者	Philosopher, s.理孝者	
1250 醫師	Physician, s.醫者	
1251 詩人	Poet, s.詩人	
1252 説法者	Preacher, s.説法者	
1253 大学士	Professor, s.職業スル人. 大孝校ノ孝頭. 懺悔スル人	Professor, s.宣言スル人. 大孝校ノ孝頭
1254 馬術ノ師匠	Riding-school, s.馬術ノ稽古所 Master, s.主人. 頭人. 持主. 君公. 船乗_{商船ノ}. 船司_{軍艦ニテリウテナントノ次ニ位シ甲比丹命ヲ受ケ船ヲ指揮スル役}. 師匠. 先生	Riding-school, s.馬術ノ稽古所 Master, s.主人. 頭人. 持主. 君公. 船司_{軍艦ニテリウテナントノ次ニ位シ甲比丹命ヲ受ケ船ヲ指揮スル役}. 師匠. 先生
1255 学校ノ師匠	School-master, s.儒官	
1256 彫像師	Sculptile, s.肖像ヲ刻ム人 Sculpture, s.肖像ヲ刻ム術. 肖像細工	Sculpor, s.像ヲ刻ム人
1257 外料醫者（ママ）	Surgeon, s.外科醫	
1258 神学者	Theologian, Theologist, s.神孝者	
1259 市 ノ寄合相場	Exchange, s.取替ルコト. 両替. 商人會所. 両替ノ相場	
1260 相場	Rate, s.價. 風俗. 尺棹. 比較. 數. 度. 運上. 位 Rate of exchange.両替相場	Rate, s.價. 割合. 相場. 度. 運上. 位 Rate of exchange.両替相場
1261 爲替屋	Banker, s.両替スル人	

『英吉利単語篇』(1866年刊) 『法朗西単語篇』(1866年刊)	『英仏単語篇注解』 (1867年5月刊)	『対訳名物図編』 (1867年9月序刊)	『英仏単語便覧』 (1868年1月序刊)
1262 A merchant. Un négociant.	31オ 商人（アキンド）	64ウ 商買（アキンド） merehant.（ママ）	下46ウ 商人（アキンド）
1263 A retailer. Un marchand en détail.	31オ 小賣商人（コウリアキンド）	64ウ 小賣商人（コウリアキンド） retailer.	下46ウ 小賣商人（コウリアキンド）
1264 A partner. Un compagnon.	31オ 仲間（ナカマ）	64ウ 顆伴（トヒヤナカマ） partner.	下46ウ 仲間（ナカマ）
1265 A factor. Un commissionnaire.	31オ 主管（バントウ）	64ウ 主管（バントウ） factor.	下46ウ 主管（バントウ）
1266 A broker. Un courtier.	31オ 手代（テダイ）	64ウ 甲幹（テダイ） broker.	下46ウ 手代（テダイ）
1267 A clerk. Un commis.	31オ 帳役（チャウヤク）（勘定ナドスル者）	64ウ 記簿（チャウツケ） clerk.	下46ウ 帳役（チャウヤク）（勘定扨スル者）
1268 The buyer. L'acheteur.	31オ 買人（カヒテ）	64ウ 買方（カヒテ） buyer.	下46ウ 買人（カヒテ）
1269 The seller. Le vendeur.	31オ 賣人（ウリテ）	65オ 賣方（ウリテ） seller.	下46ウ 賣人（ウリテ）
1270 The debtor. Le débiteur.	31オ 借金人（カリテ）	65オ 欠主（カリカタ） debtor.	下46ウ 借金人（カリテ）
1271 The creditor. Le créancier.	31オ 催債人（カシテ）	65オ 債主（カシカタ） creditor.	下46ウ 催債人（カシテ）
1272 The course of exchange. Le change.	31オ 兩替ノ相場（リャウガヘノサウバ）	65オ 兌銀時價（リャウガヘサフバ） course of exchange.	下46ウ 兩替ノ相場（リャウガヘノサウバ）
1273 A bill of exchange. Une lettre de change.	31オ 爲替手形（カハセテガタ）	65オ 爲替券（カハセテガタ） bill of exchange.	下47オ 爲替手形（カハセテガタ）
1274 The payment. Le paiement.	31オ 拂スルコト（ハラヒ）	65オ 直償（ハラヒ） payment.	下47オ 拂ヒスル事（ハラヒ）
1275 The quittance. La quittance.	31オ 返金スルコト（ヘンキン）	65オ 債償（ヘンキンスルコト） quittance.	下47オ 返金スル事（ヘンキンスルコト）
1276 An obligation. Une obligation.	31オ 證文（ショウモン）	65オ 證文（ショウモン） obligation.	下47オ 證文（ショウモン）

対照表 II 239

『英吉利単語篇増訳』 （1871年刊）	『英和対訳袖珍辞書』（初版、文久二年） （1862年刊）	『改正増補英和対訳袖珍辞書』（慶応二年版） （1866年刊、初版と異同のある場合のみ記載）
1262 商人^{アキンド}	Merchant, *s.*商人	
1263 小賣商人^{コウリアキンド}	Retailer, *s.*小賣スル人	
1264 仲ヶ間^{ナ　マ}	Partner, *s.*仲間. 或ル事ニ係リ合テ居ル人. 踊ノ仲間	
1265 主管^{バントウ}	Factor, *s.*他国ニ行テ主人ノ用ヲ達スル人. 他国ヨリ商賣ノ為メニ来テ居ル人	
1266 手代^{テダイ}	Broker, *s.*賣買ノ世話人	
1267 帳役_{勘定ナドスル}	Clerk, *s.*法師. 筆記者. 孝士	
1268 買人^{カヒテ}	Buyer, *s.*商フ人. 商ヒスル人	Buyer, *s.*買人
1269 賣人^{ウリテ}	Seller, *s.*商ヒスル人	
1270 借金人^{カ　リ　テ}	Debtor, *s.*借金ノアル人	
1271 催債人^{カ　シ　テ}	Creditor, *s.*催債人	
1272 両替ノ相場^{リヤウガヘツウバ}	Course, *s.*歩行筋. 乗リ筋. 運行. 行道. セリ駆ケ. 法則 Exchange, *s.*取替ルコト. 両替. 商人會所. 両替ノ相場	Course, *s.*歩行筋. 進ミ. 運行. 行道. セリ駆ケ. 法則 Exchange, *s.*取替ルコト. 両替. 商人會所. 両替ノ相場
1273 爲替手形^{カハセテガタ}	bill of exchange.替セ手形	
1274 拂スルコト^{ハライ}	Payment, *s.*拂ヒ	
1275 返金スルコト^{ヘンキン}	Quittance, *s.*用捨. 満足. 称美	Quittance, *s.*用捨. 返済
1276 證文^{ショウモン}	Obligation, *s.*関係. 務	

『英吉利単語篇』(1866年刊) 『法朗西単語篇』(1866年刊)	『英仏単語篇注解』 (1867年5月刊)	『対訳名物図編』 (1867年9月序刊)	『英仏単語便覧』 (1868年1月序刊)
1277 The balance. La balance.	31オ <ruby>天秤<rt>テンビン</rt></ruby>	65オ <ruby>天秤<rt>テンビン</rt></ruby> balance.	下47オ <ruby>天秤<rt>テンビン</rt></ruby>
1278 The ledger. Le grand livre.	31オ <ruby>勘定帳<rt>カンヂヤウチヤウ</rt></ruby>	65オ <ruby>會計簿<rt>カンヂヤウチヤウ</rt></ruby> ledger.	下47オ <ruby>勘定帳<rt>カンヂヤウチヤウ</rt></ruby>
1279 The wares. Les marchandises.	31オ <ruby>貨物<rt>アキナヒモノ</rt></ruby>	65ウ <ruby>貨物<rt>アキナヒニ</rt></ruby> wares.	下47オ <ruby>貨物<rt>アキナヒモノ</rt></ruby>
1280 The shop. La boutique.	31オ <ruby>店<rt>ミセ</rt></ruby>	65ウ <ruby>舗<rt>ミセ</rt></ruby> shop.	下47オ <ruby>店<rt>ミセ</rt></ruby>
1281 The counting-house. Le bureau.	31オ <ruby>勘定部屋<rt>カンヂヤウベヤ</rt></ruby>	65ウ <ruby>總箒所<rt>カンヂヤウバ</rt></ruby> counting-house.	下47オ <ruby>勘定部屋<rt>カンヂヤウベヤ</rt></ruby>
1282 The strong-box. La caisse.	31ウ <ruby>金箱<rt>カネバコ</rt></ruby>	65ウ <ruby>金箱<rt>カネバコ</rt></ruby> strong-box.	下47オ <ruby>金箱<rt>カネバコ</rt></ruby>
1283 Red. Rouge.	31ウ <ruby>赤<rt>アカ</rt></ruby>	65ウ <ruby>赤<rt>アカ</rt></ruby> Red.	下47オ <ruby>赤<rt>アカ</rt></ruby>
1284 Blue. Bleu.	31ウ <ruby>青<rt>アヲ</rt></ruby>	65ウ <ruby>青<rt>アヲ</rt></ruby> Blue.	下47オ <ruby>青<rt>アヲ</rt></ruby>
1285 Yellow. Jaune.	31ウ <ruby>黄<rt>キ</rt></ruby>	65ウ <ruby>黄<rt>キ</rt></ruby> Yellow.	下47オ <ruby>黄<rt>キ</rt></ruby>
1286 Black. Noir.	31ウ <ruby>黒<rt>クロ</rt></ruby>	65ウ <ruby>黒<rt>クロ</rt></ruby> Black.	下47オ <ruby>黒<rt>クロ</rt></ruby>
1287 White. Blanc.	31ウ <ruby>白<rt>シロ</rt></ruby>	65ウ <ruby>白<rt>シロ</rt></ruby> White.	下47ウ <ruby>白<rt>シロ</rt></ruby>
1288 Green. Vert.	31ウ <ruby>緑<rt>モエギ</rt></ruby>	65ウ <ruby>緑<rt>モエギ</rt></ruby> Green.	下47ウ <ruby>緑<rt>モエギ</rt></ruby>
1289 Brown. Brun.	31ウ <ruby>褐色<rt>トビイロ</rt></ruby>	66オ <ruby>花褐色<rt>チヤイロ</rt></ruby> Brown.	下47ウ <ruby>褐色<rt>トビイロ</rt></ruby>
1290 Violet. Violet.	31ウ <ruby>桔梗色<rt>キキヨウイロ</rt></ruby>	66オ <ruby>淺青蓮色<rt>キヤウムラサキ</rt></ruby> Violet.	下47ウ <ruby>桔梗色<rt>キキヨウイロ</rt></ruby>

『英吉利単語篇増訳』 （1871年刊）	『英和対訳袖珍辞書』（初版、文久二年） （1862年刊）	『改正増補英和対訳袖珍辞書』（慶応二年版） （1866年刊、初版と異同のある場合のみ記載）
1277 天秤^{テンビン}	Balance, *s.*天秤. 権衡. 時計ノ垂^{フリ}. 平均. 勘定残リ	Balance, *s.*天秤. 権衡. 時計ノ垂^{フリ}. 平均.
1278 勘定帳^{カンヂヤウチヤウ}	Ledger, *s.*大賑_{商人ノ語}	Ledger, *s.*勘定帳_{商人ノ}
1279 貨物^{アキナヒモノ}	Ware, *s.*商ヒ荷物	
1280 店^{ミセ}	Shop, *s.*店	
1281 勘定部屋^{カンヂヤウベヤ}	Counting-house, *s.*書筭スル處	
1282 金箱^{カネバコ}	Strong, *adj.*強キ. 力ノアル. 威勢ノアル. 重大ノ Box, *s.*筥. 入物. 管. 頭. 耳ニ挿ス管. 桟敷_{芝居ノ}. 御者ノ居所_{車ニアル}. 轆轤ノ受ケ孔. 軸ヲ挿ス孔. 貸シ座敷ノ類. 小室	
1283 赤^{アカ}	Red, *adj. et s.*赤キ. 赤色	
1284 青^{アヲ}	Blue, *s.*藍色	
1285 黄^キ	Yellow, *adj.*黄色ノ	
1286 黒^{クロ}	Black, *s.*黒色. 黒キ班. 崑崘奴^{クロンボ}	
1287 白^{シロ}	White, *s.*白色 White, *adj.*白キ. 清浄ナル. 灰色ノ	
1288 緑^{モエギ}	Green, *adj.*緑色ノ 不熟ノ. 新シキ. 生マシキ. 青白キ. 少カキ. 無益ノ	Green, *adj.*緑色ノ. 不熟ノ. 新シキ. 生マシキ. 青白キ. 少カキ. 盛ナル
1289 褐色^{トビイロ}	Brown, *adj.*鳶色ノ. 不骨ナル. 暗キ. 黒キ Brownish, *adj.*鳶色ノ如キ Brownness, *s.*鳶色	
1290 桔梗色^{キキヤウイロ}	Violet, *adj.*桔梗色ノ. 藤色ノ Violet, *s.*小鼓弓. 草花名	Violet, *adj.*桔梗色ノ. 青蓮色^{コンギキヤウ}ノ Violet, *s.*菫菜^{スミレ}

『英吉利単語篇』(1866年刊) 『法朗西単語篇』(1866年刊)	『英仏単語篇注解』(1867年5月刊)	『対訳名物図編』(1867年9月序刊)	『英仏単語便覧』(1868年1月序刊)
1291 Orange-yellow. Jaune orangé.	31ウ 橙色(カバイロ)	66オ 橙黄色(カバイロ) Orange-yellow.	下47ウ 橙色(カバイロ)
1292 Indigo. Indigo.	31ウ 青黛(コンギキヤウ)	66オ 燕尾青(コンギキョウ) Indigo.	下47ウ 青黛(コンギキョウ)
1293 Purple. Pourpre.	31ウ 紫(ムラサキ)	66オ 紫(ムラサキ) Purple.	下47ウ 紫(ムラサキ)
1294 Grey. Gris.	31ウ 鼠色(ネヅミイロ)	66オ 鼠色(ネズミイロ) Grey.	下47ウ 鼠色(ネズミイロ)
1295 Flesh-colour. Incarnat.	31ウ 肉紅(ニクイロ)	66オ 肉色(ウスガキイロ) Flesh-colour.	下47ウ 肉紅(ニクイロ)
1296 Scarlet. Ecarlate.	31ウ 深紅(ヒ)	66オ 深紅(ホンヒイロ) Scarlet.	下47ウ 深紅(マアカ)
1297 Carmine. Le carmin.	31ウ 朱色(シユイロ)	66オ 朱色(シユイロ) Carmine.	下47ウ 朱色(シユイロ)
1298 A hair-pencil. Un pinceau.	31ウ 毛筆(ケノフデ)	66オ 毛筆(ケノフデ) hair-pencil.	下47ウ 毛筆(ケノフデ)
1299 Indian ink. L'encre de Chine.	31ウ 唐墨(タウボク)(即日本墨ナリ)	66ウ 唐墨(タウボク)(即日本墨ナリ) Indian ink.	下47ウ 唐墨(タウボク)(即日本墨ナリ)
1300 A picture. Un tableau.	31ウ 畫(エ)	66ウ 畫(エ) picture.	下47ウ 畫(エ)
1301 A drawing. Un dessin.	31ウ 圖(ヅ)	66ウ 圖(ヅ) drawing.	下48オ 圖(ヅ)
1302 A sketch. Une esquisse.	31ウ 圖取(ヅドリ)	66ウ 圖取(ヅドリ)下繪也 sketch.	下48オ 圖取(ヅドリ)
1303 An engraving. Une gravure.	31ウ 銅版ノ繪(ドウバンエ)	66ウ 銅版繪(カナバンエ) engraving.	下48オ 銅版ノ繪(ドウバンノエ)
1304 A lithograph. Une lithographie.	32オ 石版ノ繪(セキハンエ)	66ウ 石版繪(セキバンエ) lithograph.	下48オ 石版ノ繪(セキバンノエ)
1305 A historical picture. Un tableau d'histoire.	32オ 歴史ノ繪(レキシエ)	66ウ 歴史圖(コジアルヱ) historical picture.	下48オ 歴史ノ繪(レキシノエ)

対照表 II　243

『英吉利単語篇増訳』 （1871年刊）	『英和対訳袖珍辞書』（初版、文久二年） （1862年刊）	『改正増補英和対訳袖珍辞書』（慶応二年版） （1866年刊、初版と異同のある場合のみ記載）
1291 橙色 _{カバイロ}	（orange-yellowナシ） Orange, *adj.*橙ノ Yellow, *adj.*黄色ノ	
1292 青黛 _{コンギキヤウ}	Indigo, *s.*青黛	Indigo, *s.*示ス Indicative, *adj.*青黛 （p.402の英語見出しが左右逆のため）
1293 紫 _{ムラサキ}	Purple, *s.*紫色	
1294 鼠色 _{ネヅミイロ}	Grey, *see* gray. Gray, *adj.*鼠色ノ．灰色ノ	
1295 肉色 _{ニクイロ}	Fresh-colour, *s.*肉色	
1296 深紅 _ヒ	Scarlet, *s.*猩〃緋 Scarlet, *adj.*赤色ノ	Scarlet, *s.*猩〃緋 Scarlet, *adj.*深紅色ノ
1297 朱色 _{シユイロ}	Carmine, *s.*洋紅	
1298 毛ノ筆 _{ケ フデ}	Hair, *s.*毛髪 Pencil, *s.*画工ノ用ユル日本筆ノ如キ 物．石筆	
1299 唐墨_{即日本ノ墨} _{タウボク}	（Indianナシ） Ink, *s.*墨汁	
1300 畫 _ヱ	Picture, *s.*画．画像	
1301 圖 _ヅ	Drawing, *s.*繪図．繪図カク術	Drawing, *s.*繪図．引クコト
1302 圖取 _{ヅトリ}	Sketch, *s.*雛．形．素地．図取	Sketch, *s.*雛形．素地．図取
1303 銅板圖 _{ドウハンノヱ}	Engraving, *s.*鐫刻スルコト．銅版ノ繪	
1304 石板圖 _{セキバンノヱ}	Lithograph, *s.*石版	
1305 歴史圖 _{レキシノヱ}	Historic,-torical, *adj.*歴史ノ Picture, *s.*画．画像	

『英吉利単語篇』(1866年刊) 『法朗西単語篇』(1866年刊)	『英仏単語篇注解』 (1867年5月刊)	『対訳名物図編』 (1867年9月序刊)	『英仏単語便覧』 (1868年1月序刊)
1306 A view. Une vue.	32オ 景(ケイ)	66ウ 景(ケイ) view.	下48オ 景(ケイ)
1307 A landscape. Un paysage.	32オ 景色(ケシキ)	66ウ 景色(ケシキ)(ママ) londscape.	下48オ 景色(ケシキ)
1308 A portrait. Un portrait.	32オ 繪像(エザウ)	66ウ 畫像(ジンブツエ) portrait.	下48オ 繪像(エザウ)
1309 A study. Une étude.	32オ 學問(ガクモン)	67オ 學問(ガクモン) study.	下48オ 學問(ガクモン)
1310 An original. Un original.	32オ 原本(ゲンホン)	67オ 原本(ゲンボン) original.	下48オ 原本(ゲンホン)
1311 A copy. Une copie.	32オ 寫本(シヤホン)	67オ 寫本(シヤホン)(ママ) cop.	下48オ 寫本(シヤホン)
1312 A model. Un modèle.	32オ 手本(テホン)	67オ 手本(テホン) model.	下48オ 手本(テホン)
1313 Perspective. La perspective.	32オ 遠景(エンケイ)（遠ク見セル繪ナリ)	67オ 遠景(エンケイ)見取圖 Perspective.	下48オ 遠景(エンケイ)（遠ク見セル繪ナリ)
1314 A promenade. Une promenade.	32オ 逍遥(セウエウ)	67オ 逍遥場(セウエウ) promenade.	下48オ 逍遥(セウエウ)
1315 A race. Une course.	32オ 競馬(ケイバ)	67オ 競馬(ケイバ) race.	下48ウ 競馬(ケイバ)
1316 The play. Le spectacle.	32オ 遊ビ(アソビ)（仏劇場)	67オ 游樂(アソビ)賭遊ナド	下48ウ 遊ビ(アソビ)（仏、劇場)
1317 Dancing. La danse.	32オ 踊リ(オド)	67オ 踊(オドリ) Dancing.	下48ウ 踊リ(オドリ)
1318 A partner. Un danseur.	32オ 踊リ仲間(オド ナカマ)	67オ 踊對手(オドリアヒテカタ) partner.	下48ウ 踊リ仲間(オドリナカマ)
1319 Skates. Les patins.	32オ 氷沓(ソリグツ)	67オ 氷沓(ソリグツ) Skates.	下48ウ 氷沓(ソリグツ)
1320 Chess. Les échecs.	32オ 將棊(シヤウギ)	67ウ 象戯(シヤウギ) Chess.	下48ウ 將棊(シヤウギ)
1321 The chess-board. L'échiquier.	32オ 將棊盤(シヤウギバン)	67ウ 象戯盤(シヤウギバン) chess-board.	下48ウ 將棊盤(シヤウギバン)
1322 Dice. Les dés.	32オ 骰采(サイ)	67ウ 骰子(サイ) Dice.	下48ウ 骰采(サイ)

『英吉利単語篇増訳』 （1871年刊）	『英和対訳袖珍辞書』（初版、文久二年） （1862年刊）	『改正増補英和対訳袖珍辞書』（慶応二年版） （1866年刊、初版と異同のある場合のみ記載）
1306 景^{ケイ}	View, *s.*視覚. 景. 吟味. 見分スルコト. 目的	
1307 景色^{ケイショク}	Landscape, *s.*州. 郡. 国ノ景色ヲ画キタル繪	Landscape, *s. s*^{ママ}.国ノ景色ヲ画キタル繪
1308 繪像^{エザウ}	Portrait, *s.*繪像	
1309 学問^{ガクモン}	Study, *s.*孝問部屋. 孝問	
1310 原本^{ダンホン}	Original, *s.*原本	
1311 寫本^{シヤホン}	Copy, *s.*写本. 字式. 手本. 草稿. 清書	Copy, *s.*写本. 原本. 手本. 肖像
1312 手本^{テホン}	Model, *s.*式. 模. 例. 手本	
1313 遠景^{エンケイ}遠クミセル繪也	Perspective, *s.*物ヲ遠方ニ見ヘル様ニ写ス術. 遠景. 遠眼鏡	Perspective, *s.*物ヲ遠方ニ見ヘル様ニ写ス術. 遠景. 眼鏡
1314 逍遥^{セウエウ}	Promenade, *s.*逍遙. 逍遙場	
1315 競馬^{ケイバ}	Race, *s.*セリ駈ケ. 歩行. 行キ筋. 根. 種属. 香ヒ. 強サ	Race, *s.*セリ駈ケ. 走行. 行キ筋. 根. 種属. 香ヒ. 強サ
1316 遊^{アソビ}	Play, *s.*遊ビ. 博奕. 芝居場. 芝居. 慰ミ. 滑稽	
1317 踊^{オドリ}	Dancing, *s.*踊	
1318 踊リ仲間^{オド ナカマ}（ママ）	Partner, *s.*仲間. 或ル事ニ係リ合テ居ル人. 踊ノ仲間	
1319 氷沓^{ソリグツ}	Skate, *s.*氷沓. 鰟	Skate, *s.*氷沓. 鯡魚^{ハリエイ}
1320 將棊^{シヤウギ}	Chess, *s.*将棊	
1321 將棊盤^{シヤウギバン}	Chess-board, *s.*将棊盤	
1322 骰采^{サイ}	Dice, *s. pl.*賽	

『英吉利単語篇』(1866年刊) 『法朗西単語篇』(1866年刊)	『英仏単語篇注解』 (1867年5月刊)	『対訳名物図編』 (1867年9月序刊)	『英仏単語便覧』 (1868年1月序刊)
1323 The dice-box. Le cornet.	32オ 骰筒(ツヽ)	67ウ 骰子筒(サイノツヽ) ママ dice-bex.	下48ウ 骰筒(ツヽ)
1324 Billiards. Le billard.	32オ 玉突キ遊ビ(タマツキアソ)	67ウ 突玉戯(タマツキ) Billiards.	下48ウ 玉突キ遊ビ(タマツキアソビ)
1325 The balls. Les billes.	32オ 球(タマ)	67ウ 球(タマ) balls.	下48ウ 球(タマ)
1326 A pack of cards. Un jeu de cartes.	32ウ 骨牌ノ一組(カルタ ヒトクミ)	67ウ 闘牌一組(カルタヒトクミ) pack of cards.	下48ウ 骨牌ノ一組(カルタノヒトクミ)
1327 Sporting accoutrements. L'équipage de chasse.	32ウ 狩装束(カリシヤウゾク) 仏 狩ノ同勢(カリ ドウゼイ)(犬馬ヲモコメテ云)	67ウ 狩装束(カリシヤウゾク) Sporting accoutrements.	下48ウ 狩装束(カリシヤウゾク) 仏、狩ノ同勢(カリドウゼイ)(犬馬ヲモコメテ云)
1328 Coursing. La chasse au lièvre.	32ウ 狩(カリ)(仏 兎狩(ウサギガリ))	67ウ 狩(カリ) Coursing.	下48ウ 狩(カリ)(仏、兎狩(ウサギガリ))
1329 Fox-hunting. La chasse au renard.	32ウ 狐狩(キツネカリ)	68オ 狐狩(キツネガリ) Fox-hunting.	下49オ 狐狩(キツネガリ)
1330 A rifle. Une carabine.	32ウ 施條銃(シジヤウジウ)	68オ 施條銃(スデイリツヽ) rifle.	下49オ 施條銃(セジヤウジウ)
1331 The ramrod. La baguette.	32ウ 槊杖(コミヤ)	68オ 槊杖(コミヤ) ramrod.	下49オ 槊杖(カルカ コミヤ)
1332 The lock. La batterie.	32ウ 機(カラクリ)	68オ 掛金(カケカネ ヒウチカナグ) lock.	下49オ 機(カラクリ)
1333 The butt-end. La crosse.	32ウ 床尾(ダイジリ)	68オ 床尾(タイジリ) butt-end.	下49オ 床尾(ダイジリ)

『英吉利単語篇増訳』 （1871年刊）	『英和対訳袖珍辞書』（初版、文久二年） （1862年刊）	『改正増補英和対訳袖珍辞書』（慶応二年版） （1866年刊、初版と異同のある場合のみ記載）
1323 <ruby>骰筒<rt>サイブ</rt></ruby>	Dice-box.賽ヲ入レテ振ル器	
1324 <ruby>玉突キ遊ビ<rt>タマヌ（ママ）アソ</rt></ruby>	Billiards, *s. pl.*玉突キ遊ビ	
1325 <ruby>球<rt>タマ</rt></ruby>	Ball, *s.*球. 弾丸	
1326 <ruby>骨牌ノ一組<rt>カルタ</rt></ruby>	Pack, *s.*一束ノ骨牌. 一組. 包. 束. 猟犬ノ一群 Card, *s.*牌子. <ruby>名帖<rt>ナフダ</rt></ruby>. 毛織物ノ毛ヲ摺リ起ス道具. 三十六方位ヲ書タル紙	
1327 <ruby>狩装束<rt>カリシヤウゾク</rt></ruby>	Sport, *s.*慰ミ. 滑稽. 嘲弄. 獵. 漁. 乗馬 （中略） Sport-ed-ing, *v.a. et n.*楽ミ遊ブ. 嘲弄スル. 滑稽スル Accoutrement, *s.*衣裳ヲ付ケルコト. 装飾	Sport, *s.*慰ミ. 滑稽. 嘲弄. 獵. 漁. 遊ビ （中略） Sport-ed-ing, *v.a. et n.*楽ミ遊ブ. 遊猟スル. 滑稽スル Accoutrement, *s.*衣裳ヲ付ケルコト. 装飾
1328 <ruby>狩<rt>カリ</rt></ruby>	Course-ed-ing, *v.n. et a.*獵スル. 追ヒ遣ル. 走ル Courser, *s.*狩ニ用ユル馬. 獵夫. 使ヒ走スル人	Course-ed-ing, *v.n. et a.*獵スル. 追ヒ遣ル. 走ル. 追フ Courser, *s.*狩ニ用ユル馬. 獵夫. 使ヒ走スル人
1329 <ruby>狐狩<rt>キツネガリ</rt></ruby>	Fox-chase,-hunting, *s.*狐狩リ	
1330 <ruby>施條銃<rt>シシヤウジウ</rt></ruby>	Rifle, *s.*筒中ニ溝路ノアル鉄炮	
1331 <ruby>槊杖<rt>コミヤ</rt></ruby>	Ramrod, *s.*槊杖	
1332 <ruby>機<rt>カラクリ</rt></ruby>	Loch, *s.*錠. 水櫃ノ付テ居ル水溜メ. <ruby>鬢<rt>ママ</rt></ruby>ノ垂レ髪_{小抱髪毛杯ノ}. 潮入ノ流河ヲ満潮ノ時ニセキ切テ常ニ水ヲタクハヘテ荷船抔ノ便利ノ為ニスル者	
1333 <ruby>床尾<rt>ダイジリ</rt></ruby>	But-end, *s.*床尾_{銃ノ}<ruby><rt>ママ</rt></ruby>	

『英吉利単語篇』(1866年刊) 『法朗西単語篇』(1866年刊)	『英仏単語篇注解』(1867年5月刊)	『対訳名物図編』(1867年9月序刊)	『英仏単語便覧』(1868年1月序刊)
1334 The stock. Le fût.	32ウ 銃床^{ツハダイ}（カザリダイニハ非ス）	68オ 銃床^{ツハノダイギ} stock.	下49オ 銃床^{ツハダイ}（カザリダイニハアラズ）
1335 The cock. Le chien.	32ウ 鶏頭^{ウチガネ}	68オ 雞頭^{ウチガネ} cock.	下49オ 鶏頭^{ウチガネ}
1336 The touch-hole. La lumière.	32ウ 火門^{クワモン}	68オ 火門^{クハモン} touch-hole.	下49オ 火門^{クワモン}
1337 The trigger. La détente.	32ウ 搬機^{ヒキガネ}	68オ 搬機^{ヒキガネ} trigger.	下49オ 搬機^{ヒキガネ}
1338 The powder. La poudre.	32ウ 火薬^{クワヤク}	68オ 火薬^{タハヤク} powder.	下49オ 火薬^{クワヤク}
1339 The powder-flask. La corne à poudre.	32ウ 薬角^{クチグスリイレ}	68オ 口薬函^{クチグスリイレ} powder-flask.	下49オ 薬角^{クチグスリイレ}
1340 Swan-shot. La chevrotine.	32ウ 狩丸^{ムジダマ}	68ウ 霰彈^{チリダマ} Swan-shot.	下49オ 狩丸^{ムジダマ}
1341 The shot-case. La bourse à dragée.	32ウ 狩丸嚢^{ムジダマイレ}	68オ 霰彈嚢^{チリタマイレ} shot-case.	下49オ 狩丸嚢^{ムジダマイレ}
1342 Game. Le gibier.	32ウ 野獣^{ヤジウ}（狐兎鹿ナドノ惣名）	68オ 野獣^{ヤジウ} Came.^{ママ}	下49オ 野獣^{ヤジウ}（狐兎鹿ナドノ惣名）
1343 A sportsman. Un chasseur.	32ウ 獵師^{レフシ}	68オ 狩人^{カリフド} sportsman.	下49ウ 獵師^{レフシ}
1344 A beater. Un batteur.	32ウ 獵卒^{セコ}	68オ 獵卒^{セコ} beater.	下49ウ 獵卒^{セコ}
1345 The stand. L'affût.	32ウ 站處^{タチバ} 佛 隱處^{カクレドコロ}（獵師ノ）	68オ 站處^{タチバ} stand.	下49ウ 站處^{タチバ} 仏、隱處^{カクレドコロ}（獵師ノ）
1346 The track. La piste.	33オ 足跡^{アシアト}	68ウ 足跡^{アシアト} track.	下49ウ 足跡^{アシアト}

『英吉利単語篇増訳』（1871年刊）	『英和対訳袖珍辞書』（初版、文久二年）（1862年刊）	『改正増補英和対訳袖珍辞書』（慶応二年版）（1866年刊、初版と異同のある場合のみ記載）
1334 銃床 ツハダイ	Stock, s.幹. 大木ノ切レ. 愚鈍ナル人. 種属. 貯ハヘ兵糧ナドノ. 都會. 元金	Stock, s.幹. 大木ノ切レ. 愚鈍ナル人. 宗親. 貯ハヘ兵糧ナドノ. 足械. 元金
1335 鶏頭 ウチガネ	Cock, s.牡鳥獣ノ. 五兩. 嘴管. 乾草ノ一群. 鶏頭銃ノ. 帽子ノ飾物	Cock, s.雄鳥ノ. 長. 五兩. 嘴管. 乾草ノ一群. 鶏頭銃ノ. 帽子ノ飾物 日時計ノ針
1336 火門	Touch-hole, s.火門	
1337 搬機 ヒキガネ	Trigger, s.銃ノ引金. 車輪ノ動カヌ様ニ引キ〆テアル鎖	
1338 火藥 エンシャウ	Powder, s.粉. 火藥. 塵埃	Powder, s.粉. 火藥 髪ニ振カケル粉
1339 藥角 クチグスリイレ	Powder-horn, s.角細工ノ火藥入レ Flask, s.徳利. 角細工ノ口藥入	Powder-horn, s.角細工ノ火藥入レ Flask, s.徳利. 角細工ノ口藥入. 砲車ノ臺
1340 狩丸 ムジダマ	uwan, s.大ナル白キ水鳥（ママ） Shot, s.射ルコト. 飲食ノ料. 算用. 彈丸 　Small shot.霰彈	Swan, s.鵠（ハクテウ） Shot, s.射ルコト. 距離発弾ノ. 割前勘定. 弾丸 　Small shot.霰彈
1341 狩丸囊 ムジタマイレ	Shot, s.射ルコト. 飲食ノ料. 算用. 彈丸 Case. s.匣. 箱. 入レ物. 外套. 外部物ノ. 光景. 形勢. 状態 格文法家ノ語	Shot, s.射ルコト. 距離発弾ノ. 割前勘定. 弾丸 Case. s.匣. 箱. 入レ物. 外套. 外部物ノ. 光景. 形勢. 状態. 格文法家ノ語
1342 野獸 ヤジウ 狐兔鹿ナトノ 惣名	Game, s.勝負ノ遊ビコト. 野遊獵等ノ. 野獸	
1343 獵師 レウシ	Sportsman, s.田獵. 捕魚或ハ騎乗ヲ好ム人	Sportsman, s.田獵捕魚等ヲ為ス人. 全上ニ熟シタル人
1344 獵卒 セコ	Beater, s.杵. 敲ク人. 敲ク具. 金属ヲ打延ス人	
1345 站處 タテバ	Stand, s.位置. 窪ミ. 場所. 不慥カナルコト. 抵抗. 定メ. 僕	Stand, s.止メ. 止マリ. 位置. 見物塲. 居場所. 臺
1346 足跡 アシノアト	Track, s.足形. 跡形. 車輪ノ跡形. 徴候シルシ. 路. 乗リ筋. 舟ノ走リタル跡ノ水ノ運動	Track, s.足跡. 跡形. 車輪ノ跡形. 徴候シルシ. 路. 乗リ筋. 舟ノ走リタル跡ノ水ノ運動

『英吉利単語篇』(1866年刊) 『法朗西単語篇』(1866年刊)	『英仏単語篇注解』 （1867年5月刊）	『対訳名物図編』 （1867年9月序刊）	『英仏単語便覧』 （1868年1月序刊）
1347 The scent. Le vent.	33オ 臭ヒ(ニホ)	68ウ 臭(ニホヒ) scent.	下49ウ 臭ヒ(ニホ)
1348 The fisherman. Le pêcheur.	33オ 漁人(ギョシン)	68ウ 漁人(レウシ) fisherman.	下49ウ 漁人(ギョジン)
1349 Fishing. La pêche.	33オ 漁(スナドリ)	69オ 漁(スナドリ) Fishing.	下49ウ 漁(スナドリ)
1350 The fishing-rod. La gaule.	33オ 釣竿(ツリザヲ)	69オ 釣竿(ツリザヲ) fishing-rod.	下49ウ 釣竿(ツリザヲ)
1351 The line. La ligne.	33オ 絲(イト)	69オ 絲(イト) line.	下49ウ 絲(イト)
1352 The hook. Le hameçon.	33オ 鈎(ツリバリ)	69オ 鈎(ツリバリ) hook.	下49ウ 釣(ツリバリ)
1353 Bait. L'appat.	33オ 餌(エ)	69オ 餌(エ) Bait.	下49ウ 餌(エ)
1354 A net. Un filet.	33オ 網(アミ)	69オ 網(アミ) net.	下49ウ 網(アミ)
1355 A fish-pond. Un vivier.	33オ 魚池(イケス)	69オ 畜魚池(イケス) fish-pond.	下49ウ 魚池(イケス)
1356 A bird-catcher. Un oiseleur.	33オ 鳥ヲ捕ル人(トリ ト)	69オ 捕鳥人(トリヲトルヒト) bird-catcher.	下49ウ 鳥ヲ捕ル人(トリ ヲ トルヒト)
1357 A lime-twig. Un gluau.	33オ 黐柴(モチシバ) 仏原名gluau、 gluaux ニ作ルヲ正ト ス	69オ 黐竿(モチザホ) lime-twig.	下50オ 黐柴(モチシバ)
1358 A cage. Un cage.	33オ 鳥籠(トリカゴ)	69オ 鳥籠(トリカゴ) cage.	下50オ 鳥籠(トリカゴ)
1359 A concert. Un concert.	33オ 調子(テウシ) (音楽ノ)	69オ 合奏(アハセモノ) concert.	下50オ 調子(テウシ) (音楽ノ)
1360 The musicians. Les musiciens.	33オ 樂人(ガクニン)	69オ 樂人(ガクニン) musicians.	下50オ 樂人(カクニン)
1361 An air. Un air.	33オ 節(フシ) (歌ノ)	69オ 節(フシ) air.	下50オ 節(フシ) (歌ノ)
1362 A song. Une chanson.	33ウ 歌(ウタ)	69ウ 歌(ウタ) song.	下50オ 歌(ウタ)

『英吉利単語篇増訳』 （1871年刊）	『英和対訳袖珍辞書』（初版、文久二年） （1862年刊）	『改正増補英和対訳袖珍辞書』（慶応二年版） （1866年刊、初版と異同のある場合のみ記載）
1347 臭^{ニホ}ヒ	Scent, s.香ヒ	
1348 漁人^{ギョジン}	Fishcer, s.漁人	
1349 漁^{スナドリ}	Fish-ed-ing, v.a.漁獵スル	
1350 釣竿^{ツリザホ}	Fishins-rod, ^{ママ} s.釣竿	Fishing-rod, s.釣竿
1351 絲^{ツリイト}	Line, s.行. 線. 並ビ. 索. 隊名. 幹	
1352 鈎^{ツリバリ}	Hook, s.鉤. 魚鉤. 鎌. 鐵ノ^{カスガヒ}鎹. 餌	Hook, s.鉤. 魚鉤. 鎌. 鐵ノ^{カスガヒ}鎹. ^{ワナ}係蹄
1353 餌^{エバ}	Bait, s.餌. 食物_{道中ニテ用ユル}. 気ヲ引キ立ルコト	
1354 網^{アミ}	Net, s.網_{鳥獸魚ヲ取ル}	
1355 魚池^{イケス}	Fish-pond, s.池_{魚ヲ養フ}	
1356 鳥ヲ捕ル人	Bird-catcher, s.鳥ヲ捕ル人	
1357 黐柴^{モチシバ}	Lime-twig, s.^{モチザホ}粘竿	
1358 鳥籠^{トリカゴ}	Cage, s.鳥篭. 獸ヲ入置小屋. 牢獄	
1359 調子^{テウシ}_{音樂ノ}	Concert, s.一致. 多クノ楽人集リテ音楽ノ調子ヲ合セルコト	
1360 樂人	Musician, s.楽人. 楽ニ巧者ナル人	
1361 節^{フシ}_{歌ノ}	Air, s.空気. 微風. 風格. 形状. 歌節	
1362 歌	Song, s.歌. 詩	

『英吉利単語篇』(1866年刊) 『法朗西単語篇』(1866年刊)	『英仏単語篇注解』 （1867年5月刊）	『対訳名物図編』 （1867年9月序刊）	『英仏単語便覧』 （1868年1月序刊）
1363 The accompaniment. L'accompagnement.	33オ 脇調子〔ワキテウシ〕	69ウ 脇調子〔ワキテウシ〕 accompaniment.	下50オ 脇調子〔ワキテウシ〕
1364 The organ. L'orgue.	33オ 風琴〔オルゴル〕	69ウ 風琴〔オルゴル〕 organ.	下50オ 風琴〔オルゴル〕
1365 A string instrument. Un instrument à cordes.	33オ 絲ノ樂器〔イト ガクキ〕（琴三絃 等ノ惣名）	69ウ 絃樂噐〔イトノナリモノ〕 string instrument.	下50オ 絲ノ楽器〔イトノカクキ〕（琴三絃等 ノ惣名）
1366 A violin. Un violon.	33ウ 鼓弓〔コキウ〕	69ウ 鼓弓〔コキウ〕 violin.	下50オ 鼓弓〔コキウ〕
1367 The bow. L'archet.	33ウ 鼓弓ノ弓〔コキウ ユミ〕	69ウ 鼓弓弓〔コキウノユミ〕 bow.	下50オ 鼓弓ノ弓〔コキウノユミ〕
1368 A flute. Une flûte.	33ウ 笛〔フエ〕	69ウ 笛〔フエ〕 flute.	下50オ 笛〔フエ〕
1369 A trumpet. Une trompette.	33ウ 喇叭〔ラッパ〕	70オ 喇叭〔ラッパ〕 trumpet.	下50オ 喇叭〔ラッパ〕
1370 A drum. Un tambour.	33ウ 太鼓〔タイコ〕	70オ 太鼓〔タイコ〕 drum.	下50オ 太鼓〔タイコ〕
1371 The shalms. Le chalumeau.	33ウ 牧笛〔ボクテキ〕	70オ 牧笛〔ボクテキ〕 shalms.	下50ウ 牧笛〔ボクテキ〕
1372 An emperor. Un empereur.	33ウ 帝〔テイ〕	70オ 帝〔ミカド〕 emperor.	下50ウ 帝〔ミカド テイ〕
1373 An empress. Une impératrice.	33ウ 后〔キサキ〕	70オ 后〔キサキ〕 empress.	下50ウ 后〔キサキ〕
1374 The king. Le roi.	33ウ 王〔ワウ〕	70オ 王〔ワウ〕 king.	下50ウ 王〔ワウ〕
1375 The queen. La reine.	33ウ 妃〔ヒ〕	70オ 妃〔ヒ〕 queen.	下50ウ 妃〔ヒ〕
1376 A grand-duke. Un grand-duc.	33ウ ゲレンドヂューク 仏グランドウク	70オ 上公〔シヤウコウ〕 grand-duke.	下50ウ ゲレンドヂューク 仏グランドウク
1377 A duke. Un duc.	33ウ ヂューク 仏ドウク	70オ 公〔コウ〕 duke.	下50ウ ヂューク 仏ドウク

『英吉利単語篇増訳』 （1871年刊）	『英和対訳袖珍辞書』（初版、文久二年） （1862年刊）	『改正増補英和対訳袖珍辞書』（慶応二年版） （1866年刊、初版と異同のある場合のみ記載）
1363 脇調子^{ワキテフシ}	Accompaniment, *s.*同道スルコト. 導クコト Accompany-ied-ying, *v.a. et n.*同道スル. 導ク	Accompaniment, *s.*同道スルコト. 導クコト Accompany-ed-ing, *v.a. et n.*同道スル. 導ク
1364 風琴^{オルゴル}	Organ, *s.*五官. 机関_{身体ノ}. 風楽. 風琴	
1365 絲ノ樂器	String, *s.*帶. 綱. 糸. 纖. 列 Instrument, *s.*器械. 楽器. 規定ノ書付	
1366 鼓弓^{コキウ}	Violin, *s.*鼓弓	
1367 鼓弓ノ弓	Bow, *s.*弓. 胡弓ノ弓. 頭_又身ヲ屈テ禮スルコト. 虹. 弓形ニ曲リタル物. 窩弓^{ワナ}	
1368 笛^{フエ}	Flute, *s.*笛. 窪	Flute, *s.*笛. 柱ノ竪溝
1369 喇叭^{ラツパ}	Trumpet, *s.*喇叭	
1370 太鼓^{タイコ}	Drum, *s.*太鼓	
1371 牧笛^{ボクテキ}	（shalmsナシ）	
1372 帝^{ミカド}	Emperor, *s.*帝	
1373 后^{キサキ}	Empress, *s.*女帝	Empress, *s.*女帝. 皇后
1374 王^{ワウ}	King, *s.*王. 君. ナリ駒_{将棊遊ヒノ語}	
1375 妃^ヒ	Queen, *s.*女王	Queen, *s.*女王. 王后
1376 ゲレンドチューク	Grand, *adj.*大ナル貴キ. 結構ナル Duke, *s.*王ノ次ノ官位	
1377 チューク	Duke, *s.*王ノ次ノ官位	

『英吉利単語篇』(1866年刊) 『法朗西単語篇』(1866年刊)	『英仏単語篇註解』 (1867年5月刊)	『対訳名物図編』 (1867年9月序刊)	『英仏単語便覧』 (1868年1月序刊)
1378 A prince. Un prince.	33ウ プリンシ プレンス	70オ ^{コウシ}公子 prince.	下50ウ プリンシ 仏 プレンス
1379 The prince-royal. Le prince royal.	33ウ ^{タイシ}太子	70ウ ^{クワウタイシ}皇太子 prince-royal.	下50ウ ^{タイシ}太子
1380 A deputy. Un député.	33ウ 國民總代	70ウ ^{コクミンソウダイ}國民總代 deputy.	下50ウ ^{コクミンソウダイ}国民總代
1381 A marquis. Un marquis.	33ウ マルクヰス 仏 マルキ	70ウ ^{グンダイ}郡代 marquis.	下50ウ マルクヰス 仏、マルキ
1382 A viscount. Un vicomte.	33ウ ウヰスコウン ト 仏 ビコント	70ウ ^{フクカン}副官 viscount.	下50ウ ウヰスコウント 仏、ビコント
1383 A gentlemen; nobleman. Un gentilhomme.	34オ ^{キゾク}貴族	70ウ ^{キゾク}貴族 gentleman; nobleman.	下50ウ ^{キゾク}貴族
1384 A knight. Un chevalier.	34オ ^{クンシヤクシ}勲爵士	70ウ ^{クンシヤクシ}勲爵士 knight.	下50ウ ^{クンシヤウシ(ママ)}勲爵士
1385 A minister. Un ministre.	34オ ^{サイシヤウ}宰相	70ウ ^{サイシヤウ}宰相 minister.	下51オ ^{サイシヤウ}宰相
1386 A viceroy. Un vice-roi.	34オ ^{フクワウ}副王	70ウ ^{フクワウ}副王 viceroy.	下51オ ^{フクワウ}副王
1387 An ambassador. Un ambassadeur.	34オ ^{シセツ}使節	70ウ ^{シセツ}使節 ambassador.	下51オ ^{シセツ}使節
1388 A governor. Un gouverneur.	34オ ^{ブギヤウ}總管	70ウ ^{ブギヤウ}總管 ^{ママ}gevernor.	下51オ ^{ブギヤウ}總管
1389 A commandant. Un commandant.	34オ ^{シヤウスイ}將帥	71オ ^{タイシヤウ}将帥 commandant.	下51オ ^{シヤウスイ}將帥
1390 A plenipotentiary. Un plénipotentiaire.	34オ ^{ゼンケン}全權	71オ ^{ゼンケン}全權 plenipotentiary.	下51オ ^{ゼンケン}全權

『英吉利単語篇増訳』 （1871年刊）	『英和対訳袖珍辞書』（初版、文久二年） （1862年刊）	『改正増補英和対訳袖珍辞書』（慶応二年版） （1866年刊、初版と異同のある場合のみ記載）
1378 「フリシン」プ レンス	Prince, *s.*侯. 王子. 太子	
1379 太子	Prince, *s.*侯. 王子. 太子 Royal, *adj.*王ノ. 王ニ属スル	
1380 国民總代	Deputy, *s.*全権. 名代	
1381 マルクヰス	Marquess, *s.*大不列顛. 熱尔瑪尼亜及 ヒ仏蘭西ノ「ヂューク」ノ次ノ貴爵	
1382 ウヰスコウ ント	Viscount, *s.*城代	
1383 貴族	Gentleman, *s.*歴〃ノ人. 重〃シキ人. 君_{男ノ尊称} Nobleman, *s.*ノーブルタル人. 縉紳	
1384 勲爵士	Knight, *s.*忠義連中_{是ハ智勇ノ士王命ヲ受ケ国ノ為メ民ノ為メニ力ヲ尽スナリ}	
1385 宰相	Minister, *s.*大臣. 宰臣. 王公ノ国事ヲ 裁判スル為ニ寄任セラレタル人. 講釋 者	Minister, *s.*大臣. 宰臣. 王公ノ国事ヲ 裁判スル為ニ委任セラレタル人
1386 副王	Viceroy, *s.*副王	
1387 使節	Ambassador, *s.*使者	
1388 總管	Governor, *s.*国ノ支配人. 師匠	
1389 將帥	Commander, *s.*頭人. 軍将. 築礎ノ具 ニ付テアル墜_{ヲモリ}	
1390 全権	Plenipotentiary, *s.*全権	

『英吉利単語篇』(1866年刊) 『法朗西単語篇』(1866年刊)	『英仏単語篇注解』 （1867年5月刊)	『対訳名物図編』 （1867年9月序刊)	『英仏単語便覧』 （1868年1月序刊)
1391 A consul. Un consul.	34オ 領事官（リヤウジクワン）	71オ 領事官（リヤウジクワン） consul.	下51オ 領事官（リヤウジクワン）
1392 An official. Un fonctionnaire.	34オ 有士（ヤクニン）[1]	71オ 有司（ヤクニン） official.	下51オ 有士（ヤクニン）
1393 A state. Un état.	34オ 國（クニ）	71オ 國（クニ） state.	下51オ 國（クニ）
1394 The Empire. L'empire.	34オ 帝國（テイコク）	71オ 帝國（テイコク） Empire.	下51オ 帝國（テイコク）
1395 The Kingdom. Le royaume.	34オ 王國（ワウコク）	71オ 王國（ワウコク） Kingdom.	下51オ 王國（ワウコク）
1396 The Duchy. Le duché.	34オ ヂューク之國 佛 ドウク之國	71オ 公國（コウコク） Duchy.	下51オ ヂューク之国 仏 ドウク之国
1397 The Principality. La principauté.	34オ プリンシ之國 仏 プレンス之國	71オ 公領（コウリヤウ） Principality.	下51オ プリンシ之国 仏 プレンス之国
1398 The County. Le comté.	34オ コウント之國 仏 コント之國	71オ 郡（グン） County.	下51オ コウント之国 仏 コント之国
1399 The Republic. La république.	34オ 民主國（ミンシュコク）（俗ニ共和政治トハ誤ナリ）	71オ 民主國 Republic.	下51ウ 民主國（ミンシュコク）（俗ニ共和政治ト云フハアヤマリ）
1400 A territory. Un territoire.	34オ 領地（リヤウチ）	71オ 領地（リヤウチ） territory.	下51ウ 領地（リヤウチ）
1401 Africa. L'Afrique.	34ウ 亜弗利加洲	71ウ 亞弗利加洲（アフリカシウ） Africa.	下51ウ 亜弗利加洲
1402 America. L'Amérique.	34ウ 亜墨利加洲	71ウ 亞墨利加洲（アメリカシウ） America.	下51ウ 亜墨利加洲
1403 Asia. L'Asie.	34ウ 亜細亜洲	71ウ 亞細亜洲（アジヤシウ） Asia.	下51ウ 亜細亜洲
1404 An Asiatic. Un Asiatique.	34ウ 亜細亜人	71ウ 亞細亞人（アジヤジン） Asiatic.	下51ウ 亜細亜（ママ）
1405 Australia.[2] L'Australie.	34ウ 浩斯特里洲	71ウ 新和蘭洲（アウスタラリイ） Australia.	下51ウ 浩斯特里洲

[1] 『英仏単語篇注解』1392番「有士」は、後印本において「有司」と入木改刻。

[2] 『英吉利単語篇』1405番、活字本B・整版本はAustralirと誤る。

『英吉利単語篇増訳』 （1871年刊）	『英和対訳袖珍辞書』（初版、文久二年） （1862年刊）	『改正増補英和対訳袖珍辞書』（慶応二年版） （1866年刊、初版と異同のある場合のみ記載）
1391 領事官 <small>リヤウジクワン</small>	Consul, *s.*他国ニ出テ我国ノ商賣ヲ捌 ク役人	
1392 有司 <small>ヤクニン</small>	Officer, *s.*役人. 吏. 将校 Officer-ed-ing, *v.a.*役人ヲ付ル Official, *adj.*官ノ. 役目ヲスル	Officer, *s.*役人. 吏. 将校 Officer-ed-ing, *v.a.*役人ヲ付ル Official, *s*.官ノ. 役目ヲスル <small>ママ</small>
1393 國 <small>クニ</small>	State, *s.*模様. 有様. 国. 立. 立派ナ ルコト	
1394 帝國 <small>テイコク</small>	Empire, *s.*帝国	
1395 王國 <small>ワウコク</small>	Kingdom, *s.*王国	
1396 ヂュークノ 國	Duchy, *s.*「ジユーク」ノ領地	
1397 プリンシノ 國	Principality, *s.*支配. 侯ノ役目. 侯ノ 支配スル國	
1398 コウントノ 國	County, *s.*諸侯ノ領分	
1399 民主國 <small>ミンシュコク</small>	Republic, *s.*共和政治	
1400 領地 <small>リヤウチ</small>	Territory, *s.*領分. 国. 地方	
1401 亜弗利加洲	（Africaナシ）	
1402 亜墨利加洲	（Americaナシ）	
1403 亜細亜洲	（Asiaナシ）	
1404 亜細亜人	（Asiaticナシ）	
1405 浩斯特里洲	（Australiaナシ）	

『英吉利単語篇』(1866年刊) 『法朗西単語篇』(1866年刊)	『英仏単語篇注解』 （1867年5月刊）	『対訳名物図編』 （1867年9月序刊）	『英仏単語便覧』 （1868年1月序刊）
1406 Austria. L'Autriche.	34ウ 墺地利亜	71ウ 墺地利亞^{アウストリヤ} Austria.	下51ウ 墺地利亜
1407 Baden. De duché de Bade.	34ウ 巴丁 (日耳曼)	71ウ 巴 丁 △日耳曼ノ^{バアデン (ママ)} Baden.	下51ウ 巴丁 (日耳曼)
1408 Bavaria. La Bavière.	34ウ 巴威里亜 (仝上)	71ウ 拜 焉 △同^{ベイエレン} Bavaria.	下51ウ 巴威里亜 (仝上)
1409 Belgium. La Belgique.	34ウ 比利時	72オ 比利時^{ベルジアム} Belgium.	下51ウ 比利時
1410 Bohemia. La Bohème.	34ウ 波希米 (日耳曼)	72オ 波希米 △同上^{ボヘーメ} Bohemia.	下51ウ 波希米 (日耳曼)
1411 China. La Chine.	34ウ 支那	72オ 支那 即清國^{シナ} China.	下51ウ 支那
1412 Denmark. Le Danemark.	34ウ 嗹嗎	72オ 丁 抹^{デネマルク} Denmark.	下51ウ 嗹嗎
1413 England. L'Angleterre.	34ウ 英吉利	72オ 英吉利^{イギリス} England.	下52オ 英吉利
1414 Europe. L'Europe.	34ウ 歐羅巴洲	72オ 歐羅巴洲^{エウロツパシウ} Europe.	下52オ 歐羅巴洲
1415 An European. Un Européen.	34ウ 歐羅巴人	72オ 歐羅巴人^{エウロツパジン} European.	下52オ 歐羅巴人
1416 Flanders. La Flandre.	34ウ 發蘭德 (比利時)	72オ 發蘭德 比利時ノ^{フランデルス} Flanders.	下52オ 發蘭德 (比利時)
1417 France. La France.	34ウ 佛蘭西	72オ 佛蘭西^{フランス} France.	下52オ 佛蘭西
1418 Germany. L'Allemagne.	34ウ 日耳曼	72オ 日耳曼^{ゼルマニヤ} Germany.	下52オ 日耳曼
1419 The German confederation. La confédération germanique.	34ウ 日耳曼列國	72ウ 日耳曼列国^{ゼルマニヤレツコク} German confederation.	下52オ 日耳曼列国
1420 Great-Britain. La grande Bretagne.	34ウ 大不列顛	72ウ 大 不 列 顛^{ダイブリダニヤ (ママ)} Great-Britain.	下52オ 大不列顛
1421 Greece. La Grèce.	34ウ 希臘	72ウ 希臘^{ギリシア} Greece.	下52オ 希臘

対照表Ⅱ　259

『英吉利単語篇増訳』 （1871年刊）	『英和対訳袖珍辞書』（初版、文久二年） （1862年刊）	『改正増補英和対訳袖珍辞書』（慶応二年版） （1866年刊、初版と異同のある場合のみ記載）
1406 墺地利亜	（Austriaナシ）	
1407 巴丁 (日耳曼)	（Badenナシ）	
1408 巴威里亜(同上)	（Bavariaナシ）	
1409 比利時	（Belgiumナシ）	
1410 波希米 (同上)	（Bohemiaナシ）	
1411 支那	China, china-ware, s.陶器	China, china-ware, s.磁器
1412 嗹嗎	（Denmarkナシ）	
1413 英吉利	（Englandナシ）	
1414 欧羅巴洲	（Europeナシ）	
1415 欧羅巴人	（Europeanナシ）	
1416 発蘭徳 (比利時)	（Flandersナシ）	
1417 佛蘭西	（Franceナシ）	
1418 日耳曼	（Germanyナシ）	
1419 日耳曼列国	German, adj.獨逸ノ Confederation, s.契約ノ徒	German, adj.獨逸ノ Confederation, s.契約
1420 大不列顛	（Great-Britainナシ）	
1421 希臘	（Greeceナシ）	

『英吉利単語篇』(1866年刊) 『法朗西単語篇』(1866年刊)	『英仏単語篇注解』 （1867年5月刊）	『対訳名物図編』 （1867年9月序刊）	『英仏単語便覧』 （1868年1月序刊）
1422 Hanover. Le Hanovre.	34ウ 阿諾威 (日耳曼)	72ウ 漢那瓦△同 Hanover.	下52オ 阿諾威 (日耳曼)
1423 Holland. La Hollande.	35オ 荷蘭	72ウ 和蘭 Holland.	下52オ 荷蘭
1424 Hungary. La Hongrie.	35オ 匈牙利	72ウ 匈牙利 Hungary.	下52オ 匈牙利
1425 Ireland. L'irlande.	35オ 愛倫	72ウ 愛倫 Ireland.	下52オ 愛倫
1426 Italy. L'Italie.	35オ 以大利	72ウ 意太利 Italy.	下52オ 以太利
1427 Japan. Le Japon.	35オ 日本	72ウ 日本 Japan.	下52ウ 日本
1428 A Japanese. Un Japonais.	35オ 日本人	72ウ 日本人 Japanese.	下52ウ 日本人
1429 The Levant. Le Levant.	35オ 勒萬多 (地中海東岸ノ地)	73ウ 勒萬多 地中海東畔 Levant.	下52ウ 勒萬多 (地中海東岸ノ地)
1430 The Neapolitan states. Naples.	35オ 那不勒國	73オ 両西齊里 Neapolitan states.	下52ウ 那不勒国
1431 The Netherlands. Les Pays-Bas.	35オ 尼達蘭 (即チ和蘭ナリ)	73オ 尼達蘭 即和蘭 Netherlands.	下52ウ 尼達蘭 (即チ和蘭ナリ)
1432 Norway. La Norvège.	35オ 那威	73オ 那威 Norway.	下52ウ 那威
1433 The Papal states. L'état de l'Eglise.	35オ 法王領地 (以大利)	73オ 法王領地 Papal states.	下52ウ 法王領地 (以太利)
1434 Poland. La Pologne.	35オ 波蘭	73オ 法蘭 Poland.	下52ウ 波蘭
1435 Portugal. Le Portugal.	35オ 葡萄牙	73オ 葡萄牙 Portugal.	下52ウ 葡萄牙
1436 Prussia. La Prusse.	35オ 普魯士	73オ 普漏生 Prussia.	下52ウ 普魯士
1437 Russia. La Russie.	35オ 魯西亞	73オ 魯西亞 Russia.	下52ウ 魯西亜

『英吉利単語篇増訳』 （1871年刊）	『英和対訳袖珍辞書』（初版、文久二年） （1862年刊）	『改正増補英和対訳袖珍辞書』（慶応二年版） （1866年刊、初版と異同のある場合のみ記載）
1422 阿諾威 _(日耳曼)	（Hanoverナシ）	
1423 荷蘭	Holland, _s._荷蘭ノ木綿	Holland, _s._荷蘭ニテ製シ初タル亜麻布
1424 匈牙利	（Hungaryナシ）	
1425 愛倫	（Irelandナシ）	
1426 以大利	（Italyナシ）	
1427 日本	Japan, _s._漆ノ細工	
1428 日本人	（Japaneseナシ）	
1429 勒萬多 _{地中海東岸ノ地}	Levant, levantine, _adj._地中海ノ亜細亜ノ地方ニ附テ居ル方ノ	
1430 那不勒国	（Neapolitan statesナシ）	
1431 尼達蘭 _{即和蘭也}	（Netherlandsナシ）	
1432 那威	（Norwayナシ）	
1433 法王領地 _(以大利)	Papal, _adj._羅馬法王ノ State, _s._模様. 有様. 国. 立派ナルコト	
1434 波蘭	（Polandナシ）	
1435 葡萄牙	（Portugalナシ）	
1436 普魯士	（Prussiaナシ）	
1437 魯西亜	（Russiaナシ）	

『英吉利単語篇』(1866年刊) 『法朗西単語篇』(1866年刊)	『英仏単語篇注解』 （1867年5月刊）	『対訳名物図編』 （1867年9月序刊）	『英仏単語便覧』 （1868年1月序刊）
1438 Sardinia. La Sardaigne.	35才 撒丁 (以太利)	73才 撒丁（サルヂニヤ） Sardinia.	下52ウ 撒丁 (以太利)
1439 Saxony. La Saxe.	35才 撒遜 (日耳曼)	73才 索尼亞 △同上（サキソニヤ） Saxony.	下52ウ 撒遜 (日耳曼)
1440 Scotland. L'Ecosse.	35才 蕀葛蘭	73才 蘇格蘭（ソコツランド） Scotland.	下52ウ 蕀葛蘭
1441 Spain. L'Espagne.	35才 西班牙	73ウ 西班亞（イスパニヤ） Spain.	下53才 西班牙
1442 Sweden. La Suède.	35才 瑞典	73ウ 瑞典（スエイデン） Sweden.	下53才 瑞典
1443 Switzerland. La Suisse.	35才 瑞士	73ウ 瑞士（スエッツルランド） Switzerland.	下53才 瑞士
1444 Turkey. La Turquie.	35才 土耳其	73ウ 土耳其（トルコ） Turkey.	下53才 土耳其
1445 Tuscany. La Toscane.	35ウ 多加納 (以太利)	73ウ 突加那（トスカアネン） Tuscany.	下53才 多加納 (以太利)
1446 The United-States of America. Les Etats-Unis d'Amérique.	35ウ 米利堅合衆國	73ウ 亞墨利加合衆國（アメリカガツシウコク） United-States of Ame·rica.（ママ）	下53才 米利堅合衆国
1447 Wirtemberg. Le Wurttemberg.	35ウ 瓦敦堡 (日耳曼)	73ウ 瓦敦堡 △同上（ウイルテンビュルグ） Wirtemberg.	下53才 瓦敦堡 (日耳曼)
1448 Aix-la-Chapelle. Aix-la-Chapelle.	35ウ 亞金 (普魯士ノ府)	73ウ 亞金 普漏生ノ Aix-la-Chapelle.	下53才 亞金 (普魯士ノ府)
1449 Amsterdam. Amsterdam.	35ウ 安特堤 (荷蘭ノ都)	74才 安特堤（アムステルダム） Amsterdam.	下53才 安特堤 (荷蘭ノ都)
1450 Antwerp. Anvers.	35ウ 安都厄比 (比利時ノ府)	74才 安都厄比 比利時ノ（アントエルプ） Antwerp.	下53才 安都厄比 (比利時ノ府)
1451 Berlin. Berlin.	35ウ 伯靈 (普魯士ノ都)	74才 伯靈 普漏生ノ（ベルリン） Berlin.	下53才 伯靈 (普魯士ノ都)
1452 Bern. Berne.	35ウ 伯尓尼 (瑞士ノ府)	74才 伯爾尼 瑞士ノ（ベルン） Bern.	下53才 伯尓尼 (瑞士ノ府)
1453 Brunswick. Brunswick.	35ウ 不倫瑞克 (日耳曼ノ府)	74才 不倫瑞克 △同上（ビルンスウイク） Brunswick.	下53才 不倫瑞克 (日耳曼ノ府)

『英吉利単語篇増訳』 （1871年刊）	『英和対訳袖珍辞書』（初版、文久二年） （1862年刊）	『改正増補英和対訳袖珍辞書』（慶応二年版） （1866年刊、初版と異同のある場合のみ記載）
1438 撒丁 （以大利）	（Sardiniaナシ）	
1439 撒遜 （日耳曼）	（Saxonyナシ）	
1440 蘇葛蘭	（Scotlandナシ）	
1441 西班牙	（Spainナシ）	
1442 瑞典	（Swedenナシ）	
1443 瑞士	（Switzerlandナシ）	
1444 土耳其	Turkey, s.「カラクン」鳥	Turkey, s.白露国鶏（カラクンテウ）
1445 多加納 （以大利）	（Tuscanyナシ）	
1446 米利堅合衆国	（United-States of Americaナシ）	
1447 瓦敦堡 （日耳曼）	（Wirtembergナシ）	
1448 亜金 （普魯士ノ府）	（Aix-la-Chapelleナシ）	
1449 安特堤 （荷蘭ノ都）	（Amsterdam ナシ）	
1450 安都厄比 （比利時ノ府）	（Antwerp ナシ）	
1451 伯靈 （普魯士ノ都）	（Berlin ナシ）	
1452 伯尔尼 （瑞士ノ府）	（Bern ナシ）	
1453 不倫瑞克 （日耳曼ノ府）	（Brunswick ナシ）	

『英吉利単語篇』(1866年刊) 『法朗西単語篇』(1866年刊)	『英仏単語篇注解』 （1867年5月刊）	『対訳名物図編』 （1867年9月序刊）	『英仏単語便覧』 （1868年1月序刊）
1454 Brussels. Bruxelles.	35ウ 比律悉 (比利時ノ都)	74オ 比律悉 比利時ノ Brussels.	下53オ 比律悉 (比利時ノ都)
1455 Coblentz. Coblence.	35ウ 谷隣 (普魯士ノ府)	74オ 谷隣 コヴレンス 普漏生ノ Coblentz.	下53ウ 谷隣 (普魯士ノ府)
1456 Cologne. Cologne.	35ウ 哥羅尼 (仝上)	74オ 哥羅尼 コロウジン 同上 Cologne.	下53ウ 哥羅尼 (仝上)
1457 Dresden. Dresde.	35ウ 德列停 (撒遜ノ都)	74オ 德列停 デレッステン 索尼亜ノ Dresden.	下53ウ 德列亭 (撒遜ノ都)
1458 Florence. Florence.	35ウ 佛羅稜 (以太利ノ府)	74オ 佛稜 フロレンス 意太利ノ Florence.	下53ウ 佛羅稜 (以太利ノ府)
1459 Frankfort. Francfort.	35ウ 佛郎佛 (日耳曼部内ノ府列國會議ノ地ナリ)	74オ 佛郎佛 フランキルト △同上 Frankfort.	下53ウ 佛郎佛 (日耳曼部内ノ府列国會議ノ地ナリ)
1460 Geneva. Genève.	35ウ 日内瓦 (瑞士ノ府)	74オ 日内瓦 ジエネウエ 瑞士ノ Geneva.	下53ウ 日内瓦 (瑞士ノ府)
1461 Genoa. Gènes.	35ウ 熱那 (以太利ノ府)	74オ 熱那 ジエノウ 意太利ノ Genoa.	下53ウ 熱那 (以太利ノ府)
1462 Ghent. Gand.	35ウ 根得 (東発蘭徳ノ都)	74ウ 根徳 ゲント 米利堅ノ Ghent.	下53ウ 根得 (東発蘭徳ノ都)
1463 The Hague. La Haye.	35ウ 海牙 (荷蘭ノ都)	74ウ 海牙 ハアヘ 和蘭ノ Hague.	下53ウ 海牙 (荷蘭ノ都)
1464 Hamburgh. Hambourg.	35ウ 旱堡 (日耳曼ノ府)	74ウ 翰堡 ハンビュルグ △同上 Hamburgh.	下53ウ 旱堡 (日耳曼ノ府)
1465 Leipsic. Leipsic.	35ウ 來責 (撒遜ノ府)	74ウ 来責 索尼亜ノ Leipsic.	下53ウ 來責 (撒遜ノ府)
1466 London. Londres.	36オ 倫頓 (英吉利ノ都)	74ウ 龍動 ロンドン 英吉利ノ London.	下53ウ 倫頓 (英吉利ノ都)
1467 Lyons. Lyon.	36オ 里昂 (仏蘭西ノ府)	74ウ 里昂 リヤン 佛蘭西ノ Lyons.	下53ウ 里昂 (仏蘭西ノ府)
1468 Mayence. Mayence.	36オ 嘆因 (日耳曼ノ府)	74ウ 嘆因 △同上 Mayence.	下53ウ 嘆因 (日耳曼ノ府)
1469 Milan. Milan.	36オ 米蘭 (以太利ノ府)	75オ 米蘭 ミラン 意太利ノ Milan.	下54オ 米蘭 (以太利ノ府)
1470 Munich. Munich.	36オ 慕尼克 (巴威里ノ都)	75オ 慕尼克 モウニッス 巴威里ノ Munich.	下54オ 慕尼克 (巴威里ノ府)

『英吉利単語篇増訳』 （1871年刊）	『英和対訳袖珍辞書』（初版、文久二年） （1862年刊）	『改正増補英和対訳袖珍辞書』（慶応二年版） （1866年刊、初版と異同のある場合のみ記載）
1454 比律悉 (比利時ノ都)	（Brussels ナシ）	
1455 谷隣 (普魯士ノ府)	（Coblentz ナシ）	
1456 哥羅尼 (仝上)	（Cologne ナシ）	
1457 徳列停 (撒遜ノ都)	（Dresden ナシ）	
1458 佛羅稜 (以大利ノ府)	（Florence ナシ）	
1459 佛郎佛 (日耳曼部内ノ府列国會議ノ地ナリ)	（Frankfort ナシ）	
1460 日内瓦 (瑞士ノ府)	（Geneva ナシ）	
1461 熱那 (以大利ノ府)	（Genoa ナシ）	
1462 根得 (東発蘭德ノ都)	（Ghent ナシ）	
1463 海牙 (荷蘭ノ都)	（The Hague ナシ）	
1464 旱堡 (日耳曼ノ府)	（Hamburgh ナシ）	
1465 来責 (撒遜ノ府)	（Leipsic ナシ）	
1466 倫頓 (英吉利ノ府)	（London ナシ）	
1467 里昂 (佛蘭西ノ府)	（Lyons ナシ）	
1468 噗因 (日耳曼ノ府)	（Mayence ナシ）	
1469 米蘭 (以大利ノ府)	（Milan ナシ）	
1470 慕尼克 (巴威里ノ都)	（Munich ナシ）	

『英吉利単語篇』(1866年刊) 『法朗西単語篇』(1866年刊)	『英仏単語篇注解』 （1867年5月刊）	『対訳名物図編』 （1867年9月序刊）	『英仏単語便覧』 （1868年1月序刊）
1471 Paris. Paris.	36オ 巴勒 (佛蘭西ノ都)	75オ 巴里斯 佛蘭西ノ パリス Paris.	下54オ 巴勒 (仏蘭西ノ都)
1472 Prague. Prague.	36オ 巴拉加 (波希米ノ 府)	75オ 巴拉加 波希米ノ プレグウ Prague.	下54オ 巴拉加 (波希米ノ府)
1473 Ratisbon. Ratisbonne.	36オ 雨山[1] (巴威里亜ノ 府)	75オ 雨山 巴威里亞ノ Ratisbon.	下54オ 雨山 (巴威里亜ノ府)
1474 Rome. Rome.	36オ 羅瑪 (以大利法王領 ノ都)	75オ 羅瑪 意太利ノ ロウマ Rome.	下54オ 羅瑪 (以太利法王領ノ 都)
1475 Rotterdam. Rotterdam.	36オ 鹿特堤 (荷蘭ノ府)	75オ 鹿特堤 和蘭ノ ロットルダム Rotterdam.	下54オ 鹿特堤 (荷蘭ノ府)
1476 Treves. Trèves.	36オ 低哩 (普魯士ノ府)	75オ 低哩 普徧生ノ Treves.	下54オ 低哩 (普魯士ノ府)
1477 Venice. Venise.	36オ 威尼斯 (以大利亜 ノ府)	75オ 威尼斯 意太利ノ ウエニス Venice.	下54オ 威尼斯 (以太利亜ノ 府)
1478 Vienna. Vienne.	36オ 維也納 (墺地利ノ 都)	75オ 維也納 墺地利亞ノ ウインナ Vienna.	下54オ 維也納 (墺地利ノ都)
1479 Warsaw. Varsovie.	36オ 洼肖 (波蘭ノ都)	75ウ 洼肖 法蘭ノ ワルサウ Warsaw.	下54オ 洼肖 (波蘭ノ都)
1480 Alps. Les Alpes.	36オ 牙尔白山脈 (欧 羅巴有名ノ連山)	75ウ 牙爾白山脈 歐ニ在連山 アルペス Alps.	下54オ 牙尔白山脈 (欧羅 巴有名ノ連山)
1481 Apennines. Les Apennins.	36オ 亜卑尼奴山脈 (仝上)	75ウ 亞卑尼奴山脈 同上 アビニエス Apennines.	下54オ 亜卑尼奴山脈 (仝 上)
1482 The Danube. Le Danube.	36オ 多惱河 (日耳曼)	75ウ 多惱河 土耳其及墺地利ニ流 ダニューベ Danube.	下54オ 多惱河 (日耳曼)
1483 The Elbe. L'Elbe.	36オ 易北河 (仝上)	75ウ 易北河 日耳曼ニ在 エルベ Elbe.	下54ウ 易北河 (仝上)
1484 The Maine. Le Mein.	36オ 美尼河 (仝上)	75ウ 美尼河 同上 マイン Maine.	下54ウ 美尼河 (仝上)
1485 The Meuse. La Meuse.	36オ 謬塞河 (荷蘭)	75ウ 謬西河 和蘭ニ在 マアム Meuse.	下54ウ 謬塞河 (荷蘭)
1486 The Moselle. La Moselle.	36ウ 摩細耳河 (欧羅巴 有名ノ大河)	75ウ 摩細耳河 歐ノ大河 ムウセル Moselle.	下54ウ 摩細耳河 (欧羅巴有 名ノ大河)

[1] 『英仏単語篇注解』1473番「雨山」は、後印本において「両山」と入木改刻。

『英吉利単語篇増訳』 （1871年刊）	『英和対訳袖珍辞書』（初版、文久二年） （1862年刊）	『改正増補英和対訳袖珍辞書』（慶応二年版） （1866年刊、初版と異同のある場合のみ記載）
1471 巴勒 (佛蘭ノ都)	（Paris ナシ）	
1472 巴拉加 (波希米ノ府)	（Prague ナシ）	
1473 両山 (巴威里亜ノ府)	（Ratisbon ナシ）	
1474 羅瑪 (以大利法王領ノ都)	（Rome ナシ）	
1475 鹿特堤 (荷蘭ノ府)	（Rotterdam ナシ）	
1476 低哩 (普魯士ノ府)	（Treves ナシ）	
1477 威尼斯 (以大利亜ノ府)	（Venice ナシ）	
1478 維也納 (墺地利ノ都)	（Vienna ナシ）	
1479 洼肖 (波蘭ノ都)	（Warsaw ナシ）	
1480 牙尓白山脉 (欧羅巴有名ノ連山)	（Alps ナシ）	
1481 亜卑尼奴山脉 (仝上)	（Apennines ナシ）	
1482 多悩河 (日耳曼)	（Danube ナシ）	
1483 易北河 (仝上)	（Elbe ナシ）	
1484 美尼河 (仝上)	（Maine ナシ）	
1485 謬塞河 (荷蘭)	（Meuse ナシ）	
1486 摩細耳河 (欧羅巴有名ノ大河)	（Moselle ナシ）	

『英吉利単語篇』(1866年刊) 『法朗西単語篇』(1866年刊)	『英仏単語篇注解』 (1867年5月刊)	『対訳名物図編』 (1867年9月序刊)	『英仏単語便覧』 (1868年1月序刊)
1487 The Rhine. Le Rhin.	36ウ 莱尼河 (日耳曼ト仏蘭西トヲ界スル大河)	75ウ 莱因河 日耳曼ト佛蘭西界 Rhine.	下54ウ 莱尼河 (日耳曼ト仏蘭西トヲ界スル大河)
1488 The Scheldt. L'Escaut.	36ウ 士加尔達河 (荷蘭)	75ウ 士加爾達河 和蘭ニアリ Scheldt.	下54ウ 士加尔達河 (荷蘭)
1489 The Thames. La Tamise.	36ウ 達迷塞河 (英吉利)	76ウ 担米斯河 英吉利ニアリ Thames.	下54ウ 達迷塞河 (英吉利)
1490 The Vistula. La Vistule.	36ウ 維士都拉河 (欧羅巴有名ノ大河)	76オ 維士都拉河 普漏生及法蘭ニ流 Vistula.	下54ウ 維士都拉河 (欧羅巴有名ノ大河)
1491			上14オ 額 [1]

[1] 『英仏単語便覧』の 1491 番として記した「forehead／le front／額」（上 14 オ）は、『英吉利単語篇』『法朗西単語篇』に対応する語が無く、独自に増補された語である。

対照表 II 　269

『英吉利単語篇増訳』 （1871年刊）	『英和対訳袖珍辞書』（初版、文久二年） （1862年刊）	『改正増補英和対訳袖珍辞書』（慶応二年版） （1866年刊、初版と異同のある場合のみ記載）
1487 莱尼河 (日耳曼ト 仏国トヲ界スル大河	（Rhine ナシ）	
1488 士加尔達河 （荷蘭	（Scheldt ナシ）	
1489 達迷塞河 (英吉 利	（Thames ナシ）	
1490 維士都拉河 （欧羅巴有名ノ大河	（Vistula ナシ）	
	Forehead, s.額. 恥ヲ知ラヌコト	

270

Traveller's Manual of Conversation 影印

Traveller's Manual of Conversation 影印凡例

一、以下は開成所『英吉利単語篇』『法朗西単語篇』（慶応二 1866 年刊）の主な
　　底本である Karl Baedeker：*Traveller's Manual of Conversation* の影印である。だだし、
　　本影印では仏語題の *Manuel de conversation pour le voyageur*（1864 年第 17 版、櫻
　　井豪人蔵本）によっている。
一、表紙・本文ともほぼ原寸大で収録した。
一、研究上の利便性を考慮し、『英吉利単語篇』『法朗西単語篇』『英仏単語篇注
　　解』に共通の通し番号（31 〜 1490 番）を各ページの左端に付した。
一、本文にある汚れや書き入れは、編著者の責任において消去した。
※英語版のタイトルページは以下の通り。（1869 年第 19 版、櫻井豪人蔵本。）

TRAVELLER'S

MANUAL OF CONVERSATION

IN FOUR LANGUAGES,

ENGLISH, FRENCH, GERMAN, ITALIAN.

WITH
VOCABULARY, SHORT QUESTIONS
ETC.

NINETEENTH EDITION.

COBLENZ.
KARL BAEDEKER.
1869.

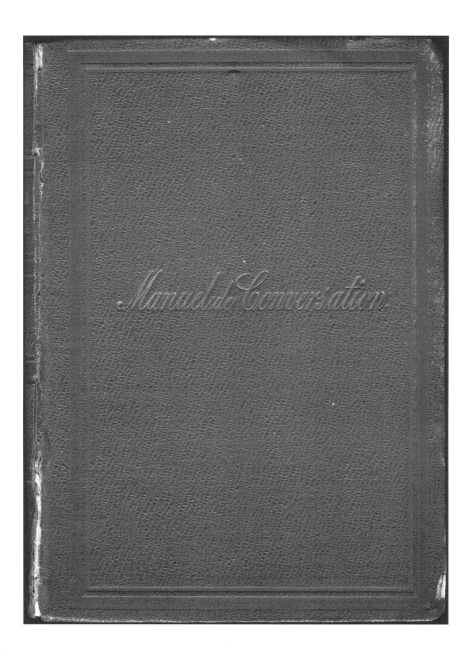

Baedeker's Reisehandbücher.

Belgien und Holland, mit 2 Karten und 14 Plänen. Achte Auflage. 1863. . . . . 1 Thlr. 10 Sgr.

Deutschland, nebst Theilen der angrenzenden Länder bis **Strassburg, Luxemburg, Kopenhagen, Krakau, Lemberg, Ofen-Pesth, Pola, Fiume.** Mit 20 Karten und 48 Stadtplänen. Eilfte Auflage. 1864. . . . . 3 Thlr.

Daraus einzeln:

Mittel- und Nord-Deutschland, mit 7 Karten und 20 Plänen. Eilfte Auflage. 1864. 1 Thlr. 10 Sgr.

Oesterreich, Süd- und West-Deutschland, mit 13 Karten und 33 Plänen. Eilfte Auflage. 1864. 2 Thlr.

Oesterreich, mit 5 Karten und 14 Plänen. Eilfte Auflage. 1864.
1 Thlr. 10 Sgr.

Südbayern, Tirol und Salzburg etc., mit 6 Karten und 7 Plänen. Eilfte Auflage. 1864. . . . . 1 Thlr.

London und seine Umgebung, nebst Reiserouten vom Continent nach England und zurück. Mit 2 Karten und 10 Plänen. 1862.
1 Thlr. 10 Sgr.

Ober-Italien bis **Nizza, Genua, Bologna**, nebst den Eisenbahn- und Haupt-Post-Strassen aus Deutschland nach Italien. Mit 4 Karten und 15 Stadtplänen. Zweite Auflage. 1863.
1 Thlr. 10 Sgr.

Paris und Umgebungen, nebst **Rouen, Havre, Dieppe, Boulogne** und den drei Eisenbahn-Strassen vom Rhein bis Paris. Mit 1 Karte und 15 Plänen. Fünfte Auflage. 1864. 1 Thlr. 10 Sgr.

Rheinlande, die, von der Schweizer bis zur Holländischen Grenze. Mit 15 Karten, 13 Plänen und 12 Ansichten. Dreizehnte Auflage. 1864. . . . . 1 Thlr. 10 Sgr.

Schweiz, die, nebst den angrenzenden Theilen von **Ober-Italien, Savoyen** und **Tirol**. Mit 15 Karten, 7 Stadtplänen und 6 Panoramen. Zehnte Auflage. 1864. . . . . 1 Thlr. 22 Sgr.

Conversationsbuch für Reisende in vier Sprachen, deutsch, französisch, englisch, italienisch, nebst einem Wortverzeichniss, kurzen Fragen etc. Siebzehnte Auflage. 1864. . . . . . 1 Thlr.

August 1864.

GUIDES-BAEDEKER.

Allemagne et quelques parties des pays limitrophes jusqu'à **Strasbourg, Luxembourg, Copenhague, Cracovie, Bude-Pesth, Pola, Fiume**, avec 2 cartes routières, 15 cartes spéciales et 44 plans de villes. Deuxième édition. 1863. 2 Thlr. 20 Sgr.

Belgique et Hollande, avec 2 cartes et 14 plans de villes. Troisième édition. 1864. . . . . 1 Thlr. 10 Sgr.

Italie septentrionale. Piémont, Lombardie, Venise, les Romagnes, et les chemins de fer et principales routes postales vers l'Italie. Avec 4 cartes et 15 plans de villes. Deuxième édition. 1863. . . . . 1 Thlr. 10 Sgr.

Les Bords du Rhin de Bàle à la frontière de Hollande. Avec 15 cartes, 13 plans de villes et 4 vues. Sixième édition. 1864. 1 Thlr. 10 Sgr.

La Suisse, et les parties limitrophes de l'**Italie**, de la **Savoie** et du **Tyrol**. Avec 15 cartes géographiques, 7 plans de villes et 6 panoramas. Sixième édition. 1864. . . 1 Thlr. 22 Sgr.

Manuel de conversation pour le touriste, en quatre langues (français, allemand, anglais, italien), avec un vocabulaire, un choix de questions diverses etc. Seizième édition. 1864. 1 Thlr.

The Rhine from the Dutch to the Swiss Frontier, with 15 maps, 13 plans and 4 views. Second edition. 1864. 1 Thlr. 10 Sgr.

Switzerland, and the adjacent portions of **Italy, Savoy** and the **Tyrol**, with 15 maps, 7 plans, and 6 panoramas. Second edition. 1864. . . . . 1 Thlr. 22 Sgr.

The Traveller's Manual of Conversation in English, German, French and Italian; together with a copious Vocabulary and short Questions in those languages. Sixteenth edition. 1864. 1 Thlr.

August 1864.

MANUEL

DE

CONVERSATION.

MANUEL

DE

CONVERSATION

POUR LE

VOYAGEUR,

EN QUATRE LANGUES

(FRANÇAIS, ALLEMAND, ANGLAIS, ITALIEN),

AVEC UN VOCABULAIRE,
UN CHOIX DE QUESTIONS, ETC.

17e ÉDITION.

COBLENZ.

KARL BÆDEKER, ÉDITEUR.

1864.

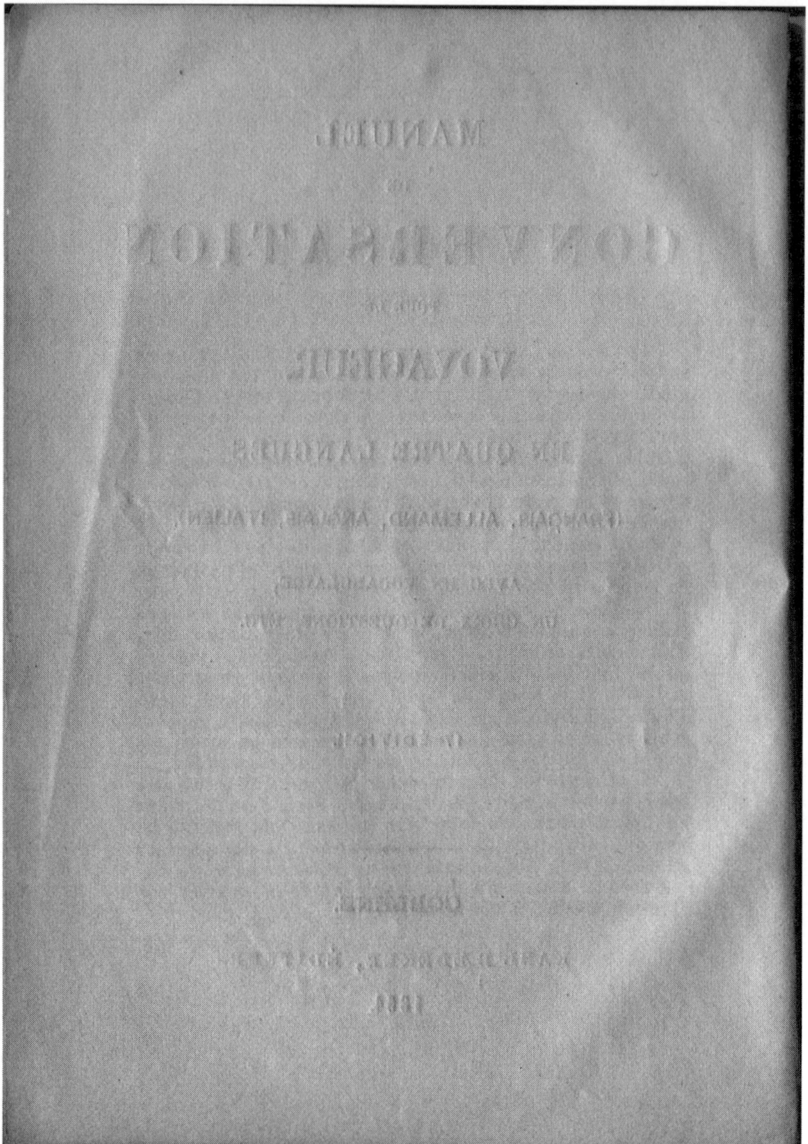

Préface.

Ce manuel, dont les nombreuses éditions prouvent suffisamment la valeur, poursuit le même but que nos guides du voyageur: il est destiné à augmenter l'indépendance du touriste, à le mettre en état de se passer de toute assistance étrangère, et à le soustraire autant que possible à la tutelle aussi gênante que dispendieuse des commissionnaires, domestiques de louage, cicerones et autres fléaux de ce genre. Pour obvier à la tyrannie de ces petits despotes du voyageur ignorant la langue du pays, ce livre contient: 1º un vocabulaire de tous les mots dont le touriste peut avoir besoin. L'ordre systématique de' cette partie du manuel, en facilitera l'usage et l'étude. 2º Un choix de dialogues qui, sans s'égarer dans les spécialités, comprend néanmoins toutes les situations probables d'un voyage ordinaire. Pour l'usage spécial des voyageurs qui ne font que traverser rapidement un pays, et qui n'ont ni l'envie ni le loisir d'en étudier la langue, nous avons ajouté à ce livre 3º un choix de questions, dont la réponse consiste en un „oui" ou un „non", ou bien en un simple chiffre etc. Ces questions ne seront point sans utilité.

D'autres livres du même genre pourront bien être plus complets que le nôtre, mais, à notre avis, c'est là plutôt un défaut qu'un avantage, car la masse du superflu ne sert qu'à dérouter et à lasser le touriste, tandis que tout ce dont il a besoin consiste en un choix attentif du nécessaire. L'auteur n'a donc point hésité à sacrifier une diffusion nuisible à une utile brièveté.

Contents.

Vocabulaire.

	pag.		pag.
Cardinal numbers	2	Grundzahlen	2
Ordinal numbers	4	Ordnungszahlen	2
Collective numbers	6	Sammlungszahlen	6
Fractions	6	Brüche	6
Of the universe and the earth	6	Das Weltall und die Erde	6
Of the sea	12	Vom Meere	12
Navigation	14	Seewesen und Schifffahrt	14
Army and ammunition	18	Soldatenstand und Kriegsbedarf	18
Time and its divisions	24	Die Zeit und ihre Eintheilung	24
Man, his ages and relationships	28	Der Mensch, seine Altersstufen und Verwandtschaftsgrade	28
Of the human body	32	Der menschliche Körper	32
Conditions and properties of the body	38	Körperliche Eigenschaften und Thätigkeiten	38
The senses and mental faculties	40	Sinne und Seelenkräfte	40
Maladies and infirmities	46	Krankheiten und Gebrechen	46
Of the town	50	Die Stadt	50
Of a house	54	Das Haus	54
Furniture of a house	60	Mobilien eines Hauses	60
Kitchen and cellar	64	Küche und Keller	62
Servants of a house	66	Hausgenossen und Bedienung	66
The table	68	Die Tafel	68
Dishes	70	Gerichte	70
Beverages	74	Getränke	74
Grain, vegetables and kitchenherbs	76	Getreide, Gemüse und Küchenkräuter	76
Fruits and fruit-trees	78	Obst und Obstbäume	78
Forest-trees	80	Waldbäume	80
Flowers	80	Blumen	80
Domestic animals and birds	82	Hausthiere und zahmes Geflügel	82
Wild quadrupeds	84	Wilde vierfüssige Thiere	84
Wild birds	86	Wilde Vögel	86
Fishes	88	Fische	88
Reptiles and insects	90	Würmer und Insecten	90
Metals and precious stones	92	Metalle und Edelsteine	92
Materials for dress	94	Stoffe	94
Male apparel	94	Mannskleider	94
Female apparel	98	Frauenkleider	98

Contents.

Vocabulaire.

	pag.		pag.
Nombres cardinaux	3	Numeri cardinali	3
Nombres ordinaux	5	Numeri ordinali	5
Nombres collectifs	7	Numeri collettivi	7
Fractions	7	Frazioni	7
L'Univers et la terre	7	L'Universo e la terra	7
La mer	13	Del mare	13
La marine et la navigation	15	La marina e la navigazione	15
L'état militaire et les munitions	19	Lo stato militare e le munizioni	19
Le temps et ses divisions	25	Il tempo e sue divisioni	25
L'homme, ses âges et degrés de parenté	29	L'uomo, sue età e gradi di parentela	29
Le corps humain	33	Il corpo umano	33
Les qualités et les fonctions du corps	39	Le qualità e le funzioni del corpo	39
Les sens et les facultés de l'âme	41	I sensi e le potenze dell'anima	41
Maladies et infirmités	47	Malattie ed infirmità	47
La ville	51	La città	19
La maison	55	La casa	55
Meubles d'une maison	61	Suppellettili di casa	61
La cuisine et la cave	63	La cucina e la cantina	63
Les habitants et domestiques d'une maison	67	Gli abitanti ed i domestici d'una casa	65
La table	69	La tavola	67
Les mets	71	Le vivande	71
Les boissons	75	Le bevande	75
Les blés, légumes et herbes potagères	77	Le biade, legumi ed ortaggi	77
Les fruits et les arbres fruitiers	79	I frutti e gli alberi fruttiferi	79
Les arbres forestiers	81	Gli alberi di foresta	81
Les fleurs	81	I fiori	81
Les animaux et oiseaux domestiques	83	Gli animali ed uccelli domestici	83
Les quadrupèdes sauvages	85	I quadrupedi salvatici	85
Les oiseaux sauvages	87	Gli uccelli salvatici	87
Les poissons	89	I pesci	89
Les reptiles et les insectes	91	Gli animali rettili e gl'insetti	91
Les métaux et les pierres précieuses	93	I metalli e le pietre preziose	93
Les étoffes	95	Le stoffe	95
Habillements d'homme	95	Vestiti d'uomo	95
Habillements de femme	99	Vestiti donneschi	99

VI

Contents.		Contents.	
	pag.		**pag.**
Of the country and the objects there met with	100	Vom Lande und was man dort findet	100
Of travelling, carriages, harness etc.	102	Vom Reisen, von Wagen, Pferdegeschirr etc.	102
Railways and steamboats . .	108	Eisenbahnen und Dampfschiffe	108
Handicrafts and trades . . .	110	Handwerke und Gewerbe . .	110
Agricultural implements and tools	116	Ackerbau- und Handwerks-Geräthschaften	116
Literary and professional men	120	Gelehrte und Künstler . . .	120
Of commerce	122	Vom Handel	122
Money and coins	124	Münzen	124
Weights and measures . . .	124	Gewicht und Maass	124
Colours, painting and writing materials	128	Farben, Malerei und Schreibmaterialien	128
Games and recreations . . .	130	Spiele und Vergnügungen . .	130
Field-sports	132	Die Jagd	132
Music	136	Musik	136
Secular dignities	138	Weltliche Würden	138
Ecclesiastical dignities . . .	140	Geistliche Würden	140
Countries and nations . . .	142	Länder und Völker	142
Cities and towns	144	Städte	144
Mountains and rivers	148	Gebirge und Flüsse	148
Affirmative phrases	148	Bejahende Redensarten . . .	148
Negative phrases	152	Verneinende Redensarten . .	152
Interrogative phrases	154	Fragende Redensarten . . .	154
Imperative phrases	158	Befehlende Redensarten . . .	158
Familiar phrases	162	Gewöhnliche Redensarten . .	162

Questions.

On board a steamboat . . .	162	Auf einem Dampfschiffe . . .	164
Roads, conveyances etc. . . .	172	Wege, Fuhrgelegenheiten etc.	172
With a hackney-coachman . .	176	Mit einem Lohnkutscher . .	176
At an inn	180	In einem Gasthofe	180
In a town	192	In einer Stadt	192
Concerning lodgings	196	Wegen einer Wohnung . . .	196
In a shop	200	In einem Laden	200

Dialogues.

Of the weather	202	Vom Wetter	202
The telegraph-office	204	Das Telegraphenbureau . . .	204
To make inquiries before undertaking a journey . . .	206	Um Erkundigungen vor einer Reise einzuziehen	206
Just on setting out	212	Der Augenblick der Abreise .	212
Railway-journey	216	Abreise mit der Eisenbahn .	216
Of what one sees in travelling, and of the events that may happen on the road . . .	218	Was man auf der Reise sieht, und was sich unterwegs ereignen kann	218
Where travellers pass the night; questions; post-office	224	Die Reisenden im Nachtquartier; Fragen; die Briefpost	224

VII

Contents.		Contents.	
	pag.		**pag.**
La campagne et les choses qu'on y rencontre	101	La campagna e le cose che vi si vedono	101
Du voyage, des voitures, des harnais etc.	103	Viaggio, vetture, arnesi da cavallo etc.	103
Chemins de fer et bateaux à vapeur	109	Strade ferrate e batelli a vapore	109
Professions et métiers	111	Professioni e mestieri	111
Instruments d'agriculture et outils	117	Stromenti d'agricultura ed utensili	117
Savants et artistes	121	Letterati ed artefici	121
Du commerce	123	Del commercio	123
Des monnaies	125	Delle monete	125
Poids et mesures	125	Pesi e misure	125
Des couleurs, de la peinture et de l'écriture	129	Dei colori, della pittura e della scrittura	129
Jeux et divertissements	131	Giuochi e ricreazioni	131
La chasse	133	La caccia	133
La musique	137	La musica	137
Dignités séculières	139	Dignità secolari	139
Dignités ecclésiastiques	141	Dignità ecclesiastiche	141
Des pays et des peuples	143	Paesi e popoli	143
Villes	145	Città	145
Montagnes et rivières	149	Monti e fiumi	149
Phrases affirmatives	149	Frasi affermative	149
Phrases négatives	153	Frasi negative	153
Phrases interrogatives	155	Frasi interrogative	155
Phrases impératives	159	Frasi imperative	159
Locutions familières	163	Elocuzioni familiari	163

Questions.

A bord d'un bateau à vapeur	165	A bordo di un batello a vapore	165
Chemins, messageries etc.	173	Strade, mezzi di trasporto etc.	173
Avec un cocher de louage	177	Con un vetturino	177
Dans un hôtel	181	In un albergo	181
Dans une ville	193	In una città	193
Pour un logement	197	Di un' abitazione	197
Dans un magasin	201	In una bottega	201

Dialogues.

Du temps	203	Del tempo	203
Le bureau télégraphique	205	L'ufficio del telegrafo	205
Pour prendre des informations avant d'entreprendre un voyage	207	Per prendere ragguagli prima d'intraprendere un viaggio	207
Au moment de se mettre en route	213	Nel punto di mettersi in viaggio	213
Départ par le chemin de fer	217	Partenza nella strada ferrata	217
De ce qu'on voit en voyageant, et des accidents qui peuvent arriver en route	219	Delle cose che si vedono per viaggio, e di quel che può succedere per istrada	219
Les voyageurs à la couchée; questions; poste aux lettres	225	I viaggiatori alla dormita; interrogazioni; posta delle lettere	225

VIII

Contents.	pag.	Contents.	pag.
On embarking, and of what happens at sea	228	Beim Einschiffen und was auf dem Meer sich ereignet	228
Landing. Visit from the Custom-house officers	232	Die Landung. Besuch der Zollbeamten	232
The breakfast	236	Das Frühstück	236
Dinner	240	Das Mittagessen	240
Tea	246	Der Thee	246
Supper	250	Das Abendessen	250
The master before getting up	262	Der Herr vor dem Aufstehen	262
With a washerwoman	266	Mit einer Wäscherin	266
The shoemaker	270	Der Schuhmacher	270
The tailor	274	Der Schneider	274
With a woollen-draper	278	Mit einem Tuchhändler	278
With a jeweller	282	Mit einem Juwelier	282
A lady at her toilet	284	Eine Dame bei der Toilette	284
To pay a visit	286	Einen Besuch zu machen	286
To inquire after a person's health and to make the usual compliments	290	Erkundigungen nach Jemandes Gesundheit und gewöhnliche Complimente	290
Engaging a servant	292	Mit einem Lohnbedienten, den man in Dienst nehmen will	292
To take a furnished room	296	Ein möblirtes Zimmer zu miethen	296
To hire furnished lodgings	300	Eine möblirte Wohnung zu miethen	300
To buy a travelling carriage	310	Einen Reisewagen zu kaufen	310
To hire, or buy a horse	316	Ein Pferd zu miethen oder zu kaufen	316
Of materials for writing. Departure and arrival of letters	320	Schreibmaterialien. Abgang und Ankunft der Briefe	320

Lettres et billets.

Card of invitation	324	Einladungsschreiben	324
Note of apology	324	Entschuldigungsschreiben	324
Note of invitation	326	Einladungsschreiben	326
A note after not finding a person at home	326	Billet, wenn man Jemand nicht zu Hause gefunden hat	326
Answer	328	Antwort	328
Note of invitation	328	Einladungsschreiben	328
Letter of introduction	330	Empfehlungsschreiben	330

Tarif des monnaies.

IX

Contents.		Contents.	
	pag.		pag.
En s'embarquant, et de ce qui arrive en mer	229	Nell' imbarcarsi e di quel che succede in mare	229
Débarquement et visite douanière	233	Sbarco e visita dei doganieri	233
Le déjeûner	237	La colazione	237
Le dîner	241	Il pranzo	241
Le thé	247	Il tè	247
Le souper	251	La cena	251
Le maître avant de se lever	263	Il padrone prima di levarsi	263
Pour parler à la blanchisseuse	267	Per parlare colla lavandaja	267
Le cordonnier	271	Il calzolajo	271
Le tailleur	275	Il sarto	275
Chez un marchand de drap	279	Da un mercante di panno	279
Chez un joaillier	283	Da un giojelliere	283
Une dame à sa toilette	285	Una dama all' apparecchiatojo	285
Pour faire une visite	287	Per visitare una persona	287
Pour s'informer de la santé de quelqu'un et faire les compliments d'usage	291	Per chiedere dell' altrui salute, e fare i complimenti d'uso	291
Avec un domestique de louage, pour le prendre à son service	293	Con un servitore di piazza, per prenderlo a servizio	293
Pour louer une chambre garnie	297	Per appigionare una stanza in una locanda	297
Pour louer un appartement garni	301	Per pigliar a fitto un appartamento mobigliato	301
Pour acheter une voiture de voyage	311	Per comprare un legno da viaggio	311
Pour louer un cheval, ou pour l'acheter	317	Per prendere un cavallo a nolo, o per comprarlo	317
De tout ce qui est nécessaire pour écrire. Départ et arrivée de lettres	321	Di quanto è necessario per scrivere. Partenza ed arrivo delle lettere	321

Lettres et billets.

Billet d'invitation	325	Viglietto d'invito	325
Billet d'excuse	325	Viglietto di scusa	325
Billet d'invitation	327	Viglietto d'invito	327
Billet quand on ne trouve pas une personne chez elle	327	Viglietto quando non si trova una persona in casa	327
Réponse	329	Risposta	329
Billet d'invitation	329	Viglietto d'invito	329
Lettre de recommandation	331	Lettera di racommandazione	331

Tarif des monnaies.

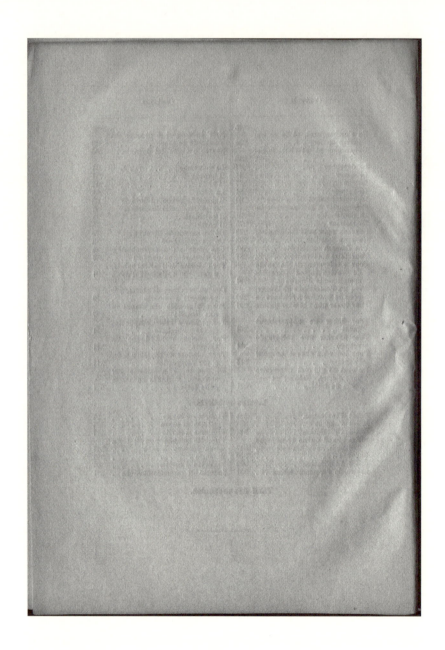

Vocabulary. — Kleines Wörterbuch.

Vocabulaire. — Vocabolario.

Vocabulary.

Cardinal Numbers.

One.
Two.
Three.
Four.
Five.
Six.
Seven.
Eight.
Nine.
Ten.
Eleven.
Twelve.
Thirteen.
Fourteen.
Fifteen.
Sixteen.
Seventeen.
Eighteen.
Nineteen.
Twenty.
Twenty-one.
Twenty-two.
Twenty-three etc.
Thirty.
Thirty-one.
Thirty-two etc.
Forty.
Fifty.
Sixty.

Wörterverzeichniss.

Grundzahlen.

Eins.
Zwei.
Drei.
Vier.
Fünf.
Sechs.
Sieben.
Acht.
Neun.
Zehn.
Elf.
Zwölf.
Dreizehn.
Vierzehn.
Fünfzehn.
Sechzehn.
Siebzehn.
Achtzehn.
Neunzehn.
Zwanzig.
Ein und zwanzig.
Zwei und zwanzig.
Drei und zwanzig etc.
Dreissig.
Ein und dreissig.
Zwei und dreissig etc.
Vierzig.
Fünfzig.
Sechzig.

Vocabulaire.

Nombres cardinaux.

Un.
Deux.
Trois
Quatre.
Cinq.
Six.
Sept.
Huit.
Neuf.
Dix.
Onze.
Douze.
Treize.
Quatorze.
Quinze.
Seize.
Dix-sept.
Dix-huit.
Dix-neuf.
Vingt.
Vingt-et-un.
Vingt-deux.
Vingt-trois etc.
Trente.
Trente-et-un.
Trente-deux etc.
Quarante.
Cinquante.
Soixante.

Vocabolario.

Numeri cardinali.

Uno.
Due.
Tre.
Quattro.
Cinque.
Sei.
Sette.
Otto.
Nove.
Dieci.
Undici.
Dodici.
Tredici.
Quattordici.
Quindici.
Sedici.
Diecisette; diciasette.
Dieciotto; diciotto.
Diecinove; diciannove.
Venti.
Vent'uno.
Venti due.
Venti tre etc.
Trenta.
Trent'uno.
Trenta due etc.
Quaranta.
Cinquanta.
Sessanta.

1 *

4

Cardinal numbers. — Ordinal numbers.	Grundzahlen. — Ordnungszahlen.
Seventy.	Siebzig.
Eighty.	Achtzig.
Ninety.	Neunzig.
A hundred.	Hundert.
Two hundred etc.	Zweihundert etc.
A thousand.	Tausend.
Eleven hundred.	Elfhundert.
Twelve hundred.	Zwölfhundert.
Thirteen hundred.	Dreizehnhundert.
Two thousand etc.	Zwei Tausend etc
A million.	Eine Million.
Two millions.	Zwei Millionen.

Ordinal numbers.	**Ordnungszahlen.**
The first.	Der Erste.
The second.	Der Zweite.
The third.	Der Dritte.
The fourth.	Der Vierte.
The fifth.	Der Fünfte.
The sixth.	Der Sechste.
The seventh.	Der Siebente.
The eighth.	Der Achte.
The ninth.	Der Neunte.
The tenth.	Der Zehnte.
The eleventh.	Der Elfte.
The twelfth.	Der Zwölfte.
The thirteenth.	Der Dreizehnte.
The fourteenth.	Der Vierzehnte.
The fifteenth.	Der Fünfzehnte.
The sixteenth.	Der Sechzehnte.
The seventeenth.	Der Siebzehnte.
The eighteenth.	Der Achtzehnte.
The nineteenth.	Der Neunzehnte.
The twentieth.	Der Zwanzigste.
The twenty-first.	Der Ein und zwanzigste.
The twenty-second.	Der Zwei und zwanzigste.
The thirtieth.	Der Dreissigste.
The fortieth.	Der Vierzigste.
The fiftieth.	Der Fünfzigste.

5

Nombres cardinaux. — Nombres ordinaux.	Numeri cardinali. — Numeri ordinali.
Soixante-dix.	Settanta.
Quatre-vingt.	Ottanta.
Quatre-vingt-dix.	Novanta.
Cent.	Cento.
Deux cents etc.	Duecento; dugento etc.
Mille.	Mille.
Onze cents.	Mille cento.
Douze cents.	Mille dugento.
Treize cents etc.	Mille tre cento etc.
Deux mille etc.	Due mila etc.
Un million.	Un milione.
Deux millions.	Due milioni.

Nombres ordinaux.	Numeri ordinali.
Le premier.	Il primo.
Le second.	Il secondo.
Le troisième.	Il terzo.
Le quatrième.	Il quarto.
Le cinquième.	Il quinto.
Le sixième.	Il sesto.
Le septième.	Il settimo.
Le huitième.	L'ottavo.
Le neuvième.	Il nono.
Le dixième.	Il decimo.
Le onzième.	L'undecimo, decimo primo.
Le douzième.	Il duodecimo, decimo secondo.
Le treizième.	Il decimo terzo.
Le quatorzième.	Il decimo quarto.
Le quinzième.	Il decimo quinto.
Le seizième.	Il decimo sesto.
Le dix-septième.	Il decimo settimo.
Le dix-huitième.	Il decimo ottavo.
Le dix-neuvième.	Il decimo nono.
Le vingtième.	Il ventesimo.
Le vingt-unième.	Il ventesimo primo.
Le vingt-deuxième.	Il ventesimo secondo.
Le trentième.	Il trentesimo.
Le quarantième.	Il quarantesimo.
Le cinquantième.	Il cinquantesimo.

6

Ordinal numbers. — Collective numbers. — Fractions. — Of the Universe and the Earth.	Ordnungszahlen. — Sammlungszahlen. — Brüche. — Das Weltall und die Erde.
The sixtieth.	Der Sechzigste.
The seventieth.	Der Siebzigste.
The eightieth.	Der Achtzigste.
The ninetieth.	Der Neunzigste.
The hundredth.	Der Hundertste.
The thousandth	Der Tausendste.
The last.	Der Letzte.
The last but one.	Der Vorletzte.

Collective numbers.	**Sammlungszahlen.**
A pair; couple.	Ein Paar.
A dozen.	Ein Dutzend.
A score.	Zwanzig.
Firstly.	Erstens.
Secondly.	Zweitens.
Thirdly etc.	Drittens etc.
The first time.	Das erste Mal.
The second time etc.	Das zweite Mal etc.
Once.	Einmal.
Twice.	Zweimal.
Three times etc.	Dreimal etc.
Singly.	Einzig.
Only once.	Ein einziges Mal.
Double, twofold.	Doppelt.
Triple, threefold.	Dreifach.
Quadruple, fourfold.	Vierfach.
One sort.	Einerlei.
Two sorts etc.	Zweierlei etc.

Fractions.	**Brüche.**
The half.	Die Hälfte. Halb.
The third.	Das Drittel.
The fourth.	Das Viertel.
The fifth.	Das Fünftel.
The sixth etc.	Das Sechstel etc.

Of the Universe and the Earth.	**Das Weltall und die Erde.**
The world.	Die Welt.
The elements.	Die Elemente.

7

Nombres ordinaux. — Nombres collectifs. — Fractions. — L'Univers et la terre.	Numeri ordinali. — Numeri collettivi. — Frazioni. — L'Universo e la terra.
Le soixantième.	Il sessantesimo.
Le soixante-dixième.	Il settantesimo.
Le quatre-vingtième.	L'ottantesimo.
Le quatre-vingt-dixième.	Il novantesimo.
Le centième.	Il centesimo.
Le millième.	Il millesimo.
Le dernier.	L'ultimo.
L'avant-dernier.	Il penultimo.

Nombres collectifs.	**Numeri collettivi.**
Une paire.	Un pajo.
Une douzaine.	Una dozzina.
Une vingtaine.	Una ventina.
Premièrement.	Primieramente.
Deuxièmement.	Secondariamente.
Troisièmement etc.	In terzo luogo etc.
La première fois.	La prima volta.
La seconde fois etc.	La seconda volta etc.
Une fois.	Una volta.
Deux fois.	Due volte.
Trois fois etc.	Tre volte etc.
Unique. Simple.	Unico. Semplice.
Une seule fois.	Una sola volta.
Double.	Doppio.
Triple.	Triplo.
Quadruple.	Quadruplo.
D'une sorte.	D'una sorte.
De deux sortes etc.	Di due sorti etc.

Fractions.	**Frazioni.**
La moitié. Demi.	La meta. Mezzo.
Le tiers.	Il terzo.
Le quart.	Il quarto.
Le cinquième.	Il quinto.
Le sixième etc	Il sesto etc.

L'Univers et la terre.	**L'Universo e la terra.**
Le monde.	Il mondo.
Les éléments.	Gli elementi.

8

	Of the Universe and the Earth.	Das Weltall und die Erde.
32	Air.	Die Luft.
33	Fire.	Das Feuer.
34	Earth.	Die Erde.
35	Water.	Das Wasser.
36	Heaven.	Der Himmel.
	The firmament.	Das Firmament.
37	The horizon.	Der Horizont.
38	The sun.	Die Sonne.
39	The sunbeams.	Die Sonnenstrahlen.
40	The moon.	Der Mond.
41	Full moon.	Der Vollmond.
42	Moonlight.	Der Mondschein.
43	The stars.	Die Sterne.
44	The milky way.	Die Milchstrasse.
	A constellation.	Ein Sternbild.
45	A planet.	Ein Planet.
46	A comet.	Ein Komet.
47	Light.	Das Licht.
48	Darkness.	Die Finsterniss.
	Obscurity.	Die Dunkelheit.
49	Twilight.	Die Dämmerung.
50	The shade.	Der Schatten.
51	Day.	Der Tag.
52	Night.	Die Nacht.
53	Heat.	Die Hitze.
54	Cold.	Die Kälte.
55	Warmth.	Die Wärme.
56	Flame.	Die Flamme.
57	Spark.	Der Funke.
58	Smoke.	Der Rauch.
59	Steam.	Der Dampf.
60	Lightning.	Ein Blitz.
61	Sheet lightning.	Das Wetterleuchten.
62	Thunder.	Der Donner.
	A thunderclap.	Ein Donnerschlag.
63	A cloud.	Eine Wolke.
64	The weather.	Das Wetter.
65	A storm.	Ein Ungewitter; ein Gewitter.
66	Rain.	Der Regen.
	Pouring rain.	Ein Platzregen.
67	The rainbow.	Der Regenbogen.

9

L'Univers et la terre.	L'Universo e la terra.
32	L'air.	L'aria.
33	Le feu.	Il fuoco.
34	La terre.	La terra.
35	L'eau.	L'acqua.
36	Le ciel.	Il cielo.
	Le firmament.	Il firmamento.
37	L'horizon.	L'orizzonte.
38	Le soleil.	Il sole.
39	Les rayons solaires.	I raggi solari.
40	La lune.	La luna.
41	La pleine lune.	La luna piena.
42	Le clair de lune.	Il chiaro di luna.
43	Les étoiles.	Le stelle.
44	La voie lactée.	La via lattea.
	Une constellation.	Una costellatione.
45	Une planète.	Un pianeta.
46	Une comète.	Una cometa.
47	La lumière.	La luce.
48	Les ténèbres.	Le tenebre.
	L'obscurité.	L'oscurità.
49	La crépuscule.	Il crepuscolo.
50	L'ombre.	L'ombra.
51	Le jour.	Il giorno.
52	La nuit.	La notte.
53	L'ardeur; la chaleur.	L'ardore; il calore.
54	Le froid.	Il freddo.
55	La chaleur.	Il calore; il caldo.
56	La flamme.	La fiamma.
57	L'étincelle.	La scintilla.
58	La fumée.	Il fumo.
59	La vapeur.	Il vapore.
60	Un éclair.	Un lampo; un baleno.
61	Les éclairs.	I lampi.
62	Le tonnerre.	Il tuono.
	Un coup de foudre.	Un volpo di fulmine.
63	Une nuée; un nuage.	Una nuvola; una nube.
64	Le temps.	Il tempo.
65	Une tempête; un orage.	Una tempesta; una borrasca.
66	La pluie.	La pioggia.
	Une averse.	Un' acquazzone.
67	L'arc-en-ciel.	L'arco baleno; l'iride.

10

Of the universe and the earth.	Das Weltall und die Erde.
68	Snow.	Der Schnee.
	A flake of snow.	Eine Schneeflocke.
	A snowball.	Ein Schneeball.
69	Hail.	Der Hagel.
70	A fog.	Der Nebel.
71	Dew.	Der Thau.
	A thaw.	Das Thauwetter.
	Frost.	Der Frost.
72	Hoar frost.	Der Reif.
73	Ice.	Das Eis.
74	An icicle.	Ein Eiszapfen.
	Flakes of ice.	Die Eisschollen.
	Slippery ice (in the streets).	Das Glatteis.
75	An earthquake.	Ein Erdbeben.
76	The wind.	Der Wind.
	A calm.	Die Windstille.
	A whirlwind.	Der Wirbelwind.
	A storm.	Ein Sturm.
77	A hurricane.	Ein Orkan.
78	East.	Morgen; Ost.
79	South.	Mittag; Süd.
80	West.	Abend; West.
81	North.	Mitternacht; Nord.
	Dry.	Trocken.
	Damp; wet.	Feucht; nass.
82	Dryness.	Die Trockenheit.
83	Moisture; dampness.	Die Feuchtigkeit; die Nässe.
	A clod.	Eine Erdscholle.
	A furrow.	Eine Furche.
84	Dust.	Der Staub.
85	Sand.	Der Sand.
86	A stone.	Ein Stein.
	A pebble.	Ein Kieselstein.
	Gravel.	Der Kies.
87	Mud.	Der Schlamm.
	A puddle.	Eine Pfütze.
	A cavern; a grotto.	Eine Höhle; eine Grotte.
88	A plain.	Eine Ebene.
	A table-land.	Ein Hochebene.

11

	L'univers et la terre.	L'universo e la terra.
68	La neige.	La neve.
	Un flocon de neige.	Un fiocco di neve.
	Une boule de neige.	Una palla di neve.
69	La grêle.	La grandine; la gragnuola.
70	Le brouillard.	La nebbia; la caligine.
71	La rosée.	La rugiada.
	Le dégel.	Lo scioglimento del ghiaccio.
	La gelée.	Il gelo.
72	La gelée blanche.	La brina.
73	La glace.	Il ghiaccio.
74	Un glaçon.	Un ghiacciuolo.
	Les glaçons.	I banchi di ghiaccio.
	Le verglas.	Il gelicidio.
75	Un tremblement de terre.	Un tremuoto.
76	Le vent.	Il vento.
	Le calme.	La calma.
	Un tourbillon.	Un turbine.
	Un orage.	Un temporale.
77	Un ouragan.	Un' oragano.
78	L'est; l'orient.	Il levante; l'oriente.
79	Le sud; le midi.	Il mezzo giorno; il mezzo dì.
80	L'ouest; l'occident.	L'occidente; il ponente.
81	Le nord; le septentrion.	La tramontana; il settentri-one; il norte.
	Sec.	Secco; asciutto.
	Humide.	Umido.
82	La sécheresse.	L'aridità.
83	L'humidité.	L'umidità.
	Une motte de terre.	Una zolla.
	Un sillon.	Un solco.
84	La poussière.	La polvere; la polve.
85	Le sable.	La rena.
86	Une pierre.	Una pietra.
	Un caillou.	Un ciottolo.
	Le gravier.	La sabbia, la ghiaja.
87	La boue.	Il fango.
	Un bourbier.	Un pantano.
	Une caverne; une grotte; un antre.	Una spelonca (una caverna); una grotta; un antro.
88	Une plaine.	Una pianura.
	Un plateau.	Un monticello spianato

12

	Of the universe and the earth. — Of the sea.	Das Weltall und die Erde. — Vom Meere.
89	A valley.	Ein Thal.
	A ravine.	Eine Schlucht.
	A defile.	Ein Engpass.
90	A declivity.	Ein Abhang.
91	A mountain.	Ein Berg.
92	A hill.	Ein Hügel.
93	The foot of the mountain.	Der Fuss des Berges.
94	The summit of the mountain.	Der Gipfel des Berges.
95	A rock.	Ein Fels.
96	A brook.	Ein Bach.
	A great river.	Ein Strom.
	A torrent.	Ein Waldstrom.
97	A river.	Ein Fluss.
98	The bed of a river.	Das Flussbett.
99	The source.	Die Quelle.
100	The mouth.	Die Mündung.
101	The bank; the shore.	Das Ufer.
102	The current.	Die Strömung.
	The ford.	Die Furt.
103	A lake.	Ein See.
104	A pond.	Ein Teich.
105	A marsh.	Ein Sumpf.
106	A fountain.	Ein Brunnen.
107	A waterfall.	Ein Wasserfall.
108	The land.	Das Land.
109	The native country, fatherland.	Das Vaterland.
	Of the sea.	**Vom Meere.**
110	The ocean; the sea.	Der Ocean; das Meer; die See.
111	The Mediterranean.	Das mittelländische Meer.
112	An archipelago.	Ein Inselmeer.
	The Adriatic.	Das Adriatische Meer.
113	The Baltic.	Die Ostsee.
114	The North-Sea.	Die Nordsee.
115	The Channel.	Der Canal.
	The open sea.	Die offene See, hohe See.
116	The continent.	Das Festland.
117	An island.	Eine Insel.

13

	L'univers et la terre. — De la mer.	L'universo e la terra. — Del mare.
89	Une vallée.	Una valle.
	Une gorge.	Una sorre.
	Un défilé.	Una gola.
90	Un coteau.	Un colle.
91	Une montagne.	Una montagna; un monte.
92	Une colline.	Una collina.
93	Le pied de la montagne.	La falda del monte.
94	Le sommet de la montagne.	La cima del monte.
95	Un rocher.	Una rupe.
96	Un ruisseau.	Un ruscello.
	Un fleuve.	Un fiume reale.
	Un torrent.	Un torrente.
97	Une rivière.	Un fiume.
98	Le lit de la rivière.	Il letto del fiume.
99	La source.	La sorgente.
100	L'embouchure.	L'imboccatura.
101	La rive; le bord.	La riva; la sponda.
102	Le courant.	La corrente.
	Le gué.	Il guado.
103	Un lac.	Un lago.
104	Un étang.	Uno stagno.
105	Un marais.	Una palude.
106	Une fontaine.	Una fontana; una fonte.
107	Une chûte d'eau; une cascade.	Una cascata d'acqua; una cascata.
108	Le pays.	Il paese.
109	La patrie.	La patria.
	De la mer.	**Del mare.**
110	L'océan; la mer.	L'oceano; il mare.
111	La Méditerranée.	Il Mediterraneo.
112	Un archipel.	Un' arcipelago.
	L'Adriatique.	L'Adriatico.
113	La mer baltique.	Il mare baltico.
114	La mer du nord.	Il mare germanico.
115	La Manche.	Il canale.
	La pleine mer; la haute mer.	L'alto mare.
116	La terre ferme.	La terra ferma.
117	Une île.	Un' isola.

14

Of the sea. — Navigation.	Vom Meere. — Seewesen und Schifffahrt.
118 A peninsula.	Eine Halbinsel.
A point of land.	Eine Landspitze.
A neck of land.	Eine Landzunge.
119 A cape.	Ein Vorgebirge.
120 An isthmus.	Eine Landenge.
121 A bay.	Eine Bucht.
A gulf.	Ein Meerbusen.
The shore.	Das Ufer.
122 The coast.	Die Küste.
The beach.	Der Strand.
A rock.	Ein Fels.
123 A cliff.	Eine Klippe.
124 A shoal.	Eine Untiefe.
125 A sandbank.	Eine Sandbank.
126 A strait.	Eine Meerenge.
An arm of the sea.	Ein Meeresarm.
127 The waves.	Die Wellen.
The froth, foam.	Der Schaum.
A calm.	Die Meeresstille, Windstille.
128 High and low tide.	Die Fluth und Ebbe.
129 The tide.	Die Zeit der Ebbe und Fluth.
A storm.	Ein Sturm.
A squall.	Ein Windstoss.
130 A water-spout.	Eine Wasserhose.
A whirlpool.	Ein Wasserwirbel.
The surf.	Die Brandung.
Navigation.	**Seewesen und Schifffahrt.**
131 The fleet.	Die Flotte.
132 The navy.	Die Seemacht.
133 A vessel.	Ein Fahrzeug, Schiff.
A barge.	Eine Barke.
134 A boat.	Ein Kahn.
A small boat.	Ein Nachen, Boot.
135 A sloop.	Eine Schaluppe.
136 A steamboat, steamer.	Ein Dampfschiff, Dampfboot.
137 A screw-steamer.	Ein Schraubendampfer.
138 A man-of-war.	Ein Kriegsschiff.
A frigate.	Eine Fregatte.
An iron-clad frigate.	Eine Panzerfregatte.

15

	De la mer. — La marine et la navigation.	Del mare. — La marina e la navigazione.
118	Une péninsule, presqu' île.	Una penisola.
	Une pointe.	Una punta.
	Un promontoire.	Un promontorio.
119	Un cap.	Un capo.
120	Un isthme.	Un istmo.
121	Une baie	Una baja.
	Un golfe.	Un golfo.
	Le rivage.	Il lido.
122	La côte.	La costa, costiera.
	La plage.	La pioggia.
	Un rocher.	Una rupe.
123	Un écueil.	Uno scoglio
124	Un bas-fond.	Una secca.
125	Un banc de sable.	Un banco di rena.
126	Un détroit.	Uno stretto
	Un bras de mer	Un braccio di mare.
127	Les vagues; les flots.	Le onde; i fiotti.
	L'écume.	La schiuma; spuma.
	Le calme.	La calma.
128	Le flux et reflux.	Il flusso e riflusso.
129	La marée.	La marea.
	Une tempête.	Una tempesta.
	Une bourrasque.	Una burrasca.
130	Une trombe.	Una tromba.
	Un tournant.	Un vortice.
	Les brisants.	Le frangenti.

	La marine et la navigation.	**La marina e la navigazione.**
131	La flotte.	La flotta.
132	La marine.	La marina.
133	Un bâtiment; un navire.	Un bastimento; un naviglio.
	Une barque.	Una barca.
134	Un canot.	Un palischermo.
	Un bateau.	Un battello.
135	Une chaloupe.	Una scialuppa.
136	Un bateau à vapeur.	Un battello a vapore.
137	Un bateau à hélice.	Un battello a elica.
138	Un vaisseau de guerre.	Una nave da guerra.
	Une frégate.	Una fregata.
	Une frégate cuirassée.	Una fregata panziera.

16

	Navigation	Seewesen und Schifffahrt.
	A line-of-battle-ship.	Ein Linienschiff.
139	A merchant-vessel.	Ein Kauffahrer.
	A packet-boat.	Ein Packetboot.
	A gun-boat.	Ein Kanonenboot.
	A convoy.	Ein Geleitschiff.
140	A transport.	Ein Transportschiff.
	A fishing boat.	Ein Fischerboot.
141	The sails.	Die Segel.
142	The keel.	Der Kiel.
143	The hold.	Der Schiffsraum.
144	The deck.	Das Verdeck.
	The upper-deck.	Das Oberverdeck.
145	The mast, the mainmast.	Der Mast, der Hauptmast.
	The bowsprit.	Das Bugspriet.
	The gangway.	Die Gallerie.
146	The cabin.	Die Kajüte.
147	The hatches.	Die Luke.
148	The stern.	Das Hintertheil.
149	The bow.	Das Vordertheil.
150	The sail-yard, the yards.	Die Segelstange, die Raa.
151	The flag.	Die Flagge.
152	The pennon.	Der Wimpel.
	The main-top.	Der Mastkorb.
153	The helm; rudder.	Das Steuerruder.
154	The oar.	Das Ruder.
155	The rigging; cordage.	Das Tauwerk.
	The rope.	Das Tau.
156	The cable.	Das Ankertau.
157	The anchor.	Der Anker.
158	The ports.	Die Stückpforten.
159	The lead, sounding-lead.	Das Senkblei.
160	The compass.	Der Kompass.
	The hammoc.	Die Hängematte.
161	Starboard.	Das Steuerbord (rechte Seite des Schiffs).
162	Larboard.	Das Backbord (linke Seite).
	Ballast.	Der Ballast.
	The cargo.	Die Ladung.
163	The freight.	Die Fracht.
164	An admiral.	Ein Admiral.
165	A vice-admiral.	Ein Vice-Admiral.

17

La marine et la navigation.	La marina e la navigazione.
Un vaisseau de ligne.	Un vascello di linea.
Un vaisseau marchand.	Una nave mercantile.
Un paquebot.	Un pachebotto.
Une chaloupe canonnière.	Una scialuppa cannoniera.
Un convoi.	Un convoglio.
Un vaisseau de transport.	Una nave da trasporto.
Un bateau pêcheur.	Una barca pescareccia.
Les voiles.	Le vele.
La quille.	La chiglia.
La cale.	La stiva.
Le pont.	Il ponte.
Le tillac.	La tolda.
Le mât, le grand mât.	L'albero, l'albero maestro.
Le beaupré.	Il bompresso.
La galerie.	La galleria.
La cabine.	Il gabinetto.
Les écoutilles.	I boccaporti.
La poupe.	La poppa.
La proue.	La prora.
La vergue.	L'antenna.
Le pavillon.	La bandiera.
Les flammes.	Le fiamme, le banderuole.
La hune.	La gabbia.
Le gouvernail.	Il timone.
La rame.	Il remo.
Les cordages.	Le sarte.
La corde.	La fune.
Le câble.	La gomena.
L'ancre.	L'ancora.
Le sabord.	La cannoniera.
La sonde.	Il piombino, lo scandaglio.
La boussole.	La bussola.
Le hamac.	L'amaca.
Le tribord.	Il tribordo.
Le bâbord.	Il basso bordo.
Le lest.	La savorra.
La cargaison.	Il carico d'una nave.
Le fret.	Il nelo.
Un amiral.	Un' ammiraglio.
Un vice-amiral	Un viceammiraglio.

139
140
141
142
143
144
145
146
147
148
149
150
151
152
153
154
155
156
157
158
159
160
161
162
163
164
165

2

18

Navigation. — Army and ammunition.	Seewesen und Schifffahrt. — Soldatenstand und Kriegsbedarf.
A commodore.	Ein Geschwader - Commandeur.
The captain.	Der Capitain.
The lieutenant.	Der Lieutenant.
The ensign.	Der Fähnrich.
A midshipman.	Ein Seecadet.
The master's mate.	Der Hochbootsmann.
The boatswain.	Der Bootsmann.
The sailors	Die Matrosen.
The cabin-boy.	Der Schiffsjunge.
The crew.	Das Schiffsvolk.
A seaman.	Ein Seemann.
A pilot.	Ein Lootse.
The leader.	Der. Conducteur.
Crew's cook.	Der Schiffskoch.
The steward.	Der Schiffskellner.
The freighter.	Der Rheder.
A pirate.	Ein Seeräuber.
Shipwreck.	Der Schiffbruch.
The light-house.	Der Leuchtthurm.
The harbour.	Der Hafen.

Army and ammunition.	Soldatenstand und Kriegsbedarf.
The army.	Die Armee.
The commander-in-chief.	Der Oberbefehlshaber oder kommandirende General.
The general.	Der General.
The lieutenant-general.	Der Generallieutenant.
The major-general.	Der Generalmajor.
The brigadier.	Der Brigadier.
The colonel.	Der Oberst.
The lieutenant-colonel.	Der Oberstlieutenant.
The major.	Der Major.
The captain.	Der Hauptmann.
The lieutenant.	Der Lieutenant.
The ensign.	Der Fähnrich.
The quarter-master.	Der Quartiermeister.
The sergeant.	Der Feldwebel.
The corporal.	Der Unteroffizier.
The soldier.	Der Soldat.

Line numbers: 166, 167, 168, 169, 170, 171, 172, 173, 174, 175, 176, 177, 178, 179, 180, 181, 182, 183, 184, 185, 186, 187, 188

19

	La marine et la navigation. — L'état militaire et les munitions.	La marina e la navigazione. — Lo stato militare e le munizioni.
	Un chef d'escadre.	Un capo di squadra.
166	Le capitaine.	Il capitano.
167	Le lieutenant.	Il tenente.
	L'enseigne.	L'alfiere.
168	Un aspirant.	Un' aspirante.
	Le contre-maître.	Il nostr'uomo.
	Le bosseman.	Il bosman.
169	Les matelots.	I marinari.
	Le mousse.	Il mozzo.
	L'équipage.	L'equipaggio.
	Un marin.	Un marinajo.
170	Un pilote.	Un pilota.
	Le conducteur.	Il conduttore.
	Le coq.	Il cuoco.
	Le sommelier.	Il cantiniere.
	L'armateur.	L'armatore.
171	Un pirate.	Un pirato.
172	Le naufrage.	Il naufragio.
173	Le phare.	Il faro.
174	Le port.	Il porto.

	L'état militaire et les munitions.	Lo stato militare e le munizioni.
175	L'armée.	L'esercito.
176	Le généralissime.	Il generalissimo.
177	Le général.	Il generale
178	Le lieutenant-général.	Il tenente generale.
179	Le maréchal de camp.	Il maresciallo di campo.
	Le général de brigade.	Il generale di brigada.
180	Le colonel.	Il colonnello.
181	Le lieutenant-colonel.	Il tenente colonnello.
182	Le major.	Il maggiore.
183	Le capitaine.	Il capitano.
184	Le lieutenant.	Il tenente.
185	L'enseigne.	L'alfiere.
	Le maréchal-de-logis-chef.	Il foriere maggiore.
186	Le sergent-major.	Il sergente maggiore.
187	Le sous-officier.	Il basso uffiziale.
188	Le soldat.	Il soldato.

2*

20

	Army and ammunition.	Soldatenstand und Kriegsbedarf.
	The drum-major.	Der Regiments-Tambour.
189	The drummer.	Der Trommelschläger.
190	The fifer.	Der Pfeifer.
191	A regiment.	Ein Regiment.
192	A bataillon.	Ein Bataillon.
193	A company.	Eine Compagnie.
194	A squadron.	Eine Schwadron.
195	A rank.	Ein Glied.
196	The infantry.	Das Fussvolk; die Infanterie.
	A foot-soldier.	Ein Infanterist.
197	The cavalry.	Die Reiterei; Cavalerie.
	A trooper, cavalry-soldier.	Ein Reiter.
198	The artillery.	Die Artillerie.
199	A cannoneer.	Ein Kanonier.
200	The engineers.	Das Ingenieur-Corps.
201	A pioneer.	Ein Pionier.
	The staff of the general.	Der Generalstab.
	The adjutant.	Der Adjutant.
	A cuirassier.	Ein Kürassier.
	A dragoon.	Ein Dragoner.
	A lancer.	Ein Ulan.
	A hussar.	Ein Husar.
202	A trumpeter.	Ein Trompeter.
	A kettle-drummer.	Ein Pauker.
203	The sentinel.	Die Schildwache.
	The sentry-box.	Das Schilderhaus.
204	The colours.	Die Fahne.
205	The standard.	Die Standarte.
206	The uniform.	Die Uniform.
	The sash.	Die Schärpe.
207	The helmet.	Der Helm.
	The shako.	Der Tschako.
	The grenadier's cap.	Die Bärenmütze.
	The cap.	Die Mütze.
	The cuirass.	Der Kürass.
208	The lance.	Die Lanze.
209	The sabre.	Der Säbel.
210	The sword.	Der Degen.
	The scabbard.	Die Scheide.
	The musket.	Die Muskete.
211	The gun.	Die Flinte.

21

	L'état militaire et les munitions.	Lo stato militare et le munizioni.
	Le tambour-major.	Il tamburino maggiore.
189	Le tambour.	Il tamburino.
190	Le fifre.	Il piffero.
191	Un régiment.	Un reggimento.
192	Un bataillon.	Un battaglione.
193	Une compagnie.	Una compagnia.
194	Un escadron.	Uno squadrone.
195	Un rang.	Una fila.
196	L'infanterie.	L'infanteria.
	Un fantassin.	Un fantaccino.
197	La cavalerie.	La cavalleria.
	Un cavalier.	Un cavaliere.
198	L'artillerie.	L'artiglieria.
199	Un cannonier.	Un cannoniere.
200	Le corps du génie.	Il corpo d'ingegneri.
201	Un soldat du génie.	Un ingegnero.
	L'état-major.	Lo stato maggiore.
	L'aide-de-camp.	L'ajutante di campo.
	Un cuirassier.	Un corazziere.
	Un dragon.	Un dragone.
	Un lancier.	Un lanciere.
	Un hussard.	Un' ussaro.
202	Un trompette.	Un trombetta.
	Un timbalier.	Un timballiero.
203	La sentinelle.	La sentinella.
	La guérite.	Il casotto da sentinella.
204	Le drapeau.	La bandiera.
205	L'étendard.	Lo stendardo.
206	L'uniforme.	L'uniforme.
	L'écharpe.	La ciarpa.
207	Le casque.	L'elmo.
	Le chako.	Lo sciacco.
	Le bonnet-à-poils.	La berretta di pelo.
	Le bonnet-de-police.	La berretta da soldato.
	La cuirasse.	La corazza.
208	La lance.	La lancia.
209	Le sabre.	La sciabla.
210	L'épée.	La spada.
	Le fourreau.	Il fodero.
	Le mousquet.	Il moschetto.
211	Le fusil.	Lo schioppo.

22

	Army and ammunition.	Soldatenstand und Kriegsbedarf.
212	The bayonet.	Das Bajonett.
213	The cartridge-box.	Die Patrontasche.
	Leather straps.	Das Lederzeug.
214	The knapsack.	Der Tornister.
215	The ball.	Die Kugel.
	The shot.	Der Schuss.
216	The powder.	Das Pulver.
217	The pistol.	Die Pistole.
218	The carbine.	Der Carabiner.
219	The rifle.	Die Büchse.
220	The cannon.	Die Kanone; das Geschütz.
	The rifled cannon	Das gezogene Geschütz.
221	The mortar.	Der Mörser.
222	The howitzer.	Die Haubitze.
223	The bombs.	Die Bomben.
224	The tent.	Das Zelt.
225	The garrison.	Die Besatzung.
226	The fortress.	Die Festung.
	The gate.	Das Thor.
227	The rampart.	Der Wall.
228	The ditches.	Die Gräben.
	The trenches.	Die Laufgräben.
	The entrenchment.	Die Schanze.
	The palisades.	Die Schanzpfähle.
229	The parapet.	Die Brustwehr.
230	The embrasure.	Die Schiessscharte.
	The gabion.	Der Schanzkorb.
	The tattoo.	Der Zapfenstreich.
231	The battle.	Die Schlacht.
232	The engagement, skirmish.	Das Gefecht.
233	The siege.	Die Belagerung.
	The charge.	Der Sturm.
	The sally.	Der Ausfall.
234	The battle field.	Das Schlachtfeld.
235	The victory.	Der Sieg.
236	The defeat.	Die Niederlage.
237	The retreat.	Der Rückzug.
238	The flight.	Die Flucht.
	The invalid.	Der Invalide.

23

	L'état militaire et les munitions.	Lo stato militare e le munizioni.
212	La baïonnete.	La bajonetta.
213	La giberne.	La tasca di cartocci.
	Les buffleteries.	Il corame uniforme de' soldati.
214	Le havresac.	La bisaccia.
215	La balle (de mousquet); le boulet (de canon).	La palla.
	Le coup.	Il tiro.
216	La poudre.	La polvere.
217	Le pistolet.	La pistola.
218	Le mousqueton.	Il moschettone.
219	La carabine.	La carabena.
220	Le canon.	Il cannone.
	Le canon rayé.	Il cannone rigato.
221	Le mortier.	Il mortajo.
222	L'obusier.	Il mortajo da granate
223	Les bombes.	Le bombe.
224	La tente.	La tenda.
225	La garnison.	La guarnigione.
226	La forteresse.	La fortezza.
	La porte.	La porta.
227	Le rempart.	Il riparo.
228	Les fossés.	I fossi.
	Les tranchées.	Le trincee.
	La redoute.	Il fortino.
	Les palisades.	Le palizzate.
229	Le parapet.	Il parapetto.
230	L'embrasure.	La balestriera.
	Le gabion.	Il gabbione.
	La retraite.	La retirata.
231	La bataille.	La battaglia.
232	Le combat.	Il combattimento.
233	Le siége.	L'assedio.
	L'assaut.	L'assalto.
	La sortie.	La sortita.
234	Le champ de bataille.	Il campo di battaglia.
235	La victoire.	La vittoria.
236	La défaite.	La sconfitta.
237	La retraite.	La ritirata.
238	La fuite.	La fuga.
	L'invalide.	L'invalido.

24

	Time and its divisions.	Die Zeit und ihre Eintheilung.

	Time and its divisions.	**Die Zeit und ihre Eintheilung.**
239	A century.	Ein Jahrhundert.
240	A year.	Ein Jahr.
241	Leap-year.	Das Schaltjahr.
	Half a year.	Ein halbes Jahr.
	A quarter of a year	Ein viertel Jahr.
242	A month.	Ein Monat.
	A fortnight.	Vierzehn Tage.
243	A week.	Eine Woche.
244	A day.	Ein Tag.
245	An hour.	Eine Stunde.
	Half an hour.	Eine halbe Stunde.
	A quarter of an hour.	Eine viertel Stunde
246	A minute.	Eine Minute.
247	A second.	Eine Sekunde.
248	The seasons.	Die Jahreszeiten.
249	Spring.	Der Frühling.
250	Summer.	Der Sommer.
251	Autumn	Der Herbst.
252	Winter.	Der Winter.
253	January.	Januar.
254	February.	Februar.
255	March.	März.
256	April.	April
257	May.	Mai.
258	June.	Juni.
259	July.	Juli.
260	August.	August.
261	September.	September.
262	October.	October.
263	November.	November.
264	December.	December.
	The days of the week; the working days.	Die Wochentage; die Werktage.
265	Sunday.	Sonntag.
266	Monday.	Montag.
267	Tuesday.	Dienstag.
268	Wednesday.	Mittwoch.
269	Thursday.	Donnerstag.
270	Friday.	Freitag.

25

	Le temps et ses divisions.	Il tempo e sue divisioni.
	Le temps et ses divisions.	**Il tempo e sue divisioni.**
239	Un siècle.	Un secolo.
240	Une année.	Un' anno.
241	L'année bissextile.	L'anno bisestile.
	Un semestre.	Un semestre.
	Un trimestre.	Un trimestre.
242	Un mois.	Un mese.
	Une quinzaine.	Quindici giorni.
243	Une semaine.	Una settimana.
244	Un jour.	Un giorno, un dì.
245	Une heure.	Un' ora.
	Une demi-heure.	Una mezz' ora.
	Un quart d'heure.	Un quarto d'ora.
246	Une minute.	Un minuto.
247	Une seconde	Un secondo.
248	Les saisons.	Le stagioni.
249	Le printemps.	La primavera.
250	L'été.	L'estate, la state.
251	L'automne.	L'autunno.
252	L'hiver.	L'inverno.
253	Janvier.	Gennajo.
254	Février.	Febbrajo.
255	Mars.	Marzo.
256	Avril.	Aprile.
257	Mai.	Maggio.
258	Juin.	Giugno.
259	Juillet.	Luglio.
260	Août.	Agosto.
261	Septembre.	Settembre.
262	Octobre.	Ottobre.
263	Novembre.	Novembre.
264	Décembre.	Decembre.
	Les jours de la semaine.	Giorni della settimana.
265	Dimanche.	Domenica.
266	Lundi.	Lunedì.
267	Mardi.	Martedì.
268	Mercredi.	Mercoledì.
269	Jeudi.	Giovedì.
270	Vendredi.	Venerdì.

26

Time and its divisions.	Die Zeit und ihre Eintheilung.

271	Saturday.	Samstag, Sonnabend.
272	A holiday.	Ein Feiertag; ein Festtag.
	A fastday.	Ein Fasttag.
273	New-year's-day.	Neujahrstag.
	Twelfth-day.	Heilige drei Könige.
	Candlemas-day.	Lichtmesse.
	Carnival.	Fastnacht.
	Ash-wednesday.	Aschermittwoch.
	Lent.	Die Fasten, Fastenzeit.
	Lady-day.	Mariä Verkündigung.
	Palm-Sunday.	Palmsonntag.
	The holy week; passion week.	Die Charwoche, Marterwoche.
	Maundy-Thursday.	Der grüne Donnerstag
	Good Friday.	Charfreitag.
	Easter.	Ostern.
	Ascension-day.	Himmelfahrtstag.
	Whitsuntide.	Pfingsten.
	Corpus-Christi-day.	Frohnleichnamstag.
	Midsummer-day.	Johannistag.
	All-Saints-day.	Allerheiligentag.
	Michaelmas.	Michaelis.
	Martinmas.	Martini.
	Christmas.	Weihnachten.
	Christmas Eve.	Der heilige Abend
	Advent.	Der Advent.
	The anniversary.	Der Jahrestag.
	The birth-day.	Der Geburtstag.
	The eve.	Der Vorabend.
274	The morning.	Der Morgen.
275	The forenoon.	Der Vormittag.
276	Noon.	Der Mittag.
	Afternoon.	Der Nachmittag.
277	The evening.	Der Abend.
	The twilight.	Die Dämmerung.
278	Night.	Die Nacht.
279	Midnight.	Die Mitternacht.
	Dawn.	Die Morgenröthe.
	The break of day.	Der Tagesanbruch.

27

Le temps et ses divisions.	Il tempo e sue divisioni.
Samedi.	Sabbato.
Un jour de fête.	Un giorno di festa.
Un jour maigre.	Un giorno magro.
Le jour de l'an.	Il primo giorno dell' anno.
Les rois.	Il giorno dei re tre.
La chandeleur.	La candelaja.
Le carneval.	Il carnovale.
Le mercredi des cendres.	Il dì delle ceneri.
Le carême.	La quaresima.
L'annonciation.	L'annunziazione.
Le dimanche des rameaux.	La domenica delle palme.
La semaine sainte.	La settimana santa.
Le jeudi saint.	Il giovedì santo.
Le vendredi saint.	Il venerdì santo.
Pâques.	Pasqua.
L'ascension.	L'ascensione.
La pentecôte.	Pentecoste.
La fête-Dieu.	Il Corpus Domini.
La Saint-Jean.	Il dì di S. Giovanni.
La toussaint.	Ognissanti.
La Saint-Michel.	Il dì di S. Michele.
La Saint-Martin.	Il dì di S. Martino.
Noël.	Natale.
La veille de Noël.	La vigilia di natale.
L'avent.	L'avvento.
L'anniversaire.	L'anniversario.
Le jour de naissance.	Il giorno natalizio.
La veille.	La vigilia.
Le matin.	La mattina.
La matinée.	La mattinata.
Midi.	Mezzodì; mezzogiorno; meriggio.
L'après-midi.	Il dopo pranzo.
Le soir.	La sera.
Le crépuscule.	Il crepusculo.
La nuit.	La notte.
Minuit.	Mezza-notte.
L'aurore.	L'aurora.
Le point du jour.	Il far del giorno (lo spuntar del giorno).

271
272
273

274
275
276

277

278
279

28

Man, his ages and relationships.	Der Mensch, seine Altersstufen und Verwandtschaftsgrade.
280 The sunrise.	Der Sonnenaufgang.
281 Sunset.	Der Sonnenuntergang.

Man, his ages and relationships.	Der Mensch, seine Altersstufen und Verwandtschaftsgrade.
282 283 Man.	Der Mensch, der Mann.
284 Woman.	Die Frau.
A new-born child.	Ein neugebornes Kind.
285 A baby.	Ein Säugling.
An infant.	Ein kleines Kind.
A little girl.	Ein kleines Mädchen.
286 A little boy.	Ein kleiner Knabe.
287 A maid.	Eine Jungfrau.
288 A bachelor.	Ein Junggesell.
289 A girl.	Ein Mädchen.
A young lady.	Ein Fräulein.
A young man.	Ein junger Mann.
A young woman.	Eine junge Frau.
290 A gentleman	Ein Herr.
291 Infancy.	Die Kindheit.
292 Youth.	Die Jugend.
Manhood.	Die Mannbarkeit.
293 Age.	Das Alter.
Old age.	Das hohe Alter.
294 Birth.	Die Geburt.
295 Life.	Das Leben.
296 Death.	Der Tod.
297 The family.	Die Familie.
The relations.	Die Verwandten.
298 The parents.	Die Eltern.
299 The ancestors.	Die Vorfahren; die Ahnen.
300 The descendants.	Die Nachkommen.
301 The father.	Der Vater.
302 The mother.	Die Mutter.
303 The grandfather.	Der Grossvater.
304 The grandmother.	Die Grossmutter.
305 The great-grandfather.	Der Urgrossvater.
306 The great-grandmother.	Die Urgrossmutter.
307 The stepfather.	Der Stiefvater.

29

	L'homme, ses âges et degrés de parenté.	L'uomo, sue età e gradi di parentela.
280	Le lever du soleil.	Il levar del sole (il far del sole).
281	Le coucher du soleil.	Il tramontar del sole.

	L'homme, ses âges et degrés de parenté.	**L'uomo, sue età e grati de parentela.**
282 283	L'homme.	L'uomo.
284	La femme.	La donna.
	Un nouveau-né.	Un neonato.
285	Un nourrisson.	Un fanciullo lattante.
	Un petit enfant.	Un bambino.
	Une petite fille.	Una bambina.
286	Un petit garçon.	Un fanciullo.
287	Une vierge.	Una vergine.
288	Un garçon.	Un ragazzo.
289	Une fille.	Una zitella.
	Une demoiselle.	Una signorina.
	Un jeune homme.	Un giovane.
	Une jeune femme.	Una giovane.
290	Un monsieur.	Un signore.
291	L'enfance.	L'infanzia.
292	La jeunesse.	La gioventù.
	La virilité.	La virilità.
293	La vieillesse.	La vecchiezza; la vecchiaja.
	La décrépitude.	La decrepitezza.
294	La naissance.	La nascita.
295	La vie.	La vita.
296	La mort.	La morte.
297	La famille.	La famiglia.
	Les parents.	I parenti.
298	Les parents.	I genitori.
299	Les aïeux; les ancêtres.	Gli antenati.
300	Les descendants.	I discendenti.
301	Le père.	Il padre.
302	La mère.	La madre.
303	L'aïeul; le grand-père.	Il nonno, l'avo.
304	L'aïeule; la grand-mère.	La nonna, l'ava.
305	Le bisaïeul.	Il bisavolo; il bisnonno.
306	La bisaïeule.	La bisavola; la bisnonna.
307	Le beau-père.	Il patrigno.

30

Man, his ages and relationships.	Der Mensch, seine Altersstufen und Verwandtschaftsgrade.
308	The stepmother.	Die Stiefmutter.
309	The father-in-law.	Der Schwiegervater.
310	The mother-in-law.	Die Schwiegermutter.
311	The children.	Die Kinder.
312	Twins.	Zwillinge.
313	The son.	Der Sohn.
314	The daughter	Die Tochter.
315	The grandson.	Der Enkel.
316	The granddaughter.	Die Enkelin.
317	The great-grandson.	Der Urenkel.
318	The stepson.	Der Stiefsohn.
319	The stepdaughter.	Die Stieftochter.
320	The brother.	Der Bruder.
321	The sister.	Die Schwester.
322	The brother-in-law.	Der Schwager.
323	The sister-in-law.	Die Schwägerin.
324	The son-in-law.	Der Schwiegersohn.
325	The daughter-in-law.	Die Schwiegertochter.
326	The uncle.	Der Oheim, Onkel.
327	The aunt.	Die Tante.
328	The cousin.	Der Vetter.
329	The female cousin.	Die Muhme, Base.
	The nephew.	Der Neffe.
	The niece.	Die Nichte.
	Relationship.	Die Verwandtschaft.
	Affinity.	Die Schwägerschaft.
330	The bridegroom, the be-trothed.	Der Bräutigam.
331	The bride, the betrothed.	Die Braut.
	The betrothal.	Die Verlobung.
332	Marriage.	Die Heirath.
	Nuptials, wedding.	Die Hochzeit.
	The husband.	Der Ehemann.
	The wife.	Die Ehefrau.
333	The consort.	Der Gemahl, die Gemahlin.
	The sponsors.	Die Gevattern.
	The godfather.	Der Taufpathe.
	The godmother.	Die Taufpathin.
334	A widower.	Ein Wittwer.
335	A widow.	Eine Wittwe.
336	A guardian.	Ein Vormund.

31

	L'homme, ses âges et degrés de parenté.	L'uomo, sue età e gradi di parentela.
308	La belle-mère.	La matrigna.
309	Le beau-père.	Il suocero.
310	La belle-mère.	La suocera.
311	Les enfans.	I fanciulli.
312	Les jumeaux.	I gemelli.
313	Le fils.	Il figliuolo; il figlio.
314	La fille.	La figliuola; la figlia.
315	Le petit-fils.	Il nipotino.
316	La petite-fille.	La nipotina.
317	L'arrière-petit-fils.	Il bisnipote, il pronipote.
318	Le beau-fils.	Il figliastro.
319	La belle-fille.	La figliastra.
320	Le frère.	Il fratello.
321	La soeur.	La sorella.
322	Le beau-frère.	Il cognato.
323	La belle-soeur.	La cognata.
324	Le gendre	Il genero.
325	La bru.	La nuora
326	L'oncle.	Lo zio.
327	La tante.	La zia.
328	Le cousin.	Il cugino.
329	La cousine.	La cugina.
	Le neveu.	Il nipote.
	La nièce.	La nipote.
	La parenté.	La parentela.
	L'affinité.	L'affinità.
330	Le fiancé.	Lo sposo promesso.
331	La fiancée.	La sposa promessa.
	Les fiançailles.	Lo sposalizio.
332	Le mariage.	Il matrimonio.
	La noce; les noces	Le nozze.
	Le mari.	Il marito; il consorte.
	La femme.	La moglie; la consorte.
333	L'époux, l'épouse.	Lo sposo; la sposa.
	Les compères.	I compari.
	Le parrain.	Il patrino.
	La marraine.	La matrina.
334	Un veuf.	Un vedovo.
335	Une veuve.	Una vedova.
336	Un tuteur.	Un tutore.

32

Of the human body.	Der menschliche Körper.
A ward.	Ein Mündel.
337 An orphan.	Eine Waise.
338 A midwife.	Eine Hebamme.
339 The nurse.	Die Amme.
340 The friend.	Der Freund, die Freundin.
The fosterfather.	Der Pflegevater.

Of the human body.	Der menschliche Körper.
341 The skeleton.	Das Gerippe.
342 The limbs.	Die Glieder.
343 The skin.	Die Haut.
344 The pores.	Die Schweisslöcher; die Poren.
345 The bones.	Die Knochen.
346 The marrow	Das Mark.
347 The flesh.	Das Fleisch.
348 The fat.	Das Fett.
349 The blood.	Das Blut.
350 The veins.	Die Adern.
351 The arteries.	Die Pulsadern.
352 The nerves.	Die Nerven.
353 The muscles.	Die Muskeln.
354 The sinews	Die Sehnen.
355 The head.	Der Kopf.
356 The scull.	Der Schädel.
357 The hair.	Die Haare.
The crown of the head.	Der Haarwirbel.
Curled hair.	Gelockte Haare.
The tress, plait of hair.	Die Haarflechte.
358 The brain.	Das Gehirn.
359 The face.	Das Gesicht.
360 The features.	Die Gesichtszüge
The temples.	Die Schläfe.
361 The eyes.	Die Augen.
362 The eyelids.	Die Augenlieder.
363 The eyelashes.	Die Augenwimpern.
The socket of the eye.	Die Augenhöhle.
364 The eyebrows.	Die Augenbrauen.
The corners of the eye.	Die Augenwinkel.
365 The apple of the eye.	Der Augapfel.

33

Le corps humain.	Il corpo umano.

	Un pupille.	Un pupillo.
337	Un orphelin; une orpheline.	Un' orfano; un' orfana.
338	Une sage-femme.	Una levatrice.
339	La nourrice.	La balia.
340	L'ami, l'amie.	L'amico, l'amica.
	Le père nourricier.	L'educatore.

Le corps humain.	Il corpo umano.

341	Le squelette.	Lo scheletro.
342	Les membres.	I membri.
343	La peau.	La pelle.
344	Les pores.	I pori.
345	Les os.	Le ossa.
346	La moëlle.	Il midollo.
347	La chair.	La carne.
348	La graisse.	Il grasso.
349	Le sang.	Il sangue.
350	Les veines.	Le vene.
351	Les artères.	L'arterie.
352	Les nerfs.	I nervi.
353	Les muscles.	I muscoli.
354	Les tendons.	I tendini.
355	La tête.	La testa; il capo.
356	Le crâne.	Il cranio.
357	Les cheveux.	I capelli
	Le sommet de la tête.	Il cocuzzo.
	Cheveux buclés.	Capelli ricci.
	La natte.	La treccia di capelli.
358	La cervelle.	Il cervello.
359	Le visage.	Il viso.
360	Les traits.	Le fatezze.
	Les tempes.	Le tempie.
361	Les yeux.	Gli occhi.
362	Les paupières.	Le palpebre.
363	Les cils.	Le ciglia.
	L'orbite.	Il cavo degli occhi.
364	Les sourcils.	Le sopracciglia.
	Le coin de l'oeil.	La coda dell' occhio.
365	Le globe de l'oeil.	Il globo dell' occhio.

34

	Of the human body.	Der menschliche Körper.
366	The pupil.	Der Augenstern.
367	The ears.	Die Ohren.
368	The tympanum.	Das Trommelfell.
369	The cheeks.	Die Wangen, Backen.
370	The chin.	Das Kinn.
	A dimple.	Ein Grübchen.
371	The nose.	Die Nase.
372	The nostrils.	Die Nasenlöcher.
373	The lips.	Die Lippen.
374	The mouth.	Der Mund.
375	The beard.	Der Kinnbart.
	The moustachios.	Der Schnurrbart.
	Whiskers.	Der Backenbart.
376	The teeth.	Die Zähne.
	The canine-teeth.	Die Hundszähne.
377	The molar-teeth; grinders.	Die Backenzähne.
378	The gums.	Das Zahnfleisch.
	The jaw-bones.	Die Kinnbacken.
379	The palate.	Der Gaumen.
380	The tongue.	Die Zunge.
381	The throat.	Die Kehle.
382	The uvula.	Das Zäpfchen.
383	The wind-pipe.	Die Luftröhre.
384	The neck.	Der Hals.
385	The back of the neck.	Der Nacken.
	The collar-bone.	Das Schlüsselbein.
386	The shoulders.	Die Schultern.
387	The back.	Der Rücken.
388	The spine.	Der Rückgrat.
389	The arm.	Der Arm.
390	The elbows.	Die Elbogen.
391	The hand.	Die Hand.
392	The palm of the hand.	Die flache Hand.
	The fist.	Die Faust.
393	The finger.	Der Finger.
394	The thumb.	Der Daumen.
395	The fore-finger.	Der Zeigefinger.
396	The middle-finger.	Der Mittelfinger.
397	A joint.	Das Gelenk.
	The knuckles.	Die Knöchel.
398	The nails.	Die Nägel.

35

	Le corps humain.	Il corpo umano.
366	La prunelle.	La pupilla.
367	Les oreilles.	Le orecchie, gli orecchi.
368	Le tympan.	Il timpano.
369	Les joues.	Le guancie, le gote.
370	Le menton.	Il mento.
	Une fossette.	Una pozzetta.
371	Le nez.	Il naso.
372	Les narines.	Le narici.
373	Les lèvres.	Le labbra, i labbri.
374	La bouche.	La bocca.
375	La barbe.	La barba.
	Les moustaches.	I mustacchi.
	Les favoris.	Le basette.
376	Les dents.	I denti.
	Les dents canines.	I denti canini.
377	Les dents molaires.	I denti molari.
378	Les gencives.	Le gengive.
	Les mâchoires.	Le mascelle.
379	Le palais.	Il palato.
380	La langue.	La lingua.
381	La gorge.	La gola.
382	La luette.	L'ugola.
383	Le larynx.	La trachea.
384	Le col; le cou.	Il collo.
385	La nuque.	La nuca.
	La clavicule.	La clavicola.
386	Les épaules.	Le spalle.
387	Le dos.	Il dosso.
388	L'échine.	La schiena.
389	Le bras.	Il braccio.
390	Les coudes.	I gomiti.
391	La main.	La mano.
392	La paume de la main.	La palma della mano.
	Le poing.	Il pugno.
393	Le doigt.	Il dito.
394	Le pouce.	Il pollice.
395	L'index.	L'indice.
396	Le doigt du milieu.	Il dito di mezzo.
397	La jointure.	La giuntura.
	Les noeuds.	Le nocche.
398	Les ongles.	L'ugna; l'unghia.

3*

36

Of the human body.	Der menschliche Körper.
The bosom.	Der Busen.
The chest.	Die Brust.
The breasts.	Die Brüste.
The belly, the abdomen.	Der Bauch, Unterleib.
The navel.	Der Nabel.
The side.	Die Seite.
The flanks.	Die Weichen.
The ribs.	Die Rippen.
The thighs.	Die Schenkel.
The loins.	Die Lenden.
The knees.	Die Kniee.
The cap of the knee.	Die Kniescheibe.
The bend of the knee.	Die Kniekehle.
The legs.	Die Beine.
The shin-bone.	Das Schienbein.
The calf.	Die Waden.
The heel.	Die Ferse.
The foot.	Der Fuss.
The instep.	Der Spann.
The ankle-bone.	Der Knöchel.
The sole of the foot.	Die Fusssohle.
The toes.	Die Zehen.
The great toe.	Die grosse Zehe.
The entrails.	Das Eingeweide.
The intestines.	Die Gedärme.
The heart.	Das Herz.
The lungs.	Die Lunge.
The liver.	Die Leber.
The loins.	Die Nieren.
The spleen.	Die Milz.
The gall.	Die Galle.
The bladder.	Die Blase.
The milk.	Die Milch.
The stomach.	Der Magen.
The diaphragm.	Das Zwerchfell.
The phlegm.	Der Schleim.
The saliva.	Der Speichel.
The urine.	Der Urin.
The excrements.	Der Abgang, Koth.
Perspiration.	Der Schweiss.
Tears.	Die Thränen.

37

	Le corps humain.	Il corpo umano.
	Le sein.	Il seno.
399	La poitrine.	Il petto.
400	Les mamelles.	Le poppe.
401	Le ventre; le bas-ventre.	Il ventre; l'addomine.
402	Le nombril.	Il bellico.
403	Le côté.	Il costato.
	Les flancs.	I fianchi.
404	Les côtes.	Le coste.
	Les cuisses.	Le coscie.
405	Les lombes.	I lombi.
406	Les genoux.	Le ginocchia.
407	La rotule.	La padella.
	Le jarret.	Il garetto.
408	Les jambes.	Le gambe.
	L'os de la jambe.	Lo stinco.
409	Les mollets.	I polpacci.
410	Le talon.	Il calcagno.
411	Le pied.	Il piede.
	Le cou-de-pied.	Il collo del piede.
412	La cheville.	La noce del piede.
413	La plante du pied.	La pianta del piede.
414	Les doigts du pied.	I diti del piede.
	L'orteil.	Il pollice, dito grosso del piede
415	Les entrailles.	Le viscere.
416	Les boyaux.	Le budella.
417	Le coeur.	Il cuore.
418	Le poumon.	Il polmone.
419	Le foie.	Il fegato.
420	Les reins.	I reni.
421	La rate.	La milza.
422	Le fiel; la bile.	Il fiele; la bile.
423	La vessie.	La vescica.
424	Le lait.	Il latte.
425	L'estomac.	Lo stomaco.
426	Le diaphragme.	Il diafragma.
427	Le flegme.	La flemma.
428	Le salive.	La saliva.
429	L'urine.	L'orina.
430	Les excréments.	Gli escrementi.
431	La sueur.	Il sudore.
432	Les larmes.	Le lagrime.

Conditions and properties of the body.	Körperliche Eigenschaften und Thätigkeiten.
Conditions and properties of the body.	**Körperliche Eigenschaften und Thätigkeiten.**

433	Laughing.	Das Lachen.
434	Weeping.	Das Weinen.
	Respiration.	Das Athmen.
435	The breath.	Der Athem.
436	A sigh.	Ein Seufzer.
	Groaning.	Das Stöhnen.
	Sobbing.	Das Schluchzen.
437	Sneezing.	Das Niessen.
438	The hickup.	Der Schlucken.
	Waking.	Das Wachen.
	Sleeping.	Das Schlafen.
439	Snoring.	Das Schnarchen.
440	Walking.	Das Gehen.
441	Standing.	Das Stehen.
442	Sitting.	Das Sitzen.
443	Lying.	Das Liegen.
444	Exercise, motion.	Die Bewegung.
	Activity.	Die Beweglichkeit.
445	Rest.	Die Ruhe.
446	The voice.	Die Stimme.
447	Speech.	Die Sprache.
448	Beauty, beautiful.	Die Schönheit, schön.
	Grace, graceful.	Die Anmuth, anmuthig.
449	Ugliness, ugly.	Die Hässlichkeit, hässlich.
450	Health, healthy.	Die Gesundheit, gesund.
	Illness, ill.	Die Krankheit, krank.
451	Tallness, tall.	Die Grösse, gross.
452	Smallness, small.	Die Kleinheit, klein.
453	Bigness, big.	Die Wohlbeleibtheit, dick.
454	Meagerness, meagre.	Die Magerkeit, mager.
	The appearance.	Das Aussehen.
455	The look, the mien.	Die Miene.
	The gait, carriage.	Die Haltung.
	The physiognomy.	Die Gesichtsbildung.
	The complexion.	Die Gesichtsfarbe.
	A ruddy face.	Ein frisches Gesicht.
	A pale face.	Ein blasses Gesicht.
456	Wrinkles.	Die Runzeln.

39

Les qualités et les fonctions du corps.	Le qualità e le funzioni del corpo.

	Les qualités et les fonctions du corps.	Le qualità e le funzioni del corpo.
433	Le rire, ris.	Il ridere, riso.
434	Les pleurs.	Il pianto.
	La respiration.	La respirazione.
435	L'haleine.	Il fiato, la lena.
436	Un soupir.	Un sospiro.
	Le gémissement.	Il gemito.
	Les sanglots.	I singhiozzi.
437	L'éternuement.	Lo sternuto.
438	Le hoquet.	Il singhiozzo.
	L'état de veiller.	Il vegliare.
	L'état de dormir.	Il dormire.
439	L'action de ronfler.	Il russare.
440	L'action de marcher.	Il marciare.
441	L'action de se tenir debout.	Lo stare in piedi.
442	L'état d'être assis.	Il sedere.
443	L'état d'être couché.	Il giacere.
444	Le mouvement.	Il moto, movimento.
	La souplesse.	La flessibilità.
445	Le repos.	Il riposo.
446	La voix.	La voce.
447	La parole.	La favella, la parola.
448	La beauté, beau.	La bellezza, bello.
	La grâce, gracieux.	La grazia, grazioso.
449	La laideur, laid.	La bruttezza, brutto.
450	La santé, sain.	La sanità, sano.
	La maladie, malade.	La malattia, ammalato.
451	La grandeur, grand.	La grandezza, grande.
452	La petitesse, petit.	La piccolezza, piccolo.
453	L'embonpoint, gras.	La grassezza, grasso.
454	La maigreur, maigre.	La magrezza, magro.
	L'air.	L'aria.
455	La mine.	La ciera, l'aspetto.
	Le port.	Il portamento.
	La physionomie.	La fisonomia.
	Le teint.	La carnagione.
	Un visage vermeil.	Un viso vermiglio.
	Un visage pâle.	Un viso pallido.
456	Les rides.	Le rughe, le grinze.

40

The senses and mental faculties.	Sinne und Seelenkräfte

457	The scar.	Die Narbe.
458	The figure.	Der Wuchs.
459	Strength.	Die Stärke.
460	Weakness.	Die Schwäche.
	A robust man.	Ein starker Mann.
	A strong-built man.	Ein starkgliederiger Mann.
	A slender man.	Ein schlanker Mann.
	A thick-set man.	Ein untersetzter Mann.
	An ill-made man.	Ein schlecht gebauter Mann.
	A delicate constitution.	Eine zarte Leibesbeschaffenheit.

The senses and mental faculties.	Sinne und Seelenkräfte.

461	The sight, to see.	Das Gesicht, sehen.
462	The hearing, to hear.	Das Gehör, hören.
463	A sound.	Ein Schall, Klang.
464	The taste, to taste.	Der Geschmack, schmecken.
	A relish, flavour.	Ein Geschmack.
	The smell, to smell.	Der Geruch, riechen.
465	A scent, an odour.	Ein Geruch.
466	A stink.	Ein Gestank.
467	The touch, to touch.	Das Gefühl, fühlen.
468	Memory.	Das Gedächtniss.
	The remembrance.	Die Erinnerung.
469	The soul.	Die Seele.
470	The reason.	Die Vernunft.
471	The understanding.	Der Verstand.
	Common sense.	Der gesunde Menschenverstand.
472	A misunderstanding.	Ein Missverständniss.
473	An error.	Ein Irrthum.
	Forgetfulness.	Die Vergesslichkeit.
474	Virtue.	Die Tugend.
475	Vice.	Das Laster.
476	Prudence.	Die Klugheit.
477	Wisdom.	Die Weisheit.
478	Cunning.	Die Schlauheit.
	Folly.	Die Thorheit.
479	Will.	Der Wille.

41

	Les sens et les facultés de l'âme.	I sensi e le potenze dell' anima.
457	La cicatrice.	La cicatrice.
458	La taille.	La statura.
459	La force.	La forza.
460	La faiblesse.	La debolezza.
	Un homme nerveux.	Un' uomo nerboruto.
	Un homme membru.	Un' uomo membruto.
	Un homme mince.	Un' uomo minuto.
	Un homme trapu.	Un' uomo tarchiato.
	Un homme mal bâti.	Un' uomo mal fatto.
	Une constitution délicate.	Una complessione gracile.

	Les sens et les facultés de l'âme.	I sensi e le potenze dell' anima.
461	La vue, voir.	La vista, vedere.
462	L'ouïe, entendre.	L'udito, udire.
463	Un son.	Un suono.
464	Le goût, goûter.	Il gusto, gustare.
	Une saveur.	Un sapore.
	L'odorat, sentir.	L'odorato, odorare.
465	Une senteur; une odeur.	Un sentore; un odore.
466	Une puanteur; une mauvaise odeur.	Un puzzo; un cattivo odore.
467	Le toucher, toucher.	Il tatto, toccare.
468	La mémoire.	La memoria.
	Le souvenir.	La rimembranza.
469	L'âme.	L'anima.
470	La raison.	La ragione.
471	L'entendement.	L'intelletto.
	Le bon sens.	Il senno.
472	Une méprise.	Uno sbaglio.
473	Une erreur.	Un errore.
	L'oubli.	La dimenticanza; l'obblio.
474	La vertu.	La virtù.
475	Le vice.	Il vizio.
476	La prudence.	La prudenza.
477	La sagesse.	La saviezza, sapienza.
478	La ruse.	L'astuzia.
	La folie.	La stoltezza.
479	La volonté.	La volontà.

42

The senses and mental faculties.	Sinne und Seelenkräfte.

	Judgment.	Die Urtheilskraft.
480	Penetration.	Der Scharfsinn.
481	Wit.	Der Geist, Witz.
482	Genius.	Das Genie.
483	Aptness; skilfulness.	Die Geschicklichkeit.
	Inaptness; awkwardness.	Die Ungeschicklichkeit.
	Knowledge.	Die Kenntniss.
484	Stupidity.	Die Dummheit.
	Conscience.	Das Gewissen.
	Compunction, remorse.	Die Gewissensbisse.
485	Repentance.	Die Reue.
486	Imagination.	Die Einbildungskraft.
487	An idea.	Ein Begriff.
488	Sleep.	Der Schlaf.
489	A dream.	Ein Traum.
490	Faith.	Der Glaube.
	Astonishment.	Die Verwunderung.
	Admiration.	Die Bewunderung.
491	Suspicion.	Der Argwohn, Verdacht.
492	Hope.	Die Hoffnung.
493	Despair.	Die Verzweiflung.
494	Joy.	Die Freude.
495	Gladness.	Die Fröhlichkeit.
496	Pleasure.	Das Vergnügen.
497	Grief.	Der Schmerz.
498	Sorrow.	Die Traurigkeit.
	Affliction.	Die Betrübniss.
499	Patience.	Die Geduld.
	Impatience.	Die Ungeduld.
500	Honour.	Die Ehre.
501	Anger.	Der Zorn.
	Rage, passion.	Der Jähzorn.
	Fury.	Die Wuth.
502	Pride.	Der Stolz.
	Vanity.	Die Eitelkeit.
503	Doubt.	Der Zweifel.
504	A wish, desire.	Ein Wunsch, Verlangen.
505	Boldness.	Die Kühnheit.
506	Bravery.	Die Tapferkeit.
	Liveliness.	Die Lebhaftigkeit.
507	Fear.	Die Furcht.

43

Les sens et les facultés de l'âme.	I sensi e le potenze dell' anima.
Le raisonnement; le jugement.	Il raziocinio; il giudizio.
480 La perspicacité.	La perspicaccia.
481 L'esprit.	Lo spirito.
482 Le génie.	L'ingegno.
483 L'habilité; l'adresse.	L'abilità; la destrezza.
La maladresse.	La goffaggine.
La connaissance.	La cognizione.
484 La sottise.	La stolidezza.
La conscience.	La coscienza.
Les remords.	I rimorsi.
485 Le repentir.	Il pentimento.
486 L'imagination.	L'immaginazione.
487 Une idée.	Un' idea.
488 Le sommeil.	Il sonno.
489 Un songe; un rêve.	Un sogno.
490 La foi.	La fede.
L'étonnement.	Lo stupore.
L'admiration.	L'ammirazione.
491 Le soupçon.	Il sospetto.
492 L'espérance.	La speranza.
493 Le désespoir.	La disperazione.
494 La joie.	La gioja.
495 L'allégresse.	L'allegrezza.
496 Le plaisir.	Il piacere.
497 La douleur.	Il dolore.
498 La tristesse.	La tristezza.
L'affliction.	L'afflizione.
499 La patience.	La pazienza.
L'impatience.	L'impazienza.
500 L'honneur.	L'onore.
501 La colère.	La collera.
La rage.	La rabbia.
La fureur.	Il furore.
502 La fierté.	La fierezza.
La vanité.	La vanità.
503 Le doute.	Il dubbio.
504 Un souhait, désir.	Un desiderio, una brama.
505 La hardiesse.	L'ardire.
506 La bravoure.	La bravura.
La vivacité.	La vivacità.
507 La peur; la crainte.	La paura; il timore.

44

	The senses and mental faculties.	Sinne und Seelenkräfte.
508	Cowardice.	Die Feigheit.
	Timidity.	Die Zaghaftigkeit.
	Terror, dismay.	Das Entsetzen.
509	Fright, alarm.	Der Schrecken.
	Apprehension, anxiety.	Die Angst.
510	Chastity.	Die Keuschheit.
511	Shame.	Die Scham.
512	Pity.	Das Mitleiden.
	Sympathy.	Das Mitgefühl.
	Mercy.	Die Barmherzigkeit.
	Character.	Der Charakter.
	The humour.	Die Laune.
	Sentiment.	Die Gesinnung.
513	Opinion.	Die Meinung.
	Sensibility.	Die Empfindlichkeit.
514	Passion.	Die Leidenschaft.
515	Love.	Die Liebe.
	Tenderness.	Die Zärtlichkeit.
	Inclination.	Die Neigung.
516	Antipathy.	Die Abneigung.
517	Hatred.	Der Hass.
518	Friendship.	Die Freundschaft.
519	Hostility.	Die Feindschaft.
520	Jealousy.	Die Eifersucht.
	Envy.	Der Neid.
	Emotion.	Die Gemüthsbewegung.
	Tranquillity.	Die Ruhe.
521	Diligence.	Der Fleiss.
	Modesty.	Die Bescheidenheit.
522	Humility.	Die Demuth.
	Liberality.	Die Freigebigkeit.
523	Avarice.	Der Geiz.
	Penuriousness.	Die Kargheit.
524	Justice.	Die Gerechtigkeit.
	Equity, fair dealing.	Die Billigkeit.
	Gratitude.	Die Dankbarkeit.
	Cruelty.	Die Grausamkeit.
525	Idleness.	Die Faulheit.
	Listlessness.	Die Nachlässigkeit.
526	Voracity.	Die Gefrässigkeit.

45

Les sens et les facultés de l'âme.	I sensi e le potenze dell' anima.
508 La lâcheté.	La viltà, codardia.
La timidité.	La timidità.
L'épouvante.	Lo spavento.
509 La terreur.	Il terrore.
L'angoisse.	L'angoscia.
510 La chasteté.	La castità.
511 La pudeur.	Il pudore.
512 La pitié.	La pietà.
La compassion.	La compassione.
La miséricorde.	La misericordia.
Le caractère.	Il carattere.
L'humeur, l'esprit.	L'umore, il capriccio.
Le sentiment.	Il sentimento.
513 L'opinion.	L'opinione.
La sensibilité.	La sensibilità.
514 La passion.	La passione.
515 L'amour.	L'amore.
La tendresse.	La tenerezza.
L'inclination.	L'inclinazione.
516 L'antipathie.	L'antipatia.
517 La haine.	L'odio.
518 L'amitié.	L'amicizia.
519 L'inimitié.	L'inimicizia.
520 La jalousie.	La gelosia.
L'envie.	L'invidia.
L'émotion.	L'emozione.
La tranquillité; le calme.	La tranquillità; la calma.
521 L'application.	La diligenza.
La modestie.	La modestia.
522 L'humilité.	L'umiltà.
La libéralité.	La liberalità.
523 L'avarice.	L'avarizia.
La lésine.	La lesina.
524 La justice.	La giustizia.
L'équité.	L'equità.
La reconnaissance.	La gratitudine; la ricono-scenza.
La cruauté.	La crudeltà.
525 La paresse.	La pigrizia.
La nonchalance.	La trascuratezza.
526 La voracité.	La voracità.

46

Maladies and infirmities.	Krankheiten und Gebrechen.
Epicureanism.	Die Feinschmeckerei.
Politeness.	Die Höflichkeit.
Incivility.	Die Unhöflichkeit.
Deceit, cheating.	Die Betrügerei, der Betrug.
Drunkenness.	Die Trunkenheit.
A falsehood.	Eine Lüge.
Misdemeanor.	Das Vergehen.
Crime.	Das Verbrechen.

Maladies and infirmities.	Krankheiten und Gebrechen.
A malady, illness.	Eine Krankheit.
Indisposition.	Eine Unpässlichkeit.
Pain, ache.	Der Schmerz.
An attack.	Ein Anfall.
A fit.	Ein Zufall.
Fainting.	Die Ohnmacht.
Nausea.	Die Uebelkeit.
The headache.	Die Kopfschmerzen.
The toothache.	Die Zahnschmerzen.
Stomach-ache.	Die Magenschmerzen.
The colic.	Die Kolik; die Leibschmerzen.
Dizziness.	Der Schwindel.
Chlorosis.	Die Bleichsucht.
Apoplexy.	Der Schlag.
A cough.	Der Husten.
Sore throat; croup.	Die Bräune.
A cold in the head.	Der Schnupfen.
Hoarseness.	Die Heiserkeit.
A cold.	Eine Erkältung.
A fever.	Ein Fieber.
The ague.	Das kalte Fieber.
Nervous fever.	Das Nervenfieber.
Scarlet fever.	Das Scharlachfieber.
The plague.	Die Pest.
The Cholera.	Die Cholera.
Small-pox.	Die Pocken.
The cow-pox.	Die Schutzpocken, die Kuhpocken.
Measles.	Die Masern, Rötheln.
Inflammation.	Die Entzündung.

527, 528, 529, 530, 531, 532, 533, 534, 535, 536, 537, 538, 539, 540, 541, 542, 543, 544, 545, 546, 547, 548, 549

47

Maladies et infirmités.	Malattie ed infirmità.
La gourmandise.	La golosità.
La politesse.	La cortesia.
L'incivilité.	L'inciviltà.
La tromperie, fraude.	L'inganno, la frode.
L'ivrognerie.	La crapola.
Un mensonge.	Una menzogna, bugia.
Le délit.	Il delitto.
Le crime.	Il misfatto.

Maladies et infirmités.	Malattie ed infirmità.
Une maladie.	Una malattia.
Une indisposition.	Un' indisposizione.
La douleur.	Il dolore.
Un accès.	Un' accesso.
Un accident.	Un' accidente.
Un évanouissement.	Uno svenimento.
La nausée, le mal au coeur.	La nausea.
Le mal de tête.	Il dolor di testa.
Le mal de dents.	Il dolor di denti.
Le mal d'estomac.	Il dolor di stomaco.
La colique.	La colica.
Le vertige.	La vertigine.
Les pâles couleurs.	I pallidi colori.
L'apoplexie.	L'apoplessia.
La toux.	La tosse.
Le croup.	La squinanzia.
Le rhume de cerveau.	L'infiammazione di cervello.
L'enrouement.	La fiocaggine.
Un catarrhe.	Un catarro.
Une fièvre.	Una febbre.
La fièvre intermittente.	La febbre intermittente.
La fièvre typhoïde.	La febbre nervosa.
La fièvre scarlatine.	La febbre scarlatina.
La peste.	La peste.
Le choléra.	Il colera.
La petite vérole.	Il vajuolo.
La vaccine.	La vaccina.
La rougeole.	La roselia.
L'inflammation.	L'infiammazione.

527
528
529
530
531
532
533
534
535
536
537
538
539
540
541
542
543
544
545
546
547
548
549

48

Maladies and infirmities.	Krankheiten und Gebrechen.
Inflammation of the lungs.	Die Lungenentzündung.
Brain fever.	Die Gehirnentzündung.
550 The flux.	Der Fluss.
551 Diarrhoea.	Der Durchfall.
552 Dysentery.	Die Ruhr.
553 The dropsy.	Die Wassersucht.
554 Consumption.	Die Schwindsucht.
555 Epilepsy.	Die fallende Sucht.
556 Rheumatism.	Der Rheumatismus.
Gout.	Die Gicht.
Scurvy.	Der Scharbock.
Constipation.	Die Verstopfung.
Pleurisy.	Das Seitenstechen.
The gravel.	Der Blasengries.
557 Cramp.	Der Krampf.
558 A swelling.	Eine Geschwnlst.
559 A wound.	Eine Wunde.
A scar.	Eine Narbe.
A sore.	Ein Schaden.
An abscess.	Ein Schwären.
A boil.	Ein Geschwür.
A chilblain.	Eine Frostbeule.
A corn.	Ein Hühnerauge.
A dislocation.	Eine Verrenkung.
A contusion.	Eine Quetschung.
The cancer.	Der Krebs.
560 Gangrene.	Der Knochenfrass, der kalte Brand.
561 Leprosy.	Der Aussatz.
A scab.	Ein Schorf.
Tetters; ringworm.	Die Flechten.
562 The itch.	Die Krätze.
A pustule.	Eine Blatter, Blase.
A pimple.	Eine Finne.
A wart.	Eine Warze.
563 Infection.	Die Ansteckung.
Perspiration.	Die Ausdünstung.
564 An epidemic.	Eine herrschende Krankheit.
Diet.	Die Diät.

49

Maladies et infirmités.	Malattie ed infirmità.

	La pleurésie.	La pleurisia.
	La fièvre cérébrale.	La febbre cerebrale.
550	La fluxion.	La flussione.
551	La diarrhée; le dévoiement.	La diarrea; la menagione.
		Il flusso di ventre.
552	La dyssenterie.	La disenteria.
553	L'hydropisie.	L'idropisia.
554	La phthisie, pulmonie.	La tisichezza, polmonia.
555	L'épilepsie.	L'epilessia.
556	Le rhumatisme.	Il reumatismo.
	La goutte.	L'artritide; la podagra.
	Le scorbut.	La scorbuto.
	La constipation; l'obstruction.	La costipatione; l'ostruzione.
	Le point de côté.	La puntura.
	La gravelle.	Il calcolo; la renella.
557	La crampe.	Il granchio.
558	Une tumeur.	Un tumore.
559	Une blessure.	Una ferita.
	Une cicatrice.	Una cicatrice.
	Une plaie.	Una piaga.
	Un abcés.	Un ciccione, un' apostema.
	Un ulcère.	Un' ulcera.
	Une engelure.	Un pedignone.
	Un cor au pied.	Un callo a' piedi.
	Une luxation.	Una slocatura.
	Une contusion.	Una contusione.
	Le cancer.	Il canchero.
560	La gangrène.	La gangrena.
561	La lèpre.	La lebbra, lepra.
	La croûte.	La crosta.
	Les dartres.	Le volatiche.
562	La gale.	La rogna.
	Une pustule.	Una pustula.
	Un bouton.	Un bitorzolo.
	Une verrue.	Un porro.
563	L'infection.	L'infezione.
	La transpiration.	La traspirazione.
564	Une épidémie.	Una contagione, epidemia.
	La diéte.	La dieta.

4

50

Maladies and infirmities. — Of the town.	Krankheiten und Gebrechen. — Die Stadt.
565	A remedy.	Das Mittel.
	A prescription.	Ein Recept.
566	A potion.	Ein Arzneitrank.
567	A powder.	Ein Pulver.
568	A purgative.	Ein Abführungsmittel.
569	An emetic.	Ein Brechmittel.
570	A clyster.	Ein Klistier.
571	A bath.	Ein Bad.
572	Bleeding.	Der Aderlass.
	Cupping glass.	Der Schröpfkopf.
573	The leech.	Der Blutegel.
574	A bandage.	Der Verband.
	Lint.	Die Charpie.
	Balm.	Der Balsam.
575	Salve.	Die Salbe.
	The embrocation.	Die Einreibung.
	The cure.	Die Heilung.
576	Recovery.	Die Wiedergenesung.
577	Blindness.	Die Blindheit.
578	Paralysis.	Die Gliederlähmung.
	Dumbness.	Die Stummheit.
579	Deafness.	Die Taubheit.
	Squinting.	Das Schielen.
580	Cataract.	Der Staar.
	Stammering.	Das Stammeln.
	Lameness.	Die Lähmung.
	A cripple.	Ein Krüppel.
	A hunch-back.	Ein Buckeliger.
581	A dwarf.	Ein Zwerg.
	A giant.	Ein Riese.
	A monster.	Ein Ungeheuer.
582	An abortion.	Eine Missgeburt.

Of the town.	**Die Stadt.**
583	A city.	Eine Stadt mit Mauern.
584	A metropolis.	Eine Hauptstadt.
	A suburb.	Die Vorstadt.
	A quarter.	Ein Stadtviertel.
	A parish.	Ein Kirchspiel.
	The walls of the town.	Die Stadtmauern.

51

Maladies et infirmités. — La ville.	Malattie ed infirmità. — La città.

565	Le remède.	Il rimedio.
	Une ordonnance.	Una ricetta.
566	Une potion.	Una pozione.
567	Une poudre.	Una polvere.
568	Un purgatif.	Una purga.
569	Un vomitif.	Un vomitivo.
570	Un lavement.	Un clistero.
571	Un bain.	Un bagno.
572	La saignée.	Il salasso.
	La ventouse.	La ventosa.
573	La sangsue.	La sanguisuga.
574	Le bandage.	La fasciatura.
	La charpie.	La filaccica.
	Le baume.	Il balsamo.
575	L'onguent.	L'unguento.
	La friction.	La fregagione.
	La guérison.	La guarigione.
576	La convalescence.	La convalescenza.
577	La cécité.	La cecità.
578	La paralysie.	La paralisia.
	Le mutisme.	La mutezza.
579	La surdité.	La sordità.
	Le loucher.	Il strabismo.
580	La cataracte.	La cateratta.
	Le bégaiement.	Il balbettare.
	La paralysie.	La paralisia.
	Un estropié.	Uno storpiato.
	Un bossu.	Un gobbo.
581	Un nain.	Un nano.
	Un géant.	Un gigante.
	Un monstre.	Un mostro.
582	Un avorton.	Un aborto.

La ville.	La città.

583	Une cité, une ville.	Una città.
584	Une capitale.	Una capitale.
	Le faubourg.	Il sobborgo.
	Le quartier.	Il quartiere.
	Une paroisse.	Una parrochia.
	Les murs de la ville.	Le mura della città.

4 *

52

Of the town.	Die Stadt.
585 The gates.	Die Stadtthore.
586 An edifice.	Ein Gebäude.
A monument.	Ein Denkmal.
587 The tower.	Der Thurm.
The steeple.	Der Kirchthurm.
The spire.	Die Thurmspitze.
588 The bells.	Die Glocken.
589 The clock-work.	Das Uhrwerk.
The chimes.	Das Glockenspiel.
590 A sun-dial.	Eine Sonnenuhr.
591 A church.	Eine Kirche.
The vestry.	Die Sakristei.
The cathedral, minster.	Die Hauptkirche, das Münster, der Dom.
592 The church-yard.	Der Kirchhof.
A convent	Ein Kloster.
A chapel.	Eine Kapelle.
593 A palace.	Ein Palast.
The town-hall.	Das Rathhaus.
The arsenal.	Das Zeughaus.
The mint.	Die Münze.
594 The castle.	Das Schloss.
595 The theatre.	Das Schauspielhaus.
596 The custom-house.	Das Zollhaus, Mauthhaus.
597 A barrack.	Eine Kaserne.
598 The post-office.	Die Post.
The riding-school.	Die Reitbahn.
The library.	Die Bibliothek.
599 The university.	Die Universität.
The exchange.	Die Börse.
The bank.	Die Bank.
600 A court of justice.	Ein Gerichtshof.
601 The hospital.	Das Spital, Krankenhaus.
602 The orphan asylum.	Das Waisenhaus.
The foundling hospital.	Das Findelhaus.
The lunatic asylum.	Das Irrenhaus.
603 The prison.	Das Gefängniss.
The house of correction.	Das Zuchthaus.
604 The watchhouse.	Das Wachthaus.
A slaughter-house.	Ein Schlachthaus.
A square.	Ein Platz.

53

La ville.	La città.
585 Les portes.	Le porte.
586 Un édifice.	Un edifizio.
Un monument.	Un monumento.
587 La tour.	La torre.
Le clocher.	Il campanile.
La flèche.	La punta d'un campanile.
588 Les cloches.	Le campane.
589 L'horloge.	Le ruote d'un oriuolo.
Le carillon.	Lo scampanio.
590 Un cadran solaire.	Un orologio a sole.
591 Une église.	Una chiesa.
La sacristie.	La sagristia.
La cathédrale.	La cattedrale.
592 Le cimetière.	Il cimiterio, campo santo.
Un couvent.	Un monastero, un convento.
Une chapelle.	Una cappella.
593 Un palais.	Un palazzo.
L'hôtel de ville.	La casa della città.
L'arsenal.	L'arsenale.
La monnaie.	La zecca.
594 Le château.	Il castello.
595 Le théâtre.	Il teatro.
596 La douane.	La dogana.
597 Une caserne.	Una caserna.
598 Le bureau des postes.	L'uffizio delle poste.
Le manége.	La cavallerizza.
La bibliothèque.	La biblioteca, la libreria.
599 L'université.	L'università.
La bourse.	La borsa.
La banque.	La banca.
600 Un tribunal.	Un tribunale.
601 L'hôpital.	Lo spedale; l'ospitale.
602 La maison des orphelins.	La casa degli orfani.
L'hôpital des enfans trouvés.	L'ospitale de' bambini.
L'hôpital des aliénés.	L'ospitale de' pazzi.
603 La prison.	La prigione, il carcere.
La maison de force.	La casa di correzione.
604 Le corps de garde.	Il corpo di guardia.
Une boucherie.	Un macello, una beccheria.
Une place.	Una piazza.

54

	Of the town. — Of a house.	Die Stadt. — Das Haus.
605	A market.	Ein Markt.
606	A street.	Eine Strasse.
607	A lane.	Eine Gasse.
	A blind-alley.	Ein Sackgässchen.
	A thoroughfare.	Ein Durchgang.
	The court-yard.	Der Hof.
608	A crossway.	Ein Kreuzweg.
609	A bridge.	Eine Brücke.
	A quay.	Ein Quai.
	The locks, sluices.	Die Schleusen.
610	A well.	Ein Ziehbrunnen.
	A fountain.	Ein Springbrunnen.
611	An aqueduct.	Eine Wasserleitung.
612	A cistern.	Eine Cisterne.
613	A sewer.	Ein Abfluss, ein Kanal.
614	A vault.	Ein Gewölbe.
615	A shop.	Ein Kaufladen.
616	A magazine, warehouse.	Ein Magazin.
	A bookseller's shop.	Ein Buchladen.
617	An apothecary's shop.	Eine Apotheke.
	A coffee-house.	Ein Kaffehaus.
618	An inn; a hotel.	Ein Gasthaus; ein Gasthof.
	A dining-house.	Ein Speisehaus.
	An ale-house.	Ein Bierhaus.
	A tavern.	Ein Weinhaus.
	A cook's shop.	Eine Garküche.
	A furnished room.	Ein möblirtes Zimmer.
	A public-house.	Eine Schenke.
	The market-town.	Der Marktflecken.
	Of a house.	**Das Haus.**
619	A dwelling-house.	Ein Wohnhaus.
620	A cottage.	Eine Hütte.
	The stone.	Der Stein.
621	A brick.	Ein Ziegelstein.
	Slate.	Der Schiefer.
	Lime.	Der Kalk.
622	Mortar.	Der Mörtel.
	The pavement.	Das Pflaster.
623	A plank.	Ein Brett.

55

La ville. — La maison.	La città. — La casa.
605 Un marché.	Un mercato.
606 Une rue.	Una strada, una via.
607 Une ruelle.	Un vicolo.
Un impasse.	Una via cieca.
Un passage.	Un passaggio.
La cour.	La corte.
608 Un carrefour.	Un crocicchio.
609 Un pont.	Un ponte.
Un quai.	Una sponda.
Les écluses.	Le cateratte.
610 Un puits.	Un pozzo.
Une fontaine.	Una fontana.
611 Un aqueduc.	Un acquidotto.
612 Une citerne.	Una cisterna.
613 Une cloaque, un égout.	Una fogna, uno scolatojo.
614 Une voûte.	Una volta.
615 Une boutique.	Una bottega.
616 Un magasin.	Un magazino.
Une librairie.	Una libreria.
617 Une pharmacie.	Una spezieria.
Un café.	Un caffè.
618 Une auberge; un hôtel.	Un' albergo; una locanda.
Un restaurant.	Un trattore.
Une brasserie.	Una birreria.
Un marchand de vin.	Un mercante di vino.
Une gargote.	Una bettola.
Une chambre garnie.	Una stanza mobigliata.
Un cabaret.	Un' osteria.
Le bourg.	Il borgo.
La maison.	**La casa.**
619 Une maison.	Una casa.
620 Une cabane.	Una capanna.
La pierre.	La pietra.
621 Une brique.	Un mattone.
L'ardoise.	La lavagna.
La chaux.	La calcina.
622 Le mortier.	Lo smalto.
Le pavé.	Il lastrico.
623 Une planche.	Un' asse.

56

Of a house.	Das Haus.
A rafter.	Ein Sparren.
The wood-work.	Das Holzwerk.
A beam.	Ein Balken.
The joists.	Die Querbalken.
The foundation.	Das Fundament.
The wall.	Die Mauer.
The party-wall.	Die gemeinschaftliche Grenz-mauer.
The partition-wall.	Die Wand.
A folding-screen.	Eine spanische Wand.
The roof.	Das Dach.
The leads.	Das Bleidach.
The spouts.	Die Dachrinnen.
The tiles.	Die Ziegel.
The gutters.	Die Dachtraufe.
The eaves.	Das Vordach.
The windows.	Die Fenster.
The panes.	Die Fensterscheiben.
The shutters.	Die Fensterladen.
The window-sill.	Das Fenstergesims.
Venetian blinds.	Die Jalousieladen.
The balcony.	Der Erker, Balkon.
The door.	Das Thor, die Thür.
The gate.	Der Thorweg.
The hinges.	Die Thürangeln.
The steps.	Die Treppe vor dem Hause.
The threshold.	Die Schwelle.
The folding doors	Die Thürflügel.
The knocker.	Der Klöpfel.
The bell.	Die Schelle.
A lock.	Ein Schloss.
A key.	Ein Schlüssel.
A bolt.	Ein Riegel.
A padlock.	Ein Hängeschloss.
The vestibule, lobby.	Die Hausflur, das Vorhaus.
A story.	Ein Stockwerk.
The ground-floor.	Das Erdgeschoss.
The cellar.	Der Keller.
A vault.	Ein Gewölbe.
The kitchen.	Die Küche.
The pantry.	Die Speisekammer.

57

La maison.	La casa.
Un chevron.	Un cavalletto d'un tetto.
La charpente.	L'armadura di legname.
Une poutre.	Una trave.
Les soliveaux.	Le travicelle.
Les fondements.	Le fondamenta.
Le mur.	Il muro.
Le mur mitoyen.	Il muro di mezzo.
La cloison.	La parete.
Un paravent.	Un paravento.
Le toit.	Il tetto.
Le toit de zinc.	Il tetto di zinco.
Les gouttières.	Le grondaje.
Les tuiles.	Le tegole.
La gouttière.	La gronda.
L'avant-toit.	Lo sporto di tetto.
Les fenêtres.	Le finestre.
Les vîtres.	I vetri.
Les contrevents.	I paraventi.
La moulure de fenêtre.	La cornice della finestra.
Les jalousies.	Le gelosie.
Le balcon.	Il balcone.
La porte.	La porta.
La porte cochère.	Il portone.
Les gonds.	I cardini, gangheri.
Le perron.	Il poggiuolo.
Le seuil.	Il soglio.
Les battants.	Le imposte.
Le marteau.	Il martello.
La sonnette.	La campanella.
Une serrure.	Una serratura, una toppa.
Une clef.	Una chiave.
Un verrou.	Un chiavistello.
Un cadenas.	Un lucchetto.
Le vestibule.	Il vestibolo.
Un étage.	Un piano.
Le rez-de-chaussée.	L'appartamento terreno.
La cave.	La cantina.
Une voûte.	Una volta.
La cuisine.	La cucina.
L'office.	La credenza.

624
625
626
627
628
629
630
631
632
633

58

	Of a house.	Das Haus.
634	The chimney.	Der Schornstein, Kamin.
635	The staircase.	Die Treppe.
	The staircase railing.	Das Treppengeländer.
	The landing.	Der Treppenabsatz.
	A set of rooms.	Eine Reihe Zimmer.
	A room.	Ein Zimmer.
636	A chamber.	Eine Stube.
	A cabinet.	Eine Kammer.
637	The saloon, drawing-room.	Der Saal.
	The dining-room.	Der Speisesaal.
	The antichamber.	Das Vorzimmer.
	The parlour.	Das Eintritts-Zimmer.
638	The bed-room.	Das Schlafzimmer.
	The nursery.	Die Kinderstube.
	The wardrobe.	Die Kleiderkammer.
	The servants-hall.	Das Bedientenzimmer.
	The servants' room.	Die Mägdekammer.
639	The loft.	Der Speicher.
	An attic.	Eine Dachstube.
640	The dormer-window.	Die Luke.
	The wood-place.	Der Holzplatz.
	The wash-house.	Das Waschhaus.
	The coach-house.	Der Wagenschuppen.
	A hen-house.	Ein Hühnerhaus.
	A pigeon-house.	Ein Taubenhaus.
641	The water-closet.	Der Abtritt.
	The well.	Der Brunnen.
642	The pump.	Die Pumpe.
	The front of the house.	Die Vorderseite.
	The gable.	Der Giebel.
643	A grating; gate.	Ein Gitter.
	The fire-place; grate.	Der Herd.
	The stove.	Der Ofen.
	The ceiling.	Die Decke des Zimmers.
	The cornice, moulding.	Das Gesims.
644	The floor.	Der Fussboden.
	An inlaid floor.	Ein getäfelter Fussboden.
645	The pillars.	Die Pfeiler.
646	The stable.	Der Stall.
	The barn.	Die Scheune.
	The hayloft.	Der Heuboden.

59

La maison.	La casa.

634	La cheminée.	Il cammino.
635	L'escalier.	La scala.
	La rampe.	L'appoggio.
	Le palier.	Il pianerottolo.
	Un appartement.	Un appartamento.
	Une pièce.	Una stanza.
636	Une chambre.	Una camera.
	Un cabinet.	Un gabinetto.
637	Le salon.	Il salone.
	La salle à manger.	Il salotto da mangiare.
	L'antichambre.	L'anticamera.
	Le parloir.	Il parlatorio.
638	La chambre à coucher.	La camera da dormire.
	La chambre des enfans.	La camera de' bambini.
	La garderobe.	La guardaroba.
	La salle des domestiques.	Il tinello.
	La chambre de la servante.	La camera della serva.
639	Le grenier.	Il granajo.
	Une mansarde.	Una mansarda.
640	La lucarne.	L'abbaino.
	Le bûcher.	La legnaja.
	La buanderie.	Il lavatojo.
	La remise.	La rimessa.
	Un poulailler.	Un pollajo.
	Un colombier.	Un colombajo.
641	Les lieux d'aisances.	Il comodo, necessario.
	Le puits.	Il pozzo.
642	La pompe.	La tromba.
	La façade.	La facciata.
	Le pignon.	Il comignolo.
643	Une grille.	Un' inferriata.
	L'âtre.	Il focolare.
	Le poêle.	La stufa.
	Le plafond.	La soffitta.
	Le chambranle.	La cornice.
644	Le plancher.	Il saloja, palco.
	Un parquet.	Un suolo intarsiato.
645	Les piliers.	Il pilastri.
646	L'écurie.	La scuderia, stalla.
	La grange.	Il granajo.
	Le grenier au foin.	Il fenile.

60

Furniture of a house.	Mobilien eines Hauses.
Furniture of a house.	**Mobilien eines Hauses.**

647	Hangings; paper.	Die Tapeten.
648	The mirror.	Der Spiegel.
	Pictures.	Die Gemälde.
	A table.	Ein Tisch.
649	Chairs.	Die Stühle.
	An arm-chair.	Ein Armstuhl.
	A secretaire.	Ein Schreibschrank.
	A writing-desk.	Der Schreibtisch.
	The desk.	Das Pult.
	A chest-of-drawers.	Eine Kommode.
	A cupboard.	Ein Schrank.
	The drawers.	Die Schubladen.
650	A chest.	Eine Kiste.
	A box.	Ein Kästchen.
	A trinket-box, casket.	Ein Schmuckkästchen.
	A sofa.	Ein Sopha.
651	A bolster.	Ein Polster.
	A foot-stool.	Eine Fussbank.
652	A carpet.	Ein Teppich.
653	A mat.	Eine Matte.
654	A time-piece.	Eine Standuhr.
	A shelf.	Ein Bücherbrett.
655	A bookcase.	Ein Bücherschrank.
656	A candlestick.	Ein Leuchter.
	A sconce.	Ein Wandleuchter.
	A chandelier.	Ein Kronleuchter.
	A girandole.	Ein Armleuchter.
657	A lamp.	Eine Lampe.
658	A candle.	Eine Kerze, ein Licht.
	A wax-candle.	Eine Wachskerze.
659	Snuffers.	Die Lichtscheere.
	An extinguisher.	Ein Löschhorn.
660	A lantern.	Eine Laterne.
	A spittoon.	Ein Spucknapf.
	The stove.	Der Ofen.
	A screen.	Ein Ofenschirm.
	The tongs.	Die Feuerzange.
661	The shovel.	Die Schaufel.
	The poker.	Das Schüreisen.

61

Meubles d'une maison.	Suppellettili di casa.
Meubles d'une maison.	**Suppellettili di casa.**

647	La tapisserie.	La tapezzeria.
648	Le miroir.	Lo specchio.
	Les tableaux.	I quadri.
	Une table.	Una tavola.
649	Les chaises.	Le sedie, seggiole.
	Un fauteuil.	Una sedia a bracciuoli.
	Un secrétaire.	Uno scrittojo.
	Le bureau.	Il banco.
	Le pupitre.	Il leggio.
	Une commode.	Un cassettone.
	Une armoire.	Un armario.
	Les tiroirs.	I cassettini.
650	Une caisse.	Una cassa.
	Une cassette.	Una cassetta.
	Un écrin.	Uno scrigno.
	Un sopha.	Un sofà.
651	Un coussin.	Un cuscino.
	Un escabeau.	Une sgabello.
652	Un tapis.	Un tappeto.
653	Une natte.	Una stuoja.
654	Une pendule.	Un pendolo.
	Une tablette.	Uno scaffale.
655	Une bibliothèque.	Una libreria.
656	Un chandelier.	Un candeliere.
	Une girandole.	Una girandola.
	Un lustre.	Una lumiera.
	Un candélabre.	Un candelabro.
657	Une lampe.	Una lucerna.
658	Une chandelle.	Una candela di sevo.
	Une bougie.	Una candela di cera.
659	Les mouchettes.	Lo smoccolatojo.
	Un éteignoir.	Uno spegnitojo.
660	Une lanterne.	Una lanterna.
	Un crachoir.	Una sputacchiera.
	Le poêle.	La stufa.
	Un écran.	Un parafuoco.
	Les pincettes.	Le mollette.
661	La pelle.	La paletta.
	Le fourgon.	L'attizzatojo.

62

Furniture of a house. — Kitchen and cellar.	Mobilien eines Hauses. — Küche und Keller.

662	Bellows.	Der Blasebalg.
663	Wood.	Holz.
664	Coal.	Steinkohlen.
665	Charcoal.	Holzkohlen.
	The bedstead.	Die Bettstelle.
666	The bed.	Das Bett.
	The cradle.	Die Wiege.
	A bolster.	Ein Pfühl.
	A pillow.	Ein Kopfkissen.
667	Blankets.	Die Bettdecke.
	A coverlet.	Die Oberdecke.
	The sheets.	Die Betttücher.
	A straw-bed.	Ein Strohsack.
	The mattress.	Die Matratze.
	The spring-mattress.	Die Springfedermatratze.
	A feather-bed.	Ein Federbett.
668	A towel.	Ein Handtuch.
669	Soap.	Die Seife.
	A basin.	Ein Waschbecken.
	A ewer.	Ein Wasserkrug.
	A water-bottle.	Eine Wasserflasche.
670	A glass.	Ein Glas.
	A warming-pan.	Eine Wärmflasche.
671	A brush.	Eine Bürste.
672	A broom.	Ein Besen.
	A goosewing, duster.	Ein Flederwisch.
	A boot-jack.	Ein Stiefelknecht.
	A night-cupboard.	Ein Nachttisch.
	A night-stool.	Ein Nachtstuhl.
	A chamber pot.	Ein Nachttopf.

Kitchen and cellar.	Küche und Keller.

	The hearth.	Der Herd.
	Fuel.	Die Feuerung.
673	Ashes.	Die Asche.
	Embers.	Glimmende Asche.
	Live coals.	Glühende Kohlen.
	A log.	Ein Scheitholz.
674	A fagot.	Ein Reisbündel.

63

	Meubles d'une maison. — La cuisine et la cave.	Suppellettili di casa. — La cucina e la cantina.
662	Le soufflet.	Il soffietto.
663	Du bois.	Delle legna.
664	Des houilles; des charbons de terre.	Dei carboni fossili.
665	Des charbons de bois.	Dei carboni.
	Le bois de lit.	La lettiera.
666	Le lit.	Il letto.
	Le berceau.	La culla.
	Un traversin.	Un cappezzale.
	Un oreiller.	Un origliere, un guanciale.
667	Les couvertures.	Le coperte.
	Une courte-pointe.	Una trapunta.
	Les draps.	Le lenzuola.
	Une paillasse.	Un pagliericcio.
	Le matelas.	Il materasso.
	Le sommier élastique.	Il materasso elastico.
	Un édredon.	Un piumaccio.
668	Un essuiemain.	Uno sciugatojo.
669	Le savon.	Il sapone.
	Une cuvette.	Una catinella.
	Un pot-à-l'eau.	Una brocca.
	Une carafe.	Una caraffa.
670	Un verre.	Un vetro.
	Une bassinoire.	Uno scaldaletto.
671	Une brosse.	Una setola.
672	Un balai.	Una scopa.
	Un plumeau.	Una coltrice.
	Un tire-bottes.	Un cavastivali.
	Une table de nuit.	Una tavola da notte.
	Une chaise percée.	Una sedia da notte.
	Un pot de chambre.	Un orinale.

	La cuisine et la cave.	**La cucina e la cantina.**
	L'âtre; le fourneau.	Il focolare; il fornello.
	Le chauffage.	Lo scaldamento.
673	Les cendres.	La cenere.
	La braise.	La brace.
	Des charbons ardens.	De' carboni ardenti.
	Une bûche.	Un ciocco.
674	Un fagot.	Una fascina.

64

	Kitchen and cellar.	Küche und Keller
675	Turf.	Der Torf.
676	The tinder.	Der Zunder.
677	The steel.	Der Feuerstahl.
678	The flint.	Der Feuerstein.
679	The matches.	Die Schwefelhölzchen.
680	A smothing-iron.	Ein Bügeleisen.
681	Flame.	Die Flamme.
682	Spark.	Der Funke.
683	Smoke.	Der Rauch.
684	Soot.	Der Russ.
	The kitchen-utensils.	Das Küchengeschirr.
685	A pot.	Ein Topf.
	A pipkin.	Ein Töpfchen.
686	A cover.	Ein Deckel.
687	The kettle, boiler.	Der Kessel.
	The boiling kettle.	Der Wasserkessel.
	The sauce-pan.	Die Casserole.
688	The turnspit.	Der Bratspiess.
	The dripping pan.	Die Bratpfanne.
689	The pan.	Die Pfanne.
	The skillet.	Der Tiegel.
	The skimmer.	Der Schaumlöffel.
	The ladle.	Der Kochlöffel.
690	A cleaver.	Ein Hackmesser.
691	A trencher.	Ein Hackbrett.
692	The grater.	Das Reibeisen.
	The larding-pin.	Die Spicknadel.
	The mortar.	Der Mörser.
693	A sieve.	Ein Sieb.
	The twirling-stick.	Der Quirl.
694	A basket.	Ein Korb.
	A little basket.	Ein Körbchen.
695	A cup.	Eine Tasse.
696	A saucer.	Eine Untertasse.
	The coffee-pot.	Die Kaffekanne.
	The coffee-mill.	Die Kaffemühle.
	The tea-pot.	Die Theekanne.
697	A gridiron.	Ein Rost.
	The dogs.	Der Feuerbock.
	The pot-hanger.	Der Kesselhaken.
	A trivet.	Ein Dreifuss.

65

La cuisine et la cave.	La cucina e la cantina.
675 La tourbe.	La torfa.
676 L'amadou.	L'esca.
677 Le briquet.	Il focile.
678 La pierre à feu.	La pietra focaja.
679 Les allumettes.	Gli zolfanelli.
680 Le fer à repasser.	Il ferro da stirare.
681 La flamme.	La fiamma.
682 L'étincelle.	La scintilla.
683 La fumée.	Il fumo.
684 La suie.	La fuliggine.
La batterie de cuisine.	Le stoviglie.
685 Un pot.	Una pignatta; una pentola.
Un petit pot.	Un pentolino.
686 Un couvercle.	Un coperchio.
687 La chaudière, le chaudron.	La caldaja.
La bouilloire.	Il ramino.
La casserole.	La casserola.
688 Le tournebroche.	Il menarrosto.
La lèchefrite.	La ghiotta.
689 La poêle.	La padella.
Le poêlon.	La padelletta.
L'écumoire.	La mestola.
La cuillère à pot.	Il romajuolo.
690 Un couperet.	Un coltellaccio.
691 Un tranchoir.	Un tagliere.
692 La rape.	La grattugia.
La lardoire.	Il lardatojo.
Le mortier; le pilon.	Il mortajo; il pestello.
693 Un tamis.	Uno staccio.
Le moulinet.	Il frollone.
694 Un panier.	Una cesta.
Une corbeille.	Una corba.
695 Une tasse.	Una chicchera, tazza.
696 Une soucoupe.	Una sottocoppa.
La cafetière.	La caffettiera.
Le moulin à café.	Il mulinello da caffè.
La théière.	La tettiere.
697 Un gril.	Una graticola.
Les chenets.	Gli alari.
La crémaillère.	La catena da fuoco.
Un trépied.	Uno treppiede.

66

Kitchen and cellar. — Servants of a house.	Küche und Keller. — Hausgenossen und Bedienung.
The chafer.	Die Kohlenpfanne.
A bucket, pail.	Ein Eimer.
A dish-cloth.	Ein Waschlappen.
The scullery.	Die Spülbank.
The sink.	Der Wasserstein.
Sweepings.	Der Kehricht.
A cask.	Ein Fass.
A hogshead.	Eine Tonne.
A barrel.	Ein Fässchen.
The hoops.	Die Reifen.
The staves.	Die Dauben.
The bung.	Der Spund.
The cock.	Der Hahn.
A funnel.	Ein Trichter.
A flask.	Ein Fläschchen.
A bottle.	Eine Flasche.
The cork.	Der Pfropfen.
A pot, jug.	Eine Kanne.
A pitcher; a stone-bottle.	Ein Krug.
A pint.	Ein Schoppen.
A glass.	Ein Glas.
A cup.	Ein Becher.
A siphon.	Ein Heber.
The gauntrees.	Die Lagerbäume.
The air-hole.	Das Luftloch; das Kellerloch.

Servants of a house.	Hausgenossen und Bedienung.
The master of the house.	Der Hausherr.
The mistress.	Die Hausfrau.
The host.	Der Wirth.
The hostess.	Die Wirthin.
The steward.	Der Haushofmeister.
The housekeeper.	Die Haushälterin.
The governess.	Die Erzieherin.
The tutor.	Der Hofmeister.
The steward.	Der Hausverwalter.
The butler.	Der Kellermeister.
The groom.	Der Stallmeister.
The secretary.	Der Sekretär.

698
699

700
701

702
703

704
705

706

707
708
709

67

La cuisine et la cave. — Les habitants et domestiques d'une maison.	La cucina e la cantina. — Gli abitanti e i domestici d'una casa.
Le réchaud.	Lo scaldino.
Un seau.	Una secchia.
Un torchon.	Uno strofinaccio.
Le lavoir.	Il lavatojo.
L'évier.	Lo scolatojo.
Les balayures.	La spazzatura.
Une futaille.	Una botte.
Un tonneau.	Un botticello.
Un baril.	Un barile.
Les cercles.	Le cerchia.
Les douves.	Le doghe.
Le bondon.	Il cocchiume.
Le robinet.	La spina.
Un entonnoir.	Un imbuto.
Un flacon.	Una boccetta.
Une bouteille.	Una bottiglia.
Le bouchon.	Il turacciolo.
Un broc.	Una brocca.
Une cruche.	Un orcio.
Une chopine.	Una foglietta.
Un verre.	Un vetro.
Un gobelet.	Un bicchiere.
Le siphon.	Il sifone.
Les chantiers.	I cantieri.
Le soupirail.	Lo spiraglio.

698 Un seau. Una secchia.
699 Un torchon. Uno strofinaccio.
700 Un tonneau. Un botticello.
701 Un baril. Un barile.
702 Le robinet. La spina.
703 Un entonnoir. Un imbuto.
704 Une bouteille. Una bottiglia.
705 Le bouchon. Il turacciolo.
706 Une cruche. Un orcio.

Les habitants et domestiques d'une maison.	**Gli abitanti e i domestici d'una casa.**
Le maître de la maison.	Il padrone di casa.
La maîtresse du logis.	La padrona di casa.
L'hôte.	L'oste.
L'hôtesse.	L'ostessa.
Le maître d'hôtel.	Il maestro di casa.
La femme de charge.	La donna di servizio.
La gouvernante.	L'aja.
Le précepteur.	Il precettore.
L'intendant.	Il maggiordomo.
Le sommelier.	Il cantiniere.
L'écuyer.	Lo scudiere.
Le secrétaire.	Il segretario.

707 Le maître de la maison. Il padrone di casa.
708 La maîtresse du logis. La padrona di casa.
709 L'hôte. L'oste.

5*

68

Servants of a house. — The table.	Hausgenossen und Bedienung — Die Tafel.
710 The valet.	Der Kammerdiener.
711 The chamber-maid.	Das Kammermädchen.
712 A man-cook.	Ein Koch.
A woman-cook.	Eine Köchin.
The scullion.	Der Küchenjunge.
713 The laundress.	Die Wäscherin.
714 The coachman.	Der Kutscher.
715 The groom.	Der Stallknecht.
716 The servant.	Der Bediente.
The waiter.	Der Kellner.
717 The maid-servant.	Die Magd.
718 The valet.	Der Hausknecht.
The porter.	Der Pförtner.
A servant hired by the day.	Ein Lohnbedienter.
719 Lodgers.	Die Miethsleute.
The rent.	Der Miethzins.
720 The livery.	Die Livree.

The table.	Die Tafel.
The ordinary, table d'hôte.	Die Wirthstafel.
Plate.	Das Tafelgeschirr.
A sideboard.	Ein Schenktisch.
The tablecloth.	Das Tischtuch.
A napkin.	Eine Serviette.
A cover, a place.	Ein Gedeck.
A table-basket.	Ein Tischkorb.
721 A plate.	Ein Teller.
722 A fork.	Eine Gabel.
723 A knife.	Ein Messer.
724 A spoon.	Ein Löffel.
A tureen.	Eine Suppenschüssel.
725 A dish.	Eine Schüssel.
A salad-bowl.	Eine Salatschüssel.
A sauciere.	Eine Sauciere.
A chafing-dish.	Eine Wärmpfanne.
A cup.	Eine Trinkschale.
A glass.	Ein Glas.
A tumbler.	Ein Becher.
A bottle.	Eine Flasche.

69

	Les habitants et domestiques d'une maison. — La table.	Gli abitanti e i domestici d'una casa. — La tavola.
710	Le valet de chambre.	Il cameriere.
711	La fille de chambre.	La cameriera.
712	Un cuisinier.	Un cuoco.
	Une cuisinière.	Una cuoca.
	Le marmiton.	Il guattero.
713	La blanchisseuse.	La lavandaja.
714	Le cocher.	Il cocchiere.
715	Le palefrenier.	Il palafreniere.
716	Le domestique.	Il servitore.
	Le garçon.	Il cameriere d'una locanda.
717	La servante.	La serva.
718	Le valet de la maison.	Il servo.
	Le portier; le concierge.	Il portiere, portinajo; il custode.
	Un domestique de louage.	Un servo di piazza.
719	Les locataires.	I pigionali.
	Le loyer.	La pigione.
720	La livrée.	La livrea.

	La table.	**La tavola.**
	La table-d'hôte.	La tavola rotonda.
	La vaisselle.	Il vasellame da tavola.
	Un buffet.	Una credenza.
	La nappe.	La tovaglia.
	Une serviette.	Un tovagliuolo, una salvietta
	Un couvert.	Una posata.
	Une manne.	Una manna.
721	Une assiette.	Un tondo.
722	Une fourchette.	Una forchetta.
723	Un couteau.	Un coltello.
724	Une cuillère.	Un cucchiajo.
	Une soupière, terrine.	Una terrina da zuppa.
725	Un plat.	Un piatto.
	Un saladier.	Un piatto da insalata.
	Une saucière.	Uno scodellino.
	Un réchaud.	Uno scaldavivande.
	Une coupe.	Una coppa.
	Un verre.	Un bicchiere.
	Un gobelet.	Un ciottolo, gotto.
	Une bouteille.	Una bottiglia.

70

	The table. — Dishes.	Die Tafel. — Gerichte.
	A jug.	Ein Krug.
	A decanter.	Eine Tischflasche, Karaffine.
726	A cup.	Eine Tasse.
	An egg-cup.	Ein Eierbecher.
727	Vinegar.	Der Essig.
	The vinegar-cruet.	Das Essigfläschchen.
728	Oil.	Das Oel.
	The oil-flask.	Das Oelfläschchen.
729	Salt.	Das Salz.
730	The salt-cellar.	Das Salzfass.
731	Mustard.	Der Senf.
	The mustard-pot.	Der Senfbüchse.
732	Pepper.	Der Pfeffer.
	A pepper-box.	Die Pfefferdose.
733	Spices.	Das Gewürz.
734	Ginger.	Der Ingwer.
735	A nutmeg.	Die Muskatnuss.
736	The sugar-basin.	Die Zuckerdose.
737	Sugar.	Der Zucker.
738	Honey.	Der Honig.
	A fruit-bowl.	Ein Obstnapf.
739	Bread.	Das Brod.
740	White bread.	Das Weissbrod.
	Rolls.	Milchbrödchen.

	Dishes.	Gerichte.
741	The meal.	Die Mahlzeit.
742	Breakfast.	Das Frühstück.
743	Dinner.	Das Mittagsessen.
	Luncheon.	Eine Zwischen-Mahlzeit, ein Gabelfrühstück.
	A refreshment.	Eine Erfrischung.
744	Supper.	Das Abendessen.
745	A banquet.	Ein Gastmahl.
746	Boiled meat.	Gekochtes Fleisch.
747	Roast meat.	Gebratenes Fleisch.
	Fried meat.	Gebackenes Fleisch.
748	Stewed meat.	Gedämpftes Fleisch.
749	Minced meat.	Gehacktes Fleisch.

71

La table. — Les mets.	La tavola. — Le vivande.

	Une cruche.	Un orcio.
	Une carafe.	Una caraffa.
726	Une tasse.	Una tazza, una chicchera.
	Un coquetier.	Un uoviere.
727	Le vinaigre.	L'aceto.
	Le vinaigrier.	L'acetajo.
728	L'huile.	L'olio.
	L'huilier.	L'utello.
729	Le sel.	Il sale.
730	La salière.	La saliera.
731	La moutarde.	La mostarda.
	Le moutardier.	La mostardiera.
732	Le poivre.	Il pepe.
	Le poivrier.	La pepajuola.
733	Les épices.	Le spezierie.
734	Le gingembre.	Lo zenzero.
735	La muscade.	La noce moscata.
736	Le sucrier.	La zuccheriera.
737	Le sucre.	Lo zucchero.
738	Le miel.	Il miele.
	Une jatte à fruits.	Una fruttiera.
739	Le pain.	Il pane.
740	Le pain blanc.	Il pan bianco.
	De petits pains au lait.	Dei panetti fatti col latte.

	Les mets.	**Le vivande.**
741	Le repas.	Il pasto.
742	Le déjeûner.	La colazione.
743	Le diner.	Il pranzo, il desinare.
	Une collation, un déjeûner à la fourchette.	Una colazione.
	Un rafraîchissement.	Un rinfresco.
744	Le souper.	La cena.
745	Un banquet.	Un banchetto, un convito.
746	Le bouilli.	Il lesso.
747	Le rôti.	L'arrosto.
	La viande frite.	Il fritto.
748	La viande étuvée.	Lo stufato.
749	Le hachis.	L'ammorsellato.

72

	Dishes.	Gerichte.
750	Soup.	Die Suppe.
751	Broth.	Die Fleischbrühe.
	A basin of broth.	Eine Schale Fleischbrühe.
752	Beef.	Ochsenfleisch.
	Hung-beef.	Geräuchertes Rindfleisch.
	Roast-beef.	Ochsenbraten.
753	Beef-steak.	Beef-steak.
754	A tongue.	Eine Zunge.
755	Veal.	Kalbfleisch.
	Calf's liver.	Kalbsleber.
	Sweetbread.	Kalbsmilch.
	Calf's brains.	Kalbshirn.
	Veal cutlets.	Kalbscotelets.
	Calf's-feet.	Kalbsfüsse.
756	Mutton.	Hammelfleisch, Schöpsen-fleisch.
	A leg of mutton.	Eine Hammelkeule.
757	Pork.	Schweinefleisch.
758	Ham.	Schinken.
759	A sausage.	Eine Wurst.
760	A slice.	Eine Scheibe.
	Bacon.	Speck.
	A ragout.	Ein Ragout.
	Fish.	Der Fisch.
761	Game.	Das Wildpret.
	Poultry.	Das Geflügel.
762	Vegetables.	Die Gemüse.
	Salad.	Der Salat.
	Side dishes.	Die Zwischengerichte.
	A pie.	Eine Pastete.
	A pudding.	Ein Pudding.
	Dumplings.	Die Klöse.
763	Vermicelli.	Die Nudeln.
764	An omelet.	Ein Eierkuchen.
	Eggs.	Eier.
	The dessert.	Der Nachtisch.
	Sweet-meats.	Das Confect.
	Preserves.	Das Compot.
765	Jellies.	Eingemachtes.
	A tart.	Eine Torte.
766	Cake.	Der Kuchen.

73

Les mets.	Le vivande.
750 La soupe.	La zuppa.
751 Le potage.	La minestra.
Un bouillon.	Un brodo.
752 Du boeuf.	Del manzo, del bue.
Du boeuf fumé.	Del manzo fumicato.
Du boeuf rôti; du roast-beef.	Dell' arrosto di bue.
753 Beef-steak.	Beef-steak.
754 Une langue.	Una lingua.
755 Du veau.	Del vitello.
Du foie de veau.	Del fegato di vitello.
Du ris de veau.	Delle animelle di vitello.
De la cervelle de veau.	Del cervello di vitello.
Des côtelettes de veau.	Delle braciuole di vitello.
Des pieds de veau.	Dei piedi di vitello.
756 Du mouton.	Del castrato.
Un gigot de mouton.	Un cosciotto di castrato.
757 Du cochon.	Del majale.
758 Du jambon.	Del presciutto.
759 Une saucisse.	Una salsiccia.
760 Une tranche.	Una fetta.
Du lard.	Del lardo.
Un ragout.	Un intingolo, un umido.
Le poisson.	Il pesce
761 La venaison; le gibier.	La salvagina.
La volaille.	Il pollame, volatile.
762 Les légumes.	I legumi.
La salade.	L'insalata.
Les entremets.	Gli tramessi.
Un pâté.	Un pasticcio.
Un pouding.	Un pudding.
Les boulettes.	I gnocchi.
763 Les vermicelles.	I vermicelli.
764 Une omelette.	Una frittata.
Des oeufs.	Delle uova.
Le dessert.	Le frutta.
Les gâteaux; les bonbons	I confetti.
La compote.	La composta.
765 Les confitures.	Le confetture.
Une tarte.	Una torta.
766 Le gâteau.	La focaccia.

74

Beverages.	Getränke.

767	Butter.	Die Butter.
768	Cheese.	Der Käse.

Beverages.	Getränke.

	Water.	Das Wasser.
	Mineral-Water.	Das Mineralwasser.
769	Beer.	Das Bier.
770	Ale.	Das Ale.
	Small-beer.	Das Halbbier.
	Cider.	Der Apfelwein.
771	Wine.	Der Wein.
	Old wine.	Alter Wein.
	New wine.	Neuer Wein.
772	White Wine.	Weisser Wein.
773	Red wine.	Rother Wein.
	Rhenish wine, Hock.	Der Rheinwein.
	Old Hock.	Alter Rheinwein.
774	Moselle.	Der Moselwein.
	French wine.	Der Franzwein.
	Burgundy.	Der Burgunder.
775	Champagne.	Der Champagner.
	Claret.	Der Bordeaux.
	Port.	Der Portwein.
	Sherry.	Xereswein.
	Hungarian wine.	Der Ungarwein.
776	Coffee.	Der Kaffe.
777	Tea.	Der Thee.
778	Milk.	Die Milch.
	Cream.	Die Sahne.
779	Chocolate.	Die Chokolade.
780	Lemonade.	Die Limonade.
	Almond-milk.	Die Mandelmilch.
781	Punch.	Der Punsch.
782	Brandy.	Der Branntwein.
	Rum.	Der Rum.
783	Arrack.	Der Arak.
784	Liqueur.	Der Liqueur.
785	Ices.	Das Eis.

75

Les boissons.	Le bevande.
767 Le beurre.	Il burro, butiro.
768 Le fromage.	Il formaggio.

Les boissons.	Le bevande.
L'eau.	L'acqua.
L'eau minérale.	L'acqua minerale.
769 La bière.	La birra.
770 L'ale.	La birra fatta con formento.
La petite bière.	La mezza birra.
Le cidre.	Il cidro.
771 Le vin.	Il vino.
Le vin vieux.	Il vino vecchio.
Le vin nouveau.	Il vino nuovo.
772 Le vin blanc.	Il vino bianco.
773 Le vin rouge.	Il vino rosso.
Le vin du Rhin.	Il vino del Reno.
Le vin vieux du Rhin.	Il vino vecchio del Reno.
774 Le vin de Moselle.	Il vino di Mosella.
Le vin de France.	Il vino di Francia.
Le Bourgogne.	Il vino di Borgogna.
775 Le Champagne.	Il vino di Sciampagna.
Le Bordeaux.	Il vino di Bordò.
Le vin d'Oporto.	Il vino d'Oporto.
Le vin de Xérès.	Il vino di Xeres.
Le vin de Hongrie.	Il vino d'Ungheria.
776 Le café.	Il caffè.
777 Le thé.	Il tè.
778 Le lait.	Il latte.
La crême.	La crema.
779 Le chocolat.	La cioccolata.
780 La limonade.	La limonea, limonata.
L'orgeat.	L'orzata.
781 Le punch.	Il ponce.
782 L'eau-de-vie.	L'acquavite.
Le rum.	Il rum.
783 L'arak.	L'aracco.
784 Les liqueurs.	I liquori.
785 Les glaces.	I sorbetti, i gelati.

76

Grain, vegetables and kitchen-herbs.	Getreide, Gemüse und Küchen-kräuter.
Grain, vegetables and kitchen-herbs.	**Getreide, Gemüse und Küchen-kräuter.**
786 Corn.	Das Korn.
787 Wheat.	Der Weizen.
788 Rye.	Der Roggen.
789 Barley.	Die Gerste.
790 Oats.	Der Hafer.
791 Maize.	Der Mais; das türkische Korn.
792 Rice.	Der Reis.
793 Millet.	Die Hirse.
794 An herb.	Ein Kraut.
795 A root.	Eine Wurzel.
796 Potatoes.	Die Kartoffeln.
797 Kidney-beans, French-beans.	Die wälschen Bohnen.
798 Beans.	Die Bohnen.
799 Turnips.	Die weissen Rüben.
Beet-roots.	Die rothen Rüben.
800 Carrots.	Die gelben Rüben; die Möh-ren.
Lentils.	Die Linsen.
801 Green-peas.	Grüne Erbsen.
802 Spinach.	Der Spinat.
803 Cabbage.	Der Kohl.
804 Cauliflower.	Der Blumenkohl.
Rapecole.	Der Kohlrabi.
Asparagus.	Der Spargel.
Artichokes.	Die Artischocken.
Parsnips.	Die Pastinaken.
805 Cucumbers.	Die Gurken.
806 Pickled-cucumbers.	Saure Gurken.
807 The salad.	Der Salat.
Endive.	Die Endivien.
Lettuce.	Der Lattich.
Cress.	Die Kresse.
Horse-radish.	Der Meerrettig.
The radish.	Der Rettig.
808 The turnip-radish.	Das Radieschen.
809 Mushrooms.	Die Schwämme; die Cham-pignons.
Truffles.	Die Trüffeln.

77

Les blés, légumes et herbes potagères.	Le biade, legumi ed ortaggi.

	Les blés, légumes et herbes potagères.	Le biade, legumi ed ortaggi.
786	Le blé.	Il grano.
787	Le froment.	Il formento.
788	Le seigle.	La segala.
789	L'orge.	L'orzo.
790	L'avoine.	L'avena, la biada.
791	Le blé de Turquie.	Il grano turco.
792	Le riz.	Il riso.
793	Le millet.	Il miglio.
794	Une herbe.	Un' erba.
795	Une racine.	Una radice.
796	Les pommes de terre.	I pomi di terra.
797	Les haricots.	I fagiuoli.
798	Les fèves.	Le fave.
799	Les navets.	I navoni.
	Les betteraves.	Le barbabietole.
800	Les carottes.	Le carotte.
	Les lentilles.	Le lenti, le lenticchie.
801	Des petits pois.	Dei piselli.
802	Les épinards.	Gli spinaci.
803	Les choux.	I cavoli.
804	Les choux-fleurs.	I cavoli fiori.
	Les choux-raves.	I cavoli rapi.
	Les asperges.	Gli sparagi.
	Les artichauts.	I carciofi.
	Les panais.	Le pastinache.
805	Les concombres.	I cocomeri.
806	Des cornichons.	De' cetriuoli.
807	La salade.	L'insalata.
	La chicorée.	L'indivia.
	La laitue.	La lattuga.
	Le cresson.	Il crescione.
	Le raifort.	Il rafano.
	Le radis.	Il ramolaccio.
808	Les petits radis.	I ravanelli, le radici.
809	Les champignons.	I funghi.
	Les truffes.	I tartufi.

78

Fruits and fruit-trees.	Obst und Obstbäume.
810	The melon.	Die Melone.
811	The pumpkin.	Der Kürbis.
812	Celery.	Der Sellerie.
	The parsley.	Die Petersilie.
	The chervil.	Der Kerbel.
813	Sorrel.	Der Sauerampfer.
814	Onions.	Die Zwiebeln.
	Shalots.	Die Chalotten.
	Sage.	Die Salbei.
	Mint.	Die Münze.
	Marjoram.	Der Majoran.
	Thyme.	Der Thimian.
	Cummin.	Der Kümmel.
	Chives.	Der Lauch.
815	Garlic.	Der Knoblauch.

Fruits and fruit-trees.	Obst und Obstbäume.
816	Fruit.	Das Obst; die Früchte.
817	The apple; apple-tree.	Der Apfel; der Apfelbaum.
818	The pear; pear-tree.	Die Birne; der Birnbaum.
819	The plum; plum-tree.	Die Pflaume; der Pflaumenbaum.
820	The cherry.	Die Kirsche.
821	The chesnut.	Die Kastanie.
822	The peach.	Der Pfirsich.
	The nectarine.	Der Blutpfirsich.
823	The apricot.	Die Aprikose.
	The medlar.	Die Mispel.
824	The almond.	Die Mandel.
825	The orange.	Die Pomeranze.
826	The sweet-orange.	Die Apfelsine.
827	The lemon.	Die Citrone.
	The quince.	Die Quitte.
828	The grape.	Die Weintraube.
	The vine.	Der Weinstock.
	The olive.	Die Olive.
829	The fig.	Die Feige.
830	The acorn.	Die Eichel.
831	The cocoa-nut.	Die Cocosnuss.
832	The walnut.	Die Wallnuss.

79

Les fruits et les arbres fruitiers.	I frutti e gli alberi fruttiferi.

810	Le melon.	Il popone, mellone.
811	Le potiron; la citrouille.	La zucca, cucurbita.
812	Le céleri.	Il sedano.
	Le percil.	Il prezzemolo.
	Le cerfeuil.	Il cerfoglio.
813	L'oseille.	L'acetosa.
814	Les oignons.	Le cipolle.
	Les échalottes.	Gli scalogni.
	La sauge.	La salvia.
	La menthe.	La menta.
	La marjolaine.	La majorana.
	Le thym.	Il timo.
	Le cumin.	Il comino.
	Le poireau.	Il porro.
815	L'ail.	L'aglio.

Les fruits et les arbres fruitiers.	I frutti e gli alberi fruttiferi.

816	Les fruits.	I frutti.
817	La pomme; le pommier.	La mela; il melo.
818	La poire; le poirier.	La pera; il pero.
819	La prune; le prunier.	La susina; il susino.
820	La cerise.	La ciriegia.
821	La châtaigne.	La castagna.
822	La pêche.	La pesca.
	Le brugnon.	La pesca noce.
823	L'abricot.	L'albicocca.
	La nèfle.	La nespola.
824	L'amande.	La mandorla.
825	L'orange amère.	La melarancia amara.
826	L'orange.	La melarancia.
827	Le citron.	Il limone.
	Le coing.	La cotogna.
828	Le raisin.	L'uva.
	Le cep de vigne.	Il ceppo di vite.
	L'olive.	L'oliva.
829	La figue.	Il fico.
830	Le gland.	La ghianda.
831	Le coco.	Il cocco.
832	La noix.	La noce.

80

Forest-trees. — Flowers.	Wald-Bäume. — Blumen.
The hazelnut; filbert.	Die Haselnuss.
833 The raspberry; raspberry-bush.	Die Himbeere; Himbeerstaude.
834 The currant.	Die Johannisbeere.
The gooseberry.	Die Stachelbeere.
The blackberry.	Die Brombeere.
The elderberry.	Die Holunderbeere.
835 Strawberries.	Die Erdbeeren.
836 Mulberries.	Die Maulbeeren.
Bilberries.	Die Heidelbeeren.
Dates.	Die Datteln.

Forest-trees.	Wald-Bäume.
837 The oak.	Die Eiche.
838 The beech.	Die Buche.
839 The poplar.	Die Pappel.
840 The lime.	Die Linde.
841 The ash.	Die Esche.
The elm	Die Ulme.
842 The maple.	Der Ahorn.
843 The birch.	Die Birke.
844 The pine.	Die Fichte.
845 The fir.	Die Tanne.
846 The willow.	Die Weide.
847 The weeping willow.	Die Trauerweide.
The cedar.	Die Ceder.
The aspen.	Die Espe.
848 The larch.	Die Lärche.
The acacia.	Die Akazie.
The plane.	Die Platane.
The horse-chesnut.	Die Rosskastanie.

Flowers.	Blumen.
849 The rose.	Die Rose.
The pink.	Die Nelke.
850 The tulip.	Die Tulpe.
851 The lily.	Die Lilie.
852 The violet.	Das Veilchen.
The stock.	Die Levkoje.

Traveller's Manual of Conversation 影印　369

81

	Les arbres forestiers. — Les fleurs.	Gli alberi di foresta. — I fiori.

	La noisette.	La nocciuola.
833	La framboise; le framboisier.	Il lampone; il rovo ideo.
834	La groseille.	Il ribes.
	La groseille à maquereau.	L'uva spina.
	La mûre sauvage.	La mora prugnola.
	La baie de sureau.	Il sambuco.
835	Les fraises.	Le fragole.
836	Les mûres.	Le more.
	Les baies de mirtille.	I mirtilli.
	Les dattes.	I datteri.

Les arbres forestiers. — Gli alberi di foresta.

837	Le chêne.	La quercia.
838	Le hêtre.	Il faggio.
839	Le peuplier.	Il pioppo.
840	Le tilleul.	Il tiglio.
841	Le frêne.	Il frassino.
	L'orme.	L'olmo.
842	L'érable.	L'acero.
843	Le bouleau.	La betula.
844	Le pin.	Il pino.
845	Le sapin.	L'abete.
846	Le saule.	Il salce, salcio.
847	Le saule pleureur.	Il salcio cinoso.
	Le cèdre.	Il cedro.
	Le tremble.	L'alberetto.
848	Le mélèze.	Il larice.
	L'acacia.	L'acazia.
	Le platane.	Il platano.
	Le marronnier d'Inde.	Il castagno di cavallo.

Les fleurs. — I fiori.

849	La rose.	La rosa.
	L'oeillet.	Il garofano.
850	La tulipe.	Il tulipano.
851	Le lis.	Il giglio.
852	La violette.	La violetta.
	La giroflée.	La viola.

6

82

Domestic animals and birds.	Hausthiere und zahmes Geflügel.
The pansy.	Das Stiefmütterchen; die Pensee.
The jasmine.	Der Jasmin.
The lilac.	Der Flieder.
853 The forget-me-not.	Das Vergissmeinnicht.
The auricula.	Die Aurikel.
The honey-suckle.	Das Geisblatt.
The corn-flower.	Die Kornblume.
854 The hyacinth.	Die Hyacinthe.
The lily of the valley.	Die Maiblume.
The daffodil.	Die Narcisse.
The poppy.	Der Mohn.
The lark-spur.	Der Rittersporn.
The cowslip, polyanthus.	Die Schlüsselblume, der Himmelsschlüssel.
855 The sun-flower.	Die Sonnenblume.
The anemone.	Die Klapperrose.

Domestic animals and birds.	Hausthiere und zahmes Geflügel.
856 The horse.	Das Pferd.
857 A stallion.	Ein Hengst.
858 A gelding.	Ein Wallach.
859 A mare.	Die Stute.
860 A colt, filly.	Das Füllen.
861 A coach-horse.	Ein Kutschpferd.
862 A saddle-horse.	Ein Reitpferd.
A race-horse.	Ein Renner.
863 A pack-horse.	Ein Lastpferd.
864 A hack.	Ein Miethpferd.
The bull.	Der Stier.
865 The ox.	Der Ochs.
866 The cow.	Die Kuh.
867 A calf.	Ein Kalb.
A heifer.	Ein Rind.
A mule.	Ein Maulthier; ein Maulesel.
868 An ass.	Ein Esel.
869 A lamb.	Ein Lamm.
870 A ram.	Ein Widder.
A wether.	Ein Hammel.

83

Les animaux et oiseaux domestiques.	Gli animali ed uccelli domestici.
La pensée.	La viola del pensiero.

	Le jasmin.	Il gelsomino.
	Le lilas.	La lillà.
853	Le gremillet.	Il camedrio.
	L'oreille d'ours.	La cartusa.
	Le chèvre-feuille.	Il caprifoglio.
	Le bluet.	Il fioraliso.
854	L'hyacinthe.	Il giacinto.
	Le muguet.	Il mughetto.
	Le narcisse.	Il narciso.
	Le pavot.	Il papavero.
	Les pieds-d'alouette.	Gli speroni.
	La primevère.	La primola.
855	Le tournesol.	Il girasole.
	L'anémone.	L'anemone.

	Les animaux et oiseaux dome-stiques.	**Gli animali ed uccelli domestici.**
856	Le cheval.	Il cavallo.
857	Un étalon.	Un ronzone, uno stallone.
858	Un hongre.	Un cavallo castrato.
859	La jument.	La cavalla.
860	Le poulain.	Il puledro.
861	Un cheval de harnais.	Un cavallo da carretta.
862	Un cheval de selle.	Un cavallo da sella.
	Un cheval de course.	Un destriero.
863	Un cheval de bagage.	Un cavallo da soma.
864	Un cheval de louage.	Un cavallo da nolo.
	Le taureau.	Il toro.
865	Le boeuf.	Il bove, il bue.
866	La vache.	La vacca.
867	Un veau.	Un vitello.
	Une génisse.	Una giovenca.
	Une mule; un mulet.	Una mula; un mulo.
868	Un âne.	Un asino.
869	Un agneau.	Un agnello.
870	Un bélier.	Un ariete, un montone.
	Un mouton.	Un castrato.

6 *

84

Domestics animals and birds. — Wild quadrupeds.	Hausthiere und zahmes Geflügel. — Wilde vierfüssige Thiere.

871		A sheep, an ewe.	Ein Schaf.
872		A she-goat.	Eine Ziege.
873		A he-goat.	Ein Bock.
		A kid.	Ein Zickel.
874		A cat.	Eine Katze.
875	876	A dog, a bitch, a poodle, a pointer, a setter, a grey-	Ein Hund, eine Hündin, ein Pudel, ein Wachtelhund,
877		hound, a mastiff, a bull-dog, a beagle, a terrier, a spaniel.	ein Hühnerhund, ein Wind-spiel, ein Hofhund, eine Dogge, ein Leithund, ein Dachshund, ein Wasser-hund.
878		A pig, hog; boar.	Ein Schwein; ein Eber.
		A sow.	Eine Sau.
		A sucking-pig.	Ein Ferkel.
879		The swan.	Der Schwan.
		The guinea-fowl.	Das Perlhuhn.
880		A peacock.	Ein Pfau
881		A goose.	Eine Gans.
882		A turkey.	Ein Truthahn.
883		A duck.	Eine Ente.
884		A pigeon, dove.	Eine Taube.
885		A cock.	Ein Hahn.
886		A hen.	Ein Huhn.
887		A chicken.	Ein Hühnchen.
		A capon.	Ein Kapaun.

	Wild quadrupeds.	**Wilde vierfüssige Thiere.**
888	The bear.	Der Bär.
	The lynx.	Der Luchs.
889	The wolf.	Der Wolf.
890	The fox.	Der Fuchs.
891	A wild-boar.	Ein Wildschwein, Eber.
892	The stag.	Der Hirsch.
893	The hind.	Die Hirschkuh.
	The fawn.	Das Hirschkalb.
	The fallow deer.	Der Dammhirsch.
	A roe-buck.	Ein Reh.
	A chamois.	Eine Gemse.
894	A hare.	Ein Hase.

85

		Les animaux et oiseaux domestiques. — Les quadrupèdes sauvages.	Gli animali ed uccelli domestici. — I quadrupedi salvatici.
871		Une brebis.	Una pecora.
872		Une chèvre.	Una capra.
873		Un bouc.	Un becco.
		Un chevreau.	Un capretto.
874		Un chat.	Un gatto.
875	876	Un chien, une chienne, un barbet, un chien d'arrêt, un chien 'couchant, un levrier, un mâtin, un dogue, un limier, un basset, un épagneul.	Un cane, una cagna, un barbone, un bracco da fermo, un cane da rete, un veltro, un mastino, un molosso, un segugio, un cane bassotto, un cane di Spagna.
877			
878		Un porc, cochon.	Un porco.
		Une truie.	Una scrofa, una troja.
		Un cochon de lait.	Un porchetto, porcello.
879		Le cigne.	Il cigno.
		La pintade.	La meleagrida.
880		Un paon.	Un pavone.
881		Une oie.	Un' oca.
882		Un dindon.	Un tacchino, un gallinaccio.
883		Un canard.	Un' anitra.
884		Une colombe; un pigeon.	Una colomba; un piccione.
885		Un coq.	Un gallo.
886		Une poule.	Una gallina.
887		Un poulet.	Un pollastro.
		Un chapon.	Un cappone.

	Les quadrupèdes sauvages.	I quadrupedi salvatici.
888	L'ours.	L'orso.
	Le lynx.	Il lince.
889	Le loup.	Il lupo.
890	Le renard.	La volpe.
891	Un sanglier.	Un cinghiale.
892	Le cerf.	Il cervo.
893	La biche.	La cerva.
	Le faon.	Il cerbiatto.
	Le daim.	Il daino.
	Un chevreuil.	Un capriuolo.
	Un chamois.	Una camoscia.
894	Un lièvre.	Una lepre.

86

Wild birds.	Wilde Vögel.

895	The badger.	Der Dachs.
896	A rabbit.	Ein Kaninchen.
	A squirrel.	Ein Eichhörnchen.
897	The hedge-hog.	Der Igel.
	The fitchet.	Der Iltis.
	A pole-cat.	Ein Marder.
	A weasel.	Ein Wiesel.
	A ferret.	Ein Frettchen.
898	A marmot.	Ein Murmelthier.
899	A rat.	Eine Ratte.
900	A mouse.	Eine Maus.
901	A bat.	Eine Fledermaus.

Wild birds.	Wilde Vögel.

902	A bird of prey.	Ein Raubvogel.
903	An eagle.	Ein Adler.
904	A falcon.	Ein Falke.
	A hawk.	Ein Habicht.
	A sparrow-hawk.	Ein Sperber.
905	An owl.	Eine Eule.
906	A stork.	Ein Storch.
907	A crane.	Ein Kranich.
908	A heron.	Ein Reiher.
	A raven.	Ein Rabe.
909	A crow.	Eine Krähe.
	A magpie.	Eine Elster.
	A jackdaw.	Eine Dohle.
	A jay.	Ein Häher.
910	A cuckoo.	Ein Kuckuck.
911	A pheasant.	Ein Fasan.
912	A partridge.	Ein Rebhuhn.
	A heath-cock.	Ein Haselhuhn.
	A grouse.	Ein Auerhahn.
913	A woodcock.	Eine Waldschnepfe.
914	A snipe.	Eine Wasserschnepfe.
	A quail.	Eine Wachtel.
	A land-rail.	Ein Wachtelkönig.
	A coot.	Ein Wasserhuhn.
	A widgeon.	Eine Speckente, Trauerente
	A thrush.	Eine Drossel.

87

	Les oiseaux sauvages.	Gli uccelli salvatici.
895	Le blaireau.	Il tasso.
896	Un lapin.	Un coniglio.
	Un écureuil.	Uno scojattolo.
897	Le hérisson.	Il riccio.
	Le putois.	La puzzola.
	Une fouine.	Una faina.
	Une belette.	Una donnola.
	Un furet.	Un furetto.
898	Une marmotte.	Una marmotta.
899	Un rat.	Un topo, ratto.
900	Une souris.	Un sorcio.
901	Une chauve-souris.	Un pipistrello.
	Les oiseaux sauvages.	**Gli uccelli salvatici.**
902	Un oiseau de proie.	Un uccello di rapina.
903	Un aigle.	Un aquila.
904	Un faucon.	Un falcone.
	Un autour.	Un astore.
	Un épervier.	Uno sparviere.
905	Un hibou.	Un gufo.
906	Une cigogne.	Una cigogna.
907	Une grue.	Una grù.
908	Un héron.	Un airone.
	Un corbeau.	Un corvo.
909	Une corneille.	Una cornacchia.
	Une pie.	Una gazza.
	Un choucas.	Un gracco.
	Un geai.	Una gazzera.
910	Un coucou.	Un cuculo.
911	Un faisan.	Un fagiano.
912	Une perdrix.	Una pernice.
	Une gélinotte.	Un francolino.
	Un coq de bruyère	Un urogallo.
913	Une bécasse.	Una beccaccia.
914	Une bécassine.	Un beccaccino.
	Une caille.	Una quaglia.
	Un râle de genêt.	Un rè delle quaglie.
	Une poule d'eau.	Una gallinella.
	Une macreuse.	Una folaga.
	Une grive.	Un tordo.

	Fishes.	Fische.
	A turtle-dove.	Eine Turteltaube.
	A blackbird.	Eine Amsel.
915	A lark.	Eine Lerche.
916	A nightingale.	Eine Nachtigall.
	A redbreast.	Ein Rothkehlchen.
	A plover.	Ein Regenpfeifer.
917	A chaffinch.	Ein Buchfink.
	A goldfinch.	Ein Stieglitz, Distelfink.
	A curlew.	Ein Wettervogel.
	A wren.	Ein Zaunkönig.
	A linnet.	Ein Hänfling.
918	A canary.	Ein Kanarienvogel.
919	A swallow.	Eine Schwalbe.
920	A sparrow.	Ein Sperling.
	A wagtail.	Eine Bachstelze.
921	A parrot.	Ein Papagei.
	Fishes.	**Fische.**
922	Sea-fishes.	Die Seefische.
	The sturgeon.	Der Stör.
923	The cod.	Der Kabeljau.
924	The dried cod.	Der Stockfisch.
925	The haddock.	Der Schellfisch.
926	The skate.	Die Roche.
	The mackerel.	Die Makrele.
	The turbot.	Die Steinbutte.
927	The sole.	Die Scholle; die Seezunge.
	The flounder.	Die Butte.
	The whiting.	Der Weissfisch.
928	The herring.	Der Hering.
929	The pilchard.	Die Sardelle.
	The turtle.	Die Schildkröte.
	The lobster.	Der Hummer.
930	The crab.	Die Krabbe.
931	The oyster.	Die Auster.
932	The muscle.	Die Muschel.
933	River-fishes.	Die Flussfische.
934	The salmon.	Der Salm, Lachs.
935	The pike.	Der Hecht.
936	The carp.	Der Karpfen.

89

Les poissons.	I pesci.
Une tourterelle.	Una tortora.
Un merle.	Un merlo.
Une alouette.	Una lodola.
Un rossignol.	Un rosignuolo.
Un rouge-gorge.	Un pettirosso.
Un pluvier.	Un piviere.
Un pinson.	Un fringuello.
Un chardonneret.	Un cardellino.
Un courlis.	Un chiurlo.
Un roitelet.	Un reattino, scricciolo.
Une linotte.	Un fanello.
Un serin.	Un canarino.
Une hirondelle.	Una rondine, rondinella.
Un moineau.	Un passero.
Une hoche-queue.	Una codatremola.
Un perroquet.	Un pappagallo.

Les poissons.	I pesci.
Les poissons de mer.	I pesci di mare.
L'esturgeon.	Lo storione.
Le cabillaud.	Il baccalà.
La merluche.	Il merluzzo.
L'aigrefin.	L'asello.
La raie.	La razza.
Le maquereau.	Lo scombro.
Le turbot.	Il rombo.
La sole.	La soglia.
La barbue.	Il rombo.
Le merlan.	Il nasello.
Le hareng.	L'aringa.
La sardine.	La sardella.
La tortue.	La tartaruga.
Le homard.	L'astaco.
La crevette.	Il granchio di mare.
L'huître.	L'ostrica.
La moule.	Il muscolo.
Les poissons de rivière.	I pesci di riviera.
Le saumon.	Il sermone, il salmone.
Le brochet.	Il luccio.
La carpe.	Il carpio.

915
916
917
918
919
920
921
922
923
924
925
926
927
928
929
930
931
932
933
934
935
936

90

Reptiles and insects.	Würmer und Insekten.

	The trout.	Die Forelle.
	The tench.	Die Schleie.
937	The eel.	Der Aal.
	The lamprey.	Das Neunauge.
	The barbel.	Die Barbe.
	The loach.	Die Schmerle.
	The roach.	Das Rothauge.
	The perch.	Der Barsch.
	The chub.	Der Kaulbarsch.
	The shad.	Der Maifisch.
	The smelt.	Der Stint.
	The gudgeon.	Der Gründling.
938	The craw-fish.	Der Krebs.

Reptiles and insects.	Würmer und Insekten.

939	The serpent.	Die Schlange.
940	The snake.	Die Natter.
	The viper.	Die Otter.
	The slow-worm.	Die Blindschleiche.
941	The toad.	Die Kröte.
942	The frog.	Der Frosch.
943	The scorpion.	Der Scorpion.
944	The lizard.	Die Eidechse.
	The leech.	Der Blutegel.
945	The worm.	Der Wurm.
946	The silk-worm.	Der Seidenwurm.
947	The caterpillar.	Die Raupe.
948	The grasshopper.	Die Grille.
949	The bee.	Die Biene.
950	The wasp.	Die Wespe.
	The hornet.	Die Hornisse.
	The drone.	Die Drohne.
951	The locust.	Die Heuschrecke.
952	The butterfly.	Der Schmetterling.
	The bug.	Die Wanze.
953	The flea.	Der Floh.
954	The louse.	Die Laus.
955	The ant.	Die Ameise.
956	The gnat.	Die Mücke; Schnake.
	The moth.	Die Motte.

91

Les reptiles et les insectes.	Gli animali rettili e gl'insetti.
La truite.	La trota.
La tanche.	La tinca.
L'anguille.	L'anguilla.
Le lamproie.	Il lamprede.
Le barbeau.	Il barbio.
La loche.	Il fondolo.
Le rouget.	La triglia.
La perche.	La perca.
Le chabot.	La perca cernua.
L'alose.	La chieppa.
L'éperlan.	Il ghiozzo.
Le goujon.	Il gobbio.
L'écrevisse.	Il gambero.

Les reptiles et les insectes.	**Gli animali rettili e gl'insetti.**
Le serpent.	Il serpente.
La couleuvre.	La biscia.
La vipère.	La vipera.
L'orvet.	L'anfesibena; anfisbena.
Le crapaud.	Il rospo.
La grenouille.	La rana.
Le scorpion.	Lo scorpione.
Le lézard.	La lucertola.
La sangsue.	La sanguisuga.
Le ver.	Il verme.
Le ver à soie.	Il filugello; il bigatto.
La chenille.	Il bruco.
La cigale.	La cicala.
L'abeille.	L'ape; la pecchia.
La guêpe.	La vespa.
Le frelon.	Il moscone.
Le bourdon.	Il calabrone.
La sauterelle.	La cavalletta; la locusta.
Le papillon.	La farfalla.
La punaise.	La cimice.
La puce.	La pulce.
Le pou.	Il pidocchio.
La fourmi.	La formica.
Le moucheron; le cousin.	Il moscherino; moscino.
La teigne.	La tignuola.

937

938

939
940

941
942
943
944

945
946
947
948
949
950

951
952

953
954
955
956

92

Metals and precious stones.	Metalle und Edelsteine.

957	The fly.	Die Fliege.
958	The spider.	Die Spinne.
959	The snail.	Die Schnecke.
	The beetle.	Der Käfer.

Metals and precious stones.	Metalle und Edelsteine.

960	Gold.	Das Gold.
961	Silver.	Das Silber.
962	Platina.	Das Platin.
963	Copper.	Das Kupfer.
964	Iron.	Das Eisen.
965	Steel.	Der Stahl.
966	Lead.	Das Blei.
967	Zinc.	Das Zink.
968	Quicksilver.	Das Quecksilber.
969	Pewter. — (Tin.)	Das Zinn.
970	Tin.	Das Blech.
971	Brass.	Das Messing.
972	Bronze.	Die Bronze.
973	The agate.	Der Achat.
	The chrysolite.	Der Chrysolith.
	The cornelian.	Der Carneol.
	The amethyst.	Der Amethyst.
974	The diamond.	Der Diamant.
	The emerald.	Der Smaragd.
	The hyacinth.	Der Hyacinth.
	The jasper.	Der Jaspis.
	The ruby.	Der Rubin.
	The sapphire.	Der Saphir.
	The topaz.	Der Topas.
	The turquoise.	Der Türkis.
975	The garnet.	Der Granat.
	The opal.	Der Opal.
	The pearl.	Die Perle.
976	The coral.	Die Koralle.
	Alabaster.	Der Alabaster.
977	Marble.	Der Marmor.

93

Les métaux et les pierres précieuses.	I metalli e le pietre preziose.
957 La mouche.	La mosca.
958 L'araignée.	Il ragno.
959 Le limaçon.	La lumaca; chiocciola.
Le scarabée; l'escarbot.	Lo scarafaggio.

Les métaux et les pierres précieuses.	I metalli e le pietre preziose.
960 L'or.	L'oro.
961 L'argent.	L'argento.
962 Le platine.	La platina.
963 Le cuivre.	Il rame.
964 Le fer.	Il ferro.
965 L'acier.	L'acciajo.
966 Le plomb.	Il piombo.
967 Le zinc.	Il zinco.
968 Le vif-argent.	L'argento vivo.
969 L'étain.	Lo stagno.
970 Le fer-blanc.	La latta.
971 Le laiton.	L'ottone.
972 Le bronze.	Il bronzo.
973 L'agate.	L'agata.
La chrysolite.	Il crisolito.
La cornaline.	La corniola.
L'améthyste.	L'amatista.
974 Le diamant.	Il diamante.
L'émeraude.	Lo smeraldo.
La hyacinthe.	Il giacinto.
Le jaspe.	Il diaspro.
Le rubis.	Il rubino.
Le saphir.	Lo zaffiro.
La topaze.	Il topazio.
La turquoise.	La turchina.
975 Le grenat.	Il granato.
L'opale.	L'opalo.
La perle.	La perla.
976 Le corail.	Il corallo.
L'albâtre.	L'alabastro.
977 Le marbre.	Il marmo.

94

Materials for dress. — Male apparel.	Stoffe. — Mannskleider.

	Materials for dress.	**Stoffe.**
978	Cloth.	Das Tuch.
979	Linen.	Die Leinwand.
980	Cotton.	Die Baumwolle.
	Ticking.	Der Zwillich.
	Dimity.	Der Barchent.
981	Silk.	Die Seide.
982	Thread.	Der Zwirn.
983	Satin.	Der Atlas.
	Taffeta.	Der Taffet.
984	Velvet.	Der Sammet.
	Crape.	Der Flor.
985	Ribbon.	Das Band.
	Muslin.	Der Musselin.
	Cambric.	Das Kammertuch; der Batist.
986	Buttons.	Die Knöpfe.
	Felt.	Der Filz.
987	Leather.	Das Leder.

	Male apparel.	**Mannskleider.**
988	A hat.	Ein Hut.
	A cap.	Eine Mütze; Kappe.
989	A cloak.	Ein Mantel.
	A waterproof.	Ein Regenmantel.
990	A great-coat.	Ein Ueberzieher; ein Paletot.
	A frock-coat.	Ein Oberrock.
991	A dress-coat.	Ein Frack.
992	The sleeves.	Die Aermel.
993	The pockets.	Die Taschen.
994	The lining.	Das Futter.
995	The button-holes.	Die Knopflöcher.
	The collar.	Der Kragen.
	The skirts.	Die Schösse.
	The cuffs.	Die Aermelaufschläge.
	The facings.	Der Besatz; die Aufschläge.
996	A dressing-gown.	Ein Schlafrock.
997	A waist-coat.	Eine Weste.
998	Breeches.	Die Hosen.
	Pantaloons, trousers.	Die Beinkleider.

95

Les étoffes. — Habillements d'homme.	Le stoffe. — Vestiti d'uomo.
Les étoffes.	**Le stoffe.**

978	Le drap.	Il panno.
979	La toile.	La tela.
980	Le coton.	La bambagia; il cotone.
	Le coutil.	Il traliccio.
	La futaine.	Il fustagno.
981	La soie.	La seta.
982	Le fil.	Il refe; filo.
983	Le satin.	Il raso.
	Le taffetas.	Il taffetà.
984	Le velours.	Il velluto.
	Le crêpe.	La tocca.
985	Le ruban.	Il nastro.
	La mousseline.	La mussolina.
	La batiste.	La batista.
986	Les boutons.	I bottoni.
	Le feutre.	Il feltro.
987	Le cuir.	Il cuojo.

Habillements d'homme.	**Vestiti d'uomo.**

988	Un chapeau.	Un cappello.
	Un bonnet; une casquette.	Una berretta.
989	Un manteau.	Un ferrajuolo; mantello.
	Un imperméable.	Un palandrano.
990	Un surtout; un paletot.	Un sajo; una zimarra.
	Une redingote.	Un pastrano.
991	Un habit.	Un frac.
992	Les manches.	Le maniche.
993	Les poches.	Le tasche.
994	La doublure.	La fodera.
995	Les boutonnières.	Gli occhielli.
	Le collet.	Il collaretto.
	Les basques.	Le falde.
	Les revers.	Le mostre.
	Les paremens.	I paramenti.
996	Une robe de chambre.	Una veste da camera.
997	Un gilet.	Una veste.
998	La culotte.	I calzoni.
	Le pantalon.	I pantaloni.

96

Male apparel.	Mannskleider.
Trousers.	Die Pumphosen.
Drawers.	Die Unterhosen.
Braces.	Der Hosenträger.
The neck-cloth, scarf.	Das Halstuch; die Cravatte.
Collars.	Die Vatermörder.
Stockings.	Die Strümpfe.
Stocks.	Die Socken.
Gaiters.	Die Kamaschen.
Shoes.	Die Schuhe.
Buckles.	Die Schuhschnallen.
Boots.	Die Stiefel.
Half-boots.	Die Halbstiefel.
Goloshes.	Die Ueberschuhe.
Spurs.	Die Sporen.
Blacking.	Die Wichse.
Dress-shoes.	Die Tanzschuhe.
Slippers.	Die Pantoffeln.
Gloves.	Die Handschuhe.
A shirt.	Ein Hemd.
The ruffles.	Die Manschetten.
The frill.	Der Busenstreif.
The handkerchief.	Das Schnupftuch.
A brush.	Eine Bürste.
A comb.	Ein Kamm.
A tooth-brush.	Eine Zahnbürste.
Tooth-powder.	Das Zahnpulver.
A tooth-pick.	Ein Zahnstocher.
An ear-pick.	Ein Ohrlöffel.
A snuff-box.	Eine Schnupftabaksdose.
The cigar-box.	Die Cigarrendose.
A watch.	Eine Taschenuhr.
The watch-chain.	Die Uhrkette.
The watch-key.	Der Uhrschlüssel.
A seal.	Ein Petschaft; Siegel.
A ring.	Ein Ring.
Spectacles.	Die Brille.
A cane.	Ein Stock.
A walking-stick.	Ein Spazierstock.
An umbrella.	Ein Regenschirm.
The sword.	Der Degen.

97

Habillements d'homme.	Vestiti d'uomo.

	Le chausses.	Le brache.
999	Le caleçon.	Le mutande; i sottocalzoni.
	Les bretelles.	Le cinghie.
1000	La cravate.	La cravatta.
	Le faux-col.	Il collare.
1001	Les bas.	Le calze.
1002	Les chaussettes.	Gli scappini; i peduli; i calzetti.
	Les guêtres.	Le uose.
1003	Les souliers.	Le scarpe.
	Les boucles.	Le fibbie.
1004	Les bottes.	Gli stivali.
	Les bottines.	Gli stivaletti.
1005	Les galoches.	Le galoscie.
	Les éperons.	Gli speroni.
	Le cirage.	L'inceratura.
	Les escarpins.	Gli scarpini.
1006	Les pantoufles.	Le pianelle.
1007	Les gants.	I guanti.
1008	Une chemise.	Una camicia.
	Les manchettes.	I manichini.
	Le jabot.	Il giabò.
1009	Le mouchoir.	Il fazzoletto,
	Une brosse.	Una setola; spazzola.
1010	Un peigne.	Un pettine.
1011	Une brosse à dents.	Una setolina da denti.
1012	La poudre à dents.	Il dentifricio.
1013	Un cure-dent,	Un stuzzicadenti.
1014	Un cure-oreille.	Un stuzzicorecchi.
	Une tabatière.	Una tabacchiera.
1015	Le porte-cigars.	Il porta-sigari.
1016	Une montre.	Un oriuolo.
1017	La chaîne de montre.	La catena d'oriuolo.
	La clef de montre.	Il chiave d'oriuolo.
	Un cachet.	Un sigillo.
1018	Une bague.	Un anello.
1019	Les lunettes.	Gli occhiali.
1020	Un baton.	Un bastone.
	Une canne.	Una canna; mazza.
1021	Un parapluie.	Un ombrello.
1022	L'épée.	La spada.

7

98

Female apparel.	Frauenkleider.

	The belt.	Das Degengehänge.
1023	Mourning.	Die Trauerkleider.
1024	A court-dress.	Ein Galakleid.

Female apparel.	Frauenkleider.

	A dress; gown.	Ein Kleid.
	The bodice.	Das Mieder.
	A petticoat.	Ein Rock.
	An under-petticoat.	Ein Unterrock.
1025	The crinoline.	Der Reifrock.
	A chemise.	Ein Frauenhemd.
	A chemisette.	Ein Chemisett.
1026	An apron.	Eine Schürze.
	A neck-kerchief.	Ein Halstuch.
	Stays.	Eine Schnürbrust; ein Corsett.
	A busk.	Ein Blankscheit.
	Laces.	Die Schnürriemen.
1027	The garters.	Die Strumpfbänder.
	A sash.	Ein Gürtel.
1028	A veil.	Ein Schleier.
1029	A cap.	Eine Haube.
	A night-cap.	Eine Nachthaube.
	A cloak.	Eine Mantille.
	A tippet.	Ein Umschlagtuch.
	A fur-collar.	Ein Pelzkragen.
	A muff.	Ein Muff.
	Fur.	Das Pelzwerk.
1030	A ribbon.	Ein Band.
1031	A fan.	Ein Fächer.
1032	Pins.	Die Stecknadeln.
1033	A needle.	Eine Nähnadel.
	A bodkin.	Eine Schnürnadel.
1034	A pin-cushion.	Ein Nadelkissen.
	The head-dress.	Der Kopfputz.
	The hair-net.	Das Haarnetz.
	The hair-pins.	Die Haarnadeln.
	The curls; ringlets.	Die Locken.
1035	Hair-powder.	Der Puder.
	Rouge.	Die rothe Schminke.
1036	Pomatum.	Die Pomade.

	Habillements de femme.	Vestiti donneschi.
	Le ceinturon.	I pendagli; il cinturino.
1023	Un habit de deuil.	Un abito da lutto.
1024	Un habit de gala.	Un abito di gala.

	Habillements de femme.	**Vestiti donneschi.**
	Une robe.	Un abito da donna.
	Le corsage.	Il corpetto.
	Une jupe.	Una gonna; una sottana.
	Un jupon.	Una gonnella.
1025	La crinoline.	La crinolina.
	Une chemise de femme.	Una camicia da donna.
	Une chemisette.	Una camiciuola.
1026	Un tablier.	Un grembiale.
	Un fichu.	Un veletto.
	Un corset.	Un corsetto.
	Un busc.	Una stecca.
	Les lacets.	Le stringhe.
1027	Les jarretières.	Le legaccie.
	Une ceinture.	Una cintola.
1028	Un voile.	Un velo.
1029	Un bonnet.	Una cuffia.
	Un bonnet de nuit.	Una cuffia da notte.
	Une mantille.	Un mantelletto.
	Un châle.	Uno sciallo.
	Une palatine.	Una palatina.
	Un manchon.	Un manicotto.
	La fourrure.	La pellicceria.
1030	Un ruban.	Un nastro.
1031	Un éventail.	Un ventaglio.
1032	Les épingles.	Gli spilli.
1033	Une aiguille.	Un ago.
	Un passe-lacet.	Un aghetto.
1034	Une pelote.	Un torsello.
	La coiffure.	La pettinatura.
	Le filet; la résille.	La reticella.
	Les épingles à cheveux.	Gli spilloni; le forcelle.
	Les boucles.	I ricci.
1035	La poudre.	La polvere.
	Le rouge.	Il belletto, il cinabro.
1036	La pommade.	La pomata.

100

Of the country and the objects there met with.	Vom Lande und was man dort findet.
1037 Scents.	Wohlriechende Sachen.
A reticule; bag.	Ein Arbeitsbeutel.
An etui-case.	Ein Etui.
A travelling-bag.	Ein Reise-Necessaire.
A box.	Eine Schachtel.
1038 A smelling-bottle.	Ein Riechfläschchen.
Almond-paste.	Der Mandelteig.
1039 The scissors.	Die Scheere.
Jewellery.	Das Geschmeide.
An aigrette.	Ein Demantstrauss.
1040 Ear-rings.	Die Ohrringe.
Pendants.	Die Ohrgehänge.
A string of pearls.	Eine Perlenschnur.
1041 A neck-lace.	Ein Halsband.
1042 Bracelets.	Die Armbänder.
A shawl-pin, brooch.,	Eine Vorstecknadel.
A clasp.	Ein Schloss.
A buckle.	Eine Schnalle.
A parasol.	Ein Sonnenschirm.

Of the country and the objects there met with.	Vom Lande und was man dort findet.
1043 The high-road.	Die Landstrasse.
A stage.	Eine Poststation.
A bye-road.	Ein Feldweg.
1044 A footpath.	Ein Fusspfad.
A rut.	Ein Geleise.
1045 An estate.	Ein Landgut.
1046 A country-house; villa.	Ein Landhaus.
1047 A farm.	Ein Meierhof; Pachthof.
A castle.	Ein Schloss; eine Burg.
1048 A ruin.	Eine Ruine.
A borough.	Ein Flecken.
1049 A village.	Ein Dorf.
A hamlet.	Ein Weiler.
1050 A mill.	Eine Mühle.
The public house.	Die Schenke.
A hut.	Eine Hütte.

101

La campagne et les choses qu'on y rencontre.	La campagna e le cose che vi si vedono.
Des parfums.	Dei profumi.
Un ridicule.	Un sacchettino.
Un étui.	Un astuccio.
Un nécessaire de voyage.	Una cassetta da viaggio.
Une boîte.	Una scatola.
Un flacon.	Una boccetta.
La pâte d'amande.	La basta di mandorle.
Les ciseaux.	Le forbici.
Les bijoux.	Le gioje.
Une aigrette.	Un pennino di gemme; una garza.
Les boucles d'oreille.	Gli orecchini.
Les pendants d'oreille.	I pendenti.
Un collier de perles.	Un vezzo di perle.
Un collier.	Una collana; un monile.
Les bracelets.	Le smaniglie.
Une broche.	Una broscia.
Une agrafe.	Un uncino.
Une boucle.	Una fibbia.
Une ombrelle.	Un parasole.

La campagne et les choses qu'on y rencontre.	La campagna e le cose che vi si vedono.
Le grand chemin; la chaussée.	La strada maestra; la strada reale.
Un relais.	Una posta.
Un chemin vicinal.	Una strada vicinale.
Un sentier.	Un sentiero.
L'ornière.	La rotaja.
Une terre.	Una terra.
Une maison de campagne.	Una villa.
Une ferme.	Un podere.
Un château.	Un castello.
Une ruine.	Una rovina.
Un bourg.	Un borgo.
Un village.	Un villaggio.
Un hameau,	Un casale.
Un moulin.	Un mulino.
L'auberge.	L'osteria.
Une cabane.	Una capanna.

102

Of the country and the objects there met with. — Of travelling, carriages, harness etc.	Vom Lande und was man dort findet. — Vom Reisen, von Wagen, Pferdegeschirr etc.
A ditch.	Ein Graben.
A river.	Ein Fluss.
A brook.	Ein Bach.
A spring.	Ein Brunnen.
A well.	Ein Ziehbrunnen.
A pool.	Ein Teich.
A pond.	Eine Pfütze.
A forest.	Ein Forst.
A wood.	Ein Wald.
A bush.	Ein Gebüsch.
A park.	Ein Park.
A garden.	Ein Garten.
A kitchen-garden.	Ein Gemüsegarten.
An orchard.	Ein Obstgarten.
A hedge.	Eine Hecke.
A field.	Ein Feld.
Barren-land.	Unfruchtbarer Boden.
Fallow-land.	Der Brachacker.
Fertile land.	Fruchtbares Feld.
Stubble field.	Das Stoppelfeld.
An inclosure.	Umzäuntes Feld.
The harvest.	Die Ernte.
A pasture.	Eine Viehweide.
A meadow.	Eine Wiese.
A hay-stack.	Ein Heuschober.
A vineyard.	Ein Weinberg.
The vintage.	Die Weinlese.
A mine.	Ein Bergwerk.
A foundery.	Ein Hüttenwerk.
A forge.	Ein Hammerwerk.
A flock of sheep.	Eine Schafheerde.
A herd of cattle.	Eine Viehheerde.
A canal.	Ein Kanal.
A railway.	Eine Eisenbahn.
The country.	Die Gegend.

The numbers in the margin: 1051, 1052, 1053, 1054, 1055, 1056, 1057, 1058, 1059, 1060, 1061, 1062, 1063, 1064, 1065.

Of travelling, carriages, harness etc.	Vom Reisen, von Wagen, Pferdegeschirr etc.
The passport.	Der Pass.
The inn.	Der Gasthof.

1066

103

	La campagne et les choses qu'on y rencontre. — Du voyage, des voitures, des harnais etc.	La campagna e le cose che vi si vedono. — Viaggio, vetture, arnesi da cavallo etc.
1051	Un fossé.	Un fosso.
	Une rivière.	Un fiume.
1052	Un ruisseau.	Un ruscello.
	Une fontaine.	Una fontana.
	Un puits.	Un pozzo.
	Un étang.	Uno stagno.
	Une mare.	Una laguna.
1053	Une forêt.	Una selva; una foresta.
1054	Un bois.	Un bosco; una macchia.
	Un taillis.	Un cespuglio.
	Un parc.	Un parco.
1055	Un jardin.	Un giardino.
	Un potager.	Un orto.
	Un verger.	Un frutteto.
	Une haie.	Una siepe.
1056	Un champ.	Un campo.
	Une terre stérile.	Una terra sterile.
	La jachère.	Il maggese.
1057	Une terre fertile.	Una terra fertile.
	Le chaume.	La stoppia.
	Un clos.	Un ricinto.
1058	La moisson.	La messe.
1059	Un pâturage.	Un pascolo.
1060	Un pré.	Un prato.
	Une meule de foin.	Un mucchio di fieno.
1061	Une vigne.	Una vigna.
	Les vendanges.	La vendemmia.
1062	Une mine.	Una miniera.
1063	Une usine.	Una fonderia.
1064	Une forge.	Una fucina.
	Un troupeau de moutons.	Una greggia.
	Un troupeau de bestiaux.	Una mandra; un armento.
1065	Un canal.	Un canale.
	Un chemin de fer.	Una strada ferrata.
	La contrée.	La contrada.
	Du voyage, des voitures, des harnais etc.	**Viaggio, vetture, arnesi da cavallo etc.**
1066	Le passe-port.	Il passaporto.
	L'auberge; l'hôtel.	La locanda.

104

Of travelling, carriages, harness etc.	Vom Reisen, von Wagen, Pferde- geschirr etc.
The sign.	Das Schild.
The turnpike.	Der Schlagbaum.
The post-office.	Das Postamt.
The stage-coach.	Der Postwagen.
The mail-coach.	Die Schnellpost.
The mail-cart.	Die Briefpost.
The guard.	Der Schirrmeister.
A postillion.	Ein Postillon.

1067	A guide.	Ein Führer.
1068	A porter.	Ein Packträger.
	The horse.	Das Pferd.
	The mule.	Das Maulthier.
	The donkey.	Der Esel.
1069	The carriage.	Das Fuhrwerk.
1070	A waggon.	Ein Lastwagen.
1071	A cart.	Ein Karren.
	The stage-waggon.	Der Güter-Postwagen.
	A coach.	Eine Kutsche.
	A coachman.	Ein Kutscher.
	A hackney-coach.	Eine Miethkutsche.
	A hackney-coachman.	Ein Miethkutscher.
1072	A chaise.	Eine Chaise.
	A calash.	Eine Kalesche.
1073	A sedan-chair; a litter.	Eine Sänfte.
	The roof.	Der Kutschenhimmel.
	A cabriolet; gig.	Ein Cabriolet.
	The boot.	Der Kasten.
	The perch.	Der Langbaum.
	The shafts.	Die Schwangbäume.
	The pole.	Die Deichsel.
	The pole-bolt.	Der Schlossnagel.
	The box.	Der Bock.
	The dickey.	Der Bedientensitz.
	The splinter-bars.	Die Wagenschwengel.
	The springs.	Die Federn.
	The main-braces.	Die Tragriemen.
	The coach-door.	Der Kutschenschlag.
	The front-seat.	Der Vordersitz.
	The back-seat.	Der Rücksitz.
	The seat.	Der Sitz.
	The cushions.	Die Kissen.

105

Du voyage, des voitures, des har- nais etc.	Viaggio, vetture, arnesi da cavallo etc.
L'enseigne.	L'insegna.
La barrière.	La barriera.
Le bureau des postes.	L'uffizio delle poste.
La diligence.	La diligenza.
La malle-poste.	Il velocifero.
Le courier.	Il corriere.
Le conducteur.	Il conduttore.
Un postillon.	Un postiglione.
1067 Un guide.	Una guida.
1068 Un porteur de bagages.	Un portatore di bagagli.
Le cheval.	Il cavallo.
La mule.	La mula.
L'âne.	L'asino.
1069 La voiture.	Il legno; la vettura.
1070 Un chariot.	Un carro da trasporto.
1071 Un char; une charrette.	Un carro; una carretta.
Le fourgon.	Il carrettone.
Un carrosse.	Una carrozza.
Un cocher.	Un cocchiere.
Une voiture de louage.	Una carrozza da nolo.
Un cocher de louage.	Un vetturino.
1072 Un coupé.	Un carrozzino.
Une calèche.	Un calesso.
1073 Une chaise à porteurs.	Una portantina.
Le dessus d'un carrosse.	Il cielo d'una carrozza.
Un cabriolet	Un biroccio.
La caisse.	Il guscio.
La flèche.	L'assedone.
Les brancards.	Le stanghe.
Le timon.	Il timone.
La cheville ouvrière.	La cavicchia della sala.
Le siége du cocher.	La cassetta del cocchiere.
Le siége de derrière.	Il seggio di dietro.
Les arcs-boutants.	Gli archi.
Les ressorts.	Le molle.
Les soupentes.	I correggioni; i cignoni.
La portière.	La portiera.
Le fond.	Il fondo.
Le siége à reculé.	Il seggio di dietro.
Le siége.	Il seggio.
Les coussins.	I cuscini.

	Of travelling, carriages, harness etc.	Vom Reisen, von Wagen, Pferdegeschirr etc.
	The windows.	Die Wagenfenster.
1074	The axle.	Die Achse.
	The linch-pin.	Die Linse.
1075	The wheels.	Die Räder.
1076	The nave of the wheel.	Die Radnabe.
1077	The spokes.	Die Speichen.
	The felloes.	Die Felgen.
	The bars.	Die Radstangen.
	The tire.	Der Räderbeschlag.
	The steps.	Die Wagentritte.
	The pannel.	Das Sattelkissen.
	The traces.	Die Stränge.
1078	The reins.	Die Zügel.
	The halter.	Die Halfter.
	The snaffle.	Die Trense.
1079	The bridle.	Der Zaum.
1080	The collar.	Das Kummet.
1081	The belly-band.	Der Bauchgurt.
1082	The bit.	Das Gebiss.
	The curb-chain.	Die Kinnkette.
	The saddle-cloth.	Die Schabracke.
1083	The whip.	Die Peitsche.
	The riding-whip.	Die Reitpeitsche.
1084	The horse cloth.	Die Pferdedecke.
1085	The saddle.	Der Sattel.
1086	The stirrups.	Die Steigbügel.
	The stirrup-leathers.	Die Steigbügelriemen.
1087	The curry-comb.	Der Striegel.
	The groom.	Der Stallknecht.
	The stable.	Der Stall.
1088	The manger.	Die Krippe.
	The rack.	Die Raufe.
1089	Litter.	Die Streu.
1090	Hay.	Das Heu.
1091	Straw.	Das Stroh.
	Oats.	Der Hafer.
	A box.	Eine Kiste.
1092	A trunk.	Ein Koffer.
	A portmanteau.	Ein Mantelsack.
	A carpet-bag.	Ein Nachtsack.
	A hat-box.	Eine Hutschachtel.

107

	Du voyage, des voitures, des harnais etc.	Viaggio, vetture, arnesi da cavallo etc.
	Les glaces.	I cristalli; gli specchi.
1074	L'essieu.	L'asse.
	L'esse.	L'acciarino.
1075	Les roues.	Le ruote.
1076	Le moyeu de la roue.	Il mozzo della ruota.
1077	Les rais.	I razzi.
	Les jantes.	Gli assili; i quarti.
	Les barres.	Le spranghe.
	Le cercle.	La ferratura d'una ruota.
	Les marche-pieds.	Le pedane.
	Le panneau.	La paniottina.
	Les traits.	Le tirelle.
1078	Les rênes.	Le redine.
	Le licou.	Il capestro.
	Le bridon.	Il bridone.
1079	La bride.	La briglia.
1080	Le collier.	Il collare.
1081	La sangle.	La cinghia.
1082	Le mors.	Il morso.
	La gourmette.	Il barbazzale.
	La housse.	La gualdrappa.
1083	Le fouet.	La frusta.
	La cravache.	La frusta.
1084	Le caparaçon.	La copertina.
1085	La selle.	La sella.
1086	Les étriers.	Le staffe.
	Les courroies des étriers.	Le cinghie delle staffe.
1087	L'étrille.	La striglia.
	Le palefrenier.	Il mozzo di stalla.
	L'écurie.	La stalla.
1088	La mangeoire.	La mangiatoja.
	Le ratelier.	La rastrelliera.
1089	La litière.	Lo strame.
1090	Le foin.	Il fieno.
1091	La paille.	La paglia.
	L'avoine.	L'avena.
	Une caisse.	Una cassa.
1092	Une malle.	Una valigia.
	Un porte-manteau.	Un portamantello.
	Un sac de nuit.	Un sacco da notte.
	Une boîte à chapeau.	Una cappelliera.

108

Railways and steamboats.	Eisenbahnen und Dampfschiffe.
A pouch.	Eine Jagdtasche.
A knapsack.	Ein Tornister.
A parcel.	Ein Bündel.

Railways and steamboats.	Eisenbahnen und Dampfschiffe.
The rails.	Die Schienen.
A double-line.	Ein doppelter Schienenweg.
A single-line.	Ein einfacher Schienenweg.
The points.	Bewegliche Schienenstücke.
The turn-plate.	Die Drehscheibe.
A station.	Eine Station.
A train.	Ein Wagenzug.
A goods' train.	Ein Güterzug.
An ordinary train.	Ein gewöhnlicher Zug.
An express train.	Ein Schnellzug.
An excursion train.	Ein Vergnügungszug.
The locomotive-engine.	Die Locomotive.
The engineer.	Der Maschinenmeister.
The engine-driver.	Der Maschinenführer.
The stoker.	Der Heizer.
The engine.	Die Maschine.
The fire-box.	Der Feuerraum.
The boiler.	Der Dampfkessel.
The piston.	Der Kolben.
The cylinder.	Der Cylinder.
A horizontal cylinder.	Ein liegender Cylinder.
A vertical cylinder.	Ein stehender Cylinder.
The axle.	Die Achse.
The crank.	Der Krummzapfen.
The safety-valve.	Die Sicherheitsklappe.
A stationary-engine.	Eine stehende Maschine.
The tender.	Der Tender.
Coke.	Kohlen.
To let off the steam.	Den Dampf herauslassen.
To keep up the steam.	Den Dampf anhalten.
The sleepers.	Die Schwellen.
The chairs.	Die Kissen; Unterlagen.

1093

1094
1095
1096

1097
1098

1099
1100
1101
1102
1103
1104

1105

109

Chemins de fer et bateaux à vapeur.	Strade ferrate e batelli a vapore.
Une gibecière.	Una carniera.
Un havresac.	Una bisaccia.
Un paquet.	Un pacchetto.

Chemins de fer et bateaux à vapeur.	Strade ferrate e batelli a vapore.
Les rails.	Le guide; i raili.
Une double voie.	Strada a doppia rotaja.
Une voie simple.	Strada a semplice rotaja.
Des rails mobiles.	Guide, raili eccentrici.
La plateforme circulaire.	Piattaforma mobile; disco girevole.
Une station.	Una stazione.
Un train; un convoi.	Un treno; un convoglio.
Un train de marchandises.	Un convoglio di merci.
Un train ordinaire.	Un treno ordinario.
Un train de vitesse.	Un treno di corriere; convoglio celere.
Un train de plaisir.	Un treno di piacere.
La locomotive.	La locomotiva.
L'ingénieur.	Il macchinista.
Le conducteur.	Il conduttor e macchinista.
Le chauffeur.	Il fochista.
La machine.	La macchina.
La chauffe.	Il focolare.
La chaudière à vapeur.	La caldaja.
Le piston.	Lo stantuffo.
Le cylindre.	Il cilindro.
Un cylindre horizontal.	Un cilindro piano.
Un cylindre vertical.	Un cilindro verticale.
L'axe.	La sala; l'asse.
La manivelle.	La manovella; il manubrio.
La soupape de sûreté.	La valvola di sicurezza.
Une machine stationnaire.	Una macchina stabile.
Le tender.	Il tender.
Le charbon.	Il carbone.
Donner de la vapeur.	Scaricare la macchina.
Arrêter la vapeur.	Trattenere il vapore.
Les seuils.	I dormioni; sleepers.
Les coussinets.	I cuscinetti; i sottocuscinetti.

1093 — 1094 — 1095 — 1096 — 1097 — 1098 — 1099 — 1100 — 1101 — 1102 — 1103 — 1104 — 1105

110

Railways and steamboats. — Handicrafts and trades.	Eisenbahnen und Dampfschiffe. — Handwerke und Gewerbe.
The pins	Die Keile.
A tunnel.	Ein Tunnel.
An embankment.	Eine Eindämmung.
A cutting.	Ein Einschnitt.
A bridge.	Eine Brücke.
A viaduct.	Ein Viaduct.
A pier.	Eine Landebrücke.
The paddles.	Die Schaufelräder.
The screw.	Die Schraube.
The paddle-boxes.	Die Radkasten.
The beam.	Der Balancier.
The funnel.	Der Schornstein.
The rudder.	Das Steuerruder.
The mast.	Der Mast.
The hold; the cabin.	Der Schiffsraum; die Cajüte.
The deck.	Das Verdeck.
The captain.	Der Kapitän.
The conductor.	Der Conducteur.
The steersman.	Der Steuermann.
The sailor.	Der Matrose.

Handicrafts and trades.	Handwerke und Gewerbe.
The dealer in old books.	Der Antiquar.
The apothecary.	Der Apotheker.
The armourer.	Der Waffenschmied.
The baker.	Der Bäcker.
The barber.	Der Barbier.
The basket-maker.	Der Korbmacher.
The black-smith.	Der Grobschmied.
The bookbinder.	Der Buchbinder.
The bookseller.	Der Buchhändler.
The boot-maker.	Der Stiefelmacher.
The brazier.	Der Kupferschmied.
The brewer.	Der Brauer.
The brick-maker.	Der Ziegelstreicher.
The butcher.	Der Fleischer; Metzger.
The cabinet-maker.	Der Kunstschreiner.
The carpenter.	Der Zimmermann.
The carrier.	Der Fuhrmann.
The cartwright.	Der Stellmacher.

111

Chemins de fer et bateaux à vapeur. — Professions et métiers.	Strade ferrate e batelli a vapore. — Professioni e mestieri.
Les coins.	I cunei.
Un tunnel.	Una galleria; un tunnel.
Un endiguement.	Un' arginatura.
Un tranchée.	Un' incavazione; un intaglio.
Un pont.	Un ponte.
Un viaduc.	Un viadotto.
Un débarcadère.	Uno scalo.
Les palettes; roues à palette.	Ruote a palette.
L'hélice.	L'elice.
Les tambours.	I tamburi.
Le balancier.	Il bilanciere.
La cheminée.	Il cammino.
Le gouvernail.	Il timone.
Le mât.	L'albero.
La cabine.	La coperta.
Le pont.	Il ponte.
Le capitaine.	Il capitano.
Le conducteur.	Il conduttore.
Le pilote.	Il pilota.
Le matelot.	Il marinajo.

Professions et métiers.	Professioni e mestieri.
L'antiquaire.	L'antiquario.
Le pharmacien.	Lo speziale.
L'armurier.	L'armajuolo.
Le boulanger.	Il fornajo.
Le barbier.	Il barbiere.
Le vannier.	Il panierajo.
Le forgeron.	Il maniscalco.
Le relieur.	Il legatore.
Le libraire.	Il librajo.
Le bottier.	Lo stivalajo.
Le chaudronnier.	Il calderajo.
Le brasseur.	Il birrajo.
Le briquetier.	Il mattoniero.
Le boucher.	Il beccajo; il macellajo.
L'ébéniste.	L'ebanista.
Le charpentier.	Il legnajuolo.
Le voiturier.	Il vetturino.
Le charron.	Il carrajo.

Marginal numbers:
1106
1107
1108
1109
1110
1111
1112
1113
1114
1115
1116
1117
1118
1119
1120
1121
1122
1123
1124
1125
1126
1127
1128
1129
1130

112

	Handicrafts and trades.	Handwerke und Gewerbe.
1131	The chandler.	Der Lichtzieher.
	The chimney-sweeper.	Der Kaminfeger.
1132	The cloth-merchant.	Der Tuchhändler.
	The coach-maker.	Der Wagenbauer.
1133	The coachman.	Der Kutscher.
	The coffee-house keeper.	Der Kaffewirth.
	The collar-maker.	Der Kummetmacher.
1134	The confectioner.	Der Conditor.
1135	The cooper.	Der Küfer.
1136	The tanner.	Der Gerber.
1137	The cutler.	Der Messerschmied.
	The draper.	Der Tuchmacher.
1138	The dress-maker.	Die Nähterin.
	The druggist.	Der Materialist.
1139	The dyer.	Der Färber.
1140	The embroideress.	Die Stickerin.
1141	The farrier.	Der Hufschmied.
1142	The fishmonger.	Der Fischhändler.
1143	The founder.	Der Giesser.
1144	The broker, fripperer.	Der Trödler.
1145	The fruit-woman.	Die Obsthändlerin.
	The furrier.	Der Kürschner.
1146	The gardener.	Der Gärtner.
1147	The gilder.	Der Vergolder.
1148	The glazier.	Der Glaser.
1149	The glover.	Der Handschuhmacher.
1150	The goldsmith.	Der Goldschmied.
1151	The grave-digger.	Der Todtengräber.
1152	The grocer.	Der Spezereihändler.
1153	The gun-smith.	Der Büchsenschmied.
	The hair-dresser.	Der Friseur.
	The hardware-man.	Der Stahlwaarenhändler.
1154	The harness-maker.	Der Riemer.
1155	The hatter.	Der Hutmacher.
1156	The horse-dealer.	Der Pferdehändler.
1157	The hosier.	Der Strumpfwirker.
	The hotel-keeper; inn-keeper.	Der Gastwirth.
1158	The jeweller.	Der Juwelier.
1159	The joiner.	Der Tischler.
1160	The ironmonger.	Der Eisenhändler.
	The lace-maker.	Der Bortenwirker.

113

Professions et métiers.	Professioni e mestieri.
Le chandelier.	Il candelottajo.
Le ramoneur.	Lo spazzacamino.
Le marchand de drap.	Il mercante di panno.
Le carrossier.	Il carrozzajo.
Le cocher.	Il cocchiere.
Le cafetier.	Il caffetiere.
Le bourrelier.	Il bastajo.
Le confiseur.	Il confettiere.
Le tonnelier.	Il bottajo.
Le corroyeur.	Il coreggiajo.
Le coutelier.	Il coltellinajo.
Le drapier.	Il pannajuolo.
La couturière.	La sartora.
Le droguiste.	Il droghiero.
Le teinturier.	Il tintore.
La brodeuse.	La ricamatrice.
Le maréchal.	Il maniscalco.
Le marchand de poisson.	Il pesciajuolo.
Le fondeur.	Il fonditore.
Le fripier.	Il rigattiere.
La fruitière.	La fruttajuola.
Le fourreur.	Il pellicciajo.
Le jardinier.	Il giardiniere.
Le doreur.	L'indoratore.
Le vitrier.	Il vetrajo.
Le gantier.	Il guantajo.
L'orfèvre.	L'orefice.
Le fossoyeur.	Il beccamorti.
L'épicier.	Il droghiere.
L'arquebusier.	L'archibugiere.
Le friseur.	L'arricciatore.
Le quincaillier.	Il chincagliere.
Le bourrelier.	Il valigiajo.
Le chapelier.	Il cappellajo.
Le maquignon.	Il cozzone.
Le bonnetier.	Il berrettajo.
L'aubergiste.	Il locandiere
Le joaillier.	Il gioielliere.
Le menuisier.	Il falegname.
Le ferronnier.	Il ferrajo.
Le passementier.	Lo spinettajo.

8

114

Professions and trades.	Handwerke und Gewerbe.
1161 The lapidary.	Der Steinschneider.
1162 The linen-draper.	Der Linnenhändler.
The lock-smith.	Der Schlosser.
1163 The looking-glass-maker.	Der Spiegelmacher; Spiegel-händler.
1164 The mason; bricklayer.	Der Maurer.
The miller.	Der Müller.
The milliner.	Die Putzhändlerin.
1165 The money-changer.	Der Wechsler.
1166 The music-seller.	Der Musikalienhändler.
The optician.	Der Opticus.
1167 The paper-manufacturer.	Der Papiermüller.
The pastry-cook.	Der Pastetenbäcker.
1168 The pedlar.	Der Hausirer.
The perfumer.	Der Parfumeur.
1169 The pin-manufacturer.	Der Nadler.
The porter.	Der Lastträger.
1170 The potter.	Der Töpfer.
The poulterer.	Der Hühnerhändler.
1171 The print-seller.	Der Kupferstichhändler.
1172 The ragman.	Der Lumpensammler.
1173 The ropemaker.	Der Seiler.
The saddler.	Der Sattler.
1174 The seedsman.	Der Samenhändler.
The seamstress.	Die Nähterin.
1175 The shepherd.	Der Schäfer.
The shipowner.	Der Rheder.
1176 The shoemaker.	Der Schuster.
1177 The silk-mercer.	Der Seidenhändler.
1178 The silversmith.	Der Silberschmied.
1179 The slater, tiler.	Der Dachdecker.
The smith.	Der Schmied.
1180 The soap-boiler.	Der Seifensieder.
The sword-cutler.	Der Schwertfeger.
1181 The tailor.	Der Schneider.
The tallow-chandler.	Der Lichtzieher.
The tanner.	Der Rothgerber.
1182 The timber-merchant.	Der Holzhändler.
1183 The tinman.	Der Blechschläger.
1184 The tin-potter.	Der Zinngiesser.
1185 The tobacconist.	Der Tabakhändler.

115

	Professions et métiers.	Professioni e mestieri.
1161	Le lapidaire.	Il lapidario.
1162	Le linger.	Il mercante di tela.
	Le serrurier.	Il magnano.
1163	Le miroitier.	Lo specchiajo.
1164	Le maçon.	Il muratore.
	Le meunier.	Il mugnajo.
	La marchande de modes.	La crestaja.
1165	Le changeur.	Il cambiatore.
1166	Le marchand de musique.	Il mercante di musica.
	L'opticien.	L'ottico.
1167	Le papetier.	Il cartajo.
	Le pâtissier.	Il pasticciere.
1168	Le colporteur.	Il merciajuolo.
	Le parfumeur.	Il profumiere.
1169	L'épinglier.	Lo spillettajo.
	Le crocheteur; le porte-faix.	Il facchino.
1170	Le potier.	Il pentolaro.
	Le marchand poulailler.	Il pollajuolo.
1171	Le marchand d'estampes.	Il mercante di stampe.
1172	Le chiffonnier.	Lo stracciajuolo.
1173	Le cordier.	Il funajuolo; il cordajo.
	Le sellier.	Il sellajo.
1174	Le grenetier.	Il granajuolo.
	La couturière.	La sartora.
1175	Le berger.	Il pastore; il pecorajo.
	Le fréteur.	Il nolleggiatore.
1176	Le cordonnier.	Il calzolajo.
1177	Le marchand de soie.	Il mercante di seta.
1178	L'orfèvre.	L'argentajo.
1179	Le couvreur.	Il conciatetti.
	Le forgeron.	Il fabbro; il ferrajo.
1180	Le savonnier.	Il saponajo.
	Le fourbisseur.	Lo spadajo.
1181	Le tailleur.	Il sarto; il sartore.
	Le fabricant de chandelles.	Il cerajuolo.
	Le tanneur.	Il conciatore.
1182	Le marchand de bois.	Il mercante di legname.
1183	Le ferblantier.	Il lattajo.
1184	Le potier d'étain.	Lo stagnajo.
1185	Le marchand de tabac	Il mercante di tabacco.

8*

116

Agricultural implements and tools.	Ackerbau- und Handwerksgeräthschaften.
The tradesman.	Der Handelsmann.
The trunk-maker.	Der Koffermacher.
The turner.	Der Drechsler.
The upholsterer.	Der Tapezierer.
The vine-dresser.	Der Winzer.
The washerwoman; laundress.	Die Wäscherin.
The watchmaker.	Der Uhrmacher.
The weaver.	Der Weber.
The wheelwright.	Der Wagner.
The wine-merchant.	Der Weinhändler.
The woollen-draper.	Der Tuchhändler.

1186 trunk-maker
1187 upholsterer
1188 washerwoman
1189 watchmaker
1190 weaver
1191 wine-merchant

Agricultural implements and tools.	Ackerbau- und Handwerksgeräthschaften.
The plough.	Der Pflug.
The ploughshare.	Die Pflugschaar.
The coulter.	Das Pflugeisen.
The spade.	Der Spaten.
The shovel.	Die Schaufel; die Schippe.
The pickaxe.	Der Karst.
The hoe.	Die Haue.
The weeder.	Der Gäter.
The harrow.	Die Egge.
The roller.	Die Walze.
The rake.	Die Harke.
The pitchfork.	Die Gabel.
The scythe.	Die Sense.
The sickle.	Die Sichel.
The bill.	Die Hippe.
The pruning-knife.	Das Gartermesser.
The watering-pot.	Die Giesskanne.
The flail.	Der Dreschflegel.
The winnowing-sieve.	Die Wanne; Schwinge.
The riddle.	Das Sieb.
A trough for cattle.	Ein Trog für Vieh.
An anvil.	Ein Ambos.
The hammer.	Der Hammer.
The mallet.	Der Schlägel.

1192 plough
1193 spade
1194 roller
1195 sickle
1196 pruning-knife
1197 flail
1198 anvil
1199 hammer

117

Instruments d'agriculture et outils.	Strumenti d'agricultura e di differenti mestieri.
Le marchand.	Il mercante.
Le layetier.	Il valigiajo.
Le tourneur.	Il tornajo.
Le tapissier.	Il tappezziere.
Le vigneron.	Il vignajuolo.
La blanchisseuse.	La lavandaja.
L'horloger.	L'oriuolajo.
Le tisserand.	Il tessitore.
Le charron.	Il carradore.
Le marchand de vin.	Il mercante di vino.
Le marchand de drap.	Il pannajuolo.

Instruments d'agriculture et outils.	Strumenti d'agricultura e di differenti mestieri.
La charrue.	L'aratro.
Le soc.	Il vomere.
Le coutre.	Il coltro.
La bêche.	La vanga.
La pelle.	La pala.
La pioche.	La zappa.
La houe.	La marra.
Le sarcleur.	Il sarchiello.
La herse.	L'erpice.
Le rouleau.	Il curro.
Le rateau.	Il rastrello.
La fourche.	La forca.
La faux.	La falce.
La faucille.	Il falcino: la falciuola.
La serpe.	La ronca.
La serpette.	La roncola.
L'arrosoir.	L'innaffiatojo.
Le fléau.	Il correggiato.
Le van.	Il vaglio.
Le crible.	Il crivello.
Une auge pour les bêtes.	Un truogo pel bestiame.
Une enclume.	Un' incudine.
Le marteau.	Il martello.
Le maillet.	Il mazzapicchio.

1186
1187
1188
1189
1190
1191
1192
1193
1194
1195
1196
1197
1198
1199

118

	Agricultural implements and tools.	Ackerbau- und Handwerksgeräth-schaften.
1200	Pincers.	Die Zange.
1201	A nail.	Ein Nagel.
1202	The file.	Die Feile.
	The awl.	Die Ahle.
	The vice.	Der Schraubstock.
1203	A drill.	Ein Drillbohrer.
1204	The screw.	Die Schraube.
1205	The nut.	Die Schraubenmutter.
	The auger.	Der Stangenbohrer.
1206	The mason's hod.	Ein Maurertrog.
1207	The ladder.	Die Leiter.
	The scaffold.	Das Gerüst.
	The trowel.	Die Kelle.
1208	The crow-bar.	Das Brecheisen.
	A cart.	Ein Karren.
	A barrow.	Ein Schubkarren.
	The rammer.	Die Handramme.
1209	The lever.	Der Hebel; Hebebaum.
	The axe.	Die Axt.
1210	The wedge.	Der Keil.
1211	The hatchet.	Das Beil.
1212	The pulley.	Die Winde.
1213	The saw.	Die Säge.
1214	The plane.	Der Hobel.
	The gimlet.	Der Bohrer.
1215	The chisel.	Der Meissel.
1216	A grindstone.	Ein Schleifstein.
1217	Glue.	Der Leim.
1218	Compasses.	Der Zirkel.
1219	The square.	Das Winkelmass.
1220	The level.	Die Wasserwage; Bleiwage.
	The trepan.	Der Erdbohrer.
1221	The mason's chisel.	Der Steinmeissel.
1222	The graver.	Der Grabstichel.
1223	A turning-lathe.	Eine Drehbank.
	A punch.	Eine Pfrieme; Ahle.
	A last.	Ein Leisten.
1224	Shears.	Eine grosse Scheere.

119

	Instruments d'agriculture et outils.	Strumenti d'agricultura e di differenti mestieri.
1200	Les tenailles.	La tanaglia.
1201	Un clou.	Un chiodo.
1202	La lime.	La lima.
	L'alêne.	La lesina.
	L'étau.	La morsa.
1203	Un vilebrequin.	Un trapano.
1204	La vis.	La vite.
1205	L'écrou.	La chiocciola.
	La tarière.	Il succhio.
1206	Une auge de maçon.	Una bigoncine da muratore.
1207	L'échelle.	La scala.
	L'échafaud.	Il ponte.
	La truelle.	La mestola.
1208	La pince.	Il piccone.
	Une charette.	Una carretta.
	Une brouette.	Un carretto.
	La demoiselle.	La mazzeranga.
1209	Le levier.	La lieva.
	La cognée.	La scure.
1210	Le coin.	Il conio.
1211	La hache.	L'ascia; l'asce.
1212	Le cric.	L'argano da ghindare.
1213	La scie.	La sega.
1214	Le rabot.	La pialla.
	Le foret.	Il succhiello.
1215	Le ciseau.	Lo scarpello.
1216	Une pierre à aiguiser.	Una mola d'aguzzare.
1217	La colle.	La colla.
1218	Le compas.	Il compasso.
1219	L'équerre.	La squadra.
1220	Le niveau.	La livella.
	Le trépan.	Il trapano.
1221	Le poinçon.	Il punteruolo.
1222	Le burin.	Il bulino.
1223	Un tour.	Un torno.
	Une pointe.	Un punzone.
	Une forme.	Una formella.
1224	Les ciseaux.	La forbice.

120

Literary and professional men.	Gelehrte und Künstler.
Literary and professional men.	**Gelehrte und Künstler.**

1225	An actor; an actress.	Ein Schauspieler; eine Schauspielerin.
1226	An advocate; a barrister.	Ein Advokat.
	An attorney; a solicitor.	Ein Anwalt.
1227	An architect.	Ein Baumeister.
	An artist.	Ein Künstler.
1228	An astronomer.	Ein Astronom.
1229	A botanist.	Ein Botaniker.
1230	A chemist.	Ein Chemiker.
1231	A clergyman.	Ein Geistlicher.
1232	A dancing-master.	Ein Tanzmeister.
1233	A dentist.	Ein Zahnarzt.
1234	A doctor.	Ein Doctor.
1235	A drawer.	Ein Zeichner.
1236	An engineer.	Ein Maschinenbauer.
1237	An engraver.	Ein Kupferstecher.
1238	A fencing-master.	Ein Fechtmeister.
1239	A geometer, surveyor.	Ein Feldmesser.
1240	A historian.	Ein Geschichtschreiber.
1241	A language-master.	Ein Sprachmeister.
1242	A lawyer.	Ein Rechtsgelehrter.
1243	A mathematician.	Ein Mathematiker.
1244	A mechanician.	Ein Mechaniker.
1245	A mineralogist.	Ein Mineralog.
1246	A musician.	Ein Musiker.
1247	A naturalist.	Ein Naturforscher.
1248	A painter.	Ein Maler.
1249	A philosopher.	Ein Philosoph.
1250	A physician.	Ein Arzt.
1251	A poet.	Ein Dichter.
1252	A preacher.	Ein Prediger.
1253	A professor.	Ein Professor.
1254	A riding-master.	Ein Bereiter.
1255	A school-master.	Ein Schulmeister.
1256	A sculptor.	Ein Bildhauer.
1257	A surgeon.	Ein Wundarzt.
1258	A theologian.	Ein Theolog.
	A writing-master.	Ein Schreiblehrer.

121

Savants et artistes.	Letterati ed artefici.
Savants et artistes.	**Letterati ed artefici.**

1225	Un acteur; une actrice.	Un attore; un' attrice.
1226	Un avocat. Un avoué.	Un procuratore. Un avvocato.
1227	Un architecte. Un artiste.	Un architetto. Un artista.
1228	Un astronome.	Un astronomo.
1229	Un botaniste.	Un botanico.
1230	Un chimiste.	Un chimico.
1231	Un ecclésiastique.	Un ecclesiastico.
1232	Un maître de danse.	Un maestro di ballo.
1233	Un dentiste.	Un cavadenti.
1234	Un docteur.	Un dottore.
1235	Un dessinateur.	Un disegnatore.
1236	Un ingénieur.	Un ingegnere.
1237	Un graveur.	Un intagliatore.
1238	Un maître d'armes.	Un maestro di scherma.
1239	Un géomètre.	Un geometra.
1240	Un historien.	Un istorico.
1241	Un maître de langue.	Un maestro di lingua.
1242	Un jurisconsulte.	Un giurisconsulto.
1243	Un mathématicien.	Un matematico.
1244	Un mécanicien.	Un meccanico.
1245	Un minéralogiste.	Un mineralista.
1246	Un musicien.	Un musico.
1247	Un physicien.	Un fisico.
1248	Un peintre.	Un pittore.
1249	Un philosophe.	Un filosofo.
1250	Un médecin.	Un medico.
1251	Un poëte.	Un poeta.
1252	Un prédicateur.	Un predicatore.
1253	Un professeur.	Un professore.
1254	Un écuyer.	Un cavallerizzo.
1255	Un maître d'école.	Un maestro di scuola.
1256	Un sculpteur.	Un scultore.
1257	Un chirurgien.	Un chirurgo.
1258	Un théologien. Un maître d'écriture.	Un teologo. Un maestro di scrittura.

122

Of commerce.	Vom Handel.

	Of commerce.	Vom Handel.
1259	The exchange.	Die Börse.
1260	The (rate of) exchange.	Der Curs.
1261	A banker.	Ein Banquier.
1262	A merchant.	Ein Kaufmann.
	A wholesale-dealer.	Ein Grosshändler.
1263	A retailer.	Ein Kleinhändler.
1264	A partner.	Ein Gesellschafter.
1265	A factor; an agent.	Ein Commissionär.
	A money-changer.	Ein Wechsler.
1266	A broker.	Ein Makler.
	A stock-broker.	Ein Wechselagent.
	A cashier.	Ein Kassirer.
1267	A clerk.	Ein Buchhalter; Commis.
1268	The buyer.	Der Käufer.
1269	The seller.	Der Verkäufer.
1270	The debtor.	Der Schuldner.
1271	The creditor.	Der Gläubiger.
1272	The course of exchange.	Der Wechselkurs.
	A letter of advice.	Ein Avisbrief.
1273	A bill of exchange.	Ein Wechselbrief.
	The draft.	Die Tratte.
	The remittance.	Die Rimesse.
	The acceptance.	Das Accept.
	The endorsement.	Das Indossement.
	The expiration of terms.	Die Verfallzeit.
	The protest.	Der Protest.
1274	The payment.	Die Zahlung.
	A receipt.	Ein Empfangschein.
1275	The quittance.	Die Quittung.
	A letter of credit.	Ein Creditbrief.
	To pay an account.	Eine Rechnung bezahlen.
1276	An obligation.	Ein Schuldbrief
	The invoice.	Die Faktur.
1277	The balance.	Die Bilanz.
	The cash-book.	Das Kassabuch.
1278	The ledger.	Das Hauptbuch.
1279	The wares.	Die Waaren.
	The warehouse.	Das Waarenlager.
1280	The shop.	Der Kaufladen.

123

Du commerce.	Del commercio.

	Du commerce.	Del commercio.
1259	La bourse.	La borsa.
1260	Le cours.	Il corso.
1261	Un banquier.	Un banchiere.
1262	Un négociant.	Un negoziante.
	Un marchand en gros.	Un mercante all' ingrosso.
1263	Un marchand en détail.	Un mercante al minuto.
1264	Un compagnon.	Un compagno.
1265	Un commissionnaire.	Un fattore.
	Un changeur.	Un combiatore.
1266	Un courtier.	Un sensale; un mezzano.
	Un agent de change.	Un agente di cambio.
	Un caissier.	Un cassiere.
1267	Un commis.	Un giovane di banca.
1268	L'acheteur.	Il compratore.
1269	Le vendeur.	Il venditore.
1270	Le débiteur.	Il debitore.
1271	Le créancier.	Il creditore.
1272	Le change.	Il cambio.
	Une lettre d'avis.	Una lettera d'avviso.
1273	Une lettre de change.	Una lettera di cambio.
	La traite.	La tratta.
	La remise.	La rimessa.
	L'acceptation.	L'accettazione.
	L'endossement.	La girata; il giro.
	L'échéance.	La scadenza.
	Le protêt.	Il protesto.
1274	Le paiement.	Il pagamento.
	Un reçu.	Una ricevuta.
1275	La quittance.	La quitanza.
	Une lettre de crédit.	Una lettera credenziale.
	Solder un compte.	Saldare un conto.
1276	Une obligation.	Una scritta.
	La facture.	La fattura.
1277	La balance.	La bilancia.
	Le livre de caisse.	Il libro di cassa.
1278	Le grand livre.	Il libro maestro.
1279	Les marchandises.	Le mercanzie.
	Le magasin.	Il magazino.
1280	La boutique.	La bottega.

124

Money and coins. — Weights and measures.	Münzen. — Gewicht und Maass.
The counter.	Der Ladentisch.
The shop-windows.	Die Schaufenster.
The office, counting-house.	Das Comptoir.
The strong-box.	Die Kasse.

1281
1282

Money and coins.	**Münzen.**
Money.	Das Geld.
Change.	Kleines Geld.
A banknote.	Eine Banknote.
A gold-coin.	Eine Goldmünze.
A silver-coin.	Eine Silbermünze.
Copper-money.	Das Kupfergeld.
A sovereign.	Ein Souveränd'or.
A pound sterling.	Ein Pfund Sterling.
A crown.	Eine Krone.
A shilling.	Ein Schilling.
A louis.	Ein Louisd'or.
A napoleon.	Ein Napoleond'or.
A five franc-piece.	Ein Fünffrankenstück.
A franc.	Ein Frank.
A carlin.	Ein Carolin.
A ducat.	Ein Dukat.
A florin.	Ein Gulden.
A kreuzer.	Ein Kreuzer.
A heller.	Ein Heller.
A frederic.	Ein Friedrichsd'or.
A dollar.	Ein Thaler.
A groschen.	Ein Groschen.
A pistole.	Eine Pistole.
A piastre.	Ein Piaster.
A sequin.	Eine Zechine.
A doubloon.	Eine Doublone.
A paul.	Ein Paolo.
An ounce.	Eine Unze.
An exchequer-bill.	Eine Kassenanweisung.

Weights and measures.	**Gewicht und Maass.**
A ton = 2240 pds. Engl.	Eine Tonne.
A hundred - weight = 112 pds. Engl.	Ein Centner.

125

Des monnaies. — Poids et mesures.	Delle monete. — Pesi e misure.
Le comptoir.	Lo scrittojo.
L'étalage; la montre.	La mostra delle botteghe.
Le bureau.	L'uffizio.
La caisse.	La cassa.

1281
1282

Des monnaies.	**Delle monete.**
L'argent.	Il danaro.
De la monnaie.	Danari piccoli.
Un billet de banque.	Una cedola di banco.
Une pièce d'or.	Una moneta d'oro.
Une pièce d'argent.	Una moneta d'argento.
La monnaie de cuivre.	La moneta di rame.
Un souverain d'or.	Un sovrano d'oro.
Une livre sterling.	Una lira sterlina.
Une couronne.	Una corona.
Un schelling.	Uno scellino.
Un louis d'or.	Un luigi d'oro.
Un napoléon d'or.	Un napoleone d'oro.
Une pièce de cinq francs.	Un pezzo di cinque franchi.
Un franc.	Un franco.
Un carlin.	Un carlino.
Un ducat,	Un ducato.
Un florin.	Un fiorino.
Un kreuzer.	Un carantano.
Un denier.	Un danajo.
Un frédéric d'or.	Un frederic d'oro.
Un écu.	Uno scudo.
Un gros.	Un grosso.
Une pistole.	Una doppia.
Une piastre.	Una piastra.
Un sequin.	Un zecchino.
Un doublon.	Un doppione.
Un paul.	Un paolo.
Une once.	Un' oncia.
Un billet de trésor.	Un biglietto di tesoro.

Poids et mesures.	**Pesi e misure.**
Un tonneau.	Un doglio.
Un quintal.	Un quintale.

126

Weights and measures.	Gewicht und Maass.
A stone = 14 pds. Engl.	Ein Stein.
A pound.	Ein Pfund.
An ounce.	Eine Unze.
Half an ounce.	Ein Loth.
A drachm.	Ein Quentchen.
A scruple.	Ein Skrupel.
A carat.	Ein Karat.
A grain.	Ein Gran; Ass.
A tun = 240 gallons.	Eine Tonne.
A pipe = 120 gallons.	Eine Pipe; ein Stückfass.
A hogshead = 66 gallons.	Ein Oxhoft.
A bushel = 8 gallons.	Ein Scheffel.
A peck = 2 gallons.	Eine Metze.
A gallon = 10 pds. distill. water.	Ein Gallon.
A quart = 2^1/$_2$ pds. dist. w.	Ein Quart; ein Viertel.
A pint = ^{1}/$_2$ quart.	Ein Schoppen.
A gill = ^{1}/$_4$ pint.	Ein Viertelschoppen.
A fathom = 6 feet.	Ein Faden; ein Klafter.
A yard = 3 feet.	Eine Ruthe.
An ell.	Eine Elle.
A foot.	Ein Fuss.
A hand = ^{1}/$_3$ foot.	Eine Hand.
An inch = ^{1}/$_{12}$ foot.	Ein Zoll.
A line.	Ein Strich.
A german mile = 4^2/$_3$ Engl. miles.	Eine deutsche Meile.
A league = 2^4/$_5$ Engl. miles.	Eine Stunde.
A mile = 1760 Engl. yards.	Eine englische Meile.
A square-mile.	Eine Quadratmeile.
A square-yard.	Eine Quadratruthe.
A cubic-foot.	Ein Kubikfuss.
An acre of land = 4840 square-yards.	Ein Morgen Landes.
Breadth.	Die Breite.
Length.	Die Länge.
Height.	Die Höhe.
Depth.	Die Tiefe.
Thicknes.	Die Dicke.
Extent.	Die Ausdehnung.

127

Poids et mesures.	Pesi e misure.
Une pierre.	Una pietra.
Une livre.	Una libbra.
Une once.	Un' oncia.
Une demi-once.	Una mezz' oncia.
Une drachme.	Una dramma.
Un scrupule.	Uno scrupolo.
Un carat.	Un carato.
Un grain.	Un grano.
Un tonneau.	Un doglio.
Une pipe.	Una pipa.
Une pièce.	Un osoffo.
Un boisseau.	Un moggio.
Un picotin.	Una profenda.
Un gallon.	Un gallone.
Un quart.	Un quarto.
Une chopine.	Una foglietta.
Une roquille.	Un quarto di foglietta.
Une brasse; toise.	Un braccio; una tesa.
Une verge.	Una verga.
Une aune.	Un' auna.
Un pied.	Un piede.
Un palme.	Un palmo.
Un pouce.	Un pollice.
Une ligne.	Una linea.
Un mille allemand.	Un miglio tedesco.
Une lieue.	Una lega.
Un mille anglais.	Un miglio inglese.
Un mille carré.	Un miglio quadrato.
Une verge carrée.	Una verga quadrata.
Un pied cube.	Un piede cubico.
Un arpent de terre.	Un jugero di terra.
La largeur.	La larghezza.
La longueur.	La lunghezza.
La hauteur.	L'altezza.
La profondeur.	La profondità.
L'épaisseur.	La grossezza.
L'étendue; la dimension.	L'estensione; l'ampiezza; la dimensione.

128

	Colours, painting and writing materials.	Farben, Malerei und Schreibmaterialien.
1283	Red.	Roth.
1284	Blue.	Blau.
1285	Yellow.	Gelb.
1286	Black.	Schwarz.
1287	White.	Weiss.
1288	Green.	Grün.
1289	Brown.	Braun.
1290	Violet.	Violet.
1291	Orange-yellow.	Orangegelb.
1292	Indigo.	Indigo.
	Olive.	Olivenfarbig.
1293	Purple.	Purpur.
1294	Grey.	Grau.
	Ash-colour.	Aschfarbig.
1295	Flesh-colour.	Fleischfarbig.
	Flaxen-colour.	Blond.
1296	Scarlet.	Scharlach.
	Crimson.	Carmoisin.
1297	Carmine.	Der Carmin.
	The easel.	Die Staffelei.
	A pallet.	Ein Farbenbrett.
1298	A hair-pencil.	Ein Pinsel.
	A pencil.	Ein Bleistift.
	Black-chalk.	Schwarze Kreide.
	Charcoal.	Die Kohle.
	The stump.	Der Wischer.
1299	Indian ink.	Die Tusche.
	Crayon.	Der Pastell.
	A crayon-holder.	Ein Kreidehalter.
1300	A picture.	Ein Gemälde.
1301	A drawing.	Eine Zeichnung.
1302	A sketch.	Eine Skizze.
1303	An engraving; print.	Ein Kupferstich.
1304	A lithograph.	Ein Steindruck.
1305	A historical picture.	Ein geschichtliches Bild.
1306	A view.	Eine Ansicht.
1307	A landscape.	Eine Landschaft.
1308	A portrait.	Ein Portrait.

129

	Des couleurs, de la peinture et de l'écriture.	Dei colori, della pittura e della scrittura.
1283	Rouge.	Rosso.
1284	Bleu.	Turchino.
1285	Jaune.	Giallo.
1286	Noir.	Nero.
1287	Blanc.	Bianco.
1288	Vert.	Verde.
1289	Brun.	Bruno; fosco.
1290	Violet.	Paonazzo.
1291	Jaune orangé.	Giallo arancio.
1292	Indigo.	Indaco.
	Olivâtre.	Olivastro.
1293	Pourpre.	Purpureo.
1294	Gris.	Bigio.
	Gris cendré.	Grigio cenericcio.
1295	Incarnat.	Incarnato.
	Blond.	Biondo.
1296	Ecarlate.	Scarlato.
	Cramoisi.	Cremisino.
1297	Le carmin.	Il carminio.
	Le chevalet.	Il cavalletto.
	Une palette.	Una tavolozza.
1298	Un pinceau.	Un pennello.
	Un crayon.	Un lapis piombino.
	Le crayon noir.	Il lapis nero.
	Le fusin.	Il carbone.
	L'estompe.	Il fumino.
1299	L'encre de Chine.	L'inchiostro della China.
	Le pastel.	Il pastello.
	Un porte crayon.	Un matitatojo.
1300	Un tableau.	Un quadro.
1301	Un dessin.	Un disegno.
1302	Une esquisse.	Uno schizzo.
1303	Une gravure; estampe.	Un rame; una stampa.
1304	Une lithographie.	Una litografia.
1305	Un tableau d'histoire.	Un quadro storico.
1306	Une vue.	Una veduta; vista.
1307	Un paysage.	Un paesetto.
1308	Un portrait.	Un ritratto.

9

130

Colours, painting and writing materials. — Games and recreations.	Farben, Malerei und Schreibmaterialien. – Spiele und Vergnügungen.
A miniature.	Ein Miniaturgemälde.
A study.	Eine Studie.
An original.	Ein Original.
A copy.	Eine Copie.
A model.	Ein Muster; Vorbild.
The outlines.	Die Umrisse.
Drapery.	Der Faltenwurf.
Colouring.	Das Colorit.
Perspective.	Die Perspective.
Composition.	Die Composition.
Agreement of colours.	Der Farbenton.
The ink-stand.	Das Schreibzeug.
Ink.	Die Tinte.
A pen.	Eine Feder.
Paper.	Das Papier.
Wafers.	Die Oblaten.
Sealing-wax.	Der Siegellack.
A seal.	Ein Petschaft.
A penknife.	Ein Federmesser.
The ink-bottle.	Das Tintenfass.
The sand-box.	Das Sandfass.

Games and recreations.	Spiele und Vergnügungen.
A walk; promenade.	Ein Spaziergang.
A ride.	Ein Spazierritt.
A drive.	Eine Spazierfahrt.
A race.	Ein Wettrennen.
The play.	Das Schauspiel.
Dancing.	Der Tanz.
The ball.	Der Ball.
A partner.	Ein Tänzer.
A partner (f).	Eine Tänzerin.
Game of forfeits.	Das Pfänderspiel.
Game of hazard.	Das Hazardspiel.
Skates.	Die Schlittschuhe.
Chess.	Das Schachspiel.
The chess-board.	Das Schachbrett.
The chess-men.	Die Figuren.
The squares.	Die Felder.
The king.	Der König.

131

Des couleurs, de la peinture et de l'écriture. — Jeux et divertissemens.	Dei colori, della pittura e della scrittura. — Giuochi e ricreazioni.
Une miniature.	Una miniatura.

1309	Une étude.	Uno studio.
1310	Un original.	Un originale.
1311	Une copie.	Una copia.
1312	Un modèle.	Un modello.
	Les contours.	I contorni.
	La draperie.	La panneggiatura.
	Le coloris.	Il colorito.
1313	La perspective.	La prospettiva.
	La composition.	La composizione.
	Le ton.	La tinta.
	L'écritoire.	Il calamajo.
	L'encre.	L'inchiostro.
	Une plume.	Una penna.
	Le papier.	La carta.
	Le pains à cacheter.	Le ostie.
	Le cire d'Espagne.	La cera di Spagna.
	Un cachet.	Un sigillo.
	Un canif.	Un temperino.
	L'encrier.	Il calamajo.
	Le poudrier.	Il polverino.

	Jeux et divertissemens.	**Giuochi e ricreazioni.**
1314	Une promenade.	Un passeggio.
	Une promenade à cheval.	Una passeggiata a cavallo.
	Une promenade en voiture.	Una passeggiata in carrozza.
1315	Une course	Un corso.
1316	Le spectacle.	Lo spettacolo.
1317	La danse.	La danza.
	Le bal.	Il ballo.
1318	Un danseur.	Un ballerino.
	Une danseuse.	Una ballerina.
	Les jeux innocents.	Il giuoco de' pegni.
	Les jeux de hasard.	Il giuoco di sorte.
1319	Les patins.	I pattini.
1320	Les échecs.	Gli scacchi.
1321	L'échiquier.	Lo scacchiere.
	Les pièces.	I pezzi.
	Les cases.	Gli scacchi.
	Le roi.	Il rè.

9*

132

Games and recreations. — Field-sports.	Spiele und Vergnügungen. — Die Jagd.
The queen.	Die Königin.
The castle.	Der Thurm.
The bishop.	Der Laufer.
The knight.	Der Springer
The pawn.	Der Bauer.
Back-gammon.	Das Brettspiel.
1322 Dice.	Die Würfel.
1323 The dice-box.	Der Würfelbecher.
Pieces; men.	Die Steine.
Draughts.	Das Damenspiel.
The draught-board.	Das Damenbrett.
1324 Billiards.	Das Billard.
1325 The balls.	Die Bälle.
The pockets.	Die Löcher.
The cushions.	Die Banden.
A cue.	Ein Queue.
A cannon.	Eine Carambolage.
A winning-hazard.	Einen Ball machen.
A losing-hazard.	Sich verlaufen.
The game of dominoes.	Das Domino.
1326 A pack of cards.	Ein Spiel Karten.
The king.	Der König.
The queen.	Die Dame.
The knave.	Der Bube.
The ace.	Das Ass.
The deuce.	Die Zwei.
To deal.	Geben.
To shuffle.	Mischen.
To cut.	Abheben.
Counters.	Die Spielmarken.
Skittles.	Das Kegelspiel.
The skittle-ground.	Die Kegelbahn.
The bowl.	Die Kugel.
The nine-pins.	Die Kegel.
The shuttlecock.	Der Federball.
The battledore.	Der Schlägel.
Die Jagd.	**Die Jagd.**
1327 Sporting accoutrements.	Das Jagdzeug.
Shooting.	Die kleine Jagd.

133

Jeux et divertissemens. — La chasse.	Giuochi e ricreazioni. — La caccia.
La dame.	La dama.
La tour.	Il rocco.
Le fou.	L'alfiere.
Le cavalier.	Il cavaliere.
Le pion.	La pedina.
Le trictrac.	Lo sbaraglino.
1322 Les dés.	I dadi.
1323 Le cornet.	Il bossolo.
Les pièces.	I pezzi.
Le jeu de dames.	Il giuoco di dama.
Le damier.	Il tavoliere a dama.
1324 Le billard.	Il bigliardo; trucco.
1325 Les billes.	Le palle.
Les blouses.	1 buchi.
Les bandes.	Le sponde.
Une queue.	Una stecca.
Un carambolage.	Un carambolaggio.
Faire une bille.	Fare una biglia.
Se perdre.	Perdersi.
Le domino.	Il dominò.
1326 Un jeu de cartes.	Un giuoco di carte.
Le roi.	Il rè.
La dame.	La dama.
Le valet.	Il fante.
L'as.	L'asso.
Le deux.	Il duo.
Donner	Dare.
Battre.	Mischiare.
Couper.	Alzare.
Les jetons.	I marchj.
Le jeu de quilles.	Il giuoco di birilli.
Le quillier.	Il giuocoliscio.
La boule.	La palla.
Les quilles.	I birilli.
Le volant.	Il volante.
La raquette.	La rachetta.

La chasse.	La caccia.
1327 L'équipage de chasse.	Gli arnesi da caccia.
La chasse au tir.	La caccia a fucili.

134

	Field-sports.	Die Jagd.
	Hunting.	Die Hetzjagd.
	Battue.	Die Treibjagd.
1328	Coursing.	Die Hasenhetze.
1329	Fox-hunting.	Die Fuchshetze.
	A gun.	Eine Flinte.
	A double-barrelled gun.	Eine Doppelflinte.
1330	A rifle.	Eine Büchse.
1331	The ramrod.	Der Ladestock.
1332	The lock.	Das Schloss.
1333	The butt-end.	Der Kolben.
1334	The stock.	Der Schaft.
1335	The cock.	Der Hahn.
1336	The touch-hole.	Das Zündloch.
1337	The trigger.	Der Drücker; Abzug.
1338	The powder.	Das Pulver.
1339	The powder-flask.	Das Pulverhorn.
	The percussion-cap.	Das Zündhütchen.
1340	Swan-shot.	Rehposten.
	Small-shot.	Der Schrot.
	Dust-shot.	Vogeldunst.
1341	The shot-case.	Der Schrotbeutel.
	The game-bag.	Die Jagdtasche.
	The bugle.	Das Jagdhorn.
1342	Game.	Das Wildpret.
1343	A sportsman.	Ein Jäger.
1344	A beater.	Ein Treiber.
1345	The stand.	Der Anstand.
1346	The track.	Die Spur; Fährte.
1347	The scent.	Die Witterung.
	Whooping.	Das Jagdgeschrei.
	A poacher.	Ein Wilddieb.
1348	The fisherman.	Der Fischer.
1349	Fishing.	Der Fischfang.
	Fishing-tackle.	Das Fischergeräth.
1350	The fishing-rod.	Die Angelruthe.
1351	The line.	Die Angelschnur.
1352	The hook.	Die Angel.
1353	Bait.	Der Köder.
1354	A net.	Ein Netz.
1355	A fish-pond.	Ein Fischteich.
	The fish-tank.	Der Fischbehälter.

135

La chasse.	La caccia.
La chasse à courre.	La caccia forzata.
La battue.	La caccia clamorosa.
La chasse au lièvre.	La caccia di lepre.
La chasse au renard.	La caccia di volpe.
Un fusil.	Un fucile; uno schioppo.
Un fusil à deux coups.	Uno schioppo doppio.
Une carabine.	Una carabina.
La baguette.	La bacchetta.
La batterie.	Il focile.
La crosse.	Il calcio.
Le fût.	La cassa.
Le chien.	Il cane.
La lumière.	Il focone.
La détente.	Il grilletto.
La poudre.	La polvere.
La corne à poudre.	Il polverino.
La chevrotine.	I pallini da capriuoli.
Le petit-plomb.	I pallini.
La cendrée.	La migliarola.
La bourse à dragée.	La borsa da pallini.
La gibecière.	La carniera.
Le cor de chasse.	Il corno da caccia.
Le gibier.	La cacciagione.
Un chasseur.	Un cacciatore.
Un batteur.	Una guida.
L'affût.	La posta.
La piste.	La traccia.
Le vent.	Il sentore.
La huée.	La grida.
Un braconnier.	Chi caccia furtivamente.
Le pêcheur.	Il pescatore.
La pêche.	La pesca.
L'appareil de pêche.	Gli arnesi della pesca.
La gaule.	La verga pescatoria.
La ligne.	La lenza.
Le hamecon.	L'amo.
L'appat.	L'esca.
Un filet.	Una rete.
Un vivier.	Una peschiera.
Le réservoir.	Il serbatojo.

The row numbers in the left margin:
1328 — La chasse au lièvre.
1329 — La chasse au renard.
1330 — Une carabine.
1331 — La baguette.
1332 — La batterie.
1333 — La crosse.
1334 — Le fût.
1335 — Le chien.
1336 — La lumière.
1337 — La détente.
1338 — La poudre.
1339 — La corne à poudre.
1340 — La chevrotine.
1341 — La bourse à dragée.
1342 — Le gibier.
1343 — Un chasseur.
1344 — Un batteur.
1345 — L'affût.
1346 — La piste.
1347 — Le vent.
1348 — Le pêcheur.
1349 — La pêche.
1350 — La gaule.
1351 — La ligne.
1352 — Le hamecon.
1353 — L'appat.
1354 — Un filet.
1355 — Un vivier.

136

Music.	Musik.
1356 A bird-catcher.	Ein Vogelsteller.
1357 A lime-twig.	Eine Leimruthe.
A springe.	Ein Sprenkel.
1358 A cage.	Ein Vogelbauer.
The fowling-floor.	Der Vogelheerd.

Music.	Musik.
A musical-festival.	Ein Musikfest.
1359 A concert.	Ein Konzert.
The band-master.	Der Kapellmeister.
1360 The musicians.	Die Musiker.
An overture.	Eine Ouvertüre.
A symphony.	Eine Symphonie.
1361 An air.	Eine Arie.
1362 A song.	Ein Lied.
1363 The accompaniment.	Die Begleitung.
The voice.	Die Stimme.
The tuning-key.	Der Stimmhammer.
1364 The organ.	Die Orgel.
1365 A string instrument.	Ein Saiteninstrument.
A piano-forte.	Ein Fortepiano.
A grand piano.	Ein Flügel.
1366 A violin.	Eine Violine.
A viol.	Eine Viole.
A violoncello.	Ein Violoncell.
A bass, double-bass.	Ein Contrabass.
1367 The bow.	Der Bogen.
A harp.	Eine Harfe.
A guitar.	Eine Guitarre.
A wind-instrument.	Ein Blasinstrument.
A flageolet.	Ein Flageolet.
A hautboy.	Eine Hoboe.
A clarionet.	Eine Klarinette.
1368 A flute.	Eine Flöte.
A horn; bugle.	Ein Horn.
1369 A trumpet.	Eine Trompete.
A bassoon.	Ein Fagott.
A bag-pipe.	Ein Dudelsack.
A jew's-harp.	Eine Maultrommel.
A trombone.	Eine Posaune.

137

La musique.	La musica.
Un oiseleur.	Un uccellatore.
Un gluau.	Un panione.
Un cerceau.	Una schiaccia.
Une cage.	Una gabbia.
L'aire.	L'uccellaja.

La musique.	La musica.
Un festival.	Una festa di musica.
Un concert.	Un concerto.
Le maître de chapelle.	Il maestro di cappella.
Les musiciens.	I musici.
Une ouverture.	Un' entrata.
Une symphonie.	Una sinfonia.
Un air.	Un' aria.
Une chanson.	Un canzone.
L'accompagnement.	L'accompagnamento.
La voix.	La voce.
L'accordoir.	La chiave.
L'orgue.	L'organo.
Un instrument à cordes.	Un instrumento a corde.
Un piano.	Un pianoforte.
Un piano à queue.	Un pianoforte a coda.
Un violon.	Un violino.
Une viole.	Una viola.
Un violoncelle.	Un violoncello.
Une contrebasse.	Un violone; contrabasso.
L'archet.	L'archetto.
Une harpe.	Un' arpa.
Une guitare.	Una chitarra.
Un instrument à vent.	Uno strumento da fiato.
Un flageolet.	Uno zufolo.
Un hautbois.	Un oboè.
Une clarinette.	Un clarinetto.
Une flûte.	Un flauto.
Un cor.	Un corno.
Une trompette.	Una tromba.
Un basson.	Un fagotto.
Une cornemuse.	Una cornamusa.
Une guimbarde.	Uno spassapensiero.
Un trombone.	Un trombone.

Line numbers (left margin): 1356, 1357, 1358, 1359, 1360, 1361, 1362, 1363, 1364, 1365, 1366, 1367, 1368, 1369

138

Secular dignities.	Weltliche Würden.

1370	The kettle-drums. A drum. The great drum.	Die Pauken. Eine Trommel. Die grosse Trommel.
1371	A triangle. The cymbals. A fife. The shalms. Bells.	Ein Triangel. Die Becken. Eine Pfeife. Die Schalmei. Der Schellenbaum.

Secular dignities.	Weltliche Würden.

1372 1373	An emperor; an empress.	Ein Kaiser; eine Kaiserin.
1374 1375	The king; the queen. An archduke; an arch-duchess.	Der König; die Königin. Ein Erzherzog; eine Erz-herzogin.
1376	A grand-duke; a grand-duchess.	Ein Grossherzog; eine Gross-herzogin.
1377	A duke; a duchess.	Ein Herzog; eine Herzogin.
1378	A prince; a princess.	Ein Prinz; eine Prinzessin.
1379	The prince-royal, the prin-cess-royal.	Der Kronprinz; die Kron-prinzessin.
	An elector; an electress.	Ein Kurfürst; eine Kurfür-stin.
	A peer.	Ein Pair.
1380	A deputy; a member of par-liament.	Ein Abgeordneter; ein Volks-vertreter.
1381	A marquis; a marchioness. An earl; a countess.	Ein Marquis; eine Marquise. Ein Graf; eine Gräfin.
1382	A viscount; a viscountess.	Ein Vicomte; eine Vicom-tesse.
	A baron; a baroness. A lord; a lady.	Ein Freiherr; eine Freifrau. Ein Lord; eine Lady.
1383	A gentleman, nobleman.	Ein Edelmann.
1384	A knight. A chancellor.	Ein Ritter. Ein Kanzler.
1385	A minister. A secretary of state.	Ein Minister. Ein Staatssekretär.
1386	A viceroy.	Ein Vicekönig.

139

Dignités séculières.	Dignità secolari.
Les timbales.	I timpani.
Un tambour.	Un tamburo.
La grosse caisse.	La gran cassa; il tamburo grande.
Un triangle.	Un triangolo.
Les cymbales.	I cimbali.
Un fifre.	Un piffero.
Le chalumeau.	La cennamella.
Le chapeau chinois.	Il cappello chinese.

Dignités séculières.	Dignità secolari.
Un empereur; une impéra- trice.	Un imperatore; un' impera- trice.
Le roi; la reine.	Il rè; la regina.
Un archiduc; une archidu- chesse.	Un arciduca; un' arcidu- chessa.
Un grand-duc; une grand- duchesse.	Un granduca; una grandu- chessa.
Un duc; une duchesse.	Un duca; una duchessa.
Un prince; une princesse.	Un principe; una principessa.
Le prince royal (impérial); la princesse royale (impé- riale).	Il principe reale (imperiale); la principessa reale (impe- riale).
Un électeur; une électrice.	Un elettore; un' elettrice.
Un pair.	Un pari.
Un député; un représentant du peuple.	Un deputato; un rappresen- tante del popolo.
Un marquis; une marquise.	Un marchese; una marchesa.
Un comte; une comtesse.	Un conte; una contessa.
Un vicomte; une vicomtesse.	Un viconte; una vicontessa.
Un baron; une baronne.	Un barone; una baronessa.
Un lord; une lady.	Un lord; una lady.
Un gentilhomme.	Un gentiluomo.
Un chevalier.	Un cavaliere.
Un chancelier.	Un cancelliere.
Un ministre.	Un ministro.
Un secrétaire d'état.	Un segretario di stato.
Un vice-roi.	Un vicerè.

1370

1371

1372 1373
1374 1375

1376

1377
1378
1379

1380

1381

1382

1383
1384

1385

1386

140

Ecclessiastical dignities.	Geistliche Würden.
1387 An ambassador; an ambassadress.	Ein Gesandter; eine Gesandtin.
1388 A governor; a governor's lady.	Ein Statthalter; eine Statthalterin.
1389 A commandant.	Ein Befehlshaber; Kommandant.
1390 A plenipotentiary.	Ein Bevollmächtigter.
An envoy.	Ein Abgesandter.
A resident.	Ein Resident.
1391 A consul.	Ein Consul.
1392 An official.	Ein Beamter.

Ecclesiastical dignities.	Geistliche Würden.
The pope.	Der Papst.
The sovereign pontiff.	Der oberste Bischof.
A cardinal.	Ein Kardinal.
A patriarch.	Ein Patriarch.
A primate.	Ein Primas.
An archbishop.	Ein Erzbischof.
A bishop.	Ein Bischof.
A prelate.	Ein Prälat.
A legate.	Ein Légat.
A vice-legate.	Ein Vice-Legat.
An apostolical nuncio.	Ein apostolischer Nuntius.
An internuncio.	Ein Internuntius.
A grand-vicar.	Ein Grossvicarius.
An arch-priest.	Ein Erzpriester.
A prior.	Ein Prior.
An abbot.	Ein Abt.
A rector.	Ein Rector.
A vicar.	Ein Pfarrer; ein Pastor.
An archdeacon.	Ein Archidiaconus.
A priest.	Ein Priester.
A deacon.	Ein Diaconus.
A canon.	Ein Canonicus; Domherr.
A chaplain; a curate.	Ein Kaplan.
A confessor.	Ein Beichtvater.
A clergyman.	Ein Geistlicher.
A monk.	Ein Mönch.
A lay-brother.	Ein Laienbruder.

141

Dignités ecclésiastiques.	Dignità ecclesiastiche.

1387	Un ambassadeur; une am-bassadrice.	Un ambasciatore; un' am-basciatrice.
1388	Un gouverneur; une gou-vernante.	Un governatore; una gover-natrice.
1389	Un commandant.	Un comandante.
1390	Un plénipotentiaire.	Un plenipotenziario.
	Un envoyé.	Un inviato.
	Un résident.	Un residente.
1391	Un consul.	Un console.
1392	Un fonctionnaire.	Un impiegato, officiante.

Dignités ecclésiastiques.	Dignità ecclesiastiche.
Le pape.	Il papa.
Le souverain pontife.	Il summo pontefice.
Un cardinal.	Un cardinale.
Un patriarche.	Un patriarca.
Un primat.	Un primate.
Un archevêque.	Un arcivescovo.
Un évêque.	Un vescovo.
Un prélat.	Un prelato.
Un légat.	Un legato.
Un vice-légat.	Un vicelegato.
Un nonce apostolique.	Un nunzio apostolico.
Un internonce.	Un internunzio.
Un grand-vicaire.	Un vicario generale.
Un archi-prêtre.	Un arciprete.
Un prieur.	Un priore.
Un abbé.	Un abbate.
Un recteur.	Un rettore.
Un curé; un pasteur.	Un curato; un parroco.
Un archi-diacre.	Un arcidiacono.
Un prêtre.	Un prete; un sacerdote.
Un diacre.	Un diacono.
Un chanoine.	Un canonico.
Un chapelain.	Un cappellano.
Un confesseur.	Un confessore.
Un ecclésiastique.	Un ecclesiastico.
Un moine.	Un monaco.
Un frère-lai.	Un converso.

142

Countries and nations.	Länder und Völker.
A nun.	Eine Nonne.
The sacristan, verger.	Ein Kirchendicner.

	Countries and nations.	Länder und Völker.
1393	A state.	Ein Staat.
1394	The Empire.	Das Reich; Kaiserreich.
1395	The Kingdom.	Das Königreich.
	The Grand-Duchy.	Das Grossherzogthum.
	The Electorate.	Das Kurfürstenthum.
1396	The Duchy.	Das Herzogthum.
1397	The Principality.	Das Fürstenthum.
1398	The County.	Die Grafschaft.
1399	The Republic.	Die Republik; der Freistaat.
	A free city.	Eine freie Stadt.
1400	A territory.	Ein Gebiet.
1401	Africa; an African.	Afrika; ein Afrikaner.
1402	America; an American.	Amerika; ein Amerikaner.
1403 1404	Asia; an Asiatic.	Asien; ein Asiat.
1405	Australia.	Australien.
1406	Austria; an Austrian.	Oesterreich; einOesterreicher.
1407	Baden; an inhabitant of Baden.	Baden; ein Badenser.
1408	Bavaria; a Bavarian.	Baiern; ein Baier.
1409	Belgium; a Belgian.	Belgien; ein Belgier.
1410	Bohemia; a Bohemian.	Böhmen; ein Böhme.
	Brabant; a Brabantine.	Brabant; ein Brabanter.
1411	China; a Chinese.	China; ein Chinese.
1412	Denmark; a Dane.	Dänemark; ein Däne.
1413	England; an Englishman.	England; ein Engländer.
1414 1415	Europe; an European.	Europa; ein Europäer.
1416	Flanders; a Fleming.	Flandern; ein Flamländer.
1417	France; a Frenchman.	Frankreich; ein Franzose.
1418	Germany; a German.	Deutschland; ein Deutscher.
1419	The German confederation.	Der deutsche Bund.
1420	Great-Britain; a Briton.	Grossbritannien; ein Britte.
1421	Greece; a Greek.	Griechenland; · ein Grieche.
	Grisons.	Graubünden.
	Hainault.	Der Hennegau.
1422	Hanover; a Hanoverian.	Hannover; ein Hannoveraner.

143

Des pays et des peuples.	Paesi e popoli.
Une religieuse. Le sacristain; le bedeau.	Una religiosa; monaca. Il sacristano.

	Des pays et des peuples.	Paesi e popoli.
1393	Un état.	Uno stato.
1394	L'empire.	L'impero.
1395	Le royaume.	Il regno.
	Le grand-duché.	Il gran ducato.
	L'électorat.	L'elettorato.
1396	Le duché.	Il ducato.
1397	La principauté.	Il principato.
1398	Le comté.	La contea.
1399	La république.	La repubblica.
	Une ville libre.	Una città libera.
1400	Un territoire.	Un territorio.
1401	L'Afrique; un Africain.	L'Affrica; un Affricano.
1402	L'Amérique; un Américain.	L'America; un Americano.
1403 1404	L'Asie; un Asiatique.	L'Asia; un Asiatico.
1405	L'Australie.	L'Australia.
1406	L'Autriche; un Autrichien.	L'Austria; un Austriaco.
1407	Le duché de Bade; un Ba- dois.	Il ducato di Baden; un Ba- dense.
1408	La Bavière; un Bavarois.	La Baviera; un Bavarese.
1409	La Belgique; un Belge.	La Belgia; un Belgio.
1410	La Bohème; un Bohémien.	La Boemia; un Boemo.
	Le Brabant; un Brabançon.	Il Brabante; un Brabanzone.
1411	La Chine; un Chinois.	La China; un Chinese.
1412	Le Danemark; un Danois.	La Danimarca; un Danese.
1413	L'Angleterre; un Anglais.	L'Inghilterra; un Inglese.
1414 1415	L'Europe; un Européen.	L'Europa; un Europeo.
1416	La Flandre; un Flamand.	La Fiandra; un Fiammingo.
1417	La France; un Français.	La Francia; un Francese.
1418	L'Allemagne; un Allemand.	La Germania; un Tedesco.
1419	La confédération germanique.	La confederazione germanica.
1420	La grande Bretagne; un Bre- ton.	La Gran Bretagna; un Bre- tone.
1421	La Grèce; un Grec.	La Grecia; un Greco.
	Les Grisons.	I Grigioni.
	Le Hainaut.	L'Ainù.
1422	Le Hanovre; un Hanovrien.	L'Anovera; un Anovrano.

144

Countries and nations. — Cities and towns.	Länder und Völker. — Städte.
1423 Holland; a Dutchman.	Holland; ein Holländer.
1424 Hungary; an Hungarian.	Ungarn; ein Ungar.
1425 Ireland; an Irishman.	Irland; ein Irländer.
1426 Italy; an Italian.	Italien; ein Italiener.
1427 1428 Japan; a Japanese.	Japan; ein Japanese.
1429 The Levant.	Die Levante.
Lombardy; a Lombard.	Die Lombardei; ein Lombarde.
1430 The Neapolitan states; a Neapolitan.	Neapel; ein Neapolitaner.
1431 The Netherlands.	Die Niederlande.
1432 Norway; a Norwegian.	Norwegen; ein Norweger.
The Palatinate; a Palatinian.	Die Pfalz; ein Pfälzer.
1433 The Papal states.	Der Kirchenstaat.
Piedmont; a Piedmontese.	Piemont; ein Piemontese.
1434 Poland; a Pole.	Polen; ein Pole.
1435 Portugal; a Portuguese.	Portugal; ein Portugiese.
1436 Prussia; a Prussian.	Preussen; ein Preusse.
1437 Russia; a Russian.	Russland; ein Russe.
1438 Sardinia; a Sardinian.	Sardinien; ein Sardinier.
Savoy; a Savoyard.	Savoyen; ein Savoyard.
1439 Saxony; a Saxon.	Sachsen; ein Sachse.
1440 Scotland; a Scotchman.	Schottland; ein Schotte.
Servia; a Servian.	Serbien; ein Serbe.
1441 Spain; a Spaniard.	Spanien; ein Spanier.
Stiria.	Steiermark.
1442 Sweden; a Swede.	Schweden; ein Schwede. •
1443 Switzerland; a Swiss.	Die Schweiz; ein Schweizer.
Transylvania.	Siebenbürgen.
1444 Turkey; a Turk.	Die Türkei; ein Türke.
1445 Tuscany.	Toskana.
Tyrol; a Tyrolese.	Tyrol; ein Tyroler.
1446 The United-States of America.	Die Vereinigten Staaten von Amerika.
Valais.	Das Wallis.
1447 Wirtemberg.	Württemberg.
Cities and towns.	**Städte.**
1448 Aix-la-Chapelle.	Aachen.
1449 Amsterdam.	Amsterdam.

145

		Des pays et des peuples. — Villes.	Paesi e popoli. — Città.
1423		La Hollande; un Hollandais.	L'Olanda; un Olandese.
1424		La Hongrie; un Hongrois.	L'Ungheria; un Unghero.
1425		L'Irlande; un Irlandais.	L'Irlanda; un Irlandese.
1426		L'Italie; un Italien.	L'Italia; un Italiano.
1427	1428	Le Japon; un Japonais.	Il Giapone; un Giaponese.
1429		Le Levant.	Il Levante.
		La Lombardie; un Lombard.	La Lombardia; un Lombardo.
1430		Naples; un Napolitain.	Napoli; un Napolitano.
1431		Les Pays-Bas.	I Paesi Bassi.
1432		La Norvège; un Norvégien.	La Norvegia; un Norvegio.
		Le Palatinat; un Palatin.	Il Palatinato; un Palatino.
1433		L'état de l'Église.	Lo stato della Chiesa.
		Le Piémont; un Piémontais.	Il Piemonte; un Piemontese.
1434		La Pologne; un Polonais.	La Polonia; un Polacco.
1435		Le Portugal; un Portugais.	Il Portogallo; un Portoghese.
1436		La Prusse; un Prussien.	La Prussia; un Prussiano.
1437		La Russie; un Russe.	La Russia; un Russo.
1438		La Sardaigne; un Sarde.	La Sardegna; un Sardo.
		La Savoie; un Savoyard.	La Savoia; un Savoiardo.
1439		La Saxe; un Saxon.	La Sassonia; un Sassone.
1440		L'Ecosse; un Eccossais.	La Scozia; uno Scozzese.
		La Serbie; un Serbe.	La Servia; un Servio.
1441		L'Espagne; un Espagnol.	La Spagna; uno Spagnuolo.
		La Stirie.	La Stiria.
1442		La Suède; un Suédois.	La Svezia; un Svedese.
1443		La Suisse; un Suisse.	La Svizzera; uno Svizzero.
		La Transylvanie.	La Transilvania.
1444		La Turquie; un Turque.	La Turchia; un Turco.
1445		La Toscane.	La Toscana.
		Le Tyrol; un Tirolien.	Il Tirole; un Tirolese.
1446		Les États-Unis d'Amérique.	Gli Stati Uniti d'America.
		Le Valais.	La Vallisia.
1447		Le Wurttemberg.	La Wirtemberga.
		Villes.	**Città.**
1448		Aix-la-Chapelle.	Aquisgrana.
1449		Amsterdam.	Amsterdamo.

10

146

	Cities and towns.	Städte.
1450	Antwerp.	Antwerpen.
	Basle.	Basel.
1451	Berlin.	Berlin.
1452	Bern.	Bern.
	Botzen.	Botzen.
	Bruges.	Brügge.
1453	Brunswick.	Braunschweig.
1454	Brussels.	Brüssel.
	Buda.	Ofen.
	Cleves.	Cleve.
1455	Coblentz.	Coblenz.
	Coire.	Chur.
1456	Cologne.	Köln.
	Dort.	Dordrecht.
1457	Dresden.	Dresden.
1458	Florence.	Florenz.
	Flushing.	Vliessingen.
1459	Frankfort	Frankfurt.
1460	Geneva.	Genf.
1461	Genoa.	Genua.
1462	Ghent.	Gent.
1463	The Hague.	Haag.
1464	Hamburgh.	Hamburg.
	Herzogenbosh	Herzogenbusch.
1465	Leipsic.	Leipzig.
	Leghorn.	Livorno.
	Liege.	Lüttich.
1466	London.	London.
	Louvain.	Löwen.
1467	Lyons.	Lyon.
1468	Mayence.	Mainz.
	Mechlin.	Mecheln.
1469	Milan.	Mailand.
	Mons.	Bergen; Mons.
1470	Munich.	München.
	Naples.	Neapel.
	Nuremberg.	Nürnberg.
	Nymwegen.	Nymwegen.
1471	Paris.	Paris.
	Piacenza.	Piacenza.
1472	Prague.	Prag.

147

	Villes.	Città.
1450	Anvers.	Anversa.
	Bâle.	Basilea.
1451	Berlin.	Berlino.
1452	Berne.	Berna.
	Bolzano.	Bolzano.
	Bruges.	Bruges.
1453	Brunswick	Brunsviga.
1454	Bruxelles.	Brusselles.
	Bude.	Buda.
	Clèves.	Clivia.
1455	Coblence.	Coblenza.
	Coire.	Coira.
1456	Cologne.	Cologna.
	Dourtray.	Dortriga.
1457	Dresde.	Dresda.
1458	Florence.	Fiorenza.
	Flessingue	Vlissinga.
1459	Francfort.	Francoforte.
1460	Genève.	Ginevra.
1461	Gênes.	Genova.
1462	Gand.	Gand.
1463	La Haye.	L'Aja.
1464	Hambourg.	Amburgo.
	Bois-le-Duc	Bosco di Duca.
1465	Leipsic.	Lipsia.
	Livourne.	Livorno.
	Liège.	Liegi.
1466	Londres.	Londra.
	Louvain.	Lovanio.
1467	Lyon.	Lione.
1468	Mayence	Magonza.
	Malines.	Malines.
1469	Milan.	Milano.
	Mons.	Mons.
1470	Munich.	Monaco.
	Naples.	Napoli.
	Nuremberg.	Norimberga.
	Nimègue.	Nimega.
1471	Paris.	Parigi.
	Plaisance.	Piacenza.
1472	Prague.	Praga.

10 *

148

Mountains and rivers. — Affirmative Phrases.	Gebirge und Flüsse. — Bejahende Redensarten.
1473 Ratisbon.	Regensburg.
1474 Rome.	Rom.
1475 Rotterdam.	Rotterdam.
Schaffhausen.	Schaffhausen.
Sion.	Sitten.
Soleure.	Solothurn.
Tournay.	Doornik.
Trent.	Trient.
1476 Treves.	Trier.
1477 Venice.	Venedig.
1478 Vienna.	Wien.
1479 Warsaw.	Warschau.
Zurich.	Zürich.
Zweibrücken.	Zweibrücken.

Mountains and rivers.	Gebirge und Flüsse.
Abruzzi.	Die Abruzzen.
1480 Alps.	Die Alpen.
1481 Apennines.	Die Apenninen.
Ardennes.	Die Ardennen.
The Black-forest.	Der Schwarzwald.
The Vosges.	Die Vogesen.
The Adige.	Die Etsch.
1482 The Danube.	Die Donau.
1483 The Elbe.	Die Elbe.
The lake of Constance.	Der Bodensee.
1484 The Maine.	Der Main.
1485 The Meuse.	Die Maas.
1486 The Moselle.	Die Mosel.
The Neckar.	Der Neckar.
1487 The Rhine.	Der Rhein.
1488 The Scheldt.	Die Schelde.
1489 The Thames.	Die Themse.
1490 The Vistula.	Die Weichsel.

Affirmative Phrases.	Bejahende Redensarten.
That is true.	Das ist wahr.
It is so.	Das ist so.
I believe so.	Ich glaube es.

149

	Montagnes et rivières. — Phrases affirmatives.	Monti e fiumi. — Frasi affermative.
1473	Ratisbonne.	Ratisbona.
1474	Rome.	Roma.
1475	Roterdam.	Roterdamo.
	Schaffhouse.	Scaffusa.
	Sion.	Sion.
	Soleure.	Solura.
	Tournay.	Dorniga
	Trente.	Trento.
1476	Trèves.	Treviri.
1477	Venise.	Venezia.
1478	Vienne.	Vienna.
1479	Varsovie.	Varsovia.
	Zurich.	Zurigo.
	Deux-Ponts.	Dueponti.

	Montagnes et rivières.	**Monti e fiumi.**
	Les Abruzzes.	Gli Abruzzi.
1480	Les Alpes.	Le Alpi.
1481	Les Apennins.	Gli Apennini.
	Les Ardennes.	Le Ardenne.
	La Forêt-noire.	La selva nera.
	Les Vosges.	I Vosghi.
	L'Adige.	L'Adige.
1482	Le Danube.	Il Danubio.
1483	L'Elbe.	L'Elba.
	Le lac de Constance.	Il lago di Costanza.
1484	Le Mein.	Il Meno.
1485	La Meuse.	La Mosa.
1486	La Moselle.	La Mosella.
	Le Necre.	Il Neccare.
1487	Le Rhin.	Il Reno.
1488	L'Escaut.	La Schelda.
1489	La Tamise.	Il Tamigi.
1490	La Vistule.	La Vistola.

Phrases affirmatives.	**Frasi affermative.**
C'est vrai.	È vero.
Cela est ainsi.	È così.
Je le crois.	Lo credo.

150

Affirmative Phrases.	Bejahende Redensarten.
I say yes.	Ich sage ja.
You are right.	Sie haben Recht.
I am convinced of it.	Ich bin davon überzeugt.
I know it positively.	Ich weiss es sicher.
I promise it you.	Ich verspreche es Ihnen.
I give it you.	Ich gebe es Ihnen.
It is he himself.	Er ist es selbst.
It is she herself.	Sie ist es selbst.
It is they themselves.	Sie sind es selbst.
I know her.	Ich kenne sie.
He was wrong.	Er hatte Unrecht.
I believe it.	Ich glaube es.
We think so.	Wir denken so.
He is at home.	Er ist zu Hause.
He is still in bed.	Er liegt noch im Bette.
He is up.	Er ist aufgestanden.
That is sufficient.	Das genügt.
That's well.	Das ist gut.
He has breakfasted.	Er hat gefrühstückt.
We have dined.	Wir haben zu Mittag gespeist.
They have supped.	Sie haben zu Nacht gespeist.
He is gone out.	Er ist ausgegangen.
I have business.	Ich habe zu thun.
He is still asleep.	Er schläft noch.
He is dressed.	Er ist angekleidet.
The carriage is ready.	Der Wagen ist bereit.
The horses are put to.	Die Pferde sind angespannt.
It is late.	Es ist spät.
It is still very early.	Es ist noch sehr früh.
Dinner is on the table.	Das Essen ist aufgetragen.
He is gone to bed.	Er ist zu Bette gegangen.
I am dressed.	Ich bin angekleidet.
I went out early.	Ich bin früh ausgegangen.
I came in late.	Ich bin spät zurück gekehrt.
I am fatigued.	Ich bin müde.
I am thirsty; I am hungry.	Ich bin durstig; ich bin hungrig.
I am sleepy.	Ich bin schläfrig.
I am cold; I am warm.	Ich bin kalt; ich bin warm.

151

Phrases affirmatives.	Frasi affermative.
Je dis que oui.	Dico di sì.
Vous avez raison.	Avete ragione.
J'en suis sûr.	Ne sono certo.
Je le sais positivement.	Lo so di certo.
Je vous le promets.	Velo prometto.
Je vous le donne.	Velo do.
C'est lui-même.	È desso.
C'est elle-même.	È dessa.
Ce sont eux-mêmes. Ce sont elles-mêmes.	Sono dessi. Sono desse.
Je la connais.	La conosco.
Il avait tort.	Egli aveva torto.
Je le crois.	Lo credo.
Nous pensons ainsi.	Pensiamo così.
Il est chez lui.	È in casa.
Il est encore couché.	Egli è ancora in letto.
Il est levé.	Egli è levato.
Cela suffit.	Basta così.
C'est bon.	Non occorr' altro.
Il a déjeûné.	Ha fatto colazione.
Nous avons dîné.	Abbiamo pranzato.
Ils ont soupé.	Hanno cenato.
Il est sorti.	È uscito.
J'ai affaire.	Ho da fare.
Il dort encore.	Dorme ancora.
Il est habillé.	Egli è vestito.
La voiture est prête.	Il legno è pronto.
Les chevaux sont attelés.	I cavalli sono attaccati sotto.
Il est tard.	È tardi.
Il est encore de très bonne heure.	È ancora abbonora.
Le dîner est servi.	È in tavola.
Il est couché.	È in letto.
Je suis habillé.	Sono vestito.
Je suis sorti de bon matin.	Sono uscito per tempo.
Je suis rentré tard.	Sono tornato a casa tardi.
Je suis fatigué.	Sono stracco.
J'ai soif; j'ai faim.	Ho sete; ho fame.
J'ai sommeil.	Ho sonno.
J'ai froid; j'ai chaud.	Ho freddo; ho caldo.

152

Negative phrases.	Verneinende Redensarten.
It is time to set off.	Es ist Zeit abzureisen.
The carriage is come.	Der Wagen ist angekommen.
They are good horses.	Die Pferde sind gut.
The horses are tired.	Die Pferde sind ermüdet.
We must stop.	Wir müssen anhalten.
The coachman is drunk.	Der Kutscher ist betrunken.
The driver is tipsy.	Der Fuhrmann ist berauscht.

Negative phrases.	Verneinende Redensarten.
That is not true.	Das ist nicht wahr.
It is nobody there.	Es ist niemand da.
Nobody says it.	Niemand sagt das.
I am doing nothing.	Ich thue nichts.
I say nothing.	Ich sage nichts.
I say no.	Ich sage nein.
He will have nothing.	Er will nichts.
We ask nothing.	Wir verlangen nichts.
He is not there.	Er ist nicht da.
I did not say that.	Ich sagte das nicht.
I am going no where.	Ich gehe nirgendwohin.
They are not going to walk.	Sie gehen nicht spazieren.
I will not go to her house.	Ich will nicht in ihr Haus gehen.
We will not go to your house.	Wir wollen nicht zu Ihnen gehen.
He will not go to your house.	Er will nicht in Ihr Haus gehen.
I do not know what o'clock it is.	Ich weiss nicht, wie viel Uhr es ist.
I have not heard.	Ich habe nicht gehört.
I did not understand.	Ich verstand nicht.
I will not have any bread.	Ich will kein Brod.
He will not have any wine.	Er will keinen Wein.
He would not have any wine and water.	Er wollte keinen Wein mit Wasser.
The table is not laid.	Der Tisch ist nicht gedeckt.
Dinner is not ready.	Das Mittagsessen ist nicht fertig.
The supper is not yet ready.	Das Abendessen ist noch nicht fertig.

153

Phrases négatives.	Frasi negative.
Il est temps de partir.	È ora di partire.
La voiture est arrivée.	Il legno è giunto.
Les chevaux sont bons.	I cavalli sono buoni.
Les chevaux sont fatigués.	I cavalli sono stracchi.
Il faut arrêter.	Bisogna fermarsi.
Le cocher est ivre.	Il cocchiere è ebro.
Le voiturier est gris.	Il vetturino è brillo.

Phrases négatives.	Frasi negative.
Cela n'est pas vrai.	Ciò non è vero.
Il n'y a personne.	Non c'è nessuno.
Personne ne le dit.	Nessuno lo dice.
Je ne fais rien.	Non fo nulla.
Je ne dis rien.	Non dico nulla.
Je dis que non.	Dico di no.
Il ne veut rien.	Non vuol niente.
Nous ne demandons rien.	Non chiediamo nulla.
Il n'y est pas.	Non c'è.
Je ne disais pas cela.	Non diceva così.
Je ne vais nulle part.	Non vo in nessun luogo.
Ils ne vont pas se promener.	Non vanno a spasso.
Je ne veux pas aller chez elle.	Non voglio andare a casa sua.
Nous ne voulons pas aller chez vous.	Non vogliamo venire da voi.
Il ne veut pas aller chez vous.	Non vuol venire a casa vostra.
Je ne sais pas l'heure qu'il est.	Non so che ora sia.
Je n'ai pas entendu.	Non ho inteso.
Je n'avais pas compris.	Non aveva capito.
Je ne veux pas de pain.	Non voglio pane.
Il ne veut pas de vin.	Non vuole vino.
Il ne voulait pas d'eau rougie.	Non voleva vino innacquato.
Le couvert n'est pas mis.	La tavola non è apparecchiata.
Le dîner n'est pas prêt.	Il pranzo non è pronto.
Le souper n'est pas encore prêt.	La cena non è preparata ancora.

Negative phrases. — Interrogative phrases.	Verneinende Redensarten. — Fragende Redensarten.
I never eat meat at night.	Ich esse Abends nie Fleisch.
You are not in the wrong.	Sie haben nicht Unrecht.
He is not right.	Er hat nicht Recht.
The carriage is not yet come.	Der Wagen ist noch nicht angekommen.
The horses are not come.	Die Pferde sind noch nicht da.
The horses are not put to.	Die Pferde sind noch nicht angespannt.
The carriage is not comfortable.	Dieser Wagen ist nicht bequem.
The horses are not good.	Die Pferde sind nicht gut.
It is not time yet to set off.	Es ist noch nicht Zeit abzureisen.
I do not know at what o'clock they will set off.	Ich weiss nicht, um wie viel Uhr sie abreisen wollen.
I do not know the name of that country.	Ich weiss nicht, wie das Land heisst.
I do not listen to him.	Ich höre nicht auf ihn.
He is not at home.	Er ist nicht zu Hause.
That is not enough.	Das ist nicht genug.
I do not believe it.	Ich glaube es nicht.
Don't say a word.	Sprechen Sie kein Wort.

Interrogative phrases.	Fragende Redensarten.
Who is it?	Wer ist es?
Who is knocking?	Wer klopft?
Who is calling me?	Wer ruft mich?
What are you doing?	Was machen Sie?
What do you want?	Was wollen Sie?
What do you wish?	Was verlangen Sie?
Where are you?	Wo sind Sie?
Where is he?	Wo ist er?
What is he doing?	Was macht er?
What are they doing?	Was machen sie?
Where are you going?	Wohin gehen Sie?
Where are they going?	Wohin gehen sie?
What o'clock is it?	Wie viel Uhr ist es?

155

Phrases negatives. — Phrases interrogatives.	Frasi negative. — Frasi interrogative.
Je ne mange jamais de viande le soir.	Non mangio mai carne la sera.
Vous n'avez pas tort.	Non avete torto.
Il n'a pas raison.	Egli non ha ragione.
La voiture n'est pas encore arrivée.	Il legno non è giunto ancora.
Les chevaux ne sont pas encore arrivés.	I cavalli non sono giunti ancora.
Les chevaux ne sont pas encore attelés.	I cavalli non sono ancora attaccati sotto.
Cette voiture n'est pas commode.	Questo legno non è comodo.
Les chevaux ne sont pas bons.	I cavalli non sono buoni.
Il n'est pas encore temps de partir.	Non è ancora tempo di partire.
Je ne sais pas l'heure à laquelle ils partiront.	Non so a che ora partiranno.
Je ne sais pas comment s'appelle ce pays.	Non so come si chiami quella terra.
Je ne l'écoute pas.	Non gli do retta.
Il n'est pas chez lui.	Non è in casa.
Cela ne suffit pas.	Ciò non basta.
Je ne le crois pas.	Non lo credo.
Ne dites mot.	Non fate parola.

Phrases interrogatives.	Frasi interrogative.
Qui est-ce?	Chi è?
Qui est-ce qui frappe?	Chi picchia?
Qui est-ce qui m'appelle?	Chi mi chiama?
Que faites vous?	Che cosa fate?
Que voulez vous?	Che cosa volete?
Que demandez vous?	Che cosa chiedete?
Où êtes-vous?	Dove siete?
Où est-il?	Dov'è?
Que fait-il?	Che cosa fa?
Que font-ils?	Che cosa fanno?
Où allez vous?	Dove andate?
Où vont-ils?	Dove vanno?
Quelle heure est-il?	Che ora è?

156

Interrogative phrases.	Fragende Redensarten.
What o'clock do you think it is?	Wie viel Uhr glauben Sie dass es sei?
What do you say?	Was sagen Sie?
Have you heard?	Haben Sie gehört?
Did you understand me?	Haben Sie mich verstanden?
Will you have some bread?	Wollen Sie Brod?
Will you have some wine?	Wollen Sie Wein?
Will you have a glass of wine and water?	Wollen Sie ein Glas Wein mit Wasser?
Is dinner ready?	Ist das Mittagsessen fertig?
Is supper ready?	Ist das Abendessen bereit?
Will you take breakfast?	Wollen Sie frühstücken?
Will you have coffee with milk?	Wollen Sie Kaffe mit Milch?
Are you speaking in earnest?	Sprechen Sie im Ernste?
Will you have a cup of chocolate?	Wollen Sie eine Tasse Chokolade?
Will you have the wing of a chicken?	Wollen Sie einen Hühnerflügel?
Is the carriage come?	Ist der Wagen da?
Are the horses come?	Sind die Pferde da?
Is this carriage comfortable?	Ist dieser Wagen bequem?
Are the horses good?	Sind die Pferde gut?
Is it time to go?	Ist es Zeit abzureisen?
Where are you going?	Wohin gehen Sie?
Where shall we go?	Wohin sollen wir gehen?
Where will you go?	Wohin wollen Sie gehen?
What are you thinking of?	Woran denken Sie?
Into what country do you wish to go?	Nach welchem Lande wollen Sie gehen?
What is the name of the country where you are going?	Wie heisst das Land, wohin Sie reisen?
How do you call that country?	Wie nennen Sie dies Land?
How many leagues is it?	Wie viel Stunden sind es?
Will you come with me?	Wollen Sie mit mir kommen?
Are you coming with us?	Kommen Sie mit uns?
Shall we go with them?	Sollen wir mit ihnen gehen?
When shall we set out?	Wann sollen wir abreisen?

157

Phrases interrogatives.	Frasi interrogative.
Quelle heure croyez vous qu'il soit?	Che ora credete che sia?
Que dites vous?	Che cosa dite?
Avez-vous entendu?	Avete sentito?
M'avez-vous compris?	Mi avete capito?
Voulez-vous du pain?	Volete del pane?
Voulez-vous du vin?	Volete del vino?
Voulez-vous un verre d'eau rougie?	Volete un bicchiere di vino innacquato?
Le dîner est-il prêt?	È pronto il pranzo?
Le souper est-il prêt?	È apparecchiata la cena?
Voulez-vous déjeûner?	Volete far colazione?
Voulez-vous du café au lait?	Volete del caffé col latte?
Parlez-vous sérieusement?	Dite daverro?
Voulez-vous une tasse de chocolat?	Volete una chicchera di cioccolata?
Voulez-vous une aile de poulet?	Volete un' ala di pollastro?
La voiture est-elle arrivée?	È giunto il legno?
Les chevaux sont-ils arrivés?	Sono giunti i cavalli?
Cette voiture est-elle commode?	È comoda codesta carrozza?
Les chevaux sont-ils bons?	Sono buoni i cavalli?
Est-il temps de partir?	È egli ora di partire?
Où allez-vous?	Dove andate?
Où irons-nous?	Dove andremo?
Où voulez-vous aller?	Dove volete andare?
A quoi pensez-vous?	A che pensate?
Dans quel pays voulez-vous aller?	In che paese volete andare?
Comment appelez-vous le pays où vous allez?	Come si chiama il paese dove andate?
Comment appelez-vous ce pays là?	Come si chiama quella terra?
Combien de lieues y a-t-il?	Quante leghe ci sono?
Voulez-vous venir avec moi?	Volete venire con me?
Venez-vous avec nous?	Venite con noi?
Irons-nous avec eux?	Andremo con loro?
Quand partirons-nous?	Quando partiremo?

158

Imperative phrases.	Befehlende Redensarten.
At what o'clock does the diligence set off?	Um wie viel Uhr geht der Postwagen ab?
Have you been to the post-office?	Sind Sie auf der Post gewesen?
Are there any letters for me?	Sind Briefe für mich da?
What does this article cost?	Was kostet dieser Gegenstand?

Imperative phrases.	Befehlende Redensarten.
Come here.	Kommen Sie hieher.
Come near.	Kommen Sie näher.
Sit down by me	Setzen Sie sich zu mir.
Make haste.	Beeilen Sie sich.
Go into the house.	Gehen Sie ins Haus.
Go out of the house	Gehen Sie aus dem Hause.
Let us take a walk.	Lassen Sie uns spazieren gehen.
Go and walk in the garden.	Gehen Sie im Garten spazieren.
Follow me close	Folgen Sie mir ganz nahe.
Follow him at a distance.	Folgen Sie ihm aus der Ferne.
Tell him to come.	Sagen Sie ihm, er möge kommen.
Open the door.	Oeffnen Sie die Thür.
Shut the window.	Schliessen Sie das Fenster.
Stay here a moment.	Warten Sie hier einen Augenblick.
Eat. Drink.	Essen Sie. Trinken Sie.
Listen to me. Look at it.	Hören Sie auf mich. Betrachten Sie es.
Put it into your pocket.	Stecken Sie es in Ihre Tasche.
Put the book you have in your hand on the table.	Legen Sie das Buch, welches Sie in der Hand haben, auf den Tisch.
Let us have done.	Lassen Sie uns damit endigen.
Begin. Continue.	Fangen Sie an. Fahren Sie fort.
Get up and walk.	Stehen Sie auf und gehen Sie.
Take care. Stop.	Geben Sie Acht. Halt.

159

Phrases impératives.	Frasi imperative.
A quelle heure la diligence parte-elle?	A che ora parte la diligenza?
Avez-vous été à la poste?	Siete stato alla posta?
Y a-t-il des lettres pour moi?	Ci sono lettere per me?
Que coûte cet objet?	Quanto costa questo oggetto?

Phrases impératives.	Frasi imperative.
Venez-ici.	Venite quà.
Approchez.	Avvicinatevi.
Asseyez-vous auprès de moi.	Sedete vicino a me.
Dépêchez-vous.	Spicciatevi.
Entrez dans la maison.	Entrate in casa.
Sortez de la maison.	Uscite fuori di casa.
Allons-nous promener.	Andiamo a spasso.
Promenez-vous dans le jardin.	Passeggiate nel giardino.
Suivez-moi de tout près.	Seguitemi da vicino.
Suivez-le de loin.	Seguitelo da lontano.
Dites-lui de venir.	Ditegli che venga.
Ouvrez la porte.	Aprite la porta.
Fermez la fenêtre.	Chiudete la finestra.
Attendez ici un moment.	Aspettate qui un momento.
Mangez. Buvez.	Mangiate. Bevete.
Écoutez-moi. Regardez-le.	Sentite. Guardatelo.
Mettez-le dans votre poche.	Mettetelo in tasca.
Posez le livre que vous tenez sur la table.	Ponete codesto libro sulla tavola.
Finissons-en.	Finiamola.
Commencez. Continuez.	Principiate. Proseguite.
Levez-vous et marchez.	Alzatevi, e camminate.
Prenez garde. Arrêtez.	Badate. Fermatevi.

160

Imperative phrases.	Befehlende Redensarten.
Not so quick.	Nicht so schnell.
Walk quickly.	Gehen Sie schnell.
Let us get up directly.	Lassen Sie uns schnell auf- stehen.
Stop, coachman!	Halt, Kutscher!
Speak to him.	Sprechen Sie mit ihm.
Tell him so.	Sagen Sie es ihm.
Do not believe him.	Glaube ihm nicht.
Do not say that, for it would do you an injury.	Sage das nicht, Du würdest Dir Unrecht thun.
Do what I tell you.	Thun Sie, was ich Ihnen sage.
Do not do it, and you will be glad.	Thue es nicht und Du wirst zufrieden sein.
Let us go and see the king.	Lassen Sie uns gehen, den König zu sehen.
Go and see the princes.	Gehen Sie und sehen Sie die Prinzen.
Be quiet.	Sein Sie ruhig.
Go away.	Gehen Sie weg.
Give me a glass of water.	Geben Sie mir ein Glas Wasser.
Do not listen to him.	Hören Sie nicht auf ihn.
Give a bit of bread to that child.	Geben sie diesem Kinde ein Stück Brod.
Give that little girl a hand- kerchief.	Geben Sie diesem kleinen Mädchen ein Schnupftuch.
Speak sincerely.	Sprechen Sie aufrichtig.
Give me a chair.	Geben Sie mir einen Stuhl.
Go to bed.	Gehen Sie zu Bette.
Get out of bed.	Stehen Sie auf vom Bette.
Make him get up early.	Lassen Sie ihn früh aufstehen.
Order the horses to be put to.	Lassen Sie anspannen.
Bring up the carriage.	Lassen Sie den Wagen vor- fahren.
Get the horses shod.	Lassen Sie die Pferde be- schlagen.
Call (wake) me at five o'clock.	Wecken Sie mich um fünf Uhr.
Brush these clothes.	Putzen Sie diese Kleider.

161

Phrases impératives.	Frasi imperative.
Pas si vite.	Non così presto.
Marchez vite.	Camminate presto.
Levons-nous vite.	Leviamoci subito.
Arrêtez, cocher!	Fermatevi, cocchiere!
Parlez-lui.	Parlategli.
Dites-le lui.	Diteglielo.
Ne le crois pas.	Non gli credere.
Ne dis pas cela, parce que tu te ferais du tort.	Non dire ciò, che ti faresti torto.
Faites ce que je vous dis.	Fate quel che vi dico.
Ne le fais pas, et tu en seras bien-aise.	Non lo fare, e sarai contento.
Allons voir le roi.	Andiamo a vedere il re.
Allez voir les princes.	Andate a vedere i principi.
Restez tranquille.	State quieto.
Allez-vous en.	Andate via.
Donnez-moi un verre d'eau.	Datemi un bicchiere d'acqua.
Ne l'écoutez pas.	Non gli date retta.
Donnez un morceau de pain à cet enfant.	Date un boccon di pane a quel ragazzo.
Donnez un mouchoir à cette petite fille.	Date un fazzoletto a quella ragazzina.
Parlez sincèrement.	Dite sinceramente.
Donnez-moi une chaise.	Datemi una seggiola.
Allez-vous coucher.	Andate a letto.
Levez vous du lit.	State su.
Qu'il se lève de bonne heure.	Si alzi abbonora.
Faites atteler.	Fate attaccar sotto.
Faites avancer la voiture.	Fate venir avanti la carrozza.
Faites ferrer les chevaux.	Fate ferrare i cavalli.
Reveillez moi à cinq heures.	Svegliatemi alle cinque.
Nettoyez ces habits.	Spazzolate quegli abiti.

11

162

Familiar phrases.	Gewöhnliche Redensarten.
For the last year.	Seit einem Jahre.
For the last six months.	Seit einem halben Jahre.
For the last fortnight.	Seit vierzehn Tagen.
It is now a month ago.	Es ist einen Monat her.
It was three days ago.	Es sind drei Tage her.
In a month.	In einem Monate.
In six weeks.	In sechs Wochen.
In a short time.	In kurzer Zeit.
Yesterday.	Gestern.
Yesterday evening.	Gestern Abend.
The day before yesterday.	Vorgestern.
Last night.	Die vergangene Nacht.
To-day.	Heute.
To-night.	Diese Nacht.
This morning.	Diesen Morgen.
At mid-day.	Zu Mittag.
This afternoon.	Diesen Nachmittag.
This evening.	Diesen Abend.
To-morrow.	Morgen.
The day after to-morrow.	Uebermorgen.
This year.	Dies Jahr.
Last month.	Der verflossene Monat.
Next week.	Die nächste Woche.
From time to time.	Von Zeit zu Zeit.
Every day.	Alle Tage.
Every two days.	Alle zwei Tage.
Every hour.	Stündlich.
By little and little.	Nach und nach.
Almost always.	Beinahe immer.
Hardly ever.	Fast nie.
Always.	Immer.
Never.	Nie.
Nearly.	Beinahe.
Sooner or later.	Früh oder spät.
At most.	Höchstens.
More or less.	Mehr oder weniger.
Moreover.	Mehr.
So much the more.	Um so mehr.
As soon as possible.	So bald als möglich.

163

Locutions familières.	Elocuzioni familiari.

Locutions familières.	Elocuzioni familiari.
Depuis un an.	Da un anno in quà.
Depuis six mois.	Da sei mesi in quà.
Depuis quince jours.	Da quindici giorni in quà.
Il y a un mois.	Un mese fa (è un mese).
Il y a trois jours.	Tre giorni fa (sono tre giorni).
Dans un mois.	Fra un mese.
Dans six semaines.	Fra sei settimane.
Sous peu.	In breve (fra poco).
Hier.	Jeri.
Hier au soir.	Jeri sera.
Avant-hier.	Jeri l'altro.
La nuit dernière.	La notte passata,
Aujourd'hui.	Oggi.
La nuit prochaine.	La notte prossima.
Ce matin.	Questa mattina.
A midi.	A mezzo giorno.
Cette après-dînée.	Questo dopo pranzo.
Ce soir.	Questa sera.
Demain.	Dimani.
Après-demain.	Posdomani.
Cette année-ci.	Quest' anno.
Le mois dernier.	Il mese passato.
La semaine prochaine.	La settimana prossima.
De temps en temps.	Di quando in quando.
Tous les jours.	Ogni giorno.
Tous les deux jours.	Ogni due giorni.
D'heure en heure.	D'ora in ora.
Peu à peu.	A poco a poco.
Presque toujours.	Quasi sempre.
Presque jamais.	Quasi mai.
Toujours.	Sempre.
Jamais.	Mai.
A peu près; presque.	Presso a poco; quasi.
Tôt ou tard.	O presto o tardi.
Tout au plus.	Al sommo.
Plus au moins.	Più o meno.
De plus.	Il oltre (di più).
D'autant plus.	Tanto più.
Au plus tôt.	Quanto prima.

11*

Short Questions.

On board a steamboat.

Which is the best cabin?
How much must I pay for my place?
At what hour do we dine?

What o' clock is it?
Show me your list of wines.

Which is the best wine?
Which is the strongest?
How much is it a bottle?
Can I have half a bottle?

What kind of meat is that?
What name do you give to that dish?
Bring me some bread.
Bring me a glass of water.

Have you any good cognac on board?
Would you be so kind as to hand me the vegetables?

Have you any mineral water on board?
How much do you charge for dinner?
How much for wine?

Kurze Fragen.

Auf einem Dampfschiffe.

Welches ist der beste Platz?
Wie viel muss ich für meinen Platz bezahlen?
Um wie viel Uhr speisen wir?

Wie viel Uhr ist es?
Zeigen Sie mir Ihre Weinkarte.

Welches ist der beste Wein?
Welches ist der stärkste?
Wie viel kostet die Flasche?
Kann ich eine halbe Flasche haben?

Was ist das für Fleisch?
Welchen Namen geben Sie diesem Gerichte?
Bringen Sie mir etwas Brod.
Bringen Sie mir ein Glas Wasser.

Haben Sie guten Cognac an Bord?
Wären Sie so gefällig, mir das Gemüse zu reichen?

Haben Sie Mineral-Wasser an Bord?
Wie viel berechnen Sie für das Mittagsessen?
Wie viel für den Wein?

Questions courtes.	Questioni corte.
A bord d'un Bateau à Vapeur.	**A bordo di un batello a vapore.**
Quelle est la meilleure place?	Qual' è la miglior piazza?
Combien faut-il que je paye pour ma place?	Quanto si paga per questo posto?
A quelle heure dînons-nous?	A che ora pranziamo, si mangia?
Quelle heure est-il?	Che ora è?
Montrez - moi la carte des vins.	Mostratemi la lista dei vostri vini.
Quel est le meilleur vin?	Qual è il miglior vino?
Quel est le plus fort?	Qual è il più forte?
Que coûte la bouteille?	Quanto costa la bottiglia?
Pourrais-je avoir une demi-bouteille?	Potete darmene una mezza bottiglia?
Quelle est cette viande?	Che carne è questa?
Quel nom donnez vous à ce mets?	Come chiamate questa pietanza?
Apportez-moi du pain.	Portatemi del pane.
Apportez-moi un verre d'eau.	Recatemi un bicchier d'acqua.
Avez-vous du bon cognac à bord?	Avete del buon cognac a bordo?
Je vous serais fort obligé si vous vouliez me faire passer les légumes.	Mi obblighereste assai se mi passaste quella verdura.
Avez-vous de l'eau minérale à bord?	Avete dell' acqua minerale a bordo?
Combien faites-vous payer ce dîner?	Quanto importa il pranzo?
Combien le vin?	Quanto costa il vino?

166

On board a steamboat.	Auf einem Dampfschiffe.
That is rather dear.	Das ist etwas theuer.
Waiter, will you bring me a cup of coffee.	Kellner, bringen Sie mir eine Tasse Kaffe.
I do not take milk with it.	Ich will keine Milch dazu.
Steward, will you assist this lady to go on deck, she is very unwell.	Kellner, wollen Sie dieser Dame behülflich sein, auf das Verdeck zu kommen, sie ist sehr unwohl.
Sir, be so kind as to move a little to that side, I have not room enough.	Haben Sie die Güte, etwas auf die Seite zu rücken, mein Herr, ich habe nicht Platz genug.
Where is my dog?	Wo ist mein Hund?
Have you given him any thing to eat, steward?	Haben Sie ihm etwas zu fressen gegeben, Kellner?
I wish him to be taken care of.	Ich wünsche, dass Sie für ihn sorgen.
How far from X are we at present?	Wie weit sind wir noch von X entfernt?
Do the passengers sleep on board?	Schlafen die Passagiere an Bord?
Or does the steamer stop at some town during the night?	Oder legt das Dampfschiff während der Nacht bei irgend einer Stadt an?
Is there a good hotel there?	Ist ein guter Gasthof da?
What is the name of it?	Wie heisst er?
At what hour shall we arrive at that place?	Um wie viel Uhr werden wir an jenem Orte sein?
Will our baggage be searched there?	Wird unser Gepäck dort untersucht werden?
Shall we be allowed to take any thing on shore?	Wird man uns erlauben, irgend etwas mit ans Ufer zu nehmen?
Are there any duties payable upon passengers' luggage?	Wird für das Passagier-Gut irgend ein Zoll bezahlt?
Is there any duty on carriages or horses?	Besteht ein Zoll auf Wagen oder Pferde?
Take care, that my carriage	Nehmen Sie sich in Acht,

167

A bord d'un bateau à vapeur.	A bordo di un batello a vapore.
C'est un peu cher.	È alquanto caro.
Garçon, apportez-moi une démi-tasse de café.	Cameriere, portatemi una tazza di caffé.
Je le prends sans lait.	Datemelo senza latte.
Garçon, voulez vous aider cette dame à monter sur le pont, elle se sent fort indisposée.	Cameriere, ajutate questa signora a salire sulla coperta, ella si sente molto male.
Veuillez, Monsieur, avoir la bonté de reculer un peu, car je n'ai pas assez de place.	Abbiate la gentilezza, di ritirarsi un po', mio signore, non ho posto sufficiente, sto troppo stretto.
Où est mon chien?	Dov' è il mio cane?
Garçon, lui avez-vous donné à manger?	Gli avete dato a mangiare, cameriere?
Je désire que vous ayez soin de lui.	Spero bene che non vi sarete scordato di lui.
De combien sommes-nous encore éloignés de X?	Quanto abbiamo ancora a X?
Les passagers couchent-ils à bord?	Dormono i passeggieri a bordo?
Ou bien le bateau à vapeur s'arrête-t-il pendant la nuit près d'une ville?	Oppure si ferma il battello di notte in qualche città?
S'y trouve-t-il un bon hôtel?	Vi si trova un buon albergo?
Comment l'appelez-vous?	Come si chiama?
A quelle heure arriverons-nous à cet endroit?	A che ora saremo noi là?
Y visitera-t-on nos bagages?	Visiteranno colo' i nostri effetti?
Nous permettra-t-on d'emporter quelque chose à terre?	Ci permetteranno di prender qualche cosa a terra con noi?
Les effets des passagers payent-ils un droit de douane?	Si paga forse qualche tariffa per l'equipaggio?
Existe-t-il un droit d'entrée sur les voitures et les chevaux?	V'ha un dazio d'entrata sui legni e sui cavalli?
Prenez bien garde d'endom-	Fate attenzione che il mio

168

On board a steamboat.	Auf einem Dampfschiffe.
is not damaged in landing it from the boat.	dass mein Wagen beim Ausschiffen nicht Schaden leidet.
If you do every thing to my satisfaction, I will reward you liberally.	Wenn Sie Alles zu meiner Zufriedenheit besorgen, werde ich Sie gut belohnen.
At what hour does the steamer start to-morrow?	Um wie viel Uhr fährt das Dampfschiff morgen früh ab?
At what hour shall we arrive at X?	Um wie viel Uhr werden wir in X ankommen?
Is the river higher (lower) than usual?	Ist der Fluss höher (niedriger) als gewöhnlich?
What is the name of that ruined castle?	Wie heisst jene Schlossruine?
Do you know in what century it was built?	Wissen Sie, in welchem Jahrhunderte sie erbaut wurde?
Did it belong to any celebrated family?	Gehörte sie irgend einer berühmten Familie?
What is the name of the present owner?	Wie heisst der gegenwärtige Besitzer?
What is the name of that place?	Wie heisst jener Ort?
What is the name of that mountain?	Wie heisst jener Berg?
Do you know how high it is?	Wissen Sie, wie hoch er ist?
Is that the height above the level of the river, or of the sea?	Ist das die Höhe über dem Spiegel des Flusses oder des Meeres?
Is the wine produced here good?	Ist der hier erzeugte Wein gut?
To whom does that large house belong?	Wem gehört jenes grosse Haus?
Was that building formerly a convent?	Ist jenes Gebäude früher ein Kloster gewesen?
Is that a large island which we are approaching?	Ist das eine grosse Insel, der wir uns jetzt nähern?
Where is that large raft going?	Wohin geht das grosse Floss?

169

A bord d'un bateau à vapeur.	A bordo di un batello a vapore.
mager ma voiture en la débarquant.	legno non soffra nello sbarcarlo.
Je vous récompenserai bien, si je suis content de vous.	Se farete tutto a dovere vi saprò bene ricompensare.
A quelle heure le bateau à vapeur part - il demain matin?	A che ora parte domattina il batello, il piroscafo?
A quelle heure arriverons-nous à X?	A che ora arriveremo noi a X?
La rivière est-elle plus haute (plus basse) qu'à l'ordinaire?	È il fiume più alto (più basso) del solito?
Comment appelle-t-on ce château en ruines?	Come si chiamano le rovine di quel castello?
Savez-vous dans quel siècle il fut bâti?	Sapete voi in qual secolo venne fabbricato?
Appartenait-il à quelque famille illustre?	Apparteneva a qualche rinomata famiglia?
Comment s'appelle le propriétaire actuel?	Come si chiama il suo attuale possessore?
Quel est le nom de cet endroit?	Come si chiama quel paese?
Quel nom porte cette montagne?	Che nome porta quel monte?
Savez-vous quelle est son élévation?	Sapete voi quanto sia alto?
Est-ce la hauteur au-dessus du niveau du fleuve ou de la mer?	Computate voi quest' altezza al di sopra della superficie del fiume o del mare?
Le vin du pays est-il bon?	È buono il vino di questi paesi?
A qui appartient cette belle maison?	Di chi è quella gran casa?
Cet édifice était-il autrefois un couvent?	Quell' edificio era già un chiostro?
L'île dont nous approchons est-elle grande?	È grande l'isola alla quale ora ci avviciniamo?
Où va ce grand radeau?	Dove va quella gran zattera?

170

On board a steamboat.	Auf einem Dampfschiffe.
How many days will elapse before it arrives there?	Wie viel Tage werden vergehen, bis es dort ankommt?
What is the value of it?	Welchen Werth hat es?
What railway is that?	Was ist das für eine Eisenbahn?
Is that the road to X which runs so near to the river?	Ist das die Strasse nach X, welche so nahe am Flusse hinläuft?
Do many persons travel by the diligence?	Reisen viele Leute mit der Post?
Is it more expensive?	Ist es theurer?
Was the road constructed by the present government or a former one?	Wurde die Strasse von der jetzigen Regierung angelegt, oder von einer der frühern?
Is there any thing worth seeing in that castle?	Ist in jenem Schlosse irgend etwas Sehenswerthes?
Is it permitted to see the interior?	Ist es erlaubt, das Innere zu betrachten?
Was that building destroyed during the last war?	Wurde jenes Gebäude während des letzten Krieges zerstört?
How long has it been in that state?	Wie lange ist es in dem Zustande?
Is that river navigable?	Ist jener Fluss schiffbar?
What is the name of that river?	Wie heisst jener Fluss?
How far is it navigable for barges?	Wie weit ist er für Transportschiffe schiffbar?
Is the country pretty through which it flows?	Ist die Gegend schön, durch welche er fliesst?
Is there any passenger-boat upon it?	Fährt ein Marktschiff darauf?
Do you know the name of that gentleman?	Kennen Sie den Namen jenes Herrn?
Is he an Englishman?	Ist es ein Engländer?

171

A bord d'un bateau à vapeur.	A bordo di un batello a vapore.
Combien de jours lui faut-il pour y arriver?	Quanti giorni vi metto per arrivarci?
De quelle valeur est-il?	Qual prezzo ha?
Quel est ce chemin de fer?	Quale è questa strada fer- rata?
La route qui longe cette ri- vière, est-ce celle de X?	La strada che va lungo il fiume è quella che conduce a X?
Voyage-t-on beaucoup en diligence?	Viaggiano molti per la dili- genza? per la posta?
Est-ce plus cher?	È più caro?
Est-ce que cette route a été établie par le gouverne- ment actuel, ou par l'un des précédents?	Quella strada venne fatta dal governo attuale, o dal pas- sato?
Y a-t-il dans ce château quelque chose de curieux à voir?	V'ha qualche cosa degna di esser veduta in quel ca- stello?
Est-il permis d'en visiter l'intérieur?	È permesso visitarne l'inter- no?
Cet édifice a-t-il été détruit pendent la dernière guer- re?	Venne quell' edificio distrutto durante l'ultima guerra?
Depuis quand est-il dans cet état?	È molto tempo che è così?
Cette rivière est-elle navi- gable?	È navigabile quel fiume?
Comment l'appelle-t-on?	Come si chiama quel fiume?
Jusqu' où est-elle navigable pour les bateaux de trans- port?	Fin dove è navigabile per le barche da trasporto?
La contrée qu'elle parcourt est-elle belle?	È bello il paese ch'egli per- corre?
S'y fait-il un service de ba- teaux?	Naviga su esso qualche barca per l'uso del mercato?
Savez-vous le nom de ce Monsieur?	Conoscete il nome di quel signore?
Est-ce un Anglais?	È egli Inglese?

Roads, conveyances etc.	Wege, Fuhrgelegenheiten etc.
Do you know where he is going?	Wissen Sie, wohin er reist?
Have you seen him before?	Haben Sie ihn früher schon gesehen?
How long shall we remain at this place?	Wie lange werden wir an diesem Orte bleiben?
How deep is the river here?	Wie tief ist hier der Fluss?
What is the name of the steamer that passed us?	Wie heisst das Dampfschiff, welches eben vorbei fuhr?
Is the distance greater by land or by water to X?	Ist die Entfernung zu Lande oder zu Wasser grösser nach X?

Roads, conveyances etc.	Wege, Fuhrgelegenheiten etc.
Is there a steamboat (a diligence) from this place to X?	Fährt ein Dampfschiff (ein Eilwagen) von hier nach X?
At what hour does the steamboat start?	Um wie viel Uhr fährt das Dampfschiff ab?
What are the fares?	Wie viel beträgt das Passagiergeld?
Where is the office?	Wo ist das Expeditions-Bureau?
Have you a printed tariff of the fares, time of departure and other regulations?	Haben Sie einen gedruckten Tarif über das Passagiergeld, die Zeit der Abfahrt und andere Bestimmungen?
Do they take carriages on board the boat?	Werden Wagen an Bord genommen?
Do they take horses?	Werden Pferde mitgenommen?
Are refreshments to be obtained on board the boat?	Kann man Erfrischungen auf dem Schiffe bekommen?
Does it stop at X?	Hält es zu X an?
Can I be landed at X?	Kann ich zu X ausgeschifft werden?
What is the expense of em-	Was ist die Taxe für das

173

Chemins, Messageries etc.	Strade, mezzi di trasporto etc.
Savez-vous où il va?	Non sapete ove vada?
L'avez-vous déjà vu?	L'avete già veduto altre volte?
Combien de temps resterons-nous à cet endroit?	Quanto tempo ci fermeremo in questo paese?
Quelle est ici la profondeur de la rivière?	Che profondità ha qui il fiume?
Quel est le nom du bateau à vapeur qui vient de passer?	Come si chiama il batello a vapore che è passato ora?
La distance de X est-elle plus grande par terre où par eau?	Il viaggio da qui a X è più lungo per terra o per acqua?

Chemins, Messageries etc.	Strade, mezzi di trasporto etc.
Y a-t-il un service de bateaux à vapeur (de diligences) d'ici à X?	Avete un batello a vapore (o diligenza) che faccia il tragitto da qui a X?
A quelle heure le bateau à vapeur part-il?	A che ora parte il batello a vapore?
Quel est le prix du passage?	Quanto costa il trasporto de' passeggieri?
Où est le bureau des expéditions?	Dov'è l'ufficio di spedizione?
Avez-vous un tarif imprimé contenant les prix de passage, les heures d'arrivée et de départ et d'autres indications?	Avete una lista stampata pei prezzi, per l'orario di partenza ed altre regole?
Reçoit-on les voitures à bord?	Si prendono a bordo le carrozze?
Embarque-t-on les chevaux?	Si trasportano anche i cavalli?
Peut-on avoir des rafraîchissements sur le bateau?	Si ponno avere rinfreschi a bordo?
S'arrête-t-il à X?	Si ferma esso ad X?
Pourrais-je débarquer à X?	Posso essere sbarcato a X?
Quel est le tarif de l'embar-	Quanto si paga per l'im-

174

Roads, conveyances etc.	Wege, Fuhrgelegenheiten etc.
barking or landing a carriage?	Ein- und Ausschiffen eines Wagens?
What sum is usually given to the commissioner for that service?	Wie viel zahlt man einem Commissionär für diesen Dienst?
Is it necessary to have my passport signed or viséed?	Ist es nöthig, dass mein Pass visirt wird?
Do they give much trouble to travellers about their passports?	Macht man den Reisenden viele Umstände wegen der Pässe?
Is there a carriage road (a foot-path) from this place to X?	Besteht ein Fahrweg (ein Fusspfad) von hier nach X?
Will there be any risk of injuring the carriage if I go by that road?	Muss ich befürchten, den Wagen zu beschädigen, wenn ich diesen Weg einschlage?
Is the road easy to find?	Ist der Weg leicht zu finden?
How far is it to X?	Wie weit ist es von hier nach X?
Can I hire a carriage to take me there?	Kann ich einen Wagen miethen, der mich dahin bringt?
How much must I pay for a carriage by the day?	Wie viel muss ich für einen Wagen auf den Tag bezahlen?
What fee ought I to give to the driver?	Wie viel Trinkgeld gibt man dem Kutscher?
Can I have a horse to carry me to X?	Kann ich ein Pferd nach X bekommen?
Can we get a pony or a donkey for this lady, to mount that hill?	Können wir ein Pferd oder einen Esel für diese Dame bekommen, um diesen Hügel hinanzureiten?
What is the usual charge by the day?	Was bezahlt man gewöhnlich für den Tag?
What do you charge per hour? what for driving (for riding) to X?	Wie viel nehmen Sie für die Stunde? wie viel um nach X zu fahren (zu reiten)?
Where is the diligence-office, to take my place?	Wo ist die Post, um einen Platz im Eilwagen zu nehmen?

175

Chemins, Messageries etc.	Strade, mezzi di trasporto etc.
quement et du débarquement d'une voiture?	barco e lo sbarco di un legno?
Combien paye-t-on au commissionnaire pour un pareil service?	Quanto si dà ad un commissionario per tal servigio?
Est-il nécessaire que mon passe-port soit visé?	È necessario far vidimare il passaporto?
Fait-on aux voyageurs beaucoup de difficultés pour leurs passe-ports?	Si fanno molte difficoltà ai viaggiatori pei passaporti?
Y a-t-il une grand route (un sentier) d'ici à X?	Vi è una strada (un sentiero) da quì a X?
Dois-je craindre d'endommager ma voiture, si je prends ce chemin?	C'è pericolo di guastare la carrozza tenendo questa strada?
Trouve-t-on facilement le chemin?	È la via facile a trovarsi?
Combien y a-t-il d'ici à X?	Quanto distante è N ... da quì?
Pourrais-je louer une voiture pour m'y conduire?	Troverò un legno da nolo che mi vi conduca?
Combien faut-il que je paye une voiture pour la journée?	Quanto spenderò al giorno per una carrozza?
Combien de pourboire donne-t-on au cocher?	Quanto si dà di mancia al vetturino?
Pourrais-je louer un cheval d'ici à X?	Avreste un cavallo da darmi per andare a X?
Pourriez-vous me procurer un cheval ou un âne pour Madame, pour monter cette colline?	Si potrebbe avere un cavallo od un asino per questa dama, onde salire su questa collina?
Combien donne-t-on ordinairement par jour?	Quanto si spende al giorno di solito?
Combien demandez-vous par heure? combien pour aller à X?	Quanto vi debbo dare per ora, per andare a X?
Où est le bureau de la diligence?	Dov' è l'ufficio della diligenza?

176

Roads, conveyances etc. — With a hackney-coachman.	Wege, Fuhrgelegenheiten etc. — Mit einem Lohnkutscher.
At what hour does it start?	Um wie viel Uhr fährt er ab?
How many hours shall we be upon the road?	Wie lange werden wir unterwegs bleiben?
Do they charge for luggage?	Muss man für das Gepäck etwas bezahlen?
What weight is allowed?	Wie viel Pfund hat man frei?
Can I take my dogs with me by the coach?	Kann ich meine Hunde im Wagen mitnehmen?
Where does the diligence stop?	Wo hält der Eilwagen an?
Shall I have time to breakfast here?	Habe ich Zeit, hier zu frühstücken?
How long do you stay?	Wie lange halten Sie hier?
Do we dine on the road?	Speisen wir unterwegs zu Mittag?
Which is the best hotel at X?	Welches ist der beste Gasthof in X?
Are the charges moderate?	Ist es billig dort?
Is there an inn or public-house at X?	Ist ein Wirthshaus oder eine Schenke dort?
Where is the station for X?	Wo ist der Bahnhof nach X?
When does the next train start?	Wann fährt der nächste Zug?
These six packages go to X.	Diese sechs Gepäckstücke gehen nach X.
Is this the train to X?	Ist dies der Zug nach X?
How long does it take to get to X?	Wie lange fahren wir bis X?
How many stations are there still?	Wie viele Stationen haben wir noch?

With a hackney-coachman.	Mit einem Lohnkutscher.
Can you drive us immediately to X?	Können Sie uns sogleich nach X fahren?
Have you a comfortable carriage?	Haben Sie einen bequemen Wagen?
Are your horses good?	Sind Ihre Pferde gut?
What must I pay for a two-	Was muss ich für einen vier-

177

Chemins, messageries etc. — Avec un cocher de louage.	Strade, mezzi di trasporto etc. — Con un vetturino.
A quelle heure part-elle?	A che ora parte?
Combien de temps resterons-nous en route?	Quanto tempo staremo per via?
Faut-il payer quelque chose pour les bagages?	È d'uopo pagare qualche cosa per l'equipaggio?
Combien a-t-on de bagages libres?	Qual peso è permesso portare di diritto?
Puis-je faire monter mes chiens dans la voiture?	Posso condur meco i miei cani in carrozza?
A quel endroit la diligence s'arrête-t-elle?	Dove si ferma la diligenza?
Aurai-je le temps de déjeûner ici?	Avrò tempo da far colazione quì?
Combien de temps arrêtez-vous-ici?	Quanto tempo vi trattenete quì?
Dînerons-nous en route?	Pranzeremo noi per viaggio?
Quel est le meilleur hôtel à X?	Qual è il miglior albergo in X?
Y a-t-on bon marché?	Sono i prezzi equi colà?
Y a-t-il là un hôtel ou une auberge?	Trovasi colà un albergo od un' osteria?
Où est l'embarcadère de X?	Dov' è l'imbarcatojo di X?
A quelle heure le prochain convoi part-il?	A che ora parte il primo convoglio?
Ces six colis vont à X.	Questi colli vanno a X.
Est-ce là le train pour X?	E quello il traino per X?
Combien de temps metterons-nous pour aller à X?	Quanto tempo ci metteremo per andare a X?
Combien de stations avons-nous encore?	Quanto stazioni abbiamo ancora?

Avec un cocher de louage.	**Con un vetturino.**
Pouvez-vous nous conduire tout de suite à X?	Potete condurci tosto a X?
Avez-vous une voiture commode?	È comoda la vostra carrozza?
Avez-vous de bons chevaux?	Sono buoni i vostri cavalli?
Combien demandez vous pour	Quanto vi debbo dare per

12

178

With a hackney-coachman.	Mit einem Lohnkutscher.
horse - carriage with four places?	sitzigen Wagen mit zwei Pferden bezahlen?
How much for a one-horse?	Wie viel für einen Einspänner?
That is too much, I can only give forty francs.	Das ist zu viel, ich gebe nur vierzig Franken.
How soon shall we be there?	Wie bald werden wir dort sein?
How much must I pay you by the day?	Wie viel muss ich Ihnen für den Tag bezahlen?
The tolls are included in our agreement.	Das Chaussee- und Brückengeld geht auf Ihre Rechnung.
How many miles a day will you travel?	Wie viel Meilen wollen Sie im Tage zurücklegen?
Is there room for my luggage upon the coach?	Hat mein Gepäck Platz auf dem Wagen?
I have a trunk, two portmanteaus and a hatbox.	Ich habe einen Koffer, zwei Mantelsäcke und eine Hutschachtel.
We wish to go to X to remain there some hours and then to return.	Wir wollen nach X fahren, uns dort einige Stunden aufhalten und dann zurückkehren.
We wish to go by X to Z.	Wir wollen über X nach Z fahren.
If you go fast, you shall have a good fee.	Wenn Sie schnell fahren, sollen Sie ein gutes Trinkgeld bekommen.
Put to immediately.	Spannen Sie sogleich an.
Do not keep me waiting.	Lassen Sie mich nicht warten.
Come with your carriage tomorrow morning at six o'clock.	Fahren Sie morgen früh um sechs Uhr vor.
Stop, coachman! We wish to get out.	Halt, Kutscher! Wir wollen aussteigen.
Drive faster, coachman! We do not get on.	Fahrt zu, Kutscher! Wir kommen nicht voran.
Do not drive so near to that precipice, — to the river.	Fahrt nicht so nahe an diesem Abgrund, — an diesem Fluss.

179

Avec un cocher de louage.	Con un vetturino
une voiture à quatre personnes, avec deux chevaux?	una carrozza a quattro posti con due cavalli?
Combien pour une voiture à un cheval?	Quanto si spende per un biroccio?
C'est trop, je ne donne que quarante francs.	È troppo, vi darò quaranta franchi.
Quand arriverons-nous?	Ci arriveremo presto?
Combien faut-il vous donner par jour?	Quanto vi debbo dare al giorno?
Le péage des ponts et chaussées est à votre compte.	I pedaggi sono a vostro carico.
Combien de milles pensez-vous faire par jour?	Quante miglia al giorno farete?
Y a-t-il de la place pour mes bagages sur la voiture?	Potrete collocare il mio equipaggio su la carrozza?
J'ai une malle, deux portemanteaux et une boîte à chapeau.	Ho un baule, due valige ed una cappelliera.
Nous voulons aller à X pour nous y arrêter quelques heures, et puis revenir.	Vogliamo andare a X ci tratterremo colà alcune ore e poi ritorneremo.
Nous voulons aller par X à Z.	Vogliamo andare a X passando per Z.
Vous aurez un bon pourboire, si vous nous conduisez vite.	Se ci servirete bene, avrete una buona mancia.
Attelez tout de suite.	Attaccate subito.
Ne me faites pas attendre.	Non mi fate aspettare.
Vous serez prêt demain matin à six heures.	Venite a levarci domattina alle sei.
Arrêtez, cocher! nous voulons descendre.	Fermatevi, vetturino, vogliamo discendere.
Allez donc, cocher! nous n'avançons pas.	Presto, vetturino, non andiamo mai innanzi.
N'allez pas si près de ce précipice —, de cette rivière.	Non andate si vicino al precipizio, — al fiume.

12*

180

At an inn.	In einem Gasthofe.
How long must we stay here, coachman, to rest the horses?	Wie lange halten wir hier, Kutscher, um die Pferde ruhen zu lassen?
When must I be ready?	Wann muss ich fertig sein?

At an inn.	In einem Gasthofe.
I wish to see the landlord of the hotel.	Ich wünsche den Herrn des Hauses zu sehen.
Sir, I wish to have two beds for a few days.	Mein Herr, ich wünsche zwei Zimmer für einige Tage zu haben.
I wish my bedroom to be on the first floor.	Ich wünsche ein Schlafzimmer im ersten Stocke zu haben.
Can we have three single bed-rooms here to-night, one bed in each room?	Können wir für diese Nacht drei Zimmer haben, ein Bett in jedem Zimmer?
We do not like a passage-room.	Wir brauchen kein Vorzimmer.
A double-bedded room will not suit us.	Ein Zimmer mit zwei Betten kann uns nicht dienen.
We can make a parlour of one of our bed-rooms.	Wir können ein Schlafzimmer als Empfangszimmer benutzen.
Give me the key of my room. I have number twelve.	Geben Sie mir den Schlüssel von meinem Zimmer. Ich habe Nummer zwölf.
Where is the bell to this room?	Wo ist die Schelle in diesem Zimmer?
The bell does not ring.	Die Schelle schellt nicht.
Will you send up the chambermaid directly, for we are tired and want to go to bed.	Wollen Sie sogleich das Zimmermädchen schicken, wir sind müde und wollen zu Bette gehen.
Tell the chambermaid to bring more water and more towels.	Sagen Sie dem Zimmermädchen, sie möge mehr Wasser und Handtücher bringen.
Bring me fresh water.	Bringen Sie frisches Wasser.

181

Dans un hôtel.	In un albergo.
Combien de temps vous faut-il, cocher, pour faire re-poser les chevaux ? A quelle heure faut-il être prêt ?	Vetturino, quanto tempo ci tratterremo qui, per far riposare i cavalli? A che ora debbo esser pronto?

Dans un hôtel.	**In un albergo.**
Je désire parler au maître de l'hôtel.	Vorrei parlare al maestro di casa.
Je désire, Monsieur, avoir deux chambres pour quel-ques jours.	Signore, vorrei due stanze per alcuni giorni.
Je désire une chambre à coucher au premier étage.	Vorrei che la mia stanza da letto fosse al primo piano.
Pourrions-nous avoir pour cette nuit trois chambres à un lit?	Potremmo avere stanotte tre stanze da un letto solo?
Nous n'avons pas besoin d'antichambre.	Non abbiamo bisogno d'an-ticamera.
Une chambre à deux lits ne peut pas nous convenir.	Una stanza con due letti non ci serve.
Nous pourrons nous servir d'une de nos chambres à coucher comme de salon.	Possiamo servici di una stanza da letto per antica-mera.
Donnez-moi la clef de ma chambre. J'ai le numéro douze.	Datemi la chiave della mia camera. Sono al numero dodici.
Où est la sonnette dans cette chambre?	Dov' è il campanello di que-sta stanza?
La sonnette ne sonne pas.	Il campanello non suona.
Voulez-vous nous envoyer de suite la femme de chambre, nous sommes fatigués et désirons nous coucher.	Mandateci tosto la cameriera, siamo stanchi e vogliamo andar a letto.
Dites à la fille d'apporter plus d'eau et plus d'es-suie-mains.	Dite alla cameriera, che porti dell' altra acqua e qualche asciugamani di più.
Apportez de l'eau fraîche.	Portatemi dell' acqua fresca.

182

At an inn.	In einem Gasthofe.
I should like a bath of warm water for my feet; if you have not a foot-bath, a pail will do just as well.	Ich wünsche ein warmes Fussbad; wenn Sie keine Wanne haben, verrichtet ein Eimer dieselben Dienste.
I want my bed warmed directly.	Ich wünsche mein Bett gleich gewärmt zu haben.
The bed seems very hard.	Das Bett scheint sehr hart.
Are the sheets well aired?	Sind die Betttücher gut ausgelüftet?
Where is the water-closet?	Wo ist der Abtritt?
My boots (shoes) are quite wet, will you have them thoroughly dried up for me by to-morrow morning; for I catch a cold always, if they are at all damp.	Meine Stiefel (Schuhe) sind ganz nass, lassen Sie mir sie bis morgen früh gut trocknen; ich erkälte mich stets, wenn sie nur etwas feucht sind.
Will you have this chest of drawers wiped out, it is quite dirty.	Fegen Sie diese Kommode aus, sie ist ganz schmutzig.
Put the box of matches upon the table.	Setzen Sie das Feuerzeug auf den Tisch.
Have you a coachhouse and stables adjoining the hotel?	Haben Sie ein Wagenhaus und Ställe bei Ihrem Gasthofe?
I must have my horses properly attended to and well fed.	Meine Pferde müssen sorgfältig verpflegt und gut gefüttert werden.
Will you send the commissioner to me?	Wollen Sie mir den Lohnbedienten senden?
I wish to have breakfast (supper).	Ich wünsche das Frühstück (das Abendessen).
Give me something to eat.	Geben Sie mir etwas zu essen.
At what hour do we dine?	Um wie viel Uhr speisen wir zu Mittag?
Bring us tea for four directly.	Besorgen Sie bald vier Portionen Thee.
Why is not dinner ready?	Warum ist das Mittagsessen nicht fertig?
At what hour is your table d'hôte?	Um wie viel Uhr ist die table d'hôte?

183

Dans un hôtel.	In un albergo.
Je désire avoir un bain de pieds; à défaut de baignoire suffira un sceau.	Desidererei una piccola bagneruola con dell' acqua calda per lavarmi i piedi; se non avete bagneruola, mì servirò di un mastelletto.
Faites bassiner mon lit de suite.	Fatemi tosto riscaldare il letto.
Je trouve le lit bien dur.	Il letto mi pare duro.
Est-ce que les draps de lit ont été bien aérés?	Sono le lenzuola bene sicorinate?
Où sont les lieux d'aisance?	Dov' è la ritirata?
Mes bottes (souliers) sont toutes mouillées, faites les sécher pour demain matin, car je m'enrhume toutes les fois que je mets des bottes tant soit peu humides.	I miei stivali (le mie scarpe) sono molto bagnati; abbiate cura, che sieno bene asciutti, poichè mi raffreddo subito, se appena sono umidi.
Voulez-vous faire épousseter cette commode, elle est toute sale.	Fate pulire questo armadio (como), è assai sporco.
Mettez les allumettes sur la table.	Mettete i zolfanelli (i fulminanti) sulla tavola.
Avez-vous une remise et des écuries dans l'hôtel?	Avete rimessa e scuderia nel vostro albergo?
Il faut avoir bien soin de mes chevaux, et les bien panser.	Ho bisogno, che i miei cavalli sieno diligentemente tenuti e ben nudriti.
Voulez-vous m'envoyer le commissionnaire?	Mandatemi un servo di piazza.
Je désirerais déjeûner (souper).	Vorrei far colazione (cenare).
Donnez-moi quelque chose à manger.	Datemi qualche cosa da mangiare.
A quelle heure dînons-nous?	A che ora si pranza?
Apprêtez vite du thé pour quatre personnes.	Mandateci presto quattro tazze di thé.
Pourquois le dîner n'est-il pas prêt?	Perchè non è all' ordine il pranzo?
A quelle heure dîne-t-on à la table d'hôte?	A che ora si va a tavola rotonda?

184

At an inn.	In einem Gasthofe.
Have you many people at it?	Ist sie zahlreich?
Keep six places for me at the table d'hôte.	Belegen Sie sechs Plätze an der table d'hôte für mich.
Can we dine in our room?	Können wir auf unserm Zimmer speisen?
How much do you then charge for each person?	Wie hoch rechnen Sie dann das Couvert?
How much do you charge a head at the table d'hôte?	Was kostet das Couvert an der table d'hôte?
Does that include wine?	Ist der Wein dabei inbegriffen?
Show me your bill of fare and list of wines.	Zeigen Sie mir den Speisezettel und die Weinkarte.
Bring me a bottle of wine (a chair, bread, water), waiter.	Bringen Sie mir eine Flasche Wein (einen Stuhl, Brod, Wasser), Kellner.
I will thank you to hand me that dish, — the vegetables.	Sie werden mich verpflichten, wenn Sie mir jene Schüssel, — das Gemüse reichen wollen.
Have you any wine, which is not acid? The F·ench wine are in general too acid for English.	Haben Sie irgend einen Wein, der nicht sauer ist? Die französischen Weine sind gewöhnlich zu sauer für Engländer.
Give me another fork, another knife.	Geben Sie mir eine andere Gabel, ein anderes Messer.
Waiter, this linen is not clean.	Kellner, dieses Tischzeug ist nicht rein.
Will you send for the washerwoman directly, as I want my linen washed and my stay here is very short.	Senden Sie gefälligst gleich zur Waschfrau, ich muss meine Wäsche waschen lassen und bleibe nur kurze Zeit hier.
Can my maid have an iron, to iron a few things for me?	Kann mein Mädchen ein Bügeleisen bekommen, um einige Kleinigkeiten für mich zu bügeln?
I want a needle and some thread, silk, cotton.	Ich brauche eine Nähnadel mit etwas Zwirn, Seide, Baumwolle.

185

Dans un hôtel.	In un albergo.
Est-elle nombreuse?	Avete una numerosa tavola?
Réservez-moi six places à la table d'hôte.	Preparateci sei posti alla tavola rotonda.
Pouvons-nous dîner dans notre appartement?	Possiamo pranzare in camera nostra?
Combien faites-vous alors payer par tête?	Quanto ci fate pagare a testa in tal caso?
Combien faites-vous payer à la table d'hôte?	Quanto si paga a tavola rotonda?
Le vin est-il compris?	È compreso il vino?
Montrez-moi la carte.	Mostratemi la lista e la nota dei vini.
Garçon, apportez-moi une bouteille de vin (une chaise, du pain, de l'eau).	Cameriere, portatemi una bottiglia di vino (una sedia, del pane, dell' acqua).
Je vous serais fort obligé, si vous vouliez me faire passer ce plat, — ces légumes.	Vorreste avere la gentilezza di passarmi quel piatto, — di favorirmi la verdura.
Avez-vous du vin, qui ne soit pas aigre? Les vins français sont ordinairement trop aigres pour les Anglais.	Avete un vino meno brusco, acido? Gl'Inglesi trovano ordinariamente troppo acidi i vini di Francia.
Changez ma fourchette, mon couteau.	Cambiatemi la forchetta, il coltello.
Garçon, ce linge n'est pas propre.	Cameriere, questa biancheria è sporca.
Voudriez-vous bien envoyer de suite chercher la blanchisseuse, il faut que je fasse blanchir et je ne m'arrêterai pas long-temps ici.	Fatemi chiamar tosto la lavandaja, voglio darle i pannilini sucidi, e non mi tratterò qui che poco tempo.
Est-ce que ma femme de chambre pourrait avoir un fer pour repasser quelques petites choses?	Si potrebbo avere un ferro da stirare per la mia cameriere, affinchè stirasse alcune bagatelle?
J'ai besoin d'une aiguille avec du fil, de la soie, du coton.	Ho bisogno d'un ago e del filo, della seta, del cottone.

186

At an inn.	In einem Gasthofe.
Bring me the newspaper.	Bringen Sie mir die Zeitung.
Have you an English or French paper?	Haben Sie eine englische oder französische Zeitung?
Have you a valet de place to go through the town with me and show me all that is worth seeing?	Haben Sie einen Lohnbedienten, der mich in der Stadt umher führt und mir die Sehenswürdigkeiten zeigt?
What must I pay him per day, per hour?	Was muss ich ihm für den Tag, für die Stunde zahlen?
Is he ready? for I am anxious to set out.	Ist er bereit? ich möchte gern gleich ausgehen.
At what hour do the letters arrive from England?	Um welche Stunde kommen die Briefe aus England an?
Which is the way to the post-office?	Welches ist der Weg zur Post?
Have you a letter for me?	Haben Sie einen Brief für mich?
How much is the postage?	Wie viel beträgt das Porto?
Bring me some letter-paper, and pen and ink.	Bringen Sie mir etwas Briefpapier, und Feder und Dinte.
Bring me a light and some sealing-wax.	Bringen Sie mir ein Licht und etwas Siegellack.
Send that letter to the post.	Senden Sie diesen Brief zur Post.
I wish to have my passport signed at the police-office.	Ich wünsche meinen Pass auf der Polizei visiren zu lassen.
Will you see that it is done?	Wollen Sie zusehen, ob es geschehen ist?
Is it necessary to have the passport signed here?	Ist es nöthig, dass der Pass hier visirt wird?
Is there an English Consul here?	Ist ein englischer Consul hier?
In what street does he live?	In welcher Strasse wohnt er?
Show me the way to his house.	Zeigen Sie mir den Weg zu seinem Hause.
Where can I get my money changed?	Wo kann ich Geld wechseln lassen?
Where does a banker live?	Wo wohnt ein Banquier?

187

Dans un hôtel.	In un albergo.
Apportez-moi le journal.	Portatemi la gazzetta.
Avez-vous un journal anglais ou français?	Avete fogli inglesi o francesi?
Auriez-vous un commissionnaire pour me conduire en ville et me faire voir les curiosités?	Vorrei un servo di piazza, che mi conducesse attorno per la città e mi mostrasse tutte le rarità, che vi si trovano.
Combien faut-il lui payer par jour, par heure?	Quanto gli si dà al giorno, all' ora?
Est-il prêt? je voudrais sortir de suite.	È egli all' ordine? vorrei uscir subito.
A quelle heure arrivent les lettres d'Angleterre?	A che ora arrivano le lettere d'Inghilterra?
Pourriez-vous m'indiquer la poste aux lettres?	Potreste indicarmi il cammino che va alla posta?
Avez-vous une lettre pour moi?	Avete lettere per me?
Combien pour le port?	Quanto costa il porto?
Apportez-moi du papier à lettres, des plumes et de l'encre.	Portatemi un po' di carta da lettere, una penna e dell' inchiostro.
Apportez-moi une bougie et de la cire à cacheter.	Portatemi un lume e della ceralacca.
Faites jeter cette lettre à la poste.	Fate portare questa lettera alla posta.
Je désire faire viser mon passeport au bureau de police.	Desidererei far vidimare il mio passaporto alla polizia.
Voulez-vous voir si cela a été fait.	Abbiate la compiacenza di vedere se va bene?
Est-il nécessaire que mon passeport soit visé ici?	È necessario far vidimare qui il passaporto?
Y a-t-il ici un consul d'Angleterre?	Avete qui un consolo inglese?
Où demeure-t-il?	Dove abita egli?
Montrez moi le chemin qui conduit à son hôtel.	Insegnatemi la strada per andarvi.
Où pourrai-je changer de la monnaie?	Dove posse far scambiare del danaro?
Où demeure un banquier?	Dove abita un banchiere?

188

At an inn.	In einem Gasthofe.
I wish to see a medical man, I am unwell.	Ich wünsche einen Arzt zu sprechen, ich bin unwohl.
Will you send for one, and send for him immediately, if you please.	Wollen Sie nach einem senden, und zwar sogleich, wenn es gefällig ist.
Have you a doctor, who speaks English? If he understands French, that will do.	Haben Sie einen Arzt, der englisch spricht? Es genügt, wenn er auch nur französisch versteht.
What fee should I give him? Is that enough?	Wie viel Honorar soll ich ihm geben? Ist das genug?
Where is there an apothecary's shop?	Wo ist eine Apotheke?
I want some medecine, some salt, rhubarb, calomel, blue pills. Have you fresh leeches? These do not bite. Please to change them for others	Ich brauche Arznei, etwas Salz, Rhabarber, Calomel, blaue Pillen. Haben Sie frische Blutegel? Diese beissen nicht an. Tauschen Sie sie gefälligst gegen andere aus.
Can I have a warm bath?	Kann ich ein warmes Bad bekommen?
Have you baths in the house?	Haben Sie Bäder im Hause?
Bring me a tovel.	Bringen Sie mir ein Handtuch.
Have you a thermometer?	Haben Sie ein Thermometer?
Bring me some soap.	Bringen Sie mir Seife.
Did you tell the hairdresser to come to dress my hair? to cut my hair?	Haben Sie den Friseur bestellt, dass er mich frisire? mir die Haare schneide?
Give the razors to the cutler to get them set.	Geben Sie diese Rasirmesser dem Messerschmied zum Schleifen.
Call me at six o'clock in the morning.	Wecken Sie mich um sechs Uhr morgen früh.
Will you give a loud knock at my door at a quarter before five to-morrow	Klopfen Sie morgen früh ein Viertel vor fünf Uhr stark an meine Thüre, um mich

189

Dans un hôtel.	In un albergo.
Je suis indisposé, je désire voir un médecin.	Desidererei parlare con un medico, sono alquanto indisposto.
Envoyez en chercher un tout de suite, s'il vous plait.	Vorreste avere la bontà di farmene chiamare uno, e tosto.
Avez-vous un médecin qui parle anglais? S'il parle français, cela suffira.	Conoscete un medico che parli inglese? Basterebbe che capisse il francese.
Combien faut-il lui donner? Est-ce assez?	Quanto gli debbo dare? Basta così?
Pourriez vous m'indiquer une pharmacie?	Potreste indicarmi una farmacia?
J'ai besoin de quelques médicaments, de quelques sels, de rhubarbe, de calomel, de pillules bleues. Avez-vous de bonnes sangsues? Celles-ci ne veulent pas prendre. Ayez donc la bonté de les échanger.	Voglio comprare alcune medicine, un po' di sal (solfato di soda), del rabarbero, del calomelano, bleu pills. Avete sanguisughe fresche? Queste non s'attaccano, abbiate la bontà di cambiarle.
Pourrais-je avoir un bain chaud?	Potrei avere un bagno caldo?
Y a-t-il des bains à l'hôtel?	Avete i bagni in casa?
Apportez - moi un essuie-main.	Recatemi un asciugamani.
Avez-vous un thermomètre?	Avete un termometro?
Apportez-moi du savon.	Portatemi un po' di sapone.
Avez - vous dit au coiffeur de venir me coiffer? me couper les cheveux?	Avete detto al parrucchiere che venga a pettinarmi? tagliarmi i capelli?
Donnez ces rasoirs au coutelier pour qu'il les repasse.	Portate i rasoi all' arrotino per farli affinare.
Éveillez-moi demain matin à six heures.	Domattina mi sveglierete alle sei.
Frappez fortement à ma porte pour m'éveiller demain matin à cinq heures	Domattina alle cinque meno un quarto fate bussar fortemente all' uscio della mia

190

At an inn.	In einem Gasthofe.
morning to awake me, and let my boots be there and well dried.	zu wecken. Sorgen Sie, dass meine Stiefel dann da sind und zwar gut getrocknet.
I want my coat brushed.	Ich wünsche meinen Rock ausgebürstet zu haben.
Close the shutters.	Machen Sie die Fensterladen zu.
Can I have the breakfast at that hour?	Kann ich um diese Stunde das Frühstück haben?
We will have breakfast for two at six in the morning punctually.	Wir wünschen morgen früh Schlag sechs Uhr zwei Portionen Frühstück.
Order a hackney-coach for me.	Bestellen Sie mir eine Lohnkutsche.
Why is not the carriage come?	Warum ist der Wagen nicht gekommen?
Take that out of the room.	Nehmen Sie dies aus dem Zimmer.
Carry my luggage into the bed-room.	Bringen Sie mein Gepäck in das Schlafzimmer.
Bring my luggage out of the bed-room.	Nehmen Sie mein Gepäck aus dem Schlafzimmer.
My luggage must be put on board the vessel (taken to the station).	Mein Gepäck muss an Bord des Schiffes (nach dem Bahnhof) gebracht werden.
Are you porter as well as boots?	Sind Sie Packträger und Hausknecht zugleich?
Light a fire in my room.	Lassen Sie auf meinem Zimmer etwas einheizen.
Make a good fire.	Machen Sie ein gutes Feuer.
The fire is going out, stir it.	Das Feuer geht aus, schüren Sie es.
How much have I to pay?	Wie viel habe ich zu bezahlen?
Bring me my account.	Bringen Sie mir die Rechnung.
Give me a specified bill.	Geben Sie mir eine specificirte Rechnung.

191

Dans un hôtel.	In un albergo.
moins un quart. Ayez soin que mes bottes soient là, et bien séchées.	camera, affinchè mi desti. Procurate ch'io trovi i miei stivali bene asciutii.
Voulez-vous faire brosser ma redingote?	Fatemi scopettare il vestito.
Fermez les volets.	Chiudete le imposte.
Pourrais-je déjeûner à cette heure là?	Mi potrete dare la colazione a quell' ora?
Nous désirons le déjeûner pour deux à six heures précises du matin.	Domattina alle sei precise vorremmo la colazione per due persone.
Faites moi venir une voiture de louage.	Ordinatemi una carrozza da nolo, un fiacre.
Pourquoi la voiture n'est-elle pas arrivée?	Perchè non è ancor giunta la carrozza?
Emportez cela.	Togliete ciò della stanza.
Portez mes bagages dans la chambre à coucher.	Portate i miei effetti nella mia camera da letto.
Emportez mes bagages qui sont dans la chambre à coucher.	Andate a prendere il mio equipaggio nella mia camera da letto.
Il faut porter mes bagages à bord du bateau (à l'embarcadère).	È d'uopo far trasportare il mio equipaggio a bordo (all' imbarcatojo.)
Etes-vous porteur et valet de la maison en même temps?	Siete voi ad un tratto portinajo e servo di casa?
Veuillez faire un peu de feu dans ma chambre.	Fate scaldare un po' la stufa nella mia camera.
Faites un bon feu.	Fate un buon fuoco.
Le feu s'éteint, attisez-le.	Il fuoco si spegne, attizzatelo.
Combien dois-je?	Quanto vi debbo?
Apportez-moi mon compte.	Portatemi il mio conto.
Donnez-moi une note détaillée.	Datemi un conto specificato.

192

In a town.	In einer Stadt.
Have you an omnibus to go to the station?	Haben Sie einen Omnibus, der nach der Eisenbahn fährt?
How long will it take me to walk to the station?	Wie viel Zeit brauche ich, um zu Fuss den Bahnhof zu erreichen?

In a town.	In einer Stadt.
Turn to the right, left, straight forward.	Gehen Sie rechts, links, geradeaus.
Keep to the right, and at the second street turn to the left.	Halten Sie sich rechts und wenden sich bei der zweiten Strasse links.
When and where is the English service performed? Do we pay for going? Is it twice a day?	Wann und wo ist englischer Gottesdienst? Bezahlt man etwas dafür? Ist er zweimal täglich?
Is there any thing worth seeing in this town?	Ist irgend etwas Sehenswürdiges in dieser Stadt?
Are there any collections of pictures?	Sind Gemäldeausstellungen hier?
To whom must one make application to see them?	An wen muss man sich wenden, um diese zu sehen?
What churches are most remarkable for their architecture, monuments of sculpture, or paintings?	Welche Kirchen sind besonders bemerkenswerth wegen ihrer Bauart, ihrer Denkmale oder Gemälde?
Which are the most elegant edifices in the town?	Welches sind die schönsten Gebäude in der Stadt?
Is there a theatre in this town?	Giebt es ein Theater in der Stadt?
Is there a good play to-night, and at what theatre?	Wird heute ein gutes Stück aufgeführt, und in welchem Theater?
Where can I buy a book of the play?	Wo kann ich den Text kaufen?
I suppose there will be no difficulty in getting tickets.	Ich denke, es wird nicht schwierig sein, Billets zu bekommen.

193

Dans une ville.	In una città.
Avez-vous un omnibus qui conduise au chemin de fer? Combien de temps me faut-il pour aller à pied à l'embarcadère?	Avete un omnibus che conduca alla strada ferrata? Quanto tempo mi abbisogna per andare a piedi all'imbarcatojo?

Dans une ville.	In una città.
Prenez à droite, à gauche, marchez tout droit.	Si volga a destra, a sinistra, vada diritto.
Tournez à droite et prenez la seconde rue à gauche.	Si tenga a destra, alla seconda strada volti a sinistro.
Où et quand le service de l'église anglaise se célèbre-t-il? Paie-t-on deux fois par-jour?	Dove ed a che ora si ufficia alla chiesa inglese? È d'uopo pagare per assistervi? Si celebra due volte al giorno?
Y a-t-il quelques curiosités dans cette ville?	Vi sono delle rarità da vedersi in questa città?
Y a-t-il des galeries de tableaux?	Vi sono delle gallerie di quadri?
A qui faut-il s'adresser pour pouvoir les visiter?	A chi debbo rivolgermi per vederle?
Quelles sont les églises les plus remarquables par leur architecture, leurs sculptures ou leurs tableaux?	Quali sono le più ragguardevoli chiese per rispetto alla loro costruzione, ai loro monumenti od ai loro dipinti?
Quels sont les plus beaux édifices de la ville?	Quali sono i più bei edifici della città?
Y a-t-il un théâtre dans la ville?	Avete teatro in questa città?
Jouera-t-on une belle pièce ce soir et à quel théâtre?	Si rappresenta questa sera una buona commedia? ed in qual teatro?
Où puis-je acheter la pièce?	Dove si trova il libretto?
J'espère qu'il n'y aura pas de difficulté pour avoir des billets.	M'immagino che non sarà difficile trovare biglietti.

13

194

In a town.	In einer Stadt.
Must we go dressed?	Müssen wir besondere Toilette dazu machen?
Is the company a good one?	Ist die Truppe gut?
What is to be performed this evening?	Was wird diesen Abend aufgeführt?
Is it a tragedy, comedy or an opera?	Ist es ein Trauerspiel, ein Lustspiel oder eine Oper?
Is the orchestra good?	Ist das Orchester gut?
I wish a ticket for the pit, for the boxes.	Ich wünsche ein Billet zum Parterre, zu den Logen.
Is there a concert this evening?	Ist diesen Abend Concert?
Who gives the concert?	Wer gibt das Concert?
How much is charged for admission?	Wie hoch ist der Eintrittspreis?
Is there a café in the neighbourhood?	Ist ein Kaffehaus in der Nähe?
Can one see an English newspaper there?	Kann man eine englische Zeitung dort haben?
Is there a book containing the curiosities of this town?	Gibt es ein Buch über die Merkwürdigkeiten dieser Stadt?
What is the title of the book? Where is it sold?	Welches ist der Titel dieses Buches? Wo ist es zu kaufen?
Can you tell me by what route I may arrive at the ... gate?	Können Sie mir sagen, auf welchem Wege ich zu dem ... Thore gelange?
Would you have the kindness to tell me, if I am far from the ... part of the town or from the ... street?	Wollten Sie d e Güte haben, mir zu sagen, ob ich weit von dem ... Stadtviertel, oder von der ... Strasse bin?
I wish to find the house of Mr. N.	Können Sie mir sagen, wo Herr N. wohnt?
What direction must I take?	Welche Richtung muss ich nehmen?
Must I afterwards turn to the right or to the left?	Muss ich nachher mich rechts oder links wenden?
Be so kind as to show me the way to ...	Sein Sie so gut, mir den Weg nach ... zu zeigen.

195

Dans une ville.	In una città.
Faut-il que je fasse toilette?	È necessario mutarsi di vestito?
La troupe est-elle bonne?	È buona la compagnia?
Que donne-t-on ce soir?	Che cosa si rappresenta questa sera?
Est-ce une tragédie, une comédie ou un opéra?	È tragedia, commedia, oppure opera?
L'orchestre est-il bon?	È buona l'orchestra?
Je désire avoir un billet de parterre, de loges.	Vorrei un biglietto per la platea, per le logge.
Y a-t-il concert ce soir?	C'è concerto questa sera?
Qui est-ce qui donne le concert?	Chi da il concerto?
Quel est le prix d'entrée?	Quanto costa il biglietto d'ingresso?
Y a-t-il un café près de là?	C'è un caffé nelle vicinanze?
Peut-on y trouver un journal anglais?	Troverò colà un foglio inglese?
Existe-t-il une description des curiosités de la ville?	Esiste un libro che tratti delle rarità di questa città?
Quel est le titre de ce livre? Où se vend-il?	Qual è il titolo di questo libro? Dove si compra?
Pouvez-vous me dire quel est le chemin pour aller à la porte de ...?	Mi sapreste dire qual' è la strada, che conduce a porta ...?
Voulez-vous avoir la bonté de me dire, si je suis éloigné du quartier ... ou de la rue ...?	Vorreste avere la compiacenza di dirmi se sono distante dal quartiere ... o dalla strada ...?
Pourriez vous m'indiquer la maison de Monsieur N.?	Potreste indicarmi la casa del signor N.?
Quelle direction faut-il que je prenne?	Qual direzione devo prendere?
Faut-il tourner plus tard à droite ou à gauche?	Debbo voltarmi poi a destra o a sinistra?
Ayez la bonté de me montrer le chemin de ...	Abbiate la bontà di mostrarmi la via di ....

13*

Concerning lodgings.	Wegen einer Wohnung.
I will pay you for your trouble.	Ich werde Ihnen Ihre Mühe bezahlen.
Is there a bathing-establishment in this town?	Gibt es ein Badehaus in dieser Stadt?
Is there a good bathing-place in the vicinity?	Ist in der Nähe ein guter Badeplatz?
Is there any one here, who can show it to me?	Ist Jemand da, der mir ihn zeigt?
Can one bathe there without danger?	Kann man dort ohne Gefahr baden?
Is it necessary to be able to swim?	Muss man schwimmen können?

Concerning lodgings.	Wegen einer Wohnung.
Can I meet with good lodgings in this town?	Kann man gute Wohnungen in dieser Stadt bekommen?
I wish to have furnished lodgings.	Ich wünsche eine möblirte Wohnung zu haben.
I wish to have them unfurnished.	Ich wünsche sie ohne Möbel.
How much is usually paid by the month for two furnished rooms on the first floor?	Wie viel bezahlt man gewöhnlich den Monat für zwei möblirte Zimmer im ersten Stock?
How much on the second floor?	Wie viel im zweiten Stock?
How much for one room on the first floor?	Wie viel für ein Zimmer im ersten Stock?
Is fuel dear in this place?	Ist die Feuerung hier theuer?
Are provisions dear?	Sind die Lebensmittel theuer?
What is the usual rent of a house suitable for a small family, in a good part of the town?	Was ist der gewöhnliche Miethpreis eines Hauses für eine kleine Familie in einem guten Stadttheile?
Are taxes high?	Sind die Abgaben bedeutend?
I understand, Sir, that you have apartments to let. Will you allow me to see them?	Ich höre, mein Herr, dass Sie Zimmer zu vermiethen haben. Wollen Sie mir erlauben, sie zu sehen?

197

Pour un logement.	Di un' abitazione.
Je vous payerai pour votre peine.	Vi pagherò il vostro incomodo.
Y a-t-il des bains dans cette ville?	Trovasi uno stabilimento di bagni in questa città?
Y a-t-il dans le voisinage un endroit où l'on puisse se baigner?	Avete nelle vicinanze un buon luogo dove si possa bagnare?
Trouverais-je quelqu'un qui puisse me l'indiquer?	Troverò qualcuno colà, che me lo insegni?
Peut-on s'y baigner sans danger?	Si puo' bagnare colà senza pericolo?
Faut-il savoir nager?	È d'uopo saper nuotare?

Pour un logement.	Di un' abitazione.
Trouve-t-on de bons logements dans cette ville?	Si trovano qui dei buoni appartamenti?
Je désire avoir un appartement meublé.	Vorrei avere un appartamento mobigliato.
Je le voudrais sans meubles.	Lo vorrei senza mobili.
Combien donne-t-on ordinairement, par mois, pour deux chambres meublées au premier étage?	Quanto si paga ordinariamente per due camere mobigliate in primo piano?
Combien au second étage?	Quanto in secondo piano?
Combien pour une chambre au premier étage?	Quanto per una stanza in primo piano?
Le chauffage est-il cher?	È qui cara la legna?
La nourriture est-elle chère?	Sono cari i viveri?
Quel est, dans un bon quartier, le loyer ordinaire d'une maison, pour une petite famille?	Qual è il consueto prezzo d'affitto di una casa per una piccola famiglia, in una buona parte della città?
Les contributions sont-elles considérables?	Sono forti le imposte?
On m'a dit, Monsieur, que vous avez des chambres à louer. Voulez-vous me les faire voir?	Sento, signore, che avete delle stanze da appigionare, vorreste permettermi di vederle?

198

Concerning lodgings.	Wegen einer Wohnung.
Are they on the first floor?	Sind sie im ersten Stocke?
Are they furnished?	Sind sie möblirt?
These rooms are large enough, but the furniture is not very good.	Diese Zimmer sind gross genug, aber die Möbel sind nicht besonders.
These rooms are almost too small, but they are well furnished.	Diese Zimmer sind fast zu klein, aber sie sind gut möblirt.
The rooms do not suit me, I am sorry that I cannot take them.	Die Zimmer stehen mir nicht an, es thut mir leid, dass ich sie nicht nehmen kann.
I like the rooms and wish to have them; how much do you ask by the month?	Die Zimmer gefallen mir und ich wünschte sie zu miethen; wie viel fordern Sie für den Monat?
How much by the year?	Wie viel für das Jahr?
What do you charge for firing?	Was berechnen Sie für Heizung?
Do you burn coal or wood here?	Brennt man hier Kohlen oder Holz?
Can I have breakfast at home?	Kann ich im Hause das Frühstück bekommen?
Can I have dinner?	Kann ich das Mittagsessen haben?
Can I dine with the family?	Kann ich mit der Familie zu Mittag speisen?
Is there a good restaurant in the neighbourhood, where I may dine?	Ist ein gutes Speisehaus in der Nachbarschaft, wo ich essen kann?
Can I have dinner sent to me from a restaurant or hotel?	Kann mir das Mittagsessen aus einem Speisehause oder aus einem Gasthofe geschickt werden?
At what hour does the family go to bed?	Um wie viel Uhr geht die Familie zu Bett?
Can I have a housekey?	Kann ich den Hausschlüssel bekommen?
I must have some one to clean my boots and brush my clothes every morning.	Ich muss Jemanden haben, der meine Stiefel und Kleider jeden Morgen reinigt.

199

Pour un logement.	Di un' abitazione.
Sont-elles au premier étage?	Sono al primo piano?
Sont-elles meublées?	Sono ammobigliate?
Ces chambres sont assez grandes, mais les meubles ne sont pas en très bon état.	Queste camere sono abbastanza grandi, ma i mobili non sono molto belli.
Ces chambres sont un peu petites, mais elles sont bien meublées.	Queste stanze sono un po' troppo piccole, ma sono però ben fornite.
Ces chambres ne me conviennent pas, et je regrette de ne pouvoir les prendre.	Queste camere non mi si confanno, mi rincresce di non poterle prendere.
Ces chambres me conviennent et je désidérais les louer; combien demandez-vous par mois?	Le stanze mi piaccino e desidererei affittarle; quanto ne volete al mese?
Combien par an?	Quanto per un anno?
Combien demandez-vous pour le chauffage?	A quanto calcolate la legna?
Brûle-t-on du bois ou du charbon de terre?	Abbruciasi qui carbone o legna?
Pourrais-je avoir le déjeûner dans la maison?	Potrò avere la colazione in casa?
Pourrais-je y dîner?	Potrò avervi il pranzo?
Pourrais-je dîner avec la famille?	Posso desinare colla famiglia?
Y a-t-il un bon traiteur dans le voisinage où je pourrais dîner?	V'è una buona trattoria in questi contorni, ove io possa pranzare?
Pourrais-je me faire apporter mon dîner du restaurant ou de l'hôtel?	Posso farmi portare il pranzo da una trattoria o da una locanda?
A quelle heure se couche-t-on dans la maison?	A che ora va a letto la famiglia?
Pourrais-je avoir la clef de la maison?	Mi darete la chiave di casa?
Il me faudrait quelqu'un pour nettoyer tous les matins mes habits et mes bottes.	Mi abbisogna qualcuno che mi pulisca la mattina gli stivali ed i vestiti.

200

In a shop.	In einem Laden.
What is it usual to give to the servant per month?	Was gibt man gewöhnlich der Magd für den Monat?
Do you charge any thing additional for linen etc.?	Berechnen Sie ausserdem etwas für Linnen etc.?
Have you any other lodgers in the house?	Haben Sie sonst noch Miethleute im Hause?

In a shop.	In einem Laden.
What is the price of this article?	Was ist der Preis dieses Artikels?
How much?	Wie viel?
I cannot give so much.	Ich kann nicht so viel geben?
Can you not take less?	Können Sie es nicht billiger lassen?
It is very cheap, but it is not very good.	Es ist sehr wohlfeil, aber es ist nicht sehr gut.
That is not durable.	Das ist nicht dauerhaft.
Do you make any deduction?	Gewähren Sie keinen Abzug?
What is the value of that in English money?	Was ist der Werth desselben in englischem Gelde?
What is the exchange of London?	Wie steht der Cours auf London?
Be so kind as to show me that.	Seien Sie so gut, mir das zu zeigen.
What is the name of that?	Wie heisst das?
That is not good enough.	Das ist nicht gut genug.
Have you no better?	Haben Sie nichts Besseres?
Will you change me these gold-coins?	Wollen Sie mir diese Goldstücke wechseln?
This exchange is higher, I have received at X. more for my English gold.	Der Cours steht höher, ich habe zu X. mehr für mein englisches Gold erhalten.
Take this piece of gold and give me the difference.	Nehmen Sie dies Goldstück, und geben Sie mir heraus.

201

Dans un magasin.	In una bottega.
Combien donne-t-on ordinairement par mois à la domestique?	Quanto si dà di solito al mese alla fantesca?
Comptez - vous, en outre, quelque chose pour le linge etc.?	Calcolate inoltre qualchecosa pei pannilini etc.?
Avez-vous encore d'autres locataires dans la maison?	Avete altri pigionali in casa?

Dans un magasin.	In una bottega.
Quel est le prix de cet article?	Qual è il prezzo di questo articolo?
Combien?	Quanto?
Je ne peux pas en donner autant.	Non posso spendere tanto.
Ne pourriez-vous pas me le laisser à meilleur marché?	Non potete lasciarlo a meno?
C'est bien bon marché, mais cela n'est pas de très bonne qualité.	È molto a buon prezzo, sì, ma la qualità non è molto buona.
Ce n'est pas solide.	Non ha durata.
Ne faites-vous point de remise?	Non accordate veruno sconto?
Combien cela vaut-il en monnaie anglaise?	Quanto vale a moneta inglese?
Quel est le change de Londres?	Come sta il cambio per Londra?
Ayez la bonté de me montrer cela.	Abbiate la compiacenza di mostrarmelo.
Comment cela s'appelle-t-il?	Come si chiama ciò?
Ce n'est pas assez bon.	Non è abbastanza buono.
N'avez-vous rien de meilleur?	Non ne avete di migliore?
Voulez-vous me changer ces pièces d'or?	Volete scambiarmi queste monete d'oro?
Le change est plus haut; on m'a donné d'avantage pour mon or anglais à X.	Il cambio è più alterato, ad X. ho avuto di più pel mio oro inglese.
Prenez cette pièce d'or et rendez-moi la monnaie.	Prendete questa pezza d'oro, e rendetemi il resto.

Dialogues.	Gespräche.
Of the weather.	**Vom Wetter.**
What sort of weather is it?	Wie ist das Wetter?
It is fine.	Es ist schön.
It is warm.	Es ist warm.
It is very warm.	Es ist sehr warm.
It is very hot.	Es ist sehr heiss.
Does it rain?	Regnet es?
It rains.	Es regnet.
Yes; I believe it rains.	Ja; ich glaube es regnet.
It is windy.	Es ist windig.
It is very windy.	Es ist sehr windig.
The wind is very violent.	Der Wind ist sehr heftig.
The wind has changed.	Der Wind hat gewechselt.
The sky is overcast.	Der Himmel ist bedeckt.
The sky is clear.	Der Himmel ist klar.
The sun shines.	Die Sonne scheint.
The weather is mild.	Das Wetter ist mild.
It is cold.	Es ist kalt.
It is not cold.	Es ist nicht kalt.
On the contrary, it is very cold.	Im Gegentheil, es ist sehr kalt.
I believe we shall have rain.	Ich glaube, wir werden Regen bekommen.
I do not think it will rain this morning.	Ich glaube nicht, dass es diesen Morgen regnen wird.
It has snowed all night.	Es hat die ganze Nacht geschneit.
It snows still.	Es schneit noch.
It rains in torrents.	Der Regen fällt in Strömen.
It thunders.	Es donnert.

Dialogues.

Du temps.

Quel temps fait-il?
Il fait beau.
Il fait chaud.
Il fait bien chaud.
Il fait très chaud.
Pleut-il?
Il pleut.
Oui, je crois qu'il pleut.
Il vente.
Il fait beaucoup de vent.
La bise est très-forte.
Le vent a tourné.
Le ciel est couvert.
Le ciel est clair.
Le soleil luit.
Le temps est doux.
Il fait froid.
Il ne fait pas froid.
Au contraire, il fait très froid.
Je crois que nous aurons de la pluie.
Je ne crois pas qu'il pleuve ce matin.
Il a neigé toute la nuit.

Il neige encore.
Il pleut à verse.
Il tonne.

Dialogi.

Del tempo.

Che tempo fa?
Fa bel tempo.
Fa caldo.
Fa molto caldo.
Fa caldissimo.
Piove?
Piove.
Sì, credo che piova.
Tira vento.
Fa molto vento.
La brezza è gagliarda.
Il vento è cambiato.
È nuvolo.
Il cielo è sereno.
Dà il sole.
Il tempo è mite.
Fa freddo.
Non fa freddo.
Anzi fa molto freddo.

Credo che avremo della pioggia.
Non credo che pioverà questa mattina.
Ha nevicato tutta la notte.

Nevica ancora.
Diluvia.
Tuona.

204

Of the weather. – The telegraph-office.	Vom Wetter. – Das Telegraphenbureau.
It lightens.	Es blitzt.
It hails.	Es hagelt.
The lightning has struck.	Der Blitz hat eingeschlagen.
Does it freeze?	Friert es?
It does not freeze at present, but it froze in the night.	Jetzt friert es nicht, aber es hat die Nacht gefroren.
I see there is a great storm coming up from the west.	Ich sehe, im Westen ist ein starkes Ungewitter im Anzuge.
We have nothing to fear, for the wind is in the north.	Wir haben nichts zu fürchten, denn wir haben Nordwind.
I see a rainbow, which is a sign of fine weather.	Ich sehe einen Regenbogen; das ist ein Zeichen von gutem Wetter.
We may go out and take a walk.	Wir können ausgehen und einen Spaziergang machen.
I will not go out in such weather as this; it is too unsettled.	Ich mag in dem Wetter nicht ausgehen; es ist zu unsicher.

The telegraph-office.	**Das Telegraphenbüreau**
Where is the electric-telegraph office?	Wo ist das Büreau des electrischen Telegraphen?
In what languages do they telegraph?	In welchen Sprachen kann man telegraphiren?
In English, German, French and Italian.	Auf englisch, deutsch, französisch und italienisch.
What does a message of twenty words to X cost?	Was kostet eine Depesche von zwanzig Worten nach X?
Are punctuation and address included?	Werden die Interpunctionszeichen und die Adresse mitgezählt?
Give me a sheet of paper and a pen if you please.	Geben Sie mir gefälligst ein Blatt Papier und eine Feder.
This message was not delivered to me till three hours	Diese Depesche ist erst drei Stunden nach ihrer An-

205

Du temps. — Le bureau télégraphique.	Del tempo. — L'ufficio del telegrafo.
Il fait des éclairs.	Lampeggia.
Il grêle.	Grandina.
La foudre est tombée.	È caduto il fulmine.
Gèle-t-il?	Gela?
A présent il ne gèle pas; mais il a gelé toute la nuit.	Non gela adesso; ma ha gelato tutta la notte.
Je vois qu'il se prépare du côté de l'ouest un grand orage.	Vedo che si forma verso l'occidente un gran temporale.
Nous n'avons rien à craindre, parce que le vent est au nord.	Non abbiamo nulla da temere, perchè soffia la tramontana.
J'aperçois un arc-en-ciel; c'est signe de beau temps.	Vedo l'arco-baleno; è segno di bel tempo.
Nous pouvons sortir et faire une promenade.	Possiamo uscire, per andare a spasso.
Je ne veux pas sortir par ce temps-là; il n'est pas assez sûr.	Non voglio uscire con questo tempo; egli non è sicuro abbastanza.

Le bureau télégraphique.	L'ufficio del telegrafo.
Pourriez-vous m'indiquer le bureau du télégraphe électric?	Potreste indicarmi l'ufficio del telegrafo elettrico?
Dans quelles langues peut-on télégraphier?	In che lingua si può telegrafiare?
En anglais, en allemand, en français et en italien.	In inglese, in tedesco, in francese ed in italiano.
Que coûte une dépêche de vingt mots pour X?	Quanto si paga per un dispaccio di venti parole per X?
Compte-t-on les signes de ponctuation et l'adresse?	Contano i segni di punteggiamento e l'indirizzo?
Veuillez me donner une feuille de papier et une plume.	Favoritemi un foglio di carta e una penna.
Cette dépêche ne m'est parvenue que trois heures	Questo dispaccio l'ho ricevuto tre ore dopo il suo

To make inquiries before under-taking a journey.	Um Erkundigungen vor einer Reise einzuziehen.

| after its arrival; what is the reason of this delay? | kunft in meine Hände ge-langt; was ist der Grund dieser Verspätung? |
| Can I prepay the answer to my message? | Kann ich die Antwort auf mei-ne Depesche hier frankiren? |

To make inquiries before under-taking a journey. — **Um Erkundigungen vor einer Reise einzuziehen.**

How many leagues is it from here to X?	Wie viel Stunden sind es von hier nach X?
A hundred leagues.	Hundert Stunden.
How many English miles is that?	Wie viel englische Meilen macht das?
Nearly three hundred.	Beinahe dreihundert.
Is the road good?	Ist der Weg gut?
Sometimes good, sometimes bad.	Zuweilen gut, zuweilen schlecht.
Is it paved?	Ist der Weg gepflastert?
Almost the whole way.	Beinahe der ganze Weg.
Can one go on the riding-path without driving on the pavement?	Kann man auf dem Bankett fahren, ohne das Pflaster zu berühren?
In this season the riding-path is generally good every-where.	In dieser Jahreszeit ist das Bankett fast allenthalben gut.
Are there many ruts?	Giebt es viele Geleise?
Yes, in some places.	Ja, an einigen Stellen.
Are the inns good?	Sind die Gasthöfe gut?

Tolerable. There are good and bad.	Ziemlich. Es gibt gute und schlechte.
Are the beds clean?	Sind die Betten reinlich?
In some places they are, in others not.	An einigen Orten sind sie es, an andern nicht.
May one get clean sheets easily?	Kann man leicht reine Bett-tücher bekommen?

| Sometimes it is difficult to get them. | Es ist zuweilen schwierig, deren zu bekommen. |

207

Pour prendre des informations avant d'entreprendre un voyage.	Per prendere ragguagli prima d'intraprendere un viaggio.
après son arrivée; quel est le motif de ce retard?	arrivo; qual è il motivo di questo ritardo?
Puis-je affranchir ici la réponse à ma dépêche?	Posso francare qui la risposta al mio dispaccio?

Pour prendre des informations avant d'entreprendre un voyage.	**Per prendere ragguagli prima d'intraprendere un viaggio.**
Combien de lieues y a-t-il d'ici à X?	Quante leghe ci sono da qui a X?
Cent lieues.	Cento leghe.
Combien de milles d'Angleterre cela fait-il?	Quante miglia inglese fanno?
Presque trois cents.	Quasi trecento.
La route est-elle bonne?	È buona la strada?
Tantôt oui, tantôt non.	Ora sì, ora no.
La route est-elle pavée?	È lastricata la strada?
Presque en entier.	Quasi tutta.
Le voiture peut-elle aller sur le trottoir en évitant le pavé?	La vettura può ella andare sul marciapiede senza andare sul lastrico?
Dans cette saison le trottoir est bon presque partout.	In questa stagione il marciapiede è buono quasi da per tutto.
Y a-t-il beaucoup d'ornières?	Vi sono molte rotaje?
Oui, en quelques endroits.	Sì, in certi luoghi.
Les auberges qu'on rencontre sont-elles bonnes?	Sono buone le osterie che s'incontrano?
Passables. Il y en a de bonnes et de mauvaises.	Sono passabili. Ce ne sono di buone, e di cattive.
Les lits sont-ils propres?	Sono puliti i letti?
En quelques lieux, oui; en d'autres, non.	In alcuni luoghi sì, in altri no.
Y peut-on facilement avoir des draps blancs?	Si possono avere facilmente delle lenzuola nette di bucato?
Quelquefois on a de la peine à en avoir.	Alle volte si stenta ad averne.

208

To make inquiries before undertaking a journey.	Um Erkundigungen vor einer Reise einzuziehen.
What towns are there on the road?	Welche Städte liegen auf dieser Strasse?
There are several, but they are not worth stopping at.	Es gibt deren mehrere, sie sind indess nicht des Anhaltens werth.
How many days does it take to get to X?	Wie viel Tage braucht man, um nach X zu gelangen?
Five by the diligence, and four by the post.	Fünf Tage mit dem Eilwagen, und vier mit Extrapost.
How many with a hired carriage?	Wie viel mit einem Hauderer?
Eight days at least.	Acht Tage wenigstens.
Is living dear in the inns?	Ist das Leben in den Gasthöfen theuer?
If you travel in a carriage, or by the diligence, it will cost you about four francs a meal.	Wenn Sie mit einem Hauderer oder mit dem Eilwagen fahren, wird die Mahlzeit etwa vier Franken kosten.
And by the post?	Und mit Extrapost?
Six, seven, eight, nine, ten francs a meal.	Sechs, sieben, acht, neun, zehn Franken die Mahlzeit.
Does the diligence stop to sleep?	Macht der Eilwagen Halt, um zu übernachten?
I believe it stops once, for three or four hours.	Ich glaube, er bleibt einmal vier oder fünf Stunden lang liegen.
Is the road safe?	Ist die Strasse sicher?
Do you ever hear of robbers?	Hört man von Räubern?
It is very safe, but still it is not prudent to travel after sunset.	Sie ist zwar sehr sicher, doch ist es nicht rathsam, nach Sonnenuntergang zu reisen.
I have also heard that it is not prudent to travel along some parts of that road, at day-break.	Ich habe ebenfalls gehört, dass es nicht rathsam sei, an einigen Stellen dieser Strasse bei Tagesanbruch zu reisen.

209

Pour prendre des informations avant d'entreprendre un voyage.	Per prendere ragguagli prima d'intraprendere un viaggio.
Quelles villes rencontre-t-on sur la route?	Che città s'incontrano per la strada?
On en rencontre plusieurs; mais elles ne méritent pas qu'on s'y arrête.	Se ne incontrano varie; ma non meritano che uno si fermi.
Combien de jours faut-il pour arriver à X?	Quanti giorni ci vogliono per arrivare a X?
Cinq jours par la diligence, et quatre jours en poste.	Cinque giorni per la diligenza, e quattro per la posta.
Avec un chocher de louage combien faut-il de jours?	Con un vetturino quanti giorni ci vogliono?
Huit jours au moins.	Otto giorni almeno.
La nourriture est-elle chère dans les auberges?	È caro il vitto per le osterie?
En y allant par une voiture de louage ou la diligence il vous en coûtera quatre francs par repas environ.	Andando con un vetturino, o colla diligenza, pagherà quattro franchi per pasto incirca.
Et en poste?	È per la posta?
Six, sept, huit, neuf, dix francs par repas.	Sei, sette, otto, nove, dieci franchi per pasto.
La diligence s'arrête-t-elle pour coucher.	Si ferma la diligenza per pernottare?
Je crois qu'elle s'arrête une fois pendant trois ou quatre heures.	Credo che si fermi una volta per tre o quattr' ore.
La route est-elle sûre?	È sicura la strada?
Entend-on parler de voleurs?	Si sente parlar di ladri?
Elle est très-sûre; néanmoins il n'est pas prudent de voyager après le coucher du soleil.	È sicurissima; nondimeno egli è prudente il non viaggiare dopo il tramontar del sole.
J'ai entendu dire qu'il n'est pas prudent non plus de voyager au point du jour en certains endroits de cette route.	Ho sentito dire che non sia neppure cosa prudente il viaggiare in certi luoghi di questa strada, in sul far del giorno.

14

To make inquiries before undertaking a journey.	Um Erkundigungen vor einer Reise einzuziehen.
That's true, where there are woods, forests, or ravines.	Das ist richtig, besonders wo Wälder, Gehölze oder Schluchten sind.
Are the postilions insolent?	Sind die Postillone grob?
No, never when they are well paid.	Nein, nie, wenn man sie gut bezahlt.
How much do you give the postilion?	Wie viel gibt man dem Postillon?
Commonly thirty sous a post; but if you are satisfied with him, you may give him a few sous more.	Gewöhnlich dreissig Sous für die Station; ist man indess mit ihm zufrieden, so gibt man wohl einige Sous mehr.
How much do you pay for each horse?	Wie viel bezahlt man für jedes Pferd?
Thirty sous a post.	Dreissig Sous für die Station.
I do not know, but you will find it in the post-book.	Ich weiss es nicht, Sie können es aber im Postbuche finden.
Is the road as broad everywhere as here?	Ist die Strasse überall so breit wie hier?
In some places it is narrow.	An einigen Stellen ist sie schmal.
Are there any mountains to pass?	Kommt man über Berge?
There are three or four.	Es gibt deren drei oder vier.
Is the road over the mountains very steep?	Ist die Strasse über die Berge sehr abschüssig?
In some places it is.	An einigen Stellen ist sie sehr steil.
Is it necessary to get out of the carriage?	Muss man aus dem Wagen steigen?
Yes, it is prudent to get out.	Ja, es ist rathsam auszusteigen.
Are there any sandy places?	Gibt es sandige Stellen?
No; but many stones.	Nein, aber viele Steine.

211

Pour prendre des informations avant d'entreprendre un voyage.	Per prendere ragguagli prima d'intraprendere un viaggio.
Oui, c'est vrai; aux endroits où il y a des bois, des forêts, ou des ravins.	Sì, è vero; nei luoghi dove vi sono boschi, macchie, selve o borri.
Les postillons sont-ils insolents?	Sono insolenti i postiglioni?
Non, jamais, quand on les paie bien.	No, non mai, quando si pagano bene.
Combien donne-t-on de guides au postillon?	Quanto si dà di buonamano al postiglione?
Ordinairement trente sous par relais; mais quand on en est content, on lui donne quelques sous de plus.	Ordinariamente trenta soldi per posta; ma quando uno è contento dà qualche bajocco di più.
Combien paie-t-on par cheval?	Quanto si paga per cavallo?
Trente sous par relais.	Trenta soldi per ogni posta.
Je ne le sais pas; mais vous pourrez le voir dans le livre des postes.	Non lo so; ma lo potrà vedere nel libro delle poste.
La route est-elle partout aussi large qu'ici?	È larga la strada da per tutto come qui?
En quelques endroits elle est étroite.	In alcuni luoghi è stretta.
Y a-t-il des montagnes à passer?	Vi sono montagne da superare?
Il y en a trois ou quatre.	Ce ne sono tre, o quattro.
Le chemin à travers les montagnes est-il bien escarpé?	È molto scoscesa la strada per le montagne?
Il est bien raide en quelques endroits.	In alcuni luoghi è molto ripida.
Est-il nécessaire de descendre de voiture?	È egli necessario scendere di carrozza?
Oui, il est prudent d'en descendre.	Sì; è prudente lo scenderne.
Rencontre-t-on des sables?	S'incontrano strade sabbiose?
Non; mais on rencontre beaucoup de pierres.	No; ma se n'incontrano di molto sassose.

14*

212

Just on setting out.	Der Augenblick der Abreise.
Are there any return-carriages in this town?	Findet man hier wohl Retourwagen?
I believe there are two.	Ich glaube zwei.
I have my own carriage; can I hire horses cheap?	Ich habe meinen eignen Wagen; kann ich Pferde billig miethen?
You may easily get them in this town.	Sie können deren leicht in dieser Stadt haben.

Just on setting out.	**Der Augenblick der Abreise.**
(see p. 172 and 176.)	(siehe S. 172 und 176.)
Are the horses come?	Sind die Pferde da?
Yes, sir.	Ja, mein Herr.
Have them put to directly, for we wish to set off immediately.	Lassen Sie sie schnell anspannen, wir wollen sogleich abreisen.
They are to already.	Sie sind schon angespannt.
Is the trunk well fastened?	Ist der Koffer gut befestigt?
Yes, sir; it is well secured.	Ja, mein Herr; er ist festgeknebelt.
Have you not put the chain round it?	Haben Sie nicht die Kette darum gezogen?
Yes, sir; that was the first thing we did.	Ja, mein Herr; es war das Erste, was geschah.
I should not like the trunk to be stolen on the road.	Es würde mir sehr unangenehm sein, wenn der Koffer unterwegs gestohlen würde.
There is no danger.	Das hat keine Gefahr.
Look into all the rooms, that nothing may be forgotten.	Sehen Sie sich in allen Zimmern um, damit nichts vergessen wird.
I have looked everywhere, nothing is forgotten.	Ich habe schon allenthalben nachgesehen, es ist nichts vergessen worden.
Come, let us go down, gentlemen; it is time to set off.	Kommen Sie, lassen Sie uns hinab gehen, meine Herren; es ist Zeit abzureisen.

213

Au moment de se mettre en route.	Nel punto di mettersi in viaggio.
Y a-t-il dans cette ville quelques voitûres de re-tour?	Vi è in questa città qualche vettura di ritorno?
Je crois qu'il y en a deux.	Credo che ve ne siano due.
J'ai une voiture à moi; pour-rai-je trouver des chevaux de louage à bon marché?	Io ho un legno mio; potrò io trovare cavalli a nolo, a buon prezzo?
On en trouve facilement dans cette ville.	Se ne trovano molto facil-mente in questa città.

Au moment de se mettre en route.	Nel punto di mettersi in viaggio.
(voyez p. 173 et 177.)	(vedi p. 173 e 177.)
Les chevaux sont-ils arrivés?	Sono arrivati i cavalli?
Oui, monsieur.	Sì, signore.
Faites vite atteler; nous vou-lons partir de suite.	Presto, presto, fate attaccar sotto; che vogliamo partir subito.
Ils sont déjà attelés.	Sono già attaccati.
La malle est-elle solidement attachée?	È ben attaccato il baule?
Oui, monsieur; les cordes sont très serrées.	Sì, signore; le funi sono strettissime.
Est-ce que vous n'y avez pas mis la chaîne?	Non avete messo la catena?
Oui, monsieur; cela a été notre premier soin.	Sì, signore; questo fu la nostra prima cura.
Je ne voudrais pas qu'on me volât ma malle en route.	Non vorrei che mi rubassero il baule per viaggio.

Il n'y a pas de danger.	Non vi è pericolo.
Donnez un coup d'oeil dans toutes les chambres, afin de ne rien oublier.	Date un' occhiata per tutte le stanze, che non dimen-ticaste qualche cosa.
J'ai déjà fait la visite par-tout; rien n'a été oublié.	Ho già visitato da per tutto; non ho dimenticato nulla.

Allons, descendons, mes-sieurs; il est temps de partir.	Animo, scendiamo, signori miei; è ora di partire.

214

Just on setting out.	Der Augenblick der Abreise.
Take these two hats, and put them in the net.	Nehmen Sie diese zwei Hüte, und legen Sie sie ins Netz.
Put this cane and umbrella into the case; and these shoes and boots into the boot.	Stecken Sie diesen Stock und diesen Regenschirm ins Futteral; und diese Schuhe und Stiefel in den Wagenkasten.
But, my dear sir, what must we do with these books?	Aber, mein Bester, was sollen wir mit diesen Büchern machen?
We will carry them down ourselves, and put them in the pockets.	Wir wollen sie selbst hinabtragen, und in die Wagentaschen stecken.
Postilion, mind you go slowly when the road is bad, and when you make a turn; we do not wish either to be jolted or overturned.	Postillon, fahrt langsam, wo der Weg schlecht ist und wo ihr wendet, wir wollen weder gerüttelt noch umgeworfen werden.
I shall obey your orders, sir.	Ich werde Ihren Befehlen Folge leisten, mein Herr.
Go on the side of the road as much as you can, to avoid jolting, and then drive quick.	Benutzt, so viel Ihr könnt, das Bankett, damit das Gerüttel vermieden wird, und dann fahrt schnell.
Yes, sir.	Ja, mein Herr.
Where there are ruts or stones, drive on the pavement.	Wo Geleise oder Steine sind, da fahrt auf das Pflaster.
I shall try to please you.	Ich werde mich bemühen, Ihre Zufriedenheit zu erlangen.
John, open the door, and let down the step.	Johann, öffne den Schlag und lass den Tritt nieder.
Good bye.	Leben Sie wohl.
I wish you a good journey, gentlemen.	Meine Herren, ich wünsche Ihnen eine gute Reise.

215

Au moment de se mettre en route.	Nel punto di mettersi in viaggio.
Prenez ces deux chapeaux, et mettez-les dans le filet.	Prendete questi due cappelli, metteteli nella rete.
Placez cette canne et ce parapluie dans l'étui; et ces souliers et ces bottes dans la caisse de la voiture.	Questo bastone e quest'ombrella, li riporrete nell' astuccio; e queste scarpe e questi stivali nel magazzino del legno.
Mais, mon cher, que voulez-vous que nous fassions de ces livres?	Ma, amico caro, che cosa faremo di questi libri?
Nous les descendrons nous-mêmes, et nous les mettrons dans les poches de la voiture.	Li scenderemo noi stessi, e li riporremo nelle saccocce della carrozza.
Écoutez, postillon, vous irez doucement lorsque le chemin sera mauvais, et en tournant; nous ne voulons pas être cahotés ni versés.	Sentite, postiglione; andrete piano quando sarà cattiva la strada, e nelle voltate; non vogliamo essere nè strabalzati, nè ribaltati.
Oui, monsieur, j'exécuterai vos ordres.	Sarà servita, come comanda.
Vous irez autant que possible sur le trottoir, pour éviter les cahots, et alors vous irez vite.	Andrete sullo sterrato quanto più potrete, per evitare le scosse, ed allora correrete.
Oui, monsieur.	Illustrissimo, sì.
Là où il y aura des ornières ou des pierres, vous irez sur le pavé.	Quando incontrerete delle rotaje, o dei sassi, andrete sul lastrico.
Messieurs, je tâcherai de vous bien servir.	Le signorie loro saranno ben servite.
Jean, ouvrez la portière, et abaissez le marchepied.	Giovanni, aprite la portiera, e calate giù lo staffone.
Adieu, messieurs.	Addio, signori.
Bon voyage, messieurs.	Buon viaggio, signori.

216

Railway-journey.	Abreise mit der Eisenbahn.

Railway-Journey.
(see p. 176.)

Abreise mit der Eisenbahn.
(siehe S. 176.)

Send for a cab.	Lassen Sie eine Droschke holen.
Coachman, drive me to the station.	Kutscher, fahren Sie mich nach der Eisenbahn.
Has the train for X not started yet?	Ist der Zug nach X noch nicht abgefahren?
No, I believe not.	Nein, ich glaube nicht.
Where is the luggage booking-office?	Wo ist die Gepäckannahme?
There, to the left.	Dort, links.
Get these packages booked to X, and bring me the ticket.	Lassen Sie diese Gepäckstücke nach X einschreiben und bringen Sie mir dann den Schein.
I shall see about it.	Ich werde es besorgen.
How many pounds of luggage are free?	Wie viel Pfund Freigepäck hat man?
Fifty pounds.	Fünfzig Pfund.
Then I have two hundred pounds over weight, have I not?	Ich habe also zweihundert Pfund Uebergewicht, nicht wahr?
No, you have two hundred and twenty pounds.	Nein, es sind zweihundert und zwanzig Pfund.
Please to give me two first-class tickets to X.	Ich bitte um zwei Billete erster Klasse nach X.
Here they are.	Hier sind sie.
What do they cost?	Wie viel kosten sie?
Forty francs.	Vierzig Franken.
Where is the first-class waiting-room?	Wo ist der Wartesaal erster Klasse?
At the end of this passage.	Am Ende dieses Ganges.
Is this the train for X?	Ist dies der Zug nach X?
No, it is there.	Nein; dort steht der Zug nach X.

Traveller's Manual of Conversation 影印　505

217

Départ par chemin de fer.	Partenza nella strada ferrata.
Depart par chemin de fer. (voyez p. 177.)	**Partenza nella strada ferrata.** (vedi p. 177.)
Faites chercher un fiacre.	Fate cercare un fiacre.
Cocher, conduisez moi au chemin de fer.	Cocchiere conducetemi alla strada ferrata.
Le train pour X n'est-il pas encore parti?	Il traino per X non è ancora partito?
Non, je ne crois pas.	No, non lo credo.
Où est le bureau de bagages?	Dov' è l'ufficio degli effetti?
Là-bas, à gauche.	Laggiù a sinistra.
Faites inscrire ces colis pour X et apportez m'en tout à l'heure le reçu.	Fate inscrivere questi colli per X e recatemi subito la ricevuta.
C'est bien, monsieur.	Bene, signore.
Combien a-t-on de bagages libres?	Qual peso è permesso portare di diritto?
Cinquante livres.	Cinquanta libre.
J'ai donc deux cents livres de trop.	Ho dunque duecento libre di troppo.
Non, monsieur, ce sont deux cent vingt livres.	No, signore, sono duecento venti libre.
Deux billets de première classe pour X, s'il vous plaît.	Due biglietti di prima classe per X, se vi piace.
Voilà, monsieur.	Ecco, signore.
Combien ces billets?	Quanto avete pagato per questi biglietti?
Quarante francs.	Quaranta franchi.
Où est la salle d'attente de première classe?	Dov' è la sala d'aspettazione di prima classe?
Au bout de ce corridor.	Al fine di questo corridojo.
Est-ce là le train pour X?	E quello il traino per X?
Non; voilà le train pour X.	No; ecco il traino per X.

218

Of what one sees in travelling, and of the events that may happen on the road.	Was man auf der Reise sieht, und was sich unterwegs ereignen kann.
Has the train-bell rung yet?	Ist der Zug schon signalisirt?
Yes, it will be here directly.	Ja wohl, er muss sogleich ankommen.
Here comes the train; stand back a little.	Da kömmt der Zug, treten Sie etwas zurück.
Open the door of this carriage for me.	Oeffnen Sie mir diesen Wagen.
This carriage is full.	Dieser Wagen ist besetzt.

Of what one sees in travelling, and of the events that may happen on the road.	Was man auf der Reise sieht, und was sich unterwegs ereignen kann.
(see pp. 164, 172.)	(siehe S. 164 u. 172.)
How fortunate we are to have such fine weather.	Wie glücklich sind wir, so schönes Wetter zu haben.
I am afraid it will rain; it is too hot. The sun is scorching.	Ich fürchte, es wird regnen; es ist zu heiss. Die Sonne brennt.
How do you call the village situated on that hill?	Wie heisst das Dorf, welches auf jenem Hügel liegt?
It is a market-town; we shall go through it.	Es ist ein Marktflecken; wir werden durch denselben kommen.
I perceive a river at a distance. How do we cross it, for I see no bridge?	Ich bemerke in der Ferne einen Fluss. Wie werden wir ihn passiren? ich sehe keine Brücke.
The bridge is to the right; the wood prevents us from seeing it.	Die Brücke ist rechts, das Gebüsch verdeckt sie.
Is this road safe? Are there any robbers on this road?	Ist die Strasse sicher? Giebt es keine Räuber auf dieser Strasse?
It is very safe here; but when we have passed the bridge, we enter a thick wood	Hier ist sie ganz sicher; wenn wir aber die Brücke passirt haben, kommen wir in

219

De ce qu'on voit en voyageant, et des accidents qui peuvent arriver en route.	Delle cose che si vedono per viaggio, e di quel che può succedere per istrada.
Le train est-il déjà signalé?	Il traino è già segnalato?
Oui, il doit arriver dans un instant.	Si, dove arrivare all'istante.
Voilà le train; veuillez reculer un peu.	Ecco il traino; ritiratevi un poco.
Ouvrez moi cette voiture.	Apritemi questa vettura.
Cette voiture est complète.	Questa vettura è compiuta.

De ce qu'on voit en voyageant, et des accidents qui peuvent arriver en route. (voyez p. 165 et 173.)	Delle cose che si vedono per viaggio, e di quel che può succedere per istrada. (vedi p. 165 e 173.)
Quel bonheur qu'il fasse si beau!	Quanto siamo felici di avere un tempo così bello.
Je crains qu'il ne pleuve; il fait trop chaud. Le soleil est brûlant.	Temo che piova; fa troppo caldo. Il sole è cocente.
Comment appelez-vous ce village situé sur cette colline?	Come si chiama quella terra posta su quella collina?
C'est un bourg; nous allons le traverser.	Egli è un borgo; lo traverseremo.
J'aperçois une rivière dans le lointain. Comment la traverserons-nous? je ne vois pas de pont.	Vedo in lontananza un fiume. Come mai lo varcheremo? non vi è ponte.
Le pont est à droite: le bois nous empêche de le voir.	Il ponte trovasi a mano destra: la macchia c'impedisce di vederlo.
Cette route est-elle sûre? Y a-t-il des voleurs sur cette route?	È sicura questa strada? Vi sono ladri per questa strada?
Ici elle est très-sûre; mais lorsqu'on a passé le pont, on entre dans un bois	Qui è sicurissima; ma passato il ponte si entra in un bosco foltissimo, che

Of what one sees in travelling, and of the events that may happen on the road.	Was man auf der Reise sieht, und was sich unterwegs ereignen kann.
which is not very safe at night, but at this time of day there is nothing to fear. To whom does that large country-house belong? The palace seems very fine.	einen dicken Wald, der des Nachts nicht ganz sicher ist; um diese Tageszeit aber ist nichts zu fürchten. Wem gehört das grosse Landhaus? Das Schloss scheint sehr schön zu sein.
It belongs to prince N. Postilion, stop; we wish to get down: a spoke of one of the wheels is broken; some of the harness is undone; a spring is also broken; one of the horses' shoes is come off. The harness is mended. We can now get to the posthouse without any danger.	Es gehört dem Prinzen N. Halt, Postillon; wir wollen aussteigen: es ist eine Speiche am Rade gebrochen; ein Zugriemen ist los gegangen; eine Feder ist zerbrochen; ein Hufeisen ist verloren. Der Zugriemen ist wieder befestigt. Wir können nun ohne Gefahr bis zur nächsten Station gelangen.
It begins to get dark. Do not leave us in the middle of the road during the night: whip your horses, get on, and take care not to overturn us. You need not be afraid.	Es beginnt dunkel zu werden, lasst uns nicht bis in die tiefe Nacht auf der Strasse liegen: peitscht eure Pferde und macht voran, werft uns auch nicht um. Seien Sie ohne Sorgen, meine Herren.
But the road is very steep and hilly; it is full of stones; there are precipices. Keep away from that ditch: it is full of mud. You must put on the drag.	Aber die Strasse ist sehr steil und bergig; sie ist voller Steine und hat Abgründe. Weg von dem Graben, er ist voll Schlamm. Ihr müsst den Hemmschuh anlegen.
If I put on the drag, I must take it off again in two minutes; for at a few paces from this we shall get into a sandy road, where the wheels will sink up to the	Wenn ich den Hemmschuh anlege, muss ich ihn schon in zwei Minuten wieder los machen; denn einige Schritte von hier kommen wir in einen Sandweg, wo

221

De ce qu'on voit en voyageant, et des accidents qui peuvent arriver en route.	Delle cose che si vedono per viaggio, e di quel che può succedere per istrada.
touffu qui n'est pas bien sûr la nuit; mais à cette heure-ci il n'y a rien à craindre.	non è troppo sicuro di notte; ma a quest'ora, non v'è nulla da temere.
A qui appartient cette grande maison de campagne? Le château me semble bien beau.	Di chi è quella villa? Il castello mi pare bello assai.
Elle appartient au prince N.	È del Principe N.
Postillon, arrêtez. Nous voulons descendre: il y a un rais rompu à cette roue; un trait s'est défait; un ressort est cassé; un cheval est déferré.	Fermatevi, postiglione! vogliamo scendere: un razzo di una ruota si è rotto; una tirella si è staccata; una molla si è spezzata; un cavallo è sferrato.
Le trait est remis. Maintenant, nous pouvons arriver jusqu'au relais sans danger.	Ecco rimessa la tirella. Ora potremo arrivare fino alla posta senza pericolo.
Il commence à faire nuit; ne nous laissez pas au milieu du chemin pendant la nuit: fouettez, marchez, et prenez garde de verser.	Incomincia a far bujo; non ci lasciare di notte in sulla strada: tocca, cammina, e bada bene a non ribaltarci.
Messieurs, ne craignez rien.	Non abbiano paura, signori.
Mais le chemin est bien rapide et escarpé: il est plein de pierres; il y a des précipices. Tenez-vous loin de ce fossé, il est plein de fange. Il faut mettre le sabot.	Ma la strada è molto erta, è ripida; è sassosa; vi sono dei precipizj. State lontano da quel fosso: è pieno di fango. Conviene mettere la scarpa.
Si je mets le sabot, dans deux minutes il faudra l'ôter; car, à quatre pas d'ici, nous trouverons un chemin sablonneux, où les roues s'enfonceront pres-	Se metto la scarpa, bisognerà levarla via fra due minuti; perchè a quattro passi troveremo una strada sabbiosa, in cui le ruote si affondano quasi sino al

222

Of what one sees in travelling, and of the events that may happen on the road.	Was man auf der Reise sieht, und was sich unterwegs ereignen kann.
nave. There's no danger, and I shall go gently.	die Räder bis an die Axe einsinken. Es ist keine Gefahr da, ich werde langsam fahren.
We should do well to get out, I think.	Wir würden, glaube ich, wohl thun auszusteigen.
I advise you not, for it has been raining, and the road is slippery; in advancing one step, you lose two.	Ich rathe es Ihnen nicht, meine Herren, es hat geregnet und der Weg ist schlüpfrig, wenn Sie einen Schritt voran schreiten, kommen Sie zwei zurück.
Well, go very gently. Are we still far from the station?	Gut, so fahrt sehr langsam. Sind wir noch weit von der Station?
It is about half a league off.	Noch ungefähr eine halbe Stunde.
About a mile.	Etwa eine Meile.
For my part, I shall get out of the carriage; I wish to walk a little.	Ich für meinen Theil will aussteigen, ich will etwas zu Fusse gehen.
No, my friend; it is dark; you do not know the road; you might make a false step, fall, and meet with an accident; you might break an arm or a leg.	Nein, mein Freund; es ist dunkel; Sie kennen den Weg nicht, Sie möchten einen falschen Tritt thun, fallen und ein Unglück haben; Sie könnten einen Arm oder ein Bein brechen.
I shall ask these peasants, who are coming towards us, if the road by which they have come is bad.	Ich werde die Bauern fragen, welche da auf uns los kommen, ob der Weg, den sie zurückgelegt haben, schlecht ist.
It is unnecessary; here we are, thank God, at the inn safe and sound.	Das ist unnöthig; da sind wir, Gott sei Dank, gesund und wohl beim Gasthofe angekommen.

223

De ce qu'on voit en voyageant, et des accidents qui peuvent arriver en route.	Delle cose che si vedono per viaggio, e di quel che può succedere per istrada.
que jusqu'au moyeu. Il n'y a pas de danger; j'irai doucement.	mozzo. Non vi è pericolo; andrò adagio.
Nous ferions bien, je crois, de descendre de voiture.	Credo che faremmo benissimo, se scendessimo dalla carrozza.
Je ne vous le conseille pas, messieurs, parce qu'il a plu; le chemin est glissant; on avance un pas, et on en recule deux.	Non è cosa da farsi, signori, perchè avendo piovuto, si sdrucciola; e si fa un passo avanti ed un altro indietro.
Eh bien! allez doucement. Sommes-nous encore bien loin du relais?	Poich'è così, andate a bel bello. Siamo ancora molto lontani dalla posta?
A une demi-lieue environ.	Essa è a mezza lega incirca.
A un mille environ.	A un miglio incirca.
Moi, je veux descendre de voiture; je veux marcher un peu à pied.	Io voglio scendere dal legno; io voglio camminare un poco a piedi.
Non, mon cher ami, il fait sombre; vous ne connaissez pas le chemin; vous pourriez faire un faux pas, tomber, et vous faire du mal; vous pourriez vous casser un bras ou une jambe.	Oibò, amico caro; egli è bujo, e voi non siete pratico della strada; potreste mettere un piede in fallo, cadere e farvi male; rompervi un braccio, o una gamba.
Je vais demander à ces paysans qui viennent au-devant de nous, si le chemin par où ils ont passé est mauvais.	Voglio chiedere a quei contadini che vengono alla volta nostra, se per dove sono passati, è cattiva la strada.
C'est inutile; nous voilà, grâce à Dieu, arrivés sains et saufs à l'hôtel.	Egli è inutile; eccoci, grazie a Dio, giunti sani e salvi all' albergo.

224

Where travellers pass the night; questions; post-office.	Die Reisenden im Nachtquartiere; Fragen; die Briefpost.

Where travellers pass the night; questions; post-office.	**Die Reisenden im Nachtquartiere; Fragen; die Briefpost.**
(see p. 180.)	(siehe S. 180.)

Waiter, give us four rooms with four good beds directly.

I can only give you two double-bedded rooms. We have many strangers tonight, and all the rooms are occupied.

At what hour is supper ready?

At ten. Do you wish to sup alone, or at the table d'hôte?

We will sup at the table d'hôte, and shall thus hear some news.

How much do we pay?

Four francs a head.

That's very dear.

On the contrary, it is very cheap; for the table is very good.

Bring some warm water for washing and two bottles of good wine into our room, with a decanter of water: we are very thirsty.

How do you sell it by the bottle?

Thirty, forty, fifty sous, three francs, four francs, five francs, six francs, according to the quality.

Kellner, geben Sie uns gleich vier Zimmer und vier gute Betten.

Meine Herren, ich kann Ihnen nur zwei Zimmer mit zwei Betten in jedem geben. Wir haben diesen Abend viele Fremde, und alle Zimmer sind besetzt.

Um wie viel Uhr ist das Abendessen fertig?

Um zehn. Wünschen Sie allein zu speisen, oder an der table d'hôte?

Wir werden an der table d'hôte speisen, da hören wir einige Neuigkeiten.

Wie viel bezahlt man?

Vier Franken die Person.

Das ist sehr theuer.

Im Gegentheile, das ist sehr wohlfeil; denn der Tisch ist sehr gut.

Bringen Sie etwas warmes Wasser zum Waschen und zwei Flaschen guten Wein auf unser Zimmer nebst einer Carafine mit Wasser: wir sind sehr durstig.

Was kostet die Flasche?

Dreissig, vierzig, fünfzig Sous, drei Franken, vier Franken, fünf Franken, sechs Franken, je nach der Güte.

225

Les voyageurs à la couchée; questions; poste aux lettres.	I viaggiatori alla dormita; interrogazioni; posta delle lettere.

Les voyageurs à la couchée; questions; poste aux lettres.

(voyez p. 181.)

I viaggiatori alla dormita; interrogazioni; posta delle lettere.

(vedi p. 181.)

Garçon, donnez-nous tout de suite quatre chambres e quatre bons lits.	Cameriere, dateci subito quattro stanze con quattro buoni letti.
Messieurs, je ne puis vous donner que deux chambres, avec deux lits chacune. Nous avons ce soir beaucoup d'étrangers, et toutes les pièces sont occupées.	Signori, non posso dar loro se non due camere con due letti in ciascuna. Questa sera abbiamo molti forestieri e tutte le stanze sono occupate.
A quelle heure soupe-t-on?	A che ora si cena?
A dix heures. Voulez-vous souper seuls, messieurs, ou à la table d'hôte?	Alle dieci. Vogliono, signori, cenare soli, oppure a tavola rotonda?
Nous souperons à la table d'hôte; ainsi nous apprendrons quelques nouvelles.	Ceneremo a tavola rotonda; così sentiremo qualche nuova.
Combien paye-t-on?	Quanto si paga?
Quatre francs par tête.	Quattro franchi per testa.
C'est bien cher.	È carissimo.
Au contraire, c'est bien bon marché, parce que la table est excellente.	Anzi è a buonissimo prezzo, perchè la tavola è eccellente.
Faites chauffer de l'eau pour nous laver, et apportez dans notre chambre deux bouteilles de bon vin et une carafe d'eau: nous avons bien soif.	Fate scaldare dell'acqua da lavarci, e portate nella nostra stanza due bottiglie di buon vino ed una caraffa d'acqua: abbiamo gran sete.
Combien le vendez-vous la bouteille?	Quanto lo vendete la bottiglia?
Trente, quarante, cinquante sous, trois francs, quatre francs, cinq francs, six francs, selon la qualité.	Trenta, quaranta, cinquanta soldi, tre franchi, quattro franchi, cinque franchi, sei franchi, secondo la qualità.

15

226

Where travellers pass the night; questions; post-office.	Die Reisenden im Nachtquartiere; Fragen; Briefpost.
Anthony, listen: when they put the sheets on our beds, be there, to see that they are clean.	Anton, hören Sie: sein Sie gegenwärtig, wenn die Betttücher aufgelegt werden, um zu sehen, ob sie rein sind.
Do not be afraid, Gentlemen: in our house the same sheets are never given to two persons.	Seien Sie unbesorgt, meine Herren: in unserm Hause werden dieselben Betttücher nie zwei Personen gegeben.
Shall we go up stairs?	Sollen wir hinaufgehen?
Most willingly; we can rest a little while waiting for supper.	Sehr gern; wir können etwas ausruhen, während wir auf das Abendessen warten.
Waiter! light these Gentlemen.	Kellner! Leuchten Sie diesen Herren.
Where are our rooms?	Wo sind unsere Zimmer?
Here on the first floor towards the street.	Hier, im ersten Stocke, nach der Strasse zu.
Is the post-office far from this?	Ist das Post-Bureau weit von hier?
It is not very far, it is quite near, in the third street to the right.	Es ist nicht sehr weit, es ist ganz in der Nähe, in der dritten Strasse rechts.
There should be some letters at the post-office for us.	Es müssen einige Briefe für uns auf der Post sein.
Do you wish me to send somebody?	Befehlen Sie, dass ich Jemanden hinschicke?
I should like a porter to accompany our servant, who does not know the town.	Ich wünsche einen Lohnbedienten, der unsern Bedienten begleitet, da dieser die Stadt noch nicht kennt.
I will send him to you. Allow me to go first, gentlemen, to light you.	Ich werde Ihnen einen senden. Erlauben Sie, dass ich vorausgehe, um Ihnen zu leuchten.
Have any letters arrived for Mr. N., poste restante?	Sind Briefe angekommen für Herrn N., poste restante?
Yes, but you must prove	Ja wohl; doch müssen Sie

227

Les voyageurs à la couchée; questions; poste aux lettres.	I viaggiatori alla dormita; interrogazioni; posta delle lettere.

Antoine, écoutez: soyez présent lorsqu'on mettra les draps de lit, afin de vous assurer s'ils sont blancs.

Messieurs, ne craignez rien: dans notre maison les draps ne servent jamais à deux personnes différeutes.

Messieurs, voulez-vous que nous montions?
Très volontiers; nous nous reposerons un peu en attendant le souper.

Garçon! éclairez ces messieurs.
Où sont nos chambres?
Ici au premier étage, sur la rue.
La poste aux lettres est-elle bien loin d'ici?
Elle n'est pas bien loin; elle est tout près d'ici, dans la troisième rue à main droite.
Il doit y avoir des lettres pour nous à la poste.
Souhaitez-vous qu'on aille voir?
Je voudrais un commissionnaire pour y accompagner notre domestique qui ne connaît pas la ville.
Je vais vous l'envoyer. Permettez, messieurs, que je passe devant pour vous éclairer.
Y a-t-il des lettres poste restante pour Monsieur N.?
Oui; mais il faut me prouver

Antonio, sentite: quando metteranno le lenzuola ne' letti, vogliamo che siate voi presente, affinchè siate sicuro che sono nette e di bucato.

Signori, stiano di buon animo: nella nostra osteria le lenzuola non servono mai a due diverse persone.

Vogliamo ascendere, signori?

Volentierissimo; così riposeremo un poco fin tanto che venga l'ora di cenare.

Cameriere! fate lume a questi signori.
Dove sono le nostre camere?
Qui al primo piano verso strada.
È molto lontana da qui la posta delle lettere?
Non è molto distante; è qui vicina, nella terza strada a man destra.
Vi debbono essere lettere in posta per noi.
Comandano che si mandi qualcuno a vedere?
Vorrei un qualche facchino, per insegnare la strada al nostro servo, che non è pratico della città.
Subito glielo mando. Permettano ch'io vada innanzi per far lume a lor signori.

Vi sono lettere per il Signor N. posta restante?
Sì; ma bisogna provarmi la

15*

On embarking, and of what happens at sea.	Beim Einschiffen, und was auf dem Meere sich ereignet.
your identity, before we can give them to you.	sich legitimiren, bevor wir Ihnen dieselben aushändigen.
Here is my passport.	Hier ist mein Pass.
You have altogether three francs postage to pay.	Sie haben im Ganzen drei Franken Porto zu entrichten.
Send letters and papers which come for me to Z, poste restante.	Senden Sie die für mich ankommenden Briefe und Zeitungen nach Z, poste restante.

On embarking, and of what happens at sea. (see p. 164.)	Beim Einschiffen, und was auf dem Meere sich ereignet. (siehe S. 164.)
Gentlemen, they are going to sail and are only waiting for you.	Meine Herren, man will unter Segel gehen und wartet nur auf Sie.
Come; we are ready: take these two portmanteaus.	Kommt; wir sind fertig: nehmt diese zwei Mantelsäcke.
Get into the boat, Gentlemen; take care not to hurt yourselves.	Steigen Sie ins Boot, meine Herren; nehmen Sie sich in Acht, dass Sie sich nicht beschädigen.
I think the sea is very rough. The vessel is a great way out; and, if a gale of wind come on, the boat might upset before we could reach her.	Die See scheint sehr hohl zu gehen. Das Schiff liegt ziemlich weit hinaus; und wenn ein Windstoss uns erreicht, könnte das Boot umwerfen, bevor wir das Schiff erreicht haben.
There is no danger.	Das hat keine Gefahr.
There is nothing to fear.	Da ist nichts zu fürchten.
That is nothing.	Das ist nichts.
Well, here we are at the ship; but not without a great deal of trouble; you were obliged to row hard.	So, nun sind wir am Schiffe; aber nicht ohne grosse Mühe: Ihr habt scharf rudern müssen.

229

En s'embarquant et de ce qui arrive en mer.	Nell' imbarcarsi, e di quel che succede in mare.
votre identité avant que je puisse vous les délivrer.	di lei identità avanti che possa consegnargliele.
Voici mon passeport. Cela fait trois francs de port.	Ecco il mio passaporto. Ciò fa tre franchi di porto.
Veuillez envoyer mes lettres et mes journaux à Z, poste restante.	Abbia la compiacenza di spedire le mie lettere e i miei giornali a Z, posta restante.

En s'embarquant et de ce qui arrive en mer. (voyez p. 165.)	Nell' imbarcarsi, e di quel che succede in mare. (vedi p. 165.)
Messieurs, on va mettre à la voile; on n'attend plus que vous. Allons; nous sommes prêts: prenez ces deux portemanteaux. Entrez dans la chaloupe, messieurs; prenez garde de vous blesser.	Stiamo per far vela; non aspettiamo se non lor signori. Veniamo, siamo pronti: pigliate queste due valigie. Entrino, signori, nella scialuppa; badino a non farsi male.
Il me semble que la mer est bien houleuse. Le vaisseau est bien avancé en mer; et s'il survenait une bouffée de vent, la chaloupe pourrait chavirer avant que nous puissions l'atteindre. Il n'y a aucun danger. Il n'y a rien à craindre. Ce n'est rien que cela. Nous voici arrivés au vaisseau; mais ce n'a pas été sans beaucoup de peine; vous avez été obligé de bien ramer.	Mi pare che il mare sia agitato di molto. Il vascello si è già molto inoltrato in mare, e se mai avessimo una scionata, la scialuppa potrebbe capovolgersi, prima che ci fossimo arrivati. Non c'è pericolo. Non vi è da temere. Ciò non è nulla. Eccoci giunti al vascello; ma avete durato gran fatica: avete dovuto remigar molto.

230

On embarking, and of what happens at sea.	Beim Einschiffen, und was auf dem Meere sich ereignet.
The wind increases. See that great wave which is coming to break against our vessel. I fear we shall have a storm: the sky is very dark towards the west.	Der Wind wird heftiger. Betrachten Sie diese grosse Woge, die an unserm Schiffe brechen wird. Ich fürchte, wir werden einen Sturm bekommen: der Himmel ist gegen Westen sehr dunkel.
So far the wind is favourable, and the ship sails well.	Bis jetzt ist der Wind günstig, und das Schiff segelt gut.
But the sea is very rough; the waves are very high; the rolling of the vessel makes me sick; I have got a headache.	Aber die See geht sehr hoch; die Wellen sind sehr aufgeregt; die Bewegung des Schiffes verursacht mir Uebelkeit; ich habe Kopfweh bekommen.
My head is very bad. The smell of the tar affects me.	Ich habe heftiges Kopfweh. Der Theergeruch ist mir unangenehm.
Smell some *eau de Cologne*, it will do you good.	Riechen Sie an kölnischem Wasser, das wird Ihnen gut thun.
I am very much inclined to be sick.	Ich bin sehr zum Erbrechen geneigt.
Drink some Hollands; it will strengthen your stomach, and you will feel relieved.	Trinken Sie etwas Genever; er wird Ihren Magen stärken, und Sie werden einige Linderung fühlen.
I am very weak; I must lie down in my hammock.	Ich bin sehr schwach; ich muss mich in meine Hängematte niederlegen.
Yes, lie down, that will do you good.	Ja, legen Sie sich, das wird Ihnen gut sein.
I am better again, the rest has refreshed me.	Es ist mir wieder wohl, die Ruhe hat mich erquickt.
The wind has fallen too, and the sea is smoother.	Der Wind hat sich auch gelegt, und die See sich besänftigt.
What bird is that?	Was ist dies für ein Vogel?

231

En s'embarquant et de ce qui arrive en mer.	Nell' imbarcarsi, e di quel che succede in mare.
Le vent augmente. Voyez cette grosse vague qui vient se briser contre notre navire. Je crains que nous n'ayons une tempête: le ciel est bien sombre du côté de l'ouest.	Il vento cresce. Mirate quell' onda spaventevole che viene ad infrangersi contro la nostra nave. Temo che avremo una burrasca: il cielo è molto fosco verso ponente.
Jusqu'à présent le vent nous est favorable, et notre vaisseau marche bien.	Fin ora abbiamo il vento in poppa, ed il nostro vascello veleggia bene.
Mais la mer est bien grosse; les vagues sont très agitées; le roulis me cause des nausées; j'ai mal à la tête.	Ma il mare è molto fiero; le onde sono burrascose; il moto del vascello mi rivolge lo stomaco; mi duole la testa.
J'ai un grand mal de tête.	Ho un gran dolor di capo.
L'odeur du goudron me fait mal.	La puzza del catrame mi fa male.
Respirez un peu d'eau de Cologne, cela vous fera du bien.	Fiuti un po' d'acqua di Cologna, che le farà bene.
J'ai une grande envie de vomir.	Ho gran voglia di recere.
Buvez une goutte de genièvre, cela vous fortifiera l'estomac, et vous éprouverez du soulagement.	Bea una goccia d'essenza di ginepro, che le sarà di sollievo forticandole lo stomaco.
Je suis bien faible; j'ai besoin de me coucher dans mon hamac.	Sono debole assai; voglio coricarmi sulla branda.
Oui, couchez-vous, cela vous fera du bien.	Sì, si corichi, che le farà bene.
Je me sens mieux, le repos m'a fait du bien.	Sto un poco meglio, il riposo mi ha fatto bene.
Le vent est aussi tombé, et la mer s'est calmée.	Il vento si è anche calmato, ed il mare è tranquillo.
Comment appelez-vous cet oiseau?	Come si chiama quest' uccello?

232

Landing. Visit from the Custom-house officers.	Die Landung. Besuch der Zoll-beamten.
It is a sea-gull.	Das ist eine Möve.
I think we ought soon to see the coast now; we have been ten hours on the way already.	Ich dächte, wir müssten jetzt bald die Küste erblicken; wir sind bereits zehn Stunden unterwegs.
The coast has long been in sight.	Die Küste ist schon längst in Sicht.
Where then?	Wo denn?
Yonder, that misty bluish line.	Dort hinten, jener duftige, bläuliche Streifen.
Oh yes! I can distinguish the land quite plainly now with my telescope. How far are we still from it?	Ach ja, ich erkenne jetzt das Land ganz deutlich mit meinem Fernrohr. Wie weit sind wir wohl noch davon entfernt?
About ten miles.	Etwa zehn Meilen.
What boat is this coming to us?	Was ist dies für ein Kahn, der sich uns nähert?
That is the custom-house officers' boat.	Das ist das Schiff der Zoll-beamten.

Landing. Visit from the Custom-house officers.	Die Landung. Besuch der Zoll-beamten.
Well, here we are safe and sound; but not without having run some risk: what do you say to it, Captain?	So sind wir denn gesund und frisch angekommen; jedoch nicht ohne einige Gefahr: was meinen Sie dazu, Herr Capitain?
On the contrary, gentlemen, we have had a very good voyage. We have done in a day and a half what commonly takes three, four, or even five days.	Im Gegentheile, meine Herren, wir haben eine sehr gute Fahrt gehabt. Wir haben in anderthalb Tagen zurückgelegt, was gewöhnlich drei, vier und selbst fünf Tage erfordert.
You must have all your trunks, portmanteaus, parcels, and effects carried to the custom-house, to see if there is any thing con-	Meine Herren, Sie müssen Ihre Koffer, Mantelsäcke, Packete und Effekten auf das Zollamt bringen lassen, wo man untersuchen

233

Débarquement et visite douanière.	Sbarco e visita dei doganieri.

C'est une mouette.
Il me semble que nous devrions bientôt apercevoir la côte; voilà déjà dix heures que nous sommes en route.
Il y a longtemps que nous sommes en vue de la côte.
Où est-elle donc?
Là-bas, cette bande nébuleuse et bleuâtre.
Ah oui! Je distingue maintenant très-bien la terre au moyen de ma longue-vue.
A quelle distance en sommes-nous encore?
A dix milles environ.
Qu'est-ce que cette barque qui s'approche de nous?
C'est le bateau de la douane.

È un gabbiano.
Mi pare che dovremmo bentosto scorgere la spiaggia, perchè sono già dieci ore che siamo in viaggio.
Ed è già un pezzo che vediamo la spiaggia.
Dov' è?
Laggiù quella parte nuvolosa e turchiniccia.
Ah sì! Distinguo adesso molto bene la terra col mezzo del mio telescopio.
Siamo ancora molto distanti?
Dieci miglia incirca.
Che bastimento è quello che si avvicina a noi?
È la barca della dogana.

Débarquement et visite douanière.	Sbarco e visita dei doganieri.

Nous voici enfin arrivés sains et saufs; mais cela n'a pas été sans courir quelques dangers: qu'en dites-vous, monsieur le capitaine?
Au contraire, Messieurs, nous avons fait un très bon voyage. Nous avons fait en un jour et demi ce qu'on fait ordinairement en trois, quatre et même en cinq jours.
Messieurs, il faut transporter à la douane vos malles, vos portemanteaux, vos paquets, et tous vos effets avant de les porter à l'hôtel,

Eccoci giunti finalmente sani e salvi; ma abbiamo però corso qualche pericolo: che ne dite, signor capitano?
Anzi, signori; abbiamo fatto buonissimo viaggio. Abbiamo in un giorno e mezzo fatto quel che al solito si fa in tre, quattro, ed in cinque giorni.
Signori, bisogna trasportare i loro bauli, i loro portamantelli, i loro fardelli e la loro roba tutta quanta alla dogana, per vedere se

Landing. Visit from the Custom-house officers.	Die Landung. Besuch der Zoll-beamten.
traband in them, before they are taken to the inn.	wird, ob verbotene Waaren darin sind, bevor sie in den Gasthof gebracht werden.
Will it last long? The sea has fatigued me very much, and I should like to go to the inn to rest.	Wird das lange dauern? Die See hat mich sehr ermü-det und ich möchte lieber in den Gasthof gehen, um dort auszuruhen.
Give me the keys of the padlock and lock of your trunk, and you may then go where you please.	Geben Sie mir die Schlüssel zum Hängeschloss und zum Schloss Ihres. Koffers, Sie können dann hingehen, wo-hin Sie wollen.
For my part, I shall follow my trunk; I shall be pre-sent when it is examined; because I do not wish my things to be turned upside down, and I shall have every thing put back into its place.	Ich werde meinem Koffer fol-gen; ich will dabei sein, wenn er untersucht wird, weil ich wünsche, dass mei-ne Sachen nicht durchein-ander geworfen werden und Jedes wieder auf seine Stelle gelegt wird.
You may do as you like.	Machen Sie es, wie Sie wollen.
A porter will carry my trunk and my things to the Cus-tom-house, and I shall fol-low him.	Ein Träger wird meinen Kof-fer und meine Sachen auf das Zollamt bringen, und ich werde ihm folgen.
Have you any forbidden or taxable articles to declare?	Haben Sie verbotene oder steuerpflichtige Gegen-stände zu declariren?
Not that I am aware of.	Meines Wissens nicht.
I have a few little presents for my family, but no merchandise.	Ich habe einige kleine Ge-schenke für meine Fami-lie, aber keine Kaufmanns-waaren.
I have only bought a few prints and books for my private use.	Ich habe nur einige Kupfer-stiche und Bücher zu mei-nem Privatgebrauche.

235

Débarquement et visite douanière.	Sbarco e visita dei doganieri.
pour faire constater que vous n'avez pas de contrebande.	non vi è nulla di contrabbando, prima di portarla all' albergo.
L'opération sera-t-elle bien longue? La mer m'a bien fatigué, et je voudrais pouvoir aller me reposer à l'hôtel.	Sarà lunga la visita? Il mare mi ha affaticato molto, e vorrei andare a riposarmi all' albergo.
Donnez-moi les clefs du cadenas et de la serrure de votre malle, et vous serez libre d'aller où il vous plaira.	Mi dia le chiavi del lucchetto e della serratura del suo baule, e le sarà lecito l'andare dove vorrà.
Non, je veux suivre ma malle; je veux être présent à la visite, parceque je désire qu'elle soit faite sans mettre mes effets sens dessus-dessous, et que tout soit remis à sa place.	No, voglio seguire il mio baule; voglio essere presente alla visita, perchè desidero che venga fatta senza che sieno messi sossopra i miei panni, e che ogni cosa sia riposta a suo luogo.
Faites comme il vous plaira.	Faccia come le aggrada.
Un commissionnaire va transporter ma malle et mes effets à la douane, et je le suivrai.	Un commissionario trasporterà il mio baule e la mia roba alla dogana, ed io lo seguirò.
Avez-vous quelque chose à déclarer?	Avete dei generi soggetti alla dogana?
Rien que je sache.	No, per quanto io sappia.
Je n'ai que quelques petits cadeaux pour ma famille, mais point de marchandises.	Ho delle bagattelle per regalare alla mia famiglia, ma non ho mercanzie.
Je n'ai que quelques livres et gravures pour mon propre usage.	Ho solamente alquanti libri e alcune stampe per uso mio proprio.

236

The breakfast.	Das Frühstück.

The breakfast.
(see p. 180.)

Das Frühstück.
(siehe S. 180.)

Mr. N. wishes to pay his respects to you.	Herr N. wünscht Ihnen seine Aufwartung zu machen.
Tell him to walk in.	Lassen Sie ihn eintreten.
Your most obedient servant, Sir; I received your note early this morning, and have hastened to come and take your commands.	Ihr ergebenster Diener, mein Herr; ich erhielt Ihre Benachrichtigung diesen Morgen früh, und habe mich beeilt, Ihre Befehle zu empfangen.
You might just have written me a line without taking so much trouble; but now you are here, we can talk over the business while at breakfast.	Sie hätten mir nur eine Zeile schreiben sollen, ohne sich weiter zu bemühen; da sie indess hier sind, wollen wir über unser Geschäft beim Frühstück plaudern.
Do not let me inconvenience you, I beg of you. I do not breakfast so early in general; but, for the sake of your company, I shall sit down with pleasure.	Lassen Sie sich nicht stören, ich bitte sehr. Ich frühstücke gewöhnlich nicht so zeitig, indess um das Vergnügen Ihrer Gesellschaft zu haben, werde ich mich sehr gern setzen.
We have partridges, a cold fowl, quails, fruit, chocolate, tea and coffee.	Wir haben Rebhühner, kaltes Geflügel, Wachteln, Früchte, Chokolade, Thee und Kaffe.
That is too much for breakfast; it would even be more than enough for dinner.	Das ist zu viel für ein Frühstück, es würde mehr als genug für ein Mittagsessen sein.
You can eat what you like. Peter, is breakfast ready?	Sie können geniessen, was Ihnen beliebt. Peter, ist das Frühstück fertig?
Yes, Sir.	Ja, mein Herr.
Let us go to breakfast. Sit down, sir, opposite me; we can talk at our ease.	Kommen Sie zu Tische. Setzen Sie sich mir gegenüber, mein Herr, wir können

237

Le déjeûner.	La colazione.
Le déjeûner. (voyez p. 181.)	**La colazione.** (vedi p. 181.)

Monsieur N. désirerait avoir l'honneur de vous saluer.

Il signor N. desiderebbe riverirla.

Faîtes entrer.

Passi.

Votre très humble serviteur, monsieur; j'ai reçu votre billet ce matin de bonne heure, et je me suis empressé de venir recevoir vos ordres.

Servo umilissimo, signore; ho ricevuto il suo biglietto sta mane abbonora, e mi sono fatto premura di venire a ricevere i suoi comandi.

Il suffisait de me faire une ligne de réponse, sans vous déranger; mais puisque vous êtes ici, nous causerons de notre affaire en déjeûnant.

Bastava farmi una riga di risposta, senza incomodarsi; ma giacchè ella è qui, discorreremo un poco del nostro affare nel far colazione.

Ne vous dérangez pas, je vous prie. Je ne déjeûne ordinairement pas de si bonne heure; mais j'accepte avec plaisir pour jouir de votre compagnie.

Non s'incomodi, la prego. Ordinariamente io non fo colazione così per tempo, ma accetterò con piacere l'offerta che mi fa per farle compagnia.

Nous aurons des perdrix, de la volaille froide, des cailles, des fruits, du chocolat, du thé et du café.

Avremo delle pernici, dei polli freddi, delle quaglie, delle frutta, della cioccolata, del tè e del caffè.

C'est trop pour déjeûner; ce serait même plus qu'il ne faut pour dîner.

Questo è troppo per far colazione; anzi sarebbe più del dovere per desinare.

Vous mangerez ce que vous voudrez. Pierre, le déjeûner est-il servi?

Ella mangerà quello che vorrà. Pietro, è in tavola la colazione?

Oui, monsieur.

Sì, signore.

Allons nous mettre à table. Asseyez-vous, monsieur, vis-à-vis de moi; nous

Andiamo a metterci a tavola. Segga dirimpetto a me, potremo discorrere libera-

238

The breakfast.	Das Frühstück.
Peter, you have forgotten a knife and fork, and a napkin for that gentleman! We want tea-spoons too, and carving-knives and forks. Sir, let me give you a wing or leg of this chicken.	da ganz frei sprechen. Peter, Sie haben ein Messer und eine Gabel vergessen, und eine Serviette für den Herrn! Wir müssen auch Kaffelöffel haben, und Vorlegemesser und Gabeln. Soll ich Ihnen einen Flügel oder einen Schenkel von diesem Hähnchen geben, mein Herr?
If you will allow me, I will take a quail. It is excellent; it is neither too fat, nor too lean.	Wenn Sie es erlauben, esse ich eine Wachtel. Sie ist vortrefflich, sie ist weder zu fett, noch zu mager.
I killed it myself the day before yesterday, together with these partridges. You went out shooting then?	Ich habe sie vorgestern selbst geschossen, sammt diesen Rebhühnern. Sie waren also auf der Jagd?
Yes, with some friends of mine, on one of my estates two leagues from this. But you drink nothing. Take a glass of this Burgundy.	Ja, mit einigen Freunden, auf einem meiner Güter, zwei Stunden von hier. Aber Sie trinken nicht. Nehmen Sie ein Glas von diesem Burgunder.
It is excellent. Will you not eat a slice of this ham?	Er ist ausgezeichnet. Wollen Sie nicht eine Scheibe von diesem Schinken essen?
No, I thank you. I'll take some fruit, if you will allow me; a pear or a peach.	Nein, ich danke Ihnen. Wenn Sie es erlauben, esse ich von diesen Früchten; eine Birne oder Pfirsiche.
Take what you like, without ceremony.	Nehmen Sie, was Ihnen beliebt, ohne Umstände.
Before I eat my peach, I will take a little cheese, that I may drink another glass of your excellent wine.	Bevor ich diese Pfirsiche esse werde ich etwas Käse nehmen, damit ich noch ein Glas ihres vortrefflichen Weines trinken kann.

239

Le déjeûner.	La colazione.
pourrons causer librement. Pierre, vouz avez oublié une fourchette et un couteau, et une serviette pour monsieur; donnez-nous aussi des petites cuillères et des couverts pour servir. Monsieur, voulez-vous que je vous serve une aile ou une cuisse de ce poulet?	mente. Pietro, avete dimenticato una forchetta, un coltello, ed un tovagliolo pel signore; dateci ancora dei cucchiaj, e due posate per servire le vivande. Signore, vuol' ella che le serva un' ala o una coscia di questo pollastro?
Si vous me le permettez, je mangerai une caille. Elle est excellente, elle n'est ni trop grasse ni trop maigre. C'est moi qui l'ai tuée avanthier, avec ces perdrix.	S'ella mi permette, mangerò una quaglia. È buonissima; non è nè troppo grassa, nè troppo magra. L'ho ammazzato io jeri l'altro, con quelle pernici.
Vous avez donc été à la chasse? Oui, avec quelques amis, dans une de mes terres, à deux lieues d'ici. Mais vous ne buvez pas. Versez-vous de ce vin de Bourgogne. Il est excellent. Vous mangerez bien une tranche de ce jambon? Je vous remercie. Si vous me le permettez, je goûterai de ces fruits; une poire ou une pêche. Servez-vous comme il vous plaira, sans cérémonie. Je mangerai un peu de fromage, avant de manger ma pêche, pour boire encore un peu de ce vin qui est excellent.	Dunque ella è stata a caccia? Sì, con alcuni miei amici, in un mio podere due leghe lontano. Ma ella non beve. Si versi di quel vino di Borgogna. Egli è buonissimo. Ella mangerà certo una fetta di quel presciutto. Mille grazie. Prenderò di quelle frutta, se me lo permette; una pera, oppure una pesca. Ella si serva a suo piacere, senza ceremonie. Prima di mangiare questa pesca, mangerò un tantino di formaggio, a fine di bere ancora un poco di quest' ottimo vino.

240

Dinner.	Das Mittagsessen.
It is good without being too strong; but taste this Bordeaux, which is at least six years old and of the first quality.	Er ist gut, ohne dass er zu stark wäre; aber versuchen Sie diesen Bordeaux, der mindestens sechs Jahre alt und von der ersten Qualität ist.
I had shall drink nothing more. I have eaten and drunk enough; I can taste it another time.	Ich werde nichts mehr trinken. Ich habe genug gegessen und getrunken; ich kann ihn zu einer andern Zeit kosten.
Very well. I will go and dress while you take a cup of coffee, and then we can go out directly.	Sehr wohl. Ich werde mich anziehen, während Sie eine Tasse Kaffe trinken, und dann wollen wir sogleich ausgehen.

Dinner.	Das Mittagsessen.
(see p. 180.)	(siehe S. 180.)
Anthony! desire them to serve dinner; tell the cook.	Anton! sagen Sie, dass das Mittagsessen angerichtet werde; benachrichtigen Sie den Koch.
John has already gone, and it will be served directly.	Johann ist schon hingegangen; es wird auf der Stelle aufgetragen werden.
Sir, dinner is on the table.	Herr, das Essen ist auf dem Tische.
This is Friday, and a fastday; I do not know if you like it. We shall have fish.	Es ist Freitag, also Fasttag; ich weiss nicht, ob Sie den lieben. Wir werden Fisch bekommen.
I like fish very much, and always dine well when there is any.	Ich liebe den Fisch sehr, und es schmeckt mir stets sehr gut, wenn ich Fisch habe.
Madam, your most humble servant.	Ihr ergebenster Diener.
It is an age since we have seen you, I thought of	Wir haben uns in Ewigkeit nicht gesehen, ich wollte

241

Le dîner.	Il pranzo.
Oui; il est bon sans être trop fort. Mais goûtez un peu de ce vin de Bordeaux; il a au moins six ans, et il est de première qualité.	Sì, è buono senza essere troppo forte. Ma assaggi un poco questo vino di Bordeaux; ha almeno sei anni, ed è di prima qualità.
Je ne veux pas boire davantage. J'ai assez mangé et assez bu; je le goûterai une autre fois.	Non voglio più bere. Ho mangiato e bevuto abbastanza. Lo assagerò un' altra volta.
Fort bien! j'irai m'habiller pendant que vous prendrez une tasse de café; et nous sortirons puis de suite.	Benissimo, io andrò a vestirmi mentre ella piglierà una tazza di caffè, e poi usciremo subito.

Le dîner.	Il pranzo.
(voyez p. 181.)	(vedi p. 181.)
Antoine! dites qu'on serve le dîner; avertissez le cuisinier.	Antonio! andate a dire di portare in tavola; e avvertite il cuoco.
Jean y est déjà allé; on va servir dans l'instant.	Giovanni vi è già andato; subito si porta in tavola.
Monsieur, le dîner est servi.	Signore, il pranzo è in tavola.
Aujourd'hui c'est vendredi, et l'on fait maigre; je ne sais pas si vous l'aimez. Nous aurons du poisson.	Oggi è venerdì, e si mangia di magro; non so se le piaccia. Avremo del pesce.
J'aime beaucoup le poisson, et quand j'ai du poisson, je dîne toujours très bien.	Il pesce mi piace assai; e quando vi è pesce, io pranzo sempre benissimo.
Madame, votre très-humble serviteur.	Mia signora, le fo umilissima riverenza.
Il y a un siècle qu'on ne vous a vu, je voulais en-	È un secolo che non la vediamo, voleva mandar a

16

242

Dinner.	Das Mittagsessen.
sending to inquire after you.	schon schicken, mich nach Ihnen zu erkundigen.
I have been on a journey, and have had a slight attack of the gout, which has forced me to keep my room for a fortnight.	Ich habe eine Reise gemacht, und hatte einen leichten Anfall von Podagra, der mich zwang, das Zimmer vierzehn Tage lang zu hüten.
Gentlemen, let us sit down; we can talk while we are eating.	Meine Herren, lassen Sie uns Platz nehmen, wir können beim Essen plaudern.
Sir, shall I give you some soup?	Soll ich Ihnen Suppe vorlegen?
If you please, Madam, I like it very much.	Ich bitte; ich liebe sie sehr.
Give me your plate. Why did you not let us know you were ill; my husband would have gone and kept you company in the evening.	Geben Sie mir Ihren Teller. Wesshalb liessen Sie uns nicht wissen, dass Sie krank seien? mein Mann würde Ihnen sonst Abends Gesellschaft geleistet haben.
I was expecting to be able to go out every day. You have an excellent cook; nobody would think that this is a meagre soup.	Ich hoffte jeden Tag wieder ausgehen zu können. Sie haben einen vortrefflichen Koch; es würde Niemand glauben, dass dies eine Fastensuppe ist.
You do not generally take soup. Take some fish then, and help yourself as you like.	Sie essen Ihrer Gewohnheit gemäss keine Suppe. Essen Sie dafür etwas Fisch und bedienen Sie sich nach Belieben.
I think that soup weakens the stomach, and therefore I never eat it.	Ich glaube, dass Suppe den Magen schwächt, und esse sie deshalb nie.
Help yourself to some fish. Is it sea or fresh-water fish?	Nehmen Sie sich etwas Fisch. Ist das See- oder Flussfisch?

243

Le dîner.	Il pranzo.
voyer savoir de vos nou-velles.	intendere nuove di vossi-gnoria.
J'ai fait un voyage, et à mon retour j'ai eu un léger ac-cès de goutte, qui m'a obli-gé de garder la chambre pendant quinze jours.	Ho fatto un viaggio; e appena tornata, ho avuto un leg-giero accesso di poda-gra, che mi ha obbligato a star in camera quindici giorni.
Messieurs, mettons-nous à table; nous causerons en dînant.	Signori, mettiamoci a ta-vola; discorreremo nel de-sinare.
Monsieur, vous servirai-je du potage?	Vuole della minestra?
Oui, madame, s'il vout plaît; je l'aime beaucoup.	Sì, signora, se le aggrada; mi piace moltissimo.
Tendez votre assiette. Pour-quoi ne nous avez-vous pas fait dire que vous étiez malade? mon mari aurait été venu vous tenir com-pagnie le soir.	Porga il tondo. Perchè non ci ha fatto sapere ch'ella era incomodata? mio ma-rito sarebbe venuto a farle un po' di compagnia la sera.
J'espérais tous les jours pou-voir sortir. Vous avez un excellent cuisinier; on ne dirait pas que c'est un potage au maigre.	Ogni giorno sperava di poter uscire. Ella ha un buonis-simo cuoco; questa mine-stra non pare di magro.
Monsieur, vous ne mangez pas de soupe à votre or-dinaire. Eh bien! mangez du poisson. Servez-vous comme il vous plaira.	Signore, ella non mangia zuppa secondo il suò so-lito. Poich' è così, mangi del pesce. Si serva pure liberamente.
Je crois que la soupe affai-blit l'estomac, et pour cette raison je n'en mange ja-mais.	Credo che la zuppa indebo-lisca lo stomacho, e perciò non ne mangio mai.
Servez-vous du poisson.	Si serva del pesce.
Est ce du poisson de mer ou d'eau douce?	E pesce di mare, oppure d'acqua dolce?

16*

244

Dinner.	Das Mittagsessen.
There are both, of both kinds.	Es ist von dem einen wie von dem andern da; von beiden Sorten.
This is pike, this is tench, this is carp, this is trout, this is perch, this is eel.	Dies ist Hecht, dies Schleihe, dies Karpfen, dies Forelle, dies Barsch und dies ist Aal.
The first course consists entirely of fresh-water fish.	Der erste Gang besteht lediglich aus Flussfischen,
This fish is excellent, and very well dressed.	Dieser Fisch ist vortrefflich und sehr gut zubereitet.
Yes; my cook seasons all his dishes very nicely: he understands cookery very well.	Ja wohl, mein Koch bereitet alle Gerichte aufs Beste: er versteht das Kochen sehr gut.
Will you have any potatoes?	Wollen Sie Kartoffeln?
If you please.	Wenn es Ihnen gefällig ist.
Give that gentleman something to drink.	Geben Sie diesem Herrn zu trinken.
This wine is very good.	Dieser Wein ist sehr gut.
It is old wine; I have had it more than five years in my cellar.	Es ist ein alter Wein; ich habe ihn schon über fünf Jahre im Keller.
Do you like turbot, Sir? Shall I help you to some?	Befehlen Sie Steinbutte, mein Herr? Soll ich Ihnen davon vorlegen?
No; I thank you. What fish is that in the dish near you?	Nein; ich danke Ihnen. Was ist das für Fisch auf der Schüssel neben Ihnen?
That is salmon.	Das ist Salm.
These are whitings.	Das sind Weissfische.
I will thank you for a little of that skate.	Ich will um etwas Roche bitten.
There is some with some liver. The liver of this fish is very delicate.	Da ist etwas, mit etwas Leber. Die Leber dieses Fisches ist sehr wohlschmeckend.
Give us Madeira.	Geben Sie uns Madera.

245

Le dîner.	Il pranzo.
Il y en a de l'un et de l'autre. Il y en a des deux espèces.	Ven' ha dell' uno, e dell' altro. Cen' è d'ambedue le qualità.
C'est du brochet, c'est de la tanche, c'est de la carpe, c'est de la truite, c'est de la perche, c'est de l'anguille.	È del luccio, è della tinca, è del carpio, è della trota, è del pesce persico, è anguilla.
Le premier service est entièrement composé de poissons d'eau douce.	Il primo messo è tutto di pesci d'acqua dolce.
Ce poisson est parfait, et il est très bien apprêté.	Questo pesce è ottimo, ed è benissimo acconciato.
Oui; mon cuisinier assaisonne très bien tous les plats; il sait très bien faire la cuisine.	Sì, il mio cuoco condisce ottimamente tutte le vivande: sa cucinare a maraviglia bene.
Voulez-vous des pommes de terre?	Vuole delle patate?
Très volontiers.	Molto volentieri.
Donnez à boire à monsieur.	Date da bere al signore.
Il est bien bon, ce vin.	È prezioso questo vino.
C'est du vin vieux; il y a plus de cinq ans qu'il est dans ma cave.	È vin vecchio; sono più di cinque anni ch'è in cantina.
Aimez-vous le turbot, Monsieur? voulez-vous que je vous en serve?	Le piace il rombo? vuole che gliene serva?
Je vous remercie. Quel est le poisson qui est dans ce plat près de vous?	Grazie. Che pesce è quello, ch'è in codesto piatto vicino a lei?
C'est du saumon.	È salamone.
Ce sont des merlans.	Sono naselli.
Je vous demanderai un peu de raie.	Favorisca di darmi un po di razza.
En voilà avec du foie. Le foie de ce poisson est très délicat.	Eccone con un po' di fegato. Il fegato di questo pesce è molto delicato.
Donnez-nous du vin de Madère.	Dateci del vino di Madera.

Dinner. — Tea.	Das Mittagsessen. — Der Thee.
This wine is excellent.	Dieser Wein ist ausgezeichnet.
There are few houses where you can get it so good.	Sie werden ihn in wenig Häusern so gut trinken.
I have always liked to have a good cellar.	Ich habe immer etwas auf einen guten Keller gehalten.
Taste this Champagne; it is not bad.	Versuchen Sie von diesem Champagner; er ist nicht schlecht.
It is excellent; I have not drunk any so good for a long time.	Er ist vortrefflich; ich habe seit langer Zeit keinen so angenehmen getrunken.
Will you take any artichokes, or spinage, or cauliflower?	Wollen Sie nicht spanische Artischocken, oder Spinat, oder Blumenkohl nehmen?
For my part, I have quite done.	Ich für meinen Theil habe zur Genüge.
I will take some cheese and a bunch of grapes.	Ich will etwas Käse und eine Weintraube essen.
Eat some dessert; take what you like: there are strawberries, cherries, aples, pears, plums, wallnuts, figs, peaches, nuts, filberts, roasted and boiled chesnuts, sweetmeats, pastry of different sorts.	Essen Sie etwas Dessert, nehmen Sie, was Ihnen gefällig ist: hier sind Stachelbeeren, Kirschen, Aepfel, Birnen, Pflaumen, Wallnüsse, Feigen, Pfirsichen, Haselnüsse, Lampertsnüsse, gebratene und gekochte Kastanien, Süssigkeiten und verschiedenartiges Backwerk.

Tea.	**Der Thee.**
(see p. 180.)	(siehe S. 180.)
Waiter! bring tea-cups, bread, butter, milk, sugar and tea-spoons.	Kellner, bringen Sie Tassen, Brod, Butter, Milch, Zucker und Theelöffel.

247

Le dîner. — Le thé.	Il pranzo. — Il tè.
Ce vin est exquis.	Questo vino è ottimo.
Il y a peu de maisons où l'on en boit d'aussi bon.	Se ne bee di così buono in pochissime case.
J'ai toujours aimé à avoir une cave bien garnie.	Mi è sempre piaciuto avere la cantina ben fornita.
Goûtez de ce Champagne; il n'est pas mauvais.	Assaggi di questo Sciampagna, che non è cattivo.
Il est exellent; il y a long-temps que je n'en ai bu d'aussi agréable.	È eccellente; egli è un gran pezzo che non ne ho bevuto di sì piacevole.
Voulez-vous des cardons, des épinards, des choux-fleurs?	Vogliono de cardi, Signori, degli spinaci, dei cavoli fiori?
Pour ma part, j'ai suffisamment mangé.	Quanto a me, io ho mangiato abbastanza.
Je mangerai un peu de fromage et une grappe de raisin.	Ed io mangerò un poco di cacio, ed un grappolo d'uva.
Mangez du dessert, choisissez suivant votre goût: voilà des grosseilles à maquereau, des cerises, des pommes, des poires, des prunes, des noix, des figues, des pêches, des noisettes, des avelines, des marrons rôtis, des marrons bouillis, des confitures, et des pâtisseries de différentes sortes.	Mangino delle frutta, scelgano a loro piacimento: ecco dell' uva spina, ciriege, pomi, pere, susine, noci, fichi, pesche, nocciuole, avellane, bruciate, succiole, dolci, e paste di varie sorti.

<table>
<tr><td align="center">Le thé.
(voyez p. 181.)</td><td align="center">Il tè.
(vedi p. 181.)</td></tr>
</table>

Garçon! apportez des tasses, du pain, du beurre, du lait, du sucre et des petites cuillères.	Cameriere! portateci delle tazze, del pane, del burro, del latte, dello zucchero, e dei cucchiaj.

248

Tea.	Der Thee.
Here, Sir, is every thing you have asked for.	Hier, mein Herr, ist Alles, was Sie verlangt haben.
Put them all on the table, and heat some water to make tea.	Setzen Sie Alles auf den Tisch, und bereiten Sie heisses Wasser zum Thee.
The water is boiling, Sir; I will bring you the kettle.	Das Wasser kocht; ich werde Ihnen den Kessel bringen.
Do not forget to bring us knives, napkins, and sugar.	Vergessen Sie nicht, Messer, Servietten und Zucker zu bringen.
How do you like this tea, Sir? It is not perhaps strong enough for you.	Wie finden Sie den Thee? Er ist vielleicht nicht stark genug für Sie.
It is excellent; but it is a little to strong for me. I do not like it so strong; I shall add some hot water to it.	Er ist vortrefflich, aber er ist etwas zu stark für mich; ich liebe ihn nicht so stark; ich will etwas heisses Wasser zugiessen.
As for me, weak tea does not suit me; it weakens my stomach.	Was mich betrifft, mir bekömmt der schwache Thee nicht; er schwächt mir den Magen.
This tea is excellent; where did you buy it?	Dieser Thee ist vortrefflich; wo haben Sie ihn gekauft?
I bought it in London, in N. street, at N's; I always have a good supply of it, when I travel.	Ich habe ihn in London gekauft, bei N. in der N.-Strasse; ich habe auf Reisen immer einen guten Vorrath davon.
I will thank you for another cup of tea.	Dürfte ich noch um eine Tasse Thee bitten?
With pleasure: take some toast, the butter is excellent and quite fresh.	Mit Vergnügen: nehmen Sie etwas geröstetes Brod, die Butter ist vortrefflich und ganz frisch.
Most willingly; we should do well to eat a couple of fresh eggs each.	Sehr gern! wir würden wohl thun, Jeder ein Paar frische Eier zu essen.

249

Le thé.	Il tè.
Voilà, monsieur, tout ce que vous avez demandé.	Ecco, signore, quanto mi ha commandato di recarle.
Placez tout cela sur la table, et faites chauffer de l'eau pour faire le thé.	Riponete ogni cosa sulla tavola, e fate bollire dell' acqua da fare il tè.
Il y a de l'eau bouillante, monsieur; je vais vous apporter la bouilloire.	C'è dell'acqua bollente, signore; ora le porterò la cocoma.
N'oubliez pas de nous apporter des couteaux, des serviettes, et du sucre.	Non dimenticate di recarci dei coltelli, delle salviette, e dello zucchero.
Comment trouvez - vous ce thé, monsieur? il n'est peut-être pas assez fort pour vous.	Che gliene pare? forse questo tè non è carico abbastanza per lei.
Il est excellent; mais il est un peu trop fort pour moi. Je ne l'aime pas si fort; j'y ajouterai un peu d'eau bouillante.	È buonissimo; ma è un po' troppo carico per me: a me non piace tanto carico; ci voglio mettere un poco d'acqua bollente.
Quant à moi, le thé faible ne me convient pas; il m'affaiblit l'estomac.	Quanto a me non mi conferisce il tè lungo; mi sfascia lo stomaco.
Ce thé est parfait. Où l'avez-vous acheté?	È ottimo questo tè. Dove l'ha comprato?
Je l'ai acheté à Londres dans la rue N., chez N.; j'en emporte toujours une bonne provision en voyage.	L'ho comprato in Londra, via N., da N.; quando viaggio, ne ho sempre buona provvista.
Je vous demanderai une autre tasse de thé.	Favorisca di darmi un' altra tazza di tè.
Avec plaisir; prenez une rôtie; le beurre est excellent et tout frais.	Con piacere; prenda una fetta di pane abbrustolata; il burro è buonissimo, e ben fresco.
Très volontiers. Nous ferions bien de manger une couple d'oeufs frais chacun.	Volentierissimo. Faremmo bene a bere un pajo d'uova fresche.

250

Supper.	Das Abendessen.
You are right; that is an excellent thought.	Sie haben Recht; das ist ein vortrefflicher Gedanke.
Waiter! bring us some fresh eggs.	Kellner! bringen Sie uns einige frische Eier.
For my part, I eat a couple every day for breakfast; it is very wholesome.	Ich für meine Person esse täglich zum Frühstück ein Paar; das ist sehr gesund.
For my part, I like a change; sometimes I take chocolate, sometimes coffee with milk, and when I have a good appetite, I eat meat.	Was mich betrifft, so liebe ich die Abwechselung; zuweilen trinke ichChocolade, zuweilen Kaffe mit Milch, und wenn ich guten Appetit habe, nehme ich ein Gabelfrühstück.
Gentlemen, here are the eggs. They are not fresh. Quick; take them away.	Meine Herren, hier sind Eier. Sie sind nicht frisch. Schnell weg damit.

Supper.	Das Abendessen.
(see p. 180.)	(siehe S. 180.)
Gentlemen, supper is ready.	Meine Herren, das Abendessen ist aufgetragen.
Let us make haste, as it is late. We must get up very early to-morrow morning.	Lassen Sie uns eilen, weil es schon spät ist. Wir müssen morgen sehr früh aufstehen.
I have no appetite; I could willingly go to bed without any supper.	Ich habe keinen Appetit, ich könnte zu Bette gehen, ohne gegessen zu haben.
Your appetite will improve as you eat. Come, come, there is some agreeable society, you will be amused.	Der Appetit wird sich beim Essen einstellen. Kommen Sie nur, hier ist gute Gesellschaft. Sie werden sich unterhalten.
Good evening, Gentlemen. Oh! Lord A., are you here! What has brought you into this country?	Guten Abend, meine Herren. O, Lord A., Sie sind hier! Was hat Sie in dieses Land geführt?
I have just come from Italy	Ich komme gerade aus Ita-

251

Le souper.	La cena.
Vous avez raison; c'est une excellente idée.	Ella ha ragione; questa è una buonissima idea.
Garçon! apportez-nous des oeufs frais à la coque.	Cameriere! recateci dell' uova fresche da bere.
Moi, j'en mange tous les jours une couple à mon déjeûner; cela est très sain.	Io ne bevo un pajo ogni giorno a colazione; è cibo molto sano.
Moi, j'aime à varier; tantôt je prends du chocolat, tantôt du café au lait; et quelquefois, quand j'ai bon appétit, je déjeûne à la fourchette.	Ed a me piace il variare; ora prendo una chicchera di cioccolata, ora una tazza di cafè col latte; e qualche volta mangio della carne, quando ho buon appetito.
Messieurs, voici les oeufs.	Ecco le uova, Signori.
Ces oeufs ne sont pas frais; emportez-les, vite.	Queste uova non sono fresche. Animo, portatele via.

Le souper.	La cena.
(voyez p. 181.)	(vedi p. 181.)
Messieurs, le souper est servi.	Signori, la cena è in tavola.
Allons vite, il est tard, et nous devons nous lever demain matin de bonne heure.	Andiamo presto, per chè è tardi. Dobbiamo alzarci a buon' ora domattina.
Je n'ai pas d'appétit; j'irais presque me coucher sans souper.	Io non ho appetito; andrei quasi a letto senza cena.
L'appétit viendra en mangeant. Venez, venez, il y a bonne compagnie, vous vous divertirez.	L'appetito verrà mangiando. Venga, venga, c'è buona compagnia, ella si divertirà.
Bon soir, messieurs. Oh! lord A., vous ici! Quel heureux hasard vous a conduit dans ce pays?	Buona sera, signori. Oh! lord A., ella qui! Che buon vento l'ha condotto in questo paese?
Je reviens d'Italie avec ma	Torno d'Italia con mia mo-

252

Supper.	Das Abendessen.
with my wife and the Marquis.	lien mit meiner Frau und dem Herrn Marquis.
Lady A., I have the honour to present my respects to you. How did you enjoy yourself in Italy? Did you like the country?	Gnädige Frau, ich habe die Ehre, Ihnen mein gehorsamstes Compliment zu machen. Haben Sie sich in Italien amüsirt? Gefiel Ihnen das Land?
Yes, extremely. We were there three months without being dull for a single moment. I could have stayed there a year.	Ja, mein Herr, ausserordentlich. Wir waren drei Monate dort, ohne nur einen Augenblick Langeweile zu haben. Ich hätte ein Jahr dort wohnen können.
Let us sit down; the supper is getting cold. We can talk at supper.	Lassen Sie uns Platz nehmen; das Essen wird kalt. Wir können beim Essen plaudern.
Sit here beside my wife. And you, Sir, here between the lady and me.	Setzen Sie sich neben meine Frau. Und Sie, hier zwischen die gnädige Frau und mich.
I shall be very well placed here opposite the Countess.	Ich werde hier sehr gut sitzen, der Frau Gräfin gegenüber.
Will you allow me to help you to some vermicelli.	Erlauben Sie, dass ich mir die Ehre gebe, Ihnen von diesen Nudeln vorzulegen.
No, thank you. I ate it so good in Italy, that I do not choose to run the risk of eating it bad in France.	Ich danke recht sehr, mein Herr. Ich habe sie in Italien so gut gegessen, dass ich mich in Frankreich nicht der Gefahr aussetzen mag, sie schlecht zu essen.
Yes, that is true; vermicelli (farinaceous food) is excellent in Italy.	Ja, das ist wahr; die Mehlspeisen sind vortrefflich in Italien.
I will thank you for a little of that fried fish.	Dürfte ich mir etwas von den Backfischen ausbitten?
It is excellent.	Sie sind vortrefflich.

253

Le souper.	La cena.
femme et avec monsieur le marquis.	glie, e col signor marchese.
Madame, j'ai l'honneur de vous présenter mes respects. Vous êtes vous amusée en Italie? Ce pays vous a-t-il plu?	Signora, ho l'onore di riverirla. Come si è divertita in Italia? L'è piaciuto quel paese?
Oui, monsieur, infiniment. Nous y avons passé trois mois sans nous ennuyer un seul instant. J'aurais voulu y demeurer un an.	Sì, signore, moltissimo. Vi abbiamo passato tre mesi senza mai tediarci un sol momento. Ci avrei voluto stare un anno.
Mettons-nous à table; le souper se refroidit. Nous parlerons en soupant.	Mettiamoci a tavola; la cena vien fredda. Discorreremo nel cenare.
Monsieur, ici, ici à côté de mon épouse. Et vous, monsieur, ici, entre madame et moi.	Signore, qui, qui, accanto a mia moglie. E lei, signore, qui, fra la signora e me.
Je serai très bien ici, vis-à-vis de madame la comtesse.	Io starò benissimo qui, in faccia alla signora contessa.
Voulez-vous que j'aie l'honneur de vous servir du vermicelle.	Vuole che abbia l'onore di servirle de' vermicelli.
Non, monsieur, je vous remercie. J'en ai mangé de si bon en Italie, que je ne veux pas risquer d'en manger de mauvais en France.	No, signore, la ringrazio. Ne ho mangiato de' così buoni in Italia, che non voglio andar a rischio di mangiarne de' cattivi in Francia.
Oui, c'est vrai; les pâtes sont excellentes en Italie.	Sì, è vero; le paste sono buonissime in Italia.
Je vous demanderai un peu de cette friture.	Favorisca di darmi un po' di quel fritto.
Elle est excellente.	Egli è stupendo.

254

Supper.	Das Abendessen.
Give me something to drink.	Geben Sie mir zu trinken.
What wine do you choose?	Welchen Wein befehlen Sie?
Give us a bottle of Burgundy. My neighbour and I will easily finish it; it will not be too much. Give me a plate. Madam, will you have some of this ragout?	Geben Sie uns eine Flasche Burgunder. Mein Nachbar und ich werden leicht damit fertig werden; es wird nicht zu viel sein. Geben Sie mir einen Teller. Befehlen Sie von diesem Ragout, Madame?
Will you have some sauce?	Wünschen Sie etwas Sauce?
But very little, Sir; you are very kind. This ragout is very good.	Nur sehr wenig, mein Herr, Sie sind sehr gütig. Dies Ragout ist sehr gut.
Shall I help you to some of this endive? It is very good.	Soll ich Ihnen von diesen Endivien etwas zukommen lassen? Sie sind sehr gut.
Not any, I thank you. What is there in that other dish near you?	Ich danke. Was enthält die andere Schüssel neben Ihnen?
They are haricots. Will you have some?	Es sind weisse Bohnen. Wünschen Sie davon?
No, I thank you. I will eat a mutton-cutlet.	Nein, ich danke Ihnen. Ich will ein Hammelcotelett essen.
Will you take a pigeon or a quail?	Wünschen Sie eine Taube oder eine Wachtel?
Neither, thank you. Give me some of that partridge, if you please.	Ich danke für beide. Haben Sie aber die Güte, mir etwas von dem Feldhuhn zu geben.
Taste this pie, Sir.	Kosten Sie von dieser Pastete.
With pleasure. Some more crust, if you please.	Mit Vergnügen. Etwas mehr Kruste, wenn ich bitten darf.
Who will take some hare? Here is some of the back.	Wer befiehlt Hasen? Hier ist vom Rückenstücke.
What is there in that dish at the other end of the table?	Was ist das in der Schüssel am andern Ende der Tafel?

255

Le souper.	La cena.
Donnez-moi à boire.	Datemi da bere.
Quel vin demandez-vous?	Che vino comanda?
Donnez-nous une bouteille de Bourgogne. Mon voisin et moi nous en viendrons bien à bout; ce ne sera pas trop. Donnez-moi une assiette. Madame, voulez-vous de ce ragoût?	Dateci una bottiglia di vino di Borgogna. Io ed il mio vicino la beremo sicuro; non sarà troppo. Datemi un tondo. Vuole di quest' intingolo, signora?
Voulez-vous de la sauce?	Vuole dell' umido?
Tant soit peu, monsieur; vous êtes bien honnête. Il est fort bon, ce ragoût.	Un tantino, signore; ella è molto cortese. Egli è ottimo quest' intingolo.
Vous servirai-je de la chicorée? Elle est fort bonne.	Posso servirle un poco di questa indivia? È buonissima.
Je vous remercie. Qu'est-ce qu'il y a dans cet autre plat, près de vous?	Mille grazie. Che cosa c'è in codesto altro piatto vicino a lei?
Ce sont des haricots. En voulez-vous?	Sono fagiuoli. Ne vuol ella?
Non, monsieur, je vous remercie. Je mangerai une côtelette de mouton.	No, signore; la ringrazio. Voglio mangiare una costerella di castrato.
Voulez-vous, monsieur, un pigeonneau ou une caille?	Vuole un piccioncino, oppure una quaglia?
Je vous remercie. Donnez-moi, s'il vous plaît, un peu de cette perdrix.	Grazie. Favorisca di darmi un poco di codesta pernice.
Goûtez de ce pâté, monsieur.	Assaggi di questo pasticcio.
Avec plaisir. Encore un peu de croûte, s'il vous plaît.	Con piacere. Ancora un po' di crosta, la prego.
Qui est-ce qui demande du lièvre? Voici du râble.	Chi dimanda del lepre? Ecco del lombo.
Qu'est-ce qu'il y a dans ce plat à l'autre bout de la table?	Che cosa c'è in quel piatto all' altro capo della mensa?

256

Supper.	Das Abendessen.
It must be roast beef.	Es muss Ochsenbraten sein.
Will you take some spinage?	Wünschen Sie etwas Spinat?
I have no more appetite.	Ich habe keinen Appetit mehr.
Waiter, give me oil, vinegar, salt, and pepper to dress this salad.	Kellner, geben Sie mir Oel, Essig, Salz und Pfeffer, um diesen Salat anzumachen.
You must bring us also two bottles of Bordeaux, and a bottle of sparkling Champagne.	Bringen Sie uns auch zwei Flaschen Bordeaux, und eine Flasche moussirenden Champagner.
Pray, Sir, what is there in that flask covered with straw before you?	Was ist in der mit Stroh umflochtenen Flasche vor Ihnen?
It is a liqueur; it is maraschino.	Es ist Liqueur; es ist Maraschino.
Excuse me for tasting it before you.	Entschuldigen Sie, dass ich davon vor Ihnen koste.
Never mind that.	Lassen Sie sich nicht stören.
Waiter, go and fetch a corkcrew, and draw this bottle of Champagne.	Kellner, holen Sie einen Pfropfenzieher und öffnen Sie diese Flasche Champagner.
Drink it quick, for it is very much up.	Trinken Sie schnell, er schäumt sehr.
Take it, I beg you. I have just been drinking a glass of Bordeaux, it is excellent.	Ich bitte, nehmen Sie. Ich habe eben ein Glas Bordeaux getrunken; er ist vortrefflich.
Quick, quick, pass it to your neighbour on your right.	Schnell, schnell, geben Sie es Ihrem Nachbar zur Rechten.
John, place that dish near me, that I may carve the fowl.	Johann, setzen Sie jene Schüssel vor mich, damit ich das Huhn zerlegen kann.
It looks well; it is very tender; but it is a little too fat.	Es sieht gut aus; es ist sehr zart; es ist aber etwas zu fett.

257

Le souper.	La cena.
C'est sans doute du boeuf rôti.	Sarà bue arrosto.
Souhaitez-vous des épinards?	Vuole un poco di spinaci?
Je n'ai plus faim.	Non ho più fame.
Garçon, donnez-moi l'huile, le vinaigre, le sel, et le poivre pour assaisonner cette salade.	Cameriere, datemi l'olio, l'aceto, il sale, e il pepe, per condire l'insalata.
Vous nous donnerez aussi deux bouteilles de Bordeaux et une bouteille de Champagne mousseux.	Ci darete anco due bottiglie di vino di Bordò, ed una bottiglia di vino di Sciampagna spumeggiante.
Qu'y a-t-il dans cette bouteille empaillée qui est devant vous, monsieur?	Che cosa c'è in codesto fiasco innanzi a lei, signore?
C'est de la liqueur; c'est du marasquin.	È rosolio; è maraschino.
Excusez si je le goûte avant vous.	Scusi se lo assaggio prima di lei.
Faites toujours.	Faccia pure.
Garçon, allez chercher un tire-bouchon, et débouchez cette bouteille de Champagne.	Cameriere, andate a prendere un tiraturacciolo, e sturate questa bottiglia di vino di Sciampagna.
Buvez vite, il est bien pétillant.	Signore, lo beva subito; egli è zampillante assai.
Pour vous, madame. Je viens de boire un verre de Bordeaux; il est excellent.	Per se stessa, signora. Io ho bevuto ora un bicchiere di Bordò; ch' è delizioso.
Vite, vite, passez-le à votre voisin de droite.	Presto, presto, lo passi al suo vicino a destra.
Jean, approchez-moi ce plat, que je découpe cette poularde.	Giovanni, accostatemi quel piatto, ch' io trinci quella pollastra.
Elle a bonne mine: elle est bien tendre; mais elle est un peu trop grasse.	Ella ha bel colore: è molto tenera; ma è un po' troppo grassa.

17

258

Supper.	Das Abendessen.
Do you prefer a leg or a wing?	Ziehen Sie einen Flügel oder einen Schenkel vor?
It is the same to me.	Es ist mir ganz gleich.
Give me a part of the wing.	Geben Sie mir ein kleines Stückchen vom Flügel.
And you, Sir, what will you take?	Und Sie, mein Herr, was wünschen Sie?
Give me half of the back. I will squeeze a little lemon-juice on it. Give me some wine and some bread.	Geben Sie mir die Hälfte vom Hintertheile. Ich will etwas Citronensaft darauf träufeln. Geben Sie mir etwas Wein und etwas Brod.
Take some salad; it is very good, and the oil is excellent.	Nehmen Sie etwas Salat; er ist sehr gut, und das Oel ist vortrefflich.
No, thank you, I never eat it. I would rather have the half of a pigeon.	Ich danke Ihnen; ich esse nie davon. Geben Sie mir lieber eine halbe Taube.
I will give you a whole one, hold your plate; you can eat it all.	Ich werde Ihnen eine ganze geben; reichen Sie mir Ihren Teller; Sie werden sie schon verzehren.
What will you eat, Sir?	Was essen Sie, Herr N.?
You are very kind, nothing at present.	Sie sind sehr gütig; für den Augenblick danke ich für Alles.
John, snuff the candles, and give me the oil. What is that you are bringing?	Johann, putzen Sie die Lichter, und geben Sie mir das Oel. Was bringen Sie da?
A pike, which was swimming in the river five hours ago.	Einen Hecht, der vor fünf Stunden noch im Flusse schwamm.
It is not badly dressed.	Er ist nicht übel zubereitet.
It is very fresh.	Er ist ganz frisch.
You like fish, Sir?	Lieben Sie Fisch, Herr N.?
Yes, very much.	Ja wohl, sehr.

259

Le souper.	La cena.
Madame, aimez-vous mieux l'aile ou la cuisse?	Signora, le piace più l'ala o la coscia?
Cela m'est égal.	Per me è lo stesso.
Donnez-moi un petit morceau de l'aile.	Mi dia un tantino dell' ala.
Et vous, monsieur, que souhaitez-vous?	Ed ella, signore, che brama?
Donnez-moi la moitié du croupion. Je l'arroserai avec un peu de jus de citron. Donnez-moi à boire et du pain.	Favorisca di darmi la metà del groppone. Lo bagnerò con sugo di limone. Datemi da bere e del pane.
Monsieur, prenez de la salade; elle est bien bonne, et l'huile est excellente.	Signore, pigli dell' insalata; è molto buona, e l'olio è delicato.
Non, madame, je vous remercie; je n'en mange jamais. Donnez-moi plutôt la moitié d'un pigeon.	No, signora, la ringrazio; non ne mangio mai. Mi dia piuttosto la metà d'un piccione.
Je vous en donnerai un entier; tendez votre assiette; vous le mangerez bien.	Gliene darò un intero; porga il tondo; ella lo mangerà bene.
Monsieur, que mangerez-vous?	Signore, che cosa vuol mangiare?
Vous êtes bien bonne, madame; rien pour le moment.	Ella è molto cortese, signora; niente per adesso.
Jean, mouchez les chandelles, et donnez-moi l'huilier. Qu'est-ce que vous apportez?	Giovanni, smoccolate le candele, e date quà l'utello. Che cosa portate?
Un brochet qui nageait encore dans la rivière il y a cinq heures.	Un luccio, che guizzava cinque ore fa nel fiume.
Il n'est pas mal assaisonné.	Non è mal condito.
Il est bien frais.	Egli è molto fresco.
Monsieur, vous aimez le poisson?	Signore, le piace il pesce?
Oui, madame, beaucoup.	Sì, signora, moltissimo.

17*

260

Supper.	Das Abendessen.
Allow me to have the honour of helping you.	Erlauben Sie, dass ich mir die Ehre gebe, Ihnen vorzulegen.
And you, Mr. N., will you taste it?	Und Sie, Herr N., wollen Sie auch davon versuchen?
No, I thank you; I have eaten enough; I have no more appetite.	Nein, ich danke, ich habe genug gegessen; ich habe keinen Hunger mehr.
Will nobody eat anything more?	Befiehlt Niemand mehr zu essen?
Take away, and give us the dessert.	Nehmen Sie ab, und geben Sie uns das Dessert.
What! grapes already? They cannot be ripe. They are quite green.	Wie! schon Trauben? Sie können noch nicht reif sein. Sie sind noch ganz grün.
Mrs. N., taste this apricot-jam; it is very good.	Versuchen Sie diese eingemachten Aprikosen, Frau N., sie sind sehr gut.
No; I will eat a peach, if they are ripe.	Nein; ich werde eine Pfirsiche essen, wenn sie reif sind.
They are excellent; they are sweet and juicy.	Sie sind ausgezeichnet; sie sind weich und saftig.
Will you have nothing more, gentlemen?	Befehlen Sie nichts mehr, meine Herren?
Have you made a good supper?	Haben Sie gut zu Nacht gegessen?
Yes, yes; we are perfectly satisfied.	Ja, ja; wir sind vollkommen befriedigt.
You came rather late, gentlemen. I beg you to excuse me; if I had had a little more time, I should have served you better.	Sie sind etwas spät gekommen, meine Herren. Ich bitte Sie, mich zu entschuldigen; wenn ich etwas mehr Zeit gehabt hätte, würde ich Sie besser bedient haben.
You have served us very well.	Sie haben uns sehr gut bedient.
Gentlemen, I wish you a very good night.	Meine Herren, ich wünsche Ihnen eine gute Nacht.
Good night, landlord.	Gute Nacht, Herr Wirth.

261

Le souper.	La cena.
Permettez que j'aie l'honneur de vous servir.	Permetta che abbia l'onore di servirla.
Et vous, monsieur, en voulez-vous goûter?	Ed ella, signore, ne vuol gustare?
Je vous remercie; j'ai mangé suffisamment; je n'ai plus faim.	No, mille grazie; ho mangiato abbastanza; non ho più fame.
Personne ne mange plus?	Nessuno mangia più?
Desservez, et donnez-nous le dessert.	Levate i piatti, e dateci le frutta.
Comment! déjà du raisin? Il ne doit pas être mûr. Il est encore tout vert.	Come! già dell' uva? Non dev' essere matura. È ancora verde.
Goûtez, madame, de cette marmelade d'abricots; elle est très bonne.	Gusti, signora, di queste conserve d'albicocche; sono buonissime.
Non; je mangerai une pêche, si elles sont mûres.	No; mangerò una pesca, se sono mature.
Elles sont exquises; elles sont douces et juteuses.	Sono squisite; sono dolci, ed hanno molto sugo.
Ne voulez-vous plus rien, messieurs?	Non comandano più niente, signori?
Avez-vous bien soupé?	Hanno cenato bene?
Oui, oui; nous sommes pleinement satisfaits.	Sì, sì; siamo pienamente soddisfatti.
Vous êtes arrivés un peu tard, messieurs. Je vous prie de m'excuser; si j'avais eu un peu plus de temps, je vous aurais mieux servi.	Essi sono arrivati un poco tardi. Compatiranno, se la scarsità del tempo non mi ha permesso di servirle meglio.
Vous nous avez très bien servi.	Ci avete servito benissimo.
Messieurs, je vous souhaite une bonne nuit.	Felicissima notte a loro signori.
Bon soir, monsieur notre hôte.	Buona sera, signor oste.

The master, before getting up.	Der Herr vor dem Aufstehen.
Let us play a game at piquet, that we may not go to bed with a full stomach.	Lassen Sie uns eine Partie Piquet machen, um nicht mit vollem Magen zu Bette zu gehen.
Waiter, bring cards.	Kellner, bringen Sie Karten.
For my part, I shall go to bed. I wish you much pleasure.	Was mich betrifft, so werde ich zu Bette gehen. Ich wünsche viel Vergnügen.
I wish you good night. I hope you will sleep well.	Ich wünsche Ihnen gute Nacht. Ich hoffe, Sie werden gut schlafen.
We shall see you again tomorrow before we set off.	Wir werden Sie morgen früh vor der Abreise wieder sehen.

The master, before getting up.	Der Herr vor dem Aufstehen.
(see p. 180.)	(siehe S. 180.)
Peter, what o'clock is it?	Peter, wie viel Uhr ist es?
It is past eight, Sir.	Es ist acht vorbei, Herr.
What! eight? why do you come to my room so late?	Wie! acht? Warum kommen Sie so spät in mein Zimmer?
You told me last night not to come before nine.	Sie sagten mir gestern Abend, ich solle nicht vor neun Uhr kommen.
Yes, it is true; now I recollect. It was very late when I went to bed.	Ja, das ist wahr, jetzt erinnere ich mich. Es war sehr spät, als ich zu Bette ging.
Will you get up now, Sir?	Wollen Sie jetzt aufstehen, Herr?
Yes; draw back the curtains, make a fire, and warm some water for me to wash with.	Ja, ziehen Sie die Vorhänge zurück, machen Sie Feuer und wärmen Sie Wasser zum Waschen.
Will you shave to-day, Sir?	Wollen Sie sich heute rasiren, Herr?
No, I shaved yesterday, and	Nein, ich habe mich gestern

263

Le maître avant de se lever.	Il padrone prima di levarsi.
Jouons une partie de piquet, pour ne pas nous coucher l'estomac plein.	Giuochiamo una partita di picchetto, per non metterci in letto collo stomaco pieno.
Garçon, donnez-nous un jeu de cartes.	Cameriere, portateci un mazzo di carte.
Pour moi, je vais me coucher. Je vous souhaite bien du plaisir.	Io per me, me ne vo a dormire. Stiano allegri.
Je vous souhaite une bonne nuit. Reposez-vous bien.	Vi auguro una buona notte. Riposate bene.
Nous vous reverrons demain avant de partir.	Ci vedremo dimani prima di partire.

Le maître avant de se lever.	Il padrone prima di levarsi.
(voyez p. 181.)	(vedi p. 181.)
Pierre, quelle heure est-il?	Pietro, che ora è?
Monsieur, il est huit heures passé.	Sono le otto passate, Signore.
Comment, huit heures! pourquoi entrez-vous si tard dans ma chambre?	Come, le otto! perchè siete entrato così tardi nella mia stanza?
Vous m'avez dit, hier au soir, de ne pas entrer avant neuf heures.	Ella mi disse, jeri sera, di non entrare prima delle nove.
Oui, c'est vrai, à présent je m'en souviens. Il était bien tard quand je me suis couché.	Si, è vero; ora mene ricordo. Quando mi sono coricato, era molto tardi.
Monsieur, allez-vous vous lever à présent?	Signore, vuol' ella levarsi adesso?
Oui; tirez les rideaux, faites du feu, et faites chauffer de l'eau pour me laver.	Si; tirate le cortine, fate del fuoco e fate scaldare dell' acqua da lavarmi.
Monsieur se fait-il la barbe aujourd'hui?	Si fa la barba oggi?
Non; je me suis rasé hier,	No, mela sono fatta jeri, e

264

The master, before getting up.	Der Herr vor dem Aufstehen.
shall not shave again till to-morrow. You know I generally shave only every other day.	rasirt, und werde mich morgen erst wieder rasiren. Sie wissen, dass ich mich gewöhnlich einen Tag um den andern rasire.
What coat will you put on to-day?	Welchen Rock wollen Sie heute anziehen?
The one I had on the day before yesterday; but you must brush it well.	Den, welchen ich vorgestern anhatte; Sie müssen ihn ordentlich ausbürsten.
Will you have boots or shoes?	Wollen Sie Stiefel oder Schuhe?
What kind of weather is it?	Wie ist das Wetter?
Bad weather, Sir; it rains.	Es ist schlechtes Wetter, Herr; es regnet.
Then give me my boots, as the streets must be dirty.	Dann geben Sie mir meine Stiefel, da die Strassen schmutzig sein werden.
Will you have your dressing gown?	Wollen Sie Ihren Schlafrock?
Yes, give it me, and my drawers and stockings.	Ja, geben Sie ihn her, und auch meine Unterhosen und Strümpfe.
What stockings would you like? silk or cotton?	Was für Strümpfe befehlen Sie? seidene oder baumwollene?
You must give me cotton-stockings to wear with my boots, and kerseymere trowsers.	Sie müssen mir baumwollene Strümpfe geben, um sie in den Stiefeln zu tragen, und Kasimirhosen.
Will you have a clean shirt?	Wollen Sie ein reines Hemd?
Certainly, and a clean neckcloth too.	Gewiss, und auch ein reines Halstuch.
Where are my slippers?	Wo sind meine Pantoffeln?
They are near your bed.	Sie stehen bei ihrem Bette.
Now I think of it, did you take the letter I gave you to Mrs. N. yesterday evening?	Da fällt mir ein: haben Sie den Brief, den ich Ihnen gestern Abend gab, zu Frau N. gebracht?

265

Le maître avant de se lever.	Il padrone prima di levarsi.
et je ne me raserai que demain. Vous savez que je ne me rase ordinairement que tous les deux jours.	non mela farò che dimani. Sapete che solitamente non mi fo la barba se non un giorno sì e l'altro no.
Quel habit mettrez-vous aujourd'hui?	Che abito metterà oggi?
Celui que j'avais avant-hier; mais il faut bien le brosser.	Quello che aveva jeri l'altro; ma bisogna spazzolarlo bene.
Mettrez-vous des bottes ou des souliers?	Si mette gli stivali o le scarpe?
Quel temps fait-il?	Che tempo fa?
Il fait mauvais temps, monsieur; il pleut.	Fa cattivo tempo, signore; piove.
Alors donnez-moi mes bottes; les rues doivent être sales.	Allora datemi gli stivali, perchè saranno sporche le strade.
Voulez-vous votre robe de chambre?	Vuole la veste da camera?
Oui, donnez-la moi, et donnez-moi aussi mes caleçons et mes bas.	Sì, datemela, e datemi ancora le mutande, e le calze.
Quels bas souhaitez-vous? voulez-vous des bas de soie ou des bas de coton?	Che calze desidera avere? vuole delle calzette di seta oppure delle calze di cotone?
Donnez-moi des bas de coton pour mettre dans mes bottes, et un pantalon de casimir.	Mi darete delle calze di bambagia per mettere cogli stivali, ed un pajo di pantaloni di casimiro.
Voulez-vous une chemise blanche?	Vuol' ella una camicia di bucato?
Oui, sans doute; et vous me donnerez aussi une cravate blanche.	Sì, certo; e mi darete anche una cravatta netta.
Où sont mes pantoufles?	Dove sono le mie pianelle?
Elles sont près de votre lit.	Sono vicine al letto.
A propos! avez-vous porté à madame N. la lettre que je vous ai donnée hier au soir?	Ora che mi ricordo! avete portato alla signora N. quella lettera che vi diedi jeri sera?

With a washerwoman.	Mit einer Wäscherin.
Yes, Sir. To whom did you give it? To her maid, who told me to come for an answer before twelve.	Ja wohl. Wem gaben Sie ihn? Ihrer Kammerjungfer, die mir sagte, ich möge vor zwölf die Antwort abholen.
Very good. Has the washerwoman brought my linen? No, Sir, not yet; but she will bring it to-day.	Das ist ganz gut. Hat die Wäscherin meine Wäsche gebracht? Nein, Herr, noch nicht, sie wird sie aber heute bringen.

With a washerwoman.	Mit einer Wäscherin.
Washing - Bill.	*Waschzettel.*
Shirts. Shifts. Night-shirts or shifts. Collars. Cravats. Waistcoats. Flannel-waistcoats. Stockings. Silk stockings. Socks. Pockethandkerchiefs. Silk-pockethandkerchiefs. Drawers. Trowsers. Dressing gown. Gloves. Caps. Night-caps. Gown. Petticoat. Flannel-petticoats. Towels. Cuffs.	Mannshemden. Frauenhemden. Nachthemden. Kragen. Halsbinden. Westen. Flanell-Unterwesten. Strümpfe. Seidene Strümpfe. Socken. Taschentücher. Seidene Schnupftücher. Unterhosen. Hosen. Morgenrock. Handschuhe. Hauben. Nachtmützen. Rock. Unterrock. Wollene Unterröcke. Handtücher. Manschetten.

267

Pour parler à la blanchisseuse.	Per parlare colla lavandaja.
Oui, monsieur.	Sì, signore.
A qui l'avez-vous remise?	A chi l'avete consegnata?
A sa femme de chambre qui m'a dit de venir chercher la réponse avant midi.	Alla di lei cameriera, la quale mi ha detto di andare per la risposta prima di mezzo giorno.
C'est très bien.	Non occorr' altro.
La blanchisseuse a-t-elle apporté mon linge?	Ha portato la lavandaja la mia biancheria?
Non, monsieur, pas encore; mais elle doit l'apporter aujourd'hui.	No, signore, non ancora; ella deve portarla oggi.

Pour parler à la blanchisseuse.	Per parlare colla lavandaja.
Note de linge à blanchir.	*Nota de' pannilini da imbianchire.*
Chemises d'homme.	Camicie da uomo.
Chemises de femme.	Camicie da donna.
Chemises de nuit.	Camicie da notte.
Cols.	Collari, collarini.
Cravates.	Cravatte.
Gilets.	Camiciole, corpetti.
Gilets de flanelle.	Sottocorpetti di flanella.
Bas.	Calzette.
Bas de soie.	Calzette di seta.
Chaussettes.	Scappini.
Mouchoirs de poche.	Fazzoletti da naso.
Foulards.	Fazzoletti da naso di seta.
Caleçons.	Mutande.
Pantalons.	Pantaloni.
Peignoir.	Accapatojo.
Gants.	Guanti.
Bonnets.	Berrette.
Bonnets de nuit.	Berrette da notte.
Robe	Gonnella.
Jupon.	Sottana, sottoveste.
Jupons de laine.	Sottane di lana.
Essuie-mains.	Asciugamani.
Manchettes.	Manichini.

268

With a washerwoman.	Mit einer Wäscherin.
Sleeves.	Aermel.
Clothes-bag.	Reisesack.
Stays.	Schnürleiber.
Shawl.	Shawl.
Aprons.	Schürzen.
Veil.	Schleier.
Laces.	Spitzen.

Are you the laundress of the house?	Sind Sie die Wäscherin des Hauses?
Please to return this linen on Thursday evening without fail at 7 o'clock punctually, as I start immediately after.	Bringen Sie mir diese Wäsche jedenfalls am Donnerstag Abend um 7 Uhr pünktlich zurück, weil ich gleich darauf abreise.
Shall I count the things over to you?	Soll ich Ihnen die Wäsche vorzählen?
You must also get my stockings mended.	Sie müssen auch meine Strümpfe stopfen.
Well, you have come at last! You were to have brought me my linen three days ago.	So, da kommen Sie endlich! Sie hätten mir meine Wäsche schon vor drei Tagen bringen sollen.
You are never punctual, and have always very bad excuses to give. Let me see if my linen is white.	Sie sind nie pünktlich und haben stets sehr schlechte Entschuldigungen. Lassen Sie mich sehen, ob meine Wäsche weiss ist.
Look at it, it is very white, and well ironed.	Betrachten Sie sie, sie ist sehr weiss und gut gebügelt.
No; the shirts are too blue, and are not well enough ironed. They should be as white as snow, and the plaits much finer.	Nein; die Hemden sind zu blau und nicht gut genug gebügelt. Sie sollten so weiss wie Schnee sein, und viel zierlicher gefältelt.
I beg you not to boil my linen too much, and especially not to leave it too	Ich bitte Sie, meine Wäsche nicht zu sehr zu brühen, und besonders sie nicht

269

Pour parler à la blanchisseuse.	Per parlare colla lavandaja.
Manches.	Manichi.
Sac de nuit.	Sacco per abiti.
Corsets.	Busti.
Châle.	Sciallo.
Tabliers.	Grembiali.
Voile.	Velo.
Dentelles.	Merletti.

Etes-vous la blanchisseuse de la maison?

Rapportez-moi ce linge en tout cas pour jeudi soir à 7 heures précises, parce que je pars aussitôt après.

Faut-il vous le compter?

Il faudra aussi raccommoder mes bas.

Voilà enfin que vous arrivez! Vous deviez m'apporter mon linge il y a trois jours.

Vous n'êtes jamais exacte; et vous avez toujours de très mauvaises excuses. Voyons, si mon linge est blanc.

Voyez, monsieur, votre linge est très blanc et bien repassé.

Non; mes chemises sont trop bleues, et elles ne sont pas assez bien repassées. Je les veux d'un blanc de neige, et plus soigneusement plissées.

Je vous prie de ne pas faire trop bouillir mon linge, surtout de ne pas le lais-

Siete voi la lavandaja di casa?

Siate puntuale nel riportarmi la biancheria giovedì sera alle ore 7, poichè parto subito dopo.

Debbo contarvi la biancheria?

Bisognerà anche racconciarmi le calzette.

Finalmente siete venuta! Dovevate recarmi la mia biancheria tre giorni fa.

Voi non siete mai puntuale; e sempre allegate delle pessime scuse. Vediamo, se sono bianchi i miei pannilini.

Osservi, signore, tutta la sua biancheria è bianchissima, e bene stirata.

No; le camice sono troppo turchine, e non sono stirate bene abbastanza. Voglio che sieno (bianche) come la neve, e le pieghe più minute.

Vi prego di non far bollire lungamente i miei pannilini, principalmente di non

270

The shoemaker.	Der Schuhmacher.

long wet, before it is iron-
ed, as that ruins it; and
to be more punctual in
bringing it home.

I will do all I can, Sir, to
make you satiesfied with
me. Do you give out your
dirty linen to-day?

No, come and fetch it to-
morrow, and at the same
time bring your bill, and
I will pay it.

The shoemaker.	Der Schuhmacher.

See who is there; I think
somebody is knocking.
It is your shoemaker.

Let him come in.

Sir, I am come to receive
your orders.

I have neither shoes, nor
boots left. You must take
my measure, for the last
boots you made me were
too tight and hurt me.

Very well, Sir, I shall make
them easier.

You must take my measure,
and make me four pair
of pumps, and two pair

---

zu lange feucht stehen zu
lassen, bevor sie gebügelt
wird, denn das verdirbt
sie; dann aber wollen Sie
auch pünktlicher in der
Ablieferung sein.

Ich werde thun, was ich
kann, um Sie zufrieden zu
stellen. Geben Sie heute
Ihre schmutzige Wäsche
heraus?

Nein, kommen Sie morgen
und suchen Sie sie aus,
und bringen Sie zugleich
Ihre Rechnung mit; ich
werde sie bezahlen.

Sehen Sie, wer da ist; ich
glaube, es klopft Jemand.
Es ist Ihr Schuhmacher.

Lassen Sie ihn hereinkom-
men.

Mein Herr, ich bin gekom-
men, Ihre Befehle zu ho-
len.

Ich habe weder Schuhe noch
Stiefel mehr. Sie müssen
mir Maass nehmen, denn
die letzten Stiefel, die Sie
mir gemacht haben, wa-
ren zu eng und drückten
mich.

Sehr wohl, mein Herr, ich
werde sie weiter machen.

Nehmen Sie mir Maass und
machen Sie mir vier Paar
Tanzschuhe und zwei Paar

271

Le cordonnier.	Il calzolajo.
ser trop long-temps mouil-lé avant de le repasser, parce que cela l'abime; et puis d'être plus exacte à me le rapporter.	lasciarli troppo a lungo bagnati, prima di stirarli, perchè si guastano; e di essere più puntuale a por-tarmeli.
Je ferai, monsieur, tous mes efforts pour que vous soyez content de moi. Donnez-vous votre linge sale au-jourd'hui?	Farò ogni sforza affinchè vossignoria sia contenta di me. Vuol' ella darmi oggi i panni sporchi?
Non, venez le chercher de-main, vous apporterez en même-temps votre mé-moire, et je vous paierai.	No, verrete a prenderli di-mani, recherete con voi il conto, e vi pagherò.

Le cordonnier.	Il calzolajo.
Voyez qui est-là; il me sem-ble qu'on frappe.	Vedete chi è; mi pare che picchiano.
Monsieur, c'est votre cor-donnier.	Signore, è il suo calzolajo.
Faites-le entrer.	Fatelo entrare.
Monsieur, je viens recevoir vos ordres.	Signore, sono venuto per ri-cevere i suoi comandi.
Je n'ai plus de souliers ni de bottes. Il faut me pren-dre mesure, parce que les dernières bottes que vous m'avez faites étaient trop étroites, et me blessaient.	Non ho più nè scarpe, nè stivali. Bisogna che mi prendiate la misura, per-chè gli ultimi stivali, che mi avete fatti, erano trop-po stretti, e mi facevano male.
Bien volontiers, monsieur; je les ferai un peu plus larges.	Molto volentieri, signore; li farò un poco più larghi.
Vous allez me prendre me-sure, et vous me ferez quatre paires d'escarpins,	Prendetemi la misura, e mi farete quattro paja di scar-pini, e due paja di scarpe.

The Shoemaker.	Der Schuhmacher.
of shoes. I wish the sole of the shoes to be rather thick, the upper-leather fine and of good quality, and take care the seam does not show.	andere Schuhe. Ich wünsche die Sohlen der letzteren etwas dick, das Oberleder fein und von guter Qualität; tragen Sie auch Sorge, dass man die Naht nicht sieht.
Do you wish the pumps to be pointed?	Wünschen Sie die Tanzschuhe spitz?
On the contrary, both pumps and shoes must be square.	Im Gegentheile, sowohl die Tanz- als die andern Schuhe müssen stumpf sein.
And how do you wish the boots to be made?	Und wie wollen Sie die Stiefel gemacht haben?
In the fashion, not with high heels.	Nach der Mode, nicht mit hohen Absätzen.
The last time I took your measure, you told me you wished me to make you a pair of half-boots.	Als ich Ihnen zuletzt das Maass nahm, sagten Sie mir, Sie wünschten ein Paar Halbstiefel.
It is true; I had quite forgotten it. You may make me two pair of half-boots to wear with my pantaloons; but take care they are not too tight upon the instep; let the boots especially be rather easy in that part.	Das ist wahr, ich hatte es ganz vergessen. Machen Sie mir zwei Paar Halbstiefel, um sie zu meinen Pantalons zu tragen; aber sorgen Sie dafür, dass sie nicht zu eng auf dem Fusse sind; halten Sie sie lieber etwas weit an dieser Stelle.
If you wish your boots to fit exactly and not to hurt you, you should have a last of your own.	Wenn Sie wünschen, dass Ihre Stiefel genau passen und nicht drücken, so sollten Sie sich ein Stiefelholz anschaffen.
My boots and shoes must be neither wide nor tight, neither too long nor too short. I wish them to be	Meine Stiefel und Schuhe müssen weder weit noch enge, weder zu lang noch zu kurz sein. Ich wünsche,

273

Le cordonnier.	Il calzolajo.
et deux paires de souliers. Je veux que la semelle des souliers soit un peu épaisse, l'empeigne fine et de bonne qualité, et que l'on n'aperçoive pas la trépointe.	Voglio che la suola delle scarpe sia un poco grossa, il tomajo sottile, e di buona qualità, e che non si veda la centina.
Désirez-vous que les escarpins soient pointus?	Li vuole appuntati gli scarpini?
Au contraire, je veux que les escarpins, aussi bien que les souliers, soient carrés.	Anzi voglio che gli scarpini, come pure le scarpe, sieno spuntati.
Et les bottes, comment monsieur les désire-t-il?	E gli stivali, come li desidera, signore?
A la mode, les talons bas.	Alla moda, non coi tacchi alti.
La dernière fois que je vous ai pris mesure, vous m'avez dit que vous désiriez une paire de bottines.	L'ultima volta quando le presi misura, ella mi disse che bramava, che le facessi un pajo di stivaletti.
Oui, c'est vrai; je l'avais oublié. Vous me ferez deux paires de bottines, pour porter avec mes pantalons; mais ayez soin qu'elles ne soient pas étroites sur le coude-pied, surtout les bottes; je les veux un peu aisées à cet endroit.	Sì, è vero; l'aveva dimenticato. Mi farete due paja di stivaletti per portare coi pantaloni; ma abbiate cura che non sieno troppo stretti sul collo del piede, principalmente gli stivali, li voglio un poco larghi in quella parte.
Si vous voulez être bien chaussé, monsieur, et que la chaussure ne vous blesse pas, il faut que vous ayez un embouchoir.	S'ella vuol' essere calzata bene, e che non le faccia male la calzatura, è necessario ch'ella abbia una forma.
Je veux que mes chaussures soient ni trop larges, ni trop étroites, ni trop longues, ni trop courtes. Je	Voglio che i miei calzamenti sieno nè troppo larghi, nè troppo stretti, nè troppo lunghi, nè troppo corti.

18

274

The tailor.	Der Schneider.
quite easy, so that I may not get corns.	dass sie mir ganz bequem sitzen, damit ich keine Hühneraugen bekomme.
I shall serve you, Sir, as you wish, and hope you will be satisfied.	Ich werde Sie nach Wunsch bedienen, mein Herr, und hoffe, Sie werden mit mir zufrieden sein.

The tailor.	Der Schneider.
Who is knocking? See who it is. Open the door.	Wer klopft? Sehen Sie, wer da ist. Oeffnen Sie die Thür.
It is your tailor. Let him in.	Es ist Ihr Schneider. Lassen Sie ihn herein kommen.
Good morning to you; you have kept me waiting long enough. I beg a thousand pardons; but your clothes were not finished.	Guten Morgen; Sie haben lange auf sich warten lassen. Ich bitte tausendmal um Verzeihung; aber ihre Kleidungsstücke waren noch nicht fertig.
Well: I will first try on my nankeen pantaloons, and afterwards my trowsers and coat. But where are my waistcoats?	Lassen Sie sehen: ich will zuerst meine Nankinghosen anprobiren, dann meine anderen Hosen und meinen Rock. Aber wo sind meine Westen?
They are not yet finished. You shall have them tomorrow without fail. These pantaloons are too tight and too short. They are not worn now so wide and so long, as they were a fortnight ago.	Sie sind noch nicht fertig. Morgen werden Sie sie aber unfehlbar bekommen. Diese Hosen sind zu eng und zu kurz. Sie werden jetzt nicht mehr so weit und lang getragen, wie vor vierzehn Tagen.
Is the fashion changed already?	Die Mode hat also schon gewechselt?

275

Le tailleur.	Il sarto.
veux être chaussé à mon aise, pour ne pas avoir de cors. Je vous servirai comme vous le désirez, monsieur, et j'espère que vous serez content.	Voglio essere calzato comodamente. Non voglio calli. La servirò come comanda, signore, e spero che ella sarà contenta.

Le tailleur.	**Il sarto.**
Qui est-là? Voyez qui c'est. Ouvrez la porte. C'est votre tailleur. Faites-le entrer.	Chi è là? Vedete chi è. Aprite la porta. È il sarto. Fatelo entrare.
Bon jour, vous vous êtes fait bien attendre.	Buon giorno, vi siete fatto molto aspettare.
Je vous demande mille pardons; mais vos habits n'étaient pas finis.	Le chiedo mille perdoni; ma non erano forniti i suoi vestiti.
Voyons: je vais d'abord essayer mon pantalon de nankin; après j'essayerai mon autre pantalon et mon habit. Et mes gilets, où sont-ils? Ils ne sont pas encore achevés. Vous les aurez demain sans faute. Ce pantalon est trop étroit et trop court. On ne les porte plus ni si larges ni si longs comme il y a quinze jours.	Vediamo: voglio provare prima di tutto i pantaloni di nanchina, poi proverò gli altri pantaloni ed il vestito. Dove sono i miei farsetti? Non sono terminati ancora. Glieli porterò dimani senza fallo. Questi pantaloni sono troppo stretti e troppo corti. Non si portano più, signore, nè così larghi, nè così lunghi, come si portavano quindici giorni fa.
Est-ce que la mode en est déjà changée?	Come! è già cambiata la moda?

18*

276

The tailor.	Der Schneider.
It changes every week, Sir.	Ja, mein Herr, sie wechselt jede Woche.
Let me now try on the trowsers and the coat.	Lassen Sie mich jetzt die Hosen und den Rock anprobiren.
Your coat is fashionable, both for the material and the colour, and it is very well made.	Ihr Rock ist geschmackvoll, sowohl das Zeug, als die Farbe, und er ist sehr gut gemacht.
Whe shall see. Look, it does not fit at the waist; the lining does not lie smooth, the sleeves are too tight and the pocket-hole is not wide enough.	Das wird sich zeigen. Sehen Sie, er schliesst nicht in der Taille; das Futter ist nicht genug angezogen; die Aermel sind zu eng, und der Taschenschlitz ist nicht gross genug.
Those are slight defects, which can be easily remedied. But the trowsers fit you very well.	Das sind Kleinigkeiten, die leicht geändert werden können. Aber die Hosen sitzen Ihnen sehr gut.
On the contrary, they fit very badly. They are not high enough round the waist: they are tight between the legs, and too wide at the knees.	Im Gegentheile, sie sitzen schlecht. Sie gehen nicht hoch genug hinauf; sie sind zu eng zwischen den Beinen und an den Knien zu weit.
I can remedy that, Sir; I will take them away with me, and bring you back everything to-morrow with your waistcoats.	Dem kann leicht abgeholfen werden, mein Herr; ich werde sie wieder mitnehmen, und Morgen Alles mit Ihren Westen zurückbringen.
Very well; but mind you do not fail. At the same time you may bring me your bill.	Ganz wohl; halten Sie aber Wort. Bringen Sie mir zugleich auch die Rechnung mit.

277

Le tailleur.	Il sarto.
Monsieur, elle change toutes les semaines. Essayons maintenant le pantalon et l'habit.	Signore, ella cambia tutte le settimane. Ora proviamo i pantaloni ed il vestito.
Votre habit est de bon goût, autant pour l'étoffe que pour la couleur, et il est très bien fait. Nous verrons. Mais voyez, il n'est pas juste à la taille; la doublure n'est pas assez tendue, les manches sont trop étroites, et l'ouverture des poches n'est pas assez large. Ce sont des bagatelles faciles à corriger. Mais le pantalon vous va très bien.	Il suo abito è di buon gusto, tanto per la stoffa quanto pel colore, ed è fatto a maraviglia bene. Ora lo vedremo. Osservate, non è giusto alla vita; la fodera non è ben tirata; le maniche sono troppo strette, e le tasche non sono larghe abbastanza nell' entrata. Questi piccoli difetti si possono correggere facilmente. Ma i pantaloni le stanno benissimo.
Au contraire, il me va bien mal. Il n'est pas assez haut de la ceinture; il est étroit entre les jambes, et trop large sur le genou.	Anzi, mi vanno malamente. La cintura non è alta abbastanza; sono stretti di cavallo, e troppo larghi sul ginocchio.
Je puis y remédier facilement, monsieur; je m'en vais les emporter, et je vous rapporterai le tout demain avec vos gilets.	Posso rimediarci facilmente, Signore; li porterò a casa, e le recherò ogni cosa dimani insieme coi farsetti.
C'est bon; mais n'y manquez pas. Vous m'apporterez en même temps le mémoire.	Benissimo; ma non mancate. Al tempo stesso mi recherete il conto.

278

With a woollen-draper.	Mit einem Tuchhändler.
With a woollen-draper. (see p. 200.)	**Mit einem Tuchhändler.** (siehe S. 200.)
I want a coat.	Ich habe einen Rock nöthig.
Of what material will you have it made, Sir?	Von welchem Stoffe wollen Sie ihn, mein Herr?
Of cloth; but I must have a cloth of good quality and durable colour.	Von Tuch: ich muss aber ein Tuch von guter Qualität und einer dauerhaften Farbe haben.
I have German, French, and Belgian cloths of all colours.	Ich habe deutsches, französisches und belgisches Tuch von allen Farben.
Let me see a fine cloth.	Zeigen Sie mir ein feines Tuch.
What colour do you wish? Shall I show you a mixed colour?	Von welcher Farbe wünschen Sie es? Soll ich Ihnen melirtes Tuch zeigen?
No; I prefer blue; it is always fashionable.	Nein, ich ziehe blaues vor; es ist stets modisch.
Here are two pieces; they are both dyed in the wool. I will spread them out.	Hier sind zwei Stücke; sie sind beide in der Wolle gefärbt. Ich will sie Ihnen beide auflegen.
This cloth does not seem to me soft and substantial enough: it is not well finished.	Dieses Tuch scheint mir weder zart noch kernhaft genug; es ist nicht gut geschoren.
You are mistaken, Sir. But look at this other piece, perhaps it will suit you better.	Sie irren sich, mein Herr. Betrachten Sie indess dieses Stück, vielleicht steht es Ihnen mehr an.
It is a superfine cloth, very smooth, and of a very durable colour. Look at the selvage of this cloth.	Es ist ein sehr feines Tuch, sehr zart und von einer dauerhaften Farbe. Betrachten Sie das Sahlband.
How much an ell is it?	Was kostet die Elle?

279

Chez un marchand de drap.	Da un mercante di panno.

Chez un marchand de drap.
(voyez p. 201.)

Monsieur, j'ai besoin de me faire faire un habit.
De quelle étoffe le voulez-vous, monsieur?
De drap; mais je veux un drap de bonne qualité, et d'une couleur solide.

J'ai des draps d'Allemagne, de France et de Belgique de toutes les couleurs.
Faites-moi voir un drap fin.

Quelle couleur souhaitez-vous? Voulez-vous que je vous fasse voir une couleur mélangée?
Non; j'aime mieux le bleu, il est toujours à la mode.
En voici deux pièces: elles sont toutes les deux teintes en laine. Je vais vous les déployer toutes les deux.
Ce drap ne me semble ni assez doux ni assez solide: il n'est pas bien tondu.

C'est une erreur, monsieur. Mais voyez cette autre pièce, peut-être vous conviendra-t-elle davantage.
C'est un drap superfin, bien tondu, et la couleur en est très-solide. Voyez la lisière de ce drap.
Combien le vendez-vous l'aune?

Da un mercante di panno.
(vedi p. 201.)

Signore, vorrei farmi fare un vestito.
Di che robba lo vuole, Signore?
Di panno; ma voglio un panno di buona qualità, e di colore stabile.

Io ho de' panni d'Allemagna, di Francia, di Belgica, di ogni colore.
Fatemi vedere un panno fino.

Che colore comanda? Vuol' ella che le faccia vedere un colore mischio?

No; preferisco il colore turchino; è sempre alla moda.
Eccone due pezze; sono tutte le due tinte in lana. Le spiegherò ambedue.

Questo panno non mi pare ne abbastanza morbido ne abbastanza pastoso: non è cimato bene.

Ella s'inganna, signor mio. Ma veda quell'altra pezza; forse sarà più di suo genio.
È un panno sopraffino, ben cimato, di colore inalterabile. Guardi la cimosa di questo panno.
Quanto lo vendete l'auna?

280

With a woollen-draper.	Mit einem Tuchhändler.
Thirty francs.	Dreissig Franken.
That is a dreadful price; it is exorbitant.	Sie erschrecken mich; das ist ja ein übermässiger Preis.
Sir, it is the lowest price. Believe me, I never over-charge; my profits are regular.	Es ist der äusserste Preis, mein Herr. Sein Sie überzeugt, dass wir nie aufschlagen; unser Gewinn ist fest bestimmt.
Give me an ell and three quarters; that will be enough to make me a coat.	Geben Sie mir zwei Ellen weniger ein Viertel; das wird zu einem Rocke für mich hinreichen.
Here it is, Sir. Shall I have it shrunk (steamed, hot-pressed) for you?	Hier sind sie, mein Herr. Soll ich Ihr Tuch dekatiren lassen?
Yes, do so.	Ja, thun Sie das.
Is there any thing else that you want?	Bedürfen Sie sonst noch etwas?
Not at present. I shall come again in two or three days; for I want a pair of trowsers, and four waistcoats.	Für den Augenblick nichts. Ich werde in zwei oder drei Tagen wiederkommen; denn ich brauche ein Paar Hosen, und vier Westen.
Do you not want some calico to line the back and sleeves of your coat, and for the pockets?	Brauchen Sie kein Futterleinen für den Rücken, die Aermel und die Taschen an Ihrem Rocke?
The tailor will take whatever is necessary, when he comes for the cloth. By the by, I forgot to give you your money: here is fifty-five and a half francs, which is the amount of the cloth.	Mein Schneider wird sich aussuchen, was er nöthig hat, wenn er das Tuch abholt. Unterdessen hätte ich bald vergessen, zu bezahlen: hier sind fünf und fünfzig und ein halber Franken, das wird der Betrag des Tuches sein.

281

Chez un marchand de drap.	Da un mercante di panno.
Trente francs.	Trenta franchi.
Ce prix m'effraie; il est exorbitant.	Questo prezzo mi spaventa; è esorbitante.
Monsieur, c'est le dernier prix. Soyez persuadé que nous ne surfaisons jamais; notre profit est réglé.	Signore, questo è l'ultimo prezzo. Sia persuasa che noi non strafacciamo mai; il nostro guadagno è regolato.
Coupez-en deux aunes moins un quart; cela doit suffire pour me faire un habit.	Tragliatene due braccia meno un quarto; che devono bastare per farmi un vestito.
Les voilà, monsieur. Voulez-vous que je vous fasse décatir votre drap?	Eccole, signore. Vuole che gli faccia levare il lustro?
Oui; faites-le décatir.	Sì; fategli levare il lustro.
Est-ce qu'il ne vous faut plus rien?	Non comanda più nulla, signore?
Non pour le moment. Je repasserai dans deux ou trois jours; car j'ai besoin d'une paire de pantalons, et de quatre gilets.	Per adesso no. Tornerò fra due o tre giorni; perchè ho bisogno di un pajo di pantaloni, e di quattro farsetti.
Est-ce que vous n'avez pas besoin de calicot pour doubler le dos, les manches, et pour les poches de votre habit?	Non ha bisogno di tela di cotone per foderare la schiena, le maniche, e per le tasche del vestito?
Mon tailleur prendra tout ce qui est nécessaire, en venant chercher mon drap. A propos, j'oubliais de vous donner votre argent: voilà cinquante cinq francs et demi qui sont le montant du drap.	Il mio sarto prenderà quanto sarà necessario nel venire a pigliare il panno. Oh! mi era scordato di pagarvi: eccovi cinquanta cinque franchi e mezzo, importo del panno.

With a jeweller.

Mit einem Juwelier.

With a jeweller.	Mit einem Juwelier.
(see p. 200.)	(siehe S. 200.)

Good morning, Mr. Ambrose; how do you do?	Guten Morgen, Herr Ambrosius; wie geht es Ihnen?
Very well, thank God; and you, Sir, how are you? It is a long time since I have had the honour of seeing you. Do you make no further purchases?	Sehr gut, Gott sei Dank; und wie befinden Sie sich? Ich hatte schon sehr lange nicht die Ehre, Sie zu sehen. Kaufen Sie nichts mehr?
I want several trinkets very much; but, at present, I have no money.	Ich brauche verschiedene Schmucksachen; habe aber im Augenblicke kein Geld.
Every thing in my shop is at your service. What would you wish to have?	Mein ganzer Laden steht zu Ihren Diensten. Was wünschen Sie zu haben?
Do you happen to have a ring with a good deal of lustre, and not very dear?	Haben Sie vielleicht einen Ring, der Glanz hat, und nicht zu theuer ist?
Here is a brilliant of six grains and a half, that has a great deal of lustre.	Hier ist ein Brillant von sechs und einem halben Gran, der bedeutend viel Glanz hat.
It is a pity that it has a little colour.	Es ist schade, dass er etwas Farbe hat.
If it had a fine water, it would be worth a hundred louis.	Wenn er von schönem Wasser wäre, würde er hundert Louisd'or werth sein.
I want a diamond that makes a great show, and costs little.	Ich wünsche einen Diamant, der viel Ansehen hat und wenig kostet.
Then this is just the thing for you.	Dann wird dieser gerade für Sie sein.
Tell me the lowest price, and I shall then see if it suits me.	Sagen Sie mir den niedrigsten Preis; ich will dann sehen, ob er mir ansteht.
Twenty louis, and it is very cheap.	Zwanzig Louisd'or, und dann ist er sehr wohlfeil.
It is very dear.	Das ist sehr theuer.

283

Chez un joaillier.	Da un giojelliere.

Chez un joaillier.
(voyez p. 201.)

Da un giojelliere.
(vedi p. 201.)

Bon jour, M. Ambroise; comment vous portez-vous?

Buon giorno, signor Ambrogio; come sta Ella?

Très bien, Dieu merci; et vous, monsieur? Il y a long-temps que je n'ai eu l'honneur de vous voir. Est-ce que vous n'achetez plus rien?

Benissimo, grazie a Dio, ed Ella, come sta? È un gran pezzo che non ho avuto l'onore di vederla. Non compra più nulla?

J'aurais bien besoin de différents bijoux; mais je n'ai pas d'argent pour le moment.

Avrei pur bisogno di varie gioje; ma in questo punto sono senza quattrini.

Tout mon magasin est à votre service. Que désireriez-vous avoir?

Tutto ciò che ho nel mio magazino è a sua disposizione. Che cosa comanda?

Auriez-vous par hasard une bague qui eût de l'éclat, et qui ne fût pas trop chère?

Avrebbe per avventura un anello che facesse spicco e che non fosse troppo caro?

Voilà un brillant de six grains et demi, qui a beaucoup d'éclat.

Ecco un brillante di sei grani e mezzo, che spicca assai.

C'est dommage qu'il ait un peu de couleur.

È peccato che sia un po colorito.

S'il était d'une belle eau, il vaudrait cent louis.

Se fosse cristallino, varrebbe cento doppie.

Je veux un diamant qui ait beaucoup d'apparence, et qui coûte peu.

Voglio un diamante vistoso assai, e di poca spesa.

C'est précisément ce qu'il vous faut.

Questo è per l'appunto ciò che le conviene.

Dites-moi le dernier prix, et je verrai s'il me convient.

Mi dica l'ultimo prezzo, e vedrò se può convenirmi.

Vingt louis, et il est à bien bon marché.

Venti doppie, ed è a buonissimo prezzo.

C'est bien cher.

È carissimo.

284

A lady at her toilet.	Eine Dame bei der Toilette.
My wife wants a gold chain, a pearl necklace, ear-rings, bracelets, and a watch set with diamonds; but she will come and choose them herself.	Meine Frau bedarf eine goldene Kette, eine Perlenschnur, Ohrringe, Armbänder und eine mit Diamanten besetzte Uhr; sie wird indess selbst kommen und sich auswählen.
I will do all I can to suit her taste. In the mean time I beg you to present my respects to her.	Ich werde mich bemühen, sie nach ihrem Geschmacke zu bedienen. Unterdessen bitte ich, mich ihr gehorsamst zu empfehlen.

A lady at her toilet.
(see p. 180.)

Eine Dame bei der Toilette.
(siehe S. 180.)

Clean that looking-glass a little, it is quite dull. I look very ill this morning; I did not sleep well last night.	Putzen Sie den Spiegel, er ist ganz blind. Ich sehe diesen Morgen übel aus; ich habe diese Nacht nicht gut geschlafen.
On the contrary, Madam, your complexion is very good, and your eyes are quite lively.	Im Gegentheile, gnädige Frau, Sie haben eine sehr frische Gesichtsfarbe und lebhafte Augen.
Nothwithstanding I have a very bad headache.	Dessenungeachtet habe ich heftige Kopfschmerzen.
Do you wish me to dress your hair? Shall I curl it?	Soll ich Ihre Haare machen? Soll ich die Locken machen?
Yes; but you must first comb my hair well; it is all entangled.	Ja; aber vorher muss mein Haar gehörig ausgekämmt werden; es ist sehr verwirrt.
Take the open comb first; and then a fine one to clean my hair.	Nehmen Sie zuerst den weiten Kamm und dann den engen, um meinen Kopf zu reinigen.
Do you wish me to put a little pomatum on your hair?	Soll ich etwas Pomade in Ihre Haare einreiben?

285

Une dame à sa toilette.	Una dama all' apparecchiatojo.

Ma femme a besoin d'une chaîne d'or, d'un collier de perles, de boucles d'oreilles, de bracelets et d'une montre garnie de diamants; mais elle viendra les choisir elle-même.

Je m'empresserai de la servir à son goût. En attendant, veuillez bien lui présenter mes respects.

Mia moglie ha bisogno di una catena d'oro, di un vezzo di perle, d'orecchini, di smaniglie, e di un oriuolo tempestato di diamanti; ma verrà a sceglierli essa medesima.

Mi farò premura di servirla a suo genio. Frattanto le faccia i miei saluti.

Une dame à sa toilette.
(voyez p. 181.)

Una dama all' apparecchiatojo.
(vedi p. 181.)

Essuyez un peu ce miroir, il est tout terne. J'ai bien mauvaise mine ce matin; je n'ai pas bien dormi cette nuit.

Au contraire, madame, vous avez le teint frais et les yeux vifs.

Cela ne m'empêche pas d'avoir un grand mal de tête.

Voulez-vous que j'arrange vos cheveux? Voulez-vous que je fasse vos boucles?

Oui; mais il faut d'abord me bien démêler les cheveux; ils sont tout mêlés.

Prenez le démêloir; après vous prendrez un peigne pour me nettoyer la tête.

Voulez-vous que je mette un peu de pommade dans vos cheveux?

Forbite un poco questo specchio, è tutto appannato. Ho cattiva cera stamane; questa notte non ho dormito bene.

Anzi, signora, ella ha la carnagione fresca, e gli occhi vivaci.

Ciò non toglie che non abbia un gran dolor di testa.

Vuole che le acconci la testa? Vuole che le faccia i ricci?

Sì; ma prima bisogna che mi sviluppiate bene i capelli; sono tutti arruffati.

Prendete il pettine raro; poi vi servirete del pettine folto per nettarmi la testa.

Comanda che le metta ne' capelli un po' di manteca?

To pay a visit.	Einen Besuch zu machen.
No. Do not press so hard, you hurt me.	Nein. Drücken Sie nicht so, Sie thun mir weh.
I pressed rather hard to remove the scurf; but you have none, your hair is quite clean.	Ich drückte etwas mehr, um die Unreinigkeit zu entfernen; indess findet sich keine, Ihr Kopf ist ganz rein.
Come, make haste. Plait my hair, and curl it, for I want to go out.	Sputen Sie sich. Machen Sie die Flechten und die Locken; ich muss ausgehen.
Your hair curls very well.	Ihr Haar lockt sich sehr gut.
Put only a few curls on the right: I wish the most of them to be on the left side of my forehead, and to cover the eye a little.	Machen Sie auf der rechten Seite wenig Locken; ich wünsche die meisten auf der linken Seite der Stirn, so dass das Auge etwas davon bedeckt wird.
They are very well so. Put in my comb, and now dress me directly. Take the combing-cloth.	So sind sie ganz gut. Stecken Sie mir den Kamm auf, und ziehen Sie mich nun sogleich an. Nehmen Sie den Pudermantel.

To pay a visit.	Einen Besuch zu machen.
Good morning, Mr. N.; how do you do?	Guten Morgen, Herr N.; wie befinden Sie sich?
Very well, I thank you.	Sehr wohl, Ihnen aufzuwarten.
I am rejoiced to hear it.	Ich bin erfreut, das zu hören.
Pray, be seated.	Ich bitte, setzen Sie sich.
Sit down on the sofa.	Setzen Sie sich auf das Sopha.
And how are you?	Und Sie, wie befinden Sie sich?
Tolerably well. I have been ill for some days past, but I am better to-day.	So ziemlich. Ich bin in den letzten Tagen krank gewesen, befinde mich heute aber besser.
The weather is not good for	Das Wetter ist nicht gut für

287

Pour faire une visite.	Per visitare una persona.
Non. N'appuyez pas si fort, vous me faites mal.	No. Non pigiate tanto, che mi fate male..
J'appuyais un peu pour enlever la poussière; mais vous n'en avez pas; votre tête est très propre.	Pigiava un tantino per toglier via la polvere, ma non cen' è, ha la testa ben netta.
Vite, dépêchez-vous. Nattez mes cheveux, et faites-moi les boucles; car je veux sortir.	Presto, spicciatevi. Intrecciatemi i capelli, e fatemi i ricci; che voglio uscire.
Vos cheveux bouclent très bien, madame.	I suoi capelli arricciano bene assai, signora.
Ne faites que peu de boucles à droite; je veux que la plus grande partie en soit sur la gauche du front, et que l'oeil en soit un peu recouvert.	Fate pochi ricci a destra; voglio che la maggior parte sia sulla sinistra della fronte, e che sia un po' coperto l'occhio.
C'est très bien comme cela. Mettez-moi mon peigne, et vous allez m'habiller tout de suite. Prenez le peignoir.	Va benissimo così. Mettetemi il pettine e subito mi vestirete. Pigliate il pettinadore.

Pour faire une visite.	Per visitare una persona.
Bonjour, monsieur; comment vous portez-vous?	Buon giorno, signore; come sta?
Très bien, je vous remercie.	Benissimo, la ringrazio.
Je m'en réjouis infiniment.	Me ne rallegro infinitamente.
Asseyez-vous, je vous prie.	Favorisca di sedere.
Prenez place sur le sofa.	S'accomodi sul sofà.
Et vous, comment vous portez-vous?	Ed ella, come sela passa?
Tout doucement. J'ai été malade ces jours derniers, mais aujourd'hui je vais mieux.	Così, così. Sono stato ammalato questi giorni passati; oggi però sto un tantino meglio.
Vraiment, la saison n'est pas	A dir il vero la stagione non

To pay a visit.	Einen Besuch zu machen.
delicate people. I have had a cold too for the last week.	schwächliche Leute. Ich habe ebenfalls an einer Erkältung in den letzten acht Tagen gelitten.
That then is the reason, why we had not the pleasure of your company at supper the day before yesterday.	Deshalb hatten wir auch wohl nicht das Vergnügen Ihrer Gesellschaft bei dem vorgestrigen Abendbrode.
I hope you will do me the favour to dine with me.	Ich hoffe, Sie werden mir die Ehre erzeigen, mit mir zu Mittag zu speisen.
I am very much obliged to you for your kindness.	Ich bin Ihnen sehr dankbar für Ihre Güte.
It is impossible for me to have that pleasure.	Es ist mir unmöglich, dieses Vergnügen zu haben.
I am engaged.	Ich bin eingeladen.
I did myself the honour to call on you yesterday.	Ich wollte mir gestern die Ehre geben, Sie zu besuchen.
You had just gone out.	Sie waren gerade ausgegangen.
I have not been told of it.	Man hat mir nichts davon gesagt.
I regret not having been at home.	Ich bedaure, nicht zu Hause gewesen zu sein.
If you have a mind for a chat, sit down. Come near the fire. Give the gentleman a chair.	Wenn Sie Lust haben, mit mir zu plaudern, so setzen Sie sich. Kommen Sie näher zum Feuer. Diesem Herrn einen Stuhl!
No, I thank you, do not trouble yourself. It is late already, and I must be off. I have an engagement at eleven, and it is already half-past ten.	Nein, ich danke, bemühen Sie sich nicht. Es ist schon spät und ich muss mich empfehlen. Ich habe um elf Uhr eine Zusammenkunft, und es ist schon halb elf.
Do me the favour to sit down only for two minutes; you so seldom come to see me. Pray come nearer the	Machen Sie mir das Vergnügen und setzen Sie sich, wenn auch nur auf zwei Minuten; Sie besuchen

289

Pour faire une visite.	Per visitare una persona.
favorable pour les person-nes délicates. J'ai aussi été enrhumé pendant les huit derniers jours.	è favorevole per le persone gracili. Ancor io sono sta-to raffreddato gli ultimi otto giorni.
C'est donc pour cela que nous n'avons pas eu le plaisir de vous avoir à souper avant-hier.	È dunque per questo che non abbiamo avuto il con-tento di averla a cena jeri l'altro.
J'espère que vous me ferez l'honneur de dîner avec moi.	Spero che ella mi farà il fa-vore di pranzar meco.
Je suis bien sensible à votre politesse.	Sono grato alla di lei gen-tilezza.
Il m'est impossible d'avoir ce plaisir.	È impossibile che io abbia questo piacere.
Je suis invité.	Son invitato.
Je me suis présenté hier, pour avoir l'honneur de vous voir.	Sono venuto jeri per farle una visita.
Vous veniez de sortir.	Ella era appena uscita.
On ne m'en a rien dit.	Non mi han detto nulla.
Je regrette beaucoup de ne pas m'être trouvé chez moi.	Mi dispiace moltissimo di non essere stato in casa.
Si vous voulez que nous cau-sions un peu ensemble, asseyez-vous. Mettez-vous près du feu. Donnez une chaise à monsieur!	S'ella vuole che discorriamo un poco insieme, s'acco-modi. Si metta vicino al fuoco. Date una sedia al signore!
Non, je vous prie, ne faites point de façons. Il est déjà tard; il faut que je m'en aille. J'ai un rendez-vous pour onze heures, et il est déjà dix heures et demie.	No, la prego, non faccia ce-rimonie. Egli è già tardi; bisogna che me ne vada. Ho un appuntamento per le undici, e sono già le dieci e mezzo.
Faites-moi le plaisir de vous asseoir pour deux minutes seulement; vous venez chez moi si rarement. Je vous	Mi faccia questa finezza; segga per due minuti sol-tanto: ella mi favorisce così di raro. La prego si

290

To inquire after a person's health and to make the usual compliments.	Erkundigungen nach Jemandes Gesundheit und gewöhnliche Complimente.
fire; I am sure you must be cold.	mich so selten. Bitte, kommen Sie näher zum Feuer; es ist Ihnen gewiss kalt.
No, I am not cold. Though the weather is cloudy, it is very mild. I must go; it is late; good bye. I shall see you again this evening, where we commonly meet.	Nein, es ist mir nicht kalt. Obgleich das Wetter nebelig ist, ist es doch mild. Ich muss gehen, es ist spät; Ihr Diener. Wir werden uns diesen Abend wieder sehen, wo wir uns gewöhnlich treffen.
Yes, I shall go there, especially as I want to speak to Mrs. N. I wish you good morning. Adieu. Give my compliments to your lady.	Ja, ich werde kommen, da ich besonders auch Frau N. sprechen muss. Ich wünsche Ihnen einen guten Morgen. Ihr Diener; meine Empfehlungen an Ihre Frau Gemahlin.
Take care of yourself. We shall meet again this evening.	Schonen Sie sich. Wir werden uns diesen Abend sehen.
To inquire after a person's health and to make the usual compliments.	**Erkundigungen nach Jemandes Gesundheit und gewöhnliche Complimente.**
Good morning, Sir. How do you do? Very well, I thank you. How is your health?	Guten Morgen, Herr N. Wie befinden Sie sich? Sehr wohl, ich danke Ihnen. Wie steht es mit Ihrer Gesundheit?
I shall always be happy to serve you.	Stets zu Ihren Diensten.
I am much obliged to you. I am happy to see you looking so well. Thank heaven, I am perfectly well. I was inquiring after you this morning from Mr. N.	Ich bin Ihnen sehr verbunden. Es freut mich sehr, Sie so wohl aussehend zu finden. Gott sei Dank, ich bin vollkommen wohl. Ich erkundigte mich gerade diesen Morgen bei Herrn N. nach Ihnen.

291

Pour s'informer de la santé de quelqu'un, et faire les compliments d'usage.	Per chiedere dell' altrui salute, e fare i complimenti d'uso.
prie, approchez-vous du feu; je suis sûr que vous avez froid.	avvicini al fuoco, sono certo ch'ella deve aver freddo.
Non, monsieur, je n'ai pas froid. Quoiqu'il fasse du brouillard, il fait cependant bien doux. Votre serviteur, monsieur. Nous nous reverrons ce soir où nous nous rencontrons ordinairement.	No, signore, non ho freddo. Benchè il tempo sia nebbioso, egli fa però molto mite. Me ne vo; perchè è tardi. Umilissimo servitore. Ci rivedremo questa sera dove c'incontriamo solitamente.
Oui, j'irai surtout parce que je dois parler à madame N. J'ai l'honneur de vous souhaiter le bon jour.	Sì, ci verrò, tanto più che ho da parlare alla signora N. Ho l'onore di augurarle il buon giorno.
Votre serviteur, monsieur. Mes compliments à madame votre épouse.	Servo suo divotissimo. Faccia i miei complimenti alla sua signora consorte.
Ménagez-vous.	Si conservi.
Nous nous reverrons ce soir.	A rivederla sta sera.

Pour s'informer de la santé de quelqu'un, et faire les compliments d'usage.	Per chiedere dell' altrui salute, e fare i complimenti d'uso.
Je vous salue, monsieur. Comment vous portez-vous?	La riverisco divotamente. Come sta?
Fort bien, je vous remercie. Comment va la santé?	Benissimo, la ringrazio. Come sta di salute?
Toujours prêt à vous servir.	Sempre a' suoi comandi.
Je vous suis bien obligé.	Grazie alla bontà sua.
Je suis bien aise de vous voir avec cette bonne mine.	Godo di vederla con quella buona cera.
Je me porte à merveille, Dieu merci.	Io sto a meraviglia bene, per grazia di Dio.
Je demandais précisément ce matin de vos nouvelles à monsieur N.	Ho chiesto per l'appunto nuove di lei sta mane al signore N.

19*

292

Engaging a servant.	Mit einem Lohnbedienten, den man in Dienst nehmen will.
I thank you for your kind attention.	Ich danke Ihnen für Ihre gütige Aufmerksamkeit.
How is your lady?	Wie befindet sich Ihre Frau Gemahlin?
She has not been very well for some days.	Sie ist seit einigen Tagen nicht ganz wohl.
I am very sorry to hear it.	Das thut mir sehr leid.
However she is rather better to-day.	Indess befindet sie sich heute besser.
That's right. And how are your children?	Das ist sehr gut. Und wie geht es Ihren Kindern?
I thank you, they are all in perfect health.	Gott sei Dank, sie geniessen einer vortrefflichen Gesundheit.
Have the goodness to present my respects to your mother.	Haben Sie die Güte, mich ihrer Frau Mutter gehorsamst zu empfehlen.
I shall do it with great pleasure.	Es wird mir grosses Vergnügen machen, diesen Auftrag auszurichten.
Good bye; we shall meet again.	Ihr ergebenster Diener; auf Wiedersehn.
I beg you to give my compliments to all at home.	Empfehlen Sie mich, wenn ich bitten darf, Ihrem ganzen Hause.
I shall not fail. Good bye, my dear Sir.	Ich werde nicht ermangeln. Leben Sie wohl, mein theurer Freund.

Engaging a servant.	Mit einem Lohnbedienten, den man in Dienst nehmen will.
Whom did you serve last?	Bei wem standen Sie zuletzt in Dienst?
What is the name of the last master you served?	Wie heisst der Herr, den Sie zuletzt bedienten?
How long did you remain in his service?	Wie lange waren Sie in seinen Diensten?
I served him during the	Ich bediente ihn während

293

Avec un domestique de louage, pour le prendre à son service.	Con un servitore di piazza, per prenderlo a servizio.
Je vous remercie de votre attention.	La ringrazio della sua premura.
Comment se porte madame votre épouse?	Come sta la sua signora consorte?
Depuis quelques jours elle ne se porte pas trop bien.	Da alcuni giorni in quà non si sente troppo bene.
J'en suis bien fâché.	Poverina! me ne dispiace al maggior segno.
Cependant cela va mieux aujourd'hui.	Oggi però sta un poco meglio.
A la bonne heure. Et comment se portent vos enfans?	Manco male. E come stanno i figliuoli?
Grâce à Dieu, ils jouissent tous d'une parfaite santé.	Lode al cielo, godono tutti quanti perfetta salute.
Faites-moi le plaisir de saluer de ma part madame votre mère.	Mi faccia il favore di riverire da parte mia la sua signora madre.
Je m'en acquitterai avec grand plaisir.	Adempirò a' suoi comandi con sommo piacere.
Votre serviteur, monsieur; au revoir.	Servo suo umilissimo; a rivederla.
Je vous prie de faire mes compliments à toute votre chère famille.	La prego de' miei rispetti a tutta la di lei cara famiglia.
Je n'y manquerai pas. Adieu, mon cher ami.	Non mancherò. Addio, amico caro.
Avec un domestique de louage, pour le prendre à son service.	**Con un servitore di piazza, per prenderlo a servizio.**
Chez qui avez-vous servi en dernier lieu?	Chi avete servito ultimamente?
Comment s'appelle le dernier maître que vous avez servi?	Come si chiama l'ultimo padrone che avete servito?
Combien de temps êtes-vous resté à son service?	Quanto tempo siete stato al di lui servizio?
Je l'ai servi pendant les trois	L'ho servito durante i tre

294

Engaging a servant.	Mit einem Lohnbedienten, den man in Dienst nehmen will.
three months he was in this town.	der drei Monate, die er hier zubrachte.
How long have you been in the habit of acting as servant?	Treiben Sie schon lange das Geschäft eines Lohnbedienten?
It is now fifteen years, and I have travelled almost all over Europe.	Es sind jetzt funfzehn Jahre und ich habe schon fast ganz Europa durchreist.
Have you characters from the masters you have served?	Haben Sie Zeugnisse von den Herren, die Sie bedient haben?
Are you given to drinking?	Sind Sie dem Trunke ergeben?
I like a glass of wine very well, but I never get drunk.	Ich liebe wohl ein Glas Wein, betrinke mich aber nie.
How old are you?	Wie alt sind Sie?
I am thirty-five years old, Sir.	Ich bin fünf und dreissig Jahre alt.
Are you married?	Sind Sie verheirathet?
No, Sir; a man who, like me, always keeps moving, should never marry.	Nein; ein Mann wie ich, der keinen festen Wohnsitz hat, sollte nie heirathen.
Can you ride?	Können Sie reiten?
Yes, Sir, nobody can ride post better than I can.	Ja wohl; es kann Niemand besser Courier reiten, als ich.
Can you take care of a horse?	Können Sie ein Pferd besorgen?
Yes, Sir; and even two or three if necessary.	Ja, mein Herr; selbst zwei oder drei, wenn es sein muss.
Are you well acquainted with the coins, weights and measures of the different countries of Europe?	Sind sie mit Münzen, Maass und Gewicht der verschiedenen Länder Europa's wohl bekannt?
Yes, Sir, perfectly.	Ja wohl; ganz vollkommen.
What wages do you ask?	Wie viel Lohn fordern Sie?
Five francs a day.	Fünf Franken für den Tag.
But you have not always had so much as that.	So viel haben Sie doch nicht immer bekommen?

295

Avec un domestique de louage, pour le prendre à son service.	Con un servitore di piazza, per prenderlo a servizio.
mois qu'il a passés dans cette ville.	mesi ch'egli è stato in questa città.
Y a-t-il longtemps que vous exercez la profession de domestique de louage?	È un pezzo che fate il mestiere di servitore di piazza?
Il y a maintenant quinze ans: j'ai parcouru presque toute l'Europe.	Sono ormai quindici anni: ho girato quasi tutta l'Europa.
Avez-vous des certificats des maîtres que vous avez servis?	Avete de' benserviti dei padroni al servizio dei quali siete stato?
Vous grisez-vous?	Avete il vizio di bere?
Je bois avec plaisir un verre de vin; mais je ne me grise jamais.	Beo con piacere un bicchier di vino; ma non mi ubbriaco mai.
Quel âge avez-vous?	Quanti anni avete?
Monsieur, j'ai trente-cinq ans.	Signor mio, ho trenta-cinque anni.
Etez-vous marié?	Avete moglie?
Non, monsieur; un homme qui, comme moi, roule continuellement, ne doit pas se marier.	No, signore; un uomo che va girando di continuo, come io faccio, non dee ammogliarsi.
Savez-vous monter à cheval?	Sapete cavalcare?
Oui, monsieur; personne ne court la poste aussi bien que moi.	Sì, signore; non v'è nessuno che corra la posta a cavallo bene al pari di me.
Savez-vous panser un cheval?	Sapete governare un cavallo?
Oui, monsieur; et même deux ou trois, s'il le faut.	Sì, signore; ed anco due, e tre, quando bisogna.
Connaissez-vous bien les monnaies, poids et mesures des différents pays de l'Europe?	Siete pratico delle monete, dei pesi, e delle misure dei varj paesi d'Europa?
Oui, monsieur, parfaitement.	Sì, signore, ottimamente.
Quels gages demandez-vous?	Che salario chiedete?
Cinq francs par jour.	Cinque franchi il giorno.
Mais vous n'avez pas toujours gagné ce prix-là.	Ma voi non avete sempre guadagnato tanto.

296

To take a furnished room.	Ein möblirtes Zimmer zu miethen.

Oh! Sir, sometimes I have not had more than thirty sous.

O mein Herr, ich habe zuweilen nicht mehr als dreissig Sous gehabt.

You must always be clean and well dressed.

Sie müssen stets reinlich und ordentlich gekleidet sein.

I must tell you beforehand, that if I take you into my service, you must be exact in the execution of my orders; and if you happen to get drunk, I shall discharge you at once.

Ich muss Ihnen zum Voraus sagen, dass, wenn ich Sie in meine Dienste nehme, ich pünktliche Befolgung meiner Befehle erwarte, und wenn ich Sie betrunken antreffen sollte, ich Ihnen auf der Stelle den Abschied geben werde.

My masters have always been satisfied with my services, and I hope you will be so too, Sir.

Alle meine Herren waren stets mit meiner Bedienung zufrieden, und so hoffe ich, auch Sie zufrieden zu stellen, mein Herr.

You may return here tomorrow, as I must make some inquiries before I engage you.

Sie können morgen wieder kommen; denn ich muss mich zuvor nach Ihnen erkundigen, ehe ich Sie in meine Dienste nehme.

To take a furnished room.	**Ein möblirtes Zimmer zu miethen.**
(see p. 196.)	(siehe S. 196.)

Have you a room to let?

Haben Sie ein Zimmer zu vermiethen?

I have several, and at different prices. Will you take your lodging, Sir, by the day, the week or the month?

Ich habe mehrere, und zu verschiedenen Preisen. Wollen Sie es für einen Tag, für eine Woche, oder für einen Monat miethen?

Let me see it, and I will decide afterwards.

Zeigen Sie mir es, ich werde mich dann entscheiden.

Here is a very pretty room; it is on the first floor, and

Hier ist ein sehr hübsches Zimmer; es ist im ersten

297

Pour louer une chambre garnie.	Per appigionare una stanza in una locanda.

Eh! monsieur, quelquefois je n'ai gagné que trente sous.

Il faut que vous soyez toujours propre et bien habillé.

Je vous préviens que si je vous prends à mon service, il faut que vous soyez exact dans l'exécution de mes ordres; et que s'il vous arrivait de vous enivrer, je vous mettrais à la porte sur-le-champ.

Tous mes maîtres ont toujours été contents de mon service, j'espère que monsieur le sera également.

Revenez demain, parce qu'il faut que je prenne des informations sur votre compte avant de vous arrêter.

Eh! padrone, alle volte ho guadagnato solamente trenta soldi.

Bisogna che siate sempre pulito, e ben vestito.

Vi avverto che se mai vi prendessi al mio servizio, bisognerebbe eseguire puntualmente i miei ordini; e che se mai vi avvinozzaste, sareste licenziato immediatamente.

Tutti i miei padroni sono sempre stati contenti di me, spero che il signore lo sarà egualmente.

Tornate dimani, perchè voglio prendere delle informazioni, prima di prendervi a servizio.

Pour louer une chambre garnie.	Per appigionare una stanza in una locanda.
(voyez p. 197.)	(vedi p. 197.)

Madame, auriez-vous une chambre à me louer?

J'en ai plusieurs et de différents prix. Voulez-vous la louer au jour, à la semaine ou au mois?

Faites-moi la voir d'abord, et après je me déciderai.

Voici une fort jolie chambre; elle est au premier

Signora, avrebbe una camera da affittare?

Ne ho varie e di varj prezzi. Vuole affittarla a giorno, a settimana, oppure a mese?

Fatemela vedere prima, e poi mi deciderò.

Ecco una camera molto bella, con un gabinetto

To take a furnished room.	Ein möblirtes Zimmer zu miethen.
there is a dressing-room next to it.	Stocke, und ein Kabinet ist daneben.
How much do you ask for it?	Wie viel verlangen Sie dafür?
If you only take it for a few days, I must have three francs a day; if you take it for a week, you must pay fifteen francs; by the month it is fifty francs.	Wenn Sie es nur für einige Tage nehmen, muss ich drei Franken täglich haben; wenn Sie es für eine Woche nehmen, geben Sie mir fünfzehn Franken; auf den Monat kostet es fünfzig Franken.
That seems to me rather dear.	Das scheint mir etwas theuer.
You see, Sir, it is very clean; the furniture is handsome and new; and there is a fine mirror over the chimney-piece.	Sie sehen, es ist recht hübsch, die Möbel sind schön und neu, und über dem Kamine ist ein schöner Spiegel.
Is the bed good?	Ist das Bett gut?
The mattresses have just been newly stuffed, and are very soft.	Die Matratzen sind neu aufgepolstert und sind sehr weich.
How often do you change the sheets?	Wie oft wechseln Sie die Betttücher?
Every fortnight; and your towel will be changed once a week.	Alle vierzehn Tage; das Handtuch wird einmal in der Woche gewechselt.
Does the chimney smoke? We shall soon have winter, and it will be necessary to have a fire. It begins to be cold already.	Raucht der Kamin? wir werden bald Winter haben, und es wird nöthig werden, Feuer einzulegen. Es fängt schon an kalt zu werden.
It does not smoke at all.	Er raucht nicht im mindesten.
Can I have warm water to wash with, when I want it?	Kann ich warmes Wasser zum Waschen haben, wenn ich es brauche?
If you give a trifle to the housemaid, she will wait upon you attentively, and	Wenn Sie der Magd eine Kleinigkeit geben, wird sie Ihnen sorgfältig aufwarten

299

Pour louer une chambre garnie.	Per appigionare una stanza in una locanda.
étage, et elle a un cabinet à côté.	a canto, ed è al primo piano.
Combien voulez-vous la louer?	Quanto volete affittarla?
Si vous ne la prenez que pour peu de jours, j'en veux trois francs par jour; si vous la louez pour une semaine, vous m'en donnerez quinze francs; et si vous l'arrêtez au mois, le loyer en est de cinquante francs.	Se ella vuol prenderla per pochi giorni solamente, ne voglio tre franchi al giorno; se l'affitta per una settimana, mi darà quindici franchi; se poi l'affittasse a mese, la pigione sarebbe di franchi cinquanta.
Cela me semble un peu cher.	Mi pare un po' cara.
Vous voyez, monsieur, c'est bien propre; les meubles sont beaux et frais, et il y a une belle glace sur la cheminée.	Ella vede, è molto pulita, i mobili sono belli e freschi; e c'è un bellissimo specchio sul cammino.
Le lit est-il bon?	È buono il letto?
Les matelas viennent d'être cardés; ils sont très doux.	I materassi sono rifatti di fresco; sono molto morbidi.
Combien de fois changez-vous les draps?	Quante volte cambiate le lenzuola?
Tous les quinze jours, et la serviette une fois par semaine.	Ogni quindici giorni; e la salvietta una volta per settimana.
La cheminée fume-t-elle? L'hiver approche, et il faudra faire du feu. Il commence déjà à faire froid.	Fa fumo il cammino? L'inverno s'avvicina, e bisognerà accendere il fuoco. Già incomincia a far freddo.
Elle ne fume pas du tout.	Non fa fumo niente affatto.
Pourrai-je avoir de l'eau chaude pour me laver, quand j'en aurai besoin?	Potrò io avere dell'acqua calda da lavarmi ogni qual volta ne avrò bisogno?
Au moyen d'un léger pourboire la domestique vous servira avec attention, et	Mediante una tenue mancia, sarà servito dalla serva con somma attenzione, e

To hire furnished lodgings.	Eine möblirte Wohnung zu miethen.
will also clean your shoes and boots. As this is the case, I will take the room for three months; I will have my things brought here, and will pay you a month in advance.	und Ihnen auch Schuhe und Stiefel reinigen. Da dies so ist, will ich das Zimmer auf drei Monate nehmen; ich werde meine Sachen hieher bringen lassen, und Ihnen einen Monat vorauszuzahlen.

To hire furnished lodgings.

(see p. 196.)

Eine möblirte Wohnung zu miethen.

(siehe S. 196.)

I want a suite of rooms. Have you any to let?	Ich brauche eine Reihe von Zimmern. Haben Sie deren zu vermiethen?
Yes, Sir; I have some on the first, second, third, and fourth story; in front, to the back, towards the street, and towards the garden.	Ja wohl, ich habe einige im ersten, zweiten, dritten und vierten Stocke, auf der Vorder- und Hinterseite, nach der Strasse und nach dem Garten zu.
Do you board your lodgers?	Geben Sie Kost?
I keep a good table d'hôte.	Ich halte eine gute Table-d'hôte.
At what o'clock do you dine?	Um wie viel Uhr speist man?
At five precisely.	Pünktlich um fünf Uhr.
That is too late for my wife, who is not very well.	Das ist zu spät für meine Frau, die nicht ganz wohl ist.
Her dinner can be served in her apartment at any hour she likes.	Ich kann in ihrem Zimmer auftragen lassen zu welcher Stunde sie es wünscht.
How much do you ask for breakfast, dinner, and supper?	Wie viel fordern Sie für Frühstück, Mittag- und Abendessen?
For how many persons?	Für wie viel Personen?
Six: four gentlemen and ladies, and two servants.	Sechs; vier Herren und Damen und zwei Dienstboten.

301

Pour louer un appartement garni.	Per pigliar a fitto un appartamento mobigliato.
elle décrottera aussi vos souliers et vos bottes.	le ripulirà anco le scarpe et gli stivali.
Puisqu'il en est ainsi, j'arrête cette chambre pour trois mois; je vais faire apporter mes effets, et je vous paierai un mois d'avance.	Quando è così, prenderò questa camera per tre mesi; farò subito portare la mia roba, e vi pagherò una mesata anticipatamente.

Pour louer un appartement garni.
(voyez p. 197.)

Per pigliar a fitto un appartamento mobigliato.
(vedi p. 197.)

J'aurais besoin d'un appartement. En avez-vous à louer?	Avrei bisogno di un appartamento. Ne avete da affittare?
Oui, monsieur, j'en ai au premier, au second, au troisième et au quatrième étage; sur le devant et sur le derrière, sur la rue, et sur le jardin.	Sì, signore, ne ho al primo, al secondo, al terzo ed al quarto piano; sul dinanzi, e sul di dietro, sulla strada, e sul giardino.
Donnez-vous à manger?	Date anco da mangiare?
Je tiens une bonne table d'hôte bien servie.	Tengo una buona tavola rotonda ben' imbandita.
A quelle heure dîne-t-on?	A che ora si pranza?
A cinq heures précises.	Alle cinque in punto.
C'est trop tard pour ma femme qui ne se porte pas tout-à-fait bien.	Sarà troppo tardi per mia moglie che non istà troppo bene.
Je la ferai servir dans son appartement à l'heure qu'elle voudra.	La farò servire nel di lei quartiere a quell' ora che comanderà.
Combien me prendrez-vous pour déjeûner, dîner et souper?	Quanto volete per la colazione, il pranzo, e la cena?
Combien de personnes êtes-vous?	Quante persone sono?
Nous sommes six: quatre maîtres et deux domestiques.	Siamo sei: quattro padroni, e due servitori.

302

To hire furnished lodgings.	Eine möblirte Wohnung zu miethen.
Will you dine by the dish or for so much a head?	Wünschen Sie den Preis der Gerichte oder für die Person?
I would rather give so much a day for all, provided the charge is reasonable.	Ich würde vorziehen, täglich ein Gewisses für Alles zu zahlen, vorausgesetzt, dass der Preis mässig ist.
Do you let rooms also for persons who only wish to lodge?	Vermiethen Sie auch Zimmer an Personen, die nur wohnen wollen?
Yes, Sir; I have single rooms, and sets of two, three, four, or five rooms with cabinets.	Ja, mein Herr; ich habe einzelne Zimmer und Wohnungen von zwei, drei, vier oder fünf Zimmern in einer Reihe mit Kabinetten.
Where do you put the servants?	Wohin legen Sie die Dienstboten?
I have beds and rooms for them on the fifth floor.	Ich habe Betten und Kammern für sie im fünften Stocke.
My wife must have her maid near her.	Meine Frau muss ihr Mädchen in der Nähe haben.
I have apartments where there is a small room for the lady's maid.	Ich habe Zimmer mit einer kleinen Kammer für das Mädchen.
Let me see them.	Zeigen Sie sie mir.
Do you wish them towards the street or garden?	Wünschen Sie sie nach der Strasse oder nach dem Garten?
I like them better to the garden; my wife will be more quiet.	Ich ziehe die nach dem Garten vor; meine Frau kann da ungestörter sein.
As for me, I only want a room and a cabinet, and I should wish to be at liberty to dine here or elsewhere.	Für mich brauche ich blos ein Zimmer mit einem Kabinet, und wünsche, dass es mir frei stehe, entweder hier oder anderswo zu speisen.

303

Pour louer un appartement garni.	Per pigliar a fitto un appartamento mobigliato.
Voulez-vous être servi à la carte ou par tête?	Vuol' ella essere servita a un tanto per piatto o per testa?
J'aimerais mieux donner tant par jour pour tous, pourvu que le prix fût raisonnable.	Amerei meglio pagare un tanto al giorno per tutti, purchè il prezzo fosse discreto.
Louez-vous aussi des chambres pour les personnes qui ne veulent que loger?	Affittate voi anco delle camere per quelli che vogliono solamente alloggiare?
Oui, monsieur; j'ai des chambres séparées, et des appartements de deux, de trois, de quatre et de cinq pièces de plein-pied, avec des cabinets.	Sì, signore; ho delle camere separate, e degli appartamenti di due, di tre, di quattro, e di cinque stanze in piano, con gabinetti.
Les domestiques, où les logez-vous?	Dove alloggiate voi i servitori?
J'ai des lits et des chambres de domestiques au cinquième.	Ho dei letti, e delle stanze al quinto piano per loro.
Ma femme a besoin d'avoir sa femme de chambre près d'elle.	Mia moglie ha bisogno di avere la sua cameriera vicina.
J'ai des appartements où il y a un cabinet pour la femme de chambre.	Ho alcuni appartamenti con un camerino per la cameriera.
Faites-moi les voir.	Fatemeli vedere.
Les voulez-vous sur la rue ou sur le jardin?	Li vuole sulla strada oppure sul giardino?
J'aime mieux qu'ils soient sur le jardin; ma femme sera plus tranquille.	Li preferisco sul giardino; mia moglie vi godrà maggior quiete.
Moi, je ne voudrais qu'une chambre et un cabinet, et je voudrais être libre de manger ici ou dehors.	Io vorrei solamente una camera ed un gabinetto, e vorrei essere libero di mangiare in casa o fuori.

304

To hire furnished lodgings.	Eine möblirte Wohnung zu miethen.
I shall be able to suit you.	Ich werde Ihnen dienen können.
This gentleman travels with us, and we should not like to be separated.	Dieser Herr reiset mit uns, und wir wünschen uns nicht zu trennen.
Show me the apartment towards the garden. Is it on the first or second floor?	Zeigen Sie mir die Wohnung nach dem Garten zu. Ist sie im ersten oder zweiten Stocke?
It is on the third.	Sie ist im dritten.
I am afraid that will be too high for my wife.	Ich fürchte, das wird meiner Frau zu hoch sein.
Don't be alarmed, Sir, the staircase is very good and easy.	Sein Sie unbesorgt, die Treppe ist sehr gut und bequem.
As you have no others, let us see those on the third floor.	Wenn Sie keine andere haben, so zeigen Sie uns die im dritten Stocke.
For the present I have only that, but in five or six days I shall have another on the first floor, which also looks into the garden.	Im Augenblicke habe ich nur diese, aber in fünf oder sechs Tagen werde ich eine andere im ersten Stocke frei haben, ebenfalls mit der Aussicht nach dem Garten.
You will show me at the same time a room with a cabinet for myself.	Zeigen Sie mir zugleich ein Zimmer mit einem Kabinet für mich.
Yes, Sir. John, give me the keys of number fifteen and eighteen. It is on the same landing as the other suite of apartments, so you will be near each other.	Ja, mein Herr. Johann, geben Sie mir die Schlüssel von Nummer fünfzehn und achtzehn. Sie sind auf demselben Flur wie die Wohnung; so werden Sie nahe beisammen sein.
That is very convenient.	Das macht sich sehr gut.
You see the staircase is well-lighted and easy. Here we are; be so good as to walk in.	Sie sehen, die Treppe ist hell und bequem. Hier sind wir; haben Sie die Güte einzutreten.

305

Pour louer un appartement garni.	Per pigliar a fitto un appartamento mobigliato.
J'ai de quoi vous arranger.	Ho di che servirla.
Monsieur voyage avec nous, et nous ne voudrions pas nous séparer.	Il signore viaggia con noi, e non vorremmo separarci.
Faites-moi voir l'appartement sur le jardin. Est-il au premier ou au second?	Fatemi vedere l'appartamento sul giardino. È egli al primo o al secondo piano?
Il est au troisième.	È al terzo piano.
Je crains que cela ne soit trop haut pour ma femme.	Temo che sia troppo in alto per mia moglie.
Monsieur, ne craignez rien, l'escalier est très bon et commode.	Non tema, signore, la scala è buona e comoda.
Puisque vous n'en avez pas d'autres, voyons l'appartement du troisième.	Giacchè non avete altro, vediamo l'appartamento del terzo piano.
Pour le moment, je n'ai que celui-là; mais dans cinq ou six jours j'en aurai un autre au premier, également sur le jardin.	Per adesso ho solamente quello; ma fra cinque o sei giorni ne avrò un altro al primo piano, anche sul giardino.
Vous me ferez voir en même temps une chambre et un cabinet pour moi.	Mi farete vedere nel medesimo tempo una camera, ed un gabinetto per me.
Oui, monsieur. Jean, donnez-moi les clefs du quinze et du dix-huit. Ces pièces sont sur le même palier que l'appartement; ainsi vous serez près l'un de l'autre.	Sì, signore. Giovanni, datemi la chiave del numero quindici e quella del numero diciotto. Queste camere sono sul medesimo pianerottolo dell' appartamento; così lor signori saranno vicini.
Cela se trouve très bien.	Ci accomoderà moltissimo.
Voyez, messieurs, l'escalier est clair et commode. Nous voici arrivés, donnez-vous la peine d'entrer.	Osservino, signori, la scala è chiara e comoda. Eccoci arrivati; entrino.

20

306

To hire furnished lodgings.	Eine möblirte Wohnung zu miethen.
How many rooms are there in this suite?	Aus wie viel Zimmern besteht diese Wohnung?
Five and a cabinet. The furniture is elegant, and there are two mirrors in each room.	Aus fünf und einem Kabinet. Die Möbel sind geschmackvoll und in jedem Zimmer zwei Spiegel.
How many beds are there? Four, and very good ones too.	Wie viel Betten sind da? Vier, und zwar sehr gute.
How much do you ask for this?	Wie viel fordern Sie dafür?
Two hundred francs a month, and I have let it several times for four hundred, with a servant's room.	Zweihundert Franken monatlich, ich habe sie schon zu vierhundert vermiethet mit einem Bedientenzimmer.
I will give you a hundred and fifty.	Ich gebe Ihnen hundert und fünfzig.
That is impossible, Sir; it is the lowest price, and very cheap.	Das ist unmöglich, mein Herr; es ist der äusserste Preis und dabei sehr wohlfeil.
How much do you ask by the day or by the week?	Wie viel verlangen Sie täglich oder wöchentlich?
Ten francs a-day, or sixty francs a-week.	Zehn Franken täglich, oder sechzig Franken wöchentlich.
How much do you ask for dinner and supper?	Wie viel verlangen Sie für Mittag- und Abendessen?
Four francs a-head for each meal, exclusive of breakfast.	Vier Franken von der Person für jede Mahlzeit ohne Frühstück.
That is too dear. I had rather pay by the dish.	Das ist zu theuer. Ich ziehe vor, nach der Karte zu speisen.
As you choose, Sir.	Wie es Ihnen gefällig ist.
Let me see the room you intend for me.	Zeigen Sie mir das für mich bestimmte Zimmer.

307

Pour louer un appartement garni.	Per pigliar a fitto un appartamento mobigliato.
De combien de pièces est-il composé, cet appartement?	Di quante stanze è composto questo appartamento?
De cinq pièces et d'un cabinet. Les meubles sont de bon goût, et il y a deux glaces dans chaque chambre.	Di cinque, e di un gabinetto. I mobili sono di buon gusto, e vi sono due specchj in ogni stanza.
Combien de lits y a-t-il?	Quanti letti ci sono?
Il y en a quatre, et ils sont très bons.	Vene sono quattro, e sono molto morbidi.
Combien le louez-vous?	Quanto l'affittate?
Deux cents francs par mois; et je l'ai loué plusieurs fois quatre cents, avec une chambre de domestique.	Due cento franchi il mese; e l'ho affittato più volte quattrocento, con uno stanza pel servitore.
Je vous en donnerai cent cinquante.	Ve ne darò cento cinquanta.
Monsieur, je ne le peux pas; c'est le dernier prix, et c'est bien bon marché.	Signore, non posso; è l'ultimo prezzo, ed è a molto buon mercato.
Combien voulez-vous le louer par jour ou par semaine?	Quanto lo volete affittare al giorno, o alla settimana?
Dix francs par jour, ou soixante francs par semaine.	Dieci franchi il giorno, o sessanta franchi la settimana.
Pour le dîner et pour le souper combien nous prendrez-vous?	Pel pranzo e per la cena quanto ci farete pagare?
Quatre francs par tête pour chaque repas, sans y comprendre le déjeûner.	Quattro franchi per testa per ogni pasto, senza comprendervi la colazione.
Cela est trop cher. J'aime mieux manger à la carte.	È troppo caro. Amo meglio essere servito a un tanto per piatto.
Comme vous voudrez, monsieur.	Com' ella comanda.
Voyons la chambre que vous me destinez.	Vediamo la stanza che destinate per me.

20*

To hire furnished lodgings.	Eine möblirte Wohnung zu miethen.
This is it, Sir. It is pretty, comfortable, and tastefully fitted up, and there are two mirrors in it.	Dies ist es. Es ist hübsch, bequem und geschmackvoll und hat zwei Spiegel.
That is true, but the cabinet seems very small.	Das ist wahr, aber das Kabinet scheint sehr klein.
On the contrary, you might put a bed in it.	Im Gegentheil, man könnte ein Bett hinein setzen.
Are there any fleas here?	Gibt es auch Flöhe hier?
There are neither fleas nor bugs in my house: it is kept with the greatest cleanliness.	In meinem ganzen Hause sind weder Flöhe noch Wanzen; es wird in der grössten Sauberkeit gehalten.
What is the price of this room?	Was ist der Preis dieses Zimmers?
A hundred and fifty francs a-month, and it is very cheap.	Hundert und funfzig Franken monatlich, und das ist sehr wohlfeil.
I will take it for three months, and give you a hundred and forty francs a-month.	Ich werde es auf drei Monate nehmen, und gebe Ihnen hundert und vierzig Franken monatlich.
That is very little, Sir; but, as you take it for three months, you shall have it.	Das ist sehr wenig, mein Herr; da Sie es indess auf drei Monate nehmen, so sollen Sie es haben.
Well! will you let me have the rooms for a hundred and fifty francs a-month?	Gut! Lassen Sie mir die Wohnung für hundert und fünfzig Franken monatlich?
I really cannot. This house is in a very central situation, near the theatres and the exchange, and is very quiet.	Ich kann es in der That nicht. Dieses Haus ist im Mittelpunkte der Geschäfte gelegen, in der Nähe der Theater und der Börse, und es ist sehr ruhig.
I will give you your price, on condition, that you will give us clean sheets every	Ich will Ihnen den geforderten Preis geben, jedoch mit der Bedingung,

309

Pour louer un appartement garni.	Per pigliar a fitto un appartamento mobigliato.
La voici, monsieur. Elle est jolie, commode et meublée avec goût, et il y a deux glaces.	Eccola, signore. È bella, comoda, e mobigliata con gusto, e ci sono due specchj.
Oui, c'est vrai; mais le cabinet me semble un peu petit.	Sì, è vero; ma il gabinetto mi pare un poco piccolo.
Au contraire, on pourrait y placer un lit.	Anzi, vi si potrebbe collocare un letto.
Y a-t-il des puces?	Ci sono pulci?
Il n'y a ni puces ni punaises dans toute ma maison: elle est tenue avec la plus grande propreté.	Non ci sono nè pulci nè cimici in tutta la mia casa: essa è tenuta colla massima pulizia.
Quel est le prix de cette chambre?	Qual è il prezzo di questa camera?
Cent cinquante francs par mois, et c'est très bon marché.	Cencinquanta franchi il mese, ed è a buonissimo prezzo.
Je la prendrai pour trois mois, et je vous en donnerai cent quarante francs par mois.	L'affitterò per tre mesi, e vi darò cento quaranta franchi il mese.
C'est à très bon marché, monsieur; mais, puisque vous la prenez pour trois mois, je vous la donne à ce prix.	È a buonissimo prezzo, signore; ma prendendola per tre mesi gliela do a questo prezzo.
Eh bien! me donnez-vous l'appartement pour cent cinquante francs par mois?	È così! volete darmi l'appartamento per cento cinquanta franchi il mese?
Je ne le puis vraiment pas. Mon hôtel est situé au centre des affaires, près des spectacles et de la bourse, et il est bien tranquille.	Davvero non posso. La mia locanda è situata nel centro degli affari, vicina ai teatri ed alla borsa, e non si sente mai il minimo romore.
Je consens à le prendre au prix que vous demandez, à condition que vous nous	Lo piglio pel prezzo che mi chiedete, con patto che ci darete ogni settimana

310

To buy a travelling carriage.	Einen Reisewagen zu kaufen.
week and napkins every day.	dass Sie uns wöchentlich reine Betttücher und täglich reine Servietten geben.
You shall have whatever linen you want, and mine is fine and of very good quality.	Sie sollen an Wäsche haben, was Sie brauchen, und die meinige ist fein und von sehr guter Beschaffenheit.

To buy a travelling carriage.

(see p. 200.)

Einen Reisewagen zu kaufen.

(siehe S. 200.)

I have a long journey to make, and I want a good and commodious carriage; have you one to sell?	Ich habe eine lange Reise zu machen, und brauche einen guten, bequemen Wagen; haben Sie einen zu verkaufen?
Have the goodness, Sir, to walk into my warehouse, where you will see carriages of all kinds: coaches, berlins, vis-a-vis, post-chaises, calashes, phaetons and cabriolets; there are plenty to choose from.	Haben Sie die Güte, in mein Magazin einzutreten, wo Sie Wagen von jeder Art finden: Kutschen, Berlinen, Vis-à-vis, Postchaisen, Kaleschen, Phaetons und Kabriolets, ganz nach Auswahl.
There is a carriage that would suit me perhaps.	Da ist ein Wagen, der mir vielleicht dienen könnte.
It is a very neat, good travelling chaise, although second hand.	Es ist eine hübsche, gute Reisechaise, obgleich schon gebraucht.
The wheels are in a very bad state, the body is too heavy, the shafts are too short, the pole is too thin, and the shape is quite old fashioned.	Die Räder sind in einem sehr schlechten Zustande, der Kasten ist zu schwerfällig, die Schwangbäume sind zu kurz, die Deichsel ist zu dünn, und die Form des Wagens altmodisch.

311

Pour acheter une voiture de voyage.	Per comprare un legno da viaggio.
donnerez des draps blancs toutes les semaines, et des serviettes fraîches tous les jours.	delle lenzuola di bucato, e delle salviette tutti i giorni.
Vous aurez en linge tout ce qui sera nécessaire, et le mien est fin et de très bonne qualité.	Ella sarà servita di tutta la biancheria necessaria, e sarà fina, e di ottima qualità.

Pour acheter une voiture de voyage.
(voyez p. 201.)

Per comprare un legno da viaggio.
(vedi p. 201.)

J'ai un long voyage à faire, et j'aurais besoin d'une voiture bonne et commode; en avez-vous à vendre?	Ho un lungo viaggio da fare, ed avrei bisogno di un legno buono e comodo; ne avete da vendere?
Monsieur, donnez-vous la peine d'entrer dans mon magasin; vous y verrez des voitures de toutes sortes; des carrosses, des berlines, des vis-à-vis, des chaises de poste, des calèches, des phaëtons, des cabriolets; il y a de quoi choisir.	Signore, favorisca entrare nel mio magazzino, védrà legni di ogni sorta: di carrozze, berline, carrozzini, sedie da posta, sterzi, calessi, saltafossi, birocci; ella potrà scegliere.
Voici une voiture qui peut-être pourrait faire mon affaire.	Ecco un legno che forse potrebbe essere il fatto mio.
C'est une chaise de voyage belle et bonne, quoique d'occasion.	Questa è una sedia da viaggio bella e buona, benchè sia d'occasione.
Les roues sont en très mauvais état, la caisse est trop lourde, les brancards sont trop courts, le timon est trop mince, et la forme de la voiture est passée de mode.	Le ruote sono in pessimo stato, il guscio è troppo grave, le stanghe sono troppo corte, il timone è troppo sottile, e la forma del legno non è piu' alla moda.

312

To buy a travelling carriage.	Einen Reisewagen zu kaufen.

I beg your pardon, Sir, you are mistaken: it is a carriage in the latest fashion; it is not six months since it was built, and it has been only one journey; but if it is not to your taste, you can choose another. Look at that calash; it has four wheels and room for five persons.

Yes, I like the shape, but I am afraid the framework, the braces, and the axles are too weak; look, the springs are also too light.

You fancy so, Sir; but it is an elegant and strong-built carriage. Get in, the door is open, the step is down; you will find the seats very comfortable; you see it is lined with fine cloth, and is very soft.

I think the seats are too high and uncomfortable.

It seems so to you, because the stuffing of the cushions is new; but sit on the backseat, and you will find it very pleasant.

Ich bitte um Verzeihung, mein Herr, Sie irren; es ist ein Wagen nach dem neuesten Geschmacke; er ist vor kaum sechs Monaten gebaut und hat nur eine Reise gemacht; wenn er indess nicht nach Ihrem Geschmacke ist, so können Sie einen andern wählen. Betrachten Sie diese Kalesche; sie hat vier Räder und Raum für fünf Personen.

Ja, die Form gefällt mir, aber ich fürchte, das Gestell, die Tragriemen und die Achsen sind zu schwach; sehen Sie, die Federn sind ebenfalls zu schwach.

Das scheint Ihnen nur so, es ist indess ein hübscher und sehr dauerhafter Wagen. Steigen Sie ein, der Schlag ist geöffnet und der Tritt niedergeschlagen; Sie werden die Sitze sehr bequem finden; Sie sehen, er ist mit feinem Tuche ausgeschlagen und sehr weich.

Mir scheint, die Sitze sind zu hoch und unbequem.

Das scheint Ihnen nur so, weil die Kissenfüllung neu ist; setzen Sie sich indess auf den Rücksitz, so werden Sie finden, dass er sehr bequem ist.

313

Pour acheter une voiture de voyage.	Per comprare un legno da viaggio.

Je vous demande pardon, monsieur, vous vous trompez: c'est une voiture à la dernière mode; il n'y a pas six mois qu'elle est faite, et elle n'a fait qu'un seul voyage; mais si elle n'est pas de votre goût, vous pouvez en choisir une autre. Voyez cette calèche; elle est à quatre roues et cinq places.

Le dimando scusa, signore, ella piglia sbaglio: è un legno di tutta moda; non sono sei mesi ch' è stato fatto, ed ha fatto un viaggio soltanto; ma se non è di suo genio, ne scelga un altro. Osservi questo calesso; è a quattro ruote, e contiene cinque persone.

Oui, la forme m'en plaît; mais je crains que le train, les soupentes et les essieux n'en soient trop faibles; voyez, les grands ressorts sont également trop minces.

Sì, la forma mi piace; ma temo che il traino, i cignoni, e la sala sieno troppo deboli; osservate, le molle maestre sono anche troppo sottili.

Cela vous semble, monsieur; mais c'est une voiture élégante et bien solide. Montez, la portière est ouverte, le marche-pied baissé; vous verrez que les siéges sont bien commodes, garnis en drap fin, et bien doux.

Le pare così, signore; ma è un legno elegante e molto forte. Monti, la portiera è aperta, lo staffone è abbassato; ella vedrà che i seggi sono comodissimi, guarniti di panno fino, e ch'è molto molle.

Il me semble que les siéges sont trop hauts et incommodes.

Mi pare che i seggi sieno troppo alti, e scomodi.

Cela vous semble ainsi parce que les coussins sont fraichement rembourrés; mais asseyez-vous sur le devant, et vous trouverez qu'on y est très commodément.

Essendo nuova la piuma dei cuscini, le pare così; ma s'accomodi sul seggio d'avanti, e lo troverà comodo assai.

314

To buy a travelling carriage.	Einen Reisewagen zu kaufen.
Is the axle-tree strong? The nave, the spokes, the felloes, and the tires of the wheels seem slight and weak.	Ist die Achse dauerhaft? Die Nabe, die Speichen, die Felgen und die Radreifen scheinen dünn und schwach.
There is nothing to fear; it is an excellent carriage: all the parts of it have been well selected, and finished with care. It is well-built, and you may have a trial of it.	Sie haben nichts zu fürchten, der Wagen ist ganz untadelhaft: alle seine Theile sind sehr gut ausgewählt und sorgfältig gearbeitet. Er ist dauerhaft gebaut, Sie können ihn probiren.
How much do you ask for it?	Wie viel verlangen Sie dafür?
Five thousand francs.	Fünf tausend Franken.
That is too dear for me; I do not intend to give such a price.	Das ist zu theuer für mich, so viel beabsichtige ich nicht anzulegen.
How much will you give?	Wie viel wollen Sie denn geben?
I am afraid I shall say too little, even though I mention more than I am willing to give.	Ich fürchte, ich biete zu wenig, selbst wenn ich einen höhern Preis biete, als ich daran zu wenden beabsichtige.
You are at liberty to offer what you think it is worth; I shall not be vexed at that.	Sie haben völlige Freiheit zu bieten, was Sie glauben, dass er werth sei; ich werde mich deshalb nicht gekränkt fühlen.
You are an honest man; I will give you four thousand five hundred francs; but on condition that you also furnish the harness, the traces, the reins and the splinter-bars for that price.	Sie sind ein ordentlicher Mann; ich will vier tausend fünf hundert Franken geben, mit der Bedingung, dass Sie für diesen Preis das Pferdegeschirr, die Zugriemen, die Zügel und die Wagenschwengel mit liefern.

315

Pour acheter une voiture de voyage.	Per comprare un legno da viaggio.

L'essieu est-il solide? le moyeu, les rais, les jantes et les cercles des roues me semblent minces et faibles.

È forte l'asse? Il mozzo, i razzi, gli assili, i cerchi delle ruote mi sembrano sottili e deboli.

Il n'y a rien à craindre: c'est une voiture parfaite; toutes les pièces en ont été bien choisies, et travaillées avec soin. Elle est solidement construite, et vous pouvez l'essayer.

Non c'è nulla da temere: questo legno è perfetto; tutti i pezzi sono stati scelti bene, e lavorati con somma diligenza. Egli è costrutto fortemente, e vossignoria lo potrà provare.

Combien voulez-vous la vendre?

Quanto lo volete vendere?

Cinq mille francs, monsieur.

Cinque mila franchi, signore.

C'est trop cher pour moi; je ne veux pas y mettre un prix aussi élevé.

Per me è troppo caro; io non voglio spendere tanto.

Combien en volez-vous donner?

Quanto mi vuol dare?

Je crains de vous en offrir trop peu, même en offrant plus que je ne veux y mettre.

Temo di fare un esibizione troppo tenue, anco offerendo più di quello che voglio spendere.

Vous êtes le maître d'offrir ce que vous jugez qu'elle vaut; je ne me fâcherai pas pour cela.

Ella è padrone di esibirmi quel prezzo che stima valere; non andrò in collera per questo.

Vous êtes un brave homme; je vous en donne quatre mille cinq cents francs; mais à condition que vous me fournirez les harnais, les traits, les guides et la volée pour ce prix.

Siete un galant' uomo; vi darò quattro mila cinquecento franchi; ma con patto che mi somministrerete i fornimenti, le tirelle, le redini, e la bilancia per questo prezzo.

316

To hire, or buy a horse.	Ein Pferd zu miethen oder zu kaufen.

To hire, or buy a horse.

I wish to hire a horse, to take a ride through the town and its environs; have you one to let out? If I like it, perhaps I may buy it.

Yes, Sir; I have chesnut horses, white-spotted, dapple-gray, bay, grey, spotted-grey, black, white, dun, spotted, piebald and cream-coloured.

I have some of all kinds. What colour would you wish your horse to be?

I care little about his colour, provided he has not a bald face and is handsome and tractable.

Here is a horse five years old, perfectly well broken in.

Mount him and make him trot and gallop; I must see if he has no defects.

He is a spirited horse, and has neither faults nor vices.

Bridle and saddle him; I will mount him myself, to try him.

Very well. The stable-boy will put on his bridle and saddle, and you shall mount him.

Ein Pferd zu miethen oder zu kaufen.

Ich wünsche ein Pferd zu miethen zu einem Spazierritt durch die Stadt und die Umgebungen; haben Sie eins zu vermiethen? Wenn es mir gefällt, kaufe ich es vielleicht.

Ja, mein Herr; ich habe Rothfüchse, weiss gefleckte, Apfelschimmel, Braune, Graue, Grauschimmel, Rappen, Schimmel, Isabellen, Gefleckte, Schecken, und Falben.

Ich habe deren von allen Arten. Von welcher Farbe soll Ihr Pferd sein?

Darauf kommt mir wenig an, vorausgesetzt, dass es keine Blässe hat, und sonst hübsch und lenksam ist.

Hier ist ein Pferd von fünf Jahren, welches sehr gut geritten ist.

Besteigen Sie es, und setzen es in Trab und Galopp; ich will sehen, ob es keine Fehler hat.

Es ist ein muthiges Thier, welches weder Fehler noch Untugenden hat.

Lassen Sie es zäumen und satteln; ich will es selbst besteigen, um es zu probiren.

Sehr wohl. Der Stallknecht wird Sattel und Zaum anlegen, und Sie können es dann besteigen.

317

Pour louer un cheval, ou pour l'acheter.	Per prendere un cavallo a nolo, o per comprarlo.
Pour louer un cheval, ou pour l'acheter.	**Per prendere un cavallo a nolo, o per comprarlo.**
Je voudrais louer un cheval pour me promener dans la ville et dans les environs; en avez-vous à louer? Peut-être l'acheterai-je, s'il me plaît.	Vorrei prendere a nolo un cavallo, per andare a spasso per la città e nei contorni; ne avreste voi uno? E fors' anco lo comprerò, se sarà di mio genio.
Oui, monsieur, j'ai des chevaux alezans, mouchetés de blanc, gris pommelés, bais, gris, gris mouchetés, noirs, blancs, isabelles, mouchetés, pies, et aubères.	Sì, signore, ho cavalli sauri, balzani, pomellati, baj, leardi, rovani, neri, bianchi, isabelli, stornelli, pezzati e falbi.
J'en ai de toutes les qualités. De quel poil le souhaitez-vous?	Ne ho d'ogni qualità. Di che pelame lo bramerebbe?
Peu m'importe la robe, pourvu qu'il n'ait pas le chanfrein blanc, et qu'il soit beau et docile.	Il mantello è tutt' uno per me; purchè non sia sfacciato, e che il cavallo sia bello, e docile.
Voici un poulain de cinq ans qui est très bien dressé.	Ecco un puledro di cinque anni, benissimo ammaestrato.
Montez-le, faites-le trotter et galopper; je veux voir s'il n'a pas de défauts.	Cavalcatelo, fatelo trottare, e galoppare; voglio vedere se ha qualche vizio.
C'est un cheval fringant, qui n'a ni défauts ni vices.	È un cavallo brillante, che non ha nè difetti, nè vizj.
Faites-le brider et seller; je veux le monter moi-même, pour l'essayer.	Fatelo imbrigliare ed insellare; voglio cavalcarlo io stesso, per provarlo.
Bien volontiers. Le palefrenier va lui mettre la bride et la selle, et vous le monterez.	Volentierissimo. Il palafreniere gli porrà subito la briglia, e la sella, ed ella lo monterà.

318

To hire, or buy a horse.	Ein Pferd zu miethen oder zu kaufen.
This horse walks, trots, and gallops well; put he has the fault of kicking and rearing.	Dieses Pferd geht einen guten Schritt, Trab und Galopp; es hat aber den Fehler, dass es schlägt und sich bäumt.
I beg your pardon, Sir; he is perfectly well broken, and quite gentle; but as he is a young horse full of spirit, you must neither spur nor whip him.	Ich bitte um Verzeihung; es ist ein vorzüglich abgerichtetes und gehorsames Pferd; da es aber ein junges Thier ist, voller Feuer, so dürfen Sie weder Sporen noch Peitsche brauchen.
How much do you ask for him?	Wie viel fordern Sie dafür?
What price do you want for him?	Welchen Preis verlangen Sie?
For how much will you sell him?	Für wie viel wollen Sie es verkaufen?
Fifty pounds have been offered for him more than once, which I have refused; you shall have him for sixty.	Fünfzig Pfund Sterling sind mir schon mehr als einmal dafür geboten worden, es war mir aber dafür nicht feil; Sie sollen es für sechzig haben.
That is very dear. Such a price frightens me.	Das ist sehr theuer. Das ist ein Preis, der mich zurückschreckt.
Examine the head, the chest, and the legs of this horse. He is faultless in all points. His mouth is so fine he could almost drink out of a glass.	Untersuchen Sie den Kopf, die Brust und die Füsse dieses Pferdes. Es ist in allen seinen Theilen untadelhaft. Sein Maul ist so fein, dass es beinahe aus einem Glase trinken könnte.
I will hire him for a fortnight; and if I find he has the qualities I wish, we shall soon agree about the price.	Ich will es auf vierzehn Tage miethen, und wenn ich finde, dass es die Eigenschaften besitzt, welche ich wünsche, so werden wir um den Preis schon einig werden.

319

Pour louer un cheval, ou pour l'acheter.	Per prendere un cavallo a nolo, o per comprarlo.
Ce cheval va très bien au pas, au trot, et au galop; mais il a le défaut de ruer et de se cabrer.	Questo cavallo va ottimamente di passo, di trotto, e di galoppo; ma ha il vizio di sparare, e d'impennarsi.
Je vous demande pardon, monsieur, c'est un cheval parfaitement dressé et obéissant; mais comme c'est un poulain plein d'ardeur, il ne faut le toucher ni des éperons ni du fouet.	Le chiedo scusa, è un cavallo perfettamente addestrato, ed ubbidiente; ma, siccome egli è un puledro spiritoso, non bisogna toccarlo nè colla frusta nè cogli speroni.
Combien en demandez-vous?	Quanto ne chiedete?
Quel prix en demandez-vous?	Che prezzo ne domandate?
Combien voulez-vous le vendre?	Quanto lo volete vendere?
On m'en a offert plus d'une fois cinquante livres sterling, et je les ai refusées: je vous le laisserai pour soixante.	Mene hanno esibito più d'una volta cinquanta lire sterline, e le ho rifiutate: glielo lascerò per sessanta.
C'est bien cher. C'est un prix qui m'effraie.	È carissimo. È un prezzo che mi spaventa.
Examinez, monsieur, la tête, le poitrail et les jambes de ce cheval. Il est parfait dans toutes ses parties. Il a une bouche à boire dans un verre.	Osservi la testa, il petto, e le gambe di questo cavallo. E perfetto in tutte le sue parti. Egli ha una bocca da bere in un bicchiere.
Je m'en vais le louer pour quinze jours; et, si je lui trouve les qualités que je cherche, nous nous arrangerons.	Lo prenderò a nolo per quindici giorni; e, se avrà quelle buone qualità ch'io desidero, ci aggiusteremo.

320

Of materials for writing. Departure and arrival of letters.	Schreibmaterialien. Abgang und Ankunft der Briefe.
For how much is he to be hired? Ten francs a day.	Für wie viel vermiethen Sie es? Zehn Franken täglich.

Of materials for writing. Departure and arrival of letters.	**Schreibmaterialien. Abgang und Ankunft der Briefe.**
(see p. 180.)	(siehe S. 180.)
I want to write a letter, but have no ink-stand. May I use yours?	Ich muss einen Brief schreiben, und habe kein Schreibzeug. Darf ich das Ihrige gebrauchen?
Take it, Sir, and use it as long as you like.	Nehmen Sie es, mein Herr, und gebrauchen Sie es, so lange Sie wollen.
Is there a stationer's shop in the neighbourhood? There is one in this street; the third or fourth shop to the left, on going out.	Wohnt ein Papierhändler in der Nähe? Es ist einer in dieser Strasse, der dritte oder vierte Laden links, wenn man zur Thür hinaus geht.
I wish to have a quire of letter-paper, a dozen envelopes, a quire of note-paper, wafers, sealing-wax, ink, a penholder and pens.	Ich wünschte ein Buch Briefpapier, ein Dutzend Briefcouverts, ein Buch Schreibpapier, Oblaten, Siegellack, Dinte, einen Federhalter und Federn zu kaufen.
Waiter, go and buy what the gentleman wants.	Kellner, gehen Sie, um zu kaufen, was der Herr braucht.
Yes, I will thank you to do so. Here is some money; will five francs be enough?	Ja wohl, Sie werden mir einen Gefallen erzeigen. Hier ist Geld; werden fünf Franken genug sein?
Yes, Sir; I think so.	Ich glaube wohl, mein Herr.

321

De tout ce qui est nécessaire pour écrire. Départ et arrivée de lettres.	Di quanto è necessario per scrivere. Partenza ed arrivo delle lettere.

Combien voulez-vous le louer?

Quanto volete di nolo?

Dix francs par jour.

Dieci franchi al giorno.

De tout ce qui est nécessaire pour écrire. Départ et arrivée des lettres.

(voyez p. 181.)

Di quanto è necessario per scrivere. Partenza ed arrivo delle lettere.

(vedi p. 181.)

J'ai besoin d'écrire une lettre, et je n'ai point d'écritoire. Puis-je me servir de la vôtre?

Ho bisogno di scrivere una lettera, e non ho calamajo. Posso servirmi del vostro?

Prenez-la, monsieur, et servez-vous en autant que vous voudrez.

Lo prenda pure, e sene serva con suo comodo.

Y a-t-il un papetier ici près?

C'è un cartajo qui vicino?

Il y en a un dans cette rue, la troisième ou quatrième boutique à votre main gauche, en sortant de la porte.

Ven' è uno in questa strada, la terza o la quarta bottega, a man sinistra, nell' uscire dalla porta.

Je voudrais acheter une main de papier à lettres, une douzaine d'enveloppes, une main de papier écolier, des pains à cacheter, de la cire d'Espagne, de l'encre, un porte-plume et des plumes.

Vorrei comprare un quinterno di carta da lettere, una dozzina di coperte, un quaderno di carta, delle ostie, della cera lacca, dell' inchiostro, un manico di penna e delle penne.

Garçon, allez acheter ce dont monsieur a besoin.

Cameriere, andate a comprare ciò che comanda questo signore.

Oui, vous me ferez plaisir. Tenez, voilà de l'argent: cinq francs suffiront-ils?

Sì, mi farete piacere. Prendete questo danaro: basteranno cinque franchi?

Oui, monsieur; je crois que oui.

Sì, signore; credo di sì.

Of materials for writing. Departure and arrival of letters.	Schreibmaterialien. Abgang und Ankunft der Briefe.
You will buy me also a quire of blotting paper.	Kaufen Sie mir auch ein Buch Löschpapier.
In the mean-time make use of this sheet.	Bedienen Sie sich unterdessen dieses Bogens.
I am much obliged to you.	Ich bin Ihnen sehr dankbar.
If that pen is not good, take this; and here is the penknife, you can cut it to your liking.	Wenn die Feder nicht gut ist, so nehmen Sie diese; und hier ist das Federmesser. Sie können sie nach Ihrer Hand schneiden.
I have a penknife, but I have not my seal: will you lend me yours?	Ich habe ein Federmesser, habe jedoch mein Petschaft nicht; wollen Sie mir das Ihrige leihen?
With-pleasure.	Mit Vergnügen.
When does the post for England depart?	Wann geht die Post nach England ab?
The post-days are: Mondays, Wednesdays, Thursdays, and Saturdays, before twelve o'clock. The letters must be prepaid, otherwise they will not be sent.	Die Posttage sind: Montag, Mittwoch, Donnerstag und Samstag vor zwölf Uhr. Die Briefe müssen frankirt werden, sonst werden sie nicht abgesendet.
And on what days do they arrive?	Und an welchen Tagen kommen sie an?
Saturdays, Mondays, Tuesdays, and Fridays, sometimes at one hour, sometimes at another, on account of the uncertainty of the sea-passage.	Samstags, Montags, Dienstags und Freitags; zuweilen zu dieser Stunde, zuweilen zu einer andern, wegen der Ueberfahrt übers Meer.
I thank you for the information you have had the kindness to give me.	Ich danke Ihnen für die Auskunft, die Sie so gütig waren, mir zu geben.
There is no occasion.	Nicht Ursache.
There is the waiter with the paper; I shall go up to my room.	Da ist der Kellner mit dem Papiere. Ich werde hinauf auf mein Zimmer gehen.

323

De tout ce qui est nécessaire pour écrire. Départ et arrivée de lettres.	Di quanto è necessario per scrivere Partenza ed arrivo delle lettere.
Vous m'acheterez aussi une main de papier brouillard.	Comprerete anco un quinterno di carta sugante.
Servez-vous, en attendant, de cette feuille-ci.	Frattanto si serva di questo foglio di carta.
Bien obligé.	Obbligatissimo.
Si cette plume n'est pas bonne, prenez celle-ci ; et puis voilà le canif, et taillez-la à votre goût.	Se quella penna non mette bene, prenda questa ; e poi ecco il temperino, e sela temperi a suo genio.
J'ai un canif, mais je n'ai pas mon cachet : voulez-vous me prêter le vôtre ?	Ho un temperino, ma non ho qui il mio sigillo : volete imprestarmi il vostro ?
Très volontiers.	Volentierissimo.
Quand est-ce que part la poste d'Angleterre ?	Che giorno parte la posta d'Inghilterra ?
Les jours de départ sont : le lundi, le mercredi, le jeudi et le samedi de chaque semaine avant midi. Il faut affranchir les lettres, autrement elles ne partiraient pas.	I giorni di partenza sono : il lunedì, il mercoledì, il giovedì, ed il sabbato di ogni settimana, prima di mezzo giorno. Bisogna francar le lettere, altrimenti non partirebbero.
Et quels sont les jours de l'arrivée ?	E quali sono i giorni dell' arrivo ?
Le samedi, le lundi, le mardi et le vendredi ; tantôt à cette heure, tantôt à une autre, à cause du passage de la mer.	Il sabbato, il lunedì, il martedì e il venerdì ; quando ad un' ora, quando ad un altra, a cagione del passaggio del mare.
J? vous remercie des renseignements que vous avez bien voulu me donner.	Vi ringrazio dei ragguagli, che vi siete compiaciuto darmi.
Il n'y a pas de quoi.	Oh ! ella burla.
Voici le garçon avec le papier ; je vais monter dans ma chambre.	Ecco che viene il cameriere colla carta ; voglie ascendere nella mia stanza.

21*

Letters and notes.

Card of invitation.

Mrs. N. has the honour of presenting her compliments to Mr. M. and requests the favour of his company to-morrow evening. There will be music, and Mrs. L., whose delightful voice he has so long wished to hear, will sing.

Note of apology.

Mr. M. requests Mrs. N. will have the kindness to excuse his not being able to accept her obliging invitation, as he has been confined to the house by indisposition during the last three days. He regrets exceedingly that he must lose such a favorable opportunity as that which Mrs. N. offers him of hearing so celebrated a singer, and as soon as his health permits he will call on Mrs. N. to render his

Briefe.

Einladungsschreiben.

Frau N. hat die Ehre, sich Herrn M. zu empfehlen und ihn zu bitten, morgen den Abend bei ihr zuzubringen. Es wird musicirt werden und Frau L. wird singen, deren schöne Stimme Herr M. längst zu hören wünschte.

Entschuldigungsschreiben.

Herr M. bittet Frau N., ihn geneigtest entschuldigen zu wollen, dass er die gütige Einladung nicht annehmen kann, indem er seit drei Tagen wegen einer Unpässlichkeit das Zimmer hüten muss. Er bedauert ausserordentlich, die ihm durch die Güte der Frau N. gebotene vortreffliche Gelegenheit, eine so berühmte Sängerin zu hören, nicht benutzen zu können. Sobald seine Gesundheit es erlaubt, wird er sich zu

Lettres et billets.

Billet d'invitation.

Madame N. a l'honneur de souhaiter le bonjour à Mr. M., et de le prier vouloir bien venir demain passer la soirée chez elle. On fera de la musique, et Mr. M. entendra la belle voix de madame L., qu'il désire entendre depuis longtemps.

Billet d'excuse.

Mr. M. prie madame N. de vouloir bien agréer ses excuses de ce qu'il se trouve hors d'état de profiter de son aimable invitation, étant retenu chez lui depuis trois jours par une indisposition. Il regrette vivement d'être obligé de manquer une aussi belle occasion que celle que madame N. lui offre d'entendre une si célèbre cantatrice, et aussitôt que sa santé le lui permettra, il s'empressera de se présen-

Lettere e viglietti.

Viglietto d'invito.

Il signor M. resta riverito dalla signora N., e l'invita a venire dimani sera alla di lei conversazione. Vi sarà una piccola accademia. E il signor M. sentirà la bella voce della signora L., che già da gran tempo desidera sentire.

Viglietto di scusa.

Essendo il signor M. ritenuto in casa da tre giorni in quà da indisposizione, supplica la signora N. a degnarsi averlo per iscusato, se non può approfittare del di lei cortese invito. Le dispiace moltissimo d'esser obbligato a lasciare sfuggire una così bella occasione offertagli dalla signora N. di sentire la celebre virtuosa, e subito che glielo permetterà la di lui salute, non mancherà di recarsi dalla si-

326

Note of invitation. — A note after not finding a person at home.	Einladungsschreiben. — Billet, wenn man Jemand nicht zu Hause gefunden hat.
thanks in person for her attention in thinking of him. In the mean-time he has the honour of assuring her of his profoundest respect.	Frau N. begeben, um ihr auf das Lebhafteste seinen Dank auszusprechen, dass sie an ihn gedacht. Unterdessen hat er die Ehre, seine gehorsamsten Empfehlungen darzubringen.

Note of invitation.

I have just arrived from the country, and hasten to inform you that I shall be at home all day. If you will therefore take the trouble to call, you will be sure to find me alone. Do not disappoint me, as I have something to communicate to you of the greatest importance to yourself. Adieu.

Einladungsschreiben.

Soeben vom Lande gekommen, beeile ich mich Sie zu benachrichtigen, dass ich den ganzen Tag zu Hause sein werde. Wenn Sie sich daher zu mir bemühen wollen, werden Sie mich sicher allein treffen. Ich bitte sehr, nicht auszubleiben, da ich Ihnen etwas von der grössten Wichtigkeit für Sie mitzutheilen habe. Leben Sie wohl.

A note after not finding a person at home.

In accordance with her kind permission Mr. N. took the liberty of calling on Mrs. N. He is extremely sorry not to have found her at home, and requests she will have the goodness to let him know at what time she can see him to-morrow. Meanwhile he begs, that she will accept his kind regards.

Billet, wenn man Jemand nicht zu Hause gefunden hat.

Herr N. war zufolge gütiger Erlaubniss so frei, sich bei Frau N. melden zu wollen. Er bedauert ungemein, sie nicht zu Hause getroffen zu haben, und bittet um gütige Benachrichtigung, wann er sie morgen sehen kann. Unterdessen bittet er um die Erlaubniss, sich gehorsamst empfehlen zu dürfen.

327

Billet d'invitation. — Billet quand on ne trouve pas une personne chez elle.	Viglietto d'invito. — Viglietto quando non si trova una persona in casa.
ter chez madame N. pour lui renouveler de vive voix ses remercîments pour l'attention qu'elle a eue de penser à lui. En attendant il a l'honneur de la prier de vouloir bien agréer avec bonté l'assurance de son respect.	gnora N. per ripeterle di viva voce i suoi ringraziamenti per la gentilezza che ha avuta di non porlo in obblio. Frattanto la prega di gradire i di lui rispettosi ossequj.

Billet d'invitation.

Viglietto d'invito.

Je viens d'arriver de la campagne, et je m'empresse de vous faire savoir que je serai chez moi toute la journée. En conséquence si vous voulez vous donner la peine de passer chez moi, vous serez sûr de me trouver seul. Je vous prie de ne pas manquer, car j'ai à vous communiquer quelque chose de très grande importance pour vous. Adieu.

Giunto dalla villa, vi fo sapere che starò in casa tutta la giornata. Onde se volete darvi l'incomodo di portarvi a casa mia, sarete sicuro di trovarmi solo. Vi prego a non mancare di venire, avendo da parteciparvi una cosa di somma importanza per voi. Vi saluto.

Billet quand on ne trouve pas une personne chez elle.

Viglietto quando non si trova una persona in casa.

Mr. N. s'est présenté chez madame N., d'après la permission qu'elle avait bien voulu lui accorder de venir la voir. Il est très fâché de ne l'avoir pas trouvée chez elle, et la supplie de vouloir bien lui faire savoir l'heure à laquelle elle pourra le recevoir demain. En attendant, il la prie de vouloir bien agréer l'assurance de son respect.

Il signor N. si è presentato alla casa della signora N. secondo la permissione ch'essa erasi compiaciuta dargli. Gli dispiace molto di non averla trovata in casa, e la supplica degnarsi fargli sapere a che ora potrà riceverlo domani. Frattanto la prega di gradire i di lui rispettosi ossequj.

328

Answer. — Note of invitation.	Antwort. — Einladungsschreiben.

Answer.

Mrs. N. presents her compliments to Mr. N., and requests that he will excuse her not being at home yesterday when he called. To-morrow she will be at home all day, and Mr. N. will therefore be sure to find her.

Antwort.

Frau N. hat die Ehre, sich Herrn N. zu empfehlen, und bittet zu entschuldigen, dass sie gestern nicht zu Hause war, als Herr N. sich zu ihr bemüht hatte. Morgen wird sie den ganzen Tag zu Hause sein, so dass Herr N. zu jeder beliebigen Stunde sie antreffen wird.

Note of invitation.

Mrs. N. presents her compliments to Mr. N., and requests the honour of his company to dinner on Thursday next at five o'clock. Mr. N. will have the pleasure of meeting the person whose acquaintance he wishes to make.

Einladungsschreiben.

Frau N. empfiehlt sich Herrn N. bestens, und bittet ihn, ihr die Ehre zu erzeigen, nächsten Donnerstag um fünf Uhr bei ihr zu Mittag zu speisen. Herr N. wird das Vergnügen haben, die Person zu treffen, deren Bekanntschaft er zu machen wünscht.

Note of invitation.

Mr. L.'s compliments to Mr. N., and begs to inform him, that next Monday is the day fixed for the shooting-party which he spoke of. If Mr. N. still wishes to go, he will please to keep himself ready, as Mr. L. will call for him on that day in his carriage, about eight in the morn-

Einladungsschreiben.

Herr L. hat die Ehre, sich Herrn N. ergebenst zu empfehlen, und ihm zu melden, dass die bewusste Jagdpartie nächsten Montag Statt findet. Wenn Herr N. noch die Absicht hat, mitzugehen, so möge er sich gefälligst bereit halten; Herr L. wird an dem bestimmten Tage Mor-

329

Réponse. — Billet d'invitation.	Risposta. — Viglietto d'invito.
Réponse.	**Risposta.**
Madame N. a l'honneur de saluer Mr. N., et de le prier de vouloir bien l'excuser si elle ne s'est pas trouvée chez elle quand il s'est donné la peine de s'y présenter. Demain elle sera à la maison toute la journée. En conséquence Mr. M. pourra y venir à l'heure qui lui conviendra, et il sera sûr de la trouver.	La Signora N., nell' atto che riverisce distintamente il signor N., lo prega di scusarla se non si è trovata in casa quando si è dato l'incomodo di presentarvisi. Ma dimani essa starà in casa tutta la giornata. Onde il signor N. potrà venire all' ora che sarà di suo comodo, e sarà subito ricevuto.
Billet d'invitation.	**Viglietto d'invito.**
Madame N. présente ses compliments à Mr. N., et le prie de lui faire l'honneur de venir dîner chez elle jeudi prochain à cinq heures. Mr. N. aura le plaisir de dîner avec la personne dont il désire faire la connaissance.	La signora N. riverisce distintamente il signor N., e lo prega di farle l'onore di venire a pranzo a casa sua giovedì prossimo alle cinque. Il signor N. avrà il piacere di desinare con quella persona che già da gran tempo egli desidera conoscere.
Billet d'invitation.	**Viglietto d'invito.**
Mr. L. a l'honneur de saluer Mr. N., et de lui faire savoir que lundi prochain est le jour fixé pour la partie de chasse dont il lui a parlé. Si Mr. N. est toujours dans l'intention d'y venir, il voudra bien se tenir prêt; car Mr. L. viendra le chercher ce jour-là avec sa voiture sur les huit	Il signor L. ha l'onore di riverire divotamente il Signor N., e gli fa sapere che lunedì prossimo è il giorno fissato per la caccia consaputa. Se il signor N. ha ancora la medesima intenzione di venirvi, si compiacerà ad essere pronto; imperciocchè il signor L. verrà col di lui legno a

Letter of introduction.	Empfehlungsschreiben.
ing. He requests the favour of an answer by the bearer.	gens 8 Uhr bei ihm vorfahren. Er bittet durch den Ueberbringer um Antwort.

Letter of introduction.	Empfehlungsschreiben.
The bearer of this letter is Mr. N. my intimate friend. He visits your town on some important business, and I have no doubt of his success, if you will have the kindness to assist him with your advice and support. When you know him, his merit will recommend him to you sufficiently: and, therefore, as I know his good qualities and the friendship you have for me, I take the liberty of recommending him warmly to your kindness, especially as my recommendations to you have never been in vain. I am, &c.	Der Ueberbringer dieses Briefes ist Herr N., mein intimer Freund. Er reiset nach Ihrer Stadt wegen eines wichtigen Geschäfts, und ich bezweifle nicht, dass er zum Ziele kommen wird, wenn Sie die Güte haben wollen, ihn Ihres Rathes und Ihres Schutzes zu würdigen. Wenn Sie ihn kennen lernen, wird er sich schon durch sich selbst empfehlen, und weil ich seine guten Eigenschaften und Ihre Freundschaft für mich kenne, nehme ich mir die Freiheit, ihn auf das Wärmste zu empfehlen, besonders da meine Empfehlungen bei Ihnen nie erfolglos waren. Ich habe die Ehre zu sein, &c.

331

Lettre de recommandation.	Lettera di raccomandazione.

heures du matin. Il le prie
de vouloir bien lui faire
un mot de réponse par le
porteur du présent.

prenderlo quel giorno ver-
so le otto del mattino. È
pregato di compiacersi a
mandargli un verso di ris-
posta per mezzo del latore
del presente viglietto.

Lettre de recommandation.

Lettera di raccomandazione.

La personne qui a l'honneur
de vous présenter cette
lettre, est Mr. N., mon ami
intime. Il se rend dans
votre ville pour une affaire
importante, et je ne doute
pas qu'il ne réussisse, si
vous daignez l'aider de vos
conseils et de votre pro-
tection. Quand vous le
connaîtrez, son mérite vous
le recommandera suffisam-
ment. En conséquence,
comme je connais ses qua-
lités, et l'amitié que vous
avez pour moi, je prends
la liberté de vous le re-
commander avec chaleur,
d'autant plus que mes re-
commandations n'ont ja-
mais été vaines auprès de
vous. Agréez l'assurance
etc.

La persona che ha l'onore di
presentarvi questa lettera,
è il signor N. mio amico
intimo. Egli si reca in co-
desta vostra città per una
certa sua faccenda, e spero
che gli verrà fatto di riu-
scire, se voi con la vostra
protezione, e col vostro
consiglio l'ajuterete. Quan-
do lo conoscerete, egli si
raccomanderà a voi col
suo proprio merito. Onde,
conoscendo io la molta sua
virtù, e la grandezza del
vostro amore verso di me,
mi fo animo a raccoman-
darvelo quanto so e posso;
principalmente non aven-
dovi fin' ora mai niuno de'
miei amici raccomandato
invano. Gradite l'assicu-
ranza &c.

Druck von J. B. Hirschfeld in Leipzig

Tarif des monnaies.	France.		Angleterre.			Prusse.		Allemagne du Sud au pied de 52½ fl.		Autriche au pied de 45 fl.	
	Fr.	c.	L.	s.	d.	Thlr.	sgr.	Flor.	kr.	Flor.	nkr.
FRANCE, BELGIQUE, ITALIE, SUISSE.											
Or.											
40 Francs	40	—	1	12	—	10	20	18	40	16	—
20 Francs (Napoléon)	20	—	—	16	—	5	10	9	20	8	—
10 Francs	10	—	—	8	—	2	20	4	40	4	—
Argent.											
5 Francs	5	—	—	4	—	1	10	2	20	2	40
1 Franc = 100 centimes (20 sous)	1	—	—	—	9½	—	8	—	28	—	—
ANGLETERRE.											
Or.											
Sovereign (Livre Sterling) = 20 shilling	25	—	1	—	—	6	20	11	40	10	—
½ - Sovereign	12	50	—	10	—	3	10	5	45	5	—
Argent.											
Crown (couronne)	6	25	—	5	—	1	—	2	55	2	50
½ - Crown	3	12	—	2	6	—	—	1	27	1	25
Florin	2	50	—	2	—	—	—	1	10	1	—
Shilling	1	25	—	1	—	—	—	—	35	—	50
PRUSSE.											
Or.											
Double-Frédéric d'or	42	50	1	14	—	11	10	19	50	17	—
Frédéric d'or	21	25	—	17	—	5	20	9	55	8	50
Argent.											
Pièce de 2 Thalers = 60 Silbergros	7	50	—	6	—	2	—	3	30	3	—
Thaler = 30 Silbergros	3	75	—	3	—	1	—	1	45	1	50
10 - (Silber-) Gros	1	25	—	1	—	—	10	—	35	—	30

Thaler = 30 Silbergros . . . .
10 -(Silber-)Gros . . . .
5 - Gros . (12 = 1 Thlr.) . . . . . .
2½ - Gros . (12 = 1 Thlr.) . . . . . .
1 (Silber-)Gros . . . .

BAVIÈRE. WURTEMBERG. BADE. NASSAU. GRANDDUCHÉ DE HESSE. FRANCFORT.

Argent.

Kronthaler . . . .
Pièce de 2 Thalers (de Prusse) . . . .
Thaler . . . .
Florin = 60 kreuzers . . . . . .
½ - Florin (pièce de 30 kreuzers) . . . .
Pièce de 6 kreuzers . . . . . .

AUTRICHE.

Or.

Souverain d'or . . . .
Ducat . . . .

Argent.

Thaler . . . .
Florin = 100 neu-kreuzer . . . . .
¼ Florin (pièce de = 25 neu-kreuzer) . . .

HOLLANDE.

Or.

10 - Florins (Willem d'or) . . . . . .
Ducat = 5 fl. 60 cents . . . . . .

Argent.

Birdollar à 2½ fl. . . . .
Florin (guilder) = 100 cents (20 stuivers) . .
Pièce de 5 stuivers (¼-Florin) . . . .

Pièce											
Thaler = 30 Silbergros	50	1	45	1		1		1		75	3
10-(Silber-)Gros	30		35		10		6			25	1
5-Gros	25		17		5		3			62	
2½-Gros	12		8½		2½		1¼			31	
1 (Silber-)Gros	5		3½		1					12	
Kronthaler	30	2	42	2	16	1	7	4	1	81	5
Pièce de 2 Thalers (de Prusse)		3	30	3		2		6		50	7
Thaler	50	1	45	1	16	1	8	3		75	3
Florin = 60 kreuzers	85		30		17		10	1		15	2
½-Florin (pièce de 30 kreuzers)	49		6		8½		2			7	1
Pièce de 6 kreuzers	8				12⅓					21	
Souverain d'or	10	14	27	16	12	9	3	8		50	35
Ducat	75	4	32	5	5	3	6	9			12
Thaler	50	1	45	1		1		3		75	3
Florin = 100 neu-kreuzer		1	10	1	20		6	2		50	2
¼ Florin (pièce de = 25 neu-kreuzer)	25		17		5					62	
10-Florins (Willem d'or)	25	8	38	9	15	5	6	16		38	20
Ducat = 5 fl. 60 cents	75	4	32	5	5	3	6	9			12
Birdollar à 2½ fl.	10	2	30	2	12	1	2	4		30	5
Florin (guilder) = 100 cents (20 stuivers)	85		15	1	17		8	1		15	2
Pièce de 5 stuivers (¼-Florin)	20				4		5			50	

『対訳名物図編』影印

『対訳名物図編』影印凡例

一、以下は市川清流編『対訳名物図編』（慶応三 1867 年九月序刊）の影印である。影印原本は櫻井豪人蔵本である。

一、表紙・本文ともほぼ原寸大で収録した。

一、本文にある汚れや書き入れは、編著者の責任において消去した。

『対訳名物図編』見返し

附言

其圖ヲ闕キ虚格ヲ其儘存シテ上梓シ聊先ニ其責

輩螢ノ此著有ヲ知テ請需ムル日ニ切ナリ依テ姑ク

正ヲ苟且セス思ハス數月ヲ彌リテ未卒業ノ際學童

其物々ヲ詳悉シテ能ク杜撰無カラン事ヲ欲ス故ニ技

彼ニノミ有テ我ニ無キ物マ少ナカラス編者畫工共ニ

圖ヲ出ス可而テ今其圖ヲ加エサル者ハ編中其物ノ

此書名ケテ圖編ト曰フ固ヨリ宜シク二名物毎ニ

慶應三丁卯歳晩秋日　　　買山迂夫誌

サル可シ看ン人幸ニ此ヲ亥卒ノ擧ヲ尤ムル勿レ

出ルノミ猶精嚴シテ密圖ヲ塡塞スル數日ノ中ヲ出

ヲ塞ク實ニ梅林ヲ説テ渇ヲ止ルノ副急已ヲ得サル三

パート Part	I.	ホルスト

第一篇

table. ・テーブル	Paper. ペープル
机 ツクエ	紙 カミ
bench. ペヌチ	Ink. イヌキ
牀几 コシカケ	墨汁 スミ
pen. ペヌ	inkstand. イスキステヌド
筆 フテ	墨斗 スミイレ
penknife. ペヌナイフ	slate. スレート
修筆刀 フデキリ コガタナ	石盤 セキバン

slatepencil. スレートペヌシル	book. ブック
石盤用筆 セキバン/フデ	書籍 ホン
ruler. ルーレル	copy-book. カッピーブック
界尺 デウキ	冊子 サウシ
leadpencil. レードペヌシル	writing. ライチング
石筆 セキヒツ	著述又書物
letter. レットル	page. ページ
文字又手簡	片面紙 カミノカタメン
line. ライヌ	copy カッピー
一行 ヒトクダリ	写書 ウツシ

leaf.	リーフ	exercise.	エキセルサイス
	一枚 イチマイ		習文稿 ブンエガキ
penholder.	ペヌホールダ	Sealingwax.	シイリンウワックス
	筆挿 フデイレ		火漆 フウジロウ
Sand.	サヌド	Wafers.	ウヱーフルス
	砂 スナ		封粘 フウノリ
sandbox.	サヌドボックス	master.	マストル
	砂函 スナイレ		師匠 シシヤウ
foldingstick.	フヲーヂヌスチック	preceptor.	プレセプトル
	裁紙箆 カミキリヘラ		先生 センセイ

scholar. スコラル	pupil. ピユーピル
塾生 ジュクセイ	弟子 デシ

パート **Part** II. シッコヌト

第 二 篇

ダイニヘン

world. ウヲノ・ド	Earth. イールツ
世界 セカイ	地 ツチ
Air. エイル	Water. ウヲートル
空氣 クウキ	水 ミヅ
Fire. フハヤ	Heaven. ヘエヴヌ
火 ヒ	天 アン

horizon. ホライゾヌ	Moonlight. ムーヌライト
水平 スイヘイ	月光 ツキノヒカリ
sun. ソヌ	stars. スタルス
日 ヒ	星 ホシ
sunbeams. ソヌビームス	milky way. ミルキーウェー
日光線 ヒノヒカリスチ	天漢 アマノカハ
moon. ムーヌ	planet. プレチット
月 ツキ	行星 カウセイ
Full moon. フールムーヌ	comet. コメット
満月 マンゲツ	彗星 ハホシ

Light. ライト		Night. ナイト	
	光又明 ヒカリ 又アカリ		夜 ヨル
Darkness. ダーク子ス		Heat. ヒート	
	暗闇 クラヤミ		暑 アツサ
Twilight. トワイライト		Cold. コールド	
	薄暗 ウスクラキ		寒 サムサ
shade. シュート		Warmth. ウヲームス	
	影 カゲ		暖 アタヽカ
Day. デーイ		Flame. フレイム	
	晝 ヒル		炎 ホノヲ

Spark. スパアク		Thunder. サヌドル	
	火花 ヒバナ		雷 カミナリ
Smoke. スムーク		cloud. クラウド	
	煙 ケフリ		雲 クモ
Steam. スチーム		weather. ウェーゾル	
	蒸氣 ジョウキ		天氣 テンキ
Lightning. ライトニング		storm. ストーム	
	稲妻 イナヅマ		暴風雨 アラシ
Sheet lightning. シートライトニー		Rain. レイヌ	
	電光 イナビカリ		雨 ノメ

rainbow.	レイヌボヲー	虹	ニジ	Hoar frost.	ホーフロスト	霜	シモ
Snow.	スノウ	雪	ユキ	Ice.	アイス	氷	コホリ
Hail.	ヘイル	霰	アラレ	icicle.	アイシキル	氷柱	ツラヽ
fog.	フヲグ	霧氣	キリ	earthquake.	エルツクエーキ	地震	ヂシン
Dew.	デュー	露	ツユ	wind.	ウイヌド	風	カゼ

hurricane. ハリケヌ	大暴風 ヲホ アラシ	Dryness. ドライ子ス	燥 カワキタルフ
East. イースト	東 ヒガシ	Moisture. モイスチュール	濕 シメリタルフ
South. サウス	南 ミナミ	Dust. デスト	飛塵 ホコリ
West. ウエスト	西 ニシ	Sand. サヌド	砂 スナ
North. ノ ハルツ	北 キタ	stone. ストヲヌ	石 イシ

Mud. マァッド	hill. ヒル
泥 ドロ	丘 ヲカ
plain. プレイヌ	foot. フート
平地 ヒラチ	麓 フモト
valley. ヴヱルレイ	summit. ソヌミット
谷 タニ	巓 イタヾキ
declivity. ディクリフィチー	rock. ロッノ
下阪 クダリサカ	岩 イハ
mountain. マヌテヌ	brook ブルーク
山 ヤマ	潺湲 コヾカレ

river. リヴル	current. カアレヌト
川 カハ	流 ナガレ
bed ド of ヲ a ニ river. リヴル	lake. レーキ
河身 カハミ カハセ	湖 ミヅウミ
source. ソース	pond. ポヌド
源 ミナモト	池 イケ
mouth. マウス	marsh. マアシ
水朝海處	沼 ヌマ
bank. ベヌク	fountain. フヲヌ テヌ
河邊 カベリ	機關澱水

waterfall. ウヲートホール	archipelago. アーキ ペレゴー
飛泉 チモサキ タキ	多嶋海 タトウ カイ
land. レヱヌド	Baltic. ボル チック
陸地 クガチ	東海 トウ カイ
native country. チーテフ コヌ チリイ	North-Sea. ノルツ シー
本國 ホンコク	北海 ホク カイ
ocean. ヲセヌ	Channel. チェンヌ
大洋 オホウミ	海峽 カイ カフ
Mediterranean. メヂテル レニヱヌ	continent. コヌ チ子ヌト
地中海 チチウ カイ	大地 ダイチ

island. アイラヌド		coast. コウスト	
	嶋 シマ		渚 ナギサ
peninsula. ペニヌシラ		cliff. キリフ	
	枝嶋 チ丶キノシマ		断岸 キリシ
cape. ケープ		shoal. ショゥル	
	岬 ミサキ		淺瀬 アサセ
isthmus. イスムス		sandbank. セヌドバヌク	
	地峡 チカフ		沙洲 スナス
bay. ベイ		strait. ストレイト	
	海湾 イリヱ		海腰 ウミノセト

waves. ウエーフス	tide. タイド
波 ナミ	潮 シホ
High and low tide. ハイ ロウ タイド	water-spout. ウヲータ スパウト
満潮及干潮 マンテウオヨビヒデウホ	龍騰水 タツマキ
パート *Part*	III. ソルツ
第 三 篇 ダイサンペン	
fleet. フリイト	vessel. ウエッス
海軍隊 カイグンタイ	舩 フ子
navy. 子ェビ	boat. ボウト
海軍 カグン	小舟 コフ子

sloop. スルーフ	transport. トラヌスポート
脚舩 ハシフ子	陸軍運送舩
steamboat. スチームボート	sails. セイルス
蒸氣舩 シャウセンキ	帆 ホ
screw-steamer. スクルウスチーマ	keel. キール
螺旋機火舩	龍骨 マギリガハラ
man-of-war. メノヲフワア	hold. ホールド
軍艦 ダンカン	艙 ニヨウリ
merchant-vessel. マーチェヌトヴェセル	deck. デッキ
商舩 アキナヒフ子	甲板 カンバン

對譯名物圖編

mast.	マァスト	檣	ホハシラ	sail-yard.	セイルヤァド	帆架	ホゲタ
cabin.	ケビヌ	舩房	センチヤツ	flag.	フレェゲ	旗	ハタ
hatches.	ヘチエス	艙口	カンパンデイリクチ	pennon.	ペヌノヌ	長旗	ナガハタ
stern.	スタァヌ	艫	トモ	rudder.	ラダ	舵	カヂ
how.	ボウ	舳	ヘ	oar.	ヲー	檝	カイ

rigging. リッギヌ	compass. カヌパス
綱具 ハフネツ	針盤 ジシャク
cable. ケーブル	Starboard. スタボールド
碇綱 イカリ ツナ	右舷 オモカヂ
anchor. エヌコー	port. ポート
碇 イカリ	左舷 トリカヂ
ports. ポツ	freight. フレート
舩砲門 フネノ ハウモン	運賃又荷物
sounding-lead. サウヌデヌレッド	admiral. エドミラル
測量錘 サグリ	水軍総督

vice-admiral.	ワイスエドミラル	副總督	フクソウトク
pilot.	パイロット	船程導キ者	
captain.	ケピッテヌ	舩將	センシヤウ
pirate.	パイレート	海賊	カゾク
lieutenant.	リフテチヌト	次將	ジシヤウ
Shipwreck.	シップレッキ	破舩	ハセン
midshipman.	ミドシッフメヌ	傳令者 即書	見書
light-house.	ライトハウス	燈明臺	ミトヤウダイ
sailors.	セーロルス	水夫	スイフ
harbour.	ハアボー	舩懸場	フ子オキバ

army. アーミイ	colonel. ケェ子ウル
軍勢 グン セイ	元帥 センニン カシラ
commander-in-chief.	lieutenant-colonel.
提督 コマヌテイン ナーフ ソウ タイシャウ	副師 リフテ子スト ケェ子ウル カシラ スケ
general. ゼ子ラル	majer. メジョル
都督 タイシャウ	校尉 カシラ ワキ
lieutenant-general.	captain. ケェピッテヌ
副都督 リフテ子スト ゼ子ラル タイシャウ ノスケ	隊長 ヒャクニン カシラ
major-general. メジョ ゼ子ラル	lieutenant. リフテ子ヌト
都校尉 タイシャウ ワキ	副長 ヒャクニン カシラ スケ

ensign. エヌサエヌ	fifer. フワイフ
護旗官 ハタモナ	笛手 フエフキ
sergeant. サアゼヌト	regiment. レジメヌト
伍監 アシガルメツケ	隊名 八百十二百
corporal. コウプル	battalion. ブタイレヲヌ
伍長 コカシラ	同上四百又六百
priwate プライウェート	company. カンペニー
卒 アシガル	同上一百人隊
drummer.ダラァマメル	squadron. スクワァドロヌ
鼓手 タイコウナ	騎隊名 八十二十

英語	発音	訳語	英語	発音	訳語
rank.	リヱヌキ	列 レツ	engineers.	エヌジニールス	築城者 チクジャウシャ
infantry.	イヌフェステリー	歩軍 ホグン	pioneer.	パヨニール	開路卒 即土坑兵
cavalry.	ケヴェルリー	騎軍 キグン	trumpeter.	ツラヌペトル	喇叭手 ラツパフキ
artillery.	アーチルレリー	砲軍 ハウグン	sentinel	セヌテ子ル	番兵 ハリバン
cannoneer.	ケノニール	砲手 ウチカタ	colours.	カレェース	軍旗 グンダイハタ

standard. ステヱヌドド		sword. スウヲード	
	纛旗 ホンヂシ ハタ		刀 カタナ
uniform. ユニフャーム		gun. ガヌ	
	軍装 シウゾウ		銕砲 テパウ
helmet. ヘルメット		hayonet. ベヨ子ット	
	兜 カブト		銃鎗 ツシキノ ケシ
lanee. レヌス		cartridge-loach. カルチリーヂポウチ	
	鎗 ヤリ		銃包函 パトロン イレ
sabre. セヱブル		knapsack. チッフ°スヱック	
	劍 ケン		負嚢 ランドセル

ball. ボール	cannon. ケヌノヌ
實丸 ジツハウワン	迦砲 カノンハウ
powder. パアダ	mortar. モータル
火藥 クワヤク	臼砲 モルチール
pistol. ピストル	howitzer. ハウイッヅア
短銃 タンジユウ	射擲煩 ハウイッツル
carbine. カアバヱヌ	shell. シエール
騎銃 キジユウ	空丸 ワダルマ
rifle. ライフル	tent. テヌト
旋條銃 スヂハ	天幕 テンマク

garrison. ゲリズヌ	戍兵 カタメヘイ	embrasure. エンブラジユーラ	砲門 ハウモン
fortress. フヲートレス	要害壘 ヨウガイ／トリデ	battle. ベットル	合戦 カッセン
rampart. レヌパルト	壘壁 ヒトガマヘ	engagement. エンゲージメヌト	戰 タヽカヒ
ditches. ヂッチイス	濠 ホリ	siege. シージ	向城 ムカヒ／ジロ
parapet. ペェラペット	護脇壁 ゴキ	battle field. ベッツールヒールド	戰場 タヽカヒハ

victory.	ウイクトリー	year.	イヤア
	勝軍 カチ		一年 イチネン
defeat.	デフィート	Leap-year.	リープ イヤア
	負軍 マケ		閏年 西洋ニテ三百六十六日
retreat.	リッツイト	month.	マヌツ
	退軍 シリゾキ		一月 ヒトツキ
flight.	フライト	week.	ウイーキ
	敗走 ハイゾウ		一週 即七日ヲ
century.	センチリー	day.	デヱ
	百年 ヒャクネン		一日 イチニチ

十三

hour.	アーワ	一時 六十分ヲ云	Summer.	サアマル	夏 ナツ
minute.	ミニイト	分 六十秒ヲ云	Autumn.	ヲーツム	秋 アキ
second.	シェコヌド	秒 凡呼嚼ヲ云	Winter.	ウヌタァ	冬 フユ
seasons.	シーズヌズ	四季 シキ	January.	ビェニアリー	正月 シャウグワツ
Spring.	ヌプリヌグ	春 ハル	February.	フェブリュアリー	二月 ニグワツ

March. マアチ	三月 サングワツ	August. ヲーグ゛スト	八月 ハチグワツ
April. ヱプリル	四月 シグワツ	September. スッテヌバ	九月 クグワツ
May. メヱイ	五月 ゴグワツ	October. ヲクトーバ	十月 ジスグワツ
June. ジゥヌ	六月 ロツグワツ	November. ノーヱヌバ	十一月 ジフイチグワツ
July. ジユーライ	七月 シチグワツ	December. テッセヌバ	十二月 ジフニグワツ

Sunday. ソヌデイ	日曜日 ニチエウニチ	Friday. フライデイ	金曜日 キンエウニチ
Monday. モヌデイ	月曜日 グワツモウニチ	Saturday. サァチュルデイ	土曜日 ドエウニチ
Tuesday. チユースデイ	火曜日 クワエウニチ	holiday. ホリデイ	休業日 ヤスミヒ
Wednesday. ウヱヌスデイ	水曜日 スイエウニチ	New-year's-day. ニューヱースデイ	元日 グワンジツ
Thursday. スァスデイ	水曜日 モクエウニチ	morning. モーニヌ	朝 アサ

forenoon. フヮールヌーヌ	sunrise. スァヌライズ
午時前 ヒルマヘ	日出 ヒノデ
Noon. ヌーヌ	sunset. スァヌセット
午時 ヒル	日没 ヒノイリ
evening. イウヴニヌ	Man. メヌ
夕 ユウベ	人 ヒト
Night. ナイト	Man. メヌ
夜 ヨル	男 ヲトコ
Midnight. ミッドナイト	Woman. ウーメヌ
夜半 ヨナカ	女 ヲンナ

baby. ベェベイ	gentleman. ゼストルメヌ
赤子 アカゴ	士人 シジン
little boy. リットルボーイ	Infancy. イヌ子ヌシイ
童児 五七歳ヲ云	効年 ヨウヂン
maid. メイド	Youth. ユース
下女 ゲジョ	老年 十五歳以上 苹歳以下
bachelor. ベッチェラ	Age. ヱージ
未配寓人 ヒトリミノヒト	老年又年齢
girl. ゲエル	Dirth. バルス
處女 ハメメ	誕生 タンジャウ

Life. ライフ	生命 ナガラヘ	descendants. デセヌ デヌツ	後胤 シソン
Death. ディス	死 シニ	father. ファーゾ	父 チ、
family. フェミリイ	妻子又親類	mother. マーゾ	母 ハ、
parents. ペーレヌツ	二尊 フタオヤ	grandfather. グレヱヌド ファーゾ	祖父 ギイ
ancestors. エヌセストス	先祖 トホツオヤ	grandmother. グレヱヌド マーゾ	祖母 バ、

great-grandfather. (ファーズ グレイトダレヌド)	曾祖父 ヒヂイ	mother-in-law. (マーザ イヌロウ)	姑 シウトメ
great-grandmother. (ゲヤーヅ グレイトダレヌド)	曾祖母 ヒバ、	children. (チルドレヌ)	衆兒 ユドモラ
stepfather. (ステップ ファーヅ)	継父 マヽチ、	Twins. (トイヌス)	孿子 フタゴ
stepmother. (ステップ マーヅ)	継母 マ、ハ、	son. (ソヌ)	息男 ムスコ
father-in-law. (ファーザ イヌロウ)	舅 シウト	daughter. (ドータ)	息女 ムスメ

grandson. グレヌドソヌ

孫息　マゴ／ムスコ

granddaughter. グレヌド／ドータ

女孫　マゴ／ムスメ

great-grandson. グレヌト／グレヌドソヌ

曾孫　ヒマゴ

stepson. ステップソヌ

継子　ママコ

stepdaughter. ステップ／ドータ

継女　ママムスメ

brother. ブラザ

兄弟　アニ／オトウト

sister. シスタ

姉妹　ア子／イモウト

brother-in-law. ブラザ／イヌロウ

姉妹ノ夫又妻ノ兄弟

sister-in-law. シスタ／イヌロウ

兄弟ノ妻又妻ノ姉妹

son-in-law. ソヌ／イヌロウ

婿　ムコ

daughter-in-law. ドーツイヌロウ	婦 ヨメ	bridegroom. ブライドグルーム	新夫 ハナムコ
uncle. アヌクル	伯叔父 オヂ	bride. ブライド	新婦 ハナヨメ
aunt. アーヌト	伯叔母 オバ	Marriage. メーリージ	嫁娶 ヨメトリ
cousin. カズヌ	従兄弟 イトコ	consort. コヌソルト	夫妻 但尊貴ニ用
female cousin. ヒメールカズヌ	従姉妹 イトコメ	widower. ウイドーワ	鰥夫 ヤモオ

widow. ウイドーウ	midwife. ミドウイフ
寡婦 ヤモメ	収生婆 トリアゲ バンバ
guardian. ガアヂエス	nurse. 子ヱス
後見 ウシロミ	乳母又傳婢 メ ノト
orphan. ヲーフヌ	friend. フレヱヌド
孤 ミナシゴ	懇親人 チンブロ ヒト
パート Part	IV. フヲアー
第 四 篇	ダイシヘン
skeleton. スケレットヌ	limbs. リムス
骸骨 ヒトノ ホ子	四肢 テアシ

skin.	スキヌ	fat.	フェット
	皮 カワ		脂 アブラ
pores.	ポワース	blood.	ブラァド
	毛孔 ケアナ		血 チ
bones.	ボーヌス	veins.	ウエヌス
	諸骨 ホ子ヘ		静脈 赤血ノ循環ラ云
marrow.	メロウ	arteries.	アーチリース
	髄 ズイ		動脈 黒血ノ循環ラ云
flesh.	フレン	nerves.	子ーフス
	肉 ニク		神經 シラスナ

muscles. マッスルス	brain. ブレイヌ
筋 スヂ	脳 ナウ
Tendons. テヌドヌス	face. フェース
腱 スヂノ子	顔 カホ
head. ヘード	features. フイチュース
頭 カシラ	面部 メンブ
scull. スカル	eyes. アイス
脳蓋 アタマノサラ	両眼 メ
hair. ヘヤ	eyelids. アイリイヅ
毛髪 カミノケ	眼眶 マフチ

eyelashes. アイレッシス	tympanum. チヌペナム
睫毛 マツゲ	鼓膜 ミヽナリカワ
eyebrows. アイブラウス	cheeks. チークス
眉毛 マユゲ	頬 ホヽ
ball オフ of ツイ the アイ eye.	chin. チヌ
眼玉 メノタマ	頤 アゴ
pupil. ピュー ピル	nose. ノウズ
瞳子 ヒトミ	鼻 ハナ
ears. イヤアス	nostrils. ノスツリイルズ
両耳 ミヽ	鼻孔 ナアナ

lips. リップス		gums. ガアムス	
	上下唇 クチビル		齦 ハグキ
mouth. マウツ		palate. ペレト	
	口 クチ		上顎 ウワアゴ
beard. ビアド		tongue. タヌグ	
	髭 ヒゲ		舌 シタ
teeth. チーツ		throat. スラート	
	歯 ハ		咽喉 ノド
doubletooth. ドップルツーッ		uvula. ユフユヴラア	
	齫 オクバ		厭會 ノドビコ

wind-pipe. ウイヌド パイプ	氣管 イキノクダ ノド	spine. スパイヌ	脊梁 セボ子
neck. 子ック	頸 クビスヂ	arm. アーム	手 テ
back ヲフ of ヸッヂ the ノ neck. バック	項窩 ボンノクボ	elbows. ヱルボース	肘 ヒヂ
shoulders. ショールドルス	両肩 カタ	hand. ヘェヌド	手腕 テノサキ
back. バイク	脊 セ	palm. バーム	掌 テノヒラ

finger.	ヒヌガ		nails.	子ールズ
	指 ユビ			爪 ツメ
thumb	サァム		chest.	チェイスト
	巨擘 オホヤビ			胸膈 ムネ
fore-finger.	フォーヒヌガ		breasts.	ブレスツ
	食指 ヒトサシユビ			胸乳 但整用片
middle-finger.	ミッドヒヌガ		belly.	ベレ
	中指 ナカユビ			腹 ハラ
joint.	ジョイヌト		navel.	子ーヴル
	関節 フシく			臍 ホゾ

side.	サイド	legs.	レグズ
腋	ワキ	兩足	アシ
ribs.	リイブス	calf.	カアフ
肋骨	アバラボ子	腿脛	フクラハギ
loins.	ロイヌス	heel.	ヒール
腰	コシ	踵	クビス
knees.	ニーズ	foot.	フート
膝	ヒザ	脚腕	アシクビ
cap ヲフ of ヅイ the ニ knee.	ケツプ	ankle-bone.	ヱヌクルボーヌ
膝蓋	ヒザノサラ	脚踝	アシノクルブシ

sole of the foot.		lungs. ラスグス
	蹠 アシノウラ	肺 ハイノザウ
toes. トウズ		liver. リイヴワー
	足指 アシノユビ	肝 カンザウ
entrails. ヱヌトレールス		loins. キドニーズ
	臓腑 ザウフ	腎 ジンザウ
intestines. イヌテスチヌス		spleen. スプリイヌ
	腸 ハラワタ	脾 ヒノザウ
heart. ハアト		gall. ゴール
	心 シンノザウ	膽 タン

bladder.	ブレェダ	膀胱 スハフクロ	saliva.	サライヴァ	唾 ツハキ
milk.	ミルク	乳汁 チ、	urine.	ユリヌ	尿 セウベン
stomach.	スタメック	胃 ヰ	excrements.	エキス クリメスツ	屎 ダイベン
diaphragm.	ダイフレム	横膈膜 ムネハラ サカヒ	Perspiration.	ペスビレーせヌ	汗 アセ
phlegm.	フレム	痰 タン	Tears.	テールス	涙 ナミダ

Laughing. ラァヒング	笑 ワラヒ	hickup. ヒィコップ	咳逆 シヤクリ
Weeping. ウィピンク	歎 ナゲキ	Snoring. スノーリン	鼾 イビキ
breath. ブレェス	息 イキ	Walking. ウヲーキン	歩行 アルキ
sigh. サイ	嘆息 タメイキ	Standing. ステヌダン	立 タツ
Sneezing. スニーシング	噴嚔 クサメ	Sitting. スッチン	踞 コシカケル

Lying. ライイン	臥 フス コ	Beauty. ビューテー	美 ウツクシキ
Motion. モーシュヌ	運動 ハタラキ	Ugliness. ヲグリ子ス	醜 ミニクキ
Rest. レスト	休 ヤスミ	Health. ヘルス	健 スコヤカ
voice. ヴヲイス	聲 コヱ	Tallness. トー子ス	身材大 タケタカキ
Speech. スピーチ	話 ハナシ	Smallness. スモー子ス	身材小 タケヒクキ

Bigness. ビイ子ス	figure. フィガァ
肥 コエ	形像又偶人
Meagerness. ミーグ子ス	Strength. ストレヌグス
瘦 ヤセ	力 チカラアル
look. ルーク	Weakness. ウイク子ス
顔色 カホツキ	弱 ヨワキ
Wrinkles. リヌクルス	sight. サイト
皺 シワ	視 又目ニモ云 ミル
scar. スカア	hearing. ヒーリン
瘢痕 キズアト	聽 又耳ニモ云 キク

sound. サウヌド	音 オト	Memory. メモリイ	記臆 コヲ オホユルー
taste. テイスト	味 アヂ	soul. ソウル	精神 タマシヒ
scent. セヌト	香 ヨキカホリ	reason. リイズヌ	敏恵但能道理 タ知覺
stink. ステヌク	臭 アスドステヌ ダヌグ アシキニホヒ	understanding.	理會 ガテヌル
touch. タッチ	觸 オボユルー ミニ ミスアヌドヌテヌ ギヌバ	misunderstanding.	乖忤 ソムキ サカフ

error. エラァ		Cunning. カァニヌグ	
	誤解 ゲシチガヒ		狡欄 ワルヂヱ
Virtue. ヴィーチュース		Will. ウイル	
	修正 ミモチタジシキ		定見 ミスエル
Vice. ヴァイス		Penetration. ペ子トレーシュス	
	邪淫 ミモチアシキ		聰察 サトクサッス
Prudence. プーデヌス		Wit. ウイット	
	先見明 サキヲミルヲ		頓智 トンチ
Wisdom. ウイスドム		Genius. ジィニース	
	聰明 サトクアキラカ		天縦才 テンチンノサイ

Aptness.	エップト子ス	能倣	ヨクナス	Sleep.	スリープ	睡	子フリ
Stupidity.	スチュピデテー	愚鈍	グドン	dream.	ドリイム	夢	ユメ
Repentance.	レッペヌテヌス	後悔	コヲクワイ	Faith.	フエイス	信用	シンヨウ
Imagination.	イメジ子ーシュス	想像	オモヒカタドル	Suspicion.	シュスピショヌ	嫌疑	ウタガヒ
idea.	アイデヤ	意思	ゾンジヨリ	Hope.	ホープ	期望	アテゾム

Despair. デスペーア	観念 オモヒキリ	**Sorrow.** ソヲロヲ	憂 又遺憾ノ意ニモナル 愁モナル（ウレヒ）
Joy. ジョーイ	喜 ヨロコビ	**Patience.** ペィチヌス	忍耐 タエル
Gladness. グレェドヂス	悦 ヨロコビ	**Honour.** ヲノー	稱譽 ホマレアル
Pleasure. プレッジュール	愉快 ココロヨキ	**Anger.** ヱヌグル	怒 イカリ
Grief. グリーフ	悲 カナシミ	**Pride.** プラィド	傲慢 タガブリ

Doubt. ダウト	狐疑 ウタガヒ	Cowardice. カァワヂシ	臆病 オベウ
wish. ウイッシ	望 ノゾミ	Alarm. エラアム	愕 オドロキ
Boldness. ボールド子ス	大膽 キモフトキ	Chastity. チェステテー	貞節 テイセツ
Bravery. ブレヴリイ	勇氣 ユウキ	Shame. シェーム	恥 ハヂ
Fear. フヤア	恐 オソレ	Pity. ピテェ	憫惻 アハレミ

Opinion. ヲピニョヌ	Friendship. フレヌドシップ
了簡 レウケン	友好 トモヨシミ
Passion. ペッショヌ	Hostility. ホスチリィテー
懺 七情ノ く	敵對 テキタイ
Love. ラアヴ	Jealousy. ゼロッセ
愛着 アイ	嫉妬 子タミ
Antipathy. エヌテペゼイ	Diligence. ヂルジュヌス
忌嫌 イミ キラヒ	勉強 ツトメタユ
Hatred. ヘートレッド	Humility. ヒュミリテー
怨 ウラミ	謙遜 リクダリ

Avarice. エヴリス	Drunkenness.
貪欲 トンヨク	沈湎 ノミタヽレン
ドラヌケヌ子ス	
Justice. ジャスチス	falsehood. フォールスプード
公平 マッスグ	虚偽 イツハリ
Idleness. アイドル子ス	Crime. クライム
懶惰 オヽタルー	罪科 ザイクロ
Voracity. ヴヲラシデー	malady. メヱレデー
貪食 オホクラヒ	疾病 ヤマヒ
Politeness. ポライト子ス	Pain. ペイヌ
雅馴 礼儀正シキ	疼痛 イタミ

fit.	フィット	卒病 ニハカヤマヒ	colic.	コリック	疝痛 セシウ
Fainting.	フェイヌ チング	氣絶 キゼツ	Apoplexy.	エップヲプレキシ	卒中 ソツチウ
Nausea.	ノーシヤ	惡心 ムカツキ	cough.	コフ	咳嗽 セキ
headache.	ヘデーキ	頭痛 ヅゝウ	cold.	コールド	感冒 カゼヒキ
toothache.	ツーセーキ	齒痛 ハイタミ	fever.	フィーヴァ	熱 ネツ

ague. ェーギー		Measles. ミーズルズ	
瘧 オコリ		麻疹 ハシカ	
Nervous fever		Inflammation. イスフレメーシユヌ	
神経熱 インケイシウジュウ		燉衝 キショウ	
plague. プレエジ		flux. フラックス	
時疫 ヤクヘウ		痢病 リベウ	
cholera. コレラ		Diarrhoea. ダヤリヤ	
暴瀉病 コロリ		下痢 ハラクダリ	
Small-pox. スモールポックス		Dysentery. チッヒヌトリー	
痘瘡 ハウサウ		赤痢 アカハラクダリ	

dropsy. ドロップシイ	swelling. スウエルリング
水腫 スイキ	腫瘍 ハレモノ
Consumption. コスサムプシュヌ	wound. ウウヌド
癆瘵 ラウサイ	毀傷 キズ
Epilepsy. エップレップシイ	Gangrene. ゲヌグリヌ
癲癇 テンカン	脱疽 キズクサリ
Rheumatism. ルウメテツム	Leprosy. レップロッセ
傷冷毒 シヤウレイドク	癩病 ライベウ
Cramp. クレムプ	itch. イッチ
拘攣 ヒキツリ	疥癬 ヒゼン

對譯名物圖編

二十九

Infection.	イヌフェックシュス	傳染病（ウツルヤマイ又總テ）		purgative.	パアゲチフ	下剤（クダシグスリ）
epidemic.	エピデメック	流行病（ハヤリ）		emetic.	ユメテク	吐剤（ハキグスリ）
remedy.	レメーデイ	療法（レウホウカタ）		clyster.	キリスタ	灌腸方（クスヤウハフ）
potion.	ポチシュス	煎薬（センジグスリ）		bath.	バアス	沐浴（ユアミ）
powder.	ポーダ	粉薬（コナグスリ）		Bleeding.	ブリーヂン	刺絡（シラク）

leech. リイチ	Paralysis. ペレッシス
水蛭 ヒル	瘂瘲 中風ナトニテ軀ノ不隨ん孟
bandage. ベヌデージ	Deafness. デッフチス
繃帯 マキヌノ	聾 ミゝシヒ
Salve. サアヴ	Cataract. ケッタレット
軟膏 ヤハラカルカウヤク	外翳眼 ウコロ
Recovery. レカヴレ	dwarf. ドヲーフ
快復 ホンフク	侏儒 イッスンボシ
Blindness. ブライヌドチス	abortion. エボーシュヌ
盲 メシヒ	流産 リウサン

對譯名物圖編

city.	シテイ	bells.	ベルズ
都會 トンクワンチ		鐘 ツリガ子	
metropolis. メトロッポリス		clock-work. コロッヂヲルク	
京師 ミヤコ		時牌機 トケイカラクリ	
gates. ゲーツ		sun-dial. ソァヌダイル	
諸門 モン		日晷儀 ヒトケイ	
edifice. エデフィシ		church. チョッチ	
殿宇 タチモン		礼拝堂 テラチ	
tower. タアワ		church-yard. チョヲナヤード	
櫓 ヤグラ		寺地並墓 テラヂツキジカ	

palace. ペェルツ	宮殿 キウデン	post-office. ポストヲッフィス	飛脚館 セイフノ、ヒキヤクヤ	
castle. カァスル	城	university. ユゥニヴルシテイ	大学校 ダイカク、カウ	
theatre. セヤタ	劇場 シバヰ、ゲキヂヤウ	court of justice.	裁判所 サイジン、ジヨ	
custom-house. カストム ハウス	税廨 ウンジヤウ、ジヨ	hospital. ホスピトル	病院 ベウヰン	
barrack. バァレック	園屯 ダムロジヨ	orphan asylum. エサイロム、ヲーフヌ	幼院 エウヰン	

prison. プリズヌ	囚獄 ラウヤ	crossstreet. コロッス スツィト	十字街 ヨツジ
police-station. ポリシステーシユヌ	番所 バンショ	bridge. ブリジ	橋 ハシ
market マアケット	市場 イチバ	well. ウエル	井 井ド
street. スツィト	通街 オホトホリ	aqueduct. エツクヱ ダシト	水道 スヰダツ
lane. レイヌ	狹街 セバキ マチ	cistern. システルヌ	水槽 ミヅダメ

sewer. シワー	hotel. ホテル
伏樋 フセドヒ	客舎 ハタゴヤ
vault. ヴヲールト	dwelling-house. ドウェリンハウス
窖 アナグラ	住宅 スマイ
shop. ショツプ	cottage. コッテージ
肆 ミセ	庵 イホリ
magazine. メグズイヌ	brick. ブリック
蔵 クラ	磚尾 カハラ
apothecary's shop.	Mortar. モヲタ
ショヲプ エポセカリイズ 薬舗 クスリミセ	漆灰 シツクヒ

plank.	プレヌク	厚板	イタ	shutters.	シャトヲス	雨戸	アマト
foundation.	ホヌデーシュヌ	基礎	イシツエ	door.	ドーア	戸	ト
wall.	ウヲール	牆壁	ヘイ	bell.	ベェル	鈴鐸	スバニモ
roof.	ルーフ	屋上	ヤネ	lock.	ロック	鎖	ヂヤウ
windows.	ヴイヌドース	窓	マド	key.	キイ	鑰	カギ

story.	ストレイ	bed-room.	ベッドルム
層樓 階三階 ナイドノ		臥房 子マ	
chimney.	チム子	loft.	ロヲフト
烟突 ケブリ ダシ		物置所 ウヱナリ	
staircase.	ステーケース	dormer-window.	
階梯 ダンバシゴ	ドームウイヌドー	上窓 アカリ マド	
chamber.	チェヌバ	water-closet.	
房室 ヘヤ	ウヲータシコロセット	圊 コーカ	
drawingroom.	ドーイン ダルム	pump.	パンプ
客殿 キヤク ム		喞筒 ミヅアゲ	

grating. グレーチン	格子 カウシ	mirror. ミラア	鏡 カヾミ
floor. フロヲア	地合板 ユカ	Chairs. チェールス	椅子 イス
pillars. ピルラア	諸柱 ハシラ	chest. チェスト	櫃 ヒツ
stable. ステブル	厩 ムマヤ	bolster. ボルスタ	枕 マクラ
Hangings. ヘヌギングス	帷 タレヌノ	carpet. カアペット	地毯 モウセン

mat.　　メット	candle.　　ケヌドル
草蓆 ドロオトシ	蠟燭 ラウソク
time piece.　タイムピース	Snuffers.　スナッファス
時辰表 トケイ	燭前 シンキリ
bookcase.　ブックケース	lantern.　ラヌタアヌ
書箱 ホンバコ	提灯 チャウチン
candlestick.　ケヌドルスチック	shovel.　ショヴェル
燭臺 ショクダイ	火鏟 ヒカキ
lamp.　　ラムプ	Bellows.　ベロウス
燈 トモシビ	吹革 フイゴ

Wood. ウード	towel. トウル
薪 タキゞ	面巾 テヌグヒ
Coal. コール	Soap. ソープ
石炭 セキタン	石鹸 シヤボン
Charcoal. チャアコール	glass. ガラス
木炭 モクタン	玻瓈碗 ノミモノ ワン
bed. ベッド	brush. ブロッシ
臥単 フトン	毛拂 ケハラヒ
Blankets. ブレヌケッツ	broom. ブルーム
覆氈 フラン ケット	箒 ハキ

英語	読み	漢字（振り仮名）	英語	読み	漢字（振り仮名）
Ashes.	ヱセス	灰 ハイ	flint.	フリヌト	燧石 ヒウチイシ
fagot.	フヱゴット	束柴 ソダ	matches.	マッチヱス	發燭 ツケギ
Turf.	タアフ	泥炭 ディタン	smoothing-iron.	スーチンアイ呂	鏝火斗 ヒノシ
tinder.	チヌダア	引火絮 ホクチ	Flame.	フレーム	炎 ホノヲ
steel.	スチール	燧 ヒウチ	Spark.	スパアク	火花 ヒノコ

譯語名物匯纂

三十五

Smoke.	スモーク		tnrnspit.	タアヌスピット
	烟 ケブリ			串錬 ヤキグシ
Soot.	スート		pan.	ペヌ
	煤 ス、			鍋 ナベ
pot.	ポット		cleaver.	キリーヴァ
	壺 ツボ			柴刀 ナタ
cover.	カヴル		trencher.	トレヌチァア
	蓋 フタ			肉几 マナイタ
kettle.	ケットル		grater.	グンータア
	鑵子 クワシス			薑擦子 ワサビオロシ

sieve. シーヴ 篩 フルヒ	pail. ペール 吊桶 テオケ
basket. バスケット 籃 ザル	dish-cloth. ヂシ コロス 抹巾 フキン
cup. カップ 盆 ミヅモノ ノ惣名	hogshead. ホグズ ヘット 酒量 ミヅモノ ハカリ
saucer. ソーシャア 臺皿 ダイサラ	barrel. バアレル 樽 タル
gridiron. グリッド アイルヌ 鐵鈀 アブリコ	cook. カック 注管 ノミ クチ

funnel.	ファヌ子ル	漏斗 ジャウゴ
bottle.	ボットル	罇 トクリ
cork.	コーク	塞木 クチギ
pitcher.	ペッ子ル	把罇 テツキノトクリ
master of the house.	ハウス マストルヲフワツイ	家翁 アルジ
mistress.	ミステレス	主婦
host.	ホースト	亭主 旅店又ハ料理屋ノ
valet.	ヴェレット	小間使 コマツカヒ
chamber-maid.	チェスバアメード	侍婢 コシモト
man-cook.	メヌクック	庖人 リヤウリニン

laundress. ラヌデレス	valet. ヴェレット
澣女 センタクヲンナ	奴僕 コモノ
coachman. コーチメヌ	Lodgers. ロッヂャアス
御者 ウシムマツカヒ	寄寓人 タカリ
groom. グルーム	livery. リヴァリ
厩奴 ベットウ	號衣 カンバンキモノ
servant. サァヴェヌト	plate. プレート
家來 ケライ	鉢皿 ナホサラ
maid-servant. メードサァヴェスト	fork. フヲーク
婢 ゲジョ	肉叉子 ミツマタ

knife.	ナイフ	庖刀	ハウチャウ	Oil.	オイル	油	アブラ
spoon.	スプーヌ	食匕	サジ	Salt.	ソールト	鹽	シホ
dish.	ヂシ	小皿	コザラ	salt-cellar.	ソールトセラア	鹽盂	シホイレ
cup.	カップ	鍾	チョク	Mustard.	モスタアド	芥泥	カラシ
Vinegar.	ヴヰニガア	醋	ス	Pepper.	ペパア	胡椒	コシャウ

Spices.	スパイセス	Honey.	ホニイ
	香料 ヤクミ		蜜 ミツ
Ginger.	ジヌジヤア	Bread	ブレッド
	生薑 シヤウガ		麭包 パン
nutmeg.	ノットメギ	White bread.	ホワイトブレッド
	肉豆蔲 ニクヅク		白麭包 シロパン
sugar-basin.	シュガアベーズヌ		
	糖壺 サタウツボ		
Sugar.	シュガア		
	砂糖 サタウ		

パート Part	V. ヒフツ

第五篇

ダイゴヘン

meal. ミイル	食時 モノクヒ トキ	banquet. バヌケット	饗應 フルマヒ
Breakfast. ブレッキフェスト	晨饌 アサメシ	Boiled meat. ボイルドミート	煮肉 ニタルニク
Dinner. ヂヌナア	午膳 ヒルメシ	Roast meat. ローストミート	炙肉 アブリクニク
Supper. ソッパア	晩飯 ユウメシ	Stowed meat. スチュートミート	蒸肉 ムシクルニク

Minced meat. ミヌスドミート	剉肉 キザミタルニク
tongue. トヌグ	牛舌 シホッジタ ウシノシタ
Soup. スープ	羹 ウスイ スイモノ
Veal. ヴヰール	犢肉 コウシノニク
Broth. ブロス	肉羹 コキ スイモノ
Mutton. マットヱ	羊肉 ヒツジノニク
Beef. ビーフ	牛肉 ウシノニク
Pork. ポーク	豕肉 ブタノニク
Beef-steak. ビーフラステーキ	炙牛肉 キリメヲヤキタルウシニク
Ham. ハム	薫腿 ニカン

sausage. ソーセージ	omelet. オミーレット
腸干 チャウツメ	卵子焼 タマゴヤキ
slice. スライス	Jellies. ビリース
切片 テパンギリ コキレ	砂糖漬 サタウツケ
Game. ゲーム	Cake. ケーク
野獣肉 カリウタニク	餅 モチ
Vegetables. ウヱジテーブルス	Butter. バッタア
蔬菜 アヲモノ	牛酪 チソアブラ
Vermicelli. ウアミセリ	Cheese. チーズ
麪類 メンルヰ	乾酪 ホシタルチ、

Beer.	ビヤア	麥酒 キ、サケ	Moselle.	モーゼル	獨乙国酒 ドイツブダウ
Ale.	エール	同上 スコットノギサケ	Champagne.	シヤヌペーマ	三邊酒 サンパンシユ
Wine.	ワイヌ	葡萄酒 ブダウシユ	Coffee.	カフヒー	架非 カウヒイノ カウセン
White wine.	ホワイトワイヌ	白酒 シロブダウシユ	Tea.	チー	茶 チヤ
Red wine.	レッドワイヌ	紅酒 カブダウシ	Milk.	ミルク	乳汁 チシル

對訳名物區編 四十

Chocolate.	ショコレート	渋苦辣 ショコレイ カウセン
Liqueur.	リキュール	氷糖酒 シボリ サタユ
Lemonade.	レモ子ード	檸檬汁 レモンシル サツタリ
Ices.	アイセス	氷製菓子 シボリ クワシ
Punch.	パヌチ	同上酒 レモンズ イリサケ
Corn.	コーヌ	穀物 コクモツ
Brandy.	ブレヌデ	焼酎 セウチウ
Wheat.	ホウ井ート	小麦 コムギ
Arrack.	アラク	哑𠮩酒 ヤシバナ セウチウ
Rye.	ライ	稞麦 ハダカ ムギ

Barley.	バアリイ	大麥	オホムギ
Oats.	オーツ	燕麥	カラスムギ
Maize.	メーズ	玉蜀黍	タウモロコシ
Rice.	ライス	米	コメ
Millet.	ミルレット	稷	キビ
herb.	ヱーブ	菜	ヤサイ
root.	ルート	根	ネ
Potatoes.	ポテートス	馬鈴薯	ジャガタライモ
Kidney-beans.	キドニービーヌス	扁豆	インゲンマメ
Beans.	ビーヌス	蠶豆	ソラマメ

Turnips. ダアニプス	Cauliflower. コーリ フロウワ
蕪菁 カブラ	花椰菜 ハナ
Carrots. カロッツ	Cucumbers. キウカム バアス
紅蘿蔔 ニンジン	胡瓜 キウリ
Green-peas. グリーヌス ピース	Pickled-cucumbers.
豌豆 エンドウ / キウカムバアス ピクルド	醃胡瓜 ミヽツケ キウリ
Spinach. スピ子ーチ	salad. セレット
菠薐菜 ハウレンサウ	萵苣 チサ
Cabbage. ケベージ	turnip-radish.
甘藍 ハボタン / ダアニプレデシ	蘿蔔 ダイコン

Mushrooms.	モシルームス	Onions.	オニヨヌス
	蕈 キノコ		葱 子ギ
melon.	メロヌ	Garlic.	ガリク
	甜瓜 マクハウリ		大蒜 ニンニク
pumpkin.	パムキヌ	Fruit.	フルート
	南瓜 カボチヤ		菓 クダモノ
Celery.	セレリ	apple.	エップル
	芹 セリ		林檎 リンゴ
Sorrel.	ソレル	pear.	ペヤァ
	酸模 スカンボウ		梨子 ナシ

對譯名物圖繪　四十二

plum. プロム		almond. アーモヌド	
	李 スモ、		巴旦杏 ハダンキャウ
cherry. チェリイ		orange. オレヌジ	
	櫻子 サクランボ		橙 ダイダイ
chesnut. チェスハット		sweet-orange.	
	栗子 クリ	スウヰートオレヌジ	柑果 ミカン
peach. ピーチ		lemon. レモヌ	
	桃實 モ、		檸檬 マルブユカン
apricot. エプリコット		grape. グレープ	
	杏 アンズ		葡萄 ブダウ

fig.	フイグ	無花菓 イチヂク	currant.	コーラヌト	覆盆子 イチゴ
acorn	エコーヌ	橡子 ドングリ	Strawberries	ストロースベリース	蠻苺 オランダイチゴ
cocoa-nut.	スゝコーンット	椰子 ヤシ	Mulberries.	モルベリース	桑椹 クハノミ
walnut.	ヲルノット	胡桃 クルミ	oak.	オーク	橿 カシハ
raspberry.	レスプベアイ	蓬虆 イチゴ	beech.	ビーチ	山毛欅 ブナ

poplar. ポプラア	pine. パイヌ
白楊 マルバヤナギ	松 マツ
lime. ライム	fir フヒア
冬青樹 モチ	樅 モミ
ash. エシ	willow. ウヰロー
秦皮 トチノコ	蒲柳 カハヤナギ
maple. メープル	weeping willow.
楓 カヘデ	ウヰービンウヰロー 垂楊 シダレヤナギ
birch. ブァーチ	larch. ラアチ
樺 カバ	落葉松 カラマツ

対訳名物図扁

四十三

rose.	ローーズ	hyacinth.	ハイシヌス
	薔薇 バヽラ ボタン		風信子草 和名ナシ 花名
tulip.	チュリプ	sun-flower.	ソヌフロワア
	欝金 ウツカウ		向日葵 ヒマハリ
lily.	リリー	horse.	ホールス
	百合 ユリ		馬 ウマ
violet.	ヴイヨレット	stallion.	ステリヨヌ
	菫菜 スミレ		牡 ヲウマ
forget-me-not.		gelding.	ゲルデン
ノツト ヲ―ゲトミ―!	瑠璃艸 ルリサウ		騸馬 キンウマ

mare. メール	牝馬 メウマ	hack. ヘック	借馬 シャクバ
colt, filly. コールト フヒリー	駒 コマ	Ox. オクス	騸牛 キンウキシリ
coach-horse. コーチ ホールス	輦車馬 クルマウマ	cow. カウ	牝牛 メウシ
saddle-horse. サドル ホールス	乗馬 ノリウマ	calf. カーフ	犢 コウシ
pack-horse. パック ホールス	駄馬 ニウマ	as アス	驢馬 ウサギウマ

lamb.	ラム	羊仔 ケヒツジノコ	cat.	ケット	猫 子コ
ram.	レム	牡羊 ケヒツジヲス	dog.	ドグ	狗 イヌ
sheep.	シープ	羊 ケヒツジ	bitch.	ビッチ	牝狗 メイヌ
she-goat.	シーゴート	牝山羊 メヤギ	mastiff.	マスチフ	獒 才ホイヌ
he-goat.	ヒーゴート	牡山羊 ヲヤギ	pig	ピグ	豕 ブタ

swan. スウヲヌ	鵠 ハクテウ		pigeon. ピジョヌ	鳩 ハト
peacock. ピーコック	孔雀 クジヤク		cock コック	雄雞 ヲンドリ
goose. グース	鵞 ガテウ		hen. ヘヌ	雌雞 メンドリ
turkey. トーキー	火雞 カラクンテウ		chicken. チッケヌス	雛 ヒヨク
duck. ドック	家鴨 アヒル		bear. ベヤ	熊 クマ

wolf. ウヲルフ		hare. ヘール	
	狼 オホカメ		兎 ウサギ
fox. フヲクス		badger. ベッジヤ	
	狐 キツ子		狸 タヌキ
wild-boar. ワイルド ボール		rabbit. ラビット	
	野猪 ヰノシ、		家兎 ナンキンウサギ
stag. ステグ		hedge-hog. ヘッチホグ	
	鹿 シカ		猬 ハリ子ズミ
hind. ハイヌド		marmot. マアモット	
	牝鹿 ノジカ		𪕮鼠 俗云 モクラ

rat. レット	鼠 子ズニ	falcon. ファルコヌ	鷹 タカ
mouse. マウス	鼷鼠 ハツカ子ズミ	owl. オウル	梟 フクロフ
bat. ベット	蝙蝠 カウモリ	stork. ストーク	鸛 コウ
bird of prey. プレー	鷙鳥 生物ヲ捕リ食フ鳥ヲ云	crane. クレーヌ	鶴 ツル
eagle. イーグル	鷲 ワシ	heron. ヘロヌ	鷺 サギ

crow. クロウ		snipe. スナイプ	
	烏 カラス		鷸 シギ
cuckoo. ククー		lark. ラアク	
	杜鵑 ホトトギス		雲雀 ヒバリ
pheasant. フェゼヌト		nightingale. ナイチンゲル	
	雉 キジ		鶯 ウグヒス
partridge. パァチリッヂ		chaffinch. チャフヒンシ	
	鷓鴣 シャコ		金絲黄雀
woodcock. ウードコック		canary. ケナリイ	
	真鴨 マシギ		福嶋鳥 カナリヤ

swallow. スワロー	dried cod. ダライド コット
燕 ツバクラ	干鱈 ヒダラ
sparrow. スパロー	haddock. ヘドック
雀 スヽメ	小鱈 コダラ
parrot. パロット	skate. スケート
鸚鵡 アウム	海鷂魚 ハリイェ
Sea-fishes. シヒセス	sole. ソール
海魚 ウミウヲ	鞋底魚 シタビラメ
cod. コッド	hering. ヘリン
黄顙魚 タラ	糟白魚 ニシン

pilchard. ピルチャアド		**salmon.** サアモヌ	
	海鰮 イワシ		過臈魚 サケ
crab. ケレブ		**pike.** パイケ	
	蟹 カニ		竹䇑魚 （和名）
oyster. オイスタア		**carp.** カァプ	
	牡蠣 カキ		鯉 コヒ
muscle, マッスル		**eel.** イール	
	東海夫人 カヒ		鰻 ウナギ
River-fishes. リヴルフセス		**craw-fish.** クラウ フヒシ	
	河魚 カハヲ		蝲蛄 サリカニ

serpent. サァペヌト		lizard. リザアド	蜥蜴 トカケ
	蛇類〈蛇井（惣名）〉		
snake. ス子ーク		worm. ウォーム	虫 柔弱ムシ（惣名）
	蛇 ヘビ		
toad. トード		silk-worm. シルク ウォーム	蠶 カヒコ
	蟇 ヒキカヘル		
frog. フログ		caterpillar. ケトーピラァ	蜈蚣 アヲムシ
	蛙 カハジ		
scorpion. スコルピョヌ		grasshopper ガラスホパァ	螽斯 バッタ
	蠍 サソリ		

bee.	ビー		louse.	ロウス	
		蜜蜂 ミツバチ			虱 シラミ
wasp.	ウェスプ		ant.	エヌト	
		木蜂 キバチ			蟻 アリ
locust.	ローグスト		gnat.	ナット	
		蟲斯 キリギリス			蚊 カ
butterfly.	ボタァフライ		fly.	フライ	
		蝶 テフ			蠅 ハヘ
flea.	フリー		spider.	スパイダア	
		蚤 ノミ			蜘蛛 クモ

snail. スチール	Iron. アイルヌ
蝸牛 カタツフリ	鐵 テツ
Gold. ゴールド	Steel. スチール
金 キン	鋼鐵 ハガ子
Silver. シルヴァ	Lead. レッド
銀 ギン	鉛 ナマリ
Platina. プラチナ	Zinc. ジヌク
白金 ハクキン	亞鉛 トタン
Copper. コパア	Quicksilver. クヰッキシルヴァ
銅 アカガ子	水銀 ミツカ子

Pewter.	ピユータア	錫鑞 スヽラウ	diamond.	ダイモヌド	金剛石 ギヤマント
Tin.	チヌ	錫 スヾ	garnet.	ガアチト	柘榴石 ザクロイシ
Brass.	ブラス	黄銅 シンチウ	coral.	コラル	珊瑚 サンゴ
Bronze.	ブローヌヅ	青銅 カラカ子	Marble.	マアブル	大理石 ダイリビキ
agate.	エゲート	瑪瑙 メナウ	Cloth.	クロス	羅紗 ラシヤ

Linen.	リニヌ	麻布	アサノ	Velvet.	ウェルウェト	天鵞絨	ビロウド
Cotton.	コットヌ	木綿	モメン	Ribbon.	リブヌ	紐	ヒモ
Silk.	シルク	絹	キヌ	Buttons.	ボットヌス	紐釦	ボタシ
Thread.	スレッド	絲	イト	Leather.	レーザァ	革	ナメシガハ
Satin.	セーチヌ	繻子	シユス	hat.	ヘット	檀笠	ケバウシ

cloak.	クローク	外套	ウハガケ	lining.	ライニン	裏	ウラ
great-coat.	グレイトコート	長袍	オホギヌ	button-holes.	ボットスホールス	釦孔	ボタンアナ
dress-coat.	デレスコート	表衣	ウハギ	dressng-gown.	デレッシンガウヌ	寝衣	ネマキ
sleeves.	スリーヴス	袖	ソデ	waist-coat.	ウェーストコート	胴衣	チョッキ
pockets.	ホケッツ	衣嚢	カクシ	Breeches.	ブリーチス	股引	モヒキ

Drawers.	ドローワァス	下股引	シタモヒキ
neck-cloth.	ネッククロス	頸帯	ヱリマキ
Stockings.	ストッキンス	莫大小足袋	メリヤスタビ
Stocks.	ストックス	下足袋	シタタビ
Shoes.	シュース	鞋	クツ
Boots.	ブーツ	長鞋	ナガグツ
Goloshes.	ゴローシス	木履	キグツ
Slippers.	スレッパァス	上鞋	ウハグツ
Gloves.	グラヴス	手套	テフクロ
shirt.	シヤアト	襯衣	ハダギ

handkerchlef.	手巾 テヌビ ヘヌケルチーフ
ear-pick. イヤア ピック	窄耳子 ミミカキ
comb. カァム	櫛 クシ
cigar-box. シガアボクス	巻煙草袋 マキタバコ
tooth-brush. ツースブロシ	歯刷 ハミガキ ヤウジ
watch. ウァッチ	時辰鏢 トケイ タモト
Tooth-powder. ツースバウダ	歯磨 ハミガキ
watch-chain. ウァッチチューヌ	辰鏢鏁 トケイクサリ
tooth-pick. ツースピック	歯木 ヤウジ
ring. リン	戒指 ユビワ

Spectacles. スペクテクルス		court-dress. コートデレス	
	眼鏡 メガ子		朝服 テウフクヱヒクギヱヒ
cane. ケーヌ		crinoline. クリノライヌ	
	杖策 ツヱ		女服 テンナノフク
umbrella. アムブレラ		apron. ヱープルヌ	
	傘 カラカサ		帷裙 ヒザカケ
sword. ソード		garters. ガアタアス	
	刀 カタナ		襪帯 タガタビンヒモ
Mourning. モールニン		veil. ヴェール	
	喪服 モフク		面衣 カホカケ婦人ノ用ル

cap.	ケフ゜	pin-cushion.	ピスコッシュメ
	被物 カブリノモノ		留針差 トメバリサシ
ribbon.	リブヌ	Hair-powder.	ヘヤパウダ
	緷 ヒモ		髪粉 カミノツクロ
fan.	フェヌ	Pomatum.	ポメチュム
	扇 アフギ		香油 ニホヒアブラ
Pins.	ピスス	Scents.	セヌツ
	留針 トメバリ		香具 カウグ
needle.	ニードル	smelling-bottle.	スメリンボトル
	針 ハリ		香銀 カウビン

scissors. シソソース	footpath. フートパス
鋏刀 ハサミ	小径 コミチ
Ear-rings. イヤアリンヅス	estate. エステート
耳環 ミミワ	所有地 モチチン
neck-lace. ネックレース	country-house. コスチリハウス
頸飾 クリカザリ	別墅 ベッサウ
Bracelets. ブレースレッツ	farm. ファーム
腕環 テクビカザリ	小作地 カシヂ
high-road. ハイロード	ruin. ルイヌ
大道 ダーダウ	墟址 クツレアー

village. ヴイレージ	wood. ウード
村 ムラ	林 ハヤシ
mill. ミル	garden. ガーヅヌ
磨車 風車 水車など	園 ソノ
ditch. デッチ	field. フヒールド
堀 ホリ	野 原野田野ナドヽ
brook. ブルーク	Fertile land. フェルレヌ チルド
小流 コナガレ	沃地 ユエチ
forest. フォレスト	harvest. ハアウェスト
森 モリ	穫收 トリイレ

pasture.	パスチュール	forge.	フヲージ
牧 マキ		鍛場 カデバ	
meadow.	メドー	canal.	カナル
草場 クサハラ		溝 ホリワリ	
vineyard.	ワイヌ ヤァド	passport.	パス ポート
葡萄園 ブダウバタケ		路引 トホリキツプ	
mine.	マイヌ	guide.	ガイド
金坑 カナヤマ		導者 アンナイシャ	
foundery.	フヲヌ デリイ	porter.	ポータァ
鋳場 イモノバ		擔夫 ニモチ	

carriage. カリッジ	axle. エクスル
乗車 クルマ ノルマ	軸 クルマ ヂク
waggon. ワッグヌ	wheels. ホウヰールス
四輪車 ヨツ クルマ	輪 クルマ ワ
cart. カアト	nave of the wheel.
二輪車 フタツ クルマ	ホウヰール ヂーヴオフヂイ 轂 クルマノ コシキ
chaise. チヱーズ	spokes. スポークス
軽車 ユサン クルマ	輻 クルマ ヤ
sedan-chair. シーダヌ チェヤ	reins. レーヌス
轎 ノリモノ	手綱 タヅナ

bridle. ブライドル	手綱 式 タヅナ クツワ	horse cloth. ホールスコロス	馬衣 ウマギヌ
collar. コラア	馬頸輪 ウマノクビワ	saddle. サッドル	鞍 クラ
belly-band. ベリバヌド	腹帶 ハルビ	stirrups. スチロプス	鐙 アブミ
bit. ヒット	馬勒 クツワ	curry-comb. カリカアム	馬櫛 ウマグシ
whip. ホウ井ップ	鞭 ムチ	manger. メンジヤア	秣槽 ハミヲケ

Litter.	リットル	轍筡	ウマノ／子ウラ
Hay.	ヘイ	枯草	カレクサ
straw.	ストラゥ	藁	ワラ
trunk.	トルヌク	櫃	ヒツ
parcel.	パァセル	行李包	ニモツ／ツ、ミ
station.	ステーシュヌ	立場	蒸汽車ノ
train.	トレイヌ	後車	アトノクルマ／同上
goods' train.	グーヅ／トレイヌ	荷車	ニグルマ／同上
locomotive-engine.	ロコモチフエヌジヌ	蒸汽車	ジャウキ
engineer.	ヌヌジニール	機関方	キクワイ／ガリ

stoker. ストークル	cylinder シリヌドル
焚夫 ヒタキ	筒 ツ、
engine. エヌジヌ	safety-valve. セーフチ ワルフ
機関 カラクリ	漏汽釜 キヌキ ブタ
fire-box. ファヤ ボクス	tunnel. タン子ル
焚場 ヒタキバ	隧道 タクコミチ
boiler. ボイレル	paddles. ペド ,レス
汽鑵 シヤウキ カマ	撥水板 兼汽船 車輪付
piston. ピストヌ	scraw. スクルウ
唧筒 ミヅオシ	螺旋機 子ヂ ノカケ

rudder. ロッドル	steersman. スチールスメヌ
舵 カヂ	接針役 アンジンヤク
mast. マスト	sailor. セイロル
檣 ホバシラ	水夫 スヰフ
cabin. ケビヌ	apothecary. アポゼケルリ
舩房 トモベヤ	藥舖 クスリヤ
deck. デッキ	armourer. アーモレル
甲板 カンバン	軍器師 グシキシ
captain. ケプティヌ	baker. ベークル
舩将 センシャウ	麪包匠 パンツシリ

English	カナ	漢語	訓
barber.	バアブル	剃髭人	ヒゲツクリ
basket-maker.	バスケットメークル	籠工	カゴツクリ
black-smith.	ブレッキスミッツ	鍛工	カヂヤ
bookbinder.	ブッパイスドル	釘書匠	ホンとぢ
bookseller.	ブックセレル	書賈	ホシヤ
brazier.	ブレジール	銅工	アカ子ザイクシ
brewer.	ブリウル	杜氏	トウジ 酒ヲ造ル
brick-maker.	ブリックメークル	磚瓦匠	カワラヤキ
butcher.	ボッチェル	屠人	ニクウリ
cabinet-maker.	ケビチットイークル	厨櫃匠	タンス、ツクリ

carponter. カーペヌトル	confectioner. コヌフェクシュチル
匠人 ダイン	菓子司 クワンヤ
cartwright. カアトライト	cooper. クープル
車工 エクルマツクリ	桶工 ヲケヤ
chandler. チヒヌドレル	tanner. タヌチル
蠟燭工 ヱラヌヤク	革匠 カハナシ
cloth-merchant.	cutler. コットレル
羅紗賈 ラシャアキヌ　名 スノーチヌト	庖刀匠 ハウチウジヌ
coachman. コーチメヌ	dress-maker. デレヌメールル
御者 クルマツカヒ	製衣戸 ヌヌギヤ

dyer. ダイル	染工 コンヤ	broker. ブロークル	牙郎 ナカゾヒ
embroideress. エムブロイデレス	繡工 スヒハクシ	fruit-woman. フルートウーノヌ	賣菓女 クワシリウアンナ
farrier. ファリール	鋩沓工 カナグツ	gardener. ガアヅチル	園丁 ニハツクリ
fishmonger. フヒシモンジャ	魚賈 サカナヤ	gilder. ギルドル	鍍金匠 メツキシ
founder. ファーヌドル	鑄匠 イモノシ	glazier グレジール	鑲玻璃匠

glover. ガラワ	手套匠 テブクロシヤウ	harness-maker.	馬具師 バグシ
	ハーネスノール		
goldsmith. ゴールトスミッツ	金匠 キンザシリ	hatter. ヘットル	帽匠 ボウシツクリ
grave-digger. グレーヴデーゲル	穴掘 ハカノアナホリ	horse-dealer. ホールスデイレル	馬商 ウマアキンド
grocer. ゴロースル	香料屋 カウレウヤ	hosier. ホジール	莫大小賈 メリヤスコアキ
gun-smith. ガヌスミッツ	銃工 テツパウシ	jeweller. ジウレル	寶玉賈 タマヤ

joiner. ジョィヌル	bricklayer. ブリキレイル
箱匠 サシモシ	磚牆匠 カベツキ
ironmonger. アイルヌモンチヤ	money-changer. モニーチェンジヤ
鋳物賈 テツモノヤ	兌銀舗 リヤウガヘヤ
lapidary. レピデリ	music-seller. ムジクセレル
玉人 クマスリ	樂器商 ガクキ
linen-draper. リニヌデレプル	paper-manufacturer. ペープルマニフアク ナヌル
布商 モノウリ	紙造 カミスキ
looking-glass-maker.	pedlar. ペドラア
ルーキングメーグル 鏡匠 カヾミシ	販夫 セリマワリ アキンド

pin-manufacturer. ピスマニフェク チュレル	seedsman. シーツ ヅメヌ
針匠 トメジリ	種子賈 タ子 モヤ
potter. ポットル	shephord. セペード
壺匠 ツクリドキ	牧人 チクルサ カヒ
print-seller. プリヌト セレル	shoemaker. シュー メール
圖繪商 ヱウリ	鞋匠 クツシ
ragman. ラグメヌ	silk-mercer. シルク メルセル
故衣賈 クツヤ	絹商 キヌヤ
ropemaker. ロープ メーツル	silversmith. シルフル スミッツ
索綯 エナワヒ	銀匠 ギンカザリ

tiler. タイレル	蓋屋工 ヤ子シ
tin-potter. チヌポットル	錫壺匠 ツボシ
soap-boiler. ソープ ボイレル	石鹸工 シヤボンヤ
tobacconist. トバコ ニュスト	煙草屋 タバコヤ
tailor. テイロル	縫衣匠 シタテヤ
trunk-maker. トロヌク メール	櫃工 ヒツヅクリ
timber-merchant. メー チヱスト	木商 ザイモクヤ
upholsterer. オブホール ステレル	家具師 カグシヤ
tinman. チヌメヌ	錫匠 スヅモシ
washerwoman. ウヲ セル ワーマヌ	澣女 センタクヲンナ

watchmaker. ウヲッチメーツル	roller. ローレル
時儀匠 トケイシ	壓塊器 ガイシ
weaver. ウヰーフル	sickle. シックル
織戸 オリヤ	鎌 カマ
wine-merchant. ワイヌメーチヤント	pruning-knife. プリウニンナイフ
酒賈 サカヤ	薙草刀 ツミラガマ
plough. プロウ	flail. フレイル
鋤 スキ	連枷 カラザヲ
spade. スペード	anvil. ヱヌウヰル
鍬 クワ	鍖砧 カナシキ

hammer. ハムムル	screw. スクルウ
鋳鎚 カナツチ	螺旋 子ヂ
Pincers. ピヌセルス	nut. ノット
千釣秤 クギヌキ	牝螺旋 メ子ヂ
nail. 子イル	mason's hod.
釘 クギ　メーズヌヌ ホッド	石灰器 シツクイ
file. ファイル	ladder. ヲッドル
鑢 ヤスリ	梯子 ハシゴ
drill. ドリル	crow-bar. クロウバア
舞鑽 マヒキリ	鋳挺 カナテコ

lever.	レウェル	挺 テコ	planeθ	プレーヌ	鉋 カンナ
wedge.	ウェッジ	楔子 ゾサビ	chisel.	チゼル	鑿 ノミ
hatchet.	ハチエット	斧 ヲノ	grindstone.	ガラヌドストーヌ	砥石 トイシ
pulley.	プルリー	滑車 セビ	Glue.	グリウ	膠 ニカハ
saw.	ソー	鋸 ノコギリ	Compasses.	コムパッセス	規叉 ブンマワシ

square. スクエール	矩尺 サシガ子	Shears. シールス	大鋏刀 ハサミ
level. レウェル	水準 ミヅモリ	actor. エクトル	俳優 ヤクシヤ
mason's chisel.	石鑿 イシノミ 石瓦鑿 メーズ・スチビル	advocate エドウヲケット	代言者
graver. グレーウル	鐫工器 ホリモノダウグ	architect. アーキテックト	匠長 トウリヤウ
turning-lathe トルニン レース	轆轤 ロクロ	astronomer. アストロノメル	星學者 セイモンシヤ

botanist. ボテニスト	doctor. ドクトル
植物學者	學士 ガクシヤ
chemist. ケミスト	drawer. ドローワァ
化學者	圖工 エツシ
clergyman. ケレーヅメヌ	engineer. エヌジニール
法教師 ハウケウシ	築城家 チクジヤウカ
dancing-master.	engraver. ヱヌゲレーウル
デヌシンマストル 踊戲師 ヲドリシヤウ	彫刻匠 ホリモシ
dentist. デヌチスト	fencing-master.
齒醫者 シイシヤ フヱヌシンマストル	劔術師 ケンジユツイシヤウ

geometer. ジョーメトル	mechanician.
測量學者（ソクリヤウガクシヤ）	器械學者（キカイガクシヤ）
historian. ヒストリヱヌ	mineralogist.
歴史家（レキシカ）	礦物學者（クワウブツガクシヤ）
language-master.	musician. ムシシヱヌ
語學者（ゴガクシヤ）／マストル／ラヌヴヱール	樂人（ガクニン）
lawyer. ローヱル	naturalist. ナチュラリスト
律學者（リツガクシヤ）	竆理學者（キウリガクシヤ）
mathematician.	painter. ペーントル
數學者（スウガクシヤ）／マシメチシヱヌ	畫工（ヱカキ）

philosopher. モロソフル	riding-master.
性理学者 ライジングマストル	馬術師 ビビヤク
physician. フヒシ̄エス	school-master.
醫師 イヤ スクールマストル	教校師 匠
poet. ホ°エット	sculptor. スコルプトル
詩人 レシ	彫像師 ブツシ
preacher. プリーチェル	surgeon. ソルゼョヌ
説法者 セッパウニャヤ	外科醫者
professor. プロフエッソル	theologian. ゼロゼヌ
大學士 ダイガクシ	神學者 シンガク

exchange. エキスチェンジ	partner. パートニル
市會所 イチクヮショ	顆伴 トモガヤ ナカマ
(rate of) exchange.	factor. ファクトル
時價 サウバ	主管 バントウ
banker. バンクル	broker. ブロークル
爲替屋 カハセ	甲幹 テダイ
merchant. メルチェヌト	clerk. カラルク
商賈 アキンド	記簿 チャウツケ
retailer. リテイレル	buyer. バイエル
小賣商人	買方 カヒテ

seller. セルレル	payment. ペイメント
賣方 ウリテ	直償 ハラヒスルフ
debtor. デットル	quittance. クイッテレス
欠主 カリカタ	債償 ヘンキン
creditor. ケレヂトル	obligation. オブリゲーシュヌ
債主 カシカタ	證文 ショウモン
course of exchange. アキスチェレンジ コールスオブ	balance. ベレヌス
兌銀時償	天秤 テビレ
bill of exchange. アキスチェレレ ビルオフ	ledger. レッジェヤ
爲替券 カハセ	會計簿 クハケイボ

wares.	ウエース	貨物	アキナヒ	Blue.	ブリウ	青	アヲ
shop.	ショップ	舗	ミセ	Yellow.	エッロウ	黄	キ
counting-house.	コヌチンハウス	總筭所	カシヤ	Black.	ブレック	黒	クロ
strong-box.	ストラヌボックス	金箱	カネバコ	White.	ホワイト	白	シロ
Red.	レッド	赤	アカ	Green.	グリイヌ	緑	モエギ

Brown. ブロウヌ	Grey. グリイ
花褐色 イロ	鼠色 子ズミイロ
Violet. ワイオレット	Flesh-colour. フレシカレー
浅青蓮色 ウスアサムラサキ	肉色 ツスガキイロ
Orange-yellow. オレヌジエロウ	Scarlet. スカアレット
橙黄色 カバイロ	深紅 ホレヒイロ
Indigo. イヌデゴ	Carmine. ガアマイヌ
燕尾青 キョウギヌ	朱色 レヌロ
Purple. ポープル	hair-pencil. ヘヤペシル
紫 ムラサキ	毛筆 エフデ

対訳名物図編　六十六

Indian ink. イヌキヤヌ イヌキ	lithograph. リソガアフ
墨 印日本ナリ	石版繪 をキバンエ
picture. ピクチュハ	historical picture. ピクチアール ヒストリカル
畫 エ	歴史圖 コジノエス
drawing. ヅローウイン	view. ウイウ
圖 ヅ	景 ケイ
sketch. スケッチ	londscape. ラヌズケプ
圖取 下繪ヾ ヅバリ	景色 ケシキ
engraving. インガアウイレ	portrait. ポートレート
銅版繪 カナバンエ	畫像 ジレブニツ

study. スチュデイ	promenade. プロメナヱド
學問 ガクモン	逍遙場 バ
original. オリジチル	race. レース
原本 ゲンポン	竸馬 ケーバ
cop. カッピイ	play. プレイ
寫本 シヤホン	游樂 アソビ 瞰遊ナド
model. モデル	Dancing. ダヌシンリ
手本 テホン	踊 オドリ
Perspective.	partner. パアトチル
ペースペクチフ 遠景 エレンケイ 見取圖	踊對手 オドリ アヒテカタ

對譯名物圖編

六十七

Skates.	スケーツ	氷沓 グリツ	Billiards.	ビルリアーズ	突玉戯 タマツキ
Chess.	チェス	象戯 シャウギ	balls.	ボールス	球 タマ
chess-board.	チェスバアド	象戯盤 キヤバン（ペックオフカアズ）	pack of cards.		闘牌一組 カルタヒトくミ
Dice.	ダイス	骰子 サイ（スポーチンゲ トレヌヌツコー）	Sporting accou trements.		狩装束 カリシャウゾク
dice-box.	ダイスバアクス	骰子筒 サイツヽ	Coursing.	カアルシレ	狩 カリ

Fox-hunting. ファックスホヌチング	stock. ストック
狐狩 キツ子ガリ	銃床 ツヽギ
rifle. ライフル	cock. コック
施條銃 スヂイリツヽ	雞頭 ウチガ子
ramrod. ラムロッド	touch-hole. トッチホール
搠杖 コミヤ	火門 クワモン
lock. ロック	trigger. チリッグル
掛金 カケ子カナグ	搬機 ヒキガ子
butt-end. ボット エヌド	powder. パウダー
床尾 ダイジリ	火藥、クワヤク

powder-flask. パゥダーフラスク	口薬函 クスリイレ	beater. ビータァ	獵卒 セコ
Swan-shot. スゥヲヌショット	霰彈 チリダマ	stand. ステヌド	站處 タチバ
shot-case. ショットケース	霰彈嚢 チリダマイレ	track. タラッツ	足跡 アシアト
Game. ゲーム	野獸 ヤシウ	scent. セヌト	臭 ニホヒ
sportsman. スポーツメヌ	狩人 カリフド	fisherman. フィセルメヌ	漁人 レゥシ

Fishing. フヒシング	net. ネット
漁 スナドリ	網 アミ
fishing-rod. フヒシ ロッド	fish-pond. フヒシ ポヌド
釣竿 ツリサホ	畜魚池 イケ
line. ライヌ	bird-catcher. ブト ケッチャア
絲 イト	捕鳥人 トリヲトルヒト
hook. フーツ	lime-twig. ライム トヰグ
鈎 ツリハリ	黐竿 モチサホ
Bait. ベート	cage. ケージ
餌 エ	鳥籠 トリカゴ

concert. コヌソート	organ. オーゲヌ
合奏 アハセモノ	風琴 オルゴル
musicians. ムシセヌス	string instrument. イヌストルメヌト ストリン
樂人 ガクニン	絃樂品 イトノ ナリモノ
air. エイル	violin. ワイヨリヌ
節 フシ	鼓弓 コキウ
song. ソング	bow. ボウ
歌 ウタ	鼓弓マテウキウ ユミ
accompaniment. ヨッコンペニメヌト	flute. フリウト
腸調子 ワキテウシ	笛 フエ

trumpet. トロムペット 喇叭 ラッパ		king. キング 王 ワウ	
drum. ダラム 太鼓 タイコ		queen. ジイーヌ 妃 ヒ	
shalms. シャアムス 牧笛 ボシテキ		grand-duke. グラスド チュー 上公 シャウワウ	
emperor. イヌピロル 帝 ミカド		duke. ヂューク 公 コウ	
empress. イヌプレス 后 キサキ		prince. プリヌス 公子 コウシ	

prince-royal. プリヌスロヤル	皇太子 クワウタイシ	knight. ナイト	勲爵士 クンシャクシ
deputy. デプチー	國民總代 コクミンソウダイ	minister. ミニストル	宰相 サイシャウ
marquis. マーキス	郡代 グンダイ	viceroy. ワイスロイ	副王 フクワウ
viscount. ウヰスコーヌト	副官 フクカン	ambassador. エヌバセトル	使節 シセツ
gentleman; nobleman. ゼヌトルメヌ イーブルメヌ	貴族 キゾク	gevernor. ゴウルノル	總管 ブギャウ

commandant. コンマンダント	将帥 タイスヰ	Empire. イムパイル	帝國 テイコク
plenipotentiary. プレポテヌシヤリ	全權 ゼンケン	Kingdom. キンジドム	王國 ワウコク
consul. コヌシュル	領事官 リヤウジクワン	Duchy. デューチー	公國 コウコク
official. オフヒシエル	有司 ヤクニン	Principality. ブリヌシ パリチー	公領 コウリヤウ
state. ステート	國 クニ	County. コヌチイ	郡 グン

Republic. レプブリック	民主國 ミンシュコク	Asiatic. エジエチック	亞細亞人 アジアジン
territory. テリトリー	領地 リャウチ	Australia. オースタラリエ	新和蘭洲 ニウスワランシウ
Africa. エフリケ	亞弗利加洲 アフリカシウ	Austria. オーストリヤ	墺地利亞 オーストリア
America. エメリケ	亞墨利加洲 アメリカシウ	Baden. バーデヌ	巴丁 パアデン 曼
Asia. エジェー	亞細亞洲 アジアシウ	Bavaria. バスアリヤ	拜馬 ベイエルン 同

Belgium. ベルジューム	Europe. ユーロッパ
比利時 ベルジアム	歐羅巴洲
Bohemia. ボヘミエ	European. ユーローペス
波希米 同上	歐羅巴ス
China. チャイナ	Flanders. フラヌドース
支那 即清國	發蘭德 比利時ノ
Denmark. デスマーク	France. フラヌス
丁抹 デニマルク	佛蘭西 フランス
England. イスグラヌド	Germany. ゼーメニー
英吉利 イギリス	日耳曼 ゼルマニヤ

German confederation	ゼルマン ゴスフェデレーシユヌ	日耳曼邦國	Hungary.	ホヌゲリイ	匈牙利 ヲンガリヤ
Great-Britain.	グレートブリーテス	大不列顛	Ireland.	アイルラヌド	愛倫 アイーランド
Greece.	グリース	希臘 ギリシヤ	Italy.	イタリイ	意太利 イタリヤ
Hanover.	ハソーフル	漢那凡 ハノウル	Japan.	ジャッパヌ	日本 ニッポン
Holland.	ホルラヌド	和蘭 オランダ	Japanese.	ジャパニース	日本人 ニッポンジン

Levant. レウェヌト	Poland. ポーラヌド
勒萬多帶海東峽 レワント	法蘭 ポロニヤ
Neapolitan states.	**Portugal.** ポーチュゲル
両西齊里 リャウシシリヤ　ステーツ　ニポリタヌ	葡萄牙 ホルトガル ホルト
Netherlands. ネーゾルレラヌツ	**Prussia.** プロシエ
尼達蘭 即和蘭	普漏生 ぶイス
Norway. ノルウェー	**Russia.** ロシエ
那威 ナルエシイ	魯西亞 オロシヤ
Papal states. パパル ステー	**Sardinia.** サァヂニエ
法王領地 ワウリヤウ	撒丁 サルヂニヤ

Saxony.	セキソニー	Turkey.	トーキー
	索尼亞 サキ △同上		土耳其 トルコ
Scotland.	スコトラヌド	Tuscany.	チュスケニー
	蘇格蘭 ソコットラント		突如那 トスカアチン
Spain.	スペイヌ	United-States of Ame-rica.	アメリカ ユーナイテッドステーツ オフ アメリカ
	西班亞 イスハヤ		亞墨莉加合衆國
Sweden.	スウェーデヌ	Wirtemberg.	ウヰルテンベルジ
	瑞典 スヱイデン		尾敦堡 ウヰルテンビルグ △同上
Switzerland.	スヰツルラヌド	Aix-la-Chapelle.	エラシヤペル
	瑞士 スヱッツルラント		亞金 普焉生ノ

Amsterdam. アムストルダム	Brussels. ブロッセルス
安特堤 ブリョセル アムステルダム 比利時ノ	比律悉 比利時ノ
Antwerp. アヌトウェルプ	Coblentz. コブレンヅ
安都尼比 比利時ノ	谷隣 コウブレンス 普魯生ノ
Berlin. ベルリヌ	Cologne. コローヌ
伯霊 ベルリン 普魯生ノ	哥羅尼 コロウニュ 同上
Bern. ベルヌ	Dresden. デレスデス
伯爾尼 ベルン 瑞士	徳列停 デッステン 撒遜邦
Brunswick. ブロヌスウヰック	Florence. フローレヌス
不倫瑞克 同上	佛稜 フロレンス 意太利ノ

Frankfort. フラスクフヲルト	Hamburgh. ハムボルグ
佛郎沸 フランクフヲルト 同上	翰堡 ハンビュルグ 同上
Geneva. ゼ子ワー	Leipsic. レイプジック
日内瓦 ジ子ウェ 瑞士ノ	来貴 来貴尼亞ノ
Genoa. ゼノア	London. ロヌドヌ
熱那亜 ジェノゥ 意太利ノ	龍動 ロンドン 英吉利ノ
Ghent. ゲヌト	Lyons. リヨンス
根徳 ゲント 米利堅ノ	里昂 リヲン 佛蘭西ノ
Hague. ハーグ	Mayence. メイエヌス
海牙 ハアヘ 和蘭ノ	嘆因 ヘ同上

『対訳名物図編』74ウ

Milan. ミラヌ	Rome. ローム
米蘭 意太利ノ ミ、ラン	羅馬 意太利ノ ロゥマ
Munich. ムニック	Rotterdam. ロットルダム
慕尼克 巴威里ノ モウニス	廬特堤 和蘭ノ ロットルダム
Paris. パリス	Treves. テレウス
巴里斯 佛蘭西ノ パ、リ、ス	低哩普扁生ノ
Prague. プラーグ	Venice. ウェニス
巴拉加 波希米ノ プ、レ、ジゥ	威尼斯 意利ノ ウェニス
Ratisbon. レチスボヌ	Vienna. ウィーンナ
雨山巴威童亞ノ	維也納墺地利亞ノ ウィーンナ

Warsaw. ワルサヲ	Maine. メーヌ
洼肖 ワルサウ 法蘭ノ	美尼河 マイン 同上
Alps. アルプス	Meuse. メウス
亞爾白脈 ヲロツパ在 連山	謨西河 マアス 和蘭在
Apennines. アペナインス	Moselle. モーヒル
亞彼足山脈 同上	摩繩河 ヲロツパノ 大河
Danube. デニウブ	Rhine. ライヌ
多惱河 土耳其及 塊地利ニ流	萊因河 日曼及 佛蘭西界
Elbe. エルブ	Scheldt. セルド
易比河 日曼ニ 在	士勿爾達河 ニ御ノ

Thames. テームス

Vistula. ウィス チュレ

『英仏単語便覧』影印

『英仏単語便覧』影印凡例

一、以下は桂川甫策編『法朗西単語篇』（慶応四 1868 年刊）の影印である。上巻は
　京都大学文学研究科図書館蔵本、下巻は国立国語研究所蔵本である。（上 1 オの上
　部に掲げた後印本の図版は櫻井豪人蔵本による。）なお、下巻は明治二（1869）年
　七月の奥付を持つ本であるが、下巻の現存諸本の中ではこの奥付を有する本が最も
　早印と見られる（解説参照）。
一、表紙と後表紙は原本の約 70％の大きさに、本文は約 80％の大きさに縮小して収
　録した。
一、原本にある汚れや書き入れは、編著者の責任において消去した。

　本書の刊行に際し、影印出版をお許し下さった京都大学文学研究科図書館、国立国
語研究所研究図書室、並びに関係各位に対し、厚く御礼申し上げる。

『英仏単語便覧』影印　785

慶應四年戊辰新鐫

理外無物樓藏板

英佛
單語便覽

桂川甫策撰

第一等教授方

開成所佛蘭西學

五洲雖廣無有英仏
二語不通之地故熟知
之者接萬國之人等
束手緘黙之患近頃我
友桂川甫策撰英仏
對譯之單語篇加以
漢訳与和訳題曰單
語便覽簡詳得中

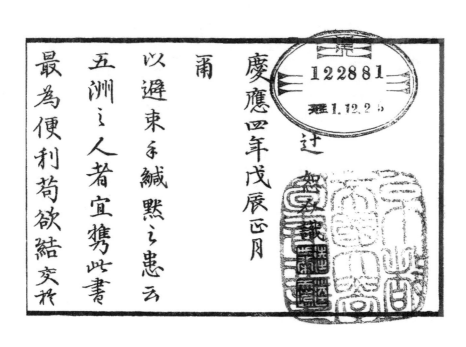

慶應四年戊辰正月
甫
以避束手緘黙之患云
五洲之人者宜携此書
最為便利苟欲結交於

『英仏単語便覧』亜彼泄オ

エー/アー	ベー/ビー	セー/スィー	ディー/デー	エー/イー	エフ/フ	ジー/ジェ	エイッチ/アジ	アイ/イ	ジー/ゼー	カー/ケー
A	**B**	**C**	**D**	**E**	**F**	**G**	**H**	**I**	**J**	**K**
a	b	c	d	e	f	g	h	i	j	k

エルル/エル	エム/エム	エン/エン	オー	ペー/ピー	クー/キュー	アル/エルル	エス/エス	テー/ティー	ウー/ユー
L	**M**	**N**	**O**	**P**	**Q**	**R**	**S**	**T**	**U**
l	m	n	o	p	q	r	s	t	u

ヴェー/ヴェイ	ドブルユー/ヴェー	エキス/イキス	ワイ	セット/イグジ/ゼッド
V	**W**	**X**	**Y**	**Z .**
v	w	x	y	z

亜彼泄

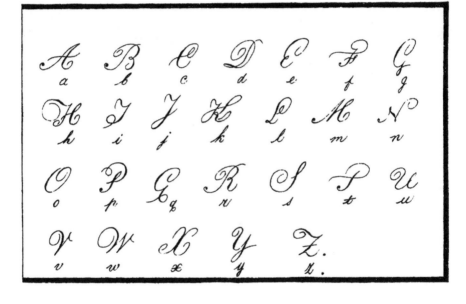

『英仏単語便覧』亜彼泄ウ

イ i	ロ ro	ハ fa	バ ba	パ pa	ニ ni	ホ fo	ボ bo	ポ po	ヘ he	ベ be	ペ pe
ト to	ド de	チ tchi	ヂ dzi	リ re	ス noo	ル roo	ヲ wo	ワ wa	カ ka	ガ ga	
ヨ yo	タ ta	ダ da	✓ re	ソ so	ゾ zo	ツ tsoo	ヅ dsoo	ネ ne	ナ na	ラ ra	
ヘ moo	ウ oo	ヰ wi	ノ no	オ o	゛koo	グ goo	ヤ ya	マ ma	ケ ke		
ゲ gue	フ foo	ブ boo	プ poo	コ ko	ゴ go	エ ye	テ te	デ de	ア a		
サ ta	ザ za	キ ki	ギ gui	ユ yu	メ me	ミ mi	シ si	ジ zi	エ we		
ヒ fi	ビ bi	ピ pi	モ mo	セ se	ゼ ze	ス soo	ズ zoo	ン ng			

『英仏単語便覧』以呂華ウ

イ	ロ	ハ	バ	パ	ニ	ホ	ボ	ポ	ヘ	ベ	ペ
i	ro	ha	ba	pa	ni	ho	bo	po	he	be	pe
ト	ド	チ	ヂ	リ	ヌ	ル	ヲ	ワ	カ	ガ	
to	do,	tsi	dgi	ri	nou	rou	wo	wa	ca	ga,	
ヨ	タ	ダ	ヰ	ソ	ゾ	ツ	ヅ	ネ	ナ	ラ	
io	ta	da	re	so	zo	tsou	dzou	ne	na,	ra	
ム	ウ	ヰ	ノ	オ	ク	グ	ヤ	マ	ケ		
mou	ou	wi	no	o	cou	gou,	ia	ma	ke		
ゲ	フ	ブ	プ	コ	ゴ	エ	テ	デ	ア		
ghe	fou	bou	pou	co	go	ie	te	de,	a		
サ	ザ	キ	ギ	ユ	メ	ミ	シ	ジ	ヱ		
sa	za	ki	ghi	you	me	mi	si	zi,	we		
ヒ	ビ	ピ	モ	セ	ゼ	ス	ズ	ン			
hi	bi	pi	mo	se	ze	sou	zou,	gn,			

『英仏単語便覧』影印　793

※後印本では上部に「英」「佛」の文字が入木挿入されている。

英	佛	
Part I.	*Partie I.*	第一篇
the table	la table	机 ツクヱ

Part I.	*Partie I.*	第一篇
the table	la table	机 ツクヱ
" bench	le banc	榻 ハゴシカ
" pen	la plume	筆 フデ（毛筆ハハントヘ）
" penknife	le canif	筆切ハ小刀 ナイフ ナガサシ
paper	" papier	紙 カミ
ink	l'encre	墨 スミ（液ノ国ノ墨ハ皆コレオカク）
un inkstand	un encrier	墨壺 スミツボ
a slate	une ardoise	石盤 セキバン
the slatepencil	la touche	石盤筆 セキバンヒツ
" ruler	" règle	定規 ヂャウギ
" leadpencil	le crayon	鉛筆 エンヒツ
a letter	une lettre	手簡 テガミ
" line	" ligne	一行 ヒトクダリ

『英仏単語便覧』　上 1 オ

a book	un livre	書冊
" writing-book	" cahier	草本
" writing	une ecriture	文牒
" page	" page	半枚
" copy	un exemple	活帖
" leaf	une feuille	一枚
" pencase	un étui à plumes	筆筒
sand	la poudre	砂
the sandbox	le poudrier	砂壺
a foldingstick	un plioir	
an exercise	" theme	文章
sealingwax	la cire d' Espagne	封蠟
wafers	du pain à cacheter	封糊
the master	le maître	先生

a preceptor	un précepteur	師匠 シショウ
, scholar	, ecolier	學生 ガクセイ
, pupil	, disciple	弟子 デシ
Part II.	Partie II.	第二篇
the world	le monde	世界
air	l' air	空氣
fire	le feu	火
earth	la terre	土 ツチ 又 地球 チキウ
water	l' eau	水 ミヅ
heaven	le ciel	天 テン
the horizon	l' horizon	地平 チヘイ
, sun	le soleil	太陽 ヒ
, sunbeams	les rayons solaires	日光 ヒノヒカリ
, moon	la lune	太陰 ツキ

『英仏単語便覧』 上2ウ

full moon	la pleine lune	満月
moonlight	le clair de lune	月光
the stars	les étoiles	星
〃 milky way	la voie lactée	銀河
a planet	une planète	行星
〃 comet	〃 comète	彗星
light	la lumière	明
darkness	les ténèbres	暗
twilight	la crepuscule	薄明
the shade	l'ombre	陰
day	le jour	晝
night	la nuit	夜
heat	l'ardeur	熱
cold	le froid	寒

warmth	la chaleur.	温 アタ、カキ
flame	" flamme	炎 ホノホ
spark	l'étincelle	火花 ヒバナ
smoke	la fumée	煙 ケブリ
steam	" vapeur	蒸氣 ジョウキ
lightning	un éclair	電 イナヅマ
sheet lightning	les éclairs	電光 イナビカリ
thunder	le tonnerre	雷 カミナリ
a cloud	une nuée	雲 クモ
the weather	le temps	天氣 テンキ
a storm	une tempête	暴風雨 アラシ
rain	la pluie	雨 アメ
the rainbow	l'arc-en-ciel	虹霓 ニジ
snow	la neige	雪 ユキ

hail	la grêle	霰 アラレ
a fog	le brouillard	霧 キリ
dew	la rosée	露 ツユ
hoar frost	" gelée blanche	霜 シモ
ice	" glace	氷 コホリ
an icicle	un glaçon	氷柱 ツララ
an earthquake	" tremblement de terre	地震 ヂシン
the wind	le vent	風 カゼ
a hurricane	un ouragan	颶風 ハヤチ
east	l'est	東 ヒガシ
south	le sud	南 ミナミ
west	l'ouest	西 ニシ
north	le nord	北 キタ
dryness	la sécheresse	乾 カワキ

moisture	l'humidité	湿 シッケ
dust	la poussiere	塵 チリ
sand	le sable	沙 スナ
a stone	une pierre	石 イシ
mud	la boue	泥 ドロ
a plain	une plaine	平地 ヒラチ
y valley	y vallée	谷 タニ
declivity	un coteau	山ノ斜面 ヤマノナナメキ
mountain	une montagne	山嶽 ヤマ
hill	y colline	丘陵 ヲカ
the foot	le pied	山脚 フモト
y summit	y sommet	頂上 チャウジャウ
a rock	un rocher	岩 イハ
y brook	y ruisseau	小川 ヲガハ

『英仏単語便覧』 上 4ウ

a river	une rivière	河 かハ
the bed of a river	le lit de la rivière	河道 かくてい
" source	la source	水源 ミナモト
" mouth	l'embouchure	河口 かハぐち
" bank	la rive	堤 ツヽミ (仏 腹 ベ)
" current	le courant	流 ながれ
a lake	un lac	湖 みづうみ
" pond	" étang	池 いケ
" marsh	" marais	沼 ヌマ
" fountain	une fontaine	泉 イヅミ
" waterfall	" cascade	瀑布 タキ
the land	le pays	土地 トチ
" native country	la patrie	本国 ホンゴク
" ocean	l'océan	大洋 わうなだ

『英仏単語便覧』影印　801

the mediterranean	la mediterranée	地中海 ナチタイ
an archipelago	un archipel	多嶋海 ヌ アーキペル
the baltic	la mer baltique	波羅的海 ラメルバルチック
〃 north-sea	〃 mer du nord	北海 ホクカイ
〃 channel	la manche	海峡 カイケフ
〃 continent	〃 terre ferme	大陸 ダイリク
an island	une île	嶋 シマ
a peninsula	〃 peninsule	半嶋 ハンタウ（連只＝ル陸ニ連ハ名ヶ海色ノ岬ヲ）
〃 cape	un cap	岬 ミサキ
an isthmus	〃 isthme	地峡 チケフ
a bay	une baie	海湾 カイエン
the coast	la côte	海岸 カイガン
a cliff	un écueil	礁 イハ（海中ニアル岩ヲ云）
〃 shoal	〃 bas-fond	浅所 アサオト

『英仏単語便覧』上 5 オ

五

a sandbank	un banc de sable	沙洲 ス
" strait	" détroit	瀬戸 セト
the waves	les vagues	波 ナミ
high and low tide	le flux et reflux	満潮 及 退潮 ミチシホ オヨビ ヒキシホ
the tide	la marée	潮時 シホドキ
a water-spout	une trombe	龍巻 タツマキ
Part III	Partie III	
the fleet	la flotte	船隊 センタイ
" navy	la marine	海軍 カイグン
a vessel	un bâtiment; un navire	船 フネ
" boat	" canot	端船 ハシケ
" sloop	une chaloupe	小舟 コブネ
" steamboat	un bateau à vapeur.	蒸氣船 ジョウキセン
" screw-steamer	" bateau à hélice	螺旋蒸氣船 ラセンジョウキセン

a mon-of-war	un vaisseau de guerre	軍艦 グンカン
" merchant-vessel	" vaisseau marchand	商船 シヤウセン
" transport	" vaisseau de transport	運送船 ウンソウセン
the sails	les voiles	帆 ホ
" keel	la quille	龍骨 リウコツ
" hold	" cale	艙 サウ
" deck	le pont	甲板 カンパン
" mast	" mât	檣 ホバシラ
" cabin	la cabine	舩尾房
" hatches	les écoutilles	艙口
" stern	la poupe	艫 トモ
" bow	" proue	帆舳
" sail-yard	" vergue	帆桁 ホゲタ
" flag	le pavillon	旗 ハタ

the pennon	les flammes	小旗 コハタ
″ rudder	le gouvernail	舵 カヂ
″ oar	la rame	櫂 カイ
″ rigging	les cordages	綱具 ツナグ（帆桁）
″ cable	le câble	錨綱具 イカリヅナ
″ anchor	l'ancre	錨 イカリ
″ ports	le sabord	砲門 ハウモン
″ sounding-lead	la sonde	測鉛 オモリ（海ノ深ヲ計ル）
″ compass	″ boussole	磁針盤 ジシンバン
starboard	le tribord	面舵 オモカヂ（船ノ右側）
larboard	″ babord	取舵 トリカヂ（船ノ左側）
the freight	″ fret	積荷賃 ツミニチン
an admiral	un amiral	水師提督 スヰシテイトク
a vice aamiral	″ vice-amiral	水師副提督 スヰシフクテイトク

『英仏単語便覧』上 6ウ

the capitain	le capitaine	キャピテイン
〃 lieutenant.	〃 lieutenant	リウテナント
a midshipman	un aspirant	ミッシプマン
the sailors	les matelots	水夫 スイフ
a pilot	un pilote	水先案内 ミヅサキアンナイ
〃 pirate	〃 pirate	海賊 カイゾク
shipwreck	le naufrage	破船 ハセン
the light-house	〃 phare	燈明臺 トウミョウダイ
〃 harbour	〃 port	港 ミナト
〃 army	l'armée	軍勢 グンゼイ
〃 commander-in-chief	le généralissime	コンマンダーインチーフ
〃 generals.	〃 général	ゼネラル
〃 lieutenant-general	〃 lieutenant-géneral	リウテナントゼネラル
〃 major-general.	〃 maréchal de camp	メージョルゼネラル

『英仏単語便覧』上7ウ

the colonel	le colonel	コロ子ル
〃 lieutenant-colonel	〃 lieutenant-colonel	リウテナンコロ子ル
〃 major	〃 major	メイジョル
〃 captain	〃 capitaine	カピテン
〃 lieutenant	〃 lieutenant	リウテナン
〃 ensign	l' enseigne	エンシン
〃 sergeant	le sergent-major	サルゼン
〃 corporal	〃 sous-officier	コルポラル
〃 soldier	〃 soldat	兵卒
〃 drummer	〃 tambour	太鼓役
〃 fifer	〃 fifre	笛役
a regiment	un régiment	（一ニ備大隊ヲ三大隊）
a bataillon	〃 bataillon	（大隊）
〃 company	une compagnie	（中隊）

a squadron	un escadron	騎兵大隊
, rank	, rang	列
the infantry	l'infanterie	歩兵
, cavalry	un cavalerie	騎兵
, artillery	l'artillerie	砲兵
a cannoneer	un cannonier	砲手
the engineers	le corps du génie	工兵
a pioneer	un soldat du génie	抗夫
, trumpeter	, trompette	喇叭役
the sentinel	la sentinelle	張番
, colours	le drapeau	軍旗
, standard	l'étendard	騎軍ノ旗
, uniform	, uniforme	揃ノ軍装
, helmet	le casque	兜

the lance	la lance	槍 ヤリ
〃 sabre	le sabre	刀 カタナ
〃 sword	l'épée	釼 ケン
〃 gun	le fusil	砲銃 チウ（小 銃 ジウ）
〃 bayonet	la baionnete	銃槍 ケ（小銃 先ニ付ル）
〃 cartridge-box	〃 giberne	藥包盒 ジヤクハアイ
〃 knapsack	la harresac	矢架筆 ヒツヤラシロ
〃 ball	〃 balle	弾丸 タマ
〃 powder	〃 poudre	火藥 クワヤク
〃 pistol	le pistolet	短銃 タンジウ
〃 carbine	〃 mousqueton	馬上銃 バシヤウジウ
〃 rifle	la carabine	施條砲 センデウハウ
〃 cannon	le canon	加農砲 カノンハウ
〃 mortar	〃 mortier	臼砲 キウハウ

『英仏単語便覧』影印　809

the howitzer	l'obusier	臼砲 ホウィツル
" bombs	les bombes	爆丸 ボンブ
" tent	la tente	天幕（兵幕、陣屋） タンー
" garrison	" garnison	戍兵 ガルニソン
" fortress	" forteresse	砦 ホルテレス
" rampart	le rempart	堡砦、外濠 ランパル
" ditches	les fossés	濠 ホッセ
" parapet	le parapet	胸壁 パラペ
" embrasure	l'embrasure	砲門（壺門） アンブラジュル
" battle	la bataille	戦争 バタイユ
the engagement	le combat	闘戦 コンバ
" siege	" siège	囲 シェジュ
" battle field	" champ de bataille	戦場 シャン・ド・バタイユ
" victory	la victoire	勝利 ヴィクトアル

『英仏単語便覧』上 9オ

『英仏単語便覧』上 9ウ

the defeat	la défaite	敗軍
" retreat	" retraite	退軍
" flight	" fuite	敗走
a century	un siècle	百年
" year	une année	一年
leap-year	l'année bissextile	閏年（閏年ヲ一〇発）
a month	un mois	一月
" week	une semaine	一週（七日）
" day	un jour	一日
an hour	une heure	一時
a minute	" minute	一分時
" second	" seconde	一秒時
the seasons	" les saisons	季候
spring	le printemps	春

summer	l'été	夏 ナツ
autumn	" automne	秋 アキ
winter	l'hiver	冬 フユ
january	janvier	第一月
february	février	第二月
march	mars	第三月
april	avril	第四月
may	mai	第五月
june	juin	第六月
july	juillet	第七月
august	août	第八月
september	septembre	第九月
october	octobre	第十月
november	novembre	第十一月

december	décembre	第十二月
sunday	dimanche	日曜日
monday	lundi	月曜日
tuesday	mardi	火曜日
wednesday	mercredi	水曜日
thursday	jeudi	木曜日
friday	vendredi	金曜日
saturday	samedi	土曜日
a holiday	un jour de fête	祭日
new-year's-day	le jour de l'an	元日
the morning	" matin	朝
" forenoon	la matinée	午前
" noon	midi	午時
" evening	le soir	夕

night	la nuit	夜ヲル
midnight	minuit	夜半ヨナカ
the sunrise	le lever du soleil	日ヾ出ヒノデ
〃 sunset	〃 coucher du soleil	日ヾ没ヒノイリ
man	l'homme	人ヒト
man	〃 〃	男ヲトコ
woman	la femme	女ヲンナ
a baby	un nourrisson	赤子アカゴ
〃 little boy	〃 petit garçon	童男ワラベ
〃 maid	une vierge	處女ヲトメ
〃 bachelor	un garçon	少男ワカイヲトコ（若き男若きもの〔礼セヲトル）
〃 girl	une fille	少女ワカイヲンナ（若き女娘もの〔礼セヲトル）
〃 gentleman	un monsieur	貴君アナタ
infancy	l'enfance	幼稚ヲサナキ

youth	la jeunesse	少年
age	〃 vieillesse	年齢（中年）（老年）
birth	〃 naissance	出産
life	〃 vie	生
death	〃 mort	死
the family	〃 famille	親属
〃 parents	les parents	両親
〃 ancestors	〃 ancêtres	先祖
〃 descendants	〃 descendants	子孫
〃 father	le père	父
〃 mother	la mère	母
〃 grandfather	le grand-père	祖父
〃 grandmother	la grand-mère	祖母
〃 great-grandfather	le bisaïeul	曾祖父

『英仏単語便覧』影印　　815

the great-grandmother	la bisaïeule	曾祖母
〃 stepfather	le beau-père	継父
〃 stepmother	la belle-mère	継母
〃 father-in-law	le beau-père	舅姑
〃 mother-in-law	la belle-mère	姑
〃 children	les enfans	子供
twins	〃 jemeaux	雙生子
the son	le fils	男子
〃 daughter	la fille	女子
〃 grandson	le petit-fils	孫
〃 granddaughter	la petite-fille	孫女
〃 great-grandson	l'arrière-petit-fils	曾孫
〃 stepson.	le beau-fils	継男
〃 stepdaughter	la belle fille	継女

『英仏単語便覧』　上12オ

the brother	le frère	兄 弟 キャウダイ
ʺ sister	la soeur	姉 妹 シマイ
ʺ brother–in–law	le beau–frère	姉夫 妹夫 アニムコ
ʺ sister–in–law	la belle–soeur	姑娘 嫂
ʺ son–in–law	le gendre	壻 婿 ムコ
ʺ daughter–in–law	la bru	嫁 ヨメ
ʺ uncle	l'oncle	伯 叔 父 ヲヂ
ʺ aunt	la tante	伯 叔 母 ヲバ
ʺ cousin	le cousin	従 兄 イトコ
ʺ female cousin	la cousine	従 姉 イトコ
ʺ bridegroom	le fiancé	婿 新郎 イイナヅケノムコ
ʺ bride	la fiancée	嫁 新婦 イイナヅケノヨメ
marriage	le mariage	婚姻 コンイン
the consort	l'époux	配偶 ハイグウ

a widower	un veuf	鰥 ヤモヲヲトコ
" widow	une veuve	寡 ヤモヲヲ ナ
" guardian	un tuteur	後見人 ウシロミ
an orphan	" orphelin	孤兒 ミナシゴ
a midwife	une sage-femme	産婆 ヒキヂオナ
the nurse	la nourrice	乳母 ウバ
" friend	l'ami	朋友 トモ
Part IV.	*Partie IV.*	第四篇
the skeleton	le squelette	骨格 ホネグ ミ
" limbs	les membres	四肢 テアシ
" skin	la peau	皮 カハ
" pores	les pores	気孔 ケアナ
" bones	" os	骨 ホネ
" marrow	la moëlle	髄 スキ

『英仏単語便覧』上13ウ

the flesh	la chair	肉 ニク
〃 fat	〃 graisse	脂肪 アブラ
〃 blood	le sang	血 チ
〃 veins	les veines	静脈 シヤウミヤク (廻血管)
〃 arteries	〃 artères	動脈 トウミヤク (血脈管)
〃 nerves	〃 nerfs	神経 赤肉
〃 muscles	〃 muscles	赤肉
〃 sineurs	〃 tendons	筋 (赤肉根)
〃 head	la tête	頭 アタマ
〃 scull	le crâne	脳蓋 ヅガイバチ
〃 hair	les cheveux	毛髪 ケ
〃 brain	la cervelle	脳 ナウ
〃 face	le visage	顔面 カホ
〃 features	les traits	相 (顔)

forehead	le front	額 ヒタイ
the eyes	les yeux	眼 マナコ
" eyelids	" paupières	瞼 マブタ
" eyelashes	" cils	睫毛 マツゲ
" eyebrows	" sourcils	眉 マユ
" apple of the eye	le globe de l'oeil	眼球 メダマ
" pupil	la prunelle	瞳 ヒトミ
" ears	les oreilles	耳 ミミ
" tympanum	le tympan	鼓膜 ツヅミ
" cheeks	les joues	頬 ホホ
" chin	le menton	頤 アゴ
" nose	" nez	鼻 ハナ
" nostrils	les narines	鼻孔 ハナノアナ
" lips	" lèvres	唇 クチビル

the mouth	la bouche	口 クチ
" beard	" barbe	髭 ヒゲ
" teeth	les dents	歯 ハ
" grinders	" " molaires	臼歯 ウスバ
" gums	" gencives	齦 ハグキ
" palate	le palais	上腭 ウハグキ
" tongue	la langue	舌 シタ
" throat	" gorge	咽喉 ノド
" uvula	" luette	懸壅垂 ノドビコ
" wind-pipe	le larynx	氣頸喉頭 ノドクビ
" neck	" col	頸 クビ
" back of the neck	la nuque	項 ウナジ
" shoulders	les épaules	肩 カタ
" back	le dos	背 セ

spine	l'échine	脊骨 セ、ヲネ
the arm	le bras	臑 ヒヂ
" elbows	les coudes	手膊 ヂ、ヒ-ヒ-ヲ
" hand	la main	手 ヲテ
" palm	" paume	掌 ヒ、ジラ
" finger	le doigt	拇指 ニ、ジ
" thumb	" pouce	指 ヲ、ヤイジ
" fore-finger	l'index	食指 ニ、イジ
" middle-finger	le doigt du milieu	中指 ナカ、イジ
a joint	la jointure	骨節 ハ、ツラ
the nails	les ongles	爪 ツメ
" chest	la poitrine	胸 ムネ
" breasts	les mamelles	乳房 ち、チ
" belly	le ventre	腹 ハラ

the navel	le nombril	臍 ヘソ
" side	" côté	脇 ワキ
" ribs	les cotes	肋 アバラ
" loins	" lombes	腰 コシ
" knees	" genoux	膝 ヒザ
" cap of the knee.	la rotule	脚膝蓋 ヒザノサラ（膝ノ皿 ヒザノサラ）
" legs	les jambes	脚 アシ
the calf	" mollets	胛腸 フクラハギ
" heel	le talon	踵 カヽト
" foot	" pied	足 アシ
" ankle-bone	la cheville	踝 クルブシ
" sole of the foot	" plante du pied	蹠 アシノウラ
" toes	les doigts du pied	趾 アシノユビ
" entrails	" entrailles	臓腑 ハラワタ

the intestines	les boyaux	腸 ハラワタ
" heart	le coeur	心臓 シンノゾウ
" lungs	" poumon	肺臓 ハイノゾウ
" liver	" foie	肝臓 キモノゾウ
" loins	les reins	腎臓 ジンノゾウ
" spleen	la rate	脾臓 ヒノゾウ
" gall	le fiel	膽 イ
" bladder	la vessie	膀胱 ボウコウ （小便ブクロ）
" milk	le lait	乳汁 チシル
" stomach	l'estomac	胃腑 ヰノフ
" diaphragm	le diaphragme	横隔膜 ワウカクマク （胸腹ノ仕切）
" phlegm	" flegme	粘液 ネバリ
" saliva	" salive	津唾 ツバキ
" urine	l'urine	尿 イバリ

the excrements	les excrements	尿
perspiration	la sueur	汗
tears	les larmes	涙
laughing	le rire	笑
weeping	les pleurs	泣
the breath	l'haleine	呼吸
a sigh	un soupir	長大息
sneezing	l'eternuement	嚏
the hickup	le hoquet	呃逆
snoring	ronfler	鼾息
walking	marcher	歩行
standing	se tenir debout	立
sitting	s'asseoir	坐
lying	se coucher	臥

motion	le mouvement	運動 ウゴク
rest	〃 repos	休息 ヤスム
the voice	la voix	聲音 コヱ
speech	〃 parole	語説 ハナシ
beauty	〃 beauté	寄麗 キレイ
ugliness	〃 laideur	醜汚 キタナキ
health	〃 santé	壮健 ヘンジヤウ
tallness	〃 grandeur	長高 タカキ
smallness	〃 petitesse	小 チヒサキ
bigness	l'embonpoint	肥 コエ
meagerness	la maigreur	痩 ヤセ
the look	〃 mine	顔色 カホツキ
wrinkles	les rides	破敗 ヤブレ
the scar	la cicatrice	瘢痕 アト

the figure	la taille	形 カタチ
strength	" force	強 ツヨサ
weakness	" faiblesse	弱 ヨワサ
the sight	" vue	視 ミル
" hearing	l'ouïe	聴 キク
a sound	un son	音 ネ
the taste	le goût	味 アチ
a scent	une senteur	香 ヨキニホヒ
" stink	" puanteur	悪臭 アキニホヒ
the touch	le toucher	触覚 サワルシラセ
memory	la mémoire	記憶 オボエ
the soul	l'âme	精神 タマシヒ
" reason	la raison	道理 コトワリ
" understanding	l'entendement	理解 サトリ

a misunderstanding	une méprise	錯英
an error	″ erreur	誤
virtue	la vertu	德
vice	le vice	不德
prudence	la prudence	戒慎
wisdom	″ sagesse	智撰
cunning	″ ruse	狡獪
will	″ volonté	好
penetration	″ perspicacité	才敏
wit	l'esprit	才
genius	le génie	天資
aptness	l'habilité	會得
stupidity	la sottise	思鈍
repentance	le repentir	懊悔

imagination	l'imagination	想像
an idea	une idée	考案
sleep	le sommeil	眠
a dream	un songe	夢
faith	la foi	信用
suspicion	le soupçon	疑惑
hope	l'espérance	望至
despair	le désespoir	絶念
joy	la joie	喜
gladness	l'allégresse	樂
pleasure	le plaisir	愉快
grief	la douleur	心痛
sorrow	″ tristesse	悲
patience	″ patience	堪忍

honour	l'honneur	栄誉
anger	la colère	怒 イカリ
pride	la fierté	高慢 タカブル
doubt	le doute	疑 ウタガヒ
a wish	un souhait	願 ネガヒ
boldness	la hardiesse	大膽 タイタン
bravery	la bravoure	勇気 ユフキ
fear	la peur	恐怖 オソレ
cowardice	la lâcheté	臆病 オクビャウ
alarm	la terreur	驚 オドロキ（中間ヨリ）
chastity	la chasteté	貞節 テイセツ
shame	la pudeur	耻 ハヂ
pity	la pitié	憐 アハレミ
opinion	l'opinion	説 セツ

『英仏単語便覧』 上 19ウ

passion	la passion	情
love	l'amour	愛
antipathy	l'antipathie	嫌悪
hatred	la haine	悪
friendship	l'amitié	友愛
hostility	l'inimitié	敵對
jealousy	la jalousie	嫉妬
diligence	l'application	油斷無キ事
humility	l'humilité	謙遜
avarice	l'avarice	貪濫
justice	la justice	正直
idleness	y paresse	懶惰
voracity	y voracité	飲食ノ貪
politeness	y politesse	礼儀有ル事

drunkenness	l'ivrognerie	酩酊 ヨヒ
a falsehood	un mensonge	虚僞 ソラゴ
crime	le crime	罪科 ツミ
a malady	une maladie	疾病 ヤマヒ
pain	la douleur	疼痛 イタミ
a fit	un accident	發作 ハタラキ
fainting	l'évanouissement	氣絶 キゼツ
nausea	la nausée	嘔氣 ハキケ
the headache	le mal de tête	頭痛 ヅツウ
" toothache	" mal de dents	齒痛 ハイタミ
" colic	la colique	疝腰痛 シャクノイタミ
apoplexy	l'apoplexie	卒中 ソッチウ
a cough	la toux	咳嗽 セキ
" cold	un catarrhe	冒寒 カゼヒキ

a fever	une fièvre	熱 子ツ
the ague	la fièvre intermittentie	瘧 おこり
nervous fever	" fièvre typhoïde	神経熱
the plague	" peste	疫病
" cholera	le choléra	暴瀉病
small-pox	la petite vérole	痘瘡
measles	le rougeole	麻疹
inflammation	l'inflammation	衝毒
the flux	la fluxion	冷毒
diarrhoea	" diarrée	瀉病
dysentery	" dyssenterie	痢病
the dropsy	l'hydropisie	水腫
consumption	la phthisie	癆症
epilepsy	l'épilepsie	癲癇

rheumatism	rhumatisme	龍麻斯 ヒュウマチ（病名）
cramp	la crampe	痙攣 ヒキツリ
a swelling	une tumeur	腫瘍 ハレモノ
" wound	" blessure	創傷 キズ
gangrene	la gangrène	寒脱疽 カンダツソ
leprosy	" lépre	癩病 テンケイ病
the itch	" gales	疥癬 カサ
infection	l'infection	傳染（病）
an epidemic	une épidémie	流行病 ハヤリヤミ
a remedy	le remède	藥劑 クスリ
" potion	une potion	煎湯 センジグスリ
" powder	" poudre	散劑 コグスリ
" purgative	un purgatif	下劑 クダシグスリ
a emetic	" vomitif	吐劑 ハキグスリ

『英仏単語便覧』上 21 ウ

an clyster	un lavement	灌腸
a bath	〃 bain	浴 湯
bleeding	la saignée	刺絡
the leech	〃 sangsue	蛭
a bandage	le bandage	繃帯
salve	l'onguent	軟膏
recovery	la convalescence	快復
blindness	〃 cécité	盲
paralysis	〃 paralysie	癱
deafness	〃 surdité	聾
cataract	〃 cataracte	内障眼
a dwarf	un nain	侏儒
an abortion	〃 avorton	堕胎
a city	une ville	城市

『英仏単語便覧』影印　835

a metropolis	une capitale	首府 ミヤコ
the gates	les portes	門 モン
un edifice	un edifice	厦屋 タテヤ
the tower	la tour	塔 タワ
" bells	les cloches	鐘 ツリガネ
the clock-work	l'horloge	時計 トケイ
a sun-dial	un cadran solaire	日表 ヒドケイ
" church	une eglise	寺院 テラ
the church-yard	le cimetière	墓場 ハカバ
a palace	un palais	宮殿 ゴテン
the castle	la château	城 シロ
" theatre	le théâtre	劇場 シバイ
" custom-house	la douane	運上所 ウンジョウショ
a barrack	une caserne	兵卒立宿

『英仏単語便覧』上 22 オ

『英仏単語便覧』上 22 ウ

the post-office	le bureau des postes	飛脚屋 ヒキャクヤ
" university	l'université	大学校 ダイカクカウ
a court of justice	un tribunal	裁判所 サイハンジョ
the hospital	l'hôpital	病院 ビャウヰン
" orphan asylum	la maison des orphelins	孤児院 ミナシゴヤシナヒ
" prison	la prison	獄所 ゴクショ
" watchhouse	le corps de garde	番所 バンショ
" market	un marché	市場 イチバ
" street	une rue	衢 ミチ
" lane	" ruelle	小衢 セウジチ
" crossway	un carrefour	十字衢 ヨツツジ
" bridge	" pont	橋 ハシ
" well	" puits	井 ヰ
an aqueduct	" aqueduc	水道 スヰダウ

a cistern	une citerne	水槽
″ sewer	″ cloaque	伏樋（下水）
″ vault	″ voûte	穹窿店
″ shop	″ boutique	店
″ magazine	un magasin	庫
an apothecary's shop	une pharmacie	薬舗
a hotel	un hôtel	旅館
″ dwelling-house	une maison	住居
″ cottage	″ cabane	小舎
″ brick	un brique	煉化石
mortar	le mortier	漆灰
a plank	une planche	板
the foundation	les fondements	礎
″ wall	le mur	墻壁

the roof	le toit	屋根 ヤネ
⁄ windows	les fenêtres	窓 マド
⁄ shutters	⁄ contrevents	窓戸 マド
⁄ door	la porte	戸 ト
⁄ bell	⁄ sonnette	鈴 ベル
a lock	une serrure	鎖貝錠 ヂヤウ
⁄ key	⁄ clef	鍵 カギ
⁄ story	un étage	階 カイ
the chimney	la cheminée	烟突
⁄ staircase	l'escalier	階梯
a chamber	une chambre	室 ヘヤ
the saloon	le salon	客座敷 ザシキ
⁄ bed-room	la chambre à coucher	寝室 ネヤ
⁄ loft	le grenier	楼 (物置)

the dormer-window	la lucarne	上窓 ...
" water-closet	les lieux d'aisances	厠 ...
" pump	la pompe	喞筒 ...
a grating	une grille	格子 ...
the floor	le plancher	床 ...
" pillars	les piliers	柱 ...
" stable	l'écurie	厩 ...
hangings	la tapisserie	張付 ...
the mirror	le miroir	鏡 ...
chairs	les chaises	椅子 ...
a chest	une caisse	櫃 ...
" bolster	un coussin	毛褥 ... 枕
" carpet	" tapis	毛氊 ...
" mat	une natte	席 ...

『英仏単語便覧』上24ウ

a time piece	une pendule	時辰儀
〃 bookcase	〃 bibliothèque	書箱
〃 candlestick	un chandelier	燭臺
〃 lamp	une lampe	燈籠
〃 candle	〃 chandelle	蠟燭
snuffers	les mouchettes	剪燭
a lantern	une lanterne	提灯
the shovel	la pelle	火
bellows	le soufflet	鼓鞴
wood	du bois	薪
coal	des houilles	石炭
charcoal	〃 charbons de bois	木炭
the bed	le lit	寝床
blankets	les couvertures	夜着

a towel	un essuiemain	手巾 ヌグヒ
soap	le savon	石鹸 サボン
a glass	un verre	玻璃椀 ガラスバチ（ロ）ヘ鉢名
a brush	une brosse	毛掃 ケバラヒ
a broom	un balai	箒帚 ハキ
ashes	les cendres	灰 ハヒ
a fagot	un fagot	束枝 タキ゛
turf	la tourbe	泥炭 スミ
the tinder	l'amadou	引火薬 ホクチ
" steel	le briquet	火鎌 ヒウチガネ
" flint	la pierre a feu	燧石 ヒウチイシ
" matches	les allumettes	引火奴 ツケギ
a smoothing-iron	le fer a repasser	燒鏝 ヒノシ
flame	la flamme	炎 ホノホ

spark	l'étincelle	火花
smoke	la fumée	煙
soot	la suie	煤
a pot	un pot	壺
, cover	, couvercle	蓋
the kettle	la chaudière	釜
, turnspit	le tournebroche	串焼
the pan	la poêle	鍋
a cleaver	un couperet	庖丁
, trencher	, tranchoir	俎板
the grater	la rape	薑擦子
a sieve	un tamis	篩
, basket	, papier	籠
, cup	une tasse	碗

a saucer	une soucoupe	臺皿 ウケザラ
a gridiron	un gril	焙子 アブリコ
〃 pail	〃 seau	手桶 テオケ
〃 dish-cloth	〃 torchon	布巾 フキン
〃 hogshead	〃 tonneau	大桶 オオオケ
〃 barrel	〃 baril	小桶 コオケ
the cock	le robinet	注管 ソゝギ
a funnel	un entonnoir	漏斗 ジョウゴ
〃 bottle	une bouteille	壜 トクリ
the cork	le bouchon	栓 サン
a pitcher	une cruche	具把壜 モタヒツ
the master of the house	le maître de la maison	亭主 テイシュ
〃 mistress	la maîtresse du logis	内室 カミサン
the host	l'hôte	主人 アルジ（旅店或料理屋ノ）

『英仏単語便覧』上26ウ

the valet	le valet de chambre	小間使
〃 chamber-maid	la fille de chambre	侍婢
a man-cook	un cuisinier	料理人
the laundress	la blanchisseuse	洗濯女
〃 coachman	le cocher	御者（馬ノ）
〃 groom	〃 palefrenier	厩奴
〃 servant	〃 domestique	家来
〃 maid-servant	la servante	下女
〃 valet	le valet de la maison	小厮
lodgers	les locataires	借家人
the livery	la livrée	法被
a plate	une assiette	鉢皿（大小皿ノ）
〃 fork	〃 fourchette	食叉（三股或ハ四股）
〃 knife	un couteau	小庖丁

『英仏単語便覧』影印　845

『英仏単語便覧』上27オ

a spoon	une cuillère	ヒ 本リ
" dish	un plat	小皿 リキラ（皿鉢 （サラバチ））
" cup	une tasse	盃 キカンキ
vinegar	le vinaigre	酢 ス
oil	l'huile	油 アブラ
salt	le sel	鹽 シホ
the salt-cellar	la salière	鹽壺 シホツボ
mustard	" moutarde	芥子 カラシ
pepper	le poivre	胡椒 コセウ
spices	les épices	香料 カウレウ
ginger	le gingembre	薑 セウガ
a nutmeg	la muscade	肉豆蔲 ニクヅク
the sugar-basin	le sucrier	糖壺 サタウツボ
sugar	" sucre	砂糖 サタウ

廿七

honey	le miel	蜂蜜 （はちみつ）
bread	〃 pain	麺麭 （パン）
white bread	〃 pain blanc	白麺麭 （しろパン）

慶應四年戊辰新鑄

理外無物樓藏板

英
佛

單語便覽

桂川甫策撰

第一等教授方

開成所佛蘭西學

『英仏単語便覧』下　見返し

Part V.	Partie V.	第五編
the meal	le repas	飯事
breakfast	'r déjeûner	朝飯
dinner	'r dîner	晝膳
supper	'r souper	夜食
a banquet	un banquet	饗應
boiled	le bouilli	煮タル肉
roast meat	'r rôti	焙タル肉
stewed meat	la viande étuvée	蒸タル肉
minced meat	le hachis	剉タル肉
soup	la soupe	羹
broth	le potage	肉羹
beef	du boeuf	牛肉
beef steak	beef-steak	ビーフステーキ
a tongue	une langue	舌

『英仏単語便覧』下28ウ

veal	du veau	犢肉
mutton	〃 mouton	羊肉
pork	〃 cochon	豕肉
ham	〃 jambon	醃豕肉
a sausage	une saucisse	腸詰
〃 slice	〃 tranche	切片（肉又ハ蔬菜等）
game	la venasion	野獣肉
vegetables	les légumes	菜蔬
vermicelli	〃 vermicelles	麺類
an omelet	une omelette	玉子焼（玉子ノ介）
jellies	les confitures	砂糖漬
cake	le gateau	餅
butter	〃 beurre	牛酪
cheese	〃 fromage	乾酪

beer	la bière	麦酒 ビール
ale	l' ale	エール酒
wine	le vin	葡萄酒 ブダウシュ
white wine	〃 vin blanc	白葡萄酒 シロブダウシュ
red wine	〃 vin rouge	赤葡萄酒 アカブダウシュ
moselle	〃 vin de moselle	モセル酒
champagne	〃 champagne	三鞭酒 シャンペイン
coffee	〃 café	加非 コーヒー
tea	〃 thé	茶 チヤ
milk	〃 lait	乳汁 ミルク
chocolate	chocolat	知古辣 チヨコレート
lemonade	la limonade	檸汁 レモナード
punch	le punch	ポンス
brandy	l' eau-de-vie	焼酎 ヤキチウ

『英仏単語便覧』下 29 ウ

arrack	l'arak	車燉酒 アラキ
liqueur	les liqueurs	リキュル酒
ices	ɬ glaces	氷 コホリ
corn	le blé	穀物 コクモツ
wheat	ɬ froment	小麦 コムギ
rye	ɬ seigle	裸麦 クロムギ
barley	l'orge	大麦 オホムギ
oats	l'avoine	燕麦 カラスムギ
maize	le blé de turquie	玉蜀黍 タウモロコシ
rice	ɬ riz	稲米 コメ
millet	ɬ millet	稷 キビ
an herb	une herbe	草 クサ
a root	ɬ racine	根 ネ
potatoes	les pommes de terre	馬鈴薯 ジャガタライモ

kidney-beans	les haricots	〓豆
beans	〃 fèves	〓豆
turnips	〃 navets	蕪菁
carrots	carottes	胡蘿蔔
green-peas	des petits pois	豌豆
spinach	les epinards	菠薐菜
cabbage	〃 choux	甘藍
cauliflower	〃 choux-fleurs	花〓菜
cucumbers	〃 concombres	胡瓜
pickled-cucumbers	des cornichons	〓胡瓜
the salad	la salade	萵苣
〃 turnips-radish	les petits radis	蘿蔔
mushrooms	〃 champignons	〓蕈
the melon	le melon	甜瓜

the pumpkin	le potiron	南瓜 カボチャ
celery	〃 céleri	オランダミツバ
sorrel	l'oseille	酸模 スイバ
onions	les oignons	葱 ネギ
garlic	l'ail	枸 ニンニク
fruit	les fruits	菓 クダモノ
the apple	la pomme	平菓 ヒラリンゴ
〃 pear	〃 poire	沙菓 ナシ
〃 plum	〃 prune	李 スモモ
〃 cherry	〃 cerise	櫻 サクラ
〃 chesnut	〃 chataigne	栗 クリ
〃 peach	〃 pêche	桃 モモ
〃 apricot	l'abricot	杏 アンズ
〃 almond	〃 amande	巴旦杏 ハタンキャウ

the orange	l'orange amère	橙
" sweet-orange	" orange	柑
" lemon	le citron	檸檬
" grape	" raisin	葡萄
" fig	la figue	無花果
" acorn	le gland	橡實
" cocoa-nut	" coco	椰子
" walnut	la noix	胡桃
" raspberry	" framboise	蓬蘽
" currant	" groseille	スグリ
strawberries	les fraises	苺
mulberries	" mûres	桑椹
the oak	le chêne	樫樹
" beech	" hêtre	山毛欅

the poplar	le peuplier	白楊 ハニ>〻十キ
〃 lime	〃 tilleul	菩提樹 ホ〃イチ〻
〃 ash	〃 frêne	秦皮 ト子リ
〃 maple	l'erable	槭樹 モカ〻デ
〃 birch	le bouleau	樺 かバ
〃 pine	〃 pin	松 マツ
〃 fir	〃 sapin	樅 モ〻
〃 willow	le saule	楊 やなキ
〃 weeping-willow	〃 saule pleureur	垂楊 〻だれや十キ
〃 larch	〃 mélèze	落葉松 からマツ
〃 rose	la rose	薔薇 サウビ〻
〃 tulip	〃 tulipe	鬱金香 ウツコン〻
〃 lily	le lis	百合 ユリ
〃 violet	la violette	菫菜 スミレ

the forget-me-not	gremillet	ルリサウ（和名）
" hyacinth	l'hyacinthe	ヒヤシン（花草ノ名）
" sun-flower	le tournesol	向日葵
" horse	" cheval	馬
a stallion	un étalon	牡馬
" gelding	" hongre	騸馬
" mare	la jument	牝馬
" colt, filly	le poulain	駒
" coach-horse	un cheval de harnais	車ニ附ル馬
" saddle-horse	" cheval de selle	乘馬
" pack-horse	" cheval de bagage	荷馬
" hack	" cheval de louage	借馬
the ox	le boeuf	騸牛
" cow	la vache	牝牛

『英仏単語便覧』　下　32ウ

a calf	un veau	犢 コウシ
an ass	l' âne	驢馬 ウサギウマ
a lamb	l' agneau	羊仔 ヒツジノコ
a ram	l' bélier	牡羊 ヲヒツジ
a sheep	une brebis	羊 ヒツジ
a she-goat	l' chèvre	牝山羊 メヤギ
a he-goat	un bouc	牡山羊 ヲヤギ
a cat	l' chat	猫 ネコ
a dog	l' chien	犬 イヌ
a bitch	une chienne	牝犬 メイヌ
a mastiff	un mâtin	獒 オホイヌ
a pig	l' porc	豕 ブタ
the swan	le cigne	鵠 クグヒ
a peacock	un paon	孔雀 クジャク

a goose	une oie	鵞鳥 ガテウ
" turkey	un dindon	百面鶏 シチメンテウ
" duck	" canard	鴨 アヒル
" pigeon	une colombe	鳩 ハト
" cock	un coq	雄鶏 メンドリ
" hen	une poule	牝鶏 ヨメドリ
" chicken	un poulet	雛 ヒヨコ
the bear	l'ours	熊 クマ
" wolf	le loup	狼 オホカミ
" fox	" renard	狐 キツネ
a wild-boar	un sanglier	野猪 ヰノシ
the stag	le cerp	牡鹿 ヲジカ
" hinds	la biche	牝鹿 メジカ
a hare	un lievre	兔 ウサギ

the badger	le blaireau	狸
a rabbit	un lapin	家兎
the hedge-hog	le hérisson	蝟
a marmot	une marmotte	土撥鼠
" rat	un rat	鼫鼠
" mouse	une souris	鼷鼠
" bat	" chauve-souris	蝙蝠
" bird of prey	un oisau de proie	鷙鳥
an eagle	" aigle	鷲鳥
a falcon	" faucon	鷹鳥
an owl	" hibou	梟鳥
a stork	une cigogne	鸛鳥
" crane	" grue	鶴鳥
" heron	un héron	鷺鳥

a crow	une corneille	烏 カラス
" cuckoo	un coucou	杜鵑 ホトトギス
" pheasant	" faisan	雉 キジ
" partridge	une perdrix	鶉 胡 （和名…）
" woodcock	" bécasse	眞鴫 シギ
" snipe	" bécassine	鷸 シギ
" lark	" alouette	雲雀 ヒバリ
" nightingale	un rossignol	鶯 ウグイス
" chaffinch	" pinson	金絲雀 ヒハリノイロ
" canary	" serin	カナリヤ
" swallow	une hirondelle	燕 ツバメ
" sparrow	un moineau	雀 スズメ
" parrot	" perroquet	鸚鵡 オウム
sea-fishes	les poissons de mer	海魚 ウミウヲ

the cod	le cabillaud	大口魚 タラ
" dried cod	la merluche	乾大口魚 ヒラキ
" haddock	l'aigrefin	小鱈魚 コダラ
" skate	la raie	鯆魚 カスベイ
" sole	" sole	鰈底魚 シタビラメ
" herring	le hareng	鯡白魚 ニシン
" pilchard	la sardine	鰮魚 イワシ
" crab	" crevette	蟹蝦 カニ
" oyster	l'huître	牡蠣 カキ
" musele	la moule	淡菜 イガヒ
river-fishes	les poissons de rivière	河魚 カハウヲ
the salmon	le saumon	鰮臈魚 サケ
" pike	" brochet	竹䈉魚 カハカマス （ヤマメ）
" carp	la carpe	鯉魚 コヒ

『英仏単語便覧』影印　865

the eel	l'anguille	鰻　ウナギ
" craw fish	" ecrevisse	蝲蛄　キニーカリ
" serpent	le serpent	蛇　類　くちへヒキ（蝮　ナキ二）
" snake	la couleuvre	蜿　くら
" toad	le crapaud	蟾　蜍　ヒキヾくル
" frog	la grenouille	蛙　タヒ
" scorpion	le scorpion	蠍　虫　モノヽ
" lizard	" lézard	蜥　蜴　トカゲ
" worm	" ver	虫　みヽ
" silk-worm	" ver à soie	蚕　蟲　ヤエコ
" caterpillar	la chenille	毛　虫　ケムシ
" grasshopper	" cigale	蝗　蟲　イナゴ
" bee	l'abeille	蜜　蜂　ミツバチ
" wasp	la guêpe	蜂　バチ

『英仏単語便覧』下 35ウ

the locust	la sauterelle	冬蟲斯 キリギリス
〃 butterfly	le papillon	蝴蝶 テフ
〃 flea	la puce	蚤 ノミ
〃 louse	le pou	蝨 シラミ
〃 ant	la fourmi	蟻 アリ
〃 gnat	le moucheron	蚋 ブユ
〃 fly	la mouche	蠅 ハヘ
〃 spider	l'araignée	蜘蛛 クモ
〃 snail	le limaçon	蝸牛 カタツムリ
gold	l'or	金 キン
silver	l'argent	銀 シロカネ
plutina	le platine	白金 ハクキン
copper	〃 cuivre	銅 アカガネ
iron	〃 fer	鐵 テツ

steel	l'acier	鋼 鐵 ハガネ
leard	le plomb	鉛 金 ナマリ
zinc	'' zinc	亞 鉛 トタン
quicksilver	'' vif-argent	水 銀 ミヅカネ
pewter	l'étain	鑞 鑞 ズゞ（仏）鑞
tin	le fer-blanc	錫 （仏）錻力 ブリ木
brass	'' laiton	黄 銅 シンチウ
bronze	'' bronze	青 銅 カラカネ
the agate	l'agate	瑪 瑙 メナウ
'' diamond	le diamant	金 剛 石 ダイヤモンド
'' garnet	'' grenat	拓 榴 石 ザクロ
'' coral	'' corail	珊 瑚 サンゴ
marble	'' marbre	大 理 石 ダイリセキ
cloth	'' drap	螺 鈿 ラシャ

linen	la toile	亜麻布 スキヘ
cotton	le coton	草綿 ゙メン
silk	la soie	絹 キヌ
thread	le fil	糸 イト
satin	″ satan	繻子 シュス
velvet	″ velours	天鵞絨 ビロヲヅ
ribbon	″ ruban	紐 ヒモ
buttons	les boutons	釦 ボタン
leather	le cuir	革 カハ
a hat	un chapeau	帽子 ボヲシ
″ cloak	″ manteau	外套 ガイタウ
″ great-coat	″ surtout	大上衣 オホウハギ
″ dress-coat	″ habit	上衣 ウハギ
the sleeves	les manches	袖 ソデ

the pockets	les poches	衣袋 カクシ
" lining	la doublure	裏 裏 ウラ
" button-holes	les boutonnières	釦環 孔 ホタンハメ
a dressing-gown	une robe de chambre	寢衣 シンイキ
" waist-coat	un gilet	短衣 チヨツキ
breeches	la culotte	下股引 モゝヒキ
drawers	le caleçon	股引 シタモゝヒキ
the neck-cloth	la cravate	襟巻 ネツケタイ
stckings	les bas	下足袋大代 メリヤスタビ
stocks	" chaussettes	下足袋小 サシタビ
shoes	" souliers	沓 クツ
boots	" bottes	長沓 ナガクツ
goloshes	" galoches	木沓 キグツ
slippers	" pantoufles	座敷沓 ザシキグツ

gloves	les gants	手套 テブクロ
a shirt	une chemise	襦衣 ジバン
the handkerchief	le mouchoir	袋巾 ハナフキ ハナカミ
a comb	un peigne	櫛 クシ
, tooth-brush	une brosse à dents	牙搗 ハブラシ
tooth-powder	la poudre à dents	摩歯散 ハミガキ
a tooth-pick	un cure-dents	小楊枝 コヤウジ
an ear-pick	, cure-oreille	突耳子 ミミカキ
the cigar-box	le porte-cigars	表煙草入 タバコイレ
a watch	une montre	枕時計 クワチユウトケイ
the watch-chain	la chaîne de montre	時計鎖 トケイノクサリ
a ring	une bague	指環 ユビワ
spectacles	les lunettes	眼鏡 メガネ
a cane	un baton	杖 ツエ

an umbrella	un parapluie	傘 カラカサ
the sword	l'épée	刀 カタナ
mourning	un habit de deuil	喪服 モフク
a court-dress	" habit de gala	朝服 テウフク（拝賀等ニ用ユ）
the crinoline	la crinoline	腰張（田舎ニテ着ル被リ物）
an apron	un tablier	前膝 ヒザカケ
the garters	les jarretières	足帯 アシオビ 紐（足帯）
a veil	un voile	面衣 カホカケ（婦人ノ被リ物）
" cap	" bonnet	組被物 カブリモノ
" ribbon	" ruban	紐 ヒモ
" fan	" éventail	扇 アフギ
pins	les épingles	留針 トメバリ
a needle	une aiguille	針 ハリ
" pin-cushion	" pelote	針差 ハリサシ

hair-powder	la poudre	髪粉
pomatum	" pommade	香油
scents	des parfums	香具
a smelling-bottle	un flacon	香瓶
the scissors	les ciseaux	剪刀
ear-rings	" boucles d' oreille	耳鐶
a neck-lace	un collier	領飾
bracelets	les bracelets	手釧
the high-road	le grand chemin	大道
a footpath	un sentier	小径
an estate	une terre	所有地
a country-house	" maison de campagne	別荘
" farm	" ferme	小作地
" ruin	" ruine	墟址

『英仏単語便覧』影印 873

a village	un village	村 ムラ
″ mill	″ moulin	磨舂車 スリウス (火を挽て焼を焼くもの中にて粉にするもの也)
″ ditch	″ fossé	堀 ホリ
″ brook	″ ruisseau	小川 ヲガハ
″ forest	une forêt	森 モリ
″ wood	un bois	林 ハヤシ
″ garden	″ jardin	園 ソノ
″ field	″ champ	野 ノ
fertile land	une terre fertile	肥地 コエチ
the harvest	la moisson	抜納 トリイレ
a pasture	un pâturage	牧 マキ
″ meadow	″ pré	草場 クサバ
″ vineyard	une vigne	葡萄園 ブダウエン
″ mine	″ mine	礦 アナガネ

『英仏単語便覧』下 39 オ

三十九

『英仏単語便覧』下 39ウ

a foundery	une usine	鋳鐵場 イモノバ
′ forge	′ forge	鍛冶場 カヂバ
′ canal	un canal	溝渠 ミゾ/ホリワリ
the passport	le passe-port	往来印章 ユキキノシルシ
a guide	un guide	案内者 アンナイシャ
′ porter	′ porteur de bagages	雇夫 ヤトヒフ
the carriage	la voiture	乗車 ノリモノ
a waggon	un chariot	四輪車 ヨツワグルマ
′ cart	′ char	二輪車 ニリンシャ
′ chaise	′ coupé	輕車 ケイシャ（～）
′ sedan-chair	une chaise a porteurs	轎 カゴ
the axle	l'essieu	軸 ヂク
′ wheels	les roues	輪 ワ
′ nave of the wheel	le moyeu de la roue	轂 コシキ

the spokes	les rais	輻 ヤ
" reins	" rênes	手綱 タヅナ
" bridle	la bride	手綱ノ式 （ウマノヅナ）
" collar	le collier	馬ノ首鎧
" belly-band	la sangle	腹帯
" bit	le mors	衝 クツワ （ハミヲクフ）
" whip	" fouet	鞭 ムチ
" horse cloth	" caparaçon	馬衣
" saddle	la selle	鞍 クラ
" stirrups	les étriers	鐙 アブミ
" curry-comb	l'étrille	馬櫛
" manger	la mangeoire	秣器
litter	" litière	敷藁 シキワラ （馬）
hay	le foin	枯草 カルクサ

straw	la paille	藁屑 ワラ
a trunk	une malle	櫃 ひつ
" parcel	un paquet	包 つゝミ
" station	une station	立場 タテバ（蒸気車）
" train	un train	機車 ……（口上）
" goods' train	un train de marchandises	荷車 ……（口上）
the locomotive - engine	la locomotive	蒸気車 ……
" engineer	l'ingénieur	機関 ……
" stoker	le chauffeur	火焚 ……
" engine	la machine	機関 ……
" fire - box	" chauffe	火焚場 ……
" boiler	" chaudière à vapeur	蒸気鑵 ……
" piston	le piston	閂子 ……
" cylinder	" cylindre	筒 ……

the safety-valve	la soupage de sûreté	蒸気抜 サステ井一タ
a tunnel.	un tunnel	隧道 不ケ子（地中ノ通路）
the paddles	les palettes	水カキ
〃 screw	l'hélice	螺旋機板
〃 rudder	le gouvernail	舵
〃 mast	〃 mât	檣
〃 cabin	la cabine	舩尾房
〃 deck	le pont	甲板
〃 captain	〃 capitaine	舩将
〃 steersman	〃 pilote	楽剣役
〃 sailor	〃 matelot	水夫
〃 apothecary	〃 pharmacien	薬舗
〃 armourer	l'armurier	函人
〃 baker	le boulanger	餐包師

『英仏単語便覧』　下　41ウ

the barber	le barbier	剃髪人　ヒゲソリ
〃 basket-maker	〃 vannier	籠工　ヤナカゴ
〃 black-smith	〃 fergeron	鍛工　カヂヤ
〃 bookbinder	〃 relieur	制製本師　ホンヤ
〃 bookseller	〃 libraire	書肆　キンヤ
〃 brazier	〃 chaudronnier	銅工　アカヾネジ
〃 brewer	〃 brasseur	杜氏　トウヂ（酒ナドヲ造ル）
〃 brick-maker	〃 briquetier	煉火石工　カハラ
〃 butcher	〃 boucher	屠塲人（牛羊杯ノ）
〃 cabinet-maker	l'ébéniste	指物師　サシモノ
〃 carpenter	le charpentier	大工　サウリヤウ
〃 cartwright	〃 charron	車工　クルマヤ
〃 chandler	〃 chandelier	蠟燭工　ロウソクヤ
〃 cloth-merchant	〃 marchand de drap	羅紗商人　ラシヤヲウル

the coachman	le cocher	御者 キヨシヤ
" confectioner	" confiseur	菓子司 クハシツカサ
" cooper	" tonnelier	桶工 ヲケヤ
" tanner	" corroyeur	革匠 カハシメシ
" cutler	" coutelier	庖刀匠 カタナツクリ
" dress-maker	la couturière	制衣匠 キモノヌヒ（仕立屋女）
" dyer	le teinturier	染工 ソメヤ
" embroideress	la prodeuse	縫治師 ヌヒシ
" farrier	le maréchal	鍛冶工 カナヤシ
" fishmonger	" marchand de poisson	魚賣 ウヲヤ
" founder	" fondeur	鋳匠 イモジ
" broker	" fripier	古物商 フルモノヤ（損料屋）
" fruit-woman	la fruttière	女ノ菓賣 クダモノウリヲンナ
" gardener	le jardinier	園丁 ウヱキヤ

the gilder	le doreur	鍍金匠 タウキン
″ glazier	″ vitrier	硝子匠 ビイドロシ
″ glover	″ gantier	手套匠 テブクロシ
″ goldsmith	l'orfèvre	黄金匠 キンサイク（金銀匠）
″ grave-digger	le fossoyeur	穴掘子 アナホリ（墓ノ）
″ grocer	l'épicier	香料屋 カウレウヤ
″ gun-smith	l'arquebusier	銃工 テッポウシ
″ harness-maker	le bourrelier	馬具師 バグシ
″ hatter	″ chapelier	帽子匠 バウシヤウシ
″ horse-dealer	″ marquignon	馬商 ウマスダシ
″ hosier	″ bonnetier	莫大小屋 メリヤスヤ
″ jeweller	″ joaillier	宝貨玉師 タマヤ
″ joiner	″ menuisier	指物匠 サシモノシ
″ ironmonger	″ ferronnier	鉄物屋 カナモノヤ

『英仏単語便覧』影印　881

the lapidary	le lapidaire	玉人　タマスリ
〃 linen-draper	〃 linger	布商　ヌノアキ〻ド
〃 looking-glass-maker	〃 miroitier	鏡匠　カゞミシ
〃 bricklayer	〃 maçon	築壁工　ヤ井ツキ
〃 money-changer	〃 changeur	両替居　ニ井カ井イ
〃 music-seller	〃 marchand de musique	樂器商　ガクキヤ
〃 paper-manufacturer	le papelier	紙工　カミスキ
〃 pedlar	le colporteur	貶夫　セ〻ニニアキ〻ド
〃 pin-manufacturer	l'épinglier	留針師　ト〻メバリシ
〃 potter	le potier	壺匠　ツボヤキ
〃 print-seller	〃 marchand d'estampes	畫圖商　ヱヅヤ（銅板ノ）
〃 ragman	〃 chiffonnier	索破布商　ワレ〻
〃 ropemaker	〃 cordier	索綯工　ナ井ナフ
〃 seedsman	〃 grenetier	種子商　タ井モノヤ

the shepherd	le berger	牧人
" shoemaker	" cordonnier	沓工
" silk-mercer	" marchand de soie	絹商
" silversmith	l'orfèvre	銀匠
" tiler	le couvreur	屋盖工
" soap-boiler	" savonnier	石鹸工
" tailor	" tailleur	仕立屋
" timber-merchant	" marchand de bois	材木屋
" tinman	" ferblantier	錫匠
" tin-potter	" potier d'etain	錫壷師
" tobacconist	" marchand de tabac	煙草屋
" trunk-maker	" layetier	櫃工
" upholsterer	" tapissier	家具師
" washerwoman	la blanchisseuse	洗濯女

the watchmaker	l' horloger	時計師 トケイシ
" weaver	le tisserand	機織 ハタオリ
" wine-merchant	" marchand de vin	酒商人 サカヤ
" plough	la charrue	犂鋤 カラスキ
" spade	" bêche	鍫 クワ
" roller	le rouleau	碾磑棒 コロバシ
" sickle	la faucille	鎌 カマ
" pruning-knife	" serpette	草刈刀 クサカリガタナ
" flaul	le fléau	連枷 カラサホ
an anvil	une enclume	鐵砧 カナシキ
the hammer	le marteau	鐵鎚 カナヅチ
pincers	les tenailles	鉗 ヤットコ
a nail	un clou	釘 クギ
the file	la lime	鑢 ヤスリ

a drill	un vilebrequim	鑽錐 ヒセキリ
the screw	la vis	螺旋 子シ
〃 nut	l'écrou	螺旋 メ子ジ
a mason's hod	une auge de maçon	石灰器 ハジゴ
the ladder	l'échelle	鐵攕 ハシゴ
〃 crow-bar	la pince	鐵攕 デテコ
〃 lever	le levier	
〃 wedge	〃 coin	楔 クビ（俗ニ矢ト云）
〃 hatchet	la hache	斧 ヲ
〃 pulley	le cric	滑車 セビ
〃 saw	la scie	鋸 ノコギリ
〃 plane	le rabot	鉋 カンナ
〃 chisel	〃 ciseau	鑿 ノミ（開石ノ鐵ナ二）
a grindstone	une pierre à aiguiser	砥石 トイシ

『英仏単語便覧』影印　885

glue	la colle	膠 ニカハ
compasses	le compas	両脚 コンパス
the square	l'équerre	曲矩 サシガネ
″ level	le niveau	水準 スヰヘイ
″ mason's chisel	″ poinçon	鏨鑿（用テ石ヲ穿ツニ）
″ graver	″ burin	彫刻 諸道具 ホリガタナ
a turning—lathe	un tour	挽鑢盤 ロクロ
shears	les ciseaux	剪刀 ハサミ
an actor	un acteur	俳優 ヤクシャ
″ advocate	″ avocat	代言者 ベンゴシ（訴訟ノ弁護）
″ architect	″ architecte	棟梁 トウリョウ（大工ノ）
″ astronomer	″ astronome	天文学者 テンモンガクシャ
a botanist	″ botaniste	植物学者 ショクブツガクシャ
″ chemist	″ chimiste	化学者 カガクシャ

『英仏単語便覧』下 45才

四十五

a clergyman	un ecclésiastique	教師ナ゛ン（法教ノ）
" dancing-master	" maître de danse	踊ノ師匠ヲシユ゛ル
" dentist	" dentiste	歯歯醫者ハイシ
" doctor	" docteur	醫學士ナノシ
" drawer	" dessinateur	繪圖師ヱカキ
an engineer	" ingénieur	築械家キカイヤ
" engraver	" graveur	彫刻師ホリモノ
a fencing-master	" maître d' armes	劍術ノ師匠ケンシユツ
" geometer	" géomètre	測量學者ハカルコト
" historian	" historien	歷史家レキシ
" language-master	" maître de langue	語學者コトバ
" lawyer	" jurisconsulte	律學者リツガク
" mathematician	" mathématicien	數學者スウガク
" mechanician	" mécanicien	器械學者キカイガク

a mineralogist	un minéralogiste	礦物學者ヲシラベシガク
∥ musician	∥ musicien	樂器人カナデニン
∥ naturalist	∥ physicien	窮前理學者キモノニオ公ム
∥ painter	∥ peintre	畫工ヱカキ
∥ philosopher	∥ philosophe	性理學者サトリニヲヨヤ
∥ physician	∥ medecin	醫師クスシイシ
∥ poet	∥ poëte	詩人シニン
∥ preacher	∥ prédicateur	說法者セッポウシヤ
∥ professor	∥ professeur	大學士ダイガクシ
∥ riding-master	∥ écuyer	馬術ノ師匠バジユツノ
∥ school-master	∥ maître d'école	學校ノ師匠ガッコウノ
∥ sculptor	∥ sculpteur	彫像師キザミモノシ
∥ surgeon	∥ chirurgien	外科醫者ゲクワイシヤ
∥ theologian	∥ théologien	神學者シンガクシヤ

『英仏単語便覧』下46ウ

the exchange	la bourse	市・寄合場
〃 (rate of) exchange	le cours	相場
a banker	un banquier	為替屋
〃 merchant	〃 négociant	商人
〃 retailer	〃 marchand en détail	小売商人
〃 partner	〃 compagnon	仲間
〃 factor	〃 commissionnaire	主管
a broker	〃 courtier	手代
〃 clerk	〃 commis	帳役
the buyer	l'acheteur	買人
〃 seller	le vendeur	売人
〃 debtor	〃 débiteur	借金人
〃 creditor	〃 créancier	催債人
〃 course of exchange	〃 change	両替相場

a bill of exchange	une lettre de change	為替手形 かハせてかタ
the payment	le paiement	拂フ　ヿ 事 ハらメン
〃 quitance	la quitance	返金スル事 ハキタンセ
an obligation	une obligation	證文 オフリカシヲン
the balance	la balance	天秤 ハらンセ
〃 ledger	le grand livre	勘定帳 カ゚ンフリヲルウ
〃 wares	les marchandises	貨物 マルシヤンピー
〃 shop	la boutique	店 プーセ
〃 counting-house	le bureau	勘定部屋 キ゚ーヨヲヽイ
〃 strong-box	la caisse	金箱 ケ゚ーセ
red	rouge	赤 ルーヲ
blue	bleu	青 プロヽ
yellow	jaune	黄 ヽ゚ー
black	noir	黒 ノフ

『英仏単語便覧』下47ウ

white	blanc	白 シロ
green	vert	綠 モヘギ
brown	brun	褐色 ヒジヤイロ
violet	violet	桔梗色 キキヤウイロ
orange-yellow	jaune orangé	橙色 ダイダイ
indigo	indigo	青藍 カンキサムイ
purple	pourpre	紫 ムラサキ
grey	gris	鼠色 ネズミイロ
flesh-colour	incarnat	肉色 ニクイロ
scarlet	écarlate	深紫 フアカ
carmine	le carmin	朱色 シユイロ
a hair-pencil	un pinceau	毛筆 ケムデ
indian ink	l'encre de chine	唐墨 カラスミ
a picture	un tableau	畫 ヱ

a drawing	un dessin	圖
" sketch	une esquisse	圖圖版
an engraving	" gravure	銅版ノ繪
a lithograph	" lithographie	石版ノ繪
" historical picture	un tableau d'histoire	歴史ノ繪
" view	une vue	景色
" landscape	un paysage	景色繪像
" portrait	" portrait	繪像
" study	une étude	繪圖
an original	un original	原本寫本
a copy	une copie	寫本手本
" model	un modèle	手本
perspective	la perspective	遠景遠景
a promenade	une promenade	遊步

『英仏単語便覧』下48オ

a race	une course	競馬ノ事
the play	le spectacle	遊ビ（仲間）劇場（ノ事）
dancing	la danse	踊ルコト踊リ
a partner	un danseur	踊ル仲間ダトオナカマ
skates	les patins	氷滑リヲスルゲタ
chess	〃 écheces	將棊ショウギ
the chess-board	l'échiquier	將棊盤ショウギバン
dice	les dés	骰子サイ
the dice-box	le cornet	骰子筒サイツヽ
billiards	〃 billard	玉突キ遊ビノコトキャスモノ
the balls	les billes	球タマ
a pack of cards	un jeu de cartes	骨牌カルタ一組ヒトクミ
sporting accoutrements	l'équipage de chasse	狩ノ道具カリノドウグ（犬馬ノ類）
coursing	la chasse au lièvre	狩リ（犬ニテ）兔ウサギヲカルコト

『英仏単語便覧』　下　49オ

fox-hunting	la chasse au renard	狐狩
a rifle	une carabine	施條銃
the ramrod	la baguette	搠杖
〃 lock	〃 batterie	機
〃 butt-end	〃 crosse	床尾
〃 stock	le fût	銃床
〃 cock	〃 chien	鷄頭
〃 touch-hole	la lumière	火門
〃 trigger	〃 détente	火機
〃 powder	〃 poudre	火藥
〃 powder-flask	〃 corne à poudre	藥用
swan-shot	〃 chevrotine	狩丸
the shot-case	〃 bourse à dragée	彈藥嚢
game	le gibier	野獸

a sportsman	un chasseur	猟師
〃 beater	〃 batteur	猟卒
the stand	l'affût	隠レテ獣ヲ窺ウ処（猟師ノ）
〃 track	la piste	跡
〃 scent	le vent	臭
〃 fisherman	〃 pêcheur	漁人
fishing	la pêche	漁
the fishing-rod	〃 gaule	釣竿
〃 line	〃 ligne	綸
〃 hook	le hameçon	釣
bait	l'appât	餌
a net	un filet	網
〃 fish-pond	〃 vivier	魚池
〃 bird-catcher	〃 oiseleur	鳥ヲ捕ル人

a lime-twig	un gluaux	黐竿 トリモチ
" cage	" cage	鳥籠 カゴ
" concert	" concert	調子 オン（音楽ノ）
the musicians	les musiciens	樂人 オンガク
an air	un air	節 フシ（歌ノ）
a song	une chanson	歌 ウタ
the accompaniment	l'accompagnement	服調子 ツキソヒ
" organ	" orgue	風琴 オルガン
a string instrument	un instrument à cordes	絲樂器 イトモノ（琴三味線類）
" violin	" violon	胡弓 コキウ
the bow	l'archet	胡弓弓 コキウノユミ
a flute	une flûte	笛 フエ
" trumpet	" trompette	喇叭 ラッパ
" drum	un tambour	太鼓 タイコ

『英仏単語便覧』下 50 オ

『英仏単語便覧』 下 50ウ

the shalms	le chalumeau	牧笛 ボクテキ
an emperor	un empereur	帝 ミカド
″ empress	une impératrice	后 キサキ
the king	le roi	王 ワウ
″ queen	la reine	妃 〃
a grand-duke	un grand-duc	公爵 コウシャク
″ duke	″ duc	侯爵 コウシャク
″ prince	″ prince	公子 コウシ
the prince-royal	le prince royal	太子 タイシ
a deputy	un député	国民総代 コクミンソウダイ
″ marquis	″ marquis	伯爵 ハクシャク
″ viscount	″ vicomte	子爵 シシャク
″ gentleman; nobleman	″ gentilhomme	貴族 キゾク
″ knight	″ chevalier	勲爵士 クンシャクシ

a minister	un ministre	宰相 サイシヤウ
″ viceroy	″ vice-roi	副王 フクワウ
an ambassador	″ ambassadeur	使節 シセツ
a governor	″ gouverneur	總督 ソウトク
″ commandant	″ commandant	將帥 シヤウスイ
″ plenipotentiary	″ plénipotentiaire	全權 ゼンケン
″ consul	″ consul	領事官 リヤウジクワン
an official	″ fonctionnaire	有士 イウシ
a state	″ état	國 クニ
the empire	l'empire	帝國 テイコク
″ kingdom	le royaume	王國 ワウコク
″ duchy	″ duché	大公國 タイコウコク
″ principality	la principauté	公國 コウコク
″ county	le comté	伯國 ハクコク

『英仏単語便覧』 下 51 ウ

the republic	la république	民主國
a territory	un territoire	領地
africa	l'afrique	亜弗利加洲
america	" xmérique	亜墨利加洲
asia	" asie	亜細亜茶
an asiatic	un asiatique	亜細亜
australia	l'australie	濠斯特里洲
austria	" autriche	墺地利亜
baden	de duché de bade	巴ー（日耳曼）
bavaria	la bavière	巴威里亜（仝上）
belgium	" belgique	比利時
bohemia	" bohème	波希米（日耳曼）
china	" chine	支那
denmark	le danemark	嗹馬

『英仏単語便覧』影印　899

england	l'angleterre	英吉利
europe	" europe	欧羅巴洲
an european	un européen	欧羅巴人
flanders	la flandre	縛蘭德（比利時）
france	" france	佛蘭西
germany	l'allemagne	日耳曼
the german confederation	la confederation germanique	日耳曼列国
great-britain	la grande-bretagne	大不列顛
greece	" grèce	希臘
hanover	le hanovre	阿諾威（日耳曼）
holland	la hollande	荷蘭
hungary	" hongrie	匈牙利
ireland	l'irlande	愛倫
italy	" italie	以大利

japan	le japon	日本
a japanese	un japonais	日本人
the levant	le levant	勒萬多（地中海東岸ノ地）
" neapolitan states	naples	那不勒国
" netherlands	les pays-bas	尼徳蘭（即チ和蘭ナリ）
norway	la norvège	那威
the papal states	l'état de l'eglise	法王領地（以太利）
poland	la pologne	波蘭
portugal	le portugal	葡萄牙
prussia	la prusse	普魯士
russia	" russie	魯西亜
sardinia	" sardaigne	撒丁（以太利）
saxony	la saxe	撒遜（日耳曼）
scotland	l'ecosse	蘇格蘭

spain	l'espagne	西班牙
sweden	la suede	瑞典
switzerland	ˮ suisse	瑞士
turkey	ˮ turquie	土耳其
tuscany	ˮ toscane	多加納（以太利）
the united-states of america	les etats-unis d'amerique	米利堅合衆国
wirtemberg	le wurttemberg	苰敦堡呈（以耳曼）
aix-la-chapelle	aix-la-chapelle	亞金（普魯士ノ府）
amsterdam	amsterdam	安特搨（荷蘭ノ都）
antwerp	anvers	安都尼比（比利時ノ府）
berlin	berlin	伯尔霊（普魯士ノ都）
bern	berne	天伯尔尼（瑞士ノ府）
brunswick	brunswick	不倫瑞克（日耳曼ノ府）
brussels	bruxelles	比律悉（比利時ノ都）

coblentz	coblence	谷隣（普魯士府）
cologne	cologne	哥羅尼（仝上）
dresden	dresde	德列亭（撒遜都）
florence	florence	佛羅維校（以太利府）
frankfort	francfort	佛郎佛（日耳曼諸邦内）
geneva	genève	日内亙（瑞士府）
genou	gènes	熱那（以太利府）
ghent	gand	根得（荷蘭德都）
the hague	la haye	海牙（荷蘭都）
hurburgh	hambourg	旱保（日耳曼府）
leipsic	leipsic	来青（撒遜府）
london	londres	倫頓（英吉利都）
lyons	lyon	里昂（仏蘭西府）
mayence	mayence	羹因（日耳曼府）

milan	milan	米蘭（以太利ノ府）
munich	munish	慕尼克（巴威里ノ都）
paris	paris	巴勒（佛蘭西ノ都）
prague	prague	巴拉加（波希米ノ都）
ratisbon	ratisbonne	両山（巴威里ノ府）
rome	rome	羅瑪（以太利法王領ノ都）
rotterdam	rotterdam	鹿特達（荷蘭ノ府）
treves	trèves	代哩（普魯士ノ府）
venice	venise	威尼斯（以太利亜ノ府）
vienna	vienne	維也納（襖地利ノ都）
warsaw	varsovie	法句（波蘭ノ都）
alps	les alpes	牙尓白山脈（瑞西皇角達山）
apennines	apennins	亜単尼牧山脈（全上）
the dunube	le danube	多惱河（ヨ耳曼）

『英仏単語便覧』下 54ウ

the elbe	l'elbe	易北河（会上）
〃 maine	le mein	美尼河（会上）
〃 meuse	la meuse	謨塞河（荷蘭）
〃 moselle	〃 moselle	摩細耳河
〃 rhine	le rhin	萊尼河
〃 schelot	l'escaut	士加爾達河（荷蘭）
〃 thames	la tamise	達迷塞河（英吉利）
〃 vistula	〃 vistule	維士都拉河

東京書肆　萬屋忠藏發行
芝飯倉五町目

明治二年己巳七月

桂川甫策藏板

『英仏単語便覧』影印　907

あとがき

　最後に、本書の成立について記しておく。

　2014年5月に前著『開成所単語集Ⅰ』を刊行してからの二年間は、『英仏単語篇注解』の訳語に関する論文を二本執筆したものの、その他の原稿や論文にも取り組まねばならず、なかなか本書編纂の時間が取れなかった。結局、本格的に本書の執筆に取りかかったのは2016年の4月となった。

　もっとも、下準備は執筆を開始する以前から少しずつ行っていた。まず、*Traveller's Manual* のスキャン作業を2013年末から2014年1月にかけて行い、画像修正もその直後から開始した。また、上記の『英仏単語篇注解』の訳語に関する論文を執筆するため、前著に含めた「対照表」に『英和対訳袖珍辞書』と『改正増補英和対訳袖珍辞書』の記述を加える作業も行った。これらの作業においても、前著と同様、茨城大学人文学部卒業生の芳賀駿介君の協力を得た。

　『英和対訳袖珍辞書』のデータを入力する際、最初に考えたのは作業効率の問題であった。『英和対訳袖珍辞書』は英和辞典であるので、対照表に組み込むためには『英吉利単語篇』所載の英語を逐一引いて入力しなければならないが、入力チェックを行う度に引き直していては効率が悪い。そこで、早稲田大学の「古典籍総合データベース」で公開されている同大学の洋学文庫蔵本の画像（pdfファイル）をダウンロードし、そのpdfファイルから当該語の画像部分をコピーして、Microsoft Wordで作成した対照表に画像を貼り付けるという作業をまず最初に行った。その作業の大半は芳賀君にお願いしたが、2014年の2月中にその作業が完了した。

　その後しばらくは別の仕事（主に『増補改正訳鍵』の電子テキスト化作業）をしていたのであるが、2014年の8月に『英和対訳袖珍辞書』と『改正増補英和対訳袖珍辞書』の翻字入力作業を開始した。前半（740番まで）を櫻井が入力し、後半を芳賀君にお願いした。この作業も8月中には完了した。ちなみに、このWordファイルのサイズは最終的に86MBを超え、64ビット版Windows7およびWindows10上のWordでも頻繁にハングアップした。

かくして対照表に『英和対訳袖珍辞書』と『改正増補英和対訳袖珍辞書』のデータが入ったので、それをもとに「『改正増補英和対訳袖珍辞書』と異なる『英仏単語篇注解』の訳語について(1)」(『近代語研究』18、2015年2月)の原稿を執筆した。

　その後、またしばらくは別の仕事をしていたのであるが、2015年9月に『対訳名物図編』のスキャン作業及び『対訳名物図編』『英仏単語便覧』の画像修正を行った。2016年3月には「『改正増補英和対訳袖珍辞書』と異なる『英仏単語篇注解』の訳語について（2）」(『近代語研究』19、2016年9月)の原稿を執筆し、その過程で再びこの対照表と向き合うこととなった。その流れで同年4月からこの『開成所単語集II』の執筆を開始したという次第である。幾度かの中断はあったが、二年間のうちに少しずつ作業を進めることにより、本書はひとまず完成した。

　2016年7月に原稿のファイルを出版社に届けたが、初校および再校の際に大幅な加筆修正を行ったこともあり、出版は半年ほど先延ばしとなった。しかしその分、余裕を持って作業に当たることができ、内容も充実したものになったと編著者は考えている。

　当初、「対照表II」を本書に入れる予定は無かったが、『英吉利単語篇』系統単語集の訳語と『英和対訳袖珍辞書』系統の訳語とを簡単に比較することができ、利用者の参考になる点も少なくないと考えたので、本書に含めることにした。またこの間、『改正増補英和対訳袖珍辞書』慶応二年版の状態の良い古書を入手したので、効率よく入力チェックを行うことができた。インターネット上で古典籍の全頁画像が公開されるようになったのは大変喜ばしいことであるが、現物を見なければ正しく読めない箇所があることも改めて痛感した。

　なお、本書は他者の協力を得て編纂されてはいるが、最終的には編著者が全てチェックしている。よって、本書の内容に関する責任は全て編著者に帰されるものであることを改めて記しておく。

　既発表論文と本書の解説との関係について述べておくと、「1．2．Karl Baedeker とその出版物」は拙稿1998から、「2．6．『対訳名物図編』と『英吉利単語篇』『英仏単語篇注解』との関係」「2．7．『対訳名物図編』における英語表記の変更」「3．7．『英吉利単語篇』『法朗西単語篇』『英仏単語篇注解』との相違」は拙稿2000から、それぞれ抜粋の上、加筆修正したものである。その他にも既発表論文の成果を部分的に用いて執筆しているところはあるが、解説の大半は書き下ろしとなった。

本書の影印ならびに図版掲載に際し、青山学院資料センター、香川大学図書館、京都大学文学研究科図書館、国立国語研究所の各機関からそれぞれご配慮を頂戴した。厚く御礼申し上げる。

なお、本書は平成22-25年度科学研究費補助金「開成所刊行辞書・単語集の基礎的研究とその翻訳語の研究」（若手研究（B)、課題番号22720176）の研究成果の一部である。

また、本書の出版を今回も快くお引き受け下さった港の人の上野勇治氏に対し、心より感謝申し上げる。

　　2017年6月5日

　　　　　　　　　　　　　　　　　　　　　　　　　　　　　　　　櫻井豪人

著者紹介

櫻井豪人◎さくらい・たけひと

1972 年	愛知県名古屋市生まれ
1995 年	名古屋大学文学部卒業（文学科国語学専攻）
2000 年	名古屋大学大学院文学研究科博士課程後期修了　博士（文学）
2001 年	茨城大学人文学部専任講師
2003 年	茨城大学人文学部助教授
2007 年	茨城大学人文学部准教授（職名変更）
2015 年	茨城大学人文学部教授
2017 年	茨城大学人文社会科学部教授（学部名変更、現在に至る）

専門分野　日本語学　近代翻訳語研究　洋学資料研究

主要編著書

『類聚紅毛語訳・改正増補蛮語箋・英語箋』Ⅰ解説・対照表・索引編　Ⅱ影印編、港の人、2005 年 5 月。

『三語便覧　初版本影印・索引・解説』港の人、2009 年 3 月。

『開成所単語集Ⅰ』港の人、2014 年 5 月。

主要論文

「『改正増補英和対訳袖珍辞書』と異なる『英仏単語篇注解』の訳語について (1)」『近代語研究』18（武蔵野書院）、2015 年 2 月。

「近世楷書体文献の電子テキスト化における漢字字体処理について―『和蘭字彙』を例に―」『国語と国文学』93-5、2016 年 5 月ほか。

開成所単語集Ⅱ

Baedeker 原本・対訳名物図編・英仏単語便覧・対照表Ⅱ

2017 年 8 月 3 日初版第 1 刷発行

編著者	櫻井豪人
発行者	上野勇治
発行所	有限会社　港の人

神奈川県鎌倉市由比ガ浜 3-11-49　〒 248-0014

phone 0467-60-1374　fax 0467-60-1375

http://www.minatonohito.jp

印刷製本　シナノ印刷株式会社

© Takehito SAKURAI, 2017 Printed in Japan

ISBN978-4-89629-333-3 C3381